디지털 트랜스포메이션 시대의

경영정보시스템

5th Edition

MANAGEMENT INFORMATION SYSTEMS IN DIGITAL TRANSFORMATION ERA

서영호 • 박주석 • 김재경 • 이경전 • 박재홍 • 양성병 공저

한 경 사

CONTENTS

차례

머리말 8

1부 경영과 정보시스템 기초

01 4차 산업혁명 시대의 정보시스템 15

1.1 4차 산업혁명 시대 16
1.1.1 4차 산업혁명 시대의 도래와 변화 16
1.1.2 누가 4차 산업혁명 시대를 이끄는가 17
1.1.3 새로운 승자와 사라져 가는 패자 19
1.1.4 4차 산업혁명 시대의 최종사용자 21
1.1.5 4차 산업혁명 시대의 기업 22

1.2 정보시스템의 개념 27
1.2.1 시스템의 개념 27
1.2.2 정보시스템의 정의 및 구성요소 27
1.2.3 정보시스템의 목적 28

1.3 정보시스템의 분류 29
1.3.1 전통적인 경영정보시스템 29
1.3.2 확장된 경영정보시스템 31

1.4 정보시스템의 발전 32

요약 35
중요용어 35
연습문제 37

02 디지털 트랜스포메이션과 경영전략 39

2.1 디지털 트랜스포메이션과 경영전략 40
2.1.1 디지털 트랜스포메이션 40
2.1.2 빅데이터와 마이데이터 44
2.1.3 전자서명수단과 전자서명법 48

2.2 경쟁전략과 정보기술 48
2.2.1 전략경영과 정보기술 51
2.2.2 경쟁우위와 전략적 우위 55
2.2.3 효율성과 효과성 56
2.2.4 정보시스템의 기술적 측면과 행태적 측면 58

2.3 정보기술 활용과 경쟁우위 59
2.3.1 가치사슬모형과 가치시스템 62
2.3.2 가치활동과 정보기술 활용 64
2.3.3 경쟁 분석과 경쟁세력모형 64

2.4 경영혁신과 정보시스템 70
2.4.1 경영혁신과 비즈니스 프로세스 리엔지니어링 70
2.4.2 경영혁신과 정보기술 73
2.4.4 전사적자원관리(ERP): 리엔지니어링의 대안 73

요약 77
중요용어 77
연습문제 78

2부 기업의 정보시스템 활용

03 인터넷과 정보통신 네트워크 81

3.1 인터넷의 역사 82
3.2 인터넷 활용과 서비스 85
3.2.1 인터넷 통신 네트워크 85
3.2.2 무선 인터넷 통신 네트워크 98
3.2.3 정보통신 처리기 101
3.2.4 정보통신 소프트웨어 101
3.2.5 대역폭 102
3.3 월드와이드웹 104
3.3.1 웹 개요 104
3.3.2 WEB 2.0 106
3.3.3 웹3.0 108
3.4 인터넷을 활용한 기업 커뮤니케이션 112
3.4.1 인터넷 기반의 e비즈니스 기업 112
3.4.2 기업의 인터넷 사용 113
3.4.3 인터넷의 비즈니스 가치 114
3.5 기업 커뮤니케이션과 협업 119
3.5.1 기업 협업 119
3.5.2 기업협업을 위한 그룹웨어 120
3.5.3 전자 커뮤니케이션 툴 121
요약 125
중요용어 125
연습문제 126

04 디지털 비즈니스 127

4.1 인터넷 혁명과 e비즈니스 128
4.1.1 e이코노미, e커머스, e비즈니스의 관계 128
4.2 e비즈니스시스템의 구성요소 130
4.2.1 e비즈니스의 기원 및 발전 130
4.2.2 각 구성요소 131
4.3 고객관계관리(CRM) 133
4.3.1 마케팅 변천사와 고객관계관리 133
4.3.2 고객관계관리의 정의 134
4.3.3 고객관계관리의 분류 135
4.4 공급망관리(SCM) 137
4.4.1 유통 변천사와 공급망관리 137
4.4.2 공급망관리의 등장 배경 137
4.5 디지털혁명과 디지털비스니스 138
4.5.1 디지털혁명 시대의 도래 138
4.5.2 디지털혁신과 디지털비즈니스 140
4.6 디지털비즈니스의 구성요소 141
4.6.1 디지털 기술과 산업혁신 142
4.6.2 파괴적 혁신과 디지털 혁신 143
4.6.3 데이터 자원과 플랫폼 비즈니스 145
4.7 플랫폼 시대의 도래 147
4.7.1 플랫폼 비즈니스의 기원 147
4.7.2 파이프라인에서 플랫폼으로 147
4.7.3 디지털 플랫폼 비즈니스의 의미 149
요약 151
중요 용어 151
연습문제 152

05 e커머스와 핀테크 153

5.1 전자상거래와 모바일상거래 154
5.1.1 전자상거래의 발전 154
5.1.2 모바일상거래의 발전 157
5.1.3 라이브상거래(라이브커머스)의 대두 159
5.1.4 상거래와 경영 패러다임의 변화 159
5.1.5 거래 주체들의 환경 변화 161
5.2 전자상거래와 모바일상거래의 형태 163
5.2.1 기업과 기업 간 전자상거래 163
5.2.2 기업과 소비자 간 전자상거래 163
5.2.3 소비자와 소비자 간 전자상거래 165
5.2.4 다양한 형태로의 진화: G2C, P2P 165

5.3 인터넷 마케팅과 광고 171
5.3.1 전통적 마케팅과 인터넷 마케팅 패러다임 171
5.3.2 인터넷 광고 175
5.3.3 배너광고와 키워드 검색광고 176
5.4 전자결제와 핀테크 180
5.4.1 암호화와 암호화키 181
5.4.2 핀테크 184
요약 192
중요용어 193
연습문제 194

06 기업 경영과 의사결정지원시스템 195
6.1 의사결정지원시스템 196
6.1.1 기업 경영과 의사결정 문제 196
6.1.2 의사결정지원시스템 정의 197
6.1.3 의사결정지원시스템의 특징 199
6.1.4 의사결정지원시스템의 역할 200
6.1.5 그룹의사결정지원시스템의 정의 201
6.1.6 그룹의사결정지원시스템의 유형 202
6.1.7 그룹의사결정지원시스템의 효과 202
6.2 중역정보시스템 204
6.2.1 중역정보시스템의 정의 204
6.2.2 중역정보시스템의 특징 205
6.2.3 중역정보시스템의 효과 206
6.3 지능정보시스템 207
6.3.1 전문가시스템 207
6.3.2 지능형 에이전트 210
6.3.3 데이터마이닝 213
6.4 공간적 의사결정지원을 위한 지리정보시스템 227
6.4.1 지리정보시스템의 정의 227
6.4.2 지리정보시스템의 구성 요소 227
6.4.3 지리정보시스템의 활용 230
6.5 기업 경영과 소셜 네트워크 서비스 232
6.5.1 소셜 네트워크 서비스의 정의 232
6.5.2 소셜 네트워크 서비스의 유형 233
6.5.3 소셜 네트워크 서비스의 활용 235
6.5.4 소셜 네트워크 서비스와 4차 산업혁명 236
요약 237
중요용어 237
연습문제 238

3부 정보시스템 경영

07 e비즈니스 기획과 조직 241
7.1 e비즈니스 전략 프레임워크 242
7.1.1 전략적 분석 242
7.1.2 전략 수립 243
7.1.3 전략 실행 246
7.2 e비즈니스 전략 계획 247
7.2.1 조직 차원의 계획 247
7.2.2 시나리오 접근법 249
7.2.3 경쟁우위를 위한 계획 249
7.2.4 e비즈니스 계획 250
7.3 e비즈니스 전략 실행 254
7.3.1 e비즈니스 실행 256
7.3.2 최종사용자의 저항과 참여 257
7.3.3 변화관리 258
7.4 e비즈니스 기술의 관리 261
7.4.1 경영자와 e비즈니스 기술 261
7.4.2 e비즈니스 기술경영 265
7.4.3 정보시스템 기능관리 267
7.4.4 정보기술의 인적자원관리 270
7.4.5 CIO 270
요약 274
중요용어 274
연습문제 275

08 정보시스템 구축 277

8.1 정보시스템 개발 방법론 278
- 8.1.1 전통적 SDLC와 현대적 SDLC 278
- 8.1.2 프로토타이핑 279

8.2 현대적 정보시스템 개발 방법론 280
- 8.2.1 객체지향적 개발 280
- 8.2.2 컴포넌트기반 개발 283
- 8.2.3 모바일 SW 개발 기법 284
- 8.2.4 CASE 287
- 8.2.5 최종사용자 개발 288
- 8.2.6 요구사항 관리 289
- 8.2.7 오픈 소스 290
- 8.2.8 애플리케이션 프로그래밍 인터페이스(API) 293

8.3 시스템 개발 프로세스 296
- 8.3.1 시스템개발 프로세스의 시작 296
- 8.3.2 시스템 분석 298
- 8.3.3 시스템 설계 299
- 8.3.4 구현 300
- 8.3.5 하드웨어, 소프트웨어 및 서비스의 평가 301
- 8.3.6 기타 구현활동 304
- 8.3.7 클라우드 서비스와 시스템 개발 306

요약 307
중요용어 308
연습문제 309

09 정보시스템 보안과 윤리적 문제 311

9.1 4차 산업혁명 시대의 보안 문제 312
- 9.1.1 컴퓨터 범죄와 보안 312
- 9.1.2 해커와 해킹 312
- 9.1.3 전자금융 사기에 악용되는 신원도용 314
- 9.1.4 컴퓨터 바이러스 315
- 9.1.5 기업 네트워크를 이용한 절도행위 318
- 9.1.6 직장에서의 컴퓨터 사용 319
- 9.1.7 소프트웨어와 지적재산권 319
- 9.1.8 스팸메일의 폐해 320
- 9.1.9 사물인터넷과 해킹 피해 321

9.2 프라이버시 문제와 기타 윤리 문제 322
- 9.2.1 프라이버시 문제 322
- 9.2.2 컴퓨터 감시 323
- 9.2.3 기타 윤리적 문제들 326

9.3 정보시스템과 보안 327
- 9.3.1 정보시스템과 보안관리 327
- 9.3.2 기타 보안대책 330
- 9.3.3 정보시스템의 통제 332
- 9.3.4 정보시스템의 감사 334

요약 335
중요 용어 335
연습문제 336

4부 정보기술

10 컴퓨터 하드웨어와 소프트웨어 339

10.1 컴퓨터 하드웨어 340
- 10.1.1 컴퓨터 하드웨어의 발전과정 340
- 10.1.2 컴퓨터 하드웨어의 분류 349
- 10.1.3 하드웨어의 구성요소 및 운영원리 350

10.2 소프트웨어와 프로그래밍 언어 359
- 10.2.1 시스템 소프트웨어 360
- 10.2.2 시스템 유틸리티 362
- 10.2.3 응용 소프트웨어 362
- 10.2.4 프로그래밍 언어 368

10.3 차세대 컴퓨팅 375

요약 380
중요용어 381
연습문제 382

11 데이터자원과 빅데이터경영 383

11.1 데이터자원의 중요성 384
- 11.1.1 정보자원관리와 데이터자원 384
- 11.1.2 전통적인 자원과 데이터 자원 385
- 11.1.3 정보기술 발전과 데이터 폭발 386

11.2 빅데이터 시대의 도래 387
- 11.2.1 데이터기술의 역사 387
- 11.2.2 빅데이터의 기원 387
- 11.2.3 빅데이터의 정의 389
- 11.2.4 빅데이터의 특성 390
- 11.2.5 빅데이터 활용의 의미 391
- 11.2.6 유사 개념 비교 392

11.3 비즈니스 분석의 의미 393
- 11.3.1 분석기법의 역사 393
- 11.3.2 비즈니스 분석의 유형 394

11.4 데이터생명주기의 변화 396
- 11.4.1 전통적 환경하의 데이터생명주기 396
- 11.4.2 빅데이터 환경하의 데이터생명주기 397
- 11.4.3 데이터생명주기 비교 분석 399

11.5 데이터생태계 그리고 빅데이터, 오픈데이터, 마이데이터 401
- 11.5.1 데이터생태계의 중요성 401
- 11.5.2 산업혁신과 빅데이터 생태계 402
- 11.5.3 열린 정부와 오픈데이터 생태계 403
- 11.5.4 개인 데이터생태계와 마이데이터 405

11.6 지금은 데이터경제 시대 409
- 11.6.1 데이터자본과 디지털 가치사슬 409
- 11.6.2 데이터 경제의 정의 409
- 11.6.3 각 국의 데이터경제 정책들 411

요약 412

중요 용어 412

연습문제 413

12 사물인터넷 415

12.1 사물인터넷의 개념 416

12.2 사물인터넷 기술 417
- 12.2.1 자동인식(Auto-ID) 417
- 12.2.2 NFC 419
- 12.2.3 블루투스 420
- 12.2.4 GPS 420
- 12.2.5 증강 현실과 메타버스 420

12.3 사물인터넷과 기업 경영 423
- 12.3.1 기업들은 어떻게 사물 인터넷을 활용할 수 있는가? 423
- 12.3.2 제품에 사물 인터넷이 적용되면서 일어나는 변화 424
- 12.3.3 사물 인터넷과 기업 경영의 변화 426
- 12.3.4 IoT로 인한 ICT산업과 미디어 산업의 변화 428
- 12.3.5 비즈니스 모델의 변화 429

12.4 사물인터넷과 사회 431
- 12.4.1 협력 사회 431
- 12.4.2 간편 사회 433
- 12.4.3 안심 사회 433

요약 436

중요용어 437

연습문제 438

참고문헌 439

찾아보기 446

PREFACE

머리말

다섯 번째 판을 내며 — 저자의 인사말

2017년 개정에 이어 다시 개정판을 내게 되었습니다. 세계는 팬데믹 상황에서도 디지털 기술을 활용하여 생존과 번영, 발전을 지속하고 있습니다. 발전된 전자상거래와 O2O서비스 덕분에 집에서도 얼마든지 상품과 서비스를 주문할 수 있었고, 이에 빨리 적응한 식당들은 위기를 기회로 바꾸는 경험을 하기도 했습니다. 이제 디지털 트랜스포메이션은 사업적 선택이 아니라 생존을 위한 필수가 되었고, 과거 예언자들의 예측은 현실이 되었습니다. 1970년대부터 앨빈 토플러가 미래의 충격, 제3의 물결 등에서 예측한 재택 근무는 오늘날 사람들이 직업을 유지하고 기업이 생존하는 필수적 방법이 되었습니다.

디지털, 빅데이터, 인공지능으로 무장한 기업들의 가치는 그렇지 못한 기업들과 격차를 더욱 만들어내고 있습니다. 디지털 트랜스포메이션에 실패한 미국의 JC페니, 니만마커스, 로드앤드테일러 등 거대 오프라인 유통기업이 파산하였습니다. 반면, 한국의 경우는 쿠팡, 마켓컬리 등 디지털 기업과 극심한 경쟁을 해온 롯데, 신세계, 현대 등의 유통기업이 선방을 했습니다. 한편, 마이데이터와 메타버스 등 새로운 개념의 비즈니스 모델이 출현하고 있습니다. 설립된 지 10년 남짓한 카카오가 한국의 대표적 증권시장 코스피의 시가총액 3위에 오르는 현상을 가장 잘 이해할 수 있는 세대는 MZ세대일 것입니다. 인터넷 시대에서 시가총액 3위를 지켜왔던 네이버가 모바일시대의 기업 카카오에게 추격당한 사실은 앞으로 10년 후에는 인공지능, 메타버스 기업이 또다른 변화를 일으킬 것이라는 것을 충분히 예상하게 합니다.

본 교재 경영정보시스템은 이러한 디지털 트랜스포메이션을 잘 이해하고 추진할 미래 경영자들의 기초를 단단히 해드릴 것입니다.

이 책이 나오기까지 코로나로 인한 팬데믹 시대임에도 불구하고 많은 노력과 지원을 아끼지 않으신 한경사의 이계남 사장님과 편집실 직원분들, 그리고 관계자 여러분들께도 깊은 감사를 드립니다. 교재를 새로 쓰고 정리하는 데 여러 가지 자료제공과 교정 등에 많은 도움을 준 주위의 동료, 선배, 후배, 제자들에게도 이 지면을 빌려 깊은 감사의 뜻을 전합니다.

교재의 구성과 내용

많은 학생들이 경영정보시스템은 컴퓨터 과목이라고 오해하고 있습니다. 경영정보시스템은 컴퓨터와 물론 관련이 많지만 기본적으로 경영학 과목입니다. 다시 말해 컴퓨터를 포함한 각종 정보통신기술(ICT)을 활용하여 어떻게 하면 기업과 개인을 더 발전시키고 경쟁력을 향상시킬 수 있을까 하는 것이 경영정보시스템 과목이 추구하는 목표입니다. 최근에는 모바일이나 인터넷 등 네트워크 분야도 핵심적인 내용으로 등장하고 있습니다.

특히, 이 교재가 정보시스템을 통하여 기업과 개인의 경쟁우위를 어떻게 확보할 것인가에 중점을 두다 보니 초반부에는 경쟁이론과 관련된 일반 경영이론들이 소개되고 있기도 합니다. 이어서 기업의 내부 관리뿐만 아니라 사업의 창출과 혁신을 그 대상으로 하는 e-비즈니스를 위한 경영정보시스템에 중점을 두어 집필하였습니다.

기존의 경영정보시스템 교재들이 앞부분에 정보기술을 소개하면서 점점 관리 및 전략부분으로 올라가는 상향식(bottom-up) 서술방식이라면, 본 교재는 경영이론 및 비즈니스 환경을 먼저 설명하고 이를 해결하기 위한 정보시스템과 기술을 제시하는 형태로 하향식(top-down) 서술 방식을 채택하고 있습니다.

이를 위해 개정판에서는 기존의 장들을 통폐합하고 새로운 장들을 추가하여 총 12장으로 구성하였습니다. 각 장에는 이슈별로 최신 국내외 사례들이 포함되어 있으며 사례별로 교수와 학생들이 논의할 수 있는 질문이 3-4개 정도 구성되어 있습니다.

각 장의 주요내용은 다음과 같습니다.

1장 4차 산업혁명 시대의 정보시스템에서는 4차 산업혁명 시대의 주요 변화와 사례를 소개하면서, 독자들로 하여금 기업 활동 및 생활에 있어서 정보통신기술과 디지털 트랜스포메이션의 중요성을 이해하도록 합니다. 또한, 이를 뒷받침하는 정보시스템의 정의, 구성요소, 목적, 분류 및 발전사가 상세히 설명됩니다.

2장 디지털 트랜스포메이션과 경영전략에서는 디지털 트랜스포메이션을 통한 경영환경의 변화를 학습하고 이러한 시대적 변화에 어떻게 대응해야 하는가를 학습합니다. 기업이 경쟁우위(competitive advantage)를 확보하기 위한 경쟁전략의 개념과 경영혁신을 먼저 이해시키고, 정보기술이 이를 위해 전략적으로 어떠한 역할을 수행하는지를 이해하도록 합니다.

3장 인터넷과 정보통신 네트워크에서는 정보통신 네트워크의 근간인 인터넷과 그 발전 과정에 대하여 논해 보고 인터넷 서비스의 현재와 미래인 웹 3.0 등에 대하여 살펴봅니다. 또한 앞으로 미래 인터넷 발전 방향에 대해 살펴보고, 이와 함께 인터넷의 근간이 인터넷 인프라 스트럭처 및 네트워크 구성 요소와 원리에 대해 배워보도록 합니다.

4장 디지털비즈니스에서는 전통적인 경영정보시스템과 비교하여 이비즈니스와 디지털비즈니스를 설명합니다. 전자상거래와 구분하여 인터넷 기술을 활용한 비즈니스를 설명하고, 디지털 기술과 플랫폼을 활용한 비즈니스를 설명합니다.

5장 e-커머스와 핀테크에서는 전자상거래와 모바일상거래, 라이브커머스를 위한 핵심지식을 설명합니다. B2B, B2C, C2C, G2C, P2P 등 다양한 상거래 형태와 인터넷 마케팅, 인터넷광고, 롱테일효과 등이 설명됩니다. 인터넷 보안과 전자지불과 관련하여 암호화 방안, 전자서명, 전자인증 등이 설명되고 카카오페이 등의 핀테크 기술과 공인인증서의 변화, 공동인증서 등 다양한 인증서 등이 소개됩니다.

6장 기업 경영과 의사결정지원시스템에서는 변화하는 기업경영 환경에서 발생 가능한 여러 의사결정 문제의 해결책으로서 정보기술 기반의 의사결정지원 시스템에 대하여 알아봅니다. 또한 기업 내·외부의 방대한 데이터를 의사결정문제 해결에 활용하기 위한 데이터마이닝 분석방법론에 대하여 알아봅니다. 마지막으로 최근 급격하게 성장하고 있는 소셜 네트워크 서비스의 종류와 기업의 대응방안에 대하여 살펴봅니다.

7장 e비즈니스 기획과 조직에서는 기업이 새로운 전략과 어플리케이션을 도입할 때 발생할 수 있는 문제 해결을 위한 e비즈니스의 전략적 기획 프로세스를 살펴봅니다. 또한 e비즈니스가 경영자, 조직, 정보기술 경영 및 정보시스템에 미치는 영향과 정보자원 관리의 중요성을 알아봅니다.

8장 정보시스템 구축에서는 정보시스템을 개발하는 접근방법을 소개하고, 새로운 정보시스템과 기술을 구현하는 프로세스와 프로젝트관리 이슈에 대해서 토의하며, 비즈니스 분야의 정보시스템의 개발을 위한 접근방법과 정보시스템 전문가와 최종사용자들이 활용하는 다양한 접근방법, 그리고 오픈소스, API, 클라우드 등 최신의 정보시스템 서비스 방법을 개관합니다.

9장 정보시스템 보안과 윤리적 문제에서는 4차 산업혁명 시대에 기업 및 개인이 겪을 수 있는 다양한 보안 문제, 프라이버시 침해 및 윤리적 문제, 고용 문제 등에 대해 상세히 설명합니다. 또한, 이러한 문제들을 해결하는 기업 및 개인의 여러 가지 대처방안 및 노력, 정보시스템의 통제 방안 등을 추가적으로 논의하게 됩니다.

10장 컴퓨터 하드웨어와 소프트웨어에서는 컴퓨터 시스템의 원리와 운영을 이해하고, 활용하는 관점에서 하드웨어의 구성 및 운영 원리에 대해 살펴봅니다. 또한, 소프트웨어 및 프로그래밍 언어의 발전 과정과 종류에 대해 배워봅니다. 또한 기존의 하드웨어와 소프트웨어의 경계를 허무는 새로운 기술인 클라우드 컴퓨팅에 대해서도 살펴봅니다.

11장 데이터자원과 빅데이터경영에서는 디지털경제의 새로운 자원인 데이터자원을 다룹니다. 전통적인 데이터와 비교하여 빅데이터의 기술과 활용에 대해서 설명합니다. 더 나아가, 최근에 각광받고 있는 오픈데이터 그리고 마이데이터 기술과 활용에 대해서도 설명합니다.

12장 사물인터넷에서는 사물인터넷의 개념과 관련 용어들을 살펴보고, 사물인터넷을 구현하기 위한 기술, 그리고 이러한 기술을 통하여 새롭게 가능해질 기업의 경영정보시스템과 비즈니스 모델을 살펴봅니다. 제품에 사물 인터넷이 적용되면서 일어나는 변화, 사물 인터넷과 기업 경영의 변화, 사물인터넷으로 인한ICT산업과 미디어 산업의 변화, 사물인터넷에 인한 새로운 UI와 UX도 소개되며, 사물인터넷과 인공지능의 결합, 메타버스의 결합 전망에 대해서도 소개합니다.

저자 일동

2021년 7월 고황산 자락 오비스홀에서

1부
경영과 정보시스템 기초

1장 ▪ 4차 산업혁명 시대의 정보시스템

2장 ▪ 디지털 트랜스포메이션과 경영전략

CHAPTER

01

4차 산업혁명 시대의 정보시스템

역사적으로 거대한 위기가 발생할 때마다 사회는 큰 변화의 과정을 거쳤고,
그 변화를 기초로 새로운 경제 시장이 조성되고 더 큰 발전을 하는 것을 거듭해왔다.
이 '거대한 리셋'의 시기를 어떻게 맞이하는가에 국가, 기업, 개인의 운명이 걸려 있다.

- 클라우스 슈밥(Klaus Schwab, 세계경제포럼 창립자 및 회장)

학습목표

정보화 사회란 정보, 지식 및 첨단기술이 힘의 원천이 되는 사회를 의미한다. 정보화 사회에서는 정보가 최상의 가치를 가지게 되어 사회의 거의 모든 분야가 이에 의존하게 된다. 지금 주변에서 일어나고 있는 여러 가지 변화를 살펴보면 어느덧 우리는 정보화 시대를 넘어, 정보기술이 주축이 되어 다른 기술들과 활발한 융합을 통해 혁신이 이루어지는 4차 산업혁명의 시대로 진입하고 있음을 실감할 수 있다.

4차 산업혁명 시대를 현명하게 살아가기 위해서는 우리가 지나온 과거와 현재를 정확하게 파악하는 것이 중요하다. 이에 1장에서는 어떤 변화를 거쳐 4차 산업혁명의 시대로 진입하게 되었는지, 4차 산업혁명 시대의 도래로 어떠한 변화가 일어나고 있는지, 다가오는 변화의 시대는 어떻게 대비해야 하는지 등에 대해 자세히 살펴보고자 한다.

- 4차 산업혁명으로 인한 주요한 변화를 파악한다.
- 4차 산업혁명 시대의 승자와 패자의 사례를 이해한다.
- 최종사용자로서 정보기술 및 정보시스템의 가치를 이해한다.
- 정보시스템의 정의와 분류체계 및 발전을 이해한다.
- 4차 산업혁명 시대의 기업 활동에 있어 정보기술 및 정보시스템의 중요성을 이해한다.

1.1 4차 산업혁명 시대

1.1.1 4차 산업혁명 시대의 도래와 변화

일찍이 미래학자 앨빈 토플러(Alvin Toffler)는 제3의 물결이 밀려오고 있다고 예견했다. 1만 년 전에 농업사회의 형성으로 일어난 제1의 물결과 산업혁명으로 인간 생활을 뒤바꾼 제2의 물결처럼 정보화 사회의 물결이 사회에 큰 변혁을 가져올 것이라고 했다. 그의 예견처럼 사회 도처에는 정보화의 물결이 넘실대고 있다. 과거 대공황 시기에 미국은 대형 건설공사를 일으켜 실업자들에게 노무직 일자리를 만들어 주었지만, 이제는 정보기술(IT: Information Technology) 분야의 스타트업 기업(startup company)이 새로운 부의 기회를 줄 수 있다고 인식되고 있다. 정보화 사회에서는 총, 칼이 아니라 정보, 지식 및 첨단기술을 지닌 사람이 힘을 가지게 된다. 컴퓨터는 이러한 정보화 시대의 기본적인 도구가 되었다.

이렇게 우리에게 다가온 정보화 시대는 이제 다른 국면을 맞이하고 있다. 증기기관으로 시작된 제1차 산업 혁명, 전력공급으로 대량생산이 가능해진 제2차 산업혁명, 개인용 컴퓨터와 인터넷의 보급으로 정보화 시대를 열었던 제3차 산업혁명에 이어, 이젠 4차 산업혁명의 시대로 나아가고 있다. 전통적으로 제조업이 발전한 미국, 독일, 일본 등 일부 국가에서는 '4차 산업혁명(the fourth industrial revolution)'보다는 '인더스트리4.0(industry 4.0)'이라는 용어로 더 많이 알려져 있으나, 이 책에서는 정보화 혁명 이후 정보기술이 주도한 산업 간 융합 혁명으로, 초연결성 및 초지능성을 특징으로 하는 네 번째로 중요한 산업 시대임을 강조하고자 '4차 산업혁명'으로 통일하여 기술하기로 한다.

4차 산업혁명 시대에서는 이러한 혁명이 정보기술 분야에만 한정되지 않고, 물리학, 생물학, 보건의료(healthcare), 관광, 금융 등 전통적 분야의 경계를 넘어 산업 간 '기술융합'이 폭발적으로 일어나고 있다. 우리는 이러한 산업 간 기술융합에 있어 정보기술이 주도권을 잡고 있다는 사실에 주목할 필요가 있는데, 무어의 법칙(Moore's law)으로 대표되는 IT 산업의 발전 속도가 기존 전통적 산업의 발전 속도를 압도하면서 벌어지고 있는 현상으로 풀이된다. 즉, 전통 영역에 정보기술이 침투하여 융합과 혁신을 주도하며, 전 산업의 디지털 전환(digital transformation)을 가속화고 있는 것이다. 이를 디지털 기술 측면에서 살펴보면, 모든 사물이 인터넷에 연결되고(IoT: Internet of Things) 스스로 학습하는 인공지능(artificial intelligence)까지 갖추게 되는 디지털 초연결 사회(digital hyper-connected society)가

되어가고 있다는 것이다. 이렇듯 4차 산업혁명은 속도, 규모, 범위 및 복잡성 등의 측면에서 이전의 산업혁명보다 확연히 큰 파괴력을 지니며 세상을 빠르게 변화시켜 나가고 있다.

흔히 컴퓨터와 같은 정보기술 혹은 정보시스템(IS: Information Systems)을 생각하면 만병통치약을 연상하지만, 이들이 할 수 있는 것과 할 수 없는 것을 현실적으로 인식하는 것은 매우 중요하다. 컴퓨터는 사용하기에 따라 '컴퓨터 드림(computer dream)'이 될 수도, '컴퓨터 악몽(computer nightmare)'이 될 수도 있기 때문이다. 정보기술이나 정보시스템도 마찬가지로 어떻게 사용하느냐에 따라 4차 산업혁명 시대에 승자가 될 수도 있고, 패자가 될 수도 있는 것이다.

1.1.2 누가 4차 산업혁명 시대를 이끄는가

자동차는 우리 생활에 있어서 중요한 위치를 차지하고 있다. 이미 오래전부터 자동차는 생활필수품이 되었다. 많은 사람들이 자동차를 운전할 줄 알고, 자동차가 주는 편리함을 누린다. 하지만 모든 사람들이 자동차를 만들거나 고칠 수 있는 것은 아니다. 컴퓨터나 정보기술도 마찬가지이다. 예컨대, 컴퓨터를 사용하는 사람을 크게 두 부류로 나누어 보면, 컴퓨터 전문가(professional computer user)와 최종사용자(end-user)로 구분해 볼 수 있다. 컴퓨터 전문가는 자동차 생산자 혹은 수리공과 마찬가지로 컴퓨터를 만들고, 수리하고, 좋은 프로그램을 개발할 줄 아는 사람이다. 다시 말해 프로그래머, 시스템 분석가, 소프트웨어 엔지니어 등과 같이 전문적으로 컴퓨터 관련 교육과 훈련을 받은 사람을 말한다. 한편 최종사용자라 하면 자가용 운전자처럼 자신의 일을 하기 위해 컴퓨터를 단지 활용만 하는 사람이라고 할 수 있다. 정보기술 관련 기업 혹은 부서의 직원을 제외한 대부분의 사람들은 모두 이 부류에 속한다고 할 수 있다.

컴퓨터 전문가는 아니지만 자기의 사업 아이디어를 컴퓨터 기술과 연결시켜 4차 산업혁명 시대의 승자가 된 '최종사용자'의 경우를 살펴보자. 스마트폰(smartphone) 보급이 보편화되면서 사람들이 콘텐츠를 소비하는 방식 또한 바뀌고 있는데, 특히 영상 콘텐츠에서 그 변화가 두드러지게 나타나고 있다. 스마트폰만 있으면 누구나 쉽게 영상을 촬영하고 공유할 수 있게 되었고, 공유한 영상으로 수익을 낼 수 있는 플랫폼(platform)도 생겼으며, 소비자 역시 어디서나 쉽게 영상 콘텐츠를 소비할 수 있게 되었다. 세계 최대 동영상 공유 플랫폼인 유튜브(YouTube)에는 이미 자신만의 콘텐츠로 무장해 수천만 구독

포스트 코로나 시대에 화려하게 꽃 피울 미래 유망기술 - 인공지능

CASE 1-1

이상 기후, 각종 바이러스 질병, 유럽통합 붕괴, 신흥국 자금이탈, 자산 거품… 언제 어떻게 터질지 모르는 위기 징후군이다. 극단적인 비관론인 '칵테일 위기설'까지 고개를 들고 있다. 칵테일 위기란 영국 재무장관이었던 조지 오즈번이 처음 언급한 것으로 특정사건을 계기로 잠복된 악재가 동시다발적으로 터지는 현상을 말한다. 2020년대 들어 첫해에 전혀 예상치 못했던 신종 코로나바이러스 감염증(코로나19)으로 어려움을 겪은 것을 계기로 칵테일 위기론이 더 공감을 얻는 것은 새로운 먹거리가 될 수 있는 주력 산업이 탄생하지 않고는 위기로 점철되어 온 2010년대 상황을 풀 수 없다는 의미다. 더 이상 제로 금리, 양적완화로 대변되는 금융완화 정책은 '캠플 주사' 효과만 있을 뿐, 세계 경제를 장기 침체라는 깊은 수렁으로 더 빠지게 할 것이라는 경고가 잇따르고 있다.

코로나 사태를 계기로 4차 산업혁명에 대한 논의가 다시 활발하게 전개되고 있는 것도 이 때문이다. 매년 1월말 스위스 다보스에서 열리는 세계경제포럼(WEF)에서 '4차 산업혁명의 이해와 영향 그리고 그 대응 방안'을 단골 주제로 각국의 지도자와 기업인을 중심으로 격의 없는 토론이 펼쳐져 왔다. WEF 창시자인 클라우스 슈밥은 '4차 산업혁명'은 이전 산업혁명보다 훨씬 큰 변화 속도와 규모, 그리고 강도로 생산, 분배, 소비 등 전체 시스템을 바꾸는 기회가 됨과 동시에 인간의 본성까지도 영향을 미칠 수 있는 인류의 새로운 도전이 될 것이라고 선언했다. 포스트 코로나 시대에 화려하게 꽃 피울 4차 산업혁명의 주도권 확보 여부에 따라 세계 경제 패권과 각국의 운명이 좌우될 것으로 예상된다.

코로나 사태를 겪으면서 미래 유망기술로 가장 많이 거론되고 공감대가 폭넓게 형성되어 있는 분야는 '인공지능(AI: Artificial Intelligence)'이다. 인공지능이란 인간성, 지성, 학습능력, 추론능력 등 인간의 두뇌작용을 컴퓨터 혹은 기계가 스스로 추론, 학습, 판단하면서 행동하는 시스템을 뜻한다. 인공지능의 개념은 2차 세계 대전 전후로 경제, 공학, 수학, 물리학 등 다양한 학자들 사이에서 처음 논의되기 시작했다. 이 중에서도 1950년 영국의 수학자 앨런 튜링이 발표한 '계산기와 지능'과 릭 라이더의 '인간과 컴퓨터의 공생' 논문은 현대 인공지능 연구의 시초가 된 것으로 알려져 있다. 1950년대 말 이후 인공지능은 실험 학문으로 시작됐지만 당초 예상과 기대와 달리 뚜렷한 접근 방법과 성과가 없어 1980년대까지 침체기를 맞았다. 하지만 1990년대 이후에는 기계학습, 로보틱스, 컴퓨터 비전 등 특정 기계 분야에 대해 연구되는 머신러닝을 중심으로 인공지능 분야가 각광을 받기 시작했다.

금융위기 이후에는 글로벌 IT 기업을 중심으로 인공지능을 비즈니스에 접목하기 위한 투자가 빠르게 진행되고 있다. 인공지능 기술 분야에서 가장 빨리 치고 나가는 구글은 2013년 DNN 리서치를, 2014년에는 영국의 딥러닝 전문 기업인 딥마인드를 시작으로 젯팩, 다크블루랩스, 비전팩토리 등 다양한 인공지능 벤처 기업을 인수해 나가고 있다. 인공지능이 활용되는 많은 분야 가운데 투자 자문업, 트레이딩 등 금융서비스 역시 사람의 판단에 의존하는 부분이 많았기 때문에 인공지능 시스템을 이용하고자 하는 금융회사가 많아지는 추세다. 포스트 코로나 시대에는 모든 금융회사가 인공지능 시스템을 모든 업무에 적용할 것으로 예상된다.

포스트 코로나 시대에 인공지능 기술 개발은 가히 상상도 못할 속도로 빨라질 것으로 예상되는 가운데 각국 국민생활에도 커다란 변화를 초래할 것으로 확실시된다. 수많은 임상 정보가 축적되는 의료 서비스나 쉴 새 없는 거래가 이루어지는 금융업과 유통업 등 산업별로 인공지능의 적용 속도와 수준에는 차이가 존재하지만, 궁극적으로는 인공지능이 인간의 역할을 상당 부분 대체해 나갈 것으로 예상된다.

다보스포럼은 인간화와 휴머니즘도 강조한다. 슈밥 회장은 "미래 기술이 아무리 발전해도 인간의 컨트롤을 벗어나서는 안 된다"고 강조했다. 아무리 로봇이 활성화된다고 해도 인간에게 영혼과 가슴을 빼앗아 가는 식으로 기술발전이 이뤄져서는 안 된다는 지적이다. 인간의 창조성과 공감 등의 능력을 향상시키도록 4차 산업혁명을 이용해야 한다는 것이 다보스 포럼의 기본 정신이다. 이 경우 4차 산업혁명은 사람들 사이에 새로운 관계를 만들어주고 공감대를 형성해 새로운 도덕과 가치를 만들어 줄 수 있다.

출처: 한국경제TV, 한상춘 해설위원, 2021.05.10.

토론

1. 포스트 코로나 시기에 4차 산업혁명으로 나타나고 있는 긍정적 변화와 부정적 변화를 논의하시오.
2. 구글, IBM, 애플, 페이스북, 테슬라 등 글로벌 IT 기업들의 인공지능 개발 현황에 대해 조사하시오.
3. 인공지능 외에 4차 산업혁명의 흐름을 주도하고 있는 최신 정보기술(IT)에는 어떤 것들이 있는지 논의하시오.

자를 보유하고 연 수십억 원의 수익을 창출하는 일명 '유튜브 크리에이터'들이 있다.

이처럼 컴퓨터 전문가나 최종사용자나 누구든지 4차 산업혁명 시대를 이끌 수 있다. 자동차를 운전할 줄만 아는 사람들도 자동차 사회에 적극적으로 동참할 수 있듯이, 최종사용자들도 얼마든지 4차 산업혁명 시대를 이끌 수 있는 것이다. 이에 4차 산업혁명 시대에는 정보기술 및 정보시스템 관련 지식이 컴퓨터 전문가만을 위해 필요한 것이 아니라, 일반 최종사용자들에게도 필요한 필수 지식임을 이 책의 출발점으로 강조하는 바이다.

1.1.3 새로운 승자와 사라져 가는 패자

누구나 4차 산업혁명 시대의 승자가 될 수는 있지만, 디지털 혁명으로 인해 새로이 주목받는 분야와 서서히 사라져 가는 분야가 있는 것도 엄연한 사실이다. 그럼, 우선 정보기술 때문에 퇴조해 가는 4차 산업혁명 시대의 패자부터 살펴본 후, 승자에 대해 알아보도록 하자.

4차 산업혁명 시대의 패자

컴퓨터로 대표되는 첨단 정보기술은 새로운 일을 창출하기도 하지만, 현존하는 것을 없애거나 일의 성격을 완전히 바꾸어 놓기도 한다. 4차 산업혁명 시대의 패자는 우선 새로운 정보기술의 출현으로 인해 그들이 하는 일 자체가 이 세상에서 사라지는 사람들이다. 예를 들면, 자동차 조립공장에 근무하는 노동자들은 상당수 로봇에 의해 대체되었고, ATM(Automatic Teller Machine), 인터넷 뱅킹, 모바일 뱅킹 등의 출현으로 은행의 창구 직원들도 점차 사라지고 있다. 또한 도서관이나 여행사에 근무하는 종사자들도 새로운 정보기술의 등장으로 인한 업계 변화에 적응해야만 한다.

또 다른 부류의 패자는 정보기술 변화의 흐름과 속도에 적응하지 못하는 기업이다. 온라인 서점의 등장으로 많은 오프라인 서점이 문을 닫을 수밖에 없었다. 스마트폰으로 어디서나 가격을 검색해볼 수 있게 되면서 오프라인 유통매장은 가격 경쟁만으로는 살아남을 수 없게 되었다. 글로벌 IT 기업이라고 해도 예외는 아니다. IBM은 클라우드 컴퓨팅(cloud computing)을 가장 잘 할 수 있는 회사였음에도 불구하고, 기존 PC 제품 시장을 잃지나 않을까 걱정만 하다가 클라우드 컴퓨팅 시장을 선점하지 못한 뼈아픈 역사가 있다. 이렇듯 급변하는 흐름에 적응하지 못하는 기업은 4차 산업혁명 시대에 대표적인 패자가 될 것으로 보인다.

4차 산업혁명 시대의 승자

4차 산업혁명 시대에 새로이 주목받는 분야를 모두 나열할 수는 없다. 이러한 분야는 제조업에서 서비스업, 대기업에서 중소기업, 국내 기업에서 국제 기업 등 거의 모든 분야에 걸쳐 산재해 있다고 할 수 있다. 이 중에서도 가장 두드러지는 4차 산업혁명 시대 최대의 승자는 변화하는 흐름을 통찰해내는 혁신자(innovator)들이라고 할 수 있다. 즉, 다른 사람들보다 먼저 새로운 기술의 무한한 가능성을 인식하고, 그것을 실제로 적용하려 하는 사람들이다.

대표적인 혁신자로는 아이폰(iPhone)을 통해 모바일 시대를 연 스티브 잡스(Steve Jobs)를 들 수 있다. 1976년 스티븐 워즈니악(Stephen Wozniak)과 함께 차고에서 최초로 모니터와 마우스가 있는 개인용 컴퓨터인 'Apple I'을 제작해 판매한 것을 시작으로 애플(Apple)사를 세계 1등 개인용 컴퓨터 회사로 성장시켰다. 한때 경영권 분쟁으로 애플을 떠나기도 했지만, 다시 돌아와 2001년 아이팟(iPod) 시리즈를 내놓으며 음원 산업의 판도를 바꾸었고, 2007년에는 아이폰을 출시하여 모바일이 중심이 되는 세상을 열었다. 아이폰이 최초의 스마트폰(smartphone)인 것은 아니었다. 하지만 사용자 인터페이스(user interface)를 혁신하고 앱스토어(App store) 및 아이튠즈(iTunes)를 통해 양질의 콘텐츠가 유통될 수 있는 생태계를 만들면서 진정한 스마트폰 시대를 열었다.

국내 기업으로는 모바일 시대의 가능성을 보고 뛰어들어 성공한 여러 기업 중 카카오(Kakao)의 예를 소개하고자 한다. 카카오를 창업한 김범수 씨는 이미 인터넷의 급격한 보급에 착안하여 1998년 인터넷 게임회사인 한게임을 창업해 성공시킨 경험이 있었다. 한게임 창업 후 10년 여의 시간을 뒤로하고 미국에서 가족들과 안식년을 보내고 있던 그는 아이폰의 등장과 웹2.0(Web 2.0)의 흐름을 보며 또다시 새로운 시대가 다가오고 있음을 예감했다. 처음부터 모바일 메신저인 카카오톡(Kakao Talk)을 생각해냈던 것은 아니었다. 웹2.0의 흐름에 맞춰 사진 및 동영상 공유 블로그, 집단지성 정보추천 사이트 등을 만들었지만 실패 후 모바일로 눈을 돌렸다. 2010년 3월 출시된 카카오톡은 빠르게 국내 모바일 메신저 시장을 선점하며 '국민 메신저'로 자리를 굳혔고, 2014년에는 국내 2위 포털업체인 다음커뮤니케이션과 합병하기에 이르렀다. 카카오는 콜택시 애플리케이션인 카카오택시, 인터넷 전문은행 카카오뱅크 등을 내놓으며 O2O(Online To Offline), 핀테크(fintech) 등 분야를 막론하고 국내 최대 플랫폼 기업으로 성장하고 있다.

결론적으로 4차 산업혁명 시대 승자의 길은 해당 분야에서 정보기술의 변화를 빨리 인식하고 받아들여서 새로운 비즈니스 환경에 정확히 적응하는 것이라 할 수 있다.

1.1.4 4차 산업혁명 시대의 최종사용자

이 책은 컴퓨터 및 정보기술 전문가의 관점에서가 아니라 최종사용자의 입장에서 4차 산업혁명 시대를 어떻게 대처해 나갈 수 있을지에 대해 초점을 맞추고 있다. 즉, 이 책의 주요 독자인 여러분이 성공적인 최종사용자가 되기 위해서는 다음과 같은 두 가지를 명심해야 한다.

첫째, 최종사용자로서 컴퓨터 및 정보기술 관련 기술의 급격한 변화에 발맞추어 나가야 한다. 4차 산업혁명 시대의 승자가 되기 위해 여러분은 이러한 변화에 능동적으로 대처할 수 있어야만 한다.

둘째, 컴퓨터 및 정보기술은 망치나 자동차 등과 같이 인간이 개발한 또 다른 하나의 도구에 불과하다는 것을 인식해야 한다. 다시 말해 도구로서의 기술은 해로울 수도, 이로울 수도 있다. 예를 들면, 자동차는 여러 가지 편리함을 제공하지만, 때로는 사람의 목숨을 빼앗는 흉기로 돌변할 수도 있는 것이다.

4차 산업혁명 시대를 맞이하여 우리는 사회의 거의 모든 분야에서 급격한 변화를 경험하고 있다. 우선 미래의 직업관이 완전히 바뀌고 있으며, 개인의 생활도 불과 몇 년 전에 비해 많은 것이 달라지고 있다. 그 대표적인 예로 서로 남는 자원을 공유하는 공유경제(sharing economy), 오프라인과 온라인이 유기적으로 연결되는 O2O, 모든 은행 업무를 온라인으로 가능하게 하는 핀테크, 데이터 분석을 통해 개개인에게 최적화된 정보를 추천해주는 빅데이터(big data) 활용 기술, 기계학습(machine learning)과 딥러닝(deep learning)으로 대표되는 인공지능(artificial intelligence) 기술, 그리고 세상을 바꿀 파괴적 기술로 불리는 블록체인(blockchain) 기술 등이 있다. 이러한 최신 정보기술들은 기업들이 경쟁하는 방법, 제품 생산 방식 및 고객 대응 서비스까지 완전히 바꾸어 놓고 있다. 즉, 시대를 완전히 변화시키고 있는 것이다.

그렇다면 "과연 여러분은 4차 산업혁명 시대의 진정한 승자가 될 준비가 되어 있는가?"

1.1.5 4차 산업혁명 시대의 기업

경영혁신과 정보시스템

4차 산업혁명 시대에는 최종사용자뿐만 아니라 기업의 역할도 매우 크다. 따라서 기업의 관점에서 4차 산업혁명 시대를 어떻게 대처해 나가야 하는가에 대해서도 살펴보도록 하자.

지난 30여 년간 기업은 생존을 위해 끊임없이 경영혁신을 추진해 왔다. 과거에는 조직구조나 업무프로세스의 변화를 통해 경영혁신을 추구했다면, 지금은 정보기술 및 정보시스템의 활용을 통해 경영혁신을 추구하고 있다. 〈그림 1-1〉은 지난 30년 동안 기업이 추구해 온 경영혁신 방법의 변화를 설명하고 있다. 1990년대에는 전략 변화주기가 2~3년 정도로 빠르지 않았기 때문에 경영자가 추진하는 경영전략을 구현하기 위해 기존 프로세스를 혁신하고 정보화하는 방향을 선택했다. 2000년대에 들어오면서 기업의 많은 오프라인 프로세스가 정보화되었고, 이를 통해 기업은 새로운 경영환경에 빠르게 대응할 수 있게 되었다. 2010년대에는 급변하고 예측이 힘든 경영환경에 대처하기 위해 경영자가 미리 전략을 수립하기보다는 필요시에 새로운 전략을 즉시 구현하는 방법으로 대응하였다. 즉, 2010년대 경영혁신의 목표는 새로운 경영환경에 민첩하게 대응하기 위한 유연한(agile) 경영체계를 갖추는 것이었다. 하지만, 2020년대에 들어 기존 기업의 모든 오프라인 프로세스가 디지털화되면서 온라인상의 '디지털 트윈(digital twin)' 프로세스로 재탄생하고 있다. 이렇듯 최근 기업들은 디지털 전환, 즉 '디지털 트랜스포메이션(digital transformation)'을 통해, 현실에서 발생할 수 있는 상황을 온라인으로 미리 시뮬레이션함으로써 결과를 예측하거나, 현실에서의 좀 더 빠른 의사결정을 위해 디지털 트윈 기술을 활용하고 있는 것이다. 따라서 2020년대의 경영혁신은 디지털 트랜스포메이션의

〈그림 1-1〉 기업 경영혁신 방법의 연대별 변화

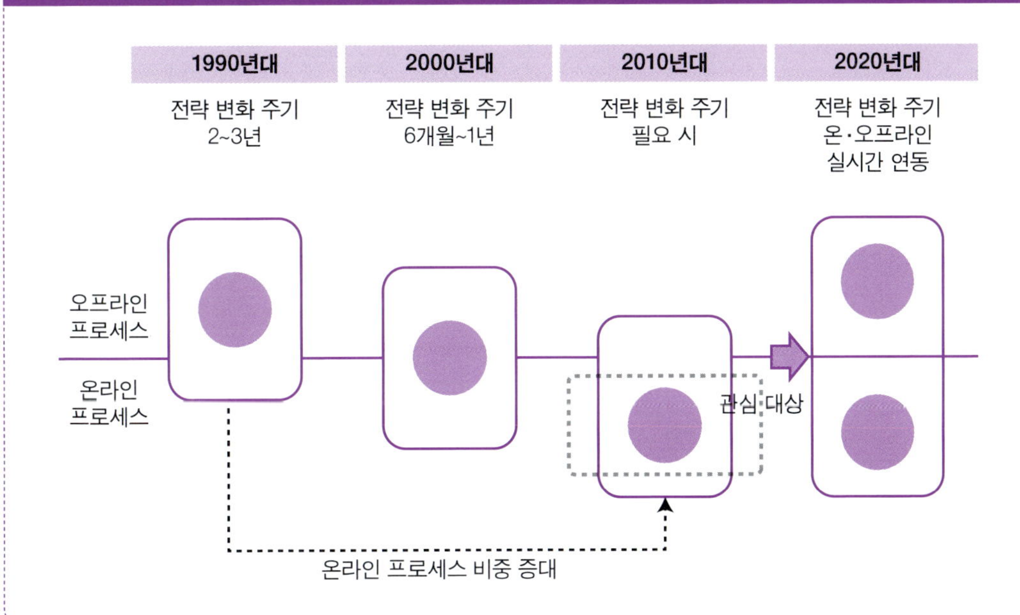

개념과 일맥상통하며, 이는 기업 활동에 있어 정보기술 및 정보시스템의 역할이 얼마나 큰지를 잘 보여주고 있다.

디지털 트랜스포메이션 트렌드 - 유통산업

CASE 1-2

4차 산업혁명의 핵심기술인 인공지능(AI), 빅데이터, 클라우드 컴퓨팅, 사물인터넷(IoT) 등의 발전은 전 세계 유통혁명을 이끌었고, 이로 인해 오프라인 쇼핑몰이 아닌 아마존과 알리바바 같은 온라인 쇼핑몰이 글로벌 거대기업으로 급부상했다. 이러한 현상들은 유통·배송·물류시스템의 디지털화 및 자동화를 촉진했고, 팬데믹 장기화는 스마트 유통의 실행을 앞당겼다. 최근 빠르게 확산하며 급성장한 이커머스(e-commerce)의 발전 현황과 유통업계의 디지털 트랜스포메이션(디지털 전환 혹은 디지털 변혁) 사례에 대해 알아본다.

[고객중심] 고객 입맛에 맞춰 제작하고 판매하는 C2M으로의 진화

최근 유통업계의 뜨거운 화두는 C2M(Customer-To-Manufacturer)이다. 기존의 B2C(Business-To-Consumer) 유통방식은 기업에서 기획, 생산한 제품을 유통회사를 통해 고객에게 판매하는 방식인 데 비해, C2M은 온라인 유통 플랫폼을 통해서 수집된 소비자 의견을 제조공장에 전달하여 이를 반영한 제품을 제작하여 판매하는 방식을 말하는 것으로 유통의 '시청자 게시판'이라 해도 과언이 아니다. C2M의 트렌드를 이끈 것은 중국의 이커머스 기업인 '핀둬둬(拼多多)'이다. 핀둬둬는 로봇청소기 제조 회사인 '찌아웨이스'에게 고성능 로봇청소기가 아닌 바닥의 먼지를 흡입할 수 있는 기능에만 집중한 저가형 로봇청소기에 대한 고객 니즈를 전달했고, 이에 찌아웨이스는 먼지 흡입 기능에 집중하고 가격은 대폭 낮춘 로봇청소기를 제작, 매출액을 50% 이상 올리는 성공을 거두게 되었다.

[언택트] 언택트 서비스는 위드 코로나 시대의 필수 생존전략

사회적 거리두기가 일상화된 코로나19 팬데믹 시대, 고객의 안전은 물론 직원의 안전까지 책임지는 언택트 서비스가 선택이 아닌 필수가 되었다. 커피전문점 '달콤커피'를 운영하는 다날그룹이 만든 로봇카페 '비트'가 업계 최초로 상주직원 없이 24시간 운영되는 무인 로봇카페 100호점 개점을 달성했다. 비트카페는 키오스크와 전용 앱, 모바일 기반의 음성 등 100% 비대면으로 주문, 결제, 제조, 픽업의 전 과정이 무인으로 진행되고 있다. 상주 인력 없이도 고객들은 원하는 원두 선택, 시럽 양과 진하기 조절 등 자신의 입맛에 맞는 주문이 가능하며 취향에 따른 50여 가지의 메뉴 제조가 가능하다. 특히 비대면 앱 기반의 워크스루(walk through) 방식으로 소비자의 불필요한 대기시간을 최소화하고 신속한 서비스가 가능하여 포스트 코로나형 카페로 주목받고 있다.

[추천] 당신의 쇼핑을 도와 드립니다… 상품추천부터 쇼핑정보까지 다 드려요!

네이버는 주변 맛집, 강좌 등을 소개하는 인공지능 추천서비스 스마트어라운드에 '쇼핑' 탭을 추가했다. 스마트어라운드는 인근 식당이나 카페, 가볼 곳, 강좌 등을 추천해주는 위치기반 서비스인데, 특히, 고객의 취향에 맞는 맞춤형 서비스를 제공하는 것이 특징이다. 스마트어라운드는 사용자의 위치, 성별, 연령, 쇼핑 취향 등을 바탕으로 사용자가 관심 있을 만한 브랜드와 상품을 판매하는 오프라인 매장, 할인행사, 신제품 출시 등 정보를 제공한다. 고객의 검색 이력이나 구매 이력, 온라인 장바구니에 담아둔 제품 등 고객 행동 데이터를 AI가 분석하게 하고, 성별, 연령대 비교군 정보까지 더해진 방대한 데이터를 기반으로 상점과 상품을 추천해준다. 예를 들어 중저가 의류 구매가 많은 20대 여성에게는 주변 의류 소매점을, 스포츠에 관심이 많은 30대 남성에게는 스포츠 멀티샵 등을 제안하는 방식이다.

[배송] 클릭 한 번으로 당일 혹은 새벽까지 문 앞으로 배송해드립니다

마켓컬리는 채소, 과일, 수산물 등 신선식품을 밤 11시 이전에 주문하면 다음 날 새벽까지 집 앞에 배달해주는 '샛별배송'을 국내에 확산시킨 온라인 플랫폼 유통업체이다. 마켓컬리의 핵심 경쟁력은 '품질'로 꼽히고 있는데, '온라인은 가성비 추구'라는 공식을 깨고 온라인에서도 프리미엄급 질 좋은 상품을 믿고 구매할 수 있다는 인식을 심어준 것이 매년 2배의 성장을 가능하게 한 비결로 평가되고 있다. 특히, 마켓컬리의 신선식품 판매기한은 동일 업계 대비 매우 짧은 것으로 유명한데, 상품의 질과 신선도를 최우선으로 지키면서 폐기물을 최소화하기 위해서는 주문량을 예측하는 시스템 활용이 매우 중요하다. 그래서 마켓컬리에는 데이터를 수집하고 분석하여 다음 날 들어올 주문량을 예측하는 데이터 농장팀의 '데멍이(데이터를 물어다 주는 멍멍이)'시스템이 있다. 데멍이는 마켓컬리의 매출·물류 예측 시스템이자 주요 지표 전사공유시스템으로 신선식품의 폐기율을 일반 대형마트의 절반 이하인 1% 수준으로 관리해주고 있다.

출처: MOBIINSIDE, 이혜숙 전문교수, 2021.04.13.

토론

1. 최근 코로나 팬데믹으로 인해 진행되고 있는 유통업계의 변화 트렌드에 대해 논의하시오.
2. 소개된 유통업계의 디지털 트랜스포메이션 사례 이외에 다른 성공적인 활용 사례를 찾아보시오.

블록체인이 인공지능의 '치매'를 막는다

CASE 1-3

사토시 나카모토(Satoshi Nakamoto)는 암호화폐 비트코인을 처음으로 만든 가상의 인물이다. 아직 그가 누구인지 어디서 뭘 하는지 실체가 밝혀지지 않았다. 다만 일본계 미국인으로 추측되며, 암호학과 전산학의 대가로 판단된다. 그가 2008년 10월 '비트코인: P2P 전자화폐(Bitcoin: A Peer-to-Peer Electronic Cash System)'란 제목으로 비트코인 관련 논문을 인터넷에 공개했다. 이 논문에서는 비트코인에 필수적인 '블록체인(blockchain)' 기술이 함께 소개됐다. 사토시 나카모토는 이 논문에서 다음과 같이 주장했다. "전자 화폐(electronic cash)가 순수하게 개인과 개인 간(peer-to-peer)의 지불수단이 되려면, 그 거래방법은 중앙집권적 금융기관을 거치지 않고, 바로 개인 간에 직접 지불할 수 있는 새로운 방법이 되어야 한다. 그러기 위해서 거래내역을 서로 연결된 사슬(chain)로 만들고, 분산 저장하고, 또한 그 거래내역을 암호화해서 변경할 수 없도록 해야 한다. 결국 거래내역 변조를 불가능하게 해야 한다." 이렇게 문서나 데이터의 변조(變造)를 영원히 불가능하게 하는 기술이 바로 블록체인 기술이다. 그러나 블록체인 기술의 적용 범위는 암호화폐에만 머무르지 않는다. 이제는 '데이터의 신뢰성과 안전성' 확보가 절실한 '인공지능 기술'에도 필연적으로 사용될 수밖에 없다.

블록체인은 데이터 변조를 불가능하게 한다

블록체인은 블록(block)과 체인(chain)의 합성어로, 일종의 안전이 보장된 전자 장부이다. 서로의 거래내역들이 블록에 담기고 이 블록들이 체인처럼 연결되어 있다는 의미이다. 이러한 블록체인 기술에서는 각 거래내역을 암호화하고, 암호화된 거래내역을 묶어서 블록화한다. 이렇게 만들어진 거래장부를 전 세계 컴퓨터들에 분산 저장한다. 이 과정에서 전 세계 컴퓨터가 자발적으로 참가하는 작업을 '채굴(mining)'이라고 한다. 채굴에 가담하는 컴퓨터들은 주기적으로 서로 데이터 암호를 비교해서 데이터 변조 여부를 상호 검증한다. 256비트로 이루어진 이 암호는 문서가 조금만 변조되어도 완전히 바뀌기 때문에 변조 여부는 금방 알아챌 수 있다. 이러한 블록체인 기술은 데이터의 신뢰성이 필요한 다양한 응용 분야에 적용 가능하다. 금융거래, 증권정보, 무역거래, 전자투표, 부동산 거래, 성과관리, 의료정보, 개인이력 관리, 비대면 계약, 중고차 거래, 디지털 화물운송장, 식품안전 데이터 사업 등에 쓸 수 있다. 또한 데이터의 안전한 분산과 관리를 통해서 집중된 데이터 권한과 서비스 수수료를 줄이고, 업무 효율을 증가시킬 수 있다. 비트코인과 같은 암호화폐는 블록체인의 한 가지 응용 사례일 뿐이다.

인공지능용 데이터 보안에도 블록체인이 필요하다

인공지능 기계학습(machine learning)에서는 데이터를 통해서 학습을 수행한다. 따라서 학습에 사용되는 데이터가 편향되면 인공지능도 이념적, 종교적, 문화적 편향성을 가질 수 있다는 뜻이 된다. 그 결과 인공지능은 국적, 인종, 성별, 출신, 학교, 지역에 따라 편견과 차별의식을 가질 수도 있다. 데이터에 따라 인공지능의 역사의식도 달라진다. 따라서 인공지능 알고리즘 개발도 중요하지만 그에 못지않게 '편향되지 않은 데이터의 확보'와 '저장된 데이터의 변조 방지'가 절대적으로 중요해진다. 이때 블록체인이 필요하다. 여기에 더해서 기계학습의 결과물인 인공지능망(deep neural network)의 변수(weights)나 네트워크 변수(hyper parameters)들도 변조될 위험성이 있다. 이 변수들은 학습을 통해 얻게 되는데, 인공지능망 연결선의 크기 정도 또는 인공지능망의 크기와 깊이, 그리고 학습 횟수 등 전체 설계를 표현한다. 그런데 외부 조작에 의해서 이 변수들이 조금만 인위적으로 바뀌면 인공지능의 학습 효과는 완전히 사라지게 된다. 이렇게 되면 개발된 인공지능의 지능이 급격히 떨어지거나 학습한 인공지능이 '치매'에 걸릴 수도 있다. 인공지능 치매는 인공지능의 성능과 판단력, 그리고 기억 용량을 현저히 떨어뜨린다. 유아기 인간 수준의 인공지능이 되는 셈이다. 이뿐만 아니라 '불량 인공지능'도 탄생한다. 이들은 학습 의도와 전혀 다른 판단을 내리거나 미숙한 행동을 할 수 있다. 인간의 뜻을 거역할 수도 있다.

인공지능과 데이터 보안은 같이 간다

이런 인공지능 학습에 사용되는 데이터는 인간이 만든 데이터이거나, 컴퓨터가 만든 데이터이거나, 인간의 진화 과정에서 축적된 데이터이거나, 혹은 우주에서 날아오는 데이터들이다. 이렇게 모아진 데이터의 변조는 외부의 데이터 공격과 조작에 의해서 언제나 발생 가능하다. 데이터의 변조는 메모리 반도체, 프로세서, 컴퓨터, 네트워크 또는 데이터 센터 등 어디서나 생길 수 있다. 이와 같은 데이터의 변조를 막기 위해서는 블록체인과 같은 데이터 보안 기술이 계속 발전하고 적용되어야 한다. 그래서 인공지능과 데이터 보안은 함께 간다. 인공지능은 '디지털 데이터의 신뢰성과 안전성' 토대 위에서 그 가치가 빛을 발한다.

출처: 조선일보, 김정호 KAIST 교수, 2020.10.7.

토론

1. 블록체인과 암호화폐, 그리고 인공지능과의 관계에 대해서 논의하시오.
2. 블록체인 기술이 성공적으로 적용된 사례에 대해 찾아보시오.
3. 비트코인, 이더리움 등으로 대표되는 암호화폐의 미래에 대해 예측하시오.

정보기술을 통한 성공과 실패

이처럼 정보시스템의 역할은 효율성 측면에서 시작되어 효과성 측면으로 변화되고 있다. 즉, 컴퓨터 기반의 정보시스템이 비록 프로세스를 자동화하는 측면이 강하지만, 다양한 조직 환경 속에서 사람들에 의하여 설계되고 운영되어 사용되기 때문이다. 따라서 성공적인 정보시스템은 단지 비용과 시간 및 정보자원 사용 최소화의 견지에서 효율성만을 측정해서는 안 된다. 이뿐만 아니라 조직의 전략을 지원하고, 프로세스를 작동시키며, 조직구조와 문화를 강화하고, 나아가 고객과 사업 가치를 향상시킬 수 있는 정보기술의 효과성도 함께 측정해야 하는 것이다.

그럼에도 불구하고, 정보기술과 정보시스템을 제대로 관리하지 못하고 잘못 적용함으로써 기술적 또는 사업적 실패를 가져올 수 있다. 따라서 기업은 4차 산업혁명 시대의 가장 중요한 자원이라 할 수 있는 정보기술을 효율적 및 효과적으로 활용하여 기업의 전략적 경쟁우위 확보를 통한 지속적 성장을 도모할 필요가 있다. 효율성과 효과성에 대한 좀 더 자세한 설명은 2장에서 다루고자 한다.

1.2 정보시스템의 개념

1.2.1 시스템의 개념

정보시스템(IS)을 정확히 이해하기 위해서는 먼저 '시스템(system)'의 개념을 이해할 필요가 있다. 시스템은 공동의 목표를 달성하기 위해 주어진 경계 내에서 각 구성 요소들이 서로 상호작용하는 유기적 집합체로 정의할 수 있다. 이러한 시스템은 투입(input), 처리(processing), 산출(output), 피드백(feedback), 통제(control) 등의 다섯 가지 요소로 구성되어 있다. 시스템을 둘러싼 내·외부 환경으로부터 얻어진 자원(resource)이 투입(input)되면 처리 과정(processing)을 거쳐 산출물(output)을 내놓게 된다. 이러한 전 과정에서 요소 간에 발생하는 상호작용을 피드백(feedback)이라고 하며, 피드백을 포함한 전 과정은 시스템 안에서 특정 구성요소에 의하여 통제(control)된다.

1.2.2 정보시스템의 정의 및 구성요소

기업 경영의 전 과정도 시스템의 관점에서 이해할 수 있으며, 이를 비즈니스 시스템(business system)이라 부르기도 한다. 즉, 기업 경영을 시스템의 관점에서 살펴보면, 경영자가 회사 내부 혹은 외부로부터 조달한 인적 및 물적 자원을 투입(input)하고, 일련의 처리 과정(processing)을 거치면, 재화나 서비스라는 산출물(output)이 생성되는 것으로 파악할 수 있다. 이때 발생하는 정보 혹은 자원의 흐름을 피드백(feedback)이라고 하며, 이러한 경영환경에서는 정보시스템(혹은 경영정보시스템)이 피드백의 역할을 수행하게 된다. 즉, 정보시스템은 경영이라는 큰 시스템 안에 속하는 하위시스템으로 간주할 수 있다. 때문에 정보시스템 역시 시스템의 속성을 그대로 가지고 있다. 국내외 발간된 대부분의 경영정보시스템 교재에서는 정보시스템(IS: Information Systems)과 경영정보시스템(MIS: Management Information Systems)의 의미를 구분하지 않고 혼용하고 있으므로, 이 책에서도 두 용어를 구분하지 않고 사용하기로 한다.

정보시스템은 시스템의 내부 혹은 외부에서 얻은 자원이 투입(input)되면 처리 과정(processing)을 거쳐 의사결정에 도움이 되는 산출물(output)을 내놓게 된다. 정보시스템에 투입되는 자원에는 데이터(data), 하드웨어(hardware), 소프트웨어(software), 통신네트워크(communications network) 등과 같은 정보기술 자원(IT resource)과 인적 자원(human resource)이 있다. 이러한 자원들은 정보시스템의 처리 과정을 거쳐 보고서나 시각자료와 같은 정보(information) 혹은 활용가능하고 가치 있는 정보, 즉 패턴이나 규칙과 같은 지식(knowledge)의 형태를 갖춘 산출물로 표현된다. 이러한 산출물은 의사결정에 바로 활용되기도 하고 데이터베이스에 저장(storage)되어 다시 자원으로 사용되기도 한다. 이상의 모든 과정 또한 중앙처리장치(CPU: Central Processing Unit) 등과 같은 요소에 의해 통제(control)된다. 일반적으로 정보시스템(IS)을 구성하는 5대 요소는 시스템을 구성하는 4대 요소(투입, 처리 과정, 산출물, 통제)와 저장(storage)으로 이뤄진다. 즉, 시스템에서 피드백(feedback)이 수행하는 역할을 저장이 대신하게 된다.

1.2.3 정보시스템의 목적

정보시스템은 컴퓨터를 기반으로 하지만 컴퓨터 과학(computer science) 혹은 컴퓨터 공학(computer engineering)과는 차별화되는 목적을 가지고 있다. 즉, 컴퓨터 과학 혹은 컴퓨터 공학은 하드웨어나 소프트웨어와 같은 기술을 발전시키는 행위 그 자체가 목적인 반면, 정보시스템(혹은 경영정보시스템)은 이러한 발전된 컴퓨터 기술(혹은 정보기술)을 도구로 활용하여 보다 나은 기업 경영(business)을 수행하는 것이 목적이다. 예를 들어, 드론을 컴퓨터 공학 관점에서 바라보면 제어 기술, 통신 기술, 비행 기술 등 드론에 사용되는 기술 자체를 개량하는 것이 주목적이 되는 반면, 정보시스템의 관점에서는 이러한 새로운 드론 기술을 활용해 어떻게 하면 기업의 경쟁우위를 창출할 수 있을까를 우선적으로 고민하게 된다. 즉, 새롭게 개발된 드론 기술을 활용하여, 더 나은 배송, 모니터링, 정보수집 등의 경영활동을 영위함으로써 기업의 경쟁력을 향상시킬 방안을 전략적으로 모색하고 개발, 활용하는 데 초점을 두는 것이다.

따라서 경영정보시스템을 학문의 한 분야로 접하는 독자들은 컴퓨터를 포함한 다양한 정보기술의 최신 지식을 전통적인 경영학 지식과 병행하여 익혀둘 필요가 있다. 더 나아가 오늘날의 4차 산업혁명 시대에는 이러한 정보기술과 경영학 관련 지식이 적절히 융합되어 시너지(synergy)를 일으킬 때만이 기업의 경쟁우위를 창출할 수 있는 창조적 혁신(creative innovation)이 일어날 수 있음을 깨달아야 한다. 이러한 관점에서 경영정보시스템은 기존의 전통적 경영학 분야와 컴퓨터 공학 분야 사이의 간극을 적절히 메워줌과 동시에, 고객이 요구하는 니즈(needs)를 찾아 이를 적절히 충족해 주는 매우 중요한 융합학문 분야로 떠오르고 있다. 경영정보시스템 분야의 전문가는 이러한 정보기술과 경영학의 두 학문 분야 지식을 모두 아우르면서, 두 분야 사이를 이어주는 소통의 역할도 함께 수행하고 있다.

1.3 정보시스템의 분류

1.3.1 전통적인 경영정보시스템

기업 내부에서 사용되는 정보시스템은 실제로 여러 개의 하부 시스템(sub-systems)으로 구분될 수 있다. 〈그림 1-2〉는 다양한 기준에 따른 정보시스템의 분류를 설명하고 있다.

우선 조직 내 사용자를 기준으로 살펴보면, 일반 직원(operators)은 데이터(data)를, 중간 관리자(managers)는 정보(information)를, 임원진(executives)은 지식(knowledge)을 정보시스템을 통해 주로 다루게 된다. 일반적으로 데이터(data)는 사실, 이벤트, 거래 등의 가공되지 않은 상태의 수치를 의미하며, 정보(information)는 최종사용자의 관점에서 의미 있게 처

〈그림 1-2〉 전통적인 경영정보시스템의 분류

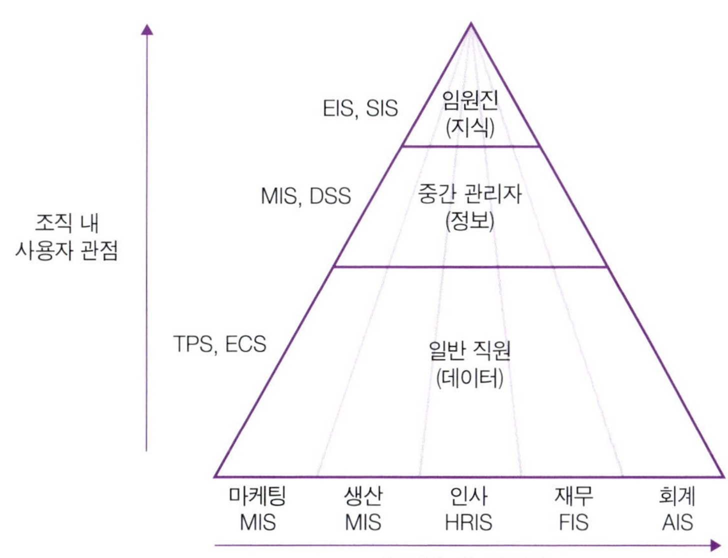

리·가공된 데이터를 의미한다. 한편, 지식(knowledge)은 데이터나 지식이 축적되어 업무 관련성 및 가치가 높고 실행 가능한 상태가 된 데이터 혹은 정보를 일컫는다. 지식의 예로는 노하우, 경험 등과 같은 암묵지(tacit knowledge)와 문서의 형태로 저장이 가능한 형식지(explicit knowledge) 등이 있다. 이를 기준으로 정보시스템을 분류해보면, 일반 직원이 사용하는 정보시스템에는 거래처리시스템(TPS: Transaction Processing Systems)과 전사적협업시스템(ECS: Enterprise Collaborative Systems) 등이 있다. 중간 관리자는 정보보고시스템(IRS: Information Reporting Systems)이라고도 불리는 경영정보시스템(MIS: Management Information Systems)과 의사결정지원시스템(DSS: Decision Support Systems)을 주로 사용하며, 최고경영자를 포함한 임원진은 중역정보시스템(EIS: Executive Information Systems)과 전략정보시스템(SIS: Strategic Information Systems) 등을 주로 사용한다. 이러한 분류는 정보시스템의 수직적 분류로 볼 수 있다.

일반적으로 경영정보시스템(MIS)은 두 가지 다른 의미로 사용된다. 우선 경영정보시스템이 넓은 의미로 쓰일 경우, 모든 종류의 하부 정보시스템을 포함한 의미로 쓰이며, 이때는 간단히 정보시스템(IS)으로도 불린다. 다음으로 경영정보시스템이 좁은 의미로 사용될 경우에는, 기업의 중간 관리자가 보고용으로 주로 사용하는 정보시스템만을 의미하며, 이때는 정보보고시스템(IRS)으로 불리기도 한다.

한편, 경영기능 혹은 부서를 기준으로 다르게 사용되는 경영정보시스템을 살펴보면, 마케팅 부서가 주로 사용하는 마케팅정보시스템(MIS: Marketing Information Systems), 생산·운영 부서가 주로 사용하는 생산정보시스템(MIS: Manufacturing Information Systems), 인사 부서의 인사정보시스템(HRIS: Human Resource Information Systems), 재무 부서의 재무정보시스템(FIS: Financial Information Systems), 그리고 회계 부서의 회계정보시스템(AIS: Accounting Information Systems) 등이 있다. 이러한 분류는 정보시스템의 수평적 분류로 간주될 수 있다.

또한, 업무 활동 측면이나 시간적 측면에서 경영정보시스템을 분류해 볼 수도 있는데, 업무 활동의 앞단을 맡고 있는 운영지원시스템(OSS: Operations Support System)과 업무 활동의 뒷단을 맡고 있는 관리지원시스템(MSS: Management Support Systems)으로 나뉠 수 있다. 운영지원시스템은 거래처리나 데이터 갱신을 위한 시스템으로 기간계 시스템 또는 처리계 시스템으로 불리기도 한다. 반면에 관리지원시스템은 분석이나 의사결정을 하기 위한 시스템으로 정보계 시스템 또는 분석계 시스템으로 불리기도 한다. 운영지원시스템에 사용되는 대표적인 정보처리 기술이 온라인거래처리(OLTP: On-Line Transaction Processing)이고, 관리지원시스템에서 사용되는 대표적인 정보처리 기술이 온라인분석처리(OLAP: On-Line Analytical Processing)이다.

앞서 언급된 부서별 기능 중심의 정보시스템은 각 부서의 목적 달성만을 위해 사용되다 보니 기업 전체의 이익을 실현할 수 없다는 약점이 있다. 이런 약점을 보완하기 위해 등장한 정보시스템이 기업 전체의 목적 달성을 위한 전사적 차원 경영정보시스템(enterprise-level MIS)이다. 전사적 차원 경영정보시스템의 대표적인 예로는 외부 고객을 효과적으로 관리하기 위한 고객관계관리(CRM: Customer Relationship Management) 시스템, 외부 협력업체들과 효과적으로 협업하기 위한 공급망관리(SCM: Supply Chain Management) 시스템, 기업 내·외부의 자원을 전사적 차원에서 효율·효과적으로 관리하기 위한 전사적자원관리(ERP: Enterprise Resource Planning) 시스템, 그리고 컴퓨터 네트워크상에서 제품과 서비스 정보를 제공하고 물건을 사고팔게 하는 전자상거래(EC: Electronic Commerce) 시스템 등이 있다.

그 밖의 전사적 차원 경영정보시스템의 분류로 전문가시스템(expert systems)과 지식경영시스템(KMS: Knowledge Management Systems) 등을 들 수 있다. 전문가시스템은 규칙 기반 인공지능 기술을 활용하여 능력진단과 같은 운영업무를 위한 전문가 조언을 제공하거나, 대출 포트폴리오 관리와 같은 관리적 의사결정을 위한 전문적 조언을 제공한다. 지식경영시스템은 전사적인 차원에서 모든 직원에게 업무 관련 지식의 생성, 조직, 배포 및 공유 등을 지원하는 정보시스템으로, 최근에는 지식경영시스템을 통해 동영상 파일을 공유할 수 있게 됨에 따라 문서화될 수 없었던 암묵지에 대한 공유까지 가능하게 되었다.

1.3.2 확장된 경영정보시스템

엑스트라넷(extranet)과 가상사설망(VPN: Virtual Private Network) 등 기업 간 안전하고 빠른 통신을 위한 정보통신 기술이 발전하면서 최근의 경영정보시스템은 단순히 기업 내부의 업무를 지원하는 데 그치지 않고, 기업의 내부와 외부를 연계시키는 '확장된 정보시스템'으로 발전하게 되었다. 〈그림 1-3〉은 이러한 확장된 경영정보시스템(extended MIS)의 개념을 설명하고 있다. 확장된 경영정보시스템이란 회사의 내부 업무 처리에 필요한 경영정보시스템의 범주를 넘어서 고객 및 협력사의 경영정보시스템과도 유기적으로 연결되는 기업 간 네트워크를 이루는 정보시스템을 뜻한다. 전통적인 경영정보시스템이 내부 효율성(internal efficiency)을 강조한다면, 확장된 경영정보시스템은 외부 효과성(external effectiveness)을 제고하는 데 초점을 둔다. 또한, 전통적인 경영정보시스템이 업무프로세스를 자동화하는 데 중점을 두었다면, 확장된 경영정보시스템은 인터넷이나 모바일을 활용한 새로운 비즈니스 모델을 창출하는 데 더 많은 관심을 두고 있다.

〈그림 1-3〉 확장된 경영정보시스템

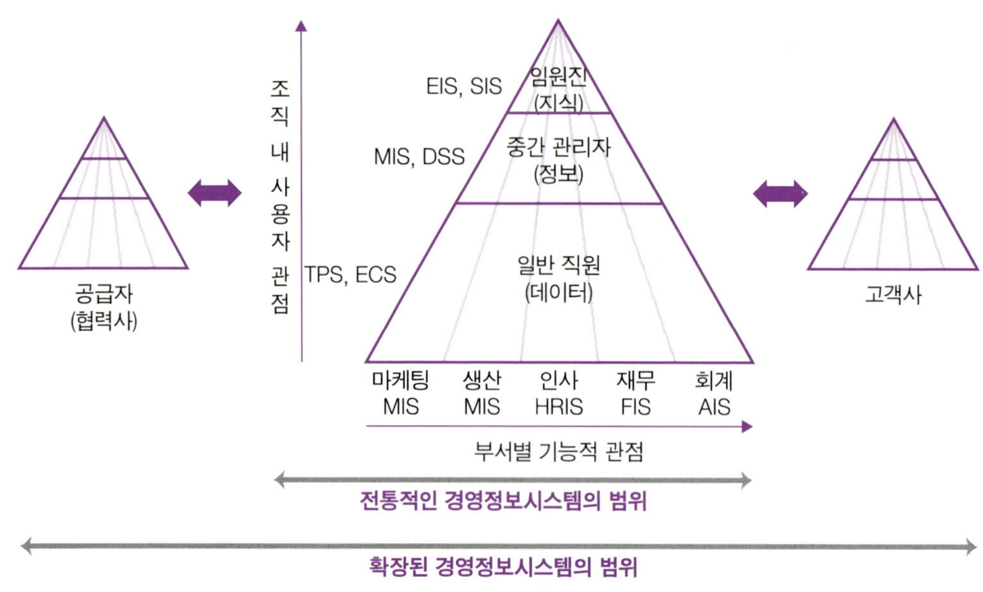

1.4 정보시스템의 발전

이 절에서는 과거부터 현재까지 기업이 실무에서 활용해 온 정보시스템의 변화 및 발전에 대해 연대별로 간략히 알아보고, 향후 발전 방향을 예측해보고자 한다. 〈그림 1-4〉는 연대별 정보시스템의 발전을 특징 및 주로 활용되던 특정 정보시스템 명칭을 통해 설명하고 있다.

우선, 1960년대까지 기업은 메인프레임(mainframe)으로 불리는 컴퓨터를 이용해 정보시스템을 구축하고 회계, 판매 등 일부의 업무만을 전산화하였다. 이 시기에는 정보시스템이 업무의 효율성을 높이기 위한 도구로 주로 활용되었는데, 모든 업무에 정보시스템이 적용되기에는 비용적으로나 기술적으로 어려움이 많았던 시기였다. 따라서 이 시기에는 적용 범주가 단순하여 경영정보시스템이라는 용어 대신 전산자료처리시스템(EDPS: Electronic Data Processing Systems) 혹은 거래정보시스템(TPS: Transaction Processing System)으로 주로 불렸다.

1970년대와 1980년대에 이르러 기업 활동을 위한 정보시스템은 괄목할만한 성장을 거듭하였다. 컴퓨터 하드웨어뿐만 아니라, 소프트웨어와 통신 네트워크의 발전은 회사의 거의 모든 업무를 정보화하기에 이르렀고, 이렇게 업무가 정보화됨에 따라 정보시스템은 기업의 업무를 연계시켜주고 통합하는 센터로서의 새로운 역할을 갖게 되었다. 이 시기부터 정보시스템의 기술적인 역할과 아울러 조직·구조적인 역할을 같이 고려하게 되었고, 이러한 통합적인 측면에서 기업 내 정보시스템은 비로소 경영정보시스템(MIS: Management Information Systems)이라는 용어로 불리게 되었다. 또한, 이 시기에 중간 관리자들의 비구조적 의사결정을 지원하는 의사결정지원시스템(DSS: Decision Support Systems)도 활발하게 사용되었다.

1990년대에 이르러 업무프로세스재설계(BPR: Business Process Reengineering)과 같은 새로운 경영이론이 등장하였고, 이에 따라 새로운 관점의 경영정보시스템이 등장하였다. 즉, 기업들이 내부의 자원(resource)뿐만 아니라 기업 외부의 경쟁환경을 함께 고려하기 시작하면서 경쟁무기로서의 정보시스템 역할을 기대하기 시작한 것이다. 이 시기에 활용된 전략정보시스템(SIS: Strategic Information Systems)이라 불리는 정보시스템은 경쟁사에 대응하기 위한 정보화 전략 개발을 강조하고 있는데, 기업이 경쟁우위에 위치할 수 있도록 비즈니스 과정, 제품, 서비스 혁신 등을 위한 핵심 임무를 수행하였다.

2000년대에 이르러 인터넷, 인트라넷(intranet) 및 엑스트라넷 등의 정보통신 기술이 급속도로 발전하면서, 정보시스템의 역량 또한 획기적으로 발전하였다. 이 시기에 이르러 비로소 컴퓨터 간 인터넷 연결을 통한 업무처리가 가능해졌는데, 이를 통해 기업 내부 시스템 및 업무프로세스의 개선이 이뤄졌을 뿐만 아니라 기업 간(B2B: Business-To-Business), 기업과 개인 고객 간(B2C: Business-To-Consumer) 전자상거래(EC: Electronic Commerce)가 가능해졌다.

2000년대 후반 및 2010년대 초반에 이르러서는 부서별로 나뉘어 독립적으로 활용되고 있던 정보시스템들이 전사적인 차원에서 통합되어 사용되기 시작하였고, 이를 통해 기업들은 자원의 중복 및 낭비로 인한 비효율성 및 비효과성의 문제를 극복하고 기업 전체의 목표를 이루는 데 최적화된 정보시스템을 활용할 수 있게 되었다. 오늘날 대부분 기업이 도입하여 사용하고 있는 전사적자원관리(ERP: Enterprise Resource Planning) 시스템, 고객관계관리(CRM: Customer Relationship Management) 시스템 및 공급망관리(SCM: Supply Chain Management) 시스템은 이 시점부터 사용되기 시작하였다. 또한, 이 시기에 엑스트라넷과 가상사설망(VPN)을 통한 기업 간 정보시스템(inter-organizational information systems)의 구축이 이뤄짐으로써 기업 차원의 경쟁이 기업 네트워크 간 경쟁으로 진화하는 계기가 되었다.

〈그림 1-4〉 연대별 정보시스템의 발전

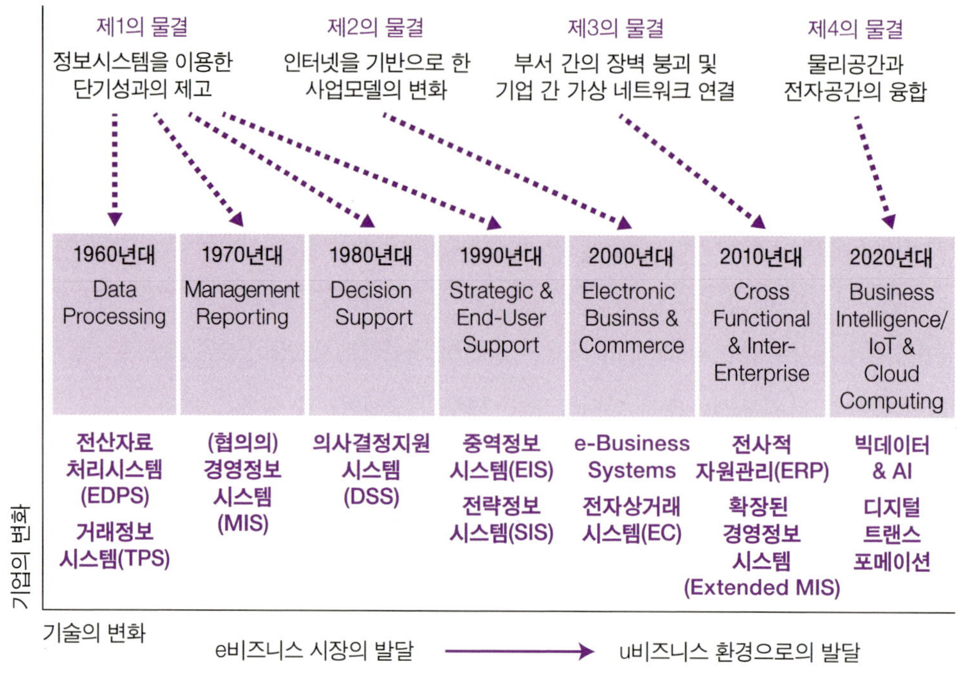

정보시스템이 '언제 어디에나 존재함'을 뜻하는 유비쿼터스 컴퓨팅(ubiquitous computing)의 개념은 이미 오래전에 제안된 바 있지만, 모든 사물이 컴퓨터화되어 서로 정보를 주고받게 되는 컴퓨팅 환경을 지칭하는 사물인터넷(IoT: Internet of Things)의 개념은 최근에 이르러서야 비로소 현실화되고 있다. 사물인터넷은 모든 사물이 인터넷으로 연결되어 서로 정보를 주고받을 수 있는 통신 기술뿐만 아니라, 받은 정보를 스스로 분석하고 학습하여 새로운 정보를 알려주기도 하는 빅데이터 분석 및 인공지능 기술, 그리고 이러한 정보를 저장하고 필요할 때마다 온디맨드(on-demand) 형식으로 서비스 받을 수 있는 클라우드 컴퓨팅(cloud computing) 기술과도 접목되어 발전하고 있다.

사물인터넷 기술은 시계나 냉장고 같은 작은 가전제품부터 시작해서 자동차, 집, 도시까지 우리 주변의 모든 것을 '스마트'하게 바꿔놓을 것으로 기대되고 있다. 2020년대의 기업은 이러한 최신 정보기술을 활용하여 기업을 둘러싼 모든 환경을 디지털화하는 디지털 트랜스포메이션(digital transformation)의 성공적 추진에 사활을 걸고 있다.

요약

정보기술은 오늘날의 기업이 경영하는 방식과 성장하고 경쟁하는 방식을 송두리째 바꾸어 놓았으며, 기업에서 일하는 사람들의 업무방식 또한 바꾸고 있다. 최근엔 정보화 시대를 열어젖힌 정보기술이 다른 산업을 침범하여 폭발적인 성장을 이끌어가는 융합의 시대, 즉 4차 산업혁명의 시대로 나아가고 있다.

4차 산업혁명 시대에서 정보기술은 매우 중요한 도구로서, 이를 전략적으로 잘 활용하면 보다 성공할 수 있지만, 너무 맹신하면 부정적인 결과를 초래할 수도 있다. 즉, 정보기술을 어떻게 사용하느냐에 따라 4차 산업혁명 시대의 승자가 될 수도 있고, 패자가 될 수도 있는 것이다.

컴퓨터를 기반으로 한 정보시스템은 투입, 처리, 산출, 저장, 통제라는 다섯 가지 요소로 구성된다. 조직에서 정보시스템이 수행하는 역할은 큰 변화를 보여 왔는데, 1960년대의 전산자료처리시스템에서 시작하여 1970~1980년대에는 경영정보시스템과 의사결정시스템이 출현하였고, 1990년대에는 통신 네트워크의 발전으로 인하여 최종사용자 컴퓨팅 환경의 원인을 제공하였으며, 이를 통해 중역정보시스템, 전략정보시스템 등이 활용되었다. 2000년대 이르러서는 인터넷의 급격한 발전을 통해 전자상거래, 기업 간 네트워크 등의 사업 수행을 위한 정보시스템의 새로운 역할이 강조되었으며, 최근에는 빅데이터, 인공지능, 클라우드 컴퓨팅, 사물인터넷 기술 등이 기업경영에 접목되어 기업의 디지털 트랜스포메이션 작업이 활발히 진행되고 있다. 조직에서 정보시스템이 수행하는 주요 역할은 비즈니스 운영의 지원, 경영관리에 대한 의사결정의 지원, 경쟁적 우위 확보를 위한 전략개발 지원, 그리고 비즈니스 혁신도구로서의 임무 수행 등으로 정리할 수 있다.

중요용어

가상사설망(VPN) 인터넷과 같은 공중망을 이용하여 고비용의 사설망을 대체하는 효과를 얻기 위한 기술로, 둘 이상의 네트워크를 안전하게 연결하기 위해 가상의 터널을 만들고 암호화된 데이터를 전송할 수 있도록 구성된 네트워크를 의미함.

거래처리시스템(TPS) 거래처리 담당자를 포함한 하위 경영층에 의해 주로 사용되는 정보시스템으로 거래와 관련된 데이터가 발생할 때마다 컴퓨터를 활용하여 즉시 처리하는 역할을 담당함.

경영정보시스템(협의)(MIS) 경영관리 전반에 대한 컴퓨터화로 사무자동화와 중간 관리자의 신속한 보고를 돕는 시스템을 의미함.

공유경제 물건, 공간, 서비스 등을 소유물로 생각하지 않고 쓰고 남는 부분이 있으면 함께 공유하는 경제 개념을 의미함.

기계학습 인공지능의 한 분야로, 컴퓨터 스스로가 학습을 통해 자동으로 개선할 수 있도록 하는 컴퓨터 알고리즘 연구 분야를 의미함.

디지털 트랜스포메이션 기업이 정보통신 기술을 활용하여 기존 전통적인 구조에서 디지털 구조로 획기적으로 탈바꿈하는 과정을 의미함.

디지털 트윈 컴퓨터에 현실 속 사물의 쌍둥이를 만들고, 현실에서 발생할 수 있는 상황을 컴퓨터로 미리 시뮬레이션해봄으로써 결과를 예측하는 기술을 의미함.

딥러닝 여러 비선형 변환기법의 조합을 통해 높은 수준의 추상화를 시도하는 기계학습 알고리즘의 집합으로 정의되며, 심층학습이라고도 불림.

무어의 법칙 인텔(Intel)의 공동창업자 고든 무어(Gordon Moore)가 주장한 법칙으로, 반도체의 집적회로 성능은 2년마다 두 배로 증가한다는 법칙임. 이를 좀 더 광범위하게 해석하면 컴퓨터로 대표되는 IT 기술의 성능은 기하급수적으로 발전하며, 이는 다른 산업의 발전 속도를 압도할 정도로 빠르다는 것을 의미함.

블록체인 관리 대상 데이터를 블록이라 불리는 P2P 기반 분산 데이터 환경에 저장하여 이를 체인으로 연결함으로써, 누구라도 임의로 수정할 수 없고 누구나 변경의 결과를 열람할 수 있는 분산컴퓨팅 기반의 원장관리 기술을 의미함.

빅데이터 일반적으로 사용되는 수집, 관리 및 처리 소프트웨어의 수용 한계를 넘어서는 크기가 아주 큰 데이터를 의미하며, 일반적인 정형 데이터뿐만 아니라 텍스트, 이미지, 소리, 동영상 등 비정형 데이터도 포함함.

사물인터넷(IoT) 사물에 센서와 통신 기술을 내장하여 인터넷을 통해 사물을 서로 연결하는 기술. 이 기술을 통해 모든 사물이 컴퓨터화되어 서로 연결됨.

소프트웨어 컴퓨터를 동작시키고 컴퓨터에 어떤 일을 처리할 순서와 방법을 지시하는 명령어의 집합인 프로그램과 프로그램의 수행에 필요한 절차, 규칙, 관련 문서 등을 총칭함.

업무프로세스재설계(BPR) 경영혁신 기법의 하나로, 기업의 활동이나 업무의 전반적인 흐름을 분석하고, 경영 목표에 맞도록 조직과 업무프로세스를 획기적으로 다시 설계하여 구성하는 것을 의미함.

엑스트라넷 외부 조직의 승인된 사용자들에게 확장된 사설 인트라넷으로, 인트라넷과 달리, 특정 조직의 내부 구성원들뿐만 아니라 외부의 이해관계자들도 함께 사용할 수 있는 특징이 있음.

웹2.0 데이터의 소유자나 독점자 없이 누구나 손쉽게 데이터를 생산하고 인터넷에서 공유할 수 있도록 한 사용자 참여 중심의 인터넷 환경을 의미함.

의사결정지원시스템(DSS) 중간 관리층의 의사결정을 주로 지원하는 정보시스템으로 경영정보시스템(협의)과는 달리 일상적이지 않은 비구조적이고 특정적인 문제 해결을 위해 주로 사용됨.

인공지능 인간의 학습, 추론, 지각 능력 및 그 외 인공적으로 구현한 컴퓨터 프로그램 또는 이를 포함한 컴퓨터 시스템을 총칭함.

인트라넷 인터넷을 조직 내 네트워크로 활용하여, 조직 구성원만이 접근 가능한 사설망을 의미함.

전략정보시스템(SIS) 기업이 경쟁우위를 확보하기 위해 구축, 이용하는 정보시스템을 총칭함.

전문가시스템 의료 진단 등과 같은 특정 분야의 전문가가 수행하는 고도의 업무를 지원하기 위한 컴퓨터 응용 프로그램. 인간의 지적 활동과 경험을 통해 축적된 전문가의 지식과 전문가에 의해 정의된 추론 규칙을 활용하여 결정을 내리거나 문제를 해결함.

중역정보시스템(EIS) 경영에 필요한 내부 또는 외부의 다양한 정보자원들로부터 핵심정보를 회사 중역과 최고 경영진에게 사용하기 쉬운 인터페이스로 제공하는 시스템을 의미함.

최종사용자 프로그램의 작성이나 운영을 담당하는 프로그램 작성자 또는 운영자 이외의 현업 부문에서 컴퓨터를 이용하여 문제 해결이나 업무 처리에 종사하는 사람 또는 직원을 총칭함.

클라우드 컴퓨팅 인터넷상의 서버를 통해 데이터 저장, 네트워크, 플랫폼 및 소프트웨어 사용 등 IT 관련 서비스를 필요할 때마다 온디맨드 형식으로 이용할 수 있는 컴퓨팅 환경을 의미함.

핀테크 금융(finance)과 기술(technology)의 합성어로, 금융산업에 모바일, 빅데이터 등의 정보기술이 융합되면서 생긴 기술 기반의 금융서비스를 통칭하는 용어임.

하드웨어 한 시스템의 기계적, 전기적, 전자 회로적 특성에 관한 총칭으로, 부호화 또는 프로그램 작성을 통해 구현되는 시스템인 소프트웨어와 구별되는 물리적 특성을 의미함.

4차 산업혁명 18세기 초 증기기관을 활용한 생산성 향상을 이룩한 제1차 산업혁명 이후, 제2차(모터) 및 제3차(전자회로 및 정밀제어) 산업혁명을 거쳐, 초연결성 및 초지능성을 통한 생산성 향상을 목표로 진행되고 있는 네 번째로 중요한 산업시대를 의미. 인공지능, 로봇공학, 사물인터넷, 무인 운송수단, 3D프린팅, 나노기술 등이 융합하여 여러 산업 분야에서 새로운 기술혁신이 나타나고 있음.

O2O 모바일의 등장과 함께 온라인과 오프라인의 경계가 허물어지는 현상을 의미함.

연습문제

1. 4차 산업혁명이 이전의 1~3차 산업혁명에 비해 가진 특징은 다른가?
2. 4차 산업혁명 시대, 기업이나 개인이 승자가 되기 위한 주요 요건은 무엇인가?
3. 포스트 팬데믹 시대에 새롭게 주목받고 있는 유망 정보기술(IT)에는 어떤 것들이 있는가?
4. 광의의 경영정보시스템(MIS)과 협의의 경영정보시스템을 구별하여 정의할 수 있는가?
5. 전통적인 의미의 경영정보시스템과 확장된 의미의 경영정보시스템은 어떻게 다른가?
6. 컴퓨터 공학과 차별화된 경영정보시스템의 주요 목적은 무엇인가?
7. 포스트 팬데믹 시대에 기업 내 경영정보시스템의 역할은 축소될 것인가, 아니면 더욱 확대될 것인가?
8. 융합학문으로서의 경영정보시스템을 이해하는 데 필요한 기술(skill)이나 지식(knowledge)은 어떤 것들이 있는가?

CHAPTER

02

디지털 트랜스포메이션과 경영전략

> 코로나 팬데믹으로 2년이 걸릴 디지털 트랜스포메이션이 2개월 만에 급격하게 추진되고 있다.
>
> - 사티아 나델라(Satya Narayana Nadella, 마이크로소프트 CEO)

학습목표

이 장에서는 디지털 트랜스포메이션을 통한 경영환경의 변화, 4차산업혁명으로 인한 경영환경의 변화를 학습하고 이러한 시대적 변화를 읽고 이에 신속하고 적절히 대응하지 않을 경우 기업은 어려움에 처할 수밖에 없다는 점을 강조하고 있다.

최근의 기업환경은 글로벌화가 촉진되면서 국경의 개념이 희박해지고 있으며 시간이 갈수록 국제적 경쟁이 치열해지는 양상을 띠고 있다. 최근 빅테크(big tech) 기업으로 불리는 구글, 아마존, 국내의 네이버, 카카오, 쿠팡 등 세계 최고로 올라선 기업들의 배경에는 디지털 트랜스포메이션(DT: Digital Transformation)을 통해 정보기술을 선도적으로 시의에 맞게 활용한 사례가 있다.

경영정보시스템의 가장 큰 의의는 정보기술을 통하여 기업의 경쟁력을 향상시키는 것이다. 경영정보와 정보기술을 어떻게 전략적으로 활용할까 하는 것은 컴퓨터가 기업에 본격적으로 보급되기 시작한 1980년대 이후의 가장 큰 명제이다. 특히 1990년대 인터넷이 상용화한 후의 변화는 세상을 인터넷이 있던 시대와 인터넷이 없던 시대로 양분할 수 있을 정도로 그 변화의 정도가 심각하다.

또한 2010년을 전후한 스마트폰의 대두는 인터넷의 사용 환경을 대폭 변화시키고 있다. 2020년대에 들어서는 인공지능(AI)과 4차 산업혁명, 디지털 트랜스포메이션이 경영전략의 가장 큰 화두로 떠 오르고 있다.

- 디지털 트랜스포메이션과 4차산업혁명과의 관계, 이를 통한 경영전략을 분석한다.
- 경영자가 정보기술을 활용함으로써 경쟁우위를 확보하는 과정을 살펴본다.
- 경영혁신과 비즈니스 프로세스 리엔지니어링(BPR)을 위한 정보기술의 역할에 대하여 알아본다.
- 정보기술의 발전추세와 이의 적극적인 활용방안에 대하여 알아본다.

2.1 디지털 트랜스포메이션과 경영전략

빅데이터(Big Data), 사물인터넷(IoT), 인공지능(AI)으로 대표되는 지능화 기술의 등장은 글로벌 시장에 4차 산업혁명이라는 새로운 발전방향을 제시하였다. 4차 산업혁명과 디지털 트랜스포메이션(DT: Digital Transformation)은 비슷한 의미로 사용되고 있으나 다음과 같이 구분할 수 있다. 4차 산업혁명은 정보통신기술(ICT)의 발전과 지능화 기술의 등장으로 산업 뿐만 아니라 사회 전반적으로 일어나는 획기적인 변화까지 포함하는 포괄적인 의미이다. 이에 대하여 디지털 트랜스포메이션은 4차 산업혁명 시대에 조직(기업)이 정보통신기술과 지능화기술을 활용하여 기본적으로 경쟁우위를 확보하고 유지하면서, 더 나아가 협업을 통하여 과거에는 상상도 못했던 다양한 사업 파트너들과 디지털 컨버전스를 시도하여 새로운 비즈니스를 창출하는 구체적인 경영전략이라고 할 수 있다.

이 절에서는 디지털 트랜스포메이션에 대해서 학습하고 이어서 빅데이터, 비즈니스 애널리틱스(Business Anaytics), 소셜 컴퓨팅(Social Computing), 사물인터넷(IoT), 인공지능(AI) 등의 신기술을 디지털 트랜스포메이션에 적용하는 경영전략과 사례들을 살펴보기로 한다.

2.1.1 디지털 트랜스포메이션

4차 산업혁명이라는 표현은 2016년 다보스포럼(세계경제포럼, WEF)에서 언급되면서 널리 알려지게 되었으나 그 기반은 2011년 독일 하노버 국제박람회에서 최초로 언급된 Industry 4.0 개념을 기반으로 하고 있다. Industry 4.0은 전통적으로 제조업 강국이었던 독일이 과거의 영광을 되찾기 위하여 정부 차원에서 추진한 제조업 부흥 정책으로, 인공지능(AI), 빅데이터, 사물인터넷(IoT), 로봇(Robot), 사이버물리시스템(CPS) 등을 핵심기술로 하고 있다.

〈표 2-1〉에서는 1차 산업혁명부터 4차 산업혁명까지의 변화를 시대별로 보여주고 있다. 기본적으로 1, 2, 3차 산업혁명이 기계화, 자동화, 정보화를 통한 생산성의 비약적인 도약이었다면 4차 산업혁명은 고도의 지능화, 초연결화를 통하여 인류가 노동으로부터의 해방을 이룩하는 기회가 될 수도 있을 것이다.

디지털 트랜스포메이션에 대한 정의는 〈표 2-2〉에서 보다시피 기관이나 연구자에

〈표 2-1〉 1~4차 산업혁명 시대별 구분

	1차	2차	3차	4차
시기	18C 후반~19C 중반	19C 말~1980년	1980년~2010년	2011년~
생산 도구	증기기관(Machine)	전기에너지/컨베이어 벨트	컴퓨터/인터넷	지능화 기술(초지능, 초연결, 초융합)
의의	생산도구의 혁명	생산라인의 기계화 (대량생산)	정보로의 가치이동 (자동화·정보화)	노동으로부터 해방 (스마트화)
MIS 관점	–	프로그래밍 데이터베이스	정보시스템(EC, CRM, SCM 등) 도입, 구축 및 운영	디지털 트랜스포메이션
전략적 관점	–	–	경쟁우위를 위한 전략적 도구	경쟁을 뛰어넘어 협업으로

따라 다소 차이가 있으나 공통적인 부분을 정리하면 정보통신기술(ICT)과 4차 산업혁명을 선도하는 핵심 기술들을 사용하여 전사적으로 새로운 비즈니스 모델 탐색, 업무프로세스 혁신, 디지털 역량 강화 등을 달성하는 것이라고 할 수 있다.

과거 컴퓨터와 인터넷이 기업환경에 도입되던 시대에도 기업은 기술 진보로 인하여 빠르게 변하는 경영환경에서 생존하기 위하여 혁신의 노력을 끊임없이 해왔다. 그렇게 노력했음에도 불구하고 무대에서 사라지는 기업을 과거 역사에서 무수히 볼 수 있다. 여러 가지 이유가 있겠지만 주된 이유는 낙관주의와 결합한 기술만능주의라고 할 수 있다. 바로 현재 디지털 트랜스포메이션에 직면한 기업들이 유의해야 할 부분이기도 하다.

기술은 우리 산업과 사회를 변화시킬 수 있는 중요한 동인(Driver)이지만 그 자체로 의미가 있다기보다는 조직이나 개인에 수용(Acceptance)되어 업무프로세스를 근본적으로 재검토하거나 개선함으로써 업무성과를 높일 때 가치를 창출하는 것이다. 서비스 분야에서도 기술을 사용하여 고객경험을 향상시킬 때 고객의 재방문, 추천으로 이어질 것이다. 즉, 기술 도입과 함께 구성원들이 적극적으로 기술을 수용할 수 있도록 조직 차원에서 구성원들의 교육과 학습을 지원해야 한다. 디지털 트랜스포메이션을 추진하는 CEO도 기존의 CIO에게 단순히 업무를 맡기기보다는 CIO를 통하여 조직 전체적으로 전사적인 노력을 기울여야 디지털 트랜스포메이션에 도달할 수 있다. 정보기술과 경영이 융합된 디지털 트랜스포메이션은 단순한 기술 도입이 아니라 전사적인 혁신 전략이므로 조직의 전체적 역량을 집중해야만 성공할 수 있다.

〈표 2-2〉 디지털 트랜스포메이션 정의

연구자	정의
Liu, Chen, and Chou(2011)	디지털 기술과 비즈니스 프로세스를 통합하는 조직전환
IBM(2011)	기업이 디지털과 물리적인 요소들을 통합하여 비즈니스 모델을 변화시키고, 산업에 새로운 방향을 정립하는 전략
Fitzgerald, Kruschwitz, Bonnet, and Welch(2014)	소셜 미디어, 모바일 분석과 같은 디지털 기술을 사용하여 고객경험 향상, 운영 간소화, 새로운 사업모델 창출과 같은 주요 비즈니스 개선을 가능하게 하는 것
IDC(2015)	기업이 새로운 비즈니스 모델, 제품 및 서비스를 창출하기 위해 디지털 역량을 활용함으로써 고객 및 시장(외부 생태계)의 파괴적인 변화에 적응하거나 이를 추진하는 지속적인 프로세스
Hess, Matt, Benlian, and WiesbÖck(2016)	디지털 기술이 조직의 사업모델에 변화를 주어 제품과 조직구조가 변경되거나 프로세스가 자동화되는 것
A.T. Kearney(2016)	Mobile, Cloud, Big data, AI, IoT 등 디지털 신기술로 촉발되는 경영 환경상의 변화 동인에 선제적으로 대응함으로써 현행 비즈니스의 경쟁력을 획기적으로 높이거나 새로운 비즈니스를 통한 신규 성장을 추구하는 기업 활동
Goerzig and Bauernhansl (2018)	디지털 기술 기반 경쟁우위로 발생된 조직의 근본적인 변화과정
Vial(2019)	정보, 컴퓨팅, 통신, 연결기술의 결합을 기초로 조직에 유의미한 변화를 발생시켜 조직개선을 목표로 하는 프로세스
김형택(2017)	디지털적인 모든 것(All things Digital)으로 인해 발생하는 다양한 변화에 대응하여 디지털기반으로 기업의 전략, 조직, 프로세스, 비즈니스 모델, 문화, 커뮤니케이션, 시스템을 근본적으로 변화시키는 경영전략
이승준(2019)	제품이나 서비스의 디지털화만을 의미하는 것이 아니고, ICT를 활용한 새로운 솔루션의 창출, 운영 혁신, 사업기반 재구축 등을 통해 경쟁력을 제고하고, 운영관리 프로세스, 조직문화, 비즈니스 모델까지 거의 모든 분야에 걸쳐 신성장을 추구하는 활동
정부(산업자원부, 2020)	산업 데이터·AI 등 디지털 기술을 산업 밸류체인 전반에 접목하여 산업 생태계를 혁신하고 고부가가치화하는 것을 의미 • 제품개발·생산·물류·유통 과정에서 발생하는 광범위한 산업 데이터를활용하는 점에서 단순 개인정보 활용과는 차이 • 대·중견·중소기업이 협력해 산업 밸류체인과 생태계 전반을 혁신하는 것으로 개별기업 생산공정 자동화와는 구분

주요 산업에서의 디지털 트랜스포메이션과 관련한 이슈 및 이를 통한 기술과 발전 방향, 기대효과, 관련 기술 등이 〈표 2-3〉에 잘 나타나 있다.

〈표 2-3〉 주요 산업 DT 이슈 및 관련 내용

	이슈	DT	기대효과	관련 기술
제조업	• 개별기업 간 경쟁에서 비즈니스 생태계 간 경쟁체제로 변화	• 스마트 팩토리	• 플랫폼 기반의 협업과 정보공유강화 • 사업의 유연성 및 민첩성 증대	• AI • 빅데이터 • IoT • 로보틱스 • 센싱 • 3D 프린팅
금융	• 고객 요구사항 증가 • 식원의 실수로 손실 발생 가능성 존재	• 로보어드바이저 • 핀테크	• 고객경험 제공 • 신규 고객 유치 • 휴먼(직원)에러 감소	• AI • 빅데이터
유통	• 유통 4.0시대 • 플랫폼 비즈니스 • 수요자 중심의 온 디맨드(on-demand)시장환경	• 증강현실 • 가상현실 • 드론 배송(라스트 마일) • 고객 구매 패턴 빅데이터 분석	• 매장 내 고객경험 강화 • 1:1 맞춤형 서비스 제공	• VR • AR • RFID • 자율주행 • AI • 빅데이터 • IoT • 로보틱스
농업	• 농촌 고령화 및 경작인구 감소	• 스마트팜	• 생산량 증대	• 드론 • AI • 빅데이터 • IoT • 자율주행
공공부문	• 행정 및 사회서비스 수요 증가	• 디지털정부 추진 • 사회적 취약계층 보호를 위해 전기 및 수도사용량 빅데이터 분석 활용 • 독거노인 IoT서비스 지원제도	• 사회 안전망 강화	• AI • 빅데이터 • IoT • 센싱

또한 디지털 트랜스포메이션으로의 성공적인 전환을 위하여 필요한 통합된 전략, 리더십, 우수한 인력배치, 민첩성 등의 필수요소들이 〈표 2-4〉에 제시되어 있다.

〈표 2-4〉 DT 성공을 위한 여섯 가지 필수 요소

1. 명확한 혁신 목표를 가진 통합된 전략
2. 최고경영진부터 중간관리자에 이르는 강력한 리더십
3. 우수한 직원들을 배치 활용
4. 폭넓은 시야와 민첩한 업무 추진 방식
5. 목표 달성 상황에 따른 효과적인 모니터링
6. 비즈니스 주도 모듈러 기술과 데이터 플랫폼

출처: 보스턴컨설팅그룹, 2020.

2.1.2 빅데이터와 마이데이터

빅데이터는 대용량 데이터를 활용, 분석하여 가치 있는 정보를 추출하고, 데이터의 초고속 수집, 발굴, 분석을 지원하도록 고안된 차세대 기술이다(국가정보화전략위원회, 2011). 고객 마케팅 관점에서 고객 데이터를 분석하면 고객의 구매 패턴을 알 수 있는데 이를 이용하여 아마존과 같이 예측배송시스템을 구축할 수도 있고 고객의 취향에 맞는 맞춤형 서비스로 신상품을 홍보할 수도 있다. 과거에는 개인정보보호 규제로 인하여 고객 데이터 활용에 제한이 있었으나 데이터 3법(개인정보보호법, 신용정보 이용 및 보호에 관한 법률, 정보통신망 이용 촉진 및 정보보호 등에 관한 법률)이 2020년에 시행되면서 〈표 2-5〉에서 보는 바와 같이

〈표 2-5〉 개인정보보호법, 신용정보법, 정보통신망법 주요 개정 내용

법령	개정 이유	주요 내용
개인정보보호법	• 유사·중복 규정 정비 • 감독기구 일원화 및 권한 강화 • 데이터 신산업 육성을 위한 데이터 활성화 지원 • 개인정보보호 강화	• 가명정보 도입: 정보주체 동의 없이 데이터 활용 근거 마련 • 보호 측면: 가명정보 기술적·관리적 및 물리적 조치, 특정인 식별 금지 • 처벌: 특정 개인 식별 목적의 정보처리시 매출액 3%, 자본금의 3%는 4억 원 과징금
신용정보법	• 유사 중복 규정 정비 • 빅데이터 활용의 법적 기반 마련 • 마이데이터 산업 활성화 • 개인정보보호(신용정보) 및 신용정보주체 권리 강화	• 가명정보 도입: 신용정보주체 동의 없이 데이터 활용 근거 마련 • 마이데이터: 본인 신용정보관리업 도입 • 처벌: 가명정보의 고의적 재식별시 전체 매출액의 3% 과징금, 가명정보 관련 과태료 규정 신설(최대 5천 만원)
정보통신망법	• 유사·중복 규정 정비	• 거버넌스 정비: 온라인 상의 개인정보 감독 기능 개인정보보호위원회로 이관

〈표 2-6〉 개인정보 관련 개념과 활용 가능 범위

	개념	활용 가능 범위
개인정보	특정 개인에 관한 정보, 개인을 알아볼 수 있게 하는 정보	사전적이고 구체적인 동의를 받은 범위 내 활용 가능
가명정보	추가정보의 사용 없이는 특정 개인을 알아볼 수 없게 조치한 정보	다음 목적에 동의 없이 활용가능(EU GDPR 반영) ① 통계작성(상업적 목적 포함) ② 연구(산업적 연구 포함) ③ 공익적 기록 보존 목적 등
익명정보	더 이상 개인을 알아볼 수 없게 (복원 불가능할 정도로) 조치한 정보	개인정보가 아니기 때문에 제한 없이 자유롭게 활용

출처: 금융위원회 보도자료, 2019.11.28.

가명정보 도입을 통한 데이터 이용 활성화가 가능해졌다. 개인정보 관련 가명정보와 익명정보의 개념과 활용가능 범위는 〈표 2-6〉에 나타나 있다.

국내의 빅데이터 활용 상황은 분야별로 빅데이터 플랫폼 10개소와 이와 연계된 기관별 센터 100개소가 구축되어 2019년부터 운영 중이며 향후 공공, 민간의 데이터 수요에 대응하고 데이터의 가치·활용성을 극대화하기 위하여 5개 빅데이터 플랫폼을 추가로 구축할 계획이다. 플랫폼 및 센터 구성은 〈표 2-7〉과 같으며 플랫폼은 시장 수요에 맞춰 데이터 가공·분석 및 유통기반을 제공하고 센터는 활용 가치가 높은 데이터를 생산하여 플랫폼에 공급한다.

빅데이터 플랫폼이 10개나 되고 계속 늘어나는 추세이기 때문에 〈그림 2-1〉에서 보는 것과 같이 이용자가 한 곳에서 10개 빅데이터 플랫폼의 데이터를 쉽게 찾고 검색하여 활용할 수 있는 통합 데이터지도(http://www.bigdata-map.kr/)가 운영되고 있다.

10개 빅데이터 플랫폼과 100개 센터를 통해 1,458종의 신규 데이터가 개방되었으며 17종의 대표 혁신 서비스가 개발되었고 많은 기업과 기관들이 신제품 개발, 비즈니스 모델 개발, 신시장 개척, 마케팅 전략 수립 등을 위해 이들을 활용하고 있다.

〈그림 2-2〉는 금융 분야의 플랫폼 개념도를 통해 빅데이터가 어떻게 구성되어 있고 어느 데이터를 통해 어떤 데이터를 제공받게 되는지에 대한 프레임워크를 보여주고 있다.

이와 함께 개인데이터 저장소(PDS: Personal Data Storage) 산업을 지원하기 위하여 본인정보(마이데이터, MyData) 활용지원사업도 추진하고 있다. 마이데이터란 〈그림 2-3〉에서 보

〈표 2-7〉 10개 빅데이터 플랫폼 및 센터 현황(2020년 12월말 현재)

구분	분야	플랫폼 주관기관	센터 구성
1	문화	문화정보원	11개(국립중앙도서관, 문화예술위원회, 야놀자 등)
2	통신	케이티	14개(인천테크노파크, 소상공인연합회, 경기대 등)
3	유통소비	매일방송	10개(나이스디앤알, 다음소프트, 데이블, 로플랫 등)
4	헬스케어	국립암센터	10개(삼성서울병원, 연대 세브란스병원, 길병원 등)
5	교통	교통연구원	10개(울산정보산업진흥원, 포항테크노파크, 아이나비 등)
6	환경	수자원공사	10개(기상산업기술원, 국립생태원, 그린에코스, 아이렉스넷 등)
7	금융	비씨카드	10개(노타, 닐슨코리아, 다음소프트, 망고플레이트 등)
8	중소기업	더존비즈온	10개(빅밸류, 한화손해보험, 한국생산성본부, NICE평가정보 등)
9	지역경제	경기도청	8개(경기콘텐츠진흥원, 경기일자리재단, 경기신용보증재단 등)
10	산림	임업진흥원	10개(비글, 아로정보기술, 인포보스, 복지진흥원 등)

〈그림 2-1〉 통합 데이터지도 서비스

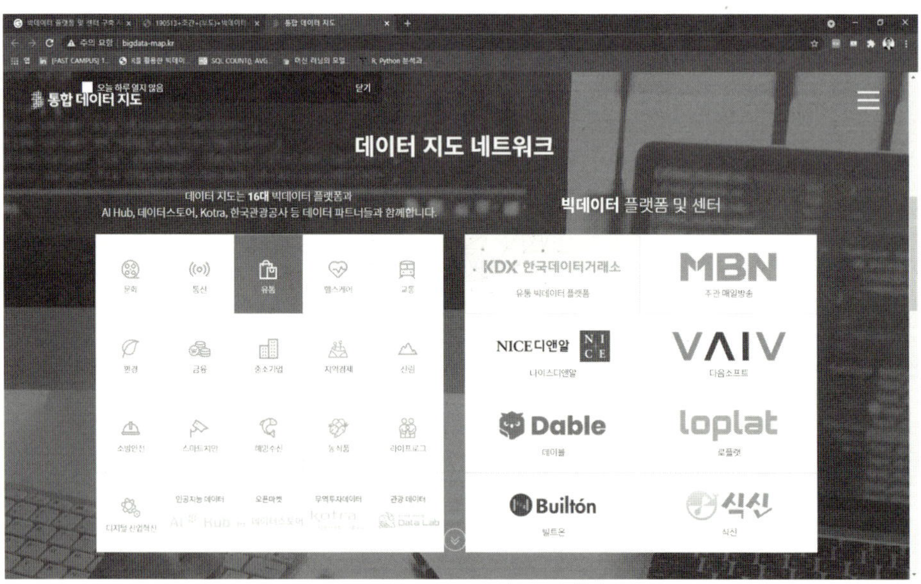

출처: http://www.bigdata-map.kr/

〈그림 2-2〉 금융 빅데이터 플랫폼 개념도

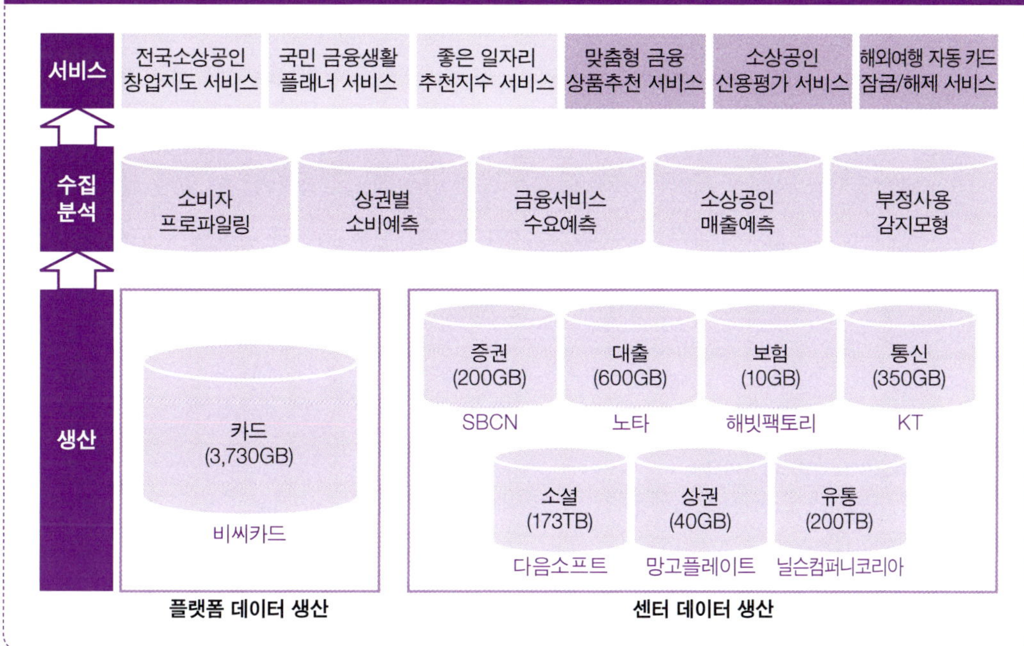

〈그림 2-3〉 마이데이터 개요

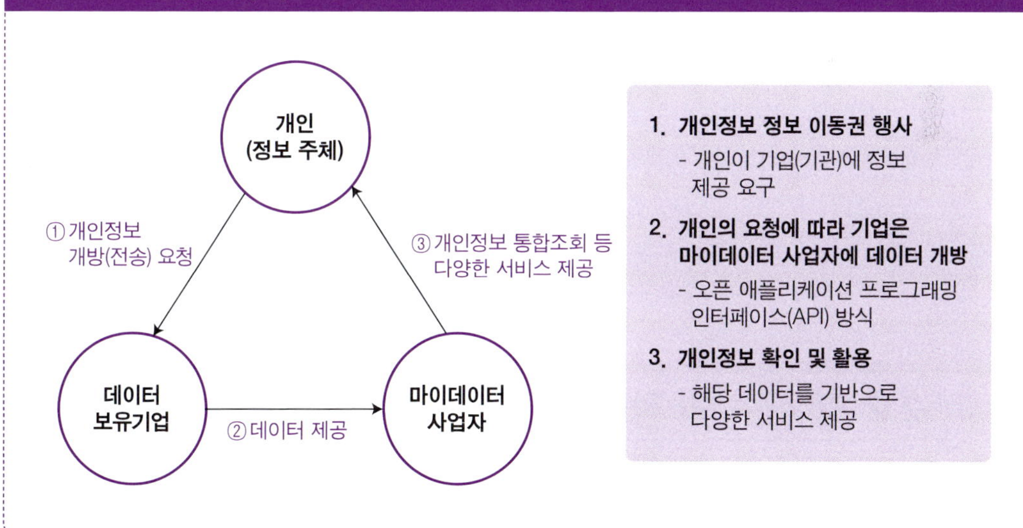

출처: 금융위원회, '금융분야 마이데이터 산업 도입방안', 삼정KPMG 경제연구원, 2018.07. 재구성

는 바와 같이 정보주체가 자신의 개인데이터에 대한 열람, 제공범위, 접근 승인 등을 직접 결정함으로써 개인의 정보 활용 권한을 보장받고 데이터 주권을 확립하는 패러다임(K-Data, 2021)이다. 즉, 마이데이터 산업은 개인의 금융자산 정보나 신용정보 등 고객 데이터에 대한 정보의 주권을 기존 금융기관에서 개인으로 전환시키기 위한 제도로 소비자 입장에서는 자신의 데이터 제공 환경을 보다 능동적으로 선택할 수 있게 되고, 기업 입장에서는 다양한 데이터를 기반으로 개인 맞춤형 상품 추천과 마케팅 고도화가 가능해진다.

2.1.3 전자서명수단과 전자서명법

2020년 12월부터 시행된 전자서명법 개정안은 공인인증서의 우월적 지위 폐지로 민간의 다양한 인증 제도를 활용 가능하게 함으로써 공인인증서 위주의 독점시장 재편을 통한 자율경쟁체계를 구축하였다. 개정안은 공인인증서제도 폐지 및 다양한 전자서명수단 이용 활성화 등의 내용을 골자로 한다.

연말정산, 정부24, 국민신문고 등 사이트에 카카오, NHN페이코, 패스 등 간편 인증 서비스가 도입되었다. 다만 기존 공인인증서 자체가 폐지되는 것이 아니라 공동인증서로 이름이 바뀌고 여러 가지 민간인증서 중 하나로 여전히 사용할 수 있다.

모바일 중심의 전자서명수단에서는 〈그림 2-4〉, 〈그림 2-5〉에서 보는 바와 같이 생체인식이나 PIN 등을 통하여 간편하게 인증을 제공하며 기존의 공인인증서처럼 매 웹사이트별로 요구하는 인증 프로그램을 설치할 필요가 없다.

2.2 경쟁전략과 정보기술

일반적으로 정보시스템들이 경영상의 신속한 업무처리, 의사결정, 문제해결을 위해 구축되지만, 또 다른 많은 정보시스템들은 새로운 전략적 사업기회를 포착하기 위해서 구축되기도 한다. 많은 경영자들이 기업에 존재하는 기존 문제를 규명하고 해결하는 것보다는 새로운 기회를 포착하여 활용하는 것이 더욱 어렵다고 말하고 있다. 왜냐하면 문제란 것은 이미 조직 내에 존재하여 인지되어 있는 것이며, 그 문제로 인하여 경영자

〈그림 2-4〉 전자서명법 개정 후 전자서명수단 발급

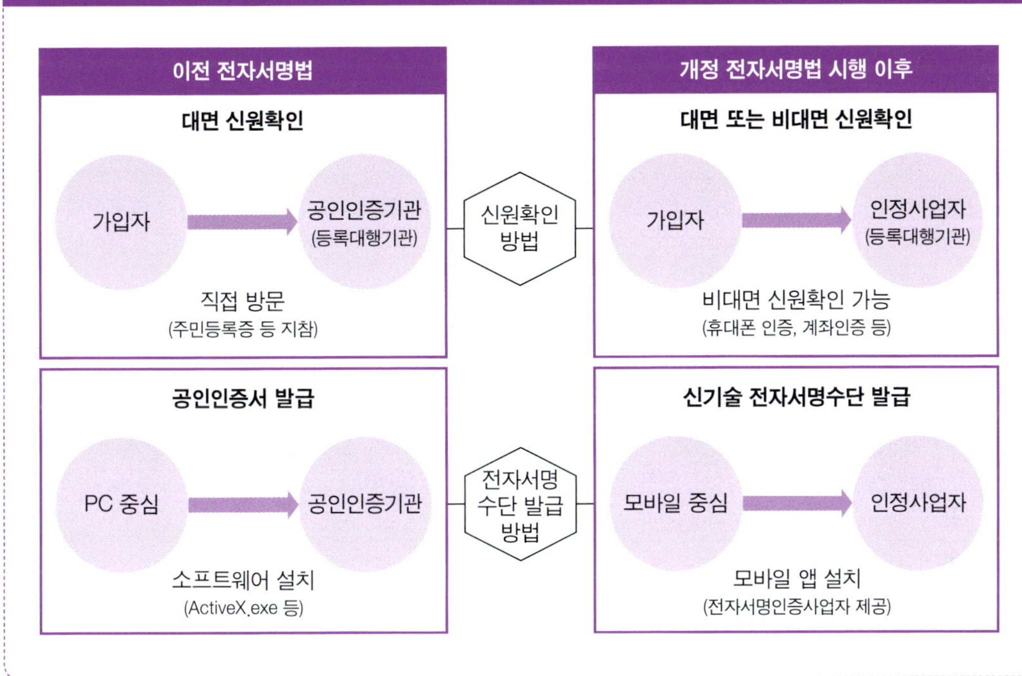

출처: 과학기술정보통신부, 2020.12.

〈그림 2-5〉 전자서명법 개정 후 전자서명수단 이용

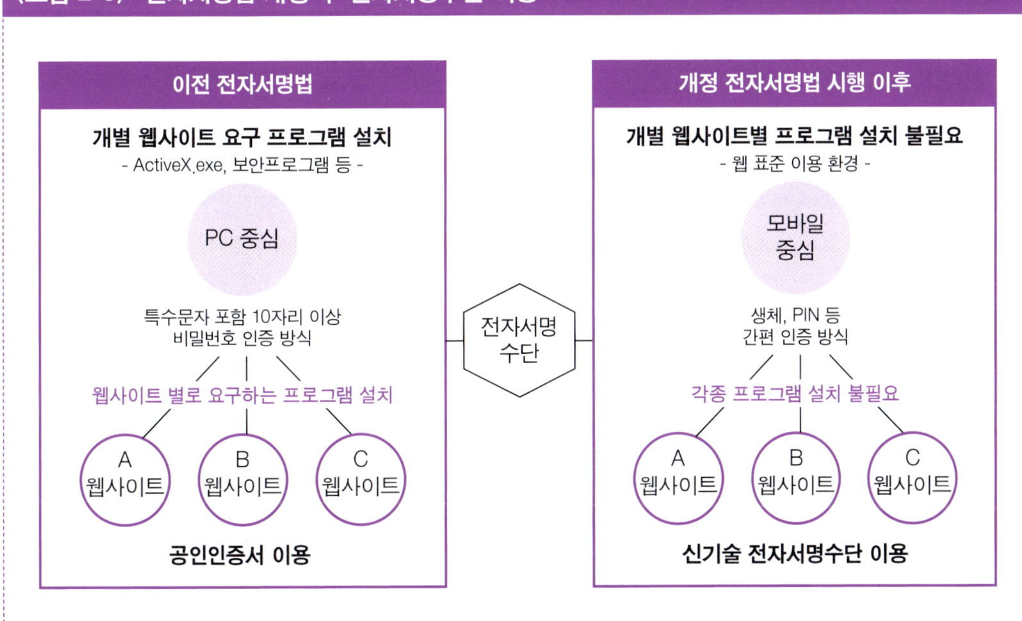

자료: 과학기술정보통신부, 2020.12.

디지털 트랜스포메이션 CASE 2-1

NIA, '코로나19 1년, 우리나라의 변화' · '포스트 코로나 10대 메가 트렌드' 발간

한국지능정보사회진흥원(원장 문용식, NIA)은 디지털 전환 시대를 대비하기 위해 코로나19 이후 1년의 분야별 변화를 분석한 '코로나19 1년, 우리나라의 변화'와 '데이터 기반 포스트 코로나 10대 메가 트렌드'를 발간했다.

'우리나라의 변화'에서는 포스트 코로나 시대를 대비해 코로나19 발생 이후 1년 동안 공공·민간의 세부 분야에서 발생한 주요 변화를 데이터를 중심으로 살피고, 분야별 디지털 적응력을 분석해 디지털 전환을 위한 정책적 함의를 도출했다.

코로나19 발생 전후 비교 데이터 확보가 가능한 공공 5개 분야(의료·고용·대중교통·환경·안전재난)와 민간 9개 분야(관광·금융·교육·유통·자영업·물류·교통서비스·제조·미디어)를 조사 대상으로 삼았다. 전문가 의견을 수렴해 분야 간 상대적 디지털 적응력을 도출했다.

유통, 금융, 배달앱, 디지털 뱅킹, OTT 서비스 같이 코로나19 이전에 디지털 서비스 체계 기반이 구축된 경우 디지털 적응력이 높은 것으로 나타났다. 교육·의료처럼 사회적 합의와 법적 규제 완화 필요한 분야, 제조업·여행과 같이 실물경제의 비중이 높은 분야에서는 디지털 전환에 한계가 있었다.

동일 분야라도 디지털 적응력에 차이가 나는 현상도 발생했다. 공유 차량 서비스는 대중교통의 이용 감소로 이용 건수가 증가했다. 차량을 함께 이용해야 하는 카풀 서비스의 경우 이용자 수가 급격히 감소하는 경향이 나타나는 등 상대적인 경향을 보였다.

보고서에서는 코로나19로 인해 디지털 전환이 가속화되는 가운데 분야별로 세밀한 디지털 전환 대응 전략을 세우는 것이 코로나19의 피해로부터 회복탄력성을 기르는 열쇠라고 강조했다.

'메가트렌드'에서는 4대 분야(정치·경제·사회·기술)별로 코로나 이후의 주요 이슈를 분석하고 포스트 코로나 10대 트렌드를 제시했다. 중국에서 코로나19 감염 첫 발생 이후 12개월 동안 '코로나'가 언급된 온라인 뉴스 기사가 분석 데이터로 활용했다.

메르스와 코로나19의 이슈를 비교 결과 정부의 역할과 경제위기 대응을 위한 노력이 공통적으로 강조됐음을 확인했다. 코로나19 시기는 5G, AI 등의 신기술을 활용한 새로운 경제사회 모델 요구가 확산됐다.

정치 분야는 방역 대책과 대규모 재정정책 등이 주요 토픽이다. 경제 분야는 온라인 플랫폼을 중심으로 비대면 서비스가 확산되는 '디지털 기반 경제 구조로 전환' 이슈를 도출했다. 사회 분야는 '코로나19 피해지원 정책'과 재택근무 등 일상생활의 비대면화로 '비대면 서비스 도입'을 도출했다. 기술 분야는 디지털 뉴딜 추진을 통해 클라우드, 5G 등 '디지털 인프라 확충' 등이 주요 주제로 분석됐다.

4개 분야별 이슈를 종합적으로 분석한 포스트 코로나 10대 트렌드로는 큰 정부의 귀환, 결정적 분기점, 역동과 역전, 온택트(Ontact) 경제의 부상, 위험 예방과 감시의 혼돈, 플랫포노베이터(Platfonovator)의 등장, 황금 사각형 경제 구조로 전환, 최적화된 맞춤화·개인화 서비스, 봉쇄 속에서의 연결, 고용시장 변화와 불안정한 일자리, 협업이 필수가 된 사회가 도출됐다.

문용식 NIA 원장은 "디지털 전환 시대를 준비할 수 있도록 '코로나19 1년, 우리나라의 변화', '데이터 기반 포스트 코로나 10대 메가트렌드' 등 총 2편으로 구성된 보고서 시리즈를 기획했다"면서 "코로나19 이후 온라인·비대면 소비 확산 등 환경이 급변하는 속에서 전통적인 영역과 새로운 영역 모두 격차 없이 디지털 중심(digital first)의 국정운영 전략을 마련해야 한다"고 말했다.

출처: 전자신문, 김지선 기자, 2021.04.29.

토론

1. 포스트 코로나 10대 메가 트렌드가 무엇인지 알아보시오.
2. 코로나19 피해로부터 회복탄력성을 기르는 열쇠가 무엇인지 논의하시오.

의 주의를 유도하고 있기 때문이다. 반면, 전략적 기회는 문제에 비해 더욱 무형적인 것이기 때문에, 기회자체를 인식하고 새로운 기회를 만들거나 포착하기 위해서는 어느 정도의 통찰력이 필요하다. 이처럼 경쟁우위를 위한 전략적 기회의 포착을 지원하고 도와주는 정보시스템을 전략정보시스템이라고 한다. 전략정보시스템은 조직 내 이미 존재하고 있는 정보시스템으로부터 진화할 수도 있지만, 아예 완전히 새로 창조될 수도 있다.

2.2.1 전략경영과 정보기술

전략이란

웹스터 사전에서는 '전략'을 '전쟁의 목적을 달성하기 위해 교전자의 힘을 무장하는 과학임과 동시에 기법이며 더욱 구체적으로 말한다면 적보다 유리한 상황을 차지하기 위한 군지휘관의 과학이자 기법'이라고 정의하고 있다.

전략이라는 용어는 기원전 400년부터 군사용어로 사용되었고 1700년대 후반까지는 군조직에서만 쓰였는데 그 어원은 고대 희랍어의 'Stratos(Army)'와 'Agein(to Lead)'의 합성어인 'Strategos(the General)' 또는 'Strategia(Generalship)'에서 찾을 수 있다. 전쟁에서 전략이란 적에 대한 우위를 점하기 위한 계획을 말하며, 이러한 용어는 특별히 경영분야에서도 광범위하게 원용되고 있다. 즉, 경영에서 전략이란 조직으로 하여금 경쟁자보다 우위를 얻을 수 있도록 설계된 계획을 말한다.

자본주의 자유시장 경제체제 하에서 마땅한 전략도 없이 사업을 잘 수행해 나간다는 것은 어려운 일이다. 다양한 전략들이 존재하지만, 대부분의 전략은 신제품을 개발하고, 잠재 고객의 수요를 파악하거나, 더 많은 고객을 유인하기 위한 변화를 도모하고, 또는 그 외에 기업의 성과 개선을 통하여 조직의 가치를 증대시키기 위한 활동 등의 몇 가지 기본적인 범주를 크게 벗어나지 않는다.

아직도 기업에서 수립되는 많은 전략들에 정보시스템의 적극적인 활용이 포함되어 있지 않는 경우가 있다. 그러나 점차 많은 기업들이 정보시스템을 혁신적으로 사용함으로써 매출을 극대화하고 비용을 절감하기 위한 전략을 실행하고 있다. 즉, 더 나은 양질의 정보를 통해 시장 내에서 경쟁우위를 차지하려는 기업들의 노력이 매우 활발해지고 있다. 전략우위(Strategic Advantage)는 기업이 자신의 강점을 최대한 활용하는 전략을 상대방보다 먼저 사용함으로써 확보될 수 있으며, 이는 곧 성공적인 경쟁우위(Competitive Advantage) 상황으로 연결될 수 있다.

전략경영이란

오랫동안 전략경영(Strategic Management)은 비교적 장기적인 계획과 관련되어 있는 것으로 여겨져 왔으나 오늘날의 전략경영은 〈그림 2-6〉에서와 같이 장기 계획, 대응관리, 그리고 혁신 등의 세 가지 측면에서 설명할 수 있다.

장기계획(Long-range Planning)은 조직 내부의 중대한 변화를 초래할 수도 있는 장기적인 계획이다. 신제품 라인의 이동, 신규 사업의 인수를 통한 사업 확장, 사업무대의 해외 이전 등은 그 좋은 예라고 할 수 있다. 장기계획은 보통 5년에서 10년간의 계획과 전략을 말하며, 기업들은 이러한 장기계획으로부터 중기 예산, 단기 예산, 단기 자원할당 등의 계획을 유도해 나간다.

이러한 장기계획은 단순히 달콤한 핑크빛 미래계획이 아닌 경쟁환경과 경쟁시장을 철저히 분석한 후에 나온 장기 경쟁전략이어야 한다.

대응 관리(Response Management)란 외부환경의 변화 또는 경쟁기업의 활동으로부터 조직 자체를 방어하기 위한 신속한 대응에 초점을 맞추고 있는 전략이다. 기업이 이러한 변화에 신속한 대응을 하지 않을 경우엔, 그 영향이 기업의 매출, 수익성 등을 위협하고, 심지어는 생존까지도 위협하여 기업을 곤경에 빠뜨릴 수 있기 때문에 빠르고 효과적인 대응이 필요하다.

일례로 스마트폰 시장의 확장에 신속하고 적극적으로 대응하지 못하여 세계 최대의 휴대폰 제조업체였던 노키아가 불과 수 년 만에 적자기업으로 몰락한 것은 기업의 대응관리가 얼마나 중요한지를 일깨워 주는 사례이다.

혁신(Innovation)은 1990년대 들어 경쟁환경의 심화와 함께 기업의 경쟁력을 점프시키는 가장 중요한 경영 패러다임 중의 하나로 조명되고 있다. 최근 들어 국내에서도 혁신이 조직경영의 핵심 패러다임으로 자리매김하고 있다. 혁신은 사기업뿐만 아니라 공기업, 정부조직으로 확산되어 적용되고 있다.

〈그림 2-6〉 전략경영의 3요소

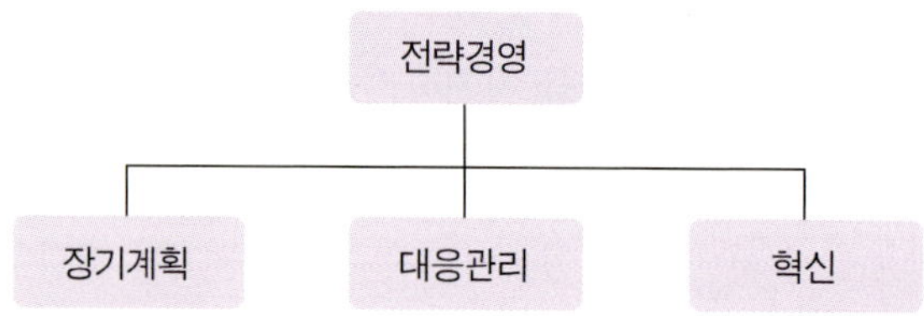

오늘날의 기업들은 전략경영의 모든 측면을 다루고 있는바, 하나의 기업에 의해 주요한 혁신이 소개되면 산업 내 다른 기업들은 그러한 위협에 신속하게 대응하고 있다. 오늘날의 혁신은 그 창조성과 아이디어 생성에 있어 정보기술과 밀접하게 관련되어 있다.

정보기술은 여러 가지 측면에서 전략경영에 기여하고 있으며, 그 중 특히 다음과 같은 세 가지 측면이 핵심적으로 기여하고 있는 분야이다.

첫째, 정보기술을 이용하여 기업이 유용하게 사용할 수 있는 시스템을 구축하여 사용함으로써 고객만족을 도모하고 비용 절감을 꾀할 수 있는 방법이다. 예를 들어, 〈그림 2-7〉에서 보는 바와 같이 미국의 페덱스(FedEx)사는 동종 산업 내에서 정보기술을 이용하여 모든 화물의 위치를 추적할 수 있게 하는 시스템을 제공한 최초의 회사였다. 이는 물리적으로는 새로운 응용프로그램을 만든 것이지만, 개념적으로 자사의 서비스에 새로운 가치를 부여함으로써 결과적으로 경쟁우위를 확보할 수 있었다. 또한 추후에는 이 온라인 추적 시스템을 웹을 통해 고객들이 직접 접속하게 함으로써 고객이 자신의 화물을 직접 추적하게 하여 고객만족도를 높이고 콜센터 비용을 절감하는 일석이조의 효과를 보게 되었다.

둘째는 정보기술을 이용하여 보조적인 업무지원시스템을 구축하였으나 추후에는 이 시스템이 핵심 수익원천으로 자리 잡은 경우이다. 〈그림 2-8〉에서 보는 세이버(SABRE:

〈그림 2-7〉 페덱스의 추적 서비스

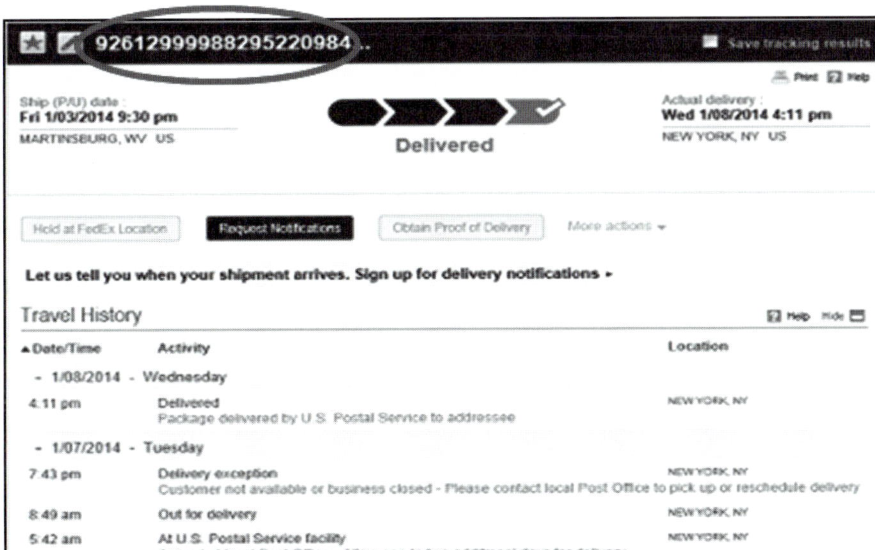

〈그림 2-8〉 SABRE의 예약화면

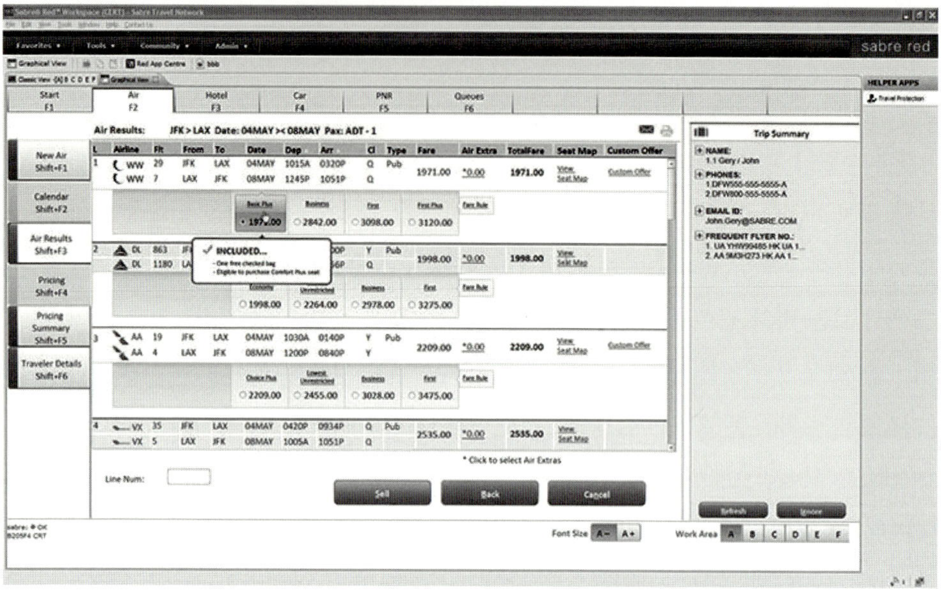

Semi-Automated Business Research Environment)시스템은 아메리칸 에어라인이 1970년대 중반부터 10여 년 동안 3억 달러를 투자하여 개발한 전산 예약시스템이다. 이는 세이버 단말기 화면에 자사의 비행스케줄 및 좌석예약사항을 우선적으로 보여줌으로써 고객으로 하여금 항공편을 편리하게 선택할 수 있는 기회를 제공하였다. 아메리칸 에어라인은 이 시스템으로 인한 수수료 수익을 통해 상당기간 독점적인 이익을 향유하는 블루오션을 창조하였으며 운송업무보다 더 큰 이익 발생 요인이 되었다. 현재 세이버는 항공편의 빈 좌석을 판매하는 시스템으로 시작하여 범세계적으로 자동차 렌트, 호텔의 예약뿐만 아니라 극장표, 쇼핑, 여행 시 필수품의 판매에 이르기까지 광범위하며 고도로 컴퓨터화된 예약시스템으로 발전하였다.

셋째, 정보기술을 이용한 원가절감 전략으로 업계에서 경쟁적 우위를 차지하게 되는 경우이다. 월마트(Wal-Mart)는 정보기술을 활용하여 재고창고를 없애는 창고형 매장을 개발하고 이를 통한 원가절감으로 20~30년 만에 전 세계의 소매산업 및 할인점 업계의 최강자로 대두하였다. 월마트는 일찌감치 바코드와 네트워크, 데이터베이스 기술을 이용하여 소매업에서의 JIT(Just In Time) 방식을 개발하였다. 이 시스템은 협력업체에게 생산정보를 미리 제공함으로써 그날 소비할 부품을 그날 공급받아 생산하는 도요타 생산방식인 JIT 방식을 소매업에 응용한 것이다. 협력업체와의 정보교류에 IT기술을 활용한 대표적인 성공사례로 손꼽힌다. 국내의 많은 제조업체들도 이 방식을 도입하여 활용하고 있다. 협력업체와의 상생정책, 유기적인 정보교류는 현대 기업의 핵심 전략 중의 하나이다.

2.2.2 경쟁우위와 전략적 우위

하버드 대학의 마이클 포터(Michael Porter) 교수는 경쟁(Competition)이야말로 기업의 성공이나 실패의 핵심요인이라고 말한다(Porter, 1985). 경쟁전략(Competition Strategy)은 산업 내에서의 시장점유율 확보나 평균 이상의 수익률 확보를 통한 경쟁우위 방안을 연구하고 탐색하는 것이다. 전략정보시스템은 경쟁전략을 제공하거나 지원하는 정보시스템이라고 할 수 있다. 실제로 1970년대와 1980년대, 많은 수의 전략정보시스템이 구축되었지만 성공사례가 그리 많지는 않았으며, 대부분 단기적인 성공에 그친 것이 많았다. 이는 기업이 지속적인 우위를 지켜나가는 일이 점차 어려운 일이 되어가고 있는 것을 증명하는 것이라고 할 수 있다. 경쟁기업들은 몇 년이 아닌 몇 달 만에 성공적인 시스템들을 모방해 내고 있으며, 오늘날 신기술 혁신은 과거의 혁신들을 신속하게 고철덩어리로 만들고 있기 때문에, 정보시스템 자체만으로는 지속적인 경쟁우위를 지탱하기가 어렵게 되었다.

정보시스템 자체보다는 정보시스템이 조직의 구조적 변화와 결합하였을 때, 전략적 우위를 확보하기 위한 유리한 고지를 선점할 수 있게 된다. 예를 들어, 널리 알려진 전략정보시스템인 페덱스의 프리즘(PRISM)은 인력자원을 효율적으로 관리함으로써, 조직의 운영 효율성과 효과성을 증대시키는 시스템이다. 이 시스템은 앞서 설명한 온라인 화물 추적시스템의 경우와 같이 다른 기업과 직접적으로 경쟁하지는 않았지만, 초우량사원을 효율적으로 양성하고 유지하는 역할을 수행함으로써 기업에 전략적 우위를 제공하였다.

정보기술과 경쟁우위 확보 방안

비용을 절감하고 매출을 증대함으로써 궁극적으로 이윤을 극대화하는 목표를 가지고 있는 영리 기업에 있어서 경쟁우위라는 용어를 다시 한번 생각해보자. 〈그림 2-9〉와 〈표 2-8〉은 경쟁기업이 제공할 수 없는 제품 및 서비스의 제공 방법 또는 유사한 제품 및 서비스라 할지라도 고객에게 더욱 매력적인 방식으로 제공하는 방법 등의 경쟁우위를 획득하기 위하여 사용할 수 있는 기본적인 방안들을 보여주고 있다.

〈그림 2-9〉 경쟁우위를 확보하기 위한 전략적 활동

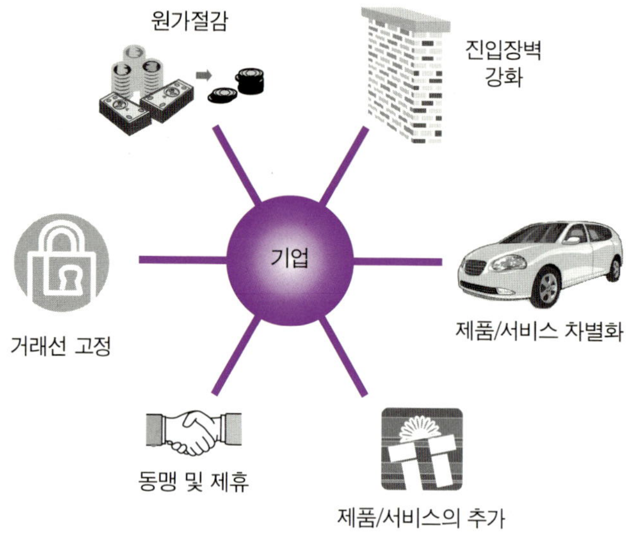

〈표 2-8〉 정보기술을 활용하여 경쟁우위를 얻기 위한 기본적인 여덟 가지 방안

방안	이점(예)
원가 절감	로봇을 이용한 1970년대 일본기업의 자동차 생산은 양질의 제품을 저렴한 가격으로 판매함으로써 경쟁자보다 가격우위를 확보할 수 있었다.
시장 진입장벽의 강화	특허 등을 통한 특허사용료의 부담으로 경쟁기업이 시장 내에 잠재적으로 진입하는 것을 저지함으로써 보다 많은 시장 잠재력을 확보하고 다른 기업의 추격으로부터 멀리 달아날 수 있다.
높은 전환비용의 확보	이동통신사의 의무사용기간 등의 계약이나 소프트웨어와 같이 높은 전환비용으로 인해 경쟁기업으로부터 제품이나 서비스의 구매를 시작할 경우 경제적인 타당성이 떨어지도록 한다.
신제품 및 서비스 개발	페덱스의 추적시스템이나 MS-엑셀의 다양한 부가 기능 개발 등과 같이 시장 내에 선보이지 않은 독특한 제품 및 서비스를 제공함으로써 경쟁기업을 따돌릴 수 있다.
제품 및 서비스 차별화	홍보전략 등을 통하여 브랜드 이미지를 확고히 함으로써 경쟁자와 구별되면서 매력과 신뢰를 줄 수 있는 제품이나 서비스를 제공하여 고객에게 차별화된 이미지를 제공할 수 있다.
제품이나 서비스의 추가	제품차별화와는 별개로 품질보증기간의 연장, 제품 정보의 지속적인 제공 등과 같이 부가적인 서비스 자체를 제공함으로써 경쟁기업보다 나은 가치를 제공한다.
동맹 강화	항공사, 여행사, 호텔, 신용카드사 등이 연합하여 여행상품을 구성하듯이 이종 산업 간의 제휴를 통한 상승효과(synergy)로 개별적으로는 제공할 수 없는 서비스를 저렴한 가격으로 제공할 수 있다.
거래선의 고정화	EDI를 통하여 공급선을 붙잡아두거나 또는 IBM사와 같이 하드웨어 판매 이후의 소프트웨어, 교육훈련 지원 등으로 구매선을 고정화시키는 등 경쟁기업이 모방할 수 없는 경제적인 이득을 제공한다.

2.2.3 효율성과 효과성

효율성(Efficiency)과 효과성(Effectiveness)은 두 가지 모두 경영자의 의사결정에 있어 매우 중요한 측면이다. 효율성이란 방법(How)에 관한 문제이며, 효과성은 대상(What)에 관한 문제라고 할 수 있다. 이러한 두 가지의 기준을 기초로 하여 〈그림 2-10〉과 같이 효율성과 효과성을 축으로 하는 4분면의 2×2 매트릭스를 도출할 수 있을 것이다.

각각의 분면을 좀 더 쉽게 풀이해 보면, 〈그림 2-10〉에서 보듯이 1사분면(우 상단)은 올바른 일을 올바르게 한다(RTR: Do Right Things Right)는 것을 의미하며, 이는 사회생활을 영위하면서 항상 추구하는 바이다. 2사분면(좌 상단)은 올바른 일을 잘못된 방법 또는 엉터리로 수행하는 것으로(RTW: Do Right Things Wrong), 이는 분명 직무유기의 비난을 면치 못할 것이다. 3사분면(좌 하단)은 잘못된 일 또는 해서는 안 될 일조차 잘못된 방법으로 수행하는 것으로(WTW: Do Wrong Things Wrong), 이는 무지 또는 무경험으로 인해 일을 올바로 수행하지 못하는 것을 말하며, 인간의 유아기에나 종종 겪을 수 있는 문제일 것이다. 4사분면(우 하단)은 잘못된 일을 올바른 방법으로 제대로 수행하는 경우(WTR: Do Wrong Things Right)를 말하는데, 이는 그 일이 잘못된 일이라는 것을 알았을 경우에는 필시 범죄 심리나 오기에서 비롯된 것일 것이며, 잘못된 일인지 몰랐다 하더라도 역시 결국은 덧없는 결과만을 초래하게 될 것이다.

〈그림 2-10〉 효율성과 효과성의 매트릭스

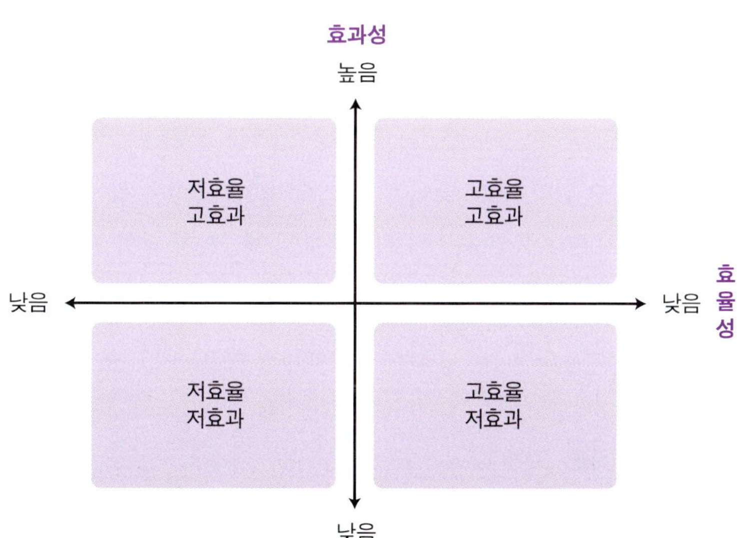

따라서 경영자는 조직이 반드시 해야 할 일과 그 일을 제대로 하기 위한 방법을 제시할 수 있어야 하며, 이는 올바른 일을 올바른 방법(Right Things Right)으로 할 수 있도록 해야 한다는 것을 의미한다. 기업의 운영과 의사결정에 있어 이러한 두 가지 측면에 관한 개념적 틀은 오늘날과 같이 고객만족 경영을 추구하는 실무자나 경영자가 무엇을 어떻게 해야 할지 고민에 빠질 때마다 도움을 줄 수 있을 것이다.

2.2.4 정보시스템의 기술적 측면과 행태적 측면

앞서 효율성과 효과성의 논의에서와 같은 맥락에서 볼 때, 정보시스템 분야에서도 적용될 수 있는 행태적(Behavioral)인 측면과 기술적(Technical)인 측면의 두 가지 패러다임을 소개한다. 행태적 측면의 주안점은 정보시스템에 영향을 주는 정치적 또는 정책적, 조직적, 그리고 인적 요소들에 대한 것이다. 이러한 패러다임은 합리적이면서 기술적으로도 올바른 일이 조직에 도입될 경우 조직전체의 번영을 위해 적합한지 그렇지 않은지 등에 대한 논의이다. 예를 들어, 만일 정보시스템이 기술적으로 우수하고 효율적으로 업무를 수행한다고 하더라도 수행하는 업무가 기업의 목표달성에 크게 기여하지 못한다면, 이는 〈그림 2-11〉의 4사분면에 해당하는 순수기술적 형태인 WTR(Do Wrong Things Right)에 불과할 뿐이다. 기술적인 측면은 모든 사람들이 이성적으로 행동한다는 전제에서 출발하며, 최상의 기술적인 능력으로 시스템을 만든다는 데 초점을 둔다.

이러한 두 가지 접근법 중 한쪽에 대한 지나친 의존은 정보시스템에 있어서 주요 결함의 원인이 된다. 정보시스템은 조직 내에서 사람에 의해 만들어지고 사용된다. 〈그림 2-11〉에서 보듯이 두 가지 측면 중에 한쪽에만 치중할 경우, 잘못된 문제를 가지고 올바른 방식으로(순수 기술적) 다루거나, 올바른 문제를 잘못된 방식으로(순수 행태적) 다루게 될 위험에 놓일 수 있다. 예를 들어 순수 기술적인 시스템은 최신기술의 도입으로 처리속도는 빠르나 사용자가 원하는 형태의 정보를 제공하지 않아 사장되는 정보시스템이라고 할 수 있으며 순수 행태적인 시스템은 원하는 정보는 제공되나 기술투자가 이루어지지 않아 진부하고 스피드가 느린 시스템이라고 할 수 있다. 요체는 어떻게 제한된 자원 하에서 효율성과 효과성을 조화롭게 만족시킬 수 있는 이상적인 정보시스템을 개발할 수 있겠는가 하는 것이다.

〈그림 2-11〉 정보시스템의 효율성·효과성 매트릭스

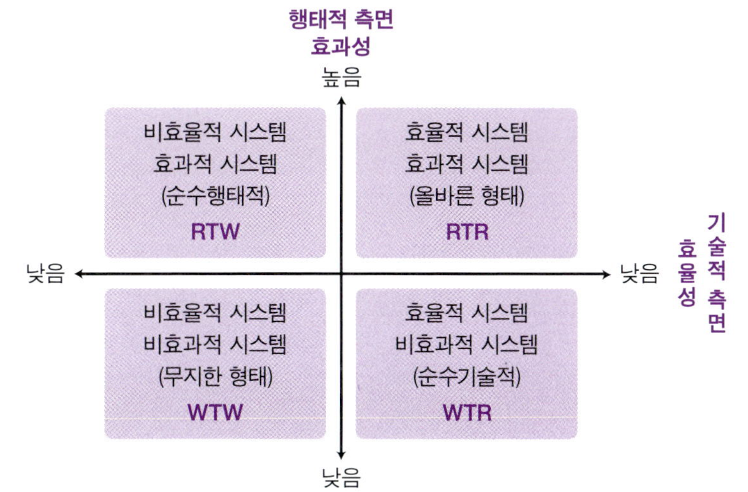

이러한 관점은 대부분의 의사결정 과정에 해당되는 내용으로 경영자들은 올바른 문제를 올바른 방법으로 다룰 수 있는 두 가지 접근법 사이의 시너지(Synergy) 효과를 이해하고 적용할 수 있도록 훈련되어야 한다. 즉, 어떠한 용도의 정보시스템에도 이 두 가지의 접근법은 동시에 고려되어야만 한다.

2.3 정보기술 활용과 경쟁우위

전략경영, 경쟁전략, 그리고 정보기술 사이의 관계를 규명하고 이해하기 위한 개념적 틀을 설명하는 데는 다양한 모형들이 사용되고 있다. 대부분의 모형들은 정보기술이 어떻게 기업의 업무를 지원하고 있는지에 대한 사례의 분류나 특정 주제마다의 개념적 모형들에 기초를 두고 있다. 지금까지도 많은 연구가 이루어지고 있지만, 이처럼 수많은 개념적 틀이 존재하는 이유 중의 하나는 그만큼 다양한 유형의 시스템들이 존재하기 때문이다. 그러나 정보시스템의 전략적 활용에 대한 대부분의 개념적 틀들이 마이클 포터의 전략에 대한 연구로부터 유도되고 있기 때문에 이 장에서는 그의 연구를 중심으로 논의하고자 한다.

ESG 경영 **CASE 2-2**

팀 쿡도 정용진도 뛰어든 ESG … 게임체인저인가 반짝 유행인가

2021년 최고 화두된 ESG경영 들여다보니

"흑인 대학과 협력해 전국에 학습 허브 100여 곳을 설립하는 등 인종차별 해소를 위해 1억달러(약 1100억 원)를 투자하겠다."

지난 1월 새해 벽두부터 팀 쿡 애플 최고경영자(CEO)가 발표한 건 애플카(car)도, 신형 아이폰도 아닌 'ESG' 경영 방안이었다. ESG는 환경(Environment) · 사회(Social) · 지배구조(Governance)의 앞 글자를 딴 말로, 기업의 비(非)재무적 성과를 평가하는 지표다. 최근 전 세계 글로벌 그룹 리더들의 발표에서 빠지지 않고 등장하는 단어이기도 하다.

국내 상황도 다르지 않다. 정용진 신세계 부회장은 최근 인스타그램에 "4월 22일 지구의 날을 맞아 이마트 성수점과 주변에서 플로깅을 실천했다"며 글과 사진을 올렸다. 플로깅(Plogging)은 줍다(Pick up)와 조깅(Jogging)을 합친 단어로 주변을 산책하거나 조깅하면서 쓰레기를 줍는 환경보호 활동이다. 정 부회장은 "요즘 화두인 ESG 경영도 세상에 없던 새로운 게 아니라 작은 실천을 모으는 일"이라고 했다.

SK하이닉스, SK텔레콤 등 SK그룹 계열사 8곳은 올해 초 한국 최초로 'RE100'에 가입했다. 재생에너지 100%를 뜻하는 RE100은 2050년까지 기업이 사용하는 전력의 100%를 태양광, 풍력 등 재생에너지로 만들어진 전력으로 조달하겠다는 것이다. 최태원 SK그룹 회장은 지난 20일에도 '아시아판 다보스포럼'으로 불리는 보아오포럼에서 "ESG는 '있으면 좋은' 선택이 아니라 최소 요구 조건이자 기업의 생존이 걸린 문제"라고 했다.

기업들은 ESG위원회 등 사내 전담기구도 앞다퉈 설치하고 있다. 엔씨소프트는 지난 3월 국내 게임사 중 처음으로 'ESG위원회'를 신설하고, 2인자인 윤송이 최고전략책임자(CSO)를 위원장으로 추대했다.

도대체 ESG가 뭐길래, 팀쿡부터 최태원·정용진·윤송이까지 앞다퉈 뛰어드는 걸까.

17년 전 탄생한 ESG, 왜 지금 급부상했나

ESG는 2004년 코피 아난 전 유엔 사무총장이 전 세계 50여 명의 CEO에게 보낸 편지에서 출발했다. 당시 아난 사무총장은 '지속 가능한 투자를 위한 지침을 개발해 달라'고 했고, 여기에 응답한 CEO들이 만든 기준이 'ESG'로 발전했다. 과거에는 기업을 평가할 때 해당 기업이 환경을 오염시키든, 아동 노동자를 착취하든 개의치 않았다. 얼마나 돈을 잘 버는지를 최우선으로 살폈다. ESG는 다르다. 기업이 어떤 방식으로 돈을 벌고, 환경과 사회에 미치는 영향은 어떤지까지 고려해 투자한다.

여기까지는 누구나 한번쯤 들어본 '착한 기업'에 대한 이야기일 것이다. 그렇다면 17년 전 나온 개념이 왜 지금에서야 급부상한 것일까.

빅데이터·AI 기반 ESG 평가기관인 지속가능발전소 윤덕찬 대표는 "ESG를 잘하는 회사에 돈이 몰리는 것이 결정적"이라며 "파리기후협약에서 정한 온실가스 감축 등의 목표기한(2030년)이 얼마 남지 않은 상황에서, 유럽연합(EU) 등 각국이 기업의 동참을 유도하기 위해 ESG를 잘하는 회사에 돈이 몰리도록 금융 규제를 바꾸고 있다"고 했다.

기업의 사회적 책임을 중시하는 MZ세대(밀레니얼+Z세대, 1980년대 초~2000년대 초 출생)의 가치관도 영향을 미쳤다. MZ세대는 제품이 뛰어난 기업이라 해도, 회장이 직원에게 갑질을 하거나 사회적으로 물의를 일으키면 불매운동을 벌인다.

윤 대표는 "세계 최대 자산운용사인 블랙록 등 ESG를 중요 투자 기준으로 삼는 투자사도 크게 늘었다"며 "특히 코로나 상황에서 ESG를 기준으로 한 투자가 기존 시장보다 더 수익이 나면서, 'ESG가 방향이 착할 뿐 아니라 수익까지 나는구나'를 보여줬다"고 했다.

이런 세계적 흐름에 따라 국내 기업들도 '기업 경영에 ESG를 추구하라'는 요구에 직면하고 있다. 지난 16일 포스코강판은 24년 만에 미얀마 군부 기업인 미얀마경제지주사(MEHL)와의 합작회사 관계를 종료했다. 네덜란드 공적연금(APG) 등 여러 투자 단체에서 이 관계를 통해 미얀마 군부 정권에 자금이 흘러 들어 간다고 보고 우려를 표명했기 때문이다.

사회공헌으로 'ESG 세탁'?

그런데 최근 국내에서 'ESG'라고 소개하는 내용을 가만히 보면 왠지 낯익다. '청소년 대상 금융 교육, 어린이 교통안전 캠페인, 중고 물품 기부, 이재민 지원….' ESG만 떼고 보면 과거 사회 공헌 활동에서 이름만 바뀐 경우가 많다. 이른바 'ESG 세탁(washing)'이다.

윤 대표는 "ESG를 항목으로 따진다면 그중에 분명히 사회 공헌 활동도 있긴 하지만, 그 비율은 0.1% 정도일 것"이라며 "사회 공헌 부분이 있다고 ESG 경영이라고 하는 건 그야말로 ESG를 오용한 것"이라고 했다.

사회 공헌 활동을 많이 하더라도 해당 기업 CEO가 갑질을 하거나 산업재해 등이 많이 발생한다면, 그 기업은 ESG 경영을 하는 게 아니다. 또 해당 사회 공헌 활동이 ESG 측면에서는 옳지 않을 수도 있다. 연말 연탄 나눔 봉사의 경우 전통적인 사회 공헌 활동이지만, ESG 측면에서는 다를 수 있다. 온실가스와 대기오염 물질을 다량으로 배출하는 연탄은 환경적(E) 측면에서 옳지 않고, 만약 직원들이 강제로 봉사에 동원됐다면 사회적(S) 측면에서 적절하지 않기 때문이다.

그런데도 기업이 자신들이 하는 사회 공헌 활동을 소개하면서, 마치 ESG 경영을 하는 것처럼 행동하는 건 '세탁'이라는 것이다.

준법경영 전문가인 조창훈 한림국제대학원대학교 교수는 "쓰레기 줍기도 좋지만 쓰레기가 나오지 않게 재활용 사업을 운영하거나, 쓰레기도 자원이 된다는 걸 보여주는 게 ESG"라면서 "우후죽순 생기는 ESG위원회도 지속가능성에 대한 진지한 고민이 없다면 결국 외부 평가를 위한 형식적인 자리에 그칠 가능성이 크다"고 했다.

가짜 전문가 전성시대?

기업도 나름의 속사정이 있다. ESG가 눈에 보이는 지표가 아닌 데다, 기관마다 평가 방식도 달라 이를 구현하는데 애를 먹는다.

지난 2일 전국경제인연합회가 매출액 500대 기업을 대상으로 조사한 결과, 기업 10곳 중 3곳(29.7%) 가까이는 'ESG의 모호한 범위와 개념 때문에 경영전략을 수립하기 어렵다'고 답했다.

500대 기업 법무팀에 근무하는 A씨는 "지난해부터 CEO가 ESG를 강조하면서 팀별로 외부 전문가가 진행하는 강의도 듣고 있지만 'ESG가 뭐냐'고 물었을 때 선뜻 답할 수 있는 직원은 드물 것"이라고 했다.

현재 국내외에 ESG 관련 600여 개의 평가지표가 난립하고 있다는 것도 문제로 지적된다. 평가기관마다 세부 항목·내용이 달라 동일 기업에 대해 다른 평가가 발생하기도 한다. 특히 해외 ESG 지표는 유럽이나 미국 등 서구 문화에 맞게 만들어졌기 때문에, 이를 국내에 그대로 들여오기에는 어려움이 있다. 예컨대 미국 등에서는 ESG를 평가할 때 '인종 다양성'을 중요하게 생각하지만, 한국은 이 기준을 적용하기 어렵다. 또 이른바 '재벌' 등 지배구조에서도 외국과 차이가 있다.

최근엔 이런 혼란스러운 상황을 노린 'ESG 비즈니스'도 극성을 부리고 있다. 포털사이트에서 'ESG'를 검색하면 기업을 대상으로 ESG 강의를 한다거나, 컨설팅을 해준다는 글이 넘쳐난다. 조 교수는 "아직 국내에서 ESG에 대한 명확한 기준이나 법 체계 등이 자리 잡지 않은 상황에서 스스로 전문가를 자처하는 사람들이 비즈니스(사업) 측면에서 뛰어들고 있다"며 "이 상황이 지속된다면 '가짜 전문가 전성시대'가 열릴 것"이라고 했다.

윤 대표는 "사회적으로 ESG에 관심이 많아진 건 좋은 일"이라면서도 "결국 기업이 외부 평가를 위한 것이 아니라 ESG를 왜 하는지에 대한 근본적인 목적과 방향을 봐야 흔들리지 않을 것"이라고 했다.

출처: 조선일보, 남정미 기자, 2021.04.24.

토론

1. ESG경영과 전통적 경영과 차이나는 점에 대하여 논의하시오.
2. ESG가 발표된지 17년이 지나 최근 다시 부상하고 있는 이유를 살펴보시오.

2.3.1 가치사슬모형과 가치시스템

조직의 운영방식과 그러한 운영을 지원하는 정보시스템의 역할을 이해하기 위해서는 먼저 포터의 가치사슬모형을 이해해야 한다. 마이클 포터의 가치사슬(Value Chain)에 따르자면, 〈그림 2-12〉와 같이 모든 조직에서 수행되는 활동은 본원적 활동(Primary Activity)과 지원 활동(Support Activity)으로 나누어질 수 있다(Porter, 1985).

다섯 가지의 본원적 활동은 ① 입고(입력), ② 운영(생산 및 처리), ③ 출고(저장 및 분배), ④ 마케팅 및 판매, ⑤ 서비스이며, 이 활동들은 순차적인 흐름으로 연결되어 있다. 입고(물류) 활동 내의 원재료는 입고처리 됨으로써 조직에서의 기본적인 가치가 부가된다. 그리고 그 가치는 생산 활동을 통하여 제품으로 제조됨으로써 새로운 가치를 더하게 되고, 포장, 저장, 선적을 거쳐 배달을 기다리게 되며, 이 과정에서 역시 새로운 가치가 부가된다. 마케팅 및 판매 활동에 의해 제품을 고객에게 조달하며, 최종적으로 고객에게 서비스가 수행되게 된다. 이러한 모든 활동의 결과 축적된 가치는 기업의 이익을 형성한다.

이러한 본원적 활동들은 ① 기업의 인프라스트럭처(회계, 재무, 경영), ② 인적자원 관리, ③ 기술 개발, ④ 조달 프로세스 등에 의해서 골고루 지원되는데, 각 지원 활동은 모든 본원적 활동을 지원할 뿐 아니라 지원 활동 간에도 서로 지원한다.

〈그림 2-12〉 제조업을 통하여 본 포터의 가치사슬모형

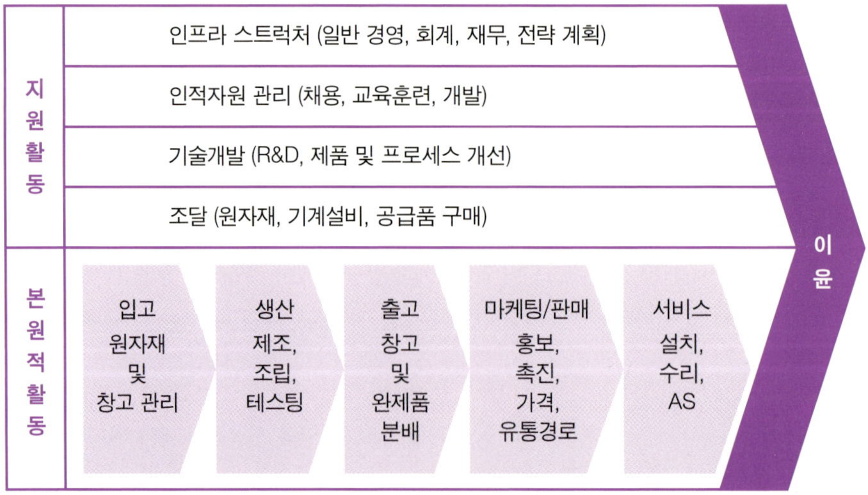

출처: Porter, M., *Competitive Advantage: Creating and Sustaining Superior Performance*, The Free Press, 1985.

〈그림 2-13〉 가치시스템

좀 더 거시적으로 볼 때, 한 기업의 가치사슬은 수많은 활동들로 연결된 거대한 흐름의 일부분이며, 이러한 가치사슬들의 연결은 결국 〈그림 2-13〉과 같은 가치시스템(value system)을 형성하게 된다. 가치시스템은 기업에 필요한 원부자재(입력)를 제공하는 공급업체와 그들의 가치사슬을 포함하며, 일단 기업이 제품을 생산하면, 그 제품들은 유통업체(이들 역시 고유한 가치사슬을 가지고 있다)의 가치사슬을 통하여 역시 나름대로의 고유한 가치사슬을 가지고 있는 구매자 또는 고객에게 전달된다. 경쟁우위를 확보하고 유지하며, 정보기술을 이용하는 경쟁전략의 수립에는 이러한 가치시스템 전체에 대한 이해가 바탕이 된다고 할 수 있다.

가치사슬과 가치시스템 개념은 개인기업이든 공기업이든 간에 모든 조직의 제품과 서비스에 적용될 수 있다. 가치사슬은 기업의 내부 운영을 분석하기 위한 틀이지만, 많은 기업에서 가치사슬을 정보기술의 지원을 설명하기 위한 기초로 활용하고 있다.

가치사슬모형과 가치시스템은 다음과 같은 관점에서 조직 내 정보기술의 본질을 규명하는데 사용될 수 있다. 가치사슬 접근법을 이용하여 주 활동 및 지원 활동이 어떠한 방식으로 기업의 전체이익에 기여하고 있는지를 이해할 수 있다. 그러한 분석을 통하여, 기업의 전체이익에 크게 기여하는 활동은 강화하고, 반대로 그렇지 않은 활동은 제거하는 방식으로 기업의 프로세스 및 조직을 변형하거나 리스트럭처링 등의 구조조정을 시도할 수도 있다. 정보시스템은 규명된 이와 같은 다양한 활동의 동인으로 작용할 수 있으며, 그러한 활동의 흐름을 기초로 하여 개발될 수도 있다.

따라서 가치사슬모형을 고려하여 정보시스템을 개발하는 것은 어쩌면 당연한 일일 수도 있다. 대부분의 조직들은 먼저 본원적 활동과 지원 활동을 실행할 부서를 결정한 다음, 부서 내의 지원 작업에 필요한 정보시스템을 구축하고 있다.

기업은 업무 절차에 따라 조직화되어 가치사슬 활동을 실행한다. 이 경우, 정보기술은 부서보다는 프로세스 그 자체를 지원할 것이다. 앞서 설명한 포터의 가치사슬모형은 정보기술이 경쟁에 영향을 미치는 방식을 설명하기 위한 대표적인 모형이다. 〈그림 2-12〉에서와 같이 조직적인 활동은 5개의 본원적 활동과 4개의 지원 활동으로 구성된 총 9개의 활동으로 나누어진다. 주 활동은 사슬 내에서 서로 연결되어 있으며, 각 활동은 제품이나 서비스에 가치를 더해 나가는데 사슬의 각 활동(셀)과 연결(Link)부분을 살핌으로써 경쟁우위를 증대시키기 위한 방법을 찾아낼 수 있다.

2.3.2 가치활동과 정보기술 활용

정보기술의 활용이 어떻게 기업의 가치창출 활동에 기여할 것인가 하는 관점에서 〈그림 2-14〉는 매트릭스의 각 가치 활동(셀)을 지원하기 위하여 사용될 수 있는 대표적인 응용업무들을 보여주고 있으며, 〈그림 2-15〉에서는 모형의 각 활동과 응용업무들을 지원하기 위하여 사용될 수 있는 구체적인 정보기술들을 보여주고 있다. 이처럼 정보기술을 반영한 모형은 가치사슬의 활동들을 지원하는 특정 정보기술과, 이들 정보기술이 프로세스에 어떠한 방식으로 가치를 부가시키고 있는지를 설명할 수 있다.

2.3.3 경쟁 분석과 경쟁세력모형

경쟁을 분석하기 위해 가장 널리 사용되고 있는 틀로서 포터의 다섯 가지 경쟁세력모형(Five Competitive Forces Model)을 들 수 있다. 이 모형은 경쟁우위 확보를 위한 기업의 전략 개발과, 정보기술이 어떻게 기업의 경쟁력을 강화시킬 수 있는가를 설명하는 데 이용되어 왔다. 이 모형은 산업마다 다소 차이가 있을 수도 있지만 해당 산업 내에서 기업을 위험한 상황으로 몰아갈 수 있는 다섯 가지 경쟁세력을 제안하고 있다.

- 새로운 경쟁자의 진입 위협
- 공급자의 교섭력
- 고객(구매자)의 구매교섭력
- 대체재(제품 및 서비스)의 위협
- 기존 기업들 간의 경쟁 위협

기업의 경쟁환경은 〈그림 2-16〉에서와 같이 산업 구조의 다섯 가지 요인들에 의해 결정될 수 있다.

〈그림 2-14〉 가치활동별로 적용 가능한 응용 업무

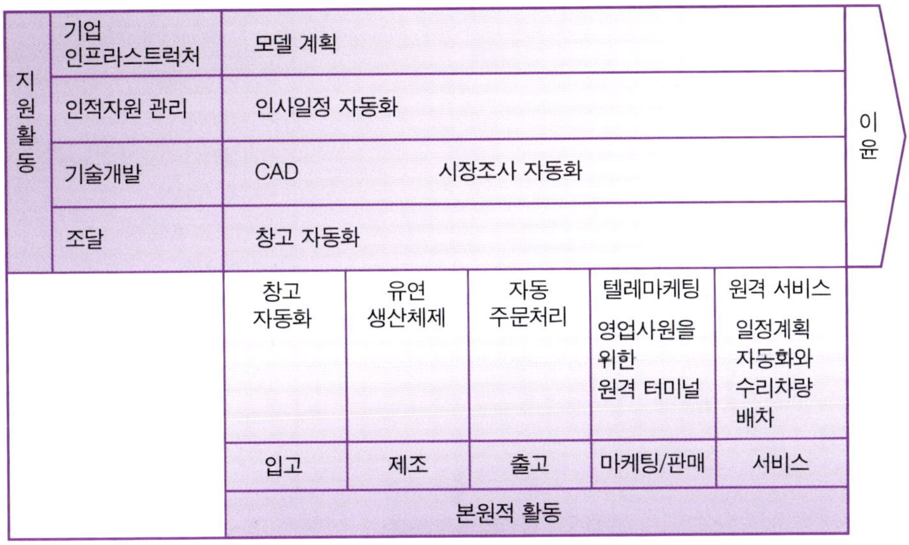

출처: Porter, M. and V. Millar, How information gives you competitive advantage, *Havard Business Review*, 63(4): 149-160, 1985.

〈그림 2-15〉 기업의 가치활동별 적용 가능한 기술

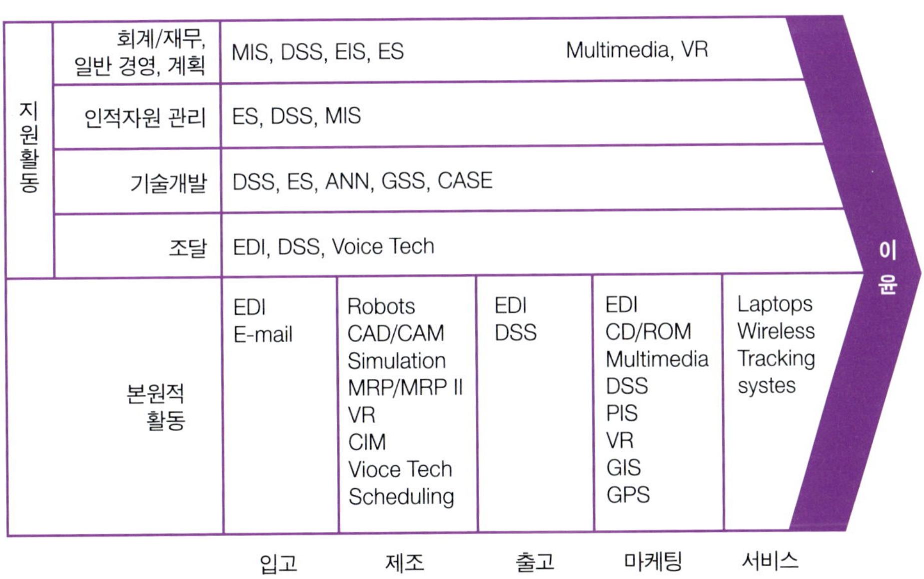

출처: Turban, E., M. Ephraim, and W. James, *Information Technology of Management*, John Wiley & Sons, 1996.

〈그림 2-16〉 포터의 다섯 가지 경쟁세력 모형

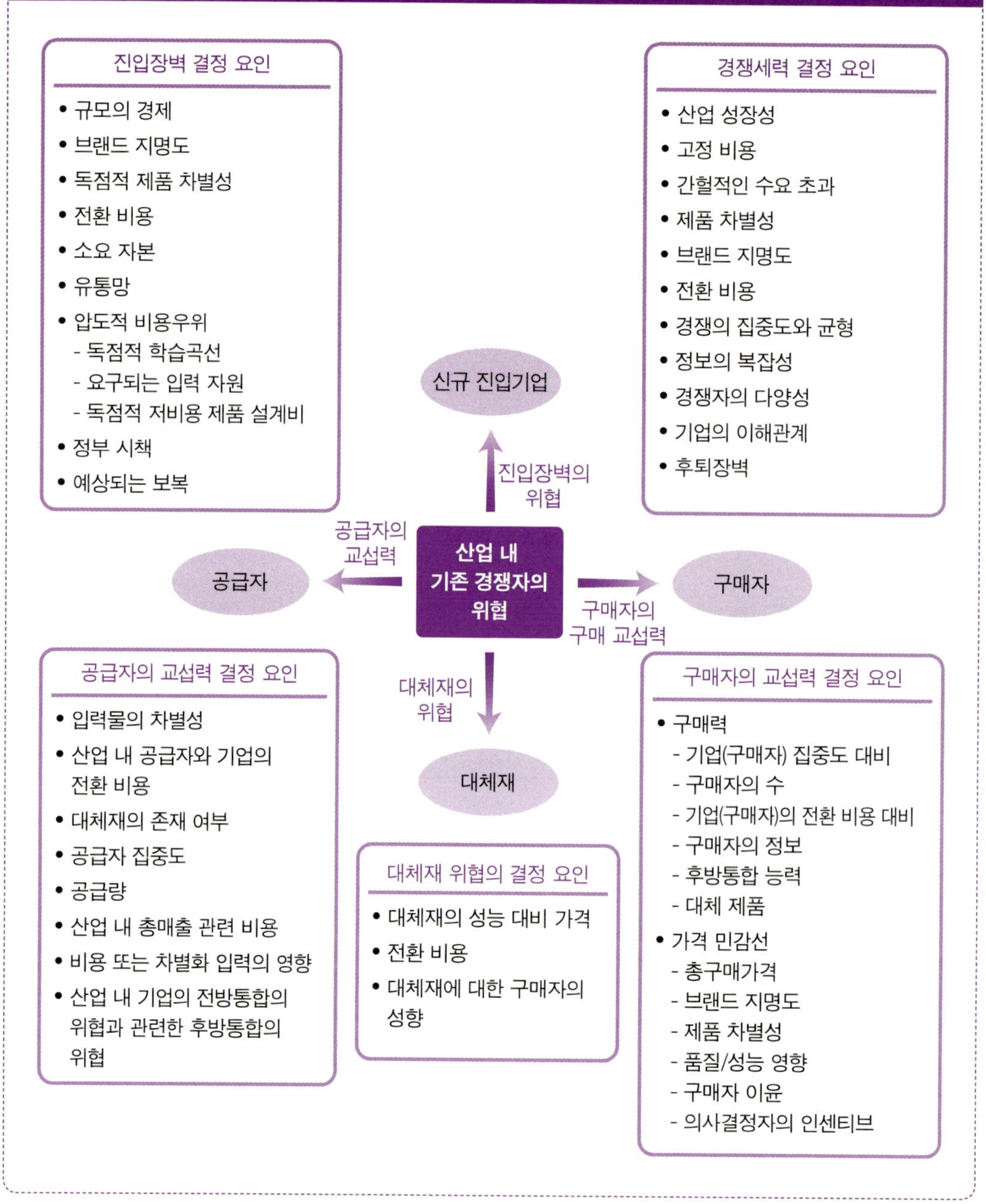

출처: Porter, M., *Competitive Advantage: Creating and Sustaining Superior Performance*, The Free Press, 1985.

1980년대 초반에 규명된 각 세력과 결정요인들은 오늘날의 급변하는 기업의 외부 환경과 관련이 있으며, 포터는 이러한 위협 세력에 대해 기업의 입지를 보존하고 이익을 창출하기 위한 전략을 개발하는 방법을 제시하였다. 그는 기업의 이익이 어떻게 산업

구조에 영향을 미치는지를 설명하는 동시에, 기업이 하나의 산업 내에서 평균 이상의 성과를 내기 위하여 사용할 수 있는 세 가지 전략으로 원가우위 전략, 차별화 전략, 집중화 전략을 제안하였다.

- **원가우위 전략:** 원가우위(cost leadership) 전략은 동종산업 내에서 제품이나 서비스를 낮은 비용으로 생산하는 것을 말한다. 정보기술을 통하여 가치사슬의 특정 연결 부분에서 비용을 절감할 수 있으며, 예전에는 비용에 대한 정보기술의 영향이 반복적인 데이터처리 활동에 제한되었으나 오늘날은 정보기술의 발전으로 인하여 더 이상 그런 제한은 존재하지 않는다. 심지어 물리적 처리와 관련된 활동들조차도 이제는 정보처리 요소를 많이 내포하고 있다. 예를 들어, 월마트는 컴퓨터, 자동화된 구매 및 재고관리를 이용하여 협력업체를 관리함으로써 그들의 체인망에 저원가의 제품을 제공할 수 있었다.
- **차별화 전략:** 차별화(differentiation) 전략이란 경쟁력 있는 가격으로 고품질의 제품을 제공하는 등 산업 내에서 독특하고 차별화된 제품이나 서비스를 제공하는 것을 말한다. 구매자 가치사슬에 부합하는 자사 제품의 특성과 역할은 차별화의 주된 결정 요인이며, 고객 욕구에 맞는 제품·서비스를 생산하기 위해 새로운 정보기술을 개발하는 것까지도 가능해졌다. 예를 들어, 페덱스는 화물 자동추적시스템을 통해 몇 년간 그들의 경쟁기업에 비해 경쟁력 있는 가격으로 더 나은 서비스를 제공하였다.
- **집중화 전략:** 집중화(Focus) 전략은 세분화된 시장을 선택하고, 그 시장에서 원가우위 전략 또는 차별화 전략을 구사하는 것을 말한다. 예를 들어 도미노 피자(Domino's Pizza)는 가정용 배달 시장에서 주문 자동화 시스템을 통하여 차별화를 시도하였다. 이러한 예는 정보기술이 경쟁분야의 범위와 경쟁우위간의 관계를 변화시킬 수 있음을 보여주고 있으며, 정보기술로 자사의 능력을 증대시켜 지역적, 국가적, 세계적인 범위에서 가치활동을 확산시켜 나갈 수 있다는 것을 확인시켜주고 있다.

한편, 정보혁명은 분리되었던 산업을 상호 연계시킬 수 있다. 대표적인 예로써 컴퓨터 기술과 통신기술의 결합이 바로 그것이며, 이러한 결합은 양 산업구조에 지대한 영향을 미친다. 이에 따라, 광범위한 라인조직을 갖춘 회사들은 제품을 보다 많은 회사에 제공할 수 있게 되었다. 정보통신기술이 보다 더 확산됨에 따라, 새로운 분야에서 경쟁우위 확보를 위한 기회는 더욱 증가할 것이다. 더욱이 규모의 이익이 실현되면, 정보기술을 통한 조직의 경쟁력은 더욱 증대될 것이다.

확장현실(XR)

CASE 2-3

10명 중 8명 "VR보고 집 계약 하겠다" 확 달라진 '가상세계'

확장현실(XR) 기술 개요

기술명	기술 정의	주요 활동 내용	파급 효과
확장현실(XR)	VR·AR(가상·증강현실) 헤드기어 등의 웨어러블(착용형) 장치, 햅틱 기술 등을 이용해 가상 정보를 이용할 수 있는 실감 사용자 인터페이스 기술	- 설계·디자인·생산프로세스 등의 관리 - 교육·의료·여가서비스 등	- 산업 효율화 - 신산업 창출 - 문화적 다양성 확장 - 다양한 체험을 통한 삶의 질 제고 등

*자료: 한국과학기술기획평가원(KISTEP)
그래픽: 김지영 디자인기자

코로나19 비대면 문화로 더 주목받는 VR·AR기술

'주택 매입 시 현장을 방문하지 않고 3차원(D), VR(가상현실) 정보만을 이용해 집을 계약할 의사가 있는가?' 이 질문에 1152명 중 876명(76%)이 "그렇다"고 답했다. 부동산 정보 업체 '직방'이 실시한 설문조사에서 나온 결과다. '앞으로 3D·VR 부동산 정보를 이용할 의향이 있다'는 응답도 89.8%(1034명)에 달했다.

CNN 등 외신은 최근 코로나19(COVID-19)로 명상 프로그램에 참여가 어려운 상황에서 VR 기술이 이 빈틈을 파고들고 있다고 보도했다. 미국 질병통제예방센터(CDC) 등에 따르면 미국인 10명 중 1명은 'VR 명상 앱(애플리케이션)'을 써봤다.

최근 코로나19로 비대면 산업 수요가 증가하면서 VR·AR(증강현실)에 대한 관심이 높아지고 있다. VR·AR 기술은 인공지능(AI)과 함께 수년 전부터 대중적으로 화두였으나, 기술 완성도 문제로 외면 받아왔다. 하지만 신종 전염병 창궐로 사회적 거리두기가 장기화하고, DT(디지털트랜스포메이션) 가속화와 함께 포스트 코로나 시대의 대비가 중요한 이슈로 떠오르면서 비대면 산업의 핵심기술인 VR·AR에 대한 투자가 활발해졌다. 시장조사업체 '스트래티지 애널리틱스'에 따르면 VR·AR 관련 하드웨어 매출은 2025년 2800억 달러(약 313조 원)에 달할 것으로 전망된다.

국적, 시공간 뛰어넘는 '공존 현실'

페이스북 한국지사는 최근 자사 VR 기기인 '오큘러스 퀘스트2'를 이용해 미디어 간담회를 열었다. 참석자들은 영화 '킹스맨'의 비밀요원 회의 장면처럼 물리적으로 각자 다른 공간에 위치하면서도 시공간을 뛰어넘은 가상공간에 모여 대화를 나눴다.

대학에선 가상의 교실에 국적이 서로 다른 학생들이 모여 수업을 듣고 토론한다. 병원 레지던트들은 인간 신체의 가상모델을 활용해 위험도 높은 수술을 집도하는 간접 경험을 한다.

전문가들은 "VR이 기존 개인 중심의 서비스를 벗어나 다수의 원격 사용자들이 공간과 정보, 감각을 공유하고 실시간 소통·협업하는 '공존 현실' 기반의 새로운 커뮤니케이션으로 자리잡고 있다"고 분석했다.

이 같은 분위기에 VR 기반 생중계 기술을 가진 '넥스트VR'를 비롯해 웨어러블(착용형) 시네마틱 VR 기술, AR·VR 환경 이미지 추적 기술 등을 보유한 스타트업들의 몸값이 치솟는 추세다.

구토 치밀고 어지럽던 VR·AR, 지금은?

유니티(Unity) 3D 등 VR 제작툴과 엔비디아의 GPU(그래픽처리장치) 등 입체공간 생태계 구축에 필요한 기술 수준이 향상된 데다 세계적 그룹 방탄소년단(BTS)과 같은 양질의 한류 콘텐츠 자원, 5G(5세대 이동통신)과 실감기술을 결합하는 '디지털 뉴딜' 정책 지원은 국내 VR·AR 산업 도약의 새로운 기회를 제공한다.

가상공간 구축에 필요한 기술적 여건도 향상됐다. 한국표준과학기술연구원은 최근 VR 체험 후 일어나는 일명 '사이버 멀미'를 해결할 방안을 내놨다. 사용자가 느끼는 멀미 정도를 객관적으로 측정하는 기술이다. 임현균 표준연 책임연구원은 "멀미의 정도를 정량적으로 평가할 수 있다면 멀미를 유발하지 않는 적정 수준의 VR 기기와 콘텐츠를 만들어낼 수있다"고 설명했다.

한국생산기술연구원은 가상공간 속에서도 현실 속 움직임 그대로 행동하면서 다양한 실감 콘텐츠를 즐길 수 있는 'XR(확장현실) 체험 플랫폼'을 개발했다. 실제 컵을 들어 가상에서 물을 마신 후 컵을 깨뜨리거나 게임 속 동물을 쓰다듬는 것이 가능하다. 권오홍 생기원 휴먼융합연구부문 박사는 "향후 실감콘텐츠만 확보되면 각종 훈련, 재활치료 목적의 시뮬레이터로 이용 가능하며, 장기적으로 새로운 형태의 게임기기나 영상 촬영용 XR 스튜디오 등으로 발전할 것"이라고 예상했다.

선글라스만큼 얇은 VR 안경도 곧 나올 전망이다. 서울대 공과대학 이병호 교수팀은 기존 VR 디스플레이 렌즈에 2차원 렌즈 배열을 추가로 삽입하는 형태로 VR 헤드셋 크기를 현재의 6분의 1 수준으로 줄였다. 이 기술로 만든 안경형 장치 두께는 8.8mm에 불과하며, 1~2년 안에 상용화될 전망이다.

애플은 오는 6월 세계개발자회의(WWDC)에서 가볍고 홍채인식 기능을 탑재한 MR(혼합현실) 헤드셋을 곧 내놓을 전망이다. 헤드셋엔 눈동자의 움직임을 분석하는 시선추적 기능이 탑재될 예정인데 눈동자 움직임만으로 각종 조작이 가능할 것이란 추측이 나온다. 무게는 아이폰12(164g) 보다 가벼운 150g 미만 수준으로 장시간 착용에 무리가 없다.

VR로 도시설계, 소방훈련도 '사업영역 전방위 확장'

지난 2016년, 롯데월드 어드밴처는 'VR 롤러코스터'를 처음 선보였다. 같은 해 삼성전자는 에버랜드 내 'VR 어드벤처'를 조성키도 했다. VR·AR가 테마파크 및 판타지 세상을 여행하는 게임 등 특정 산업 분야에 국한되어 지금껏 활용됐다면, 앞으로는 다양한 산업에서 새로운 형태의 사업모델을 창출할 것으로 기대된다.

이를테면 부동산 중개 영역은 물론 건축·도시계획·인테리어 분야에서 활용이 늘고 있다. 특히 인구감소, 고령화, 지방소멸, 대중교통 지역 격차 등 고려할 변수가 많은 도시계획의 경우 VR·AR기반의 '디지털 트윈'이 접목되는 추세다. 이는 디지털 복제 모델로, 대상의 속성·상태 등을 가상공간에 반영해 어떻게 거동할지를 진단·분석하고, 예측·최적화한 모델을 말한다.

국토교통부는 세종·부산 '스마트시티'를 디지털 트윈으로 설계했다. 서울시는 지자체 중 가장 먼저 '버츄얼 서울'이라는 3D 지도 플랫폼을 서비스 하고 있다. 신규 경찰·소방관 교육 등 공공영역의 서비스 질을 높이는 데도 한몫을 더한다. 한국전자통신연구원(ETRI)은 화재현장과 비슷한 VR에서 실제 소방도구를 활용해 훈련을 할 수 있는 실감형 시뮬레이터를 개발했다. 양웅연 ETRI 박사는 "코로나 확산에 따라 집체교육이 어려워진 소방관을 위해 네트워크를 통한 대규모 가상 훈련을 지원하게 됐다"고 말했다.

국산화 부진, 킬러콘텐츠·기술표준 부재 등 겹겹이 난재

일각에선 VR·AR 산업 전망이 허울뿐인 '장밋빛' 구상에 그칠 수 있다는 우려 섞인 시각도 적지 않다. 서비스 이용자의 높은 가격 부담, 킬러콘텐츠 부재 등으로 인해 생태계 '부실 경고등'이 켜진 탓이다.

한국과학기술기획평가원(KISTEP) 혁신전략연구소 관계자는 "하드웨어, 플랫폼 기술의 국산화가 부진하고, 킬러콘텐츠·애플리케이션 확보를 위한 높은 개발 비용 등은 산업계 투자의 저해요인으로 작용하고 있다"고 지적했다.

또 업체별로 3D 깊이감, 360도 해석법이 달라 같은 콘텐츠일지라도 업체마다 다른 UI·UX(사용자 환경·경험)를 제공해 표준화가 시급하다는 지적도 따른다. 이밖에 현실과 유사한 디자인을 가상공간에 구현하는 과정에서 초래할 저작권·초상권 분쟁 발생 가능성도 제기된다.

출처: 머니투데이, 류준영 기자, 2021.04.20.

토론

1. AR과 VR의 기술적 차이를 이야기하시오.
2. AR과 VR, 그리고 XR이 기업의 마케팅활동에서 어떤 역할을 할 수 있는지 논의하시오.

2.4 경영혁신과 정보시스템

컴퓨터 시대에 접어든 이후 약 30년 동안은 시스템 개발 수명주기법(SDLC: System Development Life Cycle)이 시스템 개발을 위한 주요 방법이었다. 수명주기 동안에는 지속적인 유지보수 작업이 필요했다. 그러나 컴퓨터 기술은 변화를 거듭하였고 하드웨어 성능은 향상되는 반면 가격은 하락하였으며, 소프트웨어는 예전에는 상상하지도 못했던 수많은 일들을 가능하게 만들었다. 1980년대 들어, 경영자들은 컴퓨터 기술을 사용할 더 새롭고 더 나은 방법을 찾는 과정에서 기업 내의 모든 운영 전반에 걸쳐 새로운 시각을 가져야만 한다는 결론에 도달했다. 많은 기업들이 이러한 활동에 본격적으로 가담하였으며, 이것이 바로 비즈니스 프로세스 리엔지니어링의 시작이라고 할 수 있다.

2.4.1 경영혁신과 비즈니스 프로세스 리엔지니어링

경영혁신이란 이슈가 기업경영에서 본격적으로 대두되기 시작한 것은 1980년대이다. 1980년대는 고품질, 저비용의 일본제품들이 미국시장에 진출함으로 인해 미국기업이 몹시 어려움을 겪고 있던 시기이다. 1970년대 미국 굴지의 전자업체였던 제니스, RCA 등이 일본의 전자업체인 소니, 도시바 등에 의해 몰락하고 1980년 초반에는 미국의 자동차산업마저 도산할 것이라는 위기감이 팽배해 있던 시기였다. 미국 기업들은 경영을 획기적으로 혁신하지 않으면 도산할 것이라는 위기감이 최고조에 달했던 시기이다. 실제로 포드사, IBM사 등 굴지의 미국 회사들이 뼈를 깎는 구조조정, 경영혁신 활동에 매달렸다.

'비즈니스 프로세스 리엔지니어링'이란 개념은 1980년대 미국 기업들의 경영혁신, 업무혁신, 개혁 사례 등을 통해 정립되었다. 이 용어는 1990년 하버드 비즈니스 리뷰(Harvard Business Review) 7~8월 호에 MIT의 마이클 해머(Michael Hammer) 교수의 'Reengineering Work: Don't Automate, Obliterate'라는 논문에 처음 소개되면서 등장하였다. 해머 교수는 1980년대 미국 내 실패한 기업과 성공한 기업의 사례를 조사하여, 이들 기업이 점진적 개선보다는 공통적으로 급진적 변화를 택하였고, 혁신된 새로운 업무수행방식을 통하여 고객 위주의 고품질 제품과 우수한 서비스를 제공하고 있음을 발견하였다. 더욱이 오늘날과 같은 정보화 사회에서 고객위주의 품질과 경쟁력 향상을 위해서는 단순한 자동화에 의해서 만으로는 한계가 있으며, 업무수행방식을 새로운 차원의 시각에서 재설계 또는 재구성해야 한다는 것이다.

그는 리엔지니어링을 '비용, 품질, 서비스, 속도와 같은 핵심부문에서 기업이 극적인 성과 향상을 이루기 위해서 업무처리과정(Process)을 기본적으로 다시 생각하고 근본적으로 재설계하는 것'이라고 정의하고 있다. 이 정의에서는 첫째, '지금 있는' 것을 무시하고 '반드시 있어야 할' 것에 집중하고 결정해야 한다는 의미에서 '기본적'이며, 둘째, 리엔지니어링은 업무를 개선시키거나 향상시키거나 또는 변경시킨다는 의미보다는 완전히 다시 만들어내는 것이라는 관점에서 '근본적'이며, 세 번째, 점진적인 변화보다는 업무성과의 극적인 향상을 꾀하는 점에서 '극적'이며, 마지막으로, 과업, 직무, 사람, 구조보다는 프로세스에 초점을 맞추고 있다는 점에서 '프로세스적'이라고 할 수 있으며, 이와 더불어 규칙의 파기와 정보기술의 창의적 사용 등을 강조하고 있다.

즉, 기존 업무프로세스를 단순히 자동화시키는 것을 넘어서 프로세스를 근본적으로 개선하고, 고객만족이라는 효과성을 고려한 프로세스 운영의 효율성을 극대화하는 것이 그 목적이라고 할 수 있다. 또한 과거의 규칙을 깨고 새로운 규칙으로 전이하는 과정에서 정보기술이 동인(Enabler)으로 작용하고 있는 점을 강조하고 있다.

리엔지니어링 경영 기법이 등장한 이유는 정보기술의 기반구조가 최근에 와서야 정비되었기 때문이며, 오늘날의 사회와 기업 환경이 과거 산업혁명에서 '정보혁명'이라는 또 하나의 변혁기에 접어들고 있기 때문이라고도 할 수 있다. 그러나 그 동안의 경영혁신 기법에 비하여 완전히 새롭고 혁신적인 개념이라기보다는 기존의 다양한 혁신기법과 개념들을 당시 일본기업들과의 경쟁에서 비롯된 미국기업들의 위기극복과정에서 발생한 수많은 사례연구를 이론적으로 체계화시킨 개념이라고 보는 시각도 있다.

비즈니스 프로세스 리엔지니어링이란

오늘날의 경영환경은 수요자 중심의 시장으로 변화하고 있으며, 이는 시장의 주도권이 판매자 또는 공급자에서 고객으로 이동하였음을 의미한다. 따라서 오늘날의 기업은 이익의 원천인 동시에, 제공되는 재화와 용역의 최종 수혜자인 고객을 고려하여 프로세스를 정비하여야 한다.

정보기술은 경쟁의 본질을 바꾸어 놓고 있을 뿐만 아니라, 심지어는 새로운 정보기술로 인하여 공급이 수요를 창출하기도 한다. 오늘날의 기업은 기업경쟁의 국제화와 더불어 다양한 형태의 경쟁에 노출되어 있다.

고객 및 경쟁의 본질과 더불어 변화 그 자체의 본질도 변화하였다. 오늘날의 변화는 광범위하고 지속적일 뿐만 아니라 변화의 방향과 속도도 하루 앞을 내다보기 어려운 것이 현실이다. 상품의 수명주기도 줄어들었으며 이를 위한 개발과 노력을 위한 시간도 짧아졌다.

따라서 해머는 앞에서와 같이 오늘날 기업의 경영환경을 변화시킨 핵심적인 요인을 고객(Customer), 경쟁(Competition), 변화(Change) 등의 3C로 설명하고 있는데 이를 좀 더 구체적으로 살펴보면 다음과 같은 다섯 가지 변화 특징을 갖는다.

첫째는, 분업과 전문화의 원칙에서 통합화로의 변화이다. 과거에는 분업과 전문화의 원칙이 경영학 이론의 첫 번째 원칙으로 여겨졌지만, 오늘날은 이와 같은 원칙들이 오히려 기업경영에 장애요인으로 등장하고 있다. 통합화의 저변에는 정보기술이 있다. 정보기술의 이용은 지금까지 해왔던 업무방식을 지원하는 수준이 아니라 정보기술을 이용하여 일을 통합시키며 어떻게 변화시킬 수 있는가를 모색하여야 한다.

둘째는 원가·품질경쟁에서 시간경쟁으로의 변화이다. 원가·품질경쟁에서 시간경쟁으로 가고 있는 것은 여러 곳에서 발견된다. 예를 들어 도미노 피자처럼 30분 이내에 배달되지 않으면 요금을 할인해 주는 것에서부터, 은행에서 10분 이내에 창구서비스를 못 받으면 1,000원을 준다든지 하는 것들이 바로 그것이다.

셋째는 경영 환경이 관리 위주에서 혁신 위주로 변화되어 가고 있다는 점이다. 산업화 시대에서 정보화 시대로 바뀌어 감에 따라 기업경영도 관리 위주에서 혁신 위주로 바뀌지 않으면 안 된다. 각 부서는 꾸준히 새로운 업무방식을 시도하여야 하며, 혁신을 추구하기 위해서는 혁신을 지원하는 조직 내의 분위기가 필요하다. 그러기 위해서는 실수를 인정하고 새로운 시도를 높이 평가할 수 있는 분위기를 만들어야 한다.

넷째는 직렬방식에서 병렬방식으로의 변화이다. 분업화와 전문화는 조직을 직렬화시켜 운영되게 한다. 직렬조직은 작업을 단계적으로 행하므로 앞 단계의 작업이 끝나야만 뒷작업이 이루어지므로 작업 속도가 느리다. 이의 타파를 위해서는 작업을 병렬방식으로 바꿔야 한다. 병렬방식에서는 전 단계의 작업이 완전히 끝나지 않은 상태에서라도 다음 단계의 작업이 진행될 수 있고 각 부서는 긴밀한 유대관계를 가지고 작업을 추진할 수 있다. 이를 가능하게 하는 것은 바로 통합 데이터베이스이다.

마지막은 대량시대에서 고객의 개별화로의 변화이다. 지금까지 산업화 시대에는 '크면 좋다, 대량생산일수록 좋다'라는 가정 하에 기업을 운영했다. 그러나 고객들의 요구는 갈수록 다양화되고 세분화되고 있기 때문에 고객 하나하나를 개별적으로 대응할 수 있는 전략이 필요하다. 개별화 전략을 가능하게 해주는 것은 고객관계관리 정보시스템이다. 고객관계관리 정보시스템에서 각 고객에 대한 이력을 데이터베이스를 이용하여 관리함으로써 그 고객의 특성을 반영할 수 있기 때문이다.

2.4.2 경영혁신과 정보기술

앞서도 언급하였지만 해머는 정보기술에 대한 사고방식을 바꿀 수 없는 기업은 리엔지니어링과 같은 혁신을 할 수 없다고까지 말하고 있는데, 이는 단순히 정보기술과 자동화를 동일시해서는 안 된다는 점을 강조하는 것이다.

정보기술은 리엔지니어링뿐만 아니라 모든 유형의 경영혁신에 있어 막중한 역할을 수행하지만, 오히려 정보기술의 오용은 과거의 사고방식과 행위패턴을 강화하여 경영혁신의 방해요소가 될 수도 있음을 지적하고 있다.

따라서 정보기술을 경영혁신에 올바로 적용하기 위해서는 문제를 정의한 후 대안들을 탐색하고 평가하는 연역적 사고보다는 귀납적인 사고방식, 즉 먼저 해결안을 인식하고 그 다음 해결할 수 있는 문제, 또는 아직 존재 여부도 모르는 문제들을 탐색하는 능력이 요구된다. 예로써, 포드(Ford)사의 경영자들은 처음에는 그들의 문제가 더 적은 인원으로 보다 더 빨리 송장을 처리하는 방법을 찾아내는 것이었지만, 실제로 그들이 찾아낸 것은 송장을 완전히 제거하는 해결안이었다.

〈표 2-9〉는 다양한 정보기술에 의해 깨뜨려질 수 있는 작업에 대한 규칙들의 예이다.

2.4.4 전사적자원관리(ERP): 리엔지니어링의 대안

낡은 프로세스를 새로운 프로세스로 대체하는 것을 비즈니스 프로세스 재설계(Business Process Redesign), 또는 비즈니스 프로세스 리엔지니어링이라고 한다. 프로세스를 재설계하는 방식으로는 다음의 두 가지 방식을 활용할 수 있다.

첫 번째는 리엔지니어링 방법론을 사용하는 방식이다. 정규적인 유지보수로는 더 이상 관리할 수 없는 컴퓨터시스템을 재설계하는 데 적용하는 방식이다. 새로운 프로세스에 적용하기에는 낙후된 전통적 시스템(Legacy Systems, 레거시 시스템이라고도 한다)을 원점에서 재설계하여 혁신하고 이를 위한 정보시스템을 재구축하는 것이다. 이 방식은 업무의 전

〈표 2-9〉 정보기술에 의하여 와해되는 과거 규칙의 예

과거의 규칙	필요 정보기술	새로운 규칙
정보는 한 번에 한 장소에만 존재할 수 있다.	공유 데이터베이스	정보는 필요할 때 동시에 여러 장소에 존재할 수 있다.
전문가만이 복잡한 전문지식이 요구되는 일을 수행할 수 있다.	전문가시스템	일반 사람들도 전문가의 일을 할 수 있다.
기업은 집중화 또는 분산화 중 하나를 선택해야 한다.	정보통신 네트워크	기업은 집중화와 분산화의 장점을 동시에 가질 수 있다.
경영관리자가 모든 의사결정을 수행한다.	의사결정지원시스템	의사결정은 모든 조직구성원의 업무의 일부이다.
현장사원들은 정보의 수신, 저장, 검색, 전송을 위한 사무실이 필요하다.	무선 데이터통신 및 휴대용 컴퓨터	현장 사원들은 장소에 구애받지 않고 정보를 주고받을 수 있다.
잠재적 고객과의 가장 좋은 접촉방법은 개인적 접촉이다.	대화식 비디오디스크	잠재적 고객과의 가장 좋은 접촉방법은 효과적인 접촉이다.
사물이 어디에 있는지 알려면 찾아봐야 한다.	자동식별 및 추적기술	사물이 스스로 자신이 있는 곳을 알려준다.
계획은 주기적으로 수정된다.	고성능 컴퓨팅 기술	계획은 즉시 수정된다.

출처: Hammer, M. and Champy, J., Reengineering the Corporation: A manifesto for business revolution, *Harper Business*, 1993.

반적 재설계로 인한 조직의 저항을 불러올 수 있고 구축하는데 자원과 시간이 많이 소요된다.

두 번째는, 기업이 전사적자원관리시스템(ERP: Enterprise Resource Planning)과 같은 정보시스템 패키지를 도입하여 업무를 재설계하고 혁신하는 방법이다. ERP는 이미 개발된 시스템으로 표준화되고 정형화되고 최적화된 상태의 업무프로세스를 토대로 하여 구성된 시스템이다. ERP가 많은 개조 없이 조직에 적용된다면 조직은 수많은 프로세스의 재설계 없이 쉽게 프로세스 혁신을 가져올 수 있다. 하지만 이를 위해서는 저항이 적은 방향으로 조직의 변화를 가져올 수 있는 변화관리에 대한 투자와 노력이 필요하다.

1990년대는 리엔지니어링의 열풍시대라고 불릴 만큼 리엔지니어링에 대한 관심이 높았고 많은 기업들이 이에 대한 투자를 아끼지 않았다. 하지만 조직의 과격한 변화에 대한 저항 등 실패사례가 늘어나자 많은 1990년대 후반부터는 국내외 기업들이 리엔지니어링과 같은 효과를 보면서 보다 더 효율적이고 조직에 순응적인 전사적자원관리에 관심을 돌리게 되었다.

2000년대에 들어서는 리엔지니어링이란 단어가 경영에 많이 사용되지는 않고 있으며 대신 전사적자원관리(ERP)에 투자하는 기업들이 줄을 잇고 있다. 하지만 리엔지니어링이 가져온 혁신 마인드와 방법론은 아직도 기업의 경영혁신에 있어 주요한 맥을 이어가고 있다.

클라우드와 DT

CASE 2-4

매일유업 "클라우드가 DX 출발점…다음은 AI·빅데이터 연계"

매일유업 그룹의 최고정보책임자(CIO)와 전사 IT 인프라 담당자가 전사적인 클라우드 도입을 디지털전환(DX)의 전제조건으로 꼽았다. 모든 IT인프라를 마이크로소프트(MS)의 '애저(Azure)' 클라우드로 전환한 뒤 얻은 깨달음이다. 이들은 이제 MS의 소프트웨어(SW) 개발 환경과 인공지능(AI)·빅데이터 기술을 활용해 클라우드의 이점을 극대화하기로 했다.

매일유업 IT담당자들이 21일 마이크로소프트(MS)의 클라우드를 주제로 한 온라인 세미나 '애저 에브리웨어' 2일차 발표를 진행했다. 이들은 지난 2017년 고객서비스를 먼저 클라우드로 전환하고 2019년 모든 그룹사 시스템을 마저 옮기는 등 그룹 전체 IT인프라를 MS애저 기반으로 전환한 과정과 현재 상황, 후속 계획을 제시했다.

매일유업은 고객과의 소통을 포함한 고객 중심 경영을 강화하기 위해 적시 서비스 제공이 중요하다고 봤지만, 기존 구축형 시스템으로 사용량 예측·대응이 어려웠다. 주기적인 서버 교체와 백업, 5년마다 돌아오는 대규모 장비 교체 비용을 쓰고 남은 예산만으로는 서비스 개선에 한계가 있었다. 낡은 인프라에 최신 개발 방법론을 적용하기도 마땅찮았다.

조병훈 매일유업 그룹 CIO는 비용 절감보다는 이런 어려움을 해결하기 위해 클라우드 전환을 결정했다. 그는 "클라우드가 사용량 대비 크게 저렴한 건 아니라는 점을 분명히 알아야 한다"면서도 "글로벌 전문가들이 유지하는 최적 환경을 기반으로 장애 대처와 인프라 유지관리에 의존하면서 내부 전문가들이 발전을 고민하는 체제가 유용한 것"이라고 강조했다.

조병훈 매일유업 그룹 CIO가 클라우드 세미나 '애저 에브리웨어' 2일차 발표를 진행하고 있다.

사진출처: 마이크로소프트 온라인 세미나 영상.

그는 또 "시스템통합(SI)과 솔루션 구축같은 IT 도입방식은 사라질 것"이라며 "이제 API, 오픈소스 기술, 데브옵스(DevOps) 방법론을 활용하는 사례가 많이 나오고 있는데 이런 환경에 순응하지 못하면 앞서갈 수 없다"고 말했다. 그는 "클라우드가 DX의 시작점이고, 주요 IT전략은 그 환경 아래에서 용이하게 움직인다고 본다"고 덧붙였다.

매일유업은 국내에서 비교적 일찍부터 SAP 전사적자원관리(ERP) 시스템을 비롯한 그룹 전사 IT를 클라우드로 전환하기 시작한 사례로 주목받았다. 이에 더해 전사 IT 클라우드 전환을 위해 시장점유율로 앞서고 있던 MS 경쟁사 클라우드가 아니라 MS 애저를 선택한 업계 최초 사례로도 비상한 관심을 모았다. 담당자들이 MS 애저를 선택한 이유는 뭐였을까.

첫째는 MS가 전략적 파트너가 되어 줄거란 기대였다. 조 CIO는 "도입 클라우드 선정 과정에 개념검증(PoC)을 포함한 실무 차원의 여러 검토를 거치면서 글로벌·한국MS가 싱가포르 애저 IDC 방문을 허용했고, 클라우드 운영철학, 정교함, 안정성을 눈으로 확인시켜 줬다"며 "우리를 핵심 레퍼런스로 바라보며 모든 역량을 지원할 것이라 느끼게 해줬다"고 말했다.

둘째는 기존 기술과 MS애저의 연계성, 향후 발전 가능성이다. 조 CIO는 "클라우드 지향점은 서비스형 플랫폼(PaaS)과 서비스형소프트웨어(SaaS)를 아울러야 하는데 이 점에서 MS가 최적이라고 봤다"면서 "우리가 쓰는 전체 SAP 모듈을 올리고 앞서 도입한 협업솔루션 M365을 연동하고, 기존 솔루션 라이선스 재활용을 통한 비용 절감도 고려했다"고 설명했다.

셋째는 클라우드 전환 이후 원활한 개발과 운영을 지원할 파트너 생태계의 성숙도다. 조 CIO는 "검토 당시 MS의 경쟁사 쪽이 먼저 클라우드 사업을 시작한만큼, 더 나은 생태계를 갖췄다고 보고 고민했다"면서도 "글로벌 지원과 한국MS 조직의 생태계 확대 약속과 열의를 고려했다"고 말했다. 지금은 MS애저 파트너 생태계가 활발히 움직이고 있다고 평했다.

매일유업은 MS 애저를 도입하고 안정화한 결과 IT인프라 장애발생률이 크게 줄었고, 문제가 생겨도 어디서든 원격 접근해 실시간으로 빠르게 조치·복구할 수 있게 됐다. 대규모 서비스·이벤트를 위해 필요로 했던 현업부서와의 준비 기간과 논의를 감축하고, 실제 운영기간에 클라우드 모니터링 도구로 현황을 분석해 사용량에 맞춰 즉각 대응할 수 있게 됐다.

조 CIO는 "DX라는 여정을 위한 준비를 이제 마친 것"이라고 말했다. 이어 "클라우드 인프라를 구축한 것 자체보다 그 뒤에 숨어 있는 수많은 혜택을 찾아나가는 여정을 이제 시작하는 것"이라며 "모두 공감하는 화두가 된 DX를 실행하기 위한 기본적인 출발점이 클라우드"라고 강조했다.

그는 또 "중장기적으로는 MS의 '파워 플랫폼'이나 '코그니티브 서비스'를 자연스럽게 활용하는 조직문화 변화를 계획하고 있다"며 "궁극적으로는 클라우드의 꽃인 AI, 빅데이터 관련 서비스를 접목해 전사 임직원이 진정한 데이터 가치를 체감할 수 있는 애널리틱스 포털을 구현하는 것을 목표로 한다"고 말했다.

매일유업은 최근 대고객 헬스케어 앱 '셀렉스핏'을 통해 MS 애저의 PaaS 활용 가능성을 인식했다. 앱을 개발하며 IT인프라 담당자들이 컨테이너 환경에 익숙해졌고, 수분내 생성·테스트 가능한 CDN 등 솔루션 활용 경험을 얻었다. 향후 모든 신규 시스템에 애저 PaaS를 표준 모델로 검토할 것으로 보인다. 기존 IaaS 환경도 PaaS를 활용해 고도화할 계획이다.

그룹 전사 IT와 퍼블릭클라우드 인프라 전체를 담당하고 있는 안찬홍 매일유업 인프라담당 리더는 "서비스형인프라(IaaS) 활용 중심으로 안정화된 현재 단계에서도 성과가 많았지만, 이에 더해 PaaS를 활용하는 것이 중요하다고 본다"면서 "여러 서비스를 클라우드 플랫폼에서 구현하면 유연한 확장과 자동화를 통한 이점을 얻을 수 있다"고 말했다.

출처: 아주경제, 임민철 기자, 2021.04.21.

토론

1. 매일유업이 DT 전제조건으로 클라우드를 선택한 이유에 대하여 이야기하시오.
2. 매일유업이 MS의 클라우드 서비스를 선택한 이유에 대하여 이야기하시오.

요약

4차 산업혁명의 시대의 경영전략으로 디지털 트랜스포메이션이 등장하면서 산업의 구조와 기업의 체질을 근본적으로 변화시키고 있다. 세계 주요 국가들도 디지털 트랜스포메이션을 통하여 자국 기업의 글로벌 경쟁력을 강화시키고자 Big Data, AI, IoT와 같은 지능화 기술 도입에 지원을 아끼지 않고 있다. 우리나라도 데이터 3법 개정과 마이데이터 사업 지원을 통하여 기업들의 디지털 트랜스포메이션을 위한 법률적·제도적 인프라를 구축하였다.

기업의 경쟁환경은 크게 공급자, 구매자, 대체재의 위협, 잠재적 경쟁기업, 산업 내의 경쟁기업 등으로 나누어져 있다. 이러한 환경 속에서 기업이 살아남기 위해서는 가치사슬의 개념에 따라서 정보기술을 기업의 주요부문에 활용하여 기업의 경쟁력을 높여야 한다.

정보통신기술이 보다 더 확산됨에 따라, 새로운 경쟁 분야에서의 경쟁우위 확보를 위한 기회는 더욱 증가할 것이다. 더욱이 규모의 이익이 실현되면, 정보기술을 통한 조직의 경쟁력은 더욱 증대될 것이다. 오늘날의 기업은 이익의 원천인 동시에, 제공되는 재화와 용역의 최종 수혜자인 고객을 고려하여 프로세스를 정비하여야 한다. 정보기술을 올바로 적용하기 위해서는 문제를 정의한 후 대안들을 탐색하고 평가하는 연역적 사고도 중요하지만 귀납적인 사고방식, 즉 먼저 해결안을 인식하고 그 다음 해결할 수 있는 문제, 또는 아직은 존재여부도 모르는 문제들을 탐색하는 능력도 요구된다.

프로세스 품질의 향상은 적절한 정보기술의 활용을 통해 혁신적으로 이루어질 수 있다. 최근 들어 모바일 유비쿼터스 환경의 대두는 기업의 경쟁력을 한 차원 업그레이드시키는 매개 역할을 할 수 있다.

중요용어

가치사슬 1985년 마이클 포터 교수가 정립한 개념으로 기업의 가치창출 활동을 다섯 가지의 본원적 활동과 네 가지의 지원 활동으로 나누어 활동별 비교우위와 문제점을 분석하는 방법.

가치시스템 각 기업의 가치사슬(Value Chain)이 연결되어 최초의 원재료공급자에서 최종 수요자에까지 이르는 전체 흐름 또는 개별 가치사슬들의 결합을 통하여 고객에게 최종가치가 전달되는 구조이며 포터는 기업의 가치사슬을 가치시스템이라는 보다 큰 흐름의 일부로 파악하였다.

경쟁세력모형 포터의 다섯 가지 경쟁세력모형은 경쟁을 분석하기 위해 가장 널리 사용되고 있는 틀로서 경쟁우위 확보를 위한 기업의 전략 개발과, 정보기술이 어떻게 기업의 경쟁력을 강화시킬 수 있는가를 산업수준에서 거시적으로 설명하는 데 이용되어 왔음.

경쟁전략 산업 내에서의 시장점유율 확보나 평균 이상의 수익률 확보를 통한 경쟁우위방안을 연구하고 탐색하는 것임.

디지털 트랜스포메이션 정보통신기술(ICT)과 4차 산업혁명을 선도하는 핵심 기술들을 사용하여 전사적으로 새로운 비즈니스 모델 탐색, 업무프로세스 혁신, 디지털 역량 강화 등을 달성하는 것.

리엔지니어링 정보시스템에서 리엔지니어링이란 기능의 변화를 목적으로 시스템을 완전히 재설계하는 것을 말함.

마이데이터 정보주체가 자신의 개인데이터에 대한 열람, 제공범위, 접근 승인 등을 직접 결정함으로써 개인의 정보 활용 권한을 보장받고 데이터 주권을 확립하는 패러다임.

비즈니스 프로세스 리엔지니어링 비용, 품질, 서비스, 속도와 같은 핵심부문에서 기업이 극적인 성과 향상을 이루기 위해서 업무처리과정(Process)을 기본적으로 다시 생각하고 근본적으로 재설계하는 것.

전략 경영에서 전략이란 조직으로 하여금 경쟁자보다 우위를 얻을 수 있도록 설계된 계획을 말함.

전략경영 장기계획, 대응관리, 혁신을 이용하여 시장 내에서 기업의 경쟁우위를 차지하려는 경영기법.

전략정보시스템 경쟁우위를 위한 전략적 기회의 포착을 지원하는 정보시스템.

프로세스 일반적으로는 '특정한 산출물을 만들어내고 특이한 투입물과 가치를 부과하며, 직무들에 의하여 특정 지워지는 상호 연관된 작업 활동들의 집합'을 의미하며 기업의 업무는 일련의 프로세스로 인식될 수 있음. 현대 경영학의 새로운 현상 중 하나는 기업을 동적인 프로세스의 개념으로 이해하려는 것임.

효과성 효율성과 함께 경영자의 의사결정에 있어 매우 중요한 측면이며 대상(What)에 관한 문제.

효율성 효과성과 함께 경영자의 의사결정에 있어 매우 중요한 측면이며 방법(How)에 관한 문제.

연습문제

1. 산업별 디지털 트랜스포메이션에 대해 논하시오.
2. 마이데이터 사업에서 개인디지털저장소 개념을 설명하고 디지털 격차(Digital Divide) 관점에서 우려되는 점을 설명하시오.
3. 정보시스템의 기술적 측면과 행태적 측면에 대해 논하고 올바른 접근법을 설명하시오.
4. 전략경영의 3요소에 대해 각각 설명하시오.
5. 마이클 포터 교수가 주장한 기업의 경쟁우위를 얻기 위한 기본적인 여덟 가지 방안에 대해 설명하시오.
6. 가치사슬의 개념에 대하여 설명하고 기업의 경쟁력을 강화시키기 위해서는 어떻게 해야 되는지를 설명하시오.
7. 마이클 포터 교수가 주장한 기업의 다섯 가지 경쟁환경에 대하여 논하시오.
8. 비즈니스 프로세스 리엔지니어링(BPR)의 현대적 의미를 설명해 보시오.
9. 기존의 공인인증서와 최근에 사용되는 공동인증서와의 차이점을 설명해보시오.

2부
기업의 정보시스템 활용

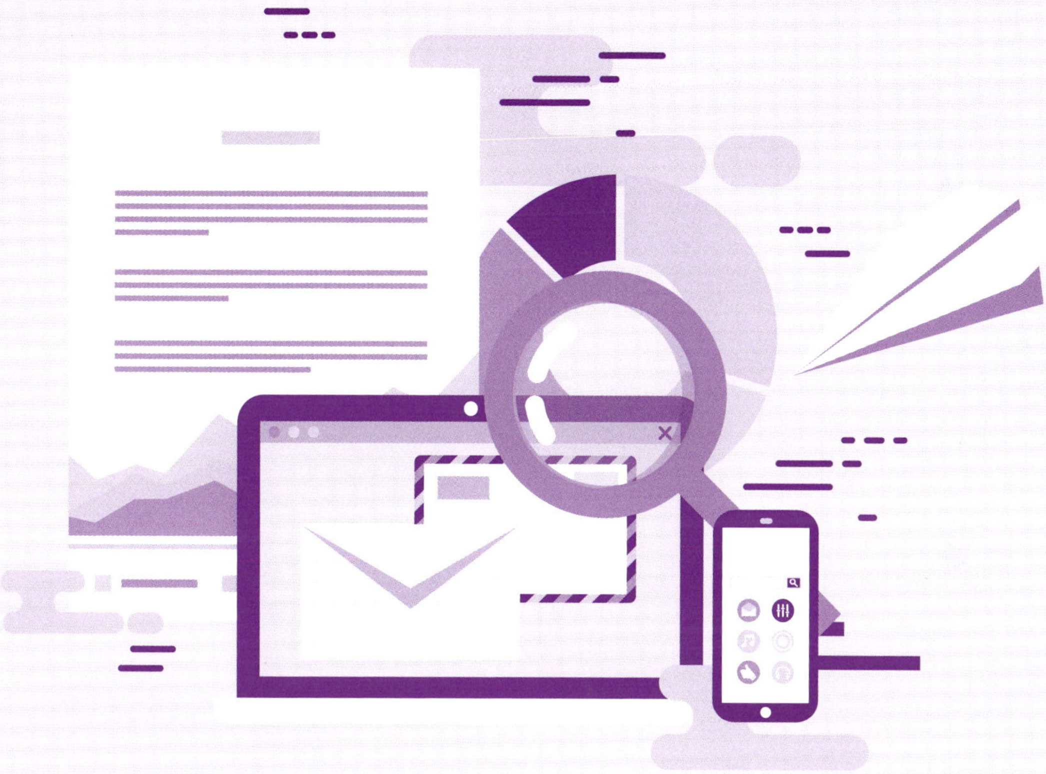

3장 ▪ 인터넷과 정보통신 네트워크

4장 ▪ 디지털비즈니스

5장 ▪ e커머스와 핀테크

6장 ▪ 기업 경영과 의사결정지원시스템

CHAPTER

03

인터넷과 정보통신 네트워크

> 사람들은 자신과 의사소통할 수 있는 사람을 확실하게 통제할 수 있고,
> 그 외의 다른 사람은 자신이 공유한 것에 액세스할 수 없다는
> 확신을 가질 수 있는 단순하고 친밀한 사이버 공간의 장소를 원합니다.
>
> \- 마크 주커버그 2021

학습목표

정보통신 네트워크의 근간인 인터넷과 그 발전과정에 대하여 논해 보고, 인터넷 서비스인 웹 3.0 등에 대하여 살펴본다. 또한 e비즈니스 기업들의 애플리케이션 활용방안과 기업 내외의 커뮤니케이션과 공동작업을 위하여 인터넷, 인트라넷, 엑스트라넷의 기술을 어떻게 활용하는지 알아보자.

- 인터넷의 역사와 구성 방식, 그리고 인터넷의 미래에 대하여 설명한다.
- 인터넷의 근간인 인프라스트럭처 및 네트워크의 구성요소에 대하여 설명한다.
- 인터넷 서비스인 웹3.0에 대하여 설명하고, 웹의 미래에 대하여 설명한다.
- SNS 서비스 등을 기업이 어떻게 활용할 수 있는지 설명한다.
- 기업들이 원활한 커뮤니케이션과 협업, 정보의 공유, 사업운영과 관리에 인터넷, 인트라넷, 엑스트라넷을 어떻게 이용하는지, 사례를 통하여 살펴본다.
- 디지털 커뮤니케이션, 회의, 작업 관리에 사용되는 소프트웨어들을 파악하고, 이러한 도구들이 어떻게 팀과 기업의 공동작업을 향상할 수 있는지에 대한 사례를 살펴본다.

3.1 인터넷의 역사

〈그림 3-1〉 소련 우주탐사

A Reappraisal Of U.S.S.R. As The Age Of Space Arrives

World Discovers A New Russia

Complacency In U.S. Dies A Hard Death

Industrially, Russians Soon Can Catch Us

Red Soil Is Stern

Red Toil Pays Off

Figures Can Lie

Russia's Biceps Bulge

SCIENCEphotoLIBRARY

〈그림 3-2〉 Sputnik

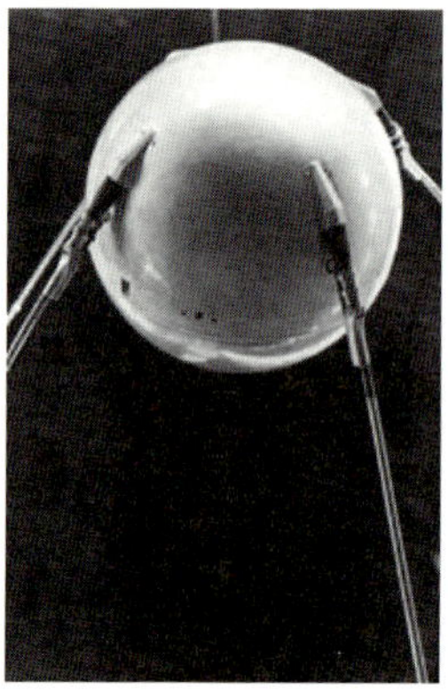

인터넷이란 간단히 이야기해서 수많은 컴퓨터가 서로 연결된 네트워크를 말한다. 인터넷은 〈표 3-1〉과 같이 크게 3개의 단계를 걸쳐 발전해 왔다.

2차 세계대전 시, 암호화된 신호를 수신할 수 있는 레이더와 그 암호화된 신호를 분석하는 단말 컴퓨터가 최초의 인터넷 기반이 되었다. 그 후 1960년대 냉전체제하에서 미국과 소련은 서로 군사적인 우위를 차지하기 위해 인공 위성 분야에서 경쟁을 하였다. 이 때 소련에서 최초의 우주선인 Sputnik을 쏘아 올렸다.

이에 자극을 받은 미국은 PA(Advanced Research Project Agency)라는 기관을 설립하고 UCLA 대학, 스탠포드 연구소, 유타대학, UC 산타바바라 대학을 연결하는 컴퓨터 통신망 ARPANET을 구축하였다. ARPANET은 미국 국방성이 당시 소련의 핵폭격이나 그에 준하는 공격을 가상하여, 언제든지 작동이 가

〈표 3-1〉 인터넷 역사

단계	시대	설명
인터넷 태동기	1964년 ~ 1970년대 중반	인터넷 통신의 기반이 되는 블록(blocks)의 개념이 만들어짐
인터넷 기반기	1970년대 중반 ~ 1990년대 초반	큰 기업들과 연구소 중심으로 인터넷 통신의 표준과 기술을 개발
인터넷 활용기	1990년대 초반 ~ 현재	다양한 인터넷 망이 설치되면서 모든 사람들이 쉽게 인터넷에 접속할 수 있는 시기

능한 컴퓨터 네트워크가 필요하다는 결론으로 만들어졌다. 또한 1961년 Len Kleinrock는 MIT 박사 논문에서 통신을 위해 데이터를 쪼개는 블록(block) 스위칭이라는 개념을 처음 제안하였다.

〈그림 3-3〉 IMP

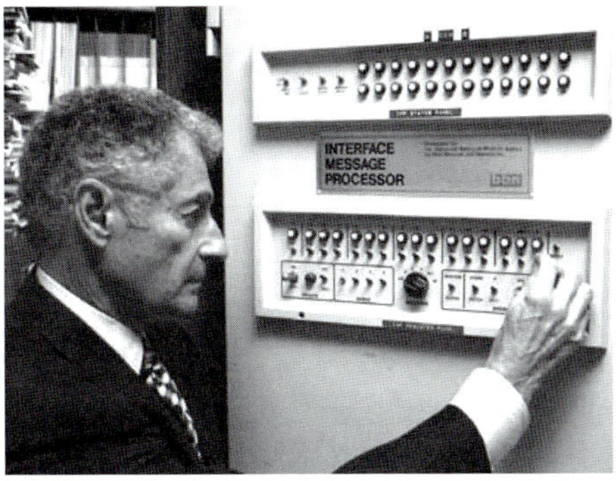

이를 토대로 ARPANET은 현재의 인터넷 통신 기반인 "블록-패킷 스위칭" 기술과 "게이트웨이(gateway)" 기술을 도입하여 네트워크를 구성하게 되었다. 게이트웨이는 각각의 메인프레임(Mainframe) 컴퓨터와 다른 대학들의 네트워크를 중간에서 연결해 주는 역할이다. 그 당시 ARPANET에서는 IMP(Interface Message Processor)가 게이트웨이의 역할을 하였다. 이 IMP의 메모리는 고작 12KB 밖에 되지 않았다.

〈그림 3-4〉는 UCLA 대학, 스탠포드 연구소, 유타대학, UC 산타바바라 대학을 연결하는 ARPANET을 보여준다. 이 시범 ARPANET는 TCP/IP와 패킷스위칭 기술을 통해 처음으로 4개 대학이 12KB의 메시지를 서로 전달하고 수신하였다.

ARPANET은 시범 운영을 거친 후 1972년 일반인에게 공개되었으며, 프로토콜을 TCP/IP로 통일하여 기종에 관계없이 정보교환을 가능하게 하였다. 프로토콜이 통일되고 유용성이 확인됨에 따라 ARPANET의 사용자가 급증하게 되었고, 이에 따라 최초

〈그림 3-4〉 ARPANET 구성도

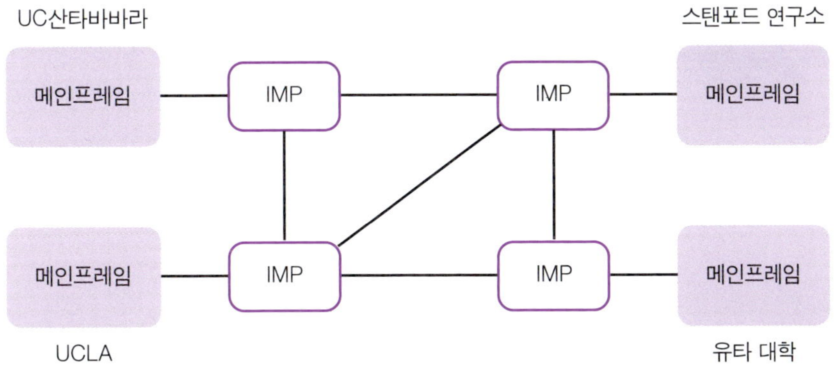

의 목적이었던 군사적인 부분은 MILNET(MILiraty Network)이라는 새로운 네트워크로 분리되었고, ARPANET은 연구 개발용 네트워크로 사용하게 되었다. 한편 1970년대 말에 미국의 NSF(National Science Foundation)는 연구목적으로 5개의 슈퍼컴퓨터 센터를 모든 대학과 연구기관이 사용할 수 있도록 NSFNET이라는 것을 구축하였다. 1980년대에 들어와 NSFNET이 더욱 발전적인 네트워크를 자체 구축하게 되자 많은 사람들이 NSFNET을 이용하게 되었고, 자연스럽게 ARPANET은 NSFNET에 흡수·통합하게 되었다. 이 후 NSFNET에 각국의 네트워크가 연결되었고 이것이 바로 현재의 인터넷으로 발전하게 되었다.

한국 인터넷의 역사

우리나라는 1982년에 TCP/IP를 이용한 서울대학교와 전자통신연구소 간의 SDN(System Development Network) 연결을 시초로 하여 1983년에 5대 전산망 구축계획이 세워지고 이에 따라 서울대학교 중심의 교육망인 KREN(Korea Education Network), 과학기술원의 시스템 공학 연구소를 중심으로 한 KREONet(Korea Research Open Network), 한국과학기술원을 중심으로 대학 및 연구소를 연결하는 하나망 등이 구축되었다.

해외와의 연결은 1983년 UCCP(Unix to Unix Copy Program)를 이용하여 미국과 연결한 것을 시초로, 1984년에는 X.25를 이용하여 유럽과 연결하였고, 1988년에는 KREN이 BITNET에 연결되었다. 그러나 본격적인 해외 연결은 1990년에 하나망의 전용선을 이용하여 연결한 시기부터이다.

〈그림 3-5〉 초기 KORNET

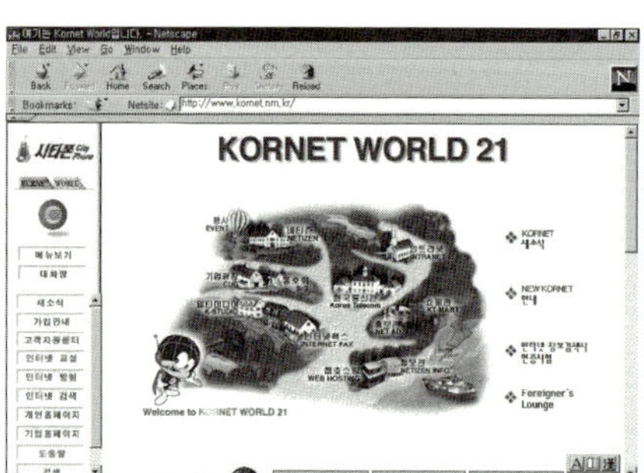

대한민국에서 인터넷이 일반인에게 보급되기 시작한 것은 1994년에 한국통신의 인터넷 계정 서비스가 개시되면서라고 할 수 있다. 이후 아이네트와 천리안 등의 기업에서 인터넷 서비스를 제공하기 시작하면서 일반인이 인터넷을 사용할 수 있는 길이 열렸다.

3.2 인터넷 활용과 서비스

3.2.1 인터넷 통신 네트워크

미 연방 네트워킹 위원회(Federal Networking Commission)에 따르면, 네트워크란 (1) TCP/IP 기술을 지원해야 하며, (2) IP 주소를 사용해야 하며, (3) 최종사용자에게 관련 서비스를 제공해야 하는 것이라고 정의하고 있다.

이와 관련된 중요한 개념은 패킷 스위칭, TCP/IP 통신 규정, 그리고 클라이언트/서버 컴퓨터 기술이다.

패킷 스위칭

일반적으로 전화 등과 같은 음성은 아날로그 방식의 시그널(signal)을 이용하여 서로 통신할 수 있다. 반면에 컴퓨터 통신은 디지털 시그널을 이용하여 서로 통신할 수 있다.

이 두 가지 다른 방식의 통신 시그널 체계는 음성 전송과 데이터 전송에 쓰인다. 먼저 아날로그 방식의 시그널은 전화 등 음성 통신에 주로 이용된다. 잠시 뒤에 설명될 패킷스위칭과의 반대 개념으로 음성통신은 서킷스위칭(Circuit Switching)이라는 기술을 이용한다. 서키스위칭은 지정된 일대일 통신 서비스를 제공하며, 통신이 연결된 후에는 다른 제3자가 이 통신에 참여하거나 방해할 수 없다는 특징을 가지고 있다.

반면에 디지털 시그널 방식은 데이터 전송에 이용된다. 데이터 전송은 패킷스위칭(Packet Switching)이라는 기술을 이용한다. 패킷스위칭 기술은 통신데이터를 잘게 작은 조각으로 나누어 전송하는 기술이다. 이 때 쪼개진 작은 조각들을 블록 혹은 패킷이라고 부른다. 이렇게 작게 나뉜 패킷을 전송하는 기술로서 패킷스위칭이라고 한다. 패킷스위칭 기술은 라우터(router)라는 게이트웨이를 이용해 다른 네트워크와 통신을 한다. 또한

〈그림 3-6〉 아날로그 시그널 방식

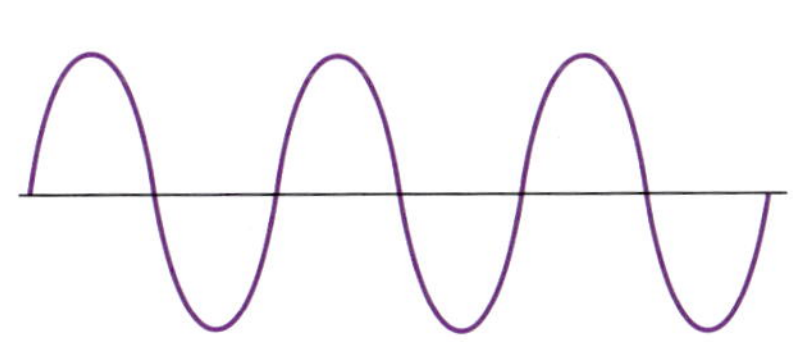

〈그림 3-7〉 디지털 시그널 방식

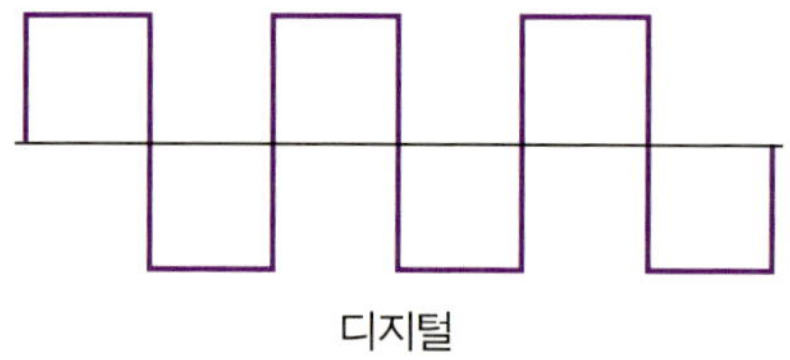

서킷스위칭과는 다르게 패킷스위칭은 여러 개의 라우터를 통해 데이터를 다중의 네트워크로 전송한다. 〈그림 3-7〉과 같이 나누어진 여러 개의 패킷은 여러 경로를 통해 개별적으로 최종 목적지에 전송이 된다. 또한 각각의 패킷 해더(header)에는 전송지, 목적지, 데이터 패킷의 순서 등이 있어 다른 라우터를 통해 도착한 패킷들을 목적지에서 완벽한 정보로 받아 볼 수 있다.

〈그림 3-8〉을 통해 좀 더 자세히 설명하면 다음과 같다. 먼저 전송지에서 한 남성이 "HI"라는 단어를 데이터 네트워크를 통해 목적지의 여성에게 전송한다고 해보자. "HI"라는 단어는 패킷스위칭 기술에 따라 작은 두 개의 패킷으로 나뉜다. 각각의 패킷에는 "H"라는 문자 하나와 "I"라는 문자 하나로 각각 나뉘게 된다. 이 때 각자의 패킷에는 헤더라는 정보가 포함되는데, 이 헤더에는 전송지와 목적지, 그리고 문자의 순서 등이 기록되어 있다. 이 각각의 패킷이 라우터를 통해 전송된다. 목적지 라우터에서는 각각의 패킷을 받은 후에 문자의 순서, 데이터 검사 등을 수행한다. 즉, "I", "H" 순서로 들어온 데이터를 "H", "I"로 재배열하여 목적지의 여성에게 "HI"라는 문자를 수신하게 하는 것이다.

〈그림 3-8〉 라우터 개념도

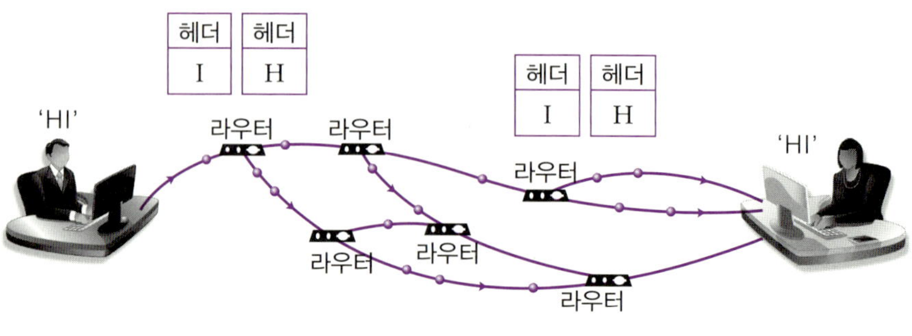

이런 패킷스위칭 기술은 서킷스위칭과는 다르게 여러 개의 통신 경로(Path)를 이용할 수 있다. 따라서 하나의 경로와 라우터가 천재지변 등으로 장애가 발생했을 경우, 다른 경로를 통해 통신이 이루어질 수 있다는 장점이 있다. 또한, 이러한 다중 경로를 이용한 통신 방식은 하나의 일대일 통신 방식인 서킷스위칭에 비해 비용이 훨씬 적게 든다.

TCP/IP

TCP/IP는 인터넷 통신을 위한 대표적인 규정(protocol, 프로토콜)의 집합을 말한다. 이 중 TCP(Transmission Control Protocol)는 전송 계층에서 사용되는 프로토콜이다. TCP는 송신한 정보가 수신지에 정확하게 도착하였는지 확인해주는 기능을 가지고 있다. 수신측에서는 받은 정보에 오류가 있는지를 검사하여 오류가 있으면 그 결과를 송신측에 전달하고 송신측은 해당 정보를 다시 전송한다. TCP 메시지의 헤더에는 이러한 기능을 담당하는 순서번호, 확인응답번호 등이 존재하며 송수신 포트번호에 대한 정보가 존재한다. 위의 "HI"라는 단어를 전송하는 예를 보면, 문자의 순서와 데이터 검사 등을 수행한다고 하였는데, 이는 TCP라는 규정을 통해 이루어지는 것이다.

포트번호는 해당 호스트에서 접근하려는 서비스를 말한다. 예를 들어 누군가의 집에 전화를 해서 통화를 하게 될 경우 송수신지의 전화번호가 IP 주소에 해당한다면 전화를 거는 사람과 받는 사람은 포트번호에 해당된다고 볼 수 있다.

TCP 프로토콜. 현재 사용되고 있는 통신망은 여러 가지 원인에 의해 오류가 발생될 수 있으며, 이때 전송되는 패킷은 손상되거나 손실될 수 있다. 또한 다수의 경로를 가진 통신망에서는 패킷의 순서가 바뀌어 전달되거나 상당한 지연이 발생된 후 전달될 수도 있고, 중복된 패킷을 전송하는 오류를 범할 수도 있다. 또한 여러 통신망을 거쳐 전달되는 경우 각 통신망마다 서로 다른 크기의 패킷을 요구할 수도 있다.

이러한 제한 사항을 응용프로그램에서 모두 해결하도록 하는 것은 매우 비효율적인 일이다. TCP 프로토콜은 이러한 상황들을 해결하여 신뢰성 있는 데이터 전송을 수행하는 규정을 말한다. 즉, TCP 프로토콜은 인터넷 네트워크를 통해 실제로 수신자와 송신자가 통신을 할 수 있게 해주는 역할을 하며, 패킷의 순서, 정확성, 오류 등을 관리하는 역할을 한다.

〈그림 3-9〉 TCP/IP 프로토콜 구조

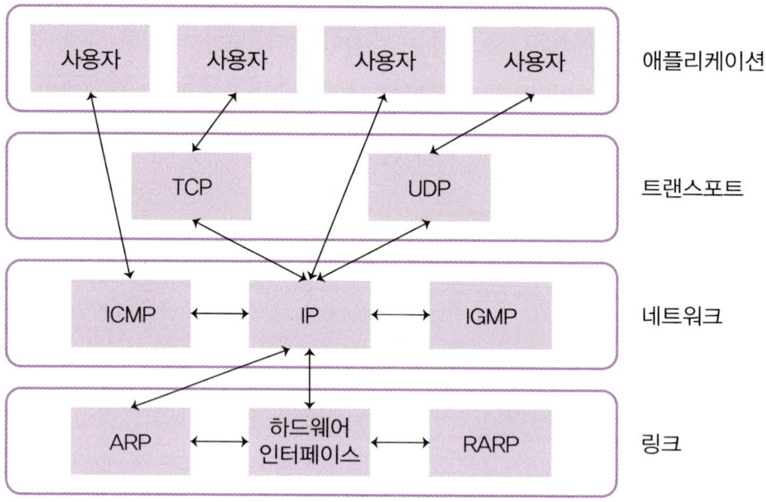

IP 프로토콜. IP(Internet Protocol) 프로토콜은 인터넷의 주소 체계를 정의해 준다. 실제 이런 주소 체계를 통해 수신자와 송신자가 네트워크를 통해 데이터를 주고 받을 수 있는 것이다. TCP는 오류가 발생하였을 때 해당 정보를 다시 전송할 수 있는 기능까지 갖추고 있으나, IP는 간단한 오류 검사 기능만 제공하고 있다. 실제로 라우터는 IP주소를 이용하여 데이터의 전달 경로는 결정한다. IP 헤더에는 송수신자의 IP주소와 전체 패킷의 길이, 네트워크 관리나 보안문제 등과 관련하여 송신측에 요청한 옵션을 포함하고 있다.

TCP/IP는 4개의 계층(Layer)으로 구성되어 통신을 연결하고 있다. 네트워크 인터페이스 계층, 인터넷 계층, 트랜스포트(Transport) 계층, 그리고 애플리케이션 계층으로 이루어져 있으며, 각각의 계층은 다음과 같은 역할을 통해 데이터 통신을 수행하게 된다.

〈그림 3-10〉을 보고, 이메일과 편지를 쓰는 TCP/IP 4개 레이어 체계에 대해 살펴 보자. 제4계층인 애플리케이션 레이어는 실제 이메일을 쓸 수 있는 애플리케이션(아웃룩 등)을 지원한다. 즉, 이메일 애플리케이션을 통해 사용자는 이메일을 작성할 수 있는 것이다. 수필 편지의 예를 들자면, 편지지와 필기도구를 통해 실제 수필 편지를 작성할 수 있다. 제3계층인 트랜스포트 레이어에서는 이메일을 수신자에게 전달할 수 있는 통신 규약 등을 정한다. 즉, 실제로 수신자와 송신자가 이메일을 주고 받을 수 있게 지원해주며, 통신의 정확성, 오류 등을 관리하는 역할을 한다. 수필 편지의 예를 들자면, 우표라

〈그림 3-10〉 TCP/IP 계층

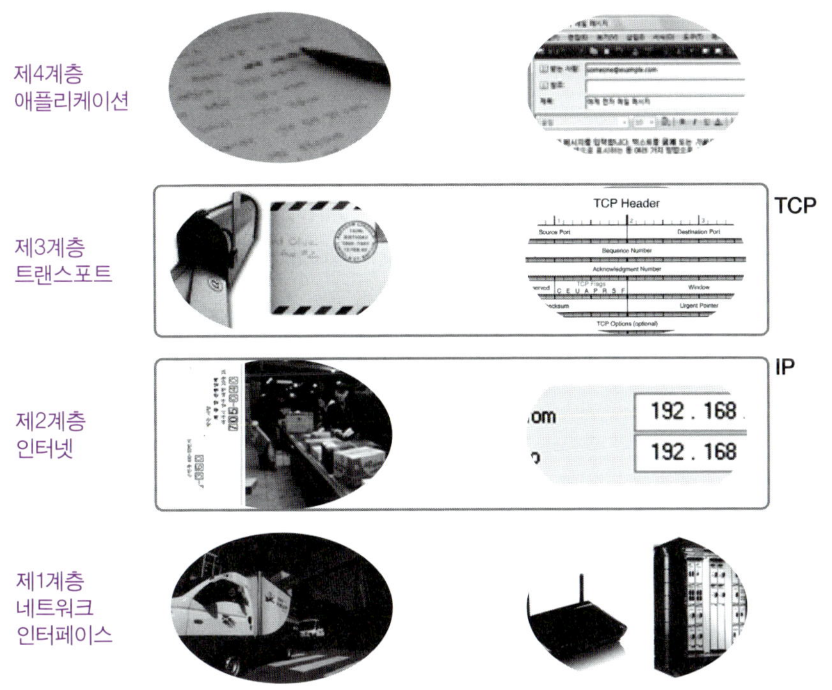

는 규약을 통해 수필 편지를 전달할 수 있는 기반을 마련하며, 우체국의 도장 및 직인을 통해 적법한 수필 편지가 전달됨을 알린다. 제2계층인 인터넷 레이어는 이메일을 받을 수 있는 IP 주소를 제공하게 된다. 이메일의 수신자와 송신자의 IP주소를 확인하여 이메일을 보낼 수 있는 것이다. 수필 편지의 예를 보면, 실제 수필 편지를 받는 사람의 주소와 보내는 사람의 주소를 나타낸다. 마지막 네트워크 인터페이스 레이어는 실제 물리적인 통신 장치를 통해 이메일을 보낼 수 있도록 지원한다. 실제 라우터나 컴퓨터 등이 이에 해당한다. 수필 편지의 예를 들자면, 수필 편지를 직접 전달하는 우체국이 운송 수단이 될 것이다. 이처럼 네 개의 TCP/IP 계층을 통하여 우리는 이메일 등 데이터 통신을 할 수 있게 되는 것이다.

IP Address. 인터넷주소는 미국 국방부의 첨단연구프로젝트(ARPA: Advanced Research Projects Agency)에서 서로 다른 컴퓨터를 연결하기 위한 네트워킹 프로젝트의 일환이다. TCP/IP 통신에서 사용되는 컴퓨터 주소 체계를 말한다. 즉, 인터넷에 접속된 모든 컴퓨터는 IP주소를 할당받게 되는데, 이 IP주소의 체계는 0부터 255까지 숫자 4개를 점(Period)을 통해 구분하여 표현한 숫자를 말한다. 예를 들어, 애플 컴퓨터(www.apple.com)의 IP주소는 17.149.160.49이다.

IPv4. 현재 인터넷을 이루고 있는 주소 체계인 IPv4(Internet Protocol version 4)는 32비트(4바이트)로 이루어진 주소 체계로 네트워크 부분과 호스트 부분으로 나뉘어 A, B, C, D, E 5개의 클래스로 구성되어 있다. 한 바이트씩 점(.)으로 분리하여 10진수로 표현된다. 210.103.175.41과 같이 사용하는 IP주소가 바로 IPv4를 의미하며, 네이버 포탈사이트의 도메인 네임은 http://www.naver.com이며, 이에 해당하는 IP주소는 222.122.195.5이다.

IPv6. IPv6(Internet Protocol version 6)는 인터넷이 폭발적으로 성장하여 가까운 미래에 네트워크 주소가 금방 부족해질 것이라는 우려에 대한 대응책으로 제시되었다. IPv4가 32비트의 주소를 사용하는 것에 비해 IPv6는 128비트로 구성되어 있어 IPv4보다 월등히 많은 정보를 수용할 수 있는 차세대 IP주소 체계이다. IPv6는 IPv4에서 나온 단점들을 보완하고 있다. 예를 들어, 데이터 고속 처리가 가능한 헤더 구성과 데이터의 무결성 및

〈표 3-2〉 IPv4, IPv6 비교

구분	IPv4	IPv6
주소길이	32비트	128비트
표시방법	8비트씩 4부분으로 10진수로 표시 예) 202.30.64.22	16비트씩 8부분으로 16진수로 표시 예) 2001:0230:abcd:ffff:0000:0000:ffff:1111
주소개수	약 43억개	약(43억×43억×43억×43억)개(거의 무한대)
주소할당	A, B, C, D 등 클라스 단위의 비순차적 할당(비효율적)	네트워크 서 규모 및 단말기 수에 따른 순차적 할당(효율적)
품질제어	Best effort 방식으로 품질 보장이 곤란 (타입이나 서비스에 대한 QoS 일부지원)	등급별, 서비스별로 패킷을 구분할 수 있어 품질보장이 용이 (트래픽 클라스, QoS지원)
보안기능	IPsec 프로토콜 별도 설치	확장기능에서 기본으로 제공
플러그 앤드 플레이	없음	있음
모바일IP	상당히 곤란(비효율적)	용이(효율적)
웹캐스팅	곤란	용이

멀티미디어 서비스를 제공하고 있다. 표현방법은 2바이트를 16진수로 표현하며, 각 표현 단위는 콜론(:)으로 표시한다. IPv4의 가장 큰 단점은 데이터 전송 품질(Quality of Service)을 책임지지 않는다는 것과 대용량 데이터 전송 시 늦어지는 문제가 있다. 하지만, IPv6는 멀티캐스트(Multicast) 통신 방식을 이용하여 안정된 서비스 품질과 빠른 데이터 통신을 보장하고 있다.

〈그림 3-11〉과 〈그림 3-12〉는 유니캐스트와 멀티캐스트 전송 방식의 차이에 대해 설명하고 있다. 멀티캐스트 스트리밍 서비스를 제공할 경우, 대용량 데이터는 하나의 복사본으로 네트워크 전송이 가능하다. 최종 목적지 근처 라우터에서 하나의 복사본으로 네트워크를 건너온 대용량 데이터는 필요한 수만큼 복사되어 최종 목적지의 여러 개의 컴퓨터로 전송이 된다. 이렇게 멀티캐스팅 기술은 네크워크 간의 통신 정체를 해결하여 데이터 전송 품질을 보장하게 된다.

〈그림 3-11〉 유니캐스트 전송방식

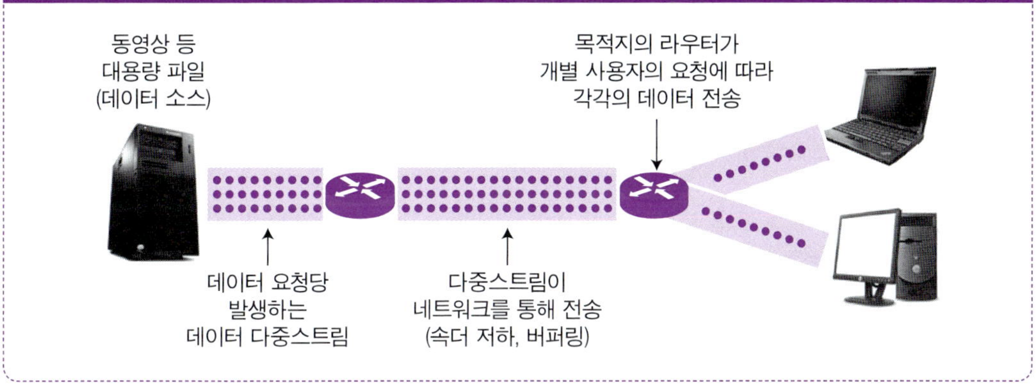

〈그림 3-12〉 멀티캐스트 전송방식

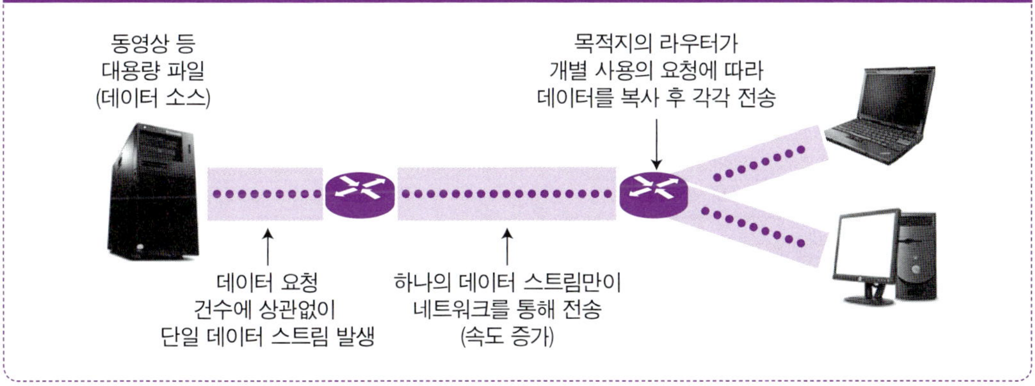

도메인 네임. 인터넷상에서 사용되는 도메인 네임(Domain Name)은 전 세계적으로 고유하게 존재하여야 하기에 공통적으로 정해진 인터넷주소 체계가 있으며 임의로 변경하거나 생성할 수 없다. 인터넷의 모든 도메인은 "." 또는 루트(Root)라 불리는 도메인 네임 아래에 나무를 거꾸로 위치시킨 역트리(Inverted Tree) 구조로 구성되어 있다.

루트 도메인 아래의 단계를 1단계 도메인 또는 최상위 도메인(TLD: Top Level Domain)이라고 부르며, 일반적 최상위 도메인인 gTLD와 국가를 나타내는 최상위 도메인인 ccTLD가 있다. 다음 단계는 2단계 도메인(SLD: Second Level Domain)이라 부르며 이것은 기관의 성격을 나타낸다. 3단계에서는 aaa, bbb, nic, netpia 등 도메인 신청자가 원하는 이름을 사용할 수 있다. 최상위 도메인 네임(TLD: Top Level Domain)은 gTLD, ccTLD 등이 존재하며 각각 일정한 관례에 따라 만들어지고 운영된다. 도메인의 단계적 구조는 〈그림 3-13〉과 같다.

- 일반 최상위 도메인(gTLD: generic Top Level Domain): com, net, org, edu, gov, mil, int 7개의 도메인 네임으로 1985년부터 사용되어 왔으며 2001년부터 새로운 최상위 레벨 도메인인 name, biz, info, pro, aero, coop, museum이 ICANN(전 세계 인터넷주소 관리 최상위기구)를 통해 생성을 승인받아 사용되고 있다.
- 국가 최상위 도메인(ccTLD: country code Top Level Domain): 인터넷의 국제화에 따라 네임 공간을 국가 지역별로 분류하는 방법이 허용되어 지역별 최상위 도메인은 ISO 3166의 두 자리 국가코드와 United Nations Terminology Bulletin Country Names를 참고로 하여 만들어졌으며 그 예로는 .kr(한국), .jp(일본), .cn(중국) 등이 있다.

〈그림 3-13〉 도메인 네임 단계별 구조

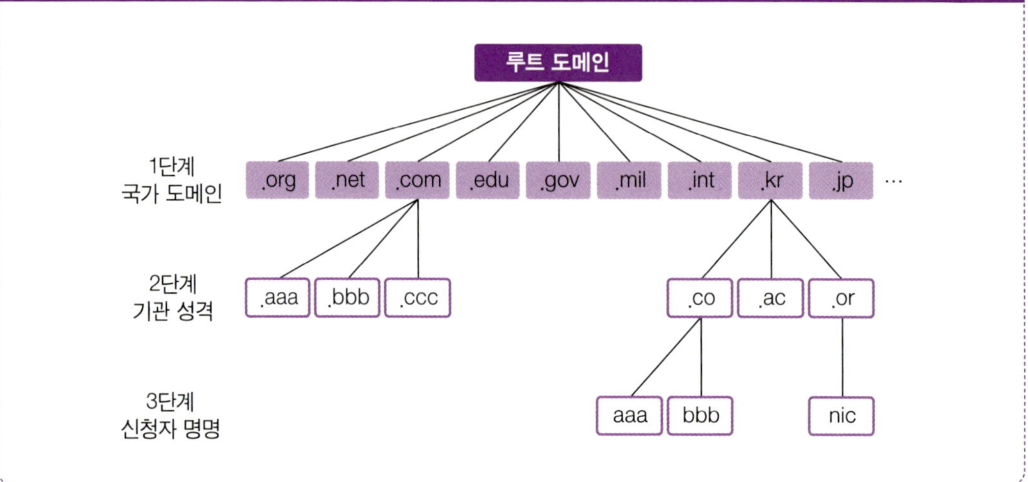

도메인 네임 시스템(DNS: Domain Name System)은 IP주소로 구성된 숫자를 도메인 네임으로 변환 또는 그 반대의 역변환을 수행할 수 있도록 하는 시스템이다. DNS는 네임체계의 하나로써 개발되었으며 현재에 이르러서는 인터넷에 필수적인 네임체계로서 자리하고 있다. 역사적으로 볼 때, 도메인 네임 시스템(DNS)은 인터넷의 모태가 되었던 ARPANET의 발전과정에서 탄생하였다. 초기의 소수의 컴퓨터만이 연결되었던 환경에서는 숫자 형식의 네트워크 주소를 직접 사용하는 것에 불편이 없었으나 점차 그 수가 늘어나면서 보다 이해하기 쉽고 기억하기 쉬운 도메인 닉네임 사용이 도입되었다. 이는 보다 광범위한 범주에서 사용될 수 있는 도메인 네임 체계로 발전하여 현재의 DNS가 등장하는 계기가 되었다.

통신에 있어 주소체계는 중요한 요소이다. 네트워크 주소는 전 세계에 산재한 통신망 속에서 단일한 대상을 지정하고 해당 통신대상에 접근할 수 있는 수단을 제공한다. 현재 인터넷의 네트워크 주소는 32bit의 숫자로 된 IP 주소체계를 사용한다. 산술적인 단순한 계산으로는 42억 개의 IP 주소가 존재할 수 있다. 이러한 IP 주소를 가지고 일일이 자신이 원하는 웹사이트로 접근한다는 것은 불가능하다.

IP 주소를 모르는 상황에서는 해당 웹사이트 혹은 컴퓨터로 접근할 수 있는 방법이 존재하지 않는다. 이것이 DNS가 존재하는 중요한 이유이다. DNS는 사람이 이해하기 쉽게 기억할 수 있는 네임(name)을 상호 변환하여 사용할 수 있도록 하는 기능을 제공한다.

클라이언트/서버 네트워크

클라이언트/서버(Client/Server) 네트워크는 다양한 정보통신 네트워크 유형 중의 하나이다. 개인용 컴퓨터는 클라이언트로서 네트워크 내의 한 개 혹은 다수의 서버 컴퓨터에 접속하게 된다. 서버 컴퓨터는 클라이언트 컴퓨터를 위해 다양한 기능 등을 제공하게 된다. 실제 우리가 개인용 컴퓨터를 통해 웹에 접속을 할 수 있는 것도 웹서버를 통해서 이루어지게 된다. 그 밖에 파일을 서버에 저장하거나 다양한 애플리케이션을 서버를 통해 사용할 수 있다. 앞서 설명하였듯이 인터넷의 주요 개념은 패킷 스위칭, TCP/IP 통신 규정, 그리고 클라이언트/서비 컴퓨터 기술이다. 패킷 스위칭과 TCP/IP는 기술과 규정으로서 누구든지 전 세계 어디서나 인터넷에 접속을 할 수 있게 해 주었다. 끝으로 이 클라이언트/서버 컴퓨팅 기술은 수많은 컴퓨터와 네트워크가 발전할 수 있게 해주었다. 즉, 다수의 서버에 더 많은 수의 클라이언트들이 편하게 접속을 할 수 있게 되면서, 인터넷 네트워트 규모가 급속도로 증가하였고 오늘날 인터넷 체계가 이루어질 수 있었던 것이다. 클라이언트/서버 네트워크을 포함한 다양한 정보통신 네트워크 유형을 다음과 같이 설명할 수 있다.

정보통신 네트워크의 유형은 매우 다양하지만, 최종사용자의 관점에서 다음과 같은 기본 유형으로 분류할 수 있다.

WAN. WAN(Wide Area Networks)은 대도시, 한 국가, 여러 국가 및 대륙 등 매우 넓은 지리적 범위를 커버하는 정보통신 네트워크이다.

LAN. LAN(Local Area Network)은 물리적으로 제한된 영역 내에 있는 정보처리 장치를 연결하는 정보통신 네트워크로서 일반적으로 LAN은 사무실, 교실, 빌딩, 전산실, 제조공장 등에 설치된다.

LAN의 특성에는 다음과 같은 것들이 있다.

- LAN은 마이크로컴퓨터와 주변장치를 연결하기 위하여 일반 전화회선, 동축케이블, 또는 무선 라디오 시스템과 같은 다양한 매체를 사용한다.
- 네트워크를 사용하기 위해서 컴퓨터에는 네트워크 인터페이스 카드(NIC: Network Interface Card)로 통칭되는 회로기판에 해당하는 랜카드가 설치되어 있어야 한다.
- LAN은 워크그룹에 속한 최종사용자들이 전자적으로 의사소통하며 공동의 프로젝트에서 협업할 수 있도록 한다. 아울러 하드웨어, 소프트웨어, 데이터 자원을 공유하도록 한다.

인트라넷과 엑스트라넷. 많은 인터넷 네트워크(Internetwork) 구조의 목표는 여러 인트라넷을 이음매 없이(Seamless) 연결하는 네트워크를 구축하는 것이다. 이 네트워크는 인터넷에 연결되고, 기업외부의 비즈니스 파트너에게 전자적 연결을 제공하는 엑스트라넷에도 연결된다. 인트라넷은 개방형으로 설계되었지만, 안전한 내부 네트워크이다. 기업과 기업의 비즈니스 단위, 부서, 그리고 워크그룹은 내부 웹서버에 인트라넷 웹사이트를 구축할 수 있다. 최종사용자들은 간단한 마우스 클릭만으로 웹브라우징 소프트웨어를 통하여 웹서버에 저장된 멀티미디어 정보에 손쉽게 접근할 수 있다.

엑스트라넷은 기업의 인트라넷 자원의 일부를 기업 외부의 거래 파트너 또는 고객과 연결하는 네트워크이다. 기업들은 그들만이 사용하는 사설 엑스트라넷을 설치하거나 네트워크의 일부를 인터넷에 연결하기도 한다. 많은 기업들이 안전한 인트라넷과 엑스트라넷을 설치하기 위해서 가상사설망(VPN: Virtual Private Networks)을 이용한다. 가상사설망은 인터넷을 기간망(Backbone Network)으로 이용하고, 방화벽(firewall), 암호화 등의 보안장치로 참여기업의 인트라넷과 인터넷의 연결을 안전하게 보호하는 네트워크이다.

클라이언트/서버 네트워크. 클라이언트/서버 네트워크는 전사적 컴퓨팅의 지배적인 정보시스템 구조가 되었다. 수많은 최종사용자 단말이 연결된 거대한 메인프레임 기반 네트워크와 대규모의 컴퓨터시스템은 클라이언트/서버 네트워크에 의해서 대체되고 있다. 이런 현상을 다운사이징(Downsizing)이라 한다. 컴퓨팅 능력은 클라이언드/서버 형내의 네트워크 컴퓨터시스템에 의해서 급속히 분산되고 상호 연결되고 있다. 클라이언트/서버 네트워크의 특성은 다음과 같다.

- 최종사용자의 PC 또는 네트워크 컴퓨터는 클라이언트이다.
- 클라이언트는 LAN으로 연결되며 네트워크를 관리하는 네트워크 서버에게 처리를 요청한다.
- LAN은 클라이언트와 서버로 구성된 다른 LAN과 WAN에 연결된다.

클라이언트/서버 네트워크는 과거 전통적인 메인프레임 기반의 비즈니스 정보시스템을 지칭하는 전통적 시스템(Legacy System)보다 최종사용자와 워크그룹 그리고 비즈니스 단위의 니즈를 훨씬 더 경제적이며 유연하게 충족시킬 뿐만 아니라, 다양한 범위의 부하에 적합하도록 컴퓨팅 능력을 조절할 수 있다. 클라이언트/서버 컴퓨팅은 다음에서 열거하는 장점을 지니고 있다.

- 클라이언트가 비즈니스 애플리케이션의 일부 혹은 대부분을 처리할 수 있다.
- LAN 서버는 처리를 공유하며, 워크그룹의 협력을 관리하고 공동의 하드웨어와 소프트웨어, 그리고 데이터베이스를 통제한다.
- 데이터는 대부분의 입력·출력을 담당하는 클라이언트에서 완벽하게 처리될 수 있다.
- 다른 네트워크의 클라이언트와 서버로의 접근을 제공한다.
- 컴퓨터 처리는 최종사용자의 니즈에 더욱 잘 맞추어진다.
- 사용자가 자신의 애플리케이션 시스템에 대한 책임을 잘 수행할수록 정보처리의 효율성과 효과성은 더욱 증진된다.

- 중앙의 서버컴퓨터는 최상의 능력을 발휘하는 작업 — 예를 들어서, 대용량의 거래처리, 통신네트워크 보안과 통제, 대규모 기업 데이터베이스의 유지와 통제 — 에 특화된다.
- 지역 사이트의 클라이언트는 기업의 서버에 접근하여 전사적 경영정보를 획득할 수 있으며, 지역 사이트에서 발생한 거래데이터와 요약 정보를 전송한다.

피어 네트워크. 피어(P2P: peer-to-peer) 네트워킹 기술과 애플리케이션의 등장은 e비즈니스와 전자상거래 그리고 인터넷 자체를 변혁시켜 왔다. 피어 네트워크는 중앙 서버의 유무에 따라 냅스터와 누텔라 구조로 나눌 수 있다.

냅스터(Napster) 구조에서 P2P 파일공유 소프트웨어는 PC를 중앙서버에 연결한다. 이 중앙서버는 네트워크 상의 모든 컴퓨터, 즉 피어에 대한 디렉토리를 보유한다. 파일공유 소프트웨어는 특정 피어가 요청한 파일을 보유하고 있는 온라인 상태의 사용자들을 검색한다. 그런 다음에 요청자에게 활성 링크로 연결된 사용자 이름 목록을 보내준다. 이름 목록 중에서 하나를 클릭하면 요청자의 PC와 원격 PC 간에 P2P 연결을 설정하고 자동으로 원격 PC의 하드디스크로부터 요청자의 PC로 요청한 파일을 전송한다.

냅스터 구조의 주요한 장점과 한계점은 모두 중앙 집중식 디렉토리와 서버에 대한 의존에서 비롯된다. 너무 많은 사용자가 접속하거나, 기술적 문제가 발생하면 디렉토리 서버는 매우 느려지거나 요청에 응답하지 못하게 된다. 그러나 이 구조는 컨텐트의 무결성과 보안을 더욱 보장하며 네트워크 사용자들을 보다 잘 보호하는 플랫폼을 가진 네트워크를 제공한다.

누텔라(Gnutella) 구조는 중앙 디렉토리 혹은 서버가 없는 순수한 P2P 네트워크이다. 가장 먼저 누텔라 P2P 네트워크의 파일공유 소프트웨어는 PC를 네트워크에 있는 온라인 사용자들 중의 한 명의 PC에 연결시킨다. 그런 다음에 해당 PC의 사용자 이름을 연결하는 활성 링크가 네트워크의 모든 온라인 사용자들에게 P2P 방식으로 전송된다. 이런 방식으로 활성 링크는 네트워크 전체로 확산되는데, 활성 링크의 사용이 증가할수록 더욱 더 많은 피어들에게 확산된다. 파일을 요청하면, 소프트웨어는 모든 온라인 사용자를 검색하여 요청에 해당하는 활성 파일이름의 목록을 보내준다. 목록 중에서 하나의 파일이름을 클릭하면 자동으로 파일을 다운로드할 수 있다. 요사이 누텔라 구조의 가장 유명한 예는 토렌트를 들 수 있다.

기업 80% "코로나 사태 지나도 화상회의 이용할 것" CASE 3-1

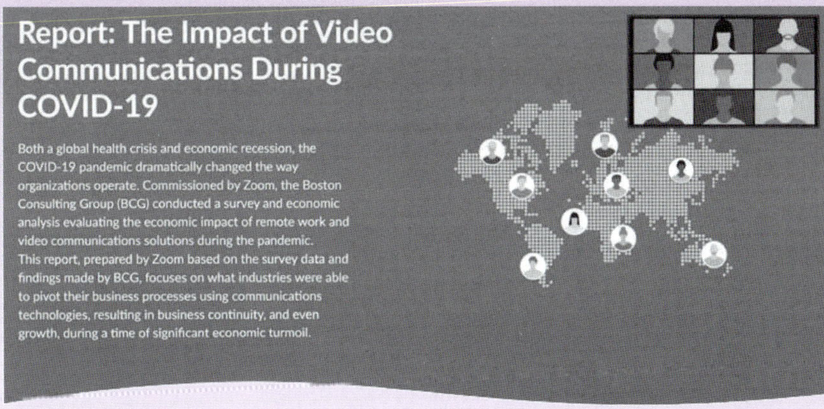

BCG 보고서 표지(출처=줌)

코로나19 사태로 인해 원격근무 및 재택근무, 화상회의의 빈도가 높아지는 가운데, 상당수의 기업들이 코로나19 팬데믹(대유행)이 지나간 이후에도 화상회의를 이용하게 될 것으로 예상한다는 보고서가 나왔다.

29일, 화상회의 서비스 업체인 줌 비디오 커뮤니케이션즈(Zoom Video Communications; 이하 줌)는 보스톤 컨설팅 그룹(Boston Consulting Group, 이하 BCG)에 의뢰해 '코로나19 중 화상 커뮤니케이션의 영향(Report: The Impact of Video Communications During COVID-19)' 보고서를 발표했다.

이번 보고서는 미국과 영국, 독일, 프랑스, 일본, 인도 등 6개국의 교육, 의료, 기술, 전문 서비스, 금융 보험, 부동산, 유통, 정부기관 등 주요 산업 분야에 종사하는 5,820명을 대상으로 조사한 결과를 담았다.

보고서에 의하면 팬데믹 기간 중 화상회의 솔루션 이용 직원 수는 2.4~2.7배 증가했으며 원격근무 직원 수 역시 2.5~3배 증가했다. 특히 교육 분야에서 화상회의 솔루션 사용이 3.5배, 원격근무가 3.3배 증가한 것이 눈에 띈다. 원격 수업이 일상화된 교육환경의 변화 탓으로 보인다.

이번 보고서에서 가장 눈에 띄는 점은 팬데믹 이후에도 화상회의 솔루션이 필요하게 될 것이라고 예상하는 응답자가 많았다는 점이다. 의료 분야에서 80%, 교육 분야에서 81%, 그리고 기술 분야에서 84%, 전문 서비스 분야의 84% 응답자가 그렇게 답했다고 보고서는 전했다. 이는 온라인 기반 화상회의 및 원격근무가 단순히 코로나19 방역 대책을 넘어 근무의 유연성을 높이기 위한 수단으로 인식되고 있음을 의미한다.

이번 조사를 진행한 BCG의 관계자는 "팬데믹 동안 조직은 임직원의 생산성을 해치지 않고도, 원격근무로 발생하는 유연성과 민첩성을 제공할 수 있음을 확인했다."며 "원격근무는 팬데믹 시기에 반짝 떠오른 신기한 문화가 아닌 경쟁우위가 될 것"이라고 강조했다.

출처: 이데일리, 김정유 기자, 2020.06.22.

토론

1. 기업에서 회의 및 사내교육의 수단으로 화상방식과 대면방식을 이용했을 때의 장단점에 대해 논의하시오.
2. 위에 논의한 내용을 바탕으로 기업이 '화상방식의 전면 도입과 대면방식의 유지 중 어떠한 의사결정을 해야 할 것인가'에 대해 논의하시오.

3.2.2 무선 인터넷 통신 네트워크

무선 인터넷 통신 기술은 인터넷 사용자들을 컴퓨터 앞에서 거의 모든 장소에서 인터넷에 접속할 수 있도록 이끌었다. 학교 내에서 혹은 기업 내부에서 사용자들은 본인의 노트북이나 타블렛 PC등을 가지고 이동하면서 인터넷을 사용할 수 있다.

무선 인터넷은 무선 네트워크 접속이 가능한 컴퓨터 기반으로 접속이 가능하거나, 휴대용 단말기(예: 휴대폰) 등을 통해 접속이 가능하다.

휴대용 단말기를 이용한 무선 인터넷 접속

간단히 말해서 휴대전화를 통한 통신을 말한다. 이 휴대전화 통신은 미국을 제외한(CDMA: Code Division Multiple Access) 거의 모든 국가에서는 GSM(Global System for Mobile Communication) 방식을 채택하고 있다. 초창기의 휴대전화를 통한 통신은 지극히 제한적이었다. 즉, 음성과 간단한 텍스트 파일이외에는 통신이 되지 않았으나, 제3세대(3G) 네트워크 시대에 돌입함에 따라 음성과 간단한 텍스트뿐만 아니라 영상, 음악 등 다양한 미디어를 전송할 수 있게 되었다. 현재는 제4세대(4G)에 넘어 제5세대(5G)에 들어섰다고 해도 과언이 아니다. 국내의 많은 통신사들이 LTE(Long Term Evolution) 서비스를 넘어 5G 서

〈표 3-3〉 통신시대별 특징과 예시

세대	특징	국제 표준	예
3G	• 광대역 CDMA 방식에 기초한 전 세계 표준화 • 데이터 서비스 위주, 영상 통신서비스 구현 • 품질의 이동통신 구현 계기 • 전 세계 표준화 및 동일한 주파수를 통한 글로벌 로밍 제공	IMT-2000	• W-CDMA((LMTS, 비동기식 광대역 CDMA) • CDMA 2000 Mx (IS-2000 동기식 광대역 CDMA)
4G	• 회선교환 방식이며 음성 지원 없이 패킷 데이터만을 지원 • 주파수 선택적 페이딩에 강한 OFDM 기술에 기초 • Paired(상하향 분리), Unpaired(상하향 겹침) 스펙트럼 모두에서 동작 가능	System beyond IMT-2020	LTE-Advanced
5G	• 특정 무선접속 기술보다는 광범위하게 응용 가능한 미래 이동통신 서비스를 포괄 지칭 • 비전 요약 초 고용량, 초 연결성, 초 반응성, 초 저전력	IMT-2020	5G-ACIA

출처: http://www.ktword.co.kr/abbr_view.php?nav=2&id=1220&m_temp1=3138

〈그림 3-14〉 이동통신의 진화

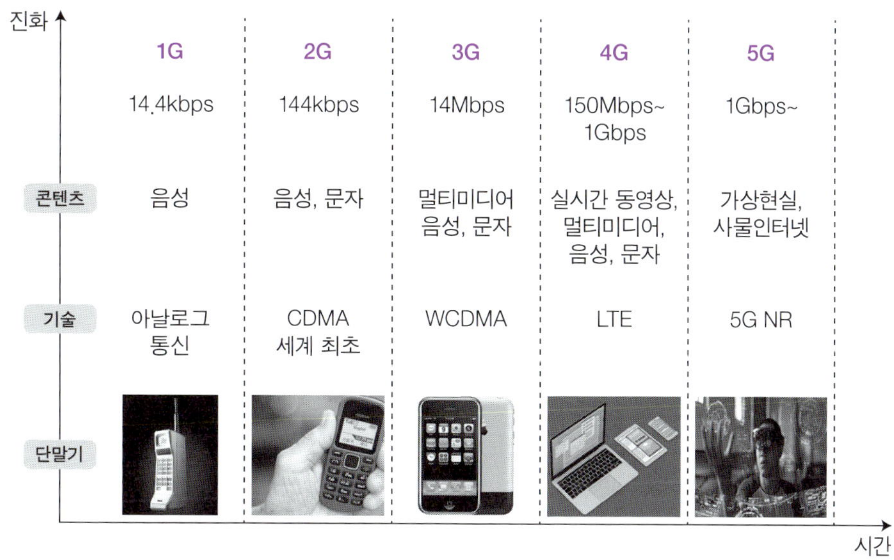

출처: 이동통신의 진화, IT 동아, 이상협 기자, 2020.

비스를 제공하고 있다. 이를 통해 다양한 데이터와 대용량 미디어를 최상의 품질과 빠른 속도로 전송 할 수 있게 되었다. 하지만 5G 인프라 등 기반이 충분히 마련되지 않아 충분한 서비스와 속도를 느끼지 못하는게 현 상황이다.

여기서 3G, 4G, 5G 등의 G는 세대(Generation)를 의미한다. 각 세대를 구분 짓는 것은 새로운 서비스가 아니라, 서비스를 가능하게 한 기술적 혁신이라 불린다. 또한 새로운 이동통신 기술 혁신들은 바로 각 세대의 표준에 의해 정의될 수 있다.

랩탑 혹은 노트북을 이용한 무선 인터넷 접속

랩탑 혹은 노트북, 타블렛 PC 등을 이용하여 무선으로 인터넷을 접속하는 통신 방식을 말한다. 노트북 등을 통하여 무선 인터넷에 접속하기 위해서는 와이파이(Wi-Fi) 방식을 사용하고 있다. 이 와이파이 네트워크는 엑세스 포인트(access point) 혹은 핫스팟(hot-spot)이라고 불리는 무선 통신 장치 근처에서만 접근이 가능하다. 대부분의 무선 인터넷의 가장 큰 단점은 거리제한이 있다는 것이다.

이러한 단점을 극복하기 위해 개발되고 있는 네트워크 기술은 와이맥스(Wi-Max)라고 한다. 와이맥스 네트워크는 엑세스 포인트의 범위가 수십 킬로미터(km)까지 된다고 한다.

SKT, '5G MEC 허브'로 5G 서비스 세계화 나선다 CASE 3-2

SK텔레콤이 전 세계 5G MEC(모바일 에지 컴퓨팅) 허브 구축에 박차를 가한다. 이를 통해 5G도 로밍처럼 해외와 손쉽게 연동할 수 있는 환경을 구현하고 나아가 국내 5G 서비스의 글로벌 유통 기반도 마련한다는 방침이다.

SKT는 16일 아시아·중동·아프리카 지역 최대 이동통신사 연합체인 '브릿지 얼라이언스'와 협력해 5G MEC 허브를 구축한다고 밝혔다. 5G MEC는 네트워크 이용자와 가까운 기지국에 소규모 데이터센터를 구축, 초저지연 통신 성능을 강화하고 데이터 보호 기능까지 제공할 수 있는 기술이다. 총 34개 이통사가 참여한 브릿지 얼라이언스의 가입자 수는 9억명이다. 브릿지 얼라이언스는텔레콤이 전 세계 5G MEC(모바일 에지 컴퓨팅) 허브 구축에 박차를 가한다. 이를 통해 5G도 로밍처럼 해외와 손쉽게 연동할 수 있는 환경을 구현하고 나아가 국내 5G 서비스의 글로벌 유통 기반도 마련한다는 방침이다.

SKT는 16일 아시아·중동·아프리카 지역 최대 이동통신사 연합체인 '브릿지 얼라이언스'와 협력해 5G MEC 허브를 구축한다고 밝혔다. 5G MEC는 네트워크 이용자와 가까운 기지국에 소규모 데이터센터를 구축, 초저지연 통신 성능을 강화하고 데이터 보호 기능까지 제공할 수 있는 기술이다. 총 34개 이통사가 참여한 브릿지 얼라이언스의 가입자 수는 9억명이다. 브릿지 얼라이언스는 최근 증강현실(AR)·가상현실(VR), 자율주행, 게임, 스마트팩토리 등 5G 서비스의 핵심 인프라인 5G MEC 투자를 확대하고 있다.

SKT가 얼라이언스 내 첫 5G MEC 허브 구축 결과물은 싱가포르 1위 통신 사업자인 싱텔과의 협력에서 나왔다. 양사는 5G MEC 허브를 통해 5G 클라우드 게임 '월드 오브 워십'을 SKT와 싱텔 5G MEC 플랫폼에서 동시 구동하는 데 성공했다.

해당 허브는 '아시아 지역 서버' 역할을 한다. 이를 통해 한국과 싱가포르, 브릿지얼라이언스 등을 잇는 매끄러운 데이터 연결 통로가 만들어지며 5G 서비스 앱을 허브에 올리면 각국 사용자들이 동시에 이를

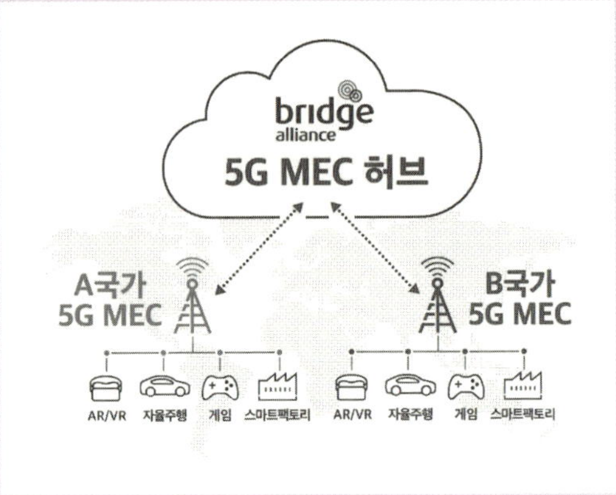

5G MEC 허브 구축을 통해 국가간 5G 서비스 유통 품질이 한층 개선될 수 있다.

출처: SKT

활용할 수 있게 된다. 기존에는 5G MEC 이용을 위해 통신사마다 개별 계약을 맺어야 했기 때문에 서비스 확산 속도가 느렸다.

이번 5G MEC 허브 구축으로 국내 5G 서비스가 세계 시장에서도 빠르게 유통될 수 있게 될 전망이다. SKT는 올해 호주 이통사 옵투스, 태국 통신사 AIS와 손잡고 5G MEC 허브에서 5G 서비스 앱을 자유롭게 올리고 내려받는 기능도 구현한다는 계획이다.

이동기 SKT 5GX MEC 프로덕트 담당은 "전 세계 이통사들이 5G 서비스 확대를 위해 5G MEC 구축 및 연동에 힘쓰고 있다"며 "SKT가 글로벌 5G MEC 시장을 주도하는 게임체인저가 될 것"이라고 말했다.

출처: BLOTER, 이건한 기자, 2021.03.16.

토론

1. 5G와 에지 컴퓨팅 기술의 결합으로 각 지자체는 차세대 지능형 교통체계를 구축하였다. 5G와 에지 컴퓨팅의 결합이 어떤 분야에서 활용될 수 있을지 논의하시오.
2. 국내 통신사의 5G 수출에 있어 국내기업이 가진 경쟁우위가 무엇인지, 그리고 수출을 위해 해결해야 할 과제에는 어떤 것이 있을지 논의하시오.

3.2.3 정보통신 처리기

멀티플렉서, 스위치, 라우터 등의 정보통신 처리기는 정보통신 네트워크에서 컴퓨터와 다른 장치 사이에서 다양한 지원기능을 수행한다.

멀티플렉서

멀티플렉서(Multiplexer)는 단일의 통신 채널이 동시에 많은 단말기에서 전송하는 데이터를 처리할 수 있도록 하는 통신장치이다. 전형적으로 멀티플렉서는 송신측에 있는 여러 단말의 전송신호를 하나의 신호로 결합시킨다. 수신측에 있는 장치는 이를 원래의 전송신호로 분리한다.

인터네트워킹 처리기

정보통신 네트워크는 스위치, 라우터, 허브, 게이트웨이 등 특수한 통신 처리기에 의해 상호 연결된다. 이들 통신 처리기를 통칭하여 인터네트워킹 처리기라 한다.

- 스위치(Switch)는 단일 네트워크에 속하는 정보통신 회로들을 연결한다.
- 라우터(Router)는 상이한 규칙 또는 프로토콜로 운영되는 네트워크들을 상호 연결한다.
- 허브(Hub)는 스위칭 통신 처리기이다. 허브는 서버, LAN 워크스테이션, 프린터 등의 네트워크 자원의 공유를 가능하게 한다.
- 게이트웨이(Gateway)는 상이한 통신 아키텍처를 사용하는 네트워크를 연결한다.

3.2.4 정보통신 소프트웨어

소프트웨어는 모든 정보통신 네트워크에서 필수적인 구성요소이다. 정보통신과 네트워크 관리 소프트웨어는 PC, 서버, 메인프레임 그리고 통신 처리기 등에 설치된다. 메인프레임 기반의 WAN에서 사용되는 정보통신 소프트웨어 패키지는 정보통신 모니터 또는 원격 프로세싱 모니터를 사용하는 경우가 빈번하다. LAN 서버는 네트워크 운영체제(NOS: Network Operating System)라는 네트워크 관리 소프트웨어를 사용한다. 많은 경우에 미들웨어(Middleware)로 알려진 정보통신 소프트웨어가 다양한 네트워크 통신을 지원한다.

정보통신 소프트웨어 패키지는 다양한 통신 지원 서비스를 제공한다. 예를 들어, 이들은 통신 처리기와 협력하여 통신 링크를 설정하고 해제한다. 또한 전송속도, 전송방식, 위상 등과 같은 통신 파라미터를 설정한다.

LAN 네트워크 운영체제와 WAN 정보통신 모니터 등의 네트워크 관리 패키지의 기능은 다음과 같다.

- 전송 우선순위를 결정한다.
- 네트워크 상에서 메시지의 경로를 설정하거나 스위칭한다.
- 다수의 전송요청에 대해 대기행렬을 형성한다.
- 전송에러를 탐지하고 교정한다.
- 네트워크 활동의 통계정보를 기록한다.
- 허가받지 않은 접근으로부터 네트워크 자원을 보호한다.

3.2.5 대역폭

통신의 형태와 방법은 채널을 통해서 이동하는 데이터의 최대 전송률과 잡음 수준에 영향을 준다. 대역폭은 채널의 최대 전송률을 결정한다. 최근 들어 통신 기술과 매체의 발달로 대역폭이 크게 증가하여 인터넷의 활성화를 더욱 촉진하고 있다.

- 대역폭(Bandwidth): 정보통신 네트워크의 통신 속도와 용량은 대역폭에 의해 분류할 수 있다. 대역폭은 정보통신 채널의 주파수 범위를 나타낸다. 이것은 채널의 최대 전송률을 결정한다.
- 보드율(Baud Rate): 데이터 통신 신호의 초당 변화 횟수를 나타낸다. 신호가 변화할 때마다 하나 이상의 비트를 전송할 수 있다. BPS(Bits Per Second)는 초당 전송 비트의 개수를 나타낸다.
- 음성대역(Voiceband): 통상적으로 음성 통신에 사용되는 저속의 아날로그 채널이다. 음성대역은 마이크로컴퓨터, 비디오 터미널, 팩스 등의 데이터 통신을 위해서도 사용된다.
- 중대역(Medium-band): 보다 빠른 전송을 위해 특별한 조건으로 임대하는 통신라인이다.
- 광대역(Broadband): 일반적으로 마이크로파, 광섬유, 혹은 인공위성 전송을 이용하는 고속의 디지털 채널이다.

KT, 5G·AI 앞세운 OTT 'Seezn' 선보여… '초고화질·초고음질'로 승부수 CASE 3-3

KT가 인공지능(AI) 기반의 차세대 모바일 온라인 동영상 서비스(OTT)인 '시즌'을 출시하고, 넷플릭스, 웨이브 등과 본격적인 경쟁에 나선다. 초고화질과 초고음질, 초개인화 서비스를 통해 기존 경쟁자들과 차별화에 나설 예정이다.

KT는 28일 종로구 KT스퀘어에서 기자 간담회를 열고 새로운 모바일 미디어 서비스 시즌(Seezn)을 발표했다. 이날부터 공식 서비스를 시작한 Seezn(시즌)은 5G와 AI를 바탕으로 모바일에서 영상 콘텐츠를 보다 실감나고 편하게 즐기는 것을 목표로 하고 있다. 초고화질, 초저지연, 슈퍼사운드 등 다른 OTT와 차원이 다른 시청환경을 제공하는 것을 KT는 장점으로 내세우고 있다. 가입 요금제에 따른 화질 제한을 두지 않아 초고화질로 제작된 콘텐츠는 누구나 생생하게 이용할 수 있다.

KT 관계자는 "'보헤미안 랩소디', '악인전' 등 인기 영화를 4K UHD 화질로 감상할 수 있도록 영상 품질을 올리는 데 주력했다"며 "현재 4K UHD 화질로 2019년 개봉 영화를 볼 수 있는 모바일 OTT 서비스는 Seezn(시즌)이 유일하다"고 말했다.

야구, 골프 등 스포츠 중계의 경우 5G의 빠른 속도에 힘입어 IPTV와 비교해 지연시간을 1초대로 단축했다는 것. 이는 모바일 OTT 플랫폼 중 가장 빠른 수준이다.

국내 최초로 모바일 사운드 최적화 솔루션 'VSS 슈퍼사운드'를 적용해 영화, 스포츠, 음악 등 각각의 장르에 가장 잘 어울리는 음장효과를 선택할 수 있다.

KT는 음악전문 그룹사인 지니뮤직과 힘을 합쳐 영상과 음악을 한 곳에서 즐길 수 있도록 플랫폼을 구성하고 '보는 OTT'에서 '보고 듣는 OTT'로 Seezn(시즌)을 한 단계 진화시키는 데 집중했다고 소개했다.

영화나 드라마를 보다가 해당 콘텐츠의 주제곡(OST)이나 TV 속 배경음악(BGM)을 듣고 싶으면 앱에서 바로 음악 정보를 확인하고 들을 수 있다.

모바일 OTT 서비스 중 영상에 삽입된 음악의 바로듣기 기능을 제공하는 것은 Seezn(시즌)이 처음이다. 현재 Seezn(시즌)에서 바로듣기로 이용할 수 있는 주제곡 및 배경음악은 약 17만 곡이며, 점차 이용 가능한 곡을 확대한다는 계획이다. Seezn(시즌)은 AI 기술을 활용해 국내 최초로 감정 분석에 기반한 콘텐츠 추천 서비스 '내 감정을 읽는 스캐너 검색'을 선보인다. 사용자의 얼굴표정을 분석해 기쁨, 슬픔, 화남 등 기분에 맞는 최적의 콘텐츠를 추천하는 기능이다. 원하는 콘텐츠를 찾는 것도 한결 쉬워졌다. 제목을 몰라도 기억나는 상황이나 장면의 단어를 조합해 영상을 검색하는 '스토리텔링 장면 검색' 기능을 새롭게 제공한다.

이날 KT는 시즌은 국내 OTT 서비스 중 가장 풍부한 콘텐츠를 보유하고 있다는 자신감도 내비쳤다.

시즌 고객은 종합편성 채널과 CJ계열 채널, 스포츠중계 채널 등 110여개의 실시간 방송을 시청하는 동시에, 지상파 3사 VOD를 포함한 20만여편의 다시보기 서비스를 이용할 수 있다. 다만, 지상파 채널의 라이브 콘텐츠는 제공하지 않는다.

김훈배 KT 뉴미디어사업단장은 "지상파 라이브 채널 제공과 관련해서는 아직 접점을 찾지 못했다"며 "VOD 콘텐츠는 모두 들어왔지만, 라이브 콘텐츠에 대해서는 우선 필요 여부에 대한 의사결정이 선행되어야 한다"고 전했다.

KT는 지속적인 경쟁력 확보를 위해 오리지널 콘텐츠를 확대해 나가겠다는 계획도 내놨다. KT는 연간 1조 원가량을 콘텐츠의 구매와 유지 등에 활용하고 있다. 이미 KT는 CJ ENM과 SBS 모비딕, JTBC 룰루랄라스튜디오, A&E, 와이낫미디어 등 채널사업자 및 제작사와 협력해 모바일에 최적화된 오리지널 콘텐츠를 발굴하는 데 주력하고 있다. 지난달 MOU를 체결한 디스커버리와도 콘텐츠를 제작해 시즌과 스카이TV 등을 통해 가장 먼저 소개할 계획이다.

김훈배 단장은 "시즌은 고객에게 다가가기 위해 많은 혜택을 준비했다"며 "어느 정도의 손실을 감내하고라도 당분간은 시즌의 점유율을 확대하는 데 주력할 계획이다"고 강조했다.

이용 가격은 플레인(월 5,500원), 플레인 플러스(월 8,800원), 믹스(월 9,900원), 믹스 플러스(월 1만 3,200원)로 나뉜다.

김 단장은 "KT의 미디어 파워는 국내 최고다"며 "웨이브나 티빙도 적군이라고 생각하지 않고 교류할 수 있다고 보고 있다"고 말했다. 그러면서 그는 "기존 넷플릭스에 더해 향후 가세할 디즈니플러스까지 합류했을 때 향후 OTT 시장이 어떻게 변할 지 가늠하기 쉽지 않다"며 "결국 완벽한 플랫폼을 바탕으로 다양한 콘텐츠를 수급할 수 있는 곳이 선택을 받게 될 것"이라고 덧붙였다.

구현모 KT 커스터머&미디어부문장(사장)은 "KT는 IPTV와 인공지능TV에 이어 모바일 미디어에서도 국내 시장의 트렌드를 이끌기 위해 지난해 말 뉴미디어사업단을 신설하고 1년간 야심 차게 '시즌'을 준비했다"며, "이번에 KT가 내놓은 '시즌'은 KT그룹의 미디어 시너지를 극대화한 결과물로, 5G 시대가 필요로 하는 차세대 모바일 미디어의 표준이 될 것으로 기대한다"고 말했다.

출처: 비즈니스 코리아, 김은진 기자, 2019.11.28.

토론

1. 5G 기술이 미디어 시장에 가져올 변화에는 어떤 것이 있을지 정보기술 관점에서 논의하시오.
2. 5G 상품에 있어 미디어가 어떻게 활용될 수 있을지, 통신 기업의 관점에서 논의하시오.

3.3 월드와이드웹

3.3.1 웹 개요

1989년 유럽분자물리연구소(CERN)의 팀 버너스 리는 공통의 하드웨어나 공통의 소프트웨어가 없어도 데이터를 공유하는 것이 필요하다는 것을 인지하고 하이퍼텍스트 기술을 이용하여 데이터 공유가 가능한 월드와이드웹(WWW: World Wide Web) 기술을 처음 만들었다. 1994년 웹 기술 표준화를 위한 월드와이이웹 콘소시엄(W3C: World Wide Web Consortium)이 만들어진 이후로, 웹 기술은 인터넷과 네트워크 기반의 응용을 확산시키는데 큰 기여를 해 왔다.

이렇게 시작된 웹1.0은 텍스트와 링크가 주된 형태였고, 음악이나 동영상 등의 멀티미디어의 사용은 극도로 제한되어 있었다. 웹사이트는 운영자가 보여주는 것 이외에는 접할 수 없었고 동적인 데이터를 제공하는 서비스도 거의 없었다.

하이퍼텍스트

하이퍼텍스트(HyperText)는 처음부터 끝까지 읽어가지 않으면 의미를 알 수 없는 책과는 달리 어떤 정보를 보고자 할 때 그것에 관련된 정보를 즉시 참조할 수 있는 비선형의 문서를 말한다. 예를 들어 전자문서를 읽는 도중 특정 인물이 나오고 그 인물에 대해 자세히 알고 싶은 경우 끝까지 계속해서 읽어나가거나 색인을 보아서 관련된 정보를 찾아야 한다. 그러나 이 전자문서가 하이퍼텍스트의 방법으로 만들어져 있다면 특정 인물과 관련된 정보가 링크되어 있으므로, 링크를 찾아감으로 자세한 정보를 간단하게 얻을 수 있다. 현재는 텍스트에 이미지 및 음성까지 취급하게 되어 하이퍼텍스트를 확장하여 하이퍼미디어라고 불리기도 한다.

하이퍼텍스트를 이루는 기본구조는 '링크(link)'와 '노드(node)'의 네트워크 구조를 갖는다. 노드는 하이퍼텍스트에서 가장 기본적으로 정보를 저장하는 단위이다. 여기에는 도표, 텍스트, 그리머, 동영상 등이 포함된다. 링크는 이러한 두 노드 사이를 연결시키는 것으로써 새로운 토픽으로의 이동이 가능하며, 무서와 문서를 연결히고 텍스트의 두 노드를 이을 수 있으며, 프로그램을 수용하는데 용이하게 쓰이다. 즉, 링크는 하이퍼텍스트에 큰 영향을 미치는 가장 중요한 요소라고 할 수 있다. 하이퍼텍스트의 링크는 경계성이 없으므로 원하는 어떤 노드로든 끊임 없이 연결이 가능하다. 이것은 텍스트의 경계가 사라졌다는 것을 의미하며 그것은 텍스트의 범위가 확장되었다는 것을 의미한다. 또한 그 텍스트에 대한 독립성도 존재하지 않게 된다. 하이퍼텍스트에 시각정보, 소리, 동영상, 그리고 다른 형태의 데이터들을 포함한 텍스트의 개념을 하이퍼미디어라고 한다. 하이퍼미디어는 하이퍼텍스트의 개념을 확장한 것으로 이들을 구별하지 않고 사용한다.

HTML

HTML(Hyper Text Markup Language)란 WWW에서 사용될 하이퍼 텍스트 문서를 만들기 위한 언어이다. 하이퍼 텍스트란 한문서 내에서 특정 단어에 대하여 다른 문서로 연결된 형태로, 사용자가 이부분을 마우스로 클릭할때 연결된 문서를 받아와 화면에 보이게 한다.

XML

XML은 eXtensible Markup Language(확장형 마크업 언어)의 약자이다. XML은 문서를 세분화하고 그 문서들의 각 일부를 구분하는 의미론적인 태그(tag)를 정의하는 규약의 집합이다. XML은 특정 분야에 적용되는 의미론적인 구조적 마크업 언어를 정의하는 데 있어 사용되는, 다시 말해 문법(syntax)을 정의하는 메타 마크업(meta-markup) 언어이다.

URL

URL(Uniform Resource Location)이란 어떠한 정보를 담고 있는 위치를 지정하는 말이다. 예를 들어 보자면, 홈페이지에 접속하기 위해서 사용자는 http://www.apple.com이라는 주소를 기록하게 된다. 이중에서 www.apple.com라는 것이 URL에 해당하는 것이다. 각각의 IP 주소에 대한 도메인 네임만이 URL에 포함되는 것이 아니다. 어떤 특정한 정보를 가리키는 것은 모두 URL에 해당한다. 어떤 사이트에 접속해 보면, 도메인 네임의 주소 뒤에 다시 또 디렉토리를 지정하는데 이러한 경우 지정된 디렉토리까지가 URL에 해당하는 것이다. 또한 디렉토리뿐만 아니라 어떤 특정한 데이터를 지칭하는 경우도 URL에 해당하는 것이다.

3.3.2 웹2.0

초기 웹은 인쇄물의 대체재나 보완재 정도로 생각되었고 브로셔의 형태를 넘지 못했고, 텍스트와 링크가 주된 링크형태가 주를 이루었다. 또한 웹사이트에서 보여주는 것은 웹사이트 운영자가 가지고 있는 것을 보여주는 것 이외에는 동적인 자료 데이터를 제공한다든지 하는 서비스가 없었다. 웹1.0 시절의 웹은 아직 새로운 세계였고 사람들은 이 놀라운 기술을 테스트하고 배우는 단계였다.

2000년도 초에 들어오면서 네트워크가 확장되고 웹이 폭발적으로 성장하면서 웹 사용의 새로운 패러다임이 나오기 시작했다. 웹사용자들은 소극적인 상태에서 적극적인 웹 콘텐츠의 작성자로 거듭나기 시작했고 블로그를 운영하는 동영상을 올리면 커뮤니티를 만드는 등 다양한 콘텐츠를 만들어내기 시작하였다.

웹2.0(Web 2.0)이란 개방성 서비스 구조를 기반으로 사용자의 참여를 통해 핵심가치를 창출하는 인터넷 서비스를 말하며, '정보의 개방을 통해 인터넷 사용자들 간의 정보공유와 참여를 이끌어내고, 이를 통해 정보의 가치를 지속적으로 증대시키는 것을 목표로 하는 일련의 움직임'으로 정의할 수 있다.

웹2.0 서비스 종류

SNS. SNS(소셜 네트워크 서비스)는 Social Networking Service의 약자로 소셜 미디어라고도 불리는데, 사용자가 다른 사용자와 의사소통하고 정보를 공유하는 온라인 서비스를 말한다. 개인이 지닌 성별, 연령, 지역, 학교, 흥미등과 같은 프로필 정보를 바탕으로 다른 사람들과 커뮤니케이션을 하면서 새로운 사회적 관계를 형성하게 해준다. 대표적인 SNS로는 이슈가 되고 있는 트위터(Twitter)를 비롯해, 미국의 인스타그램(Instagram), 페이스북(Face Book)이 있다.

RSS. RSS는 "RDF Site Summary", "Really Simple Syndication, "Rich Site Summary" 등의 이름으로 사용되며, 다양한 웹사이트 상의 콘텐츠를 요약하고, 상호 공유하고 주고받을 수 있도록 만든 표준이다. RSS가 등장하기 전에는 원하는 정보를 얻기 위해 해당 사이트를 직접 방문하여야 했으나, RSS 관련 프로그램(혹은 서비스)를 이용하여 자동 수집이 가능해졌기 때문에 사용자는 각각의 사이트 방문없이 최신의 정보들만 골라 한자리에서 볼 수 있다.

블로그. 블로그(Blog)는 대표적인 소셜 미디어 서비스로 웹(web)과 로그(log)의 줄임말로 온라인상에서 자유롭게 글을 올릴 수 있으며 최신글이 가장 먼저 보이는 구조를 가지고 있다. 운영자의 취향에 따라 글의 주제, 업데이트 주기, 관리 운영에 대한 제약이 없는 1인 미디어라고 할 수 있다. 대표적인 블로그 서비스는 '이글루스', '티스토리', 'Blogger', 'Open Diary' 등이 있다.

UCC. UCC(사용자 제작 콘텐츠)는 User Created Contents의 약자로 전문가가 아닌 일반 사용자가 직접 제작한 글, 만화, 사진, 동영상 등의 콘텐츠를 말한다. 텍스트, 사진, 동영상 등 콘텐츠 유형에 상관없이 UCC가 활성화될 수 있는 것은 콘텐츠 제작 및 배포도구의 사용이 쉬워졌기 때문이다.

Wiki. 위키백과(위키피디아)는 모두가 함께 만들어 가며 누구나 자유롭게 쓸 수 있는 다국어판 인터넷 백과사전이다. 배타적인 저작권을 가지고 있지 않기 때문에 사용자 제약을 받지 않는다. 위키백과의 가장 큰 특징은 모두가 편집과 관리에 참여할 수 있다는 것이 가장 큰 특징이다.

Mash-up. 금융, 제조, 서비스 등 다양한 산업분야에서 웹2.0을 활용하여 새로운 사업과 수익원을 창출하고 있다.

제조업의 경우 웹2.0이 혁신의 수단이나 새로운 사업을 모색하는 외부자극으로 작용하고 있다. P&G의 '오픈이노베이션'은 전통적인 폐쇄적 R&D 방식을 탈피, 외부로부터 제품기획과 제조에 대한 핵심적 지식을 획득함으로써 혁신에 소요되는 시간과 비용을 절감하였다. 또한 IBM과 같은 기업은 전 세계 직원과 가족 및 사업 파트너들이 참여하는 연례 혁신 행사 'InnovationJam(이노베이션잼)'을 실시하고 있다. 가능한 많은 이해관계자들이 회사의 전략과 미래를 결정하는데 참여하도록 하고 있으며, 이를 통해 보다 효과적인 혁신과 새로운 사업의 탐색이 가능할 것으로 전망하고 있다. 그리고 최근에는 사용자들이 직접 제품의 기획, 제조 등에 참여하도록 하는 기업들도 등장하고 있다. T셔츠를 제작하는 threadless사에서는 소비자들이 T셔츠에 들어갈 디자인을 직접 제안하거나, 다른 사람이 제안한 디자인을 선택, 투표할 수 있도록 운영하고 있다.

3.3.3 웹3.0

웹2.0의 시대라고 새롭게 규정할 수 있었던 이유는 웹상의 텍스트와 문서가 기존의 공급자 전달 방식이 아니라 문서, 사진, 동영상 등의 멀티미디어를 이용해 사용자 간 개방, 공유 그리고 참여가 이루어질 수 있었기 때문이다. 웹2.0을 대표하는 서비스인 블로그는 누구나 쉽게 인터넷 상에 자신만의 공간을 형성하고 공유할 수 있게 했으며, 2001년 '모두의 백과사전' 위키피디아의 등장은 소수 엘리트 집단으로부터 정의되어 대중에게 전해지던 지식과 지성의 형성을 완전히 바꾸었다.

웹3.0(Web 3.0)은 현재 산업을 선도하는 사람들 위주로 자주 언급되고 있는 용어다. 사실 웹 발전 방향의 흐름을 지칭하는 관념일 뿐 아직 명확히 개념화되어 있지는 않다. 다만 웹3.0을 선도하는 기술들의 특징을 보았을 때, '개인화'와 '인공지능', 그리고 '상황인식' 등으로 의견이 수렴되고 있어 웹3.0의 진화방향을 예측할 수 있다. 시맨틱 웹이란 지능화된 웹이 시맨틱 기술을 이용해 상황인식을 통해 이용자에게 맞춤형 콘텐츠 및 서비스를 제공하는 것으로, 웹3.0 시대에는 지능형 웹이 이용자가 원하는 정보, 직관적인 경험을 제공하게 된다.

시맨틱 웹

시멘틱 웹의 정확한 의미는 기계가 이해할 수 있는(machine understandable)이라고 해석하기보다는, 기계처리가 가능한(machine processable)으로 이해하는 것이 더 정확하다. 기계가 정보를 이해한다는 인공지능적 요소를 의미하는 것이 아니며, 기계가 정보를 처리하

〈표 3-4〉 웹1.0, 웹2.0, 그리고 웹3.0 비교

구분	WEB 1.0	WEB 2.0	WEB 3.0
시기	1990~2000년	2000~2010년	2010년~현재
키워드	접속(Access)	참여와 공유	상황인식(Context)
콘텐츠 이용형태	생산자가 이용자에게 일반적으로 콘텐츠 제공 - 이용자는 콘텐츠 소비자	이용자는 콘텐츠의 생산자이며 소비자이며 유통자	지능화된 웹이 이용자가 원하는 콘텐츠를 제공 - 개인별 맞춤 서비스 제공
검색	검색엔진 내부에서만 가능	여러 사이트에 있는 자료의 개방(Open API)	사용자 맞춤형 검색
정보이용자	인간	인간	인간, 컴퓨터(기계)
기반기술	브라우저, 웹 저장	브로드밴드, 서버관리	시맨틱 기술, 클라우드 컴퓨팅, 상황인식
대응단말	PC	주로 PC (모바일 단말 일부 포함)	PC, 모바일 단말, 스마트워치와 같은 액세서리 등 다양

는 수행업무를 맡을 수 있느냐에 대한 여부를 따지게 된다. 결국 기계와 기계·인간과 의사소통하기 위한 웹 환경을 구현하겠다는 것이다. 여기서 말하는 기계는 인공지능 에이전트(Agent)라고 이해하면 될 것 이다. 에이전트가 웹 환경을 통해서 정보를 교환하거나, 더 나아가서는 협상(Negotiation)까지 할 수 있게 된다. 결국 사람을 위해 이러한 업무를 수행하게 된다.

유비쿼터스 웹

작고 가벼운 모바일 컴퓨팅 칩셋의 발전과 이러한 칩셋을 내재한 기기들을 네트워크로 연결 시켜주는 통신기술의 발전은 유비쿼터스 사회의 실현을 앞당겨주는 원동력이 되고 있다. 유비쿼터스 환경에서는 기존의 PC 뿐만 아니라 일상생활에서 흔히 사용되고 있는 휴대전화, 가전제품, 자동차 네비게이션, 센서 등 다양한 기기 간의 상호 통신이 가능하다. 이는 IT 산업뿐만 아니라 생활 전반에 막대한 파급효과를 가져다 줄 것으로 기대되고 있다. 유비쿼터스 웹 환경은 많은 사용자와 데스크톱 컴퓨터, 사무용 기기, 가전제품 등과 같은 다양한 기기들이 웹 애플리케이션을 이용하여 상호작용하는 환경을 의미한다. 이러한 환경에서 대다수의 사용자는 이동전화와 같이 몸에 휴대할 수 있는 기기를 사용하여 자신이 원하는 서비스를 제공받을 수 있다.

딥러닝과 클라우드 기술의 총집약체, 음성AI

CASE 3-4

아침을 스마트폰 음성 AI 비서의 뉴스 브리핑 알람으로 맞이한다. 외출 준비는 스마트 스피커가 틀어주는 '아침과 어울리는 음악'과 함께 한다. 말만 했을 뿐인데 맛집도 찾고, 통화도 할 수 있다. 음성 AI 비서의 내비게이션과 함께 귀가한 후에는 다시 스마트 스피커를 통해 필요한 물품을 구매하고, 내일 날씨를 확인한다.

이처럼 음성 AI 기술은 우리 일상 속에서 어렵지 않게 발견할 수 있다. 스마트폰, 태블릿PC 등의 단말을 넘어 음성 AI 기술을 핵심으로 하는 스마트스피커가 등장했다. 최근에는 스마트TV, 자동차까지도 확대 적용되고 있다. 이처럼 기술의 발전과 함께 음성 AI 기술은 우리의 삶에도 더욱 밀접하게 스며들어가고 있다.

등장·상용화 배경

음성 AI 기술은 사용자의 음성 명령을 스마트폰이나 태블릿PC, 스마트스피커 등 단말기가 받아들이고 수행하는 기술을 말한다. 이 기술의 시작은 1954년 IBM과 조지타운대학이 진행한 기계번역 기술 개발 프로젝트부터 시작된다. 하지만 데이터를 처리할 수 있는 프로세서가 없었기 때문에 이 기술은 2000년대 중반까지도 상용화되지 못했다. 이후 스마트폰이 발달하고 음성 AI 기술이 탑재되면서 음성 AI 기술은 비약적으로 발전한다.

처음 음성 AI 비서는 단순한 명령을 알아듣고 수행하는 정도였다. 하지만 여러 분야에 적용되고 이에 따른 데이터가 축적되면서, 발전이 가속화되고 있다. 구글은 그간 축적해 온 음성 데이터를 학습시켜 어시스턴트의 음성 인식 오류를 줄이고, 정확도를 향상시키는 딥러닝 기법을 활용했다. 그 결과 2013년까지만 해도 80% 아래에 머물던 정확도는 2017년 인간 속기사 수준의 95%까지 향상됐다.

한편, 삼정 KPNG 경제연구원 보고서에 따르면, 음성 AI 기술이 발전하면서 그 편의성을 체험한 사용자들은 문자 기반보다 음성 기반을 선호하기 시작했다. 이에 따라 음성을 1차 입력수단으로 활용하는 유저들도 증가하고 있다.

음성 AI의 구조

음성 AI 시스템과 플랫폼의 근간이 되는 기술은, 딥러닝, 빅데이터, 클라우드다. 사용자가 특정 음성을 디바이스에 입력하면, 해당 음성은 딥러닝과 빅데이터 기반으로 인식하는 과정을 거친다. 이후 이것을 컴퓨터가 이해할 수 있는 자연어 처리를 통해 클라우드로 전달한다. 입력 정보는 클라우드 상에서 시맨틱 분석과 지식 데이터베이스를 토대로 다음 임무를 수행한다. 여기서 시멘틱은 컴퓨터가 정보자원의 뜻을 이해하고, 논리적 추론까지 할 수 있는 차세대 지능형 웹을 말한다. 다음으로 결괏값을 생성하고 이를 다시 음성과 합성하거나 서비스를 실행시켜, 사용자가 이용할 수 있도록 한다.

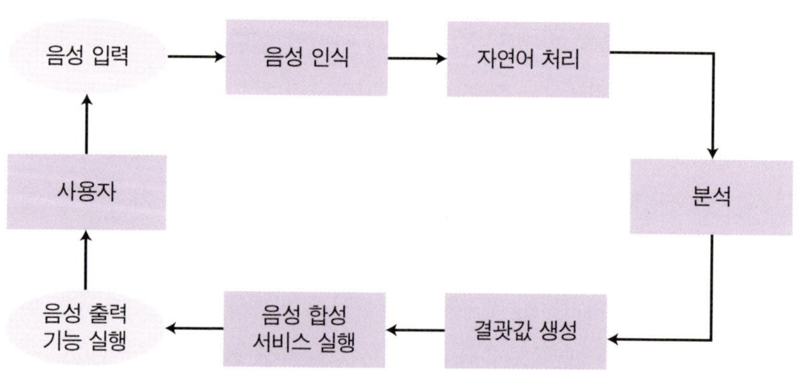

음성 AI 시스템 구성도

음성 AI 시스템 구성도

음성 인식 기술은 음성 신호로부터 문자 정보를 출력한다. 2010년대 이후 등장한 딥러닝 기술이 적용되면서 음성 인식의 정확도가 비약적으로 향상됐다. 딥러닝은 데이터가 많아질수록 성능과 정확도가 높아지기 때문에 음성 인식 기능 향상을 위해서는 방대한 언어 자료를 수집하고 분석하는 데이터 분석 기술이 필요하다.

이 음성 AI의 핵심은 '디코딩(Decoding)'이다. 디코딩이란 음성 신호를 문자 기호로 해석하는 것을 의미하며, 이 알고리즘을 디코더(Decoder)라고 부르기도 한다. 이 디코딩 단계에서는 입력된 음성을 음향 모델(Acoustic Model, AM)과 언어 모델(Language Model, LM) 벡터와 비교한다. 이후 그 값을 토대로 최종 단어열을 결정하는 방식으로 인식 과정을 거친다.

상용 서비스에 적용되는 음향 모델은 대부분 은닉 마르코프 모델(Hidden Markov Model, 이하 HMM) 기반으로 이뤄졌다. HMM은 공개된 출력값만으로 숨겨진 정보를 추정하는 모델을 말한다. 주로 음성 AI, 자연어 처리, 몸짓 인식 등과 같이 대량 출력된 데이터를 통계적으로 패턴 분석해 입력된 정보를 추론하는 데 응용된다. 이후 2010년에 들어서면서 딥러닝 기반의 HMM·DNN(Deep Neural Network) 방식으로 단어 오류율 기준으로 약 20% 정도의 성능 향상을 이끌었다. DNN은 입력층(input layer)과 출력층(output layer) 사이에 다중의 은닉층(hidden layer)을 포함하는 인경 신경망을 말한다.

최근에는 시퀀스-투-시퀀스(sequence-to-sequence) 방식의 RNN(Recurrent Neural Network) 기반으로 속도와 성능 면에서 좋은 결과를 내기 시작했다. 과거의 출력 데이터를 재귀적으로 참조해 시간의 흐름에 따라 변화하는 데이터를 학습할 수 있다. 음성 인식에서도 번역어(end-to-end) 학습 방식이 발전하면서 일련의 오디오 특징을 입력으로 일련의 글자(character) 또는 단어를 출력하는 단일 함수를 학습할 수 있게 됐다.

음성 AI 시장 주요 플레이어

글로벌 음성 AI 시장에 빠르게 뛰어든 기업은 대부분 테크 자이언트 기업이다. 그 중 가장 먼저 출시된 플랫폼은 애플 시리다[그림 2]. 애플은 2011년 10월 아이폰4S에 시리를 탑재하면서 음성 AI 시장경쟁의 신호탄을 쐈다. 이어 아마존이 2014년 스마트스피커 에코(Echo)를 출시하면서 플랫폼 '알렉사'를 선보였다. 알렉사는 사용자의 음성을 클라우드에서 분석하고, 명령을 수행하는 방식으로 작동된다.

구글은 2012년 구글 나우(Google Now)를 출시했으나, 2015년 5월 공개한 AI 음성 비서 구글 어시스턴트에 통합하려는 흐름을 보이고 있다. 강력한 검색엔진이라는 특성과 방대한 사용자 데이터를 토대로 경쟁력을 확보했다. 실제로 사용자로부터 명령에 대한 응답 결과가 가장 뛰어나다는 평가를 받고 있다. 그 다음 2015년 12월 마이크로소프트 윈도우용 코타나가 출시됐다. 해당 플랫폼은 윈도우에서만 작동된다는 특성상 B2B 시장을 주로 공략하고 있다.

중국에서는 바이두가 2017년 '두어' 플랫폼을 출시했다. 두어의 현 음성 AI 성능은 97% 이상으로 정확하며, 2018년 8월에는 두어를 설치한 기기가 1억 대를 넘어섰다.

국내에서는 가전 업체, 통신사, 인터넷 플랫폼 기업이 시장을 주도하고 있다. 삼성 '빅스비', LG 'Q보이스', SK텔레콤 '누구', KT '기가지니', 네이버 '클로바', 카카오 '카카오' 등이 포함되어 있다. 무엇보다 국내 음성 AI 플랫폼은 한국어에 특화된 음성 인식·합성 성능과 IPTV 셋톱박스 기능, 검색, 팟캐스트나 음악 스트리밍 등 국내 인터넷·모바일 서비스와의 연동을 강조하고 있다. 이를 위해 업체 간 파트너십도 빈번하게 체결하고 있으며, 합종연횡도 단행하고 있다.

현황과 동향

한편, 현재 제공되고 있는 음성 인식은, 단말에서 음성 녹음과 데이터 처리를 수행한다. 이후 인식과 서비스를 위한 클라우드 서버로 전송해 작업을 진행하고, 그 결과를 단말로 전송한다. 이를 서버-클라이언트 방식이라 하는데, 이는 네트워크가 연결된 상태에서만

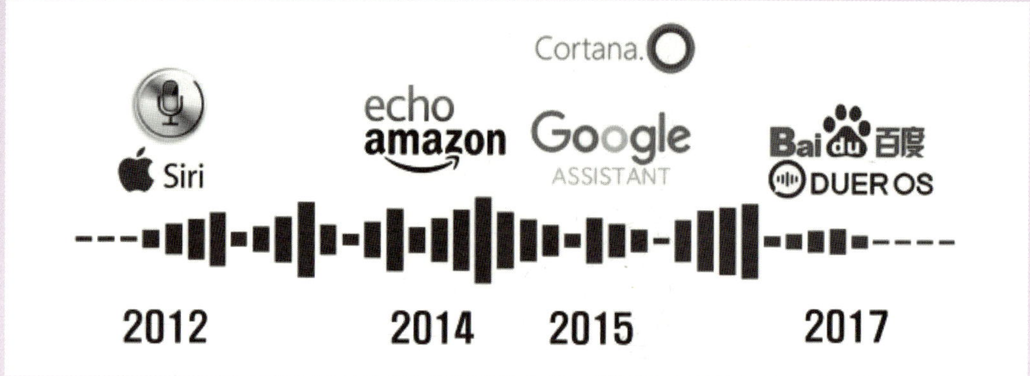

음성 AI 플랫폼 출시 타임라인

가능하다. 따라서 오프라인 상태에서도 음성 인식 서비스를 제공할 수 있는 방식에 대한 연구도 필요하다.

한국 음성 AI의 경우, 한국어 특성상 단어가 아닌 형태소 기반의 인식 단위를 사용한다. 또한, 발음상 변화하는 음가가 있어 음가 기반 의사 형태소로 어휘 분할을 수행하는데, 이를 위해서는 단어가 아닌 말뭉치 데이터 확보를 비롯한 한국어 특화 음성 언어 처리 기술을 확보해야 한다. 통계적 방식의 한계점을 극복하고 비정형 자연어를 효과적으로 인식하기 위해 업계에서는 연산 처리 속도와 정확도 향상을 위한 기술, 딥러닝 기술을 활발하게 연구하고 있다.

최근 음성 인식과 의미 이해를 하나의 엔진에서 처리하는 음성-의미 해석(Speed-to-Meaning) 기술 개념이 등장하고 있다. 이는 기기 제어와 같은 음성 명령이나 간단한 조회 등에 적합하다. 또한, 업계에서는 이후 복합 질문에 대한 답도 한 번에 내놓을 정도로 발전할 것이라고 기대하고 있다. 앞으로 AI 음성 기술 발전의 귀추가 주목된다.

출처: 테크월드, 배유미 기자, 2020.07.17.

토론

1. '웹3.0의 개인별 맞춤 컨텐츠 제공이 검색엔진 관점에 있어 효율적인 검색결과를 제공할 수 있는가'에 대해 논의하시오.
2. 웹3.0이 적용된 사례에는 어떤 것이 있을지 생각해보시오.

3.4 인터넷을 활용한 기업 커뮤니케이션

3.4.1 인터넷 기반의 e비즈니스 기업

인터넷 기반의 새로운 인프라스트럭처(Infrastructure)는 기업에 대한 대부분의 전략을 다시 생각하게 한다. 편재성(Ubiquity), 견고성(Robustness), 광대역성(Band-width), 기능성(Function)과 같은 네트워크 특징으로 인하여, 비즈니스 모델과 수익 모델을 재창조할 수 있게 되었다.

인터넷과 기업 내부의 인트라넷, 기업 간의 엑스트라넷 그리고 기타 유형의 네트워

〈그림 3-15〉 인터넷을 활용하는 e-비즈니스 기업

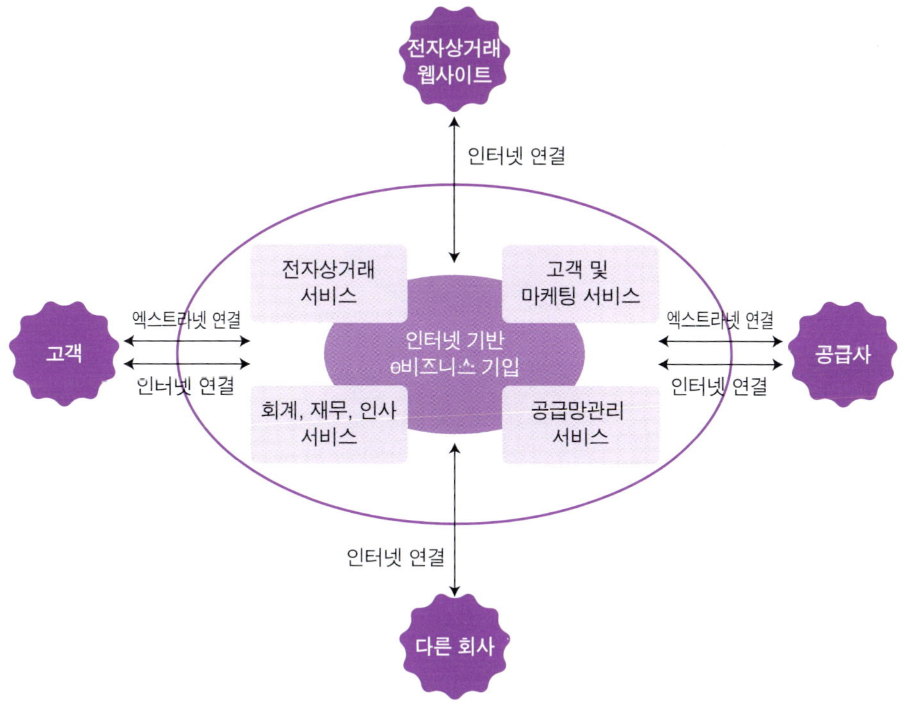

크 들은 이제 많은 조직의 기본 IT 인프라스트럭처가 되었다. e비즈니스 기업은 관리자, 사업 전문가, 팀, 워크그룹이 세계 어디서나 최종사용자, 고객, 공급자 및 사업 파트너들과 전자적으로 데이터와 정보를 교환할 수 있게 해준다. 이로 인해 기업은 보다 창조적으로 공동 작업을 수행하고 더욱 효율적으로 작업 관리를 할 수 있게 되었다.

3.4.2 기업의 인터넷 사용

〈그림 3-16〉과 같이 인터넷은 단순한 정보교류의 수준을 벗어나, 전략적 비즈니스 애플리케이션 플랫폼이 되었다. 사업 파트너들 간의 공동작업, 고객과 공급업체(Vendor) 지원, 그리고 전자상거래에 있어서 인터넷의 사용은 필수적이다. 선두 기업과 조직에 대한 연구에서는, 인터넷 기술이 마케팅, 판매, 고객관계관리 애플리케이션에 사용될 뿐 아니라 공학, 제조, 인적 자원, 회계 부문의 애플리케이션 출현에 있어서도 결정적인 역할을 한다고 보고 있다.

〈그림 3-16〉 기업의 인터넷 활용 예

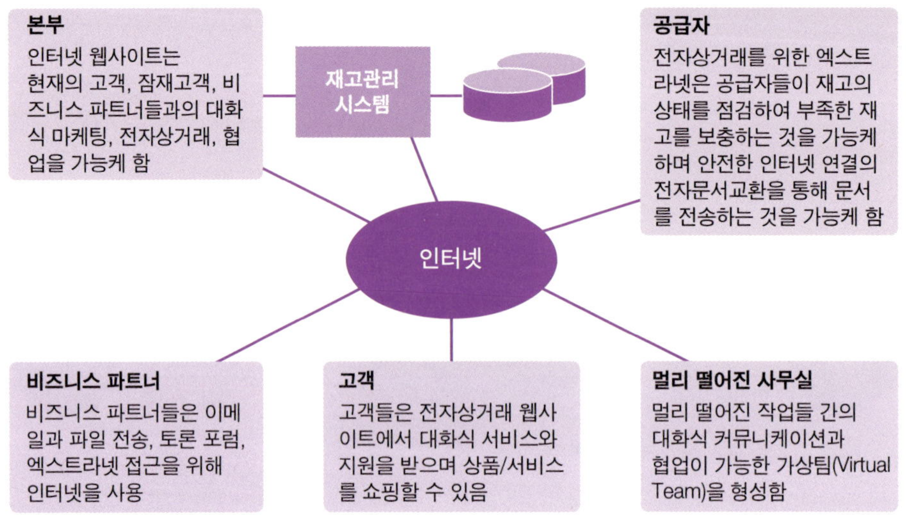

인터넷을 비즈니스에 이용하는 다양한 방법 중에, 가장 대표적으로 것으로는 기업의 커뮤니케이션 및 협업, 전자상거래 등을 들 수 있다.

현재는 플랫폼만을 제공해주고 고객과 공급자를 연결해주는 플랫폼 기업들이 번창하고 있다. 에어비앤비(Airb&b) 등과 같은 플랫폼 업체들은 자사 직원들의 업무를 위해 인터넷를 활용하고 있지 않다. 즉, 공급자와 수요자를 연계시켜주고 수수료를 받으면서 비즈니스 모델을 구축하여 성장하고 있으며, 인터넷은 공급자와 수요자를 연결하는 중요한 정보기술이 된다.

3.4.3 인터넷의 비즈니스 가치

기업은 어떻게 인터넷상에서 그들의 비즈니스 애플리케이션을 이용하여 사업 가치를 창출할 수 있을까? 〈그림 3-17〉은 전자상거래 애플리케이션으로부터 발생하는 사업 가치를 보여준다.

인터넷과 관련된 기술은 전통적인 시스템에 비해 비교적 저렴하게 개발, 운영, 유지할 수 있을 뿐 아니라, 창의적인 마케팅과 상품을 통해 새로운 고객을 유치하고, 향상된 고객 서비스와 지원을 통해 고객을 유지할 수 있다. 물론, 이러한 활동들이 수익 창출과 연결될 때, 전자상거래 애플리케이션은 사업상의 가치 창출의 주요 원천이 된다.

〈그림 3-17〉 전자상거래 활용으로 발생하는 사업상의 가치

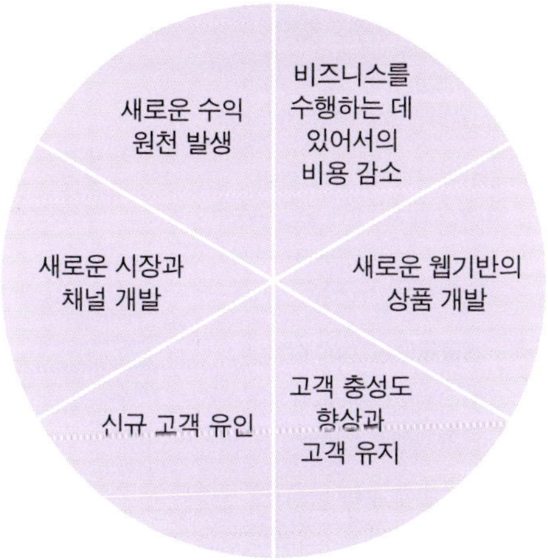

대부분 기업들은 전자상거래 웹사이트를 구축하여 다음과 같은 여섯 가지 주요 사업 가치를 획득하고자 한다.

- 온라인 판매를 통해서 새로운 수익 창출
- 생산원가 절감
- 웹마케팅과 광고 및 온라인 판매를 통해서 새로운 고객 유치
- 향상된 웹 고객 서비스와 지원을 통해 기존 고객의 충성도 증대
- 기존 제품에 대하여 새로운 웹 기반의 시장과 유통 채널 개발
- 웹에서 접근할 수 있는 정보 기반의 상품 개발

인트라넷

많은 기업들은 복잡하고 광범위한 인트라넷을 가지고 있는데, 인트라넷은 데이터 검색, 협업 툴(Collaboration Tools), 개인화된 고객 프로파일을 인터넷과 연결한다. 그리고 이제 인트라넷에 투자하는 것은 많은 기업들에서 너무나 당연한 것으로 여겨진다.

인트라넷은 한 조직 내부의 네트워크로써, 많은 인터넷 기술(예: 웹브라우저, 서버, TCP/IP 네트워크 프로토콜, HTML, 하이퍼미디어 문서 출판과 데이터베이스 등)을 이용하여 기업 내부 환경에 정보공유, 커뮤니케이션과 협업, 업무프로세스를 지원한다. 인트라넷은 패스워드, 암호화, 방화벽과 같은 안전 조치를 이용하여 권한을 가진 사용자만이 인터넷을 통해 사용할 수 있

〈그림 3-18〉 전자정보포털을 제공하는 인트라넷

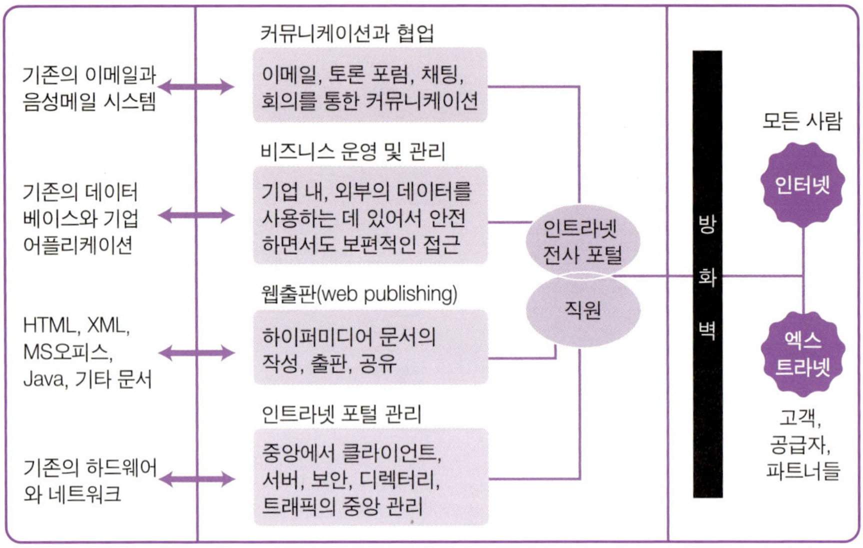

도록 하고 있다. 기업의 인트라넷은 엑스트라넷을 통해 고객, 공급자, 다른 비즈니스 파트너들과도 연결될 수 있다.

조직들은 아주 광범위하게 인트라넷을 이용하고 있다. 기업들은 인트라넷 애플리케이션을 효율적으로 관리하기 위해 몇 가지의 사용자 서비스를 이용한다. 이러한 서비스에는 인트라넷 포털(Portal), 브라우저(Browser), 서버 소프트웨어, 기업의 인트라넷 소프트웨어 환경의 일부인 애플리케이션 소프트웨어와 그룹웨어 등이 있다.

〈그림 3-18〉은 인트라넷 애플리케이션을 이용하여 커뮤니케이션과 협업, 웹출판, 비즈니스 운영·관리, 인트라넷 포털 관리를 어떻게 하는지 보여 준다. 이러한 애플리케이션은 기존의 정보시스템과 통합되어 있을 뿐 아니라, 인터넷과 엑스트라넷을 통해 고객, 공급자, 비즈니스 파트너들과 연결되어 있다.

커뮤니케이션과 협업

인트라넷은 기업 내부의 커뮤니케이션과 협업을 현저하게 향상시킬 수 있다. 예를 들어, 인트라넷을 이메일, 음성메일, 팩스의 송수신에 이용함으로써 조직 내부의 다른 구성원들과의 커뮤니케이션을 원활히 할 수 있으며, 토론 그룹, 채팅방, 오디오·비디오 회의와 같은 인트라넷 그룹웨어 서비스를 통해 협업 활동을 향상시킬 수 있다.

비즈니스 운영 및 관리

인트라넷은 단순히 하이퍼미디어 정보를 생성하여 넷 브로드캐스팅을 통해 사용자들에게 정보를 제공하는 것 이상이 되었다. 인트라넷은 의사결정과 비즈니스 운영을 지원하는 핵심적인 애플리케이션의 개발과 배치를 위한 플랫폼으로 사용된다. 예를 들어, 많은 기업들은 주문 처리, 재고관리, 판매관리, 중앙정보시스템과 같은 애플리케이션을 인트라넷, 엑스트라넷과 인터넷상에서 구현하고 있다. 이러한 대부분의 애플리케이션은 기존의 기업 데이터베이스와 시스템에 접속할 수 있도록 설계되었으며, 사용할 소프트웨어는 인트라넷 웹 서버에 설치되었다. 이것으로 사내 직원뿐 아니라 외부 파트너들도 웹브라우저를 이용하여 언제 어디서든지 애플리케이션에 접근하여 운영하는 것이 가능하다.

전사정보포털

인트라넷 사용자는 웹브라우저를 이용하여 이메일과 오늘의 주가를 확인하고, 자신의 휴가 날짜를 체크하며, 고객의 주문도 받을 수 있다. 이것을 전사정보포털(Enterprise Information Portal)이라고도 한다. 전사정보포털에서 웹브라우저는 일상적인 기업용무의 대시보드가 되었다.

전사정보포털은 웹 기반의 인터페이스이며, 인트라넷과 다른 기술이 통합됨에 따라 인트라넷·엑스트라넷 사용자는 내·외부의 애플리케이션과 서비스를 이용할 수 있게 되었다. 내부 애플리케이션의 예로는 이메일, 웹사이트, 토론 그룹, 인력 자원 웹 셀프서비스, 다양한 데이터베이스, 의사결정지원 시스템과 지식경영 시스템 등이 있으며, 외부 애플리케이션의 예로는 산업·재무·기타 인터넷 뉴스 서비스 그리고 산업토론그룹 링크, 고객 및 공급자 인트라넷과 엑스트라넷 링크를 들 수 있다. 이렇듯 다양한 애플리케이션의 전사정보포털은 개별 사용자나 단체 사용자들의 요구에 맞추어 구현된다.

전사정보포털은 비즈니스 참가자에 대한 보다 구체적이고 선택적인 정보 제공과 인트라넷 자원에 대한 수월한 접근을 가능하게 할 뿐만 아니라 해당 산업 및 비즈니스에 대한 뉴스를 제공한다. 또한 인트라넷 접근이 허가된 고객, 공급자, 비즈니스 파트너들이 사내 자원에 쉽게 접근할 수 있게 함으로써 불필요한 검색시간을 줄여주고 기업의 생산능력을 향상시킬 수 있게 해준다. 그러나 웹페이지가 내·외부의 정보, 애플리케이션, 서비스와 쉽게 링크되려면 많은 정보기술의 통합이 필수적이며 이를 구축하는 데는 많은 시간과 자본이 소요 된다.

이처럼 인트라넷 애플리케이션을 이용함으로써 기업들은 비즈니스 가치를 얻게 되었다. 인트라넷을 이용하는 기업들은 전통적 방법을 인트라넷 기반의 방법으로 바꾼 후에 생산원가절감, 수익 증가와 기타 많은 이익을 얻었다.

엑스트라넷

기업들은 개방형 인터넷 기술인 엑스트라넷(Extranet)을 이용함으로써 고객과 사업 파트너 간의 커뮤니케이션을 개선할 수 있게 되었으며, 사업적으로 우위에 있을 수 있게 되었다. 이러한 엑스트라넷이 제공하는 효과의 예를 들면, 제품 개발, 생산비 절감, 마케팅, 분배, 제휴회사와의 공동투자 등이 있다.

앞에서 설명한 것처럼, 엑스트라넷은 인터넷 기술을 이용하여 자사의 인트라넷과 다른 비즈니스 파트너들의 인트라넷을 서로 연결하는 네트워크 연결이다. 엑스트라넷은 가상사설망을 이용하여 기업 간에 직접적으로 안전하게 연결하기도 하며, 또는 인터넷을 사용하지만 데이터 암호화 기술과 방화벽을 이용하여 보안을 유지하기도 한다. 엑스트라넷을 통해 고객, 공급자, 컨설턴트, 하청업자, 기업 투자자 등은 인트라넷과 사내 데이터베이스를 사용한다.

엑스트라넷의 비즈니스 가치는 다음과 같다. 첫째, 엑스트라넷의 웹브라우저 기술을 고객과 공급자는 기존의 방법보다 훨씬 빠르고 편리하게 접속할 수 있게 된다. 둘째, 기업은 엑스트라넷을 통해 비즈니스 파트너들에게 새로운 형식의 상호대화식 웹서비스

〈그림 3-19〉 기업의 엑스트라넷 활용

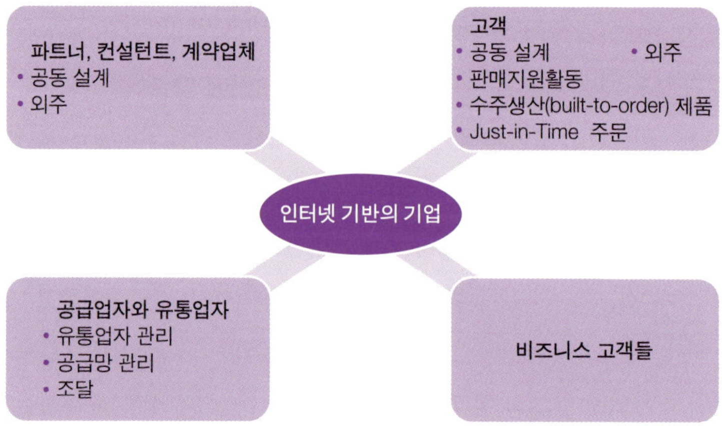

를 제공할 수 있다. 이러한 서비스는 기업과 고객 혹은 공급자들과의 전략적 관계를 강화시킬 수 있는 방법이 될 수 있다. 또한 엑스트라넷은 고객과 비즈니스 파트너 간의 공동작업을 향상시키며, 온라인에서 이루어지는 상호대화식 제품 개발과 마케팅을 가능하게 함으로써, 고객지향적인 제품을 시장에 보다 더 빨리 출시할 수 있게 한다.

3.5 기업 커뮤니케이션과 협업

3.5.1 기업 협업

기업들은 인터넷을 도입함으로써 기존의 업무처리 절차에 혁신적인 변화를 가져왔다. 오늘날의 컴퓨터 사용자들은, 필요할 때마다 인터넷에 접속할 수 있으며, 공동 작업을 가능하게 하는 툴을 사용할 수 있다.

기업의 구성원들은 업무를 수행하기 위해 서로 협력할 필요가 있다. 앞서 언급된 바와 같이 정보기술은 공동작업의 방식을 새롭게 하고 있다. 정보기술, 특히 인터넷기술은 다양한 프로세스와 프로젝트 팀, 워크그룹을 가지고 있는 현대 조직의 구성원 간 공동작업을 지원하는 데 필수적인 커뮤니케이션, 자원공유, 공동작업의 조정 툴로 사용된다.

기업협업시스템의 목적은 다음과 같은 측면에서 보다 쉽고 효과적인 작업을 할 수 있게 하는 것이다.

- 커뮤니케이션: 다른 사람과의 정보 공유
- 조정: 개인 간 작업과 자원 이용에 대한 합리적 조정
- 협업: 공동의 프로젝트와 할당된 업무를 함께 협력하여 수행 팀, 워크그룹, 협업

작업 형태와 일정, 필요한 기술의 수준에 따라 팀과 워크그룹은 다양하게 존재한다. 워크그룹은 같은 직무를 위해 함께 작업하는 두 명 이상의 사람의 모임을 의미한다. 팀은 공동작업의 구성원으로 이루어진 협업적 워크그룹이라고 할 수 있다. 팀과 워크그룹 작업은 일반적인 개인 업무수행과는 다른 방식을 취한다. 따라서 협업은 적절한 인력배치로 성공적인 팀을 구성하는 것이 관건이라 할 수 있겠다.

협업은 각 개인 업무 성과의 단순 합 이상의 실적을 거두기 위한 업무 방식이다. 따라서 협업구성원 간의 충분한 업무 이해가 필수적이다. 협업의 성과는 매우 크기 때문에 직

접 실행하여 그 성과를 체험하지 않는 한 그 영향력을 실감하기 어렵다. 이는 공동 작업을 통해 단순히 흩어져 있던 지식이 재결합되고, 공동작업자들이 서로에게 잠재되어 있던 마인드를 발견하게 하여 활용할 수 있기 때문에 기대 이상의 성과가 가능한 것이다. 따라서 현 시장에서 효과적으로 경쟁하기 위해서 협업 활동은 필수요건이 되고 있다.

팀이나 워크그룹의 조직형태는 다양하다. 일반 사무실과 같은 전통적 조직이 될 수도 있고, 같은 조직 또는 각기 다른 조직과 부문에서 일하는 구성원들이 프로젝트를 위해 모인 한시적 형태의 임시조직이 될 수도 있다. 구성원들이 물리적으로 같은 공간에서 일하지 않아도 일의 진행이 가능하다는 것은 협업활동의 특징이다. 그들은 한 조직의 구성원이 아닌, 단지 정해진 직무를 수행하기 위해 공동작업을 하는 가상조직일 뿐이다.

3.5.2 기업협업을 위한 그룹웨어

그룹웨어는 명확히 정의되지 않은 컴퓨터 용어 중 하나이다. 그러나 접속관리와 이메일에서부터 문서공유 프로그램에 이르기까지 다양한 형태를 포함하는 포괄적인 정의에 따르면 그룹웨어란 다수의 사용자들이 타인과 정보를 공유하며 다수의 프로젝트를 공동으로 수행할 수 있게 하는 소프트웨어라고 할 수 있다.

그룹웨어는 간단히 협업 소프트웨어로 정의할 수 있다. 즉, 팀과 워크그룹을 지원하는 소프트웨어 툴들은 공동 프로젝트와 그룹에 할당된 업무를 성공적으로 수행하기 위하여 다양한 방법으로 공동 작업을 진행한다. 예를 들면, 구글 독(Google Doc)은 인터넷을 통해 문서 관리 및 공유, 일정관리 등 서비스를 제공하여 기업의 협업 활동을 지원하고 있다.

그룹웨어는 팀의 구성원들이 어디에 있든지 커뮤니케이션을 가능하게 하고 작업수행 과정을 원활히 조정하여 최종사용자 간의 협력이 보다 손쉽게 이루어지도록 하기 위하여 만들어진 소프트웨어이다. 따라서 그룹웨어가 많은 기능을 제공하고 있지만 가장 중요한 기능은 팀과 워크그룹 구성원들 간의 협력과 조정이다. 그룹웨어는 팀의 구성원들이 같은 시간 같은 공간뿐 아니라 다른 시간 다른 공간에서 작업을 할 때에도 언제나 협업이 가능하게 한다.

많은 전문가들은 인트라넷과 엑스트라넷뿐 아니라 인터넷의 성능과 잠재력이 기업의 협업 툴에 대한 수요를 촉진시키고 있다고 분석한다. 협업이 효과적으로 수행될 수 있도록 실제 사용자들은 그룹웨어 툴을 위한 하드웨어, 소프트웨어, 데이터, 네트워크

〈그림 3-20〉 그룹웨어의 분류

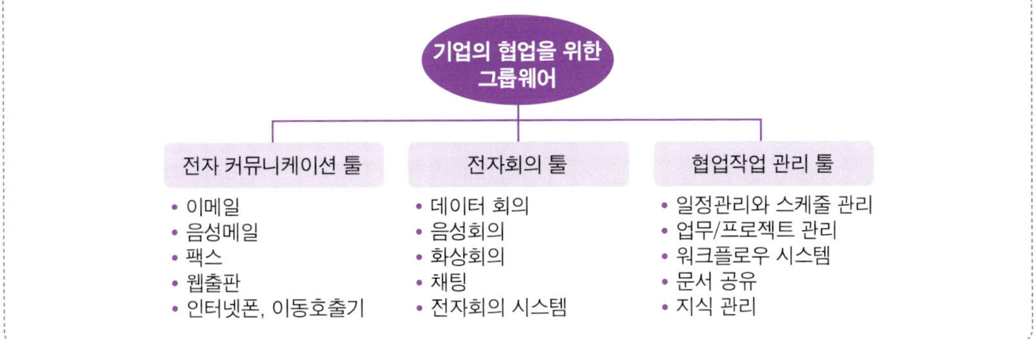

플랫폼 등을 제공하는 인터넷 기술(웹브라우저, 서버, 하이퍼미디어 문서, 데이터베이스, 인트라넷, 엑스트라넷 등)을 원하는 것이 사실이다.

〈그림 3-20〉은 이 장에서 다루어질 그룹웨어 툴들을 개략적으로 보여준다. 유의해야 할 점은 그룹웨어가 전자 커뮤니케이션, 전자회의, 협업 관리를 위한 소프트웨어를 제공한다는 것이다.

3.5.3 전자 커뮤니케이션 툴

전자 커뮤니케이션 툴에는 이메일, 음성메일, 팩스, 게시판(BBS), 블로그, 기업용 SNS, 클라우드 서비스, 인터넷 전화 시스템 등이 있다. 이러한 툴들은 네트워크를 통해 데이터, 텍스트, 음성 또는 멀티미디어 형태로 메시지, 문서, 파일 등을 보낼 수 있다. 이러한 기능은 공동작업자가 어디에서든지 간단한 메시지로부터 문서와 데이터 파일에 이르기까지 모든 것을 구성원 간에 공유할 수 있게 한다. 이렇듯 커뮤니케이션을 쉽고 효율적으로 이루어지게 하는 것이 전자커뮤니케이션의 주요 기능이다.

전자회의 툴

전자회의는 공동 작업 시 구성원 간에 커뮤니케이션과 협력을 용이하게 한다. 다양한 회의 방법은 다른 장소에서 작업하는 팀과 워크그룹의 구성원들이 언제든지 상호의견교환을 가능하게 한다. 또한 전자회의 옵션은 의사결정 룸(decision room)에 접속한 공동 작업자들이 전자회의 시스템을 통해 동시에 만날 수 있는 기능을 제공한다. 스마트 오피스, 데이터·음성 회의, 화상회의, 채팅시스템, 토론 포럼, 전자회의 시스템 등의 협업 툴이 있다.

협업 관리 툴

협업 관리 툴(Collaborative Work Management Tools)은 공동작업과 관련된 업무를 보조하거나 그룹을 관리하는 역할을 한다. 이 장에서는 협업 관리 툴 중 일정관리·스케줄관리, 업무·프로젝트 관리, 워크플로우 시스템, 지식경영에 대해 다루겠다.

협업 관리 툴은 매우 다양하기 때문에 이러한 툴들이 기업의 공동작업을 어떠한 방식으로 지원하는지 이해할 필요가 있다.

일정관리·스케줄 관리

일정관리·스케줄 관리 툴들은 데스크탑 내의 보조프로그램, 개인정보 관리, 메인프레임 사무자동화 시스템 등 시간관리 소프트웨어의 공급으로 인해 그 성능이 한층 높아졌다. 이러한 툴들은 달력, 일정관리 및 전화번호 수첩 등의 사무보조용품들을 전자적인 형태로 사용할 수 있게 해준다.

그룹웨어 일정관리·스케줄 관리 툴에는 구글(Google), 애플(Apple) 등에서 기본적으로 제공하고 있다. 이 툴들은 자동으로 팀 구성원들의 전자 달력을 체크하여, 일정을 알려주고, 팀 회의 등의 스케줄을 짜서 통보하고 메일로 참여자들의 스케줄을 재확인 시켜주는 역할을 한다. 몇몇 인트라넷에서는 회의실과 발표 도구도 스케줄링 할 수 있다. 대부분의 일정관리·스케줄 관리 그룹웨어는 회의준비를 돕기 위해 개인의 일정과 함께 회의와 관련된 자세한 공지사항 등을 회의 참여자들에게 보낸다.

업무·프로젝트 관리

프로젝트 관리와 개인정보 패키지는, 개인 PC에서 작업을 수행하고 프로젝트를 관리할 수 있게 한다. 마이크로소프트 프로젝트(Microsoft Project), CA-슈퍼 프로젝트(CA-Super Project) 등이 이러한 기능을 수행한다.

프로젝트 관리 그룹웨어는 다량의 업무를 시간 내에 완수할 수 있도록 프로젝트 팀의 공동작업을 보조한다. 이러한 툴들은 프로젝트 일정을 조정하고 프로그램 보고서를 작성하며 프로젝트 만료일을 자동으로 재확인시켜주는 역할을 한다. 또한 차트를 작성하기도 한다. 그 중 간트 차트(Gantt Chart)는 프로젝트에 필요한 각종 활동의 선후 관계 및 일정 등을 자세히 나타내는 차트이다. 이 외에도 네트워크 다이어그램을 개발하는 CPM(Critical Path Method)과 PERT(Program Evaluation and Review Technique) 시스템 같은 네트워크 방법들을 사용하는 툴들이 널리 활용된다. 이러한 기술은 프로젝트를 하나의 시리즈 또는 개별업무의 네트워크로 보여주고, 각각의 작업을 완성하기 위한 예상 소요시간을 자세히 알려준다.

워크플로우 시스템

워크플로우 시스템은 전자문서처리 방식의 문서 이미지 관리뿐 아니라 업무와 프로젝트 관리와도 관련되어 있다. 또한 워크플로우 시스템은 지식기반 비즈니스 프로세스 내의 정형화된 업무들의 공동 작업을 가능하게 한다.

예를 들면, A가 은행에서 대출을 얻기 위하여 전자 신청 양식을 작성하여 은행 책임자의 PC로 양식을 보낸다. 그러면 대출책임자와 A가 인터뷰하는 동안 또 다른 전문가는 A의 신용도를 체크하고 필요한 전자 양식과 문서를 첨부하여 대출 신청을 완료한다. 마지막으로 대출책임자의 워크스테이션에서 최종 처리되어 대출 여부가 결정되는 것이다.

지식경영

지식경영은 개인이 갖고 있는 조직 관련 지식을 조직의 자산으로 바꾸자는 노력이다. 지식은 과연 무엇이고, 그것을 어떻게 획득하고 공유할 것인가? 단순히 데이터를 수집하고 보고서에 삽입하는 것은 데이터가 지닌 많은 가치를 사장시키는 것과 같다. 즉, 수집한 데이터를 진정으로 가치 있게 사용하기 위해서는, 데이터를 해석하고 그 해석된 데이터를 가지고 무언가를 해야 한다. 이러한 과정에서 지식의 수집과 유지를 위하여 그룹웨어가 활용된다.

지식경영은 조직 내부의 개인 또는 팀이 구축한 다양한 정보를 정리, 관리 및 공유할 수 있도록 그룹웨어 툴을 사용하는 애플리케이션이다. 많은 그룹웨어는 비즈니스 정보를 문서 라이브러리, 토론 데이터베이스, 지식 저장소와 웹사이트 하이퍼미디어 데이터베이스에 저장한다. 이렇게 저장된 정보는, 전략적 비즈니스 정보에 대한 지식베이스 또는 조직 차원의 메모리를 형성함으로써 조직 내부에서 공유된다. 이러한 지식베이스는 지식관리시스템의 일부가 되고, 지식경영시스템을 이용하여 전사정보포털이나 인트라넷에 문서 관리 라이브러리를 만들 수 있다. 지식경영시스템은 각종 프로젝트 문서를 체크인·체크아웃할 수 있게 하고, 브라우저와 검색 엔진을 이용하여 필요한 정보를 찾을 수 있게 한다. 이런 그룹웨어는 팀의 구성원들이 장기간에 걸쳐 준비하고 수정한 프로젝트 문서에 대하여 버전관리 능력을 제공한다.

한국산업기술대, 비대면 수업가능한 메타버스 교육시스템 구축 CASE 3-5

한국산업기술대가 국내 대학 최초로 20여 명이 동시에 가상현실(VR) 실습이 가능한 메타버스 공학 교육실습실 '퓨처VR랩'을 구축하고 지난 6일 개소식을 열었다.

이날 개소식에는 박건수 총장을 비롯해 보직교수, 교직원, 학생 등 30여 명이 참석했다. 이들은 현판 제막식을 갖고 실습실 내부 시찰 및 VR 수업 콘텐츠 시연에 참가했다.

개소식과 함께 공개된 한국산업기술대의 자체 개발 VR 교육콘텐츠는 메타버스 개념을 실시간 온라인 강의와 접목한 방식이다. 홀로 가상공간에 접속해 학습하는 기존의 VR 강의방식과 달리 실제 강의실과 비슷한 환경에서 VR 수업을 들을 수 있다는 것이 장점이다.

메타버스 교육콘텐츠는 교수와 학습자들이 함께 가상환경에 접속해 실시간으로 상호 작용하며 실습을 진행하는 방식이다. 학생들은 다른 학생이 진행하는 내용을 참고할 수도 있다.

교수는 학생의 움직임과 손가락 동작까지 확인되는 모니터링 시스템을 통해 학생들의 수업 참여도를 실시간으로 확인한다. 학생들은 교수에 실시간으로 질문할 수 있어 학업 성취도를 높일 수 있다.

메타버스 교육콘텐츠는 코로나19 확산으로 많은 대학이 시행 중인 비대면 학습의 단점을 보완할 것으로 보인다.

한국산업기술대의 창업지원 프로그램을 통해 이택희 게임공학과 교수팀이 설립한 ㈜웨일텍이 메타버스 교육콘텐츠 개발에 참여했다. 이에 교내에 메타버스 교육콘텐츠를 원활히 자체 공급할 수 있는 시스템을 갖추고 있으며 개발한 교육콘텐츠는 3개 교과목(반도체, 전자기학, 전기자동차)에서 이번 학기부터 활용된다.

박 총장은 "4차 산업혁명 핵심기술과 대학 전공교육을 접목해 우리 대학만의 차별화된 교육 환경을 갖췄다"며 "지속적으로 메타버스 교육콘텐츠를 구축해 미래 산업을 선도할 인재를 양성하겠다"고 말했다.

출처: 에듀동아, 장희진 기자, 2021.04.07.

토론

1. 재택수업과 같은 비대면 수업이 가져다줄 장점과 단점에 대해 생각해보시오. 그리고 그 이유는 무엇인가?
2. 위의 장단점을 바탕으로 생각했을 때, 비대면 수업을 효율적으로 진행할 수 있게 돕는 정보기술에는 어떤 것이 있을지 논의하시오.

지식경영시스템의 구축은 말처럼 쉽지 않다. 먼저 조직 구성원이 자신의 지식을 조직의 자산화하려는 의지가 있고 이를 뒷받침할 시스템이 구축되어야 한다. 전자를 위해서는 다양한 지식평가시스템과 인센티브 제도가 필요하고 후자를 위해서는 짜임새 있게 구성된 협업 툴로서의 지식경영시스템이 필요하다.

요약

인터넷기반의 e비즈니스 기업들은 현재 광범위한 애플리케이션을 배치하여 활용하고 있다. 이러한 애플리케이션은 e비즈니스 운영, 기업의 커뮤니케이션과 협업에 있어서 기업의 전략적 역량을 제고시키며, 기업과 고객 간의 전자상거래, 그리고 비즈니스 파트너들과의 전략적 제휴를 가능하게 한다.

기업들은 인터넷에서 전략적으로 비즈니스 가치를 창출하고 있다. 인터넷을 통해 기업을 전 세계적으로 알릴 수 있고, 개별 고객을 위한 고객화된 정보와 서비스를 통해 상호 커뮤니케이션과 거래를 가능하게 하였으며, 인터넷을 통해 기업 내부의 협업뿐 아니라 비즈니스 파트너와의 협업도 촉진하고 있다. 또한 기업들은 인터넷 기술을 이용해서 생산비를 절감하고, 전자상거래로 수익을 확대하며, 상호대화식 마케팅과 고객관계관리를 통해 더 나은 고객 서비스를 제공하여 고객과의 관계를 개선하고 있다.

네트워크의 기본적인 구성요소, 기능과 유형에 관한 기술적인 세부사항에 관한 지식은 중요하지 않을지라도 이를 전반적으로 이해하고 비즈니스에 응용할 수 있는 능력을 배양하는 것은 매우 중요하다. 경영자는 정보통신의 경향과 비즈니스 가치를 파악함으로써 기업의 경쟁력을 확보해야 한다. 또한 이 장의 초반부에서는 통신 프로토콜, TCP/IP 등에 대해서도 다루고 후반부에서는 통신 네트워크의 종류, 웹2.0, 웹3.0 등을 설명하고 있다.

중요용어

가상사설망(VPN) 가상사설망은 인터넷과 같은 공중망(public network)을 사용하여 사설망(private network)을 구축하게 해주는 기술 혹은 통신망의 통칭.

개인화 페이지 웹2.0 바람을 타고 확산 추세인 '개인화 포털'이라고도 불리는 개인화 페이지는 포털이 일방적으로 제공하는 내용과 형식을 벗어나, 이용자 스스로 꾸민 틀 속에서 원하는 정보를 실시간으로 받을 수 있도록 하는 서비스.

고객관계관리(CRM) 신규고객 획득, 기존고객 유지 및 고객 수익성을 증대시키고자 지속적인 커뮤니케이션을 통해 고객행동을 이해하고, 영향을 주기 위한 기업의 마케팅 방식이자, 고객관리의 컨셉이며, 솔루션의 하나이다. 고객에 관한 지식을 지속적으로 듣고, 추출하고, 대응함으로써 고객의 니즈, 기대치 및 행동을 더 잘 이해하게 하고, 이를 통해 다이나믹하게 사업기회나 변화에 대처할 수 있게 한다.

광대역망 도시 등 넓은 지역을 연결하는 데이터 통신 네트워크.

광섬유 레이저에 의해서 생성된 빛을 광속으로 전달하는 매우 가는 유리섬유 가닥으로 구성된 케이블을 이용하는 기술.

그룹웨어 그룹웨어는 서로 떨어져 있는 사람들끼리 함께 협동하여 일할 수 있도록 해주는 프로그램들을 말한다. 그룹웨어에서 제공하는 서비스는 달력을 공유한다거나, 공동 집필, 전자우편 처리, 공유 데이터베이스 접근, 서로를 볼 수 있고 정보를 나눌 수 있는 전자화상회의 등을 포함할 수 있다. 대표적인 프로그램으로는 마이크로소프트의 Teams 등이 있다.

다운사이징 메인프레임 시스템으로부터 개인용 컴퓨터와 서버의 네트워크 등으로 컴퓨팅 플랫폼이 축소되는 경향을 지칭한다.

엑스트라넷 인트라넷 사설망을 다른 업체의 인트라넷에 연결시켜 인트라넷에 존재하는 자원 중의 일부를 기업외부의 고객, 공급업체, 그 밖의 비즈니스 파트너에게 연결하는 네트워크이다.

인트라넷 기업체 내의 각 부문 간에 정보를 공유하기 위해 구축된 시스템.

전사정보포털 기업자원관리(ERP), 고객관계관리(CRM), 공급망관리(SCM), 전자우편, 텍스트 파일, 문자 서비스 등 기업 내부 정보는 물론 주식, 뉴스 등 외부 정보까지 통합해 웹 포털 형태로 제공하는 통합 정보시스템.

전통적 시스템 구식의 전통적인 메인프레임 기반의 비즈니스 정보시스템을 통칭한다.

지식경영 조직 내부의 개인 또는 팀이 구축한 다양한 정보를 정리, 관리 및 공유할 수 있도록 그룹웨어 툴을 사용하는 애플리케이션.

클라이언트/서버 네트워크 최종사용자의 워크스테이션, 즉 클라이언트가 LAN(서버) 또는 메인프레임(슈퍼서버)에 연결되어 있는 컴퓨팅 환경을 의미한다.

프로토콜 네트워크에서 컴퓨터가 정보를 교환하는 공인된 규칙과 절차를 지칭하는 통신규약.

LAN 사무실, 빌딩, 제조공장, 기타 작업 사이트와 같이 제한된 공간에 존재하는 컴퓨터, 터미널, 컴퓨터화된 장치 등을 연결하는 통신 네트워크.

TCP/IP 인터넷 프로토콜 모음(Protocol Suite)를 TCP/IP라 한다. TCP/IP는 OSI 모형의 7개 계층에 대응하는 5단계의 프로토콜로 구성되어 있다. TCP/IP는 인터넷, 인트라넷 그리고 엑스트라넷에 사용된다.

연습문제

1. e비즈니스 기업의 엑스트라넷과 인트라넷 활용현황에 대하여 논의하시오.
2. 전통적 기업과 인터넷 비즈니스 기업의 가치 창출 방법에 대한 차이점을 함께 논의하시오.
3. 그룹웨어 전자회의 툴의 미래에 대하여 논의하시오.
4. 인트라넷과 엑스트라넷의 공통점과 차이점을 설명하시오.
5. 웹2.0, 웹3.0을 설명하시오.
6. 개인화 페이지를 설명하고 예를 들어 보시오.
7. 지식경영시스템을 설명하고 예를 들어 보시오.

CHAPTER

04 디지털비즈니스

> 향후 10년은 Digitize or Die 시대
>
> \- 맥킨지컨설팅 2019년

학습목표

경영정보시스템 분야는 전통적인 경영정보시스템에서 e비즈니스를 거쳐서 디지털비즈니스로 발전되었다고 한다. 인터넷 혁명과 함께 e비즈니스라는 개념이 나왔고 디지털 혁명과 함께 디지털비즈니스라는 개념이 나왔다.

이 장에서는 전통적인 경영정보시스템과 비교하여 e비즈니스의 개념과 의미를 살펴본다. 또한 디지털비즈니스 시대가 지금 도래했음을 강조하고 디지털비즈니스의 개념과 의미를 살펴보고자 한다. 특히 디지털 기술을 활용한 파괴적 혁신과 플랫폼비즈니스에 대해 자세히 살펴보고자 한다.

- 전통적인 경영정보시스템, e비즈니스, 디지털비즈니스를 비교한다.
- e비즈니스의 개념과 구성요소를 배운다.
- e비즈니스의 핵심 구성요소인 고객관계관리(CRM)과 공급망관리(SCM)을 배운다.
- 디지털비즈니스의 개념과 구성요소를 배운다.
- 디지털비즈니스의 핵심 구성요소인 플랫폼 비즈니스를 이해한다.
- 디지털비즈니스의 사례를 배운다.

4.1 인터넷 혁명과 e비즈니스

4.1.1 e이코노미, e커머스, e비즈니스의 관계

1990년대에 인터넷이 빠르게 발전되었고 기업들은 전자상거래(electronic commerce)를 통해 새로운 비즈니스 기회를 가지게 되었다. 전자상거래는 인터넷과 컴퓨터 등 정보통신 기술을 활용하여 제품이나 서비스를 거래하는 일련의 활동을 말한다. 1990년대에 새롭게 나타난 아마존이나 이베이는 대표적인 전자상거래 업체이다. 1990년대 후반부터 일반 기업들도 인터넷과 전자상거래의 영향으로 비즈니스모델과 프로세스를 혁신하기 시작하였다. 일반 기업들의 이러한 혁신을 e비즈니스(electronic business)라고 부른다.

2000년대에 들어오면서 e비즈니스는 경영정보시스템의 중요한 분야로 자리잡게 되었다. 그 당시 유행했던 캐치프레이즈 중 하나가 "21세기에는 eEnterprise가 eEconomy 하에서 eCommerce를 수행한다"이다. 즉, 새로운 경제 환경인 e이코노미와 새로운 상거래 환경인 e커머스에서 경쟁우위를 획득하기 위하여 기업은 변해야 한다.

〈그림 4-1〉 경영정보시스템 분야의 발전사

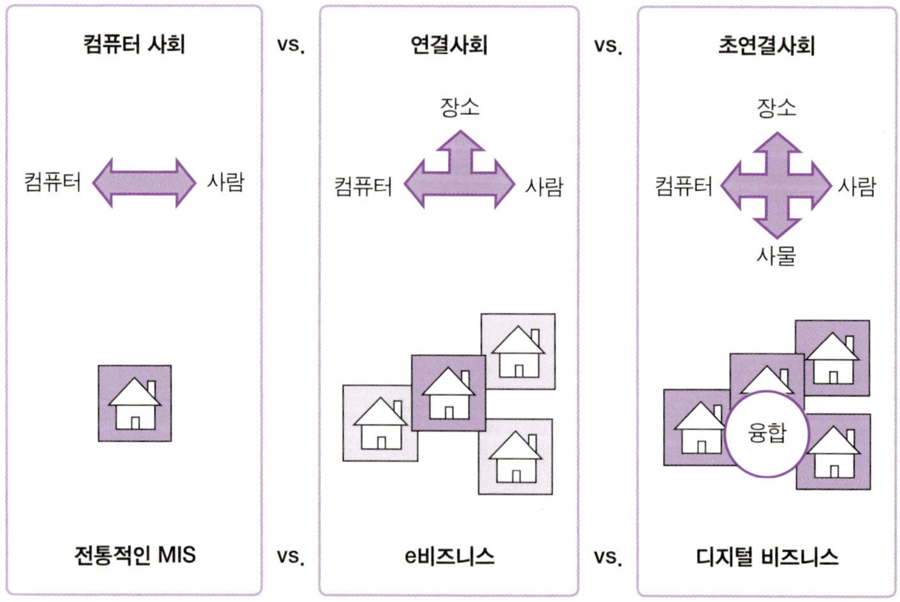

e이코노미

인터넷 혁명은 기존의 개념을 여러 차원에서 확실히 바꾸었다. 시간의 개념은 9-to-5의 8시간 기업 활동에서 24시간의 기업 활동으로 변경되었고, 속도의 개념은 물리적인 움직임에서 전자적인 움직임으로 바뀌었으며, 미디어의 개념은 싱글 미디어(single media)에서 멀티미디어(multimedia)로 전환되었고, 대화의 개념은 일대일에서 다대다로 변화되었다.

이러한 변화는 경제 환경에도 확실한 변화를 주었다. 새로운 경제 환경인 e이코노미(eEconomy)는 새로운 경제 원칙을 제시하였다(그림 4-2). 인터넷상의 제품과 서비스는 산업사회의 제품이나 서비스와 달리 한계비용이 거의 0에 가깝다. 즉, 정보의 가격, 커뮤니케이션 비용, 거래 비용 등이 거의 0이다. 산업사회에서는 수익 및 가치가 물리적 자산으로부터 파생되지만, 인터넷 경제에서는 수익 및 가치 판단이 주로 지적 자산 및 고객관계 자산으로 파생된다. 또한 산업사회에서는 수확체감의 법칙이 적용되지만, 인터넷 경제에서는 수확체증의 법칙이 적용된다. 즉, 제품이나 기업이 일단 시장 지배에 성공하고 나면 그 우위성이 더욱 확대되고 계속적으로 시장을 지배한다는 것이다.

〈그림 4-2〉 e이코노미에서의 경제원칙

전통적 경제에서의 규칙	e이코노미에서의 규칙
수직적 통합 고도의 상호작용 및 높은 협업 비용에 따라 수직적 통합이 필요함.	**수직적 통합의 해체** 낮은 상호작용 및 협업 비용이 특화 및 네트워크 기반의 가치 전달을 유도함.
유형 자산에서 수익 획득 수익 및 가치 판단은 물리적 자산으로부터 파생됨.	**무형 자산에서 수익 획득** 수익 및 가치 창출은 주로 지적 자산 및 고객 관계 자산으로부터 파생됨.
수확 체감 투자 대비 수익 감소에 따라 수요를 만족시키기 위해 여러 업체가 요구됨.	**수확 체증** 투자 대비 수익 증가에 따라 하나 혹은 2개의 업체에 의해 시장 독점.
불완전 정보 고객 및 공급자 정보에 대한 고비용 구조 및 액세스의 어려움.	**완전 정보** 고객 및 공급자 정보에 대한 액세스가 쉽고 저비용 구조를 제공함.

e커머스

전자상거래는 단순히 인터넷 환경에서의 상거래를 대변하는 개념이 아니고, 시간과 공간에 대한 기존의 상거래 개념까지 파괴하는 새로운 경영 환경으로 인식되기 시작하였다.

일반적으로 전자상거래를 거래 주체에 따라 구분한다면 소비자와 기업체 간의 전자상거래(B2C: Business to Consumer)와 기업체 간의 전자상거래(B2B: Business to Business)로 분류될 수 있다. 이러한 전자상거래 분류는 인터넷 기술이 발전되면서 지속적으로 확장되었다. 예를 들어 경매를 의미하는 C2C(Consumer to Consumer), 역경매를 의미하는 C2B(Consumer to Business), 전자조달을 의미하는 G2B(Government to Business), 전자민원을 의미하는 G4C(Government for Citizen), 개인 간 거래를 의미하는 P2P(Peer to Peer), 사물 간 거래를 의미하는 M2M(Machine to Machine) 등이다. 전자상거래에 대해서는 5장에서 상세히 다룬다.

e비즈니스

새로운 경제 환경인 e이코노미와 새로운 상거래 환경인 e커머스에서 경쟁우위를 획득하기 위하여 기업은 변해야 한다. 이러한 변화를 총칭하여 e비즈니스라고 하며, 주로 비즈니스 모델 및 프로세스의 변화를 의미한다.

전자상거래는 매우 협의적인 의미이며, e비즈니스는 보다 광의적인 의미로 전자상거래 활동 외에 기업의 경영활동 전반에 관련된 모든 전자 활동을 포함하는 것이다.

4.2 e비즈니스시스템의 구성요소

4.2.1 e비즈니스의 기원 및 발전

e비즈니스라는 용어는 IBM이 처음 사용했다. IBM은 e비즈니스를 전자상거래(EC: Electronic Commerce), 고객관계관리(CRM: Customer Relationship Management), 공급망관리(SCM: Supply Chain Management)의 세 가지 활동을 의미하였다. 추후에 가트너그룹은 이러한 세 가지 활동에 비즈니스인텔리전스(BI: Business Intelligence), 지식경영(KM: Knowledge Management), 협업기술(CT: Collaboration Technology)을 추가하여 여섯 가지 활동으로 확대하였다.

미국의 전문조사기관 IDC는 e비즈니스를 '고객, 공급업체, 협력업체 등과의 사업 운

〈그림 4-3〉 전통적인 경영정보시스템에서 e비즈니스시스템으로 확장

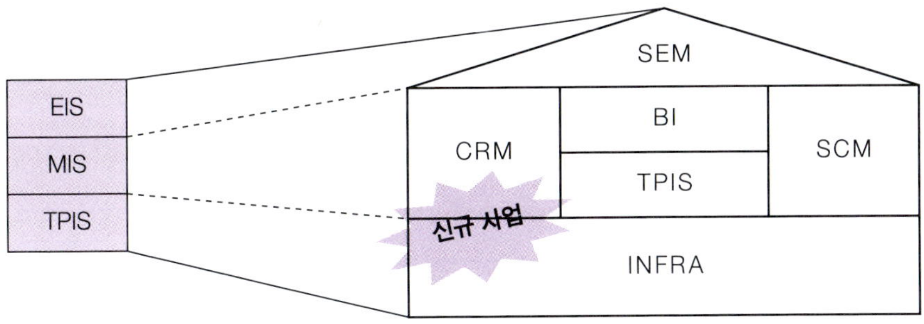

영을 위한 전자적 연결'이라고 정의했다. 이 책에서는 e비즈니스를 '경쟁우위를 확보하기 위한 기업 외부·내부의 업무 혁신'이라고 정의한다. 따라서 e비즈니스시스템은 인터넷 기술을 활용한 통합정보시스템이다.

전통적인 경영정보시스템이 주로 메인프레임, 미니컴퓨터, PC 등 컴퓨터를 활용하여 기업 내부의 효율성(internal efficiency)에 집중하였다면, e비즈니스시스템은 주로 인터넷 기술을 활용하여 기업 외부의 효과성(external effectiveness)에 집중하였다. 따라서 e비즈니스시스템은 전통적인 경영정보시스템 모델의 외연 확장이라고 이야기할 수 있다. e비즈니스시스템은 크게 고객 관련 활동 부분, 기업 내부 활동 부분, 협력업체 관련 활동 부분, 그리고 기업 전반 하부구조 부분의 4개로 나누어져 있다(그림 4-3).

4.2.2 각 구성요소

고객과 관련된 부분은 고객관계관리(CRM)와 신규 사업(New Business) 부문으로 구분된다. 기업 내부 활동 부분은 거래처리시스템(TPIS), 비즈니스인텔리전스(BI), 전략경영관리(SEM: Strategic Enterprise Management) 부문으로 구분된다. 협력업체와 관련된 부분은 공급망관리(SCM) 부문이다. 기업 전반의 하부구조 부분은 컴퓨터와 네트워크 등 정보기술 인프라(IT Infra) 부문으로 구분된다.

e비즈니스시스템의 구조 중에 가장 기본인 되는 부문은 거래처리시스템(TPIS)이며, 영업, 생산, 물류, 회계, 재무 등에 관련된 거래데이터를 처리하는 시스템이다. 과거에 거래처리시스템은 자체개발로 구현되었으나 패키지 도입이 일반화되고 있다. 대표적인 예

가 전사자원관리(ERP: Enterprise Resource Planning)시스템이다. 전사자원관리(ERP)시스템은 인력, 자본, 물자, 정보, 시간 등 기업 내에 있는 모든 경영자원을 하나의 체계로 관리하는 통합정보시스템을 말한다.

비즈니스인텔리전스(BI)는 기업이 보유하고 있는 데이터를 정리하고 분석해 기업의 의사결정에 활용되는 시스템을 말한다. 경영정보시스템 이론 중의 하나인 DIKW 사이클(Data-Information-Knowledge-Wisdom Cycle)을 구현하는 시스템이다. 대표적인 예로 데이터웨어하우스(DW: Data Warehouse), 지식경영시스템(KMS: Knowledge Management System) 등이 있다. 데이터웨어하우스(DW)는 업무처리의 데이터를 전사 차원의 주제로 통합하여 관리하는 시스템이다. 수많은 데이터를 가공하여 사용자 관점의 정보로 변환하는 시스템이라고 할 수 있다. 지식경영시스템(KMS)는 영업, 생산, 재무 등 다양한 영역의 노하우(know-how)나 규칙(rule)을 전사 차원에서 관리하는 시스템이다. 또 다른 측면에서는 사용자의 정보를 일반화하여 조직의 지식으로 변환하는 시스템이라고 할 수 있다.

전략경영관리(SEM)는 그 기업의 이해관계자(stakeholder)를 위한 정보시스템이며, 대표적인 예로 활동기준관리(ABM: Activity-Based Management), 균형성과표(BSC: Balanced Scorecard), 가치기반경영(VBM: Value-Based Management) 등이 있다. 활동기준관리는 활동기준원가 개념을 경영전반에 확대한 시스템이다. 균형성과표는 다양한 관점의 성과를 균형되게 관리하기 위한 시스템이다. 가치기반경영은 매출이나 이익보다는 기업 가치를 높이기 위한 시스템이다.

고객관계관리(CRM)는 고객에 대한 이해를 바탕으로 신규 고객 획득, 기존 고객 유지 및 강화를 위한 시스템이다. 기존의 판매관리시스템을 넘어서 고객을 일대일로 관리하는 시스템이다. 대표적인 예로 데이터베이스마케팅(DBM: Database Marketing), 영업자동화(SFA: Sales Force Automation) 등이 있다.

신규 사업은 제품(Product), 영업채널(Channel), 서비스(Service)의 복합화나 새로운 추가를 통한 비즈니스 모델 구현 시스템이다. 인터넷 기술이나 모바일 기술이 발전되면서 가장 주목 받고 있는 분야이다.

공급망관리(SCM)는 공급망(supply chain)상의 정보(information), 물자(material), 현금(cash)의 흐름에 대해 총체적으로 관리하는 시스템이다. 또 다른 측면에서는 인터넷 기술을 활용하여 공급망에 참여하는 각 조직의 부분 최적화(local optimization)보다는 각 조직을 통합한 전체 최적화(global optimization)가 목표이다.

정리하면 e비즈니스 시스템의 4개 부분은 〈그림 4-4〉에서 보여주듯이 각각 여러 가

〈그림 4-4〉 e비즈니스시스템의 구성요소

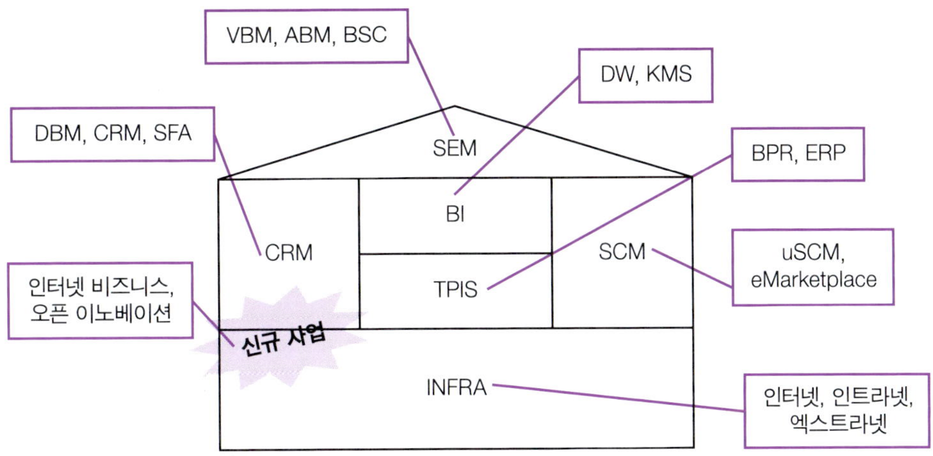

지 시스템 구성요소로 이루어졌다. 특히 고객관계관리(CRM), 공급망관리(SCM), 신규 사업은 e비즈니스시스템의 핵심 구성요소라고 한다.

4.3 고객관계관리(CRM)

4.3.1 마케팅 변천사와 고객관계관리

마케팅의 변천사를 보는 관점은 다양하다. 그 중에서 마케팅의 대상인 고객 관점에서 바라본다면, 마케팅의 변천사를 대면 마케팅(face-to-face marketing), 매스 마케팅(mass marketing), 세그먼트 마케팅(segment marketing), 일대일 마케팅(one-to-one marketing)의 4단계로 구분할 수 있다(그림 4-5).

첫 번째 단계는 인류가 물물교환이 이루어지던 기원전부터 지난 1920년대 말까지로 구분되며, 판매자가 구매자와 직접 만나서 영업함으로써 고객에게 접근하던 방식이었던 대면 마케팅 시대라고 할 수 있다. 이는 고객 개개인에 가장 적합한 제품과 서비스를 제공하고 판매촉진활동을 할 수 있다면 가장 효과적인 마케팅이라 할 수 있다. 이러한 초기의 대면 마케팅은 상대적으로 제한된 고객을 대상으로 긴밀한 고객과의 관계에 바탕을 두고 이루어졌다.

〈그림 4-5〉 마케팅 변천사

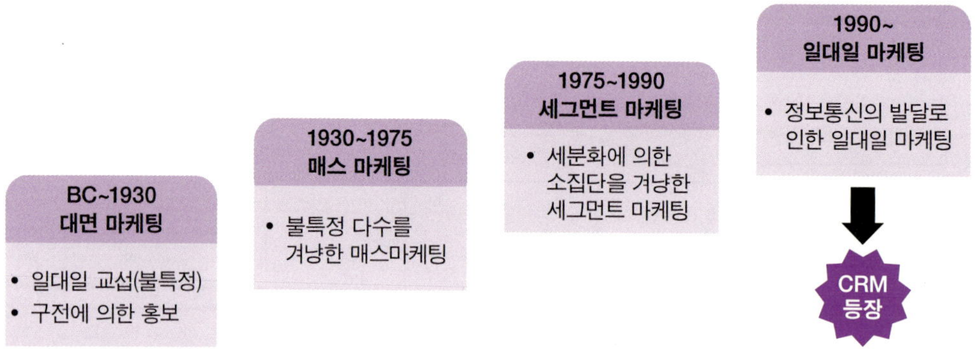

두 번째 단계는 1930년대 초에서 1970년대 중반까지이며, 공급자가 중심이 되어 불특정 다수의 소비자를 대상으로 한 매스 마케팅 시대라고 할 수 있다. 이 시기는 인구가 증가함에 따라 수요증대와 노동력공급이 확대되고 기술개발을 통한 대량생산, 대량소비에 접어들게 된 시대로서, 당시의 대표적인 마케팅 수행 수단은 신문, 잡지, 방송 등과 같은 매스 미디어였다.

세 번째 단계는 1970년대 중반부터 1990년대 초까지이며, 고객을 소집단으로 분류하여 마케팅을 펼치던 세그먼트 마케팅 시대로 볼 수 있다. 이 시대는 우편 등과 같은 다이렉트메일(DM: Direct Mail)이나 전화 등에 의한 부분적인 텔레마케팅(TM: Tele Marketing)에 의해 마케팅을 수행하는 시기였다.

네 번째 단계는 1990년대 이후를 말하며, 소비자 중심의 마케팅시대라 할 수 있다. 소비자를 만족하기 위하여 기업이 개별적인 대면 마케팅을 하기는 어렵지만, 소비자마다 차별화된 마케팅으로 느낄 수 있도록 정보기술을 기반으로 하는 일대일 마케팅을 수행하는 것이다. 이 시대에 등장한 대표적인 개념이 정보기술과 마케팅의 결합인 고객관계관리(CRM)이라고 할 수 있다.

4.3.2 고객관계관리의 정의

CRM은 다음과 같이 다양하게 정의되고 있다. 가트너 그룹(Gartner Group)에서는 CRM을 '신규고객획득, 기존고객유지 및 고객수익성의 증대를 위하여 지속적인 커뮤니케이션을 통해 고객행동을 이해하고 영향을 주기 위한 광범위한 접근'이라고 정의하고 있으며, 메타그룹(Meta Group)은 '고객에 관한 지식을 지속적으로 듣고, 추출하고, 대응하는 일련의 프로세스들로서 CRM은 기업이 고객의 니즈, 기대치 및 행동을 더 잘 이해하게 하고, 이를 통해 사업 기회나 변화에 기민하게 대처할 수 있도록 도와주는 것'이라고 말하고 있다. 이는 과거의 경영활동이 주로 제품 중심으로 이루어져 왔다고 볼 때, 지금의 경영활동은 경영관리 활동이 고객과 기업사이의 관계에 대한 이해를 바탕으로 이루어진다는 의미이다. 따라서 이익극대화(profit maximization)라는 목적과 함께 고객만족(customer satisfaction) 최대화를 위해, 정보기술을 활용하여 다양한 고객접점으로부터 얻어지는 고객에 관한 데이터를 통합, 가공, 활용하는 과정을 포함한다.

4.3.3 고객관계관리의 분류

광의의 CRM은 DBM, 협의의 CRM, 그리고 SFA 등으로 구분할 수 있다.

DBM(Database Marketing)은 마케팅 분석과 전략을 수립하기 위하여 데이터베이스를 이용하는 것을 말한다. 이러한 DBM은 정보를 획득하는 부문, 획득된 정보를 데이터베이스화하는 부문, 데이터베이스화된 부문을 활용하는 부문으로 구분할 수 있다. 먼저 정보를 획득하는 부문은 매장에서 일어나는 판매정보를 수집하는 것이다. 매장 정보, 진열대 정보, 상품 정보, 판매 시점 정보을 실시간으로 데이터베이스에 저장하여 관리하는 것이다. 이러한 정보는 추후 전사 차원으로 통합하기 위하여 데이터웨어하우스로 저장되기도 한다. 축적된 데이터베이스 또는 데이터웨어하우스를 다양한 관점으로 분석하여 마케팅 전략을 수립하거나 판매채널을 강화한다.

협의의 CRM은 데이터베이스를 구축하여 분석하는 관점보다는 각 고객별로 차별화된 마케팅을 하고자 하는 관점을 강조한다. 기업은 영업사원, 지점 등을 통해서 고객과 간접적으로 관계를 맺고 있는 채널뿐 아니라 정보기술의 발달로 새롭게 등장한 인터넷, 콜센터 등의 고객과의 직접채널을 갖게 된다. 이러한 채널을 통하여 고객정보를 획득하여 분석하고, 그것을 토대로 여러 가지 마케팅 활동 및 상품관리를 수행하여 고객 한 사람, 한 사람에게 차별화된 서비스를 제공한다. 따라서 고객은 각자 자신에게 맞는 개인화(personalization)된 서비스를 제공받고 있다고 인식하게 된다.

SFA(Sales Force Automation)는 영업 채널의 경쟁력을 강화하기 위한 영업자동화 기술을 의미한다. 영업사원은 휴대폰, 개인정보단말기(PDA), 콜센타(call center) 등을 활용하며, 영업활동을 통해 얻은 양질의 고객정보 및 영업활동 자료를 회사에 제공하고, 회사는 확보

〈그림 4-6〉 e-CRM의 개념

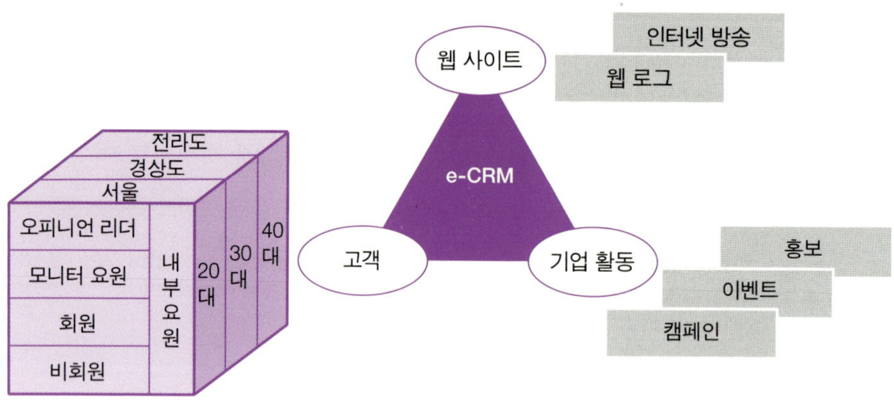

한 고객정보 및 접촉정보를 영업사원이 필요로 하는 정보로 지원할 수 있다. 다시 말하면 시스템과 영업업무가 별도로 운영되어 비효율적인 영업프로세스를 표준화된 프로세스로 관리하여 영업생산성을 향상시키며 나아가 고객관계를 강화하는 것이다.

전자상거래의 발전과 함께 e-CRM 개념도 등장하였다. e-CRM은 인터넷 환경과 결합된 형태의 CRM을 의미한다(그림 4-6). 예를 들어 아마존 같은 전자상거래 업체의 경우, 인터넷 사이트에 가입한 고객의 프로파일(profile)을 분석하여 여러 소집단으로 세그먼트화할 수 있다. 또한 웹사이트에서 이루어지는 고객 클릭 활동들을 웹 로그(web log)로 관리하고 기록하여 고객의 행태에 대한 정보를 분석할 수 있다. 이러한 분석을 기반으로 여러 가지 홍보, 이벤트, 캠페인 등의 활동을 전자상거래 사이트에서 자동으로 수행할 수 있다. e-CRM을 통하여 고객의 요구에 맞게 맞춤 정보 및 맞춤 화면을 제공하는 것을 웹 개인화(web personalization)라고 한다.

고객관계관리(CRM) 개념과 구별하여 고객경험관리(CEM)란 개념도 있다. CEM은 '고객과 기업 사이의 직접적·간접적 접촉에서 갖게 되는 내부적이고 주관적인 반응을 관리하는 것'으로 정의된다. 콜롬비아대학 쉬미트(Bernd H. Schmitt) 교수는 "정작 시장에서 고객은 브랜드 이미지, 친근한 광고모델, 친절한 매장 직원 등에 영향을 받음에도 불구하고 이러한 다양한 고객 접점과 경험에 따른 심리적 변화와 욕구를 무시한 CRM 방식의 차가운 수치들은 어떻게 고객을 감동시킬 수 있는지 답을 주지 못 한다"라고 주장하였다. CRM이 고객과의 거래 과정에서 발생하는 데이터 중심이라면, CEM은 고객과의 접촉 활동에서 발생하는 경험 중심이다.

4.4 공급망관리(SCM)

4.4.1 유통 변천사와 공급망관리

유통(distribution)의 변천사를 물의 흐름으로 바라보면, 물류(physical distribution)에서 로지스틱스(logistics)를 거쳐서 공급망관리(SCM)로 발전하였다. 물류는 물적유통을 줄인 말로 생산자로부터 소비자까지의 제품의 흐름으로 기업의 일부 영역(수송, 보관, 포장, 하역)을 주로 다루었다. 로지스틱스는 원료 조달, 생산, 보관, 판매에 이르기까지의 물자 흐름으로 기업 전사 영역을 주로 다루었다. 공급망 관리는 그 기업의 거래와 관련된 모든 관련 기업들의 물자 흐름을 포함한 기업 내부와 외부 영역을 모두 다루었다.

〈표 4-1〉 물의 흐름으로 본 유통의 변천사

	물류	로지스틱스	SCM
시기	1970년대	1980년대	1990년대
목적	Transportation Efficiency	Enterprise Integration	Value Net Integration
범위	A part of Enterprise	Intra Enterprise	Inter Enterprise
주제	Transportation, Warehousing, Packaging	Production, Sales, Distribution	Suppliers, Manufacturers, Distributors, Customers
방법	Facility Automation	POS, VAN, EDI, FMS, JIT	ECR, 3PL, 4PL, QR

4.4.2 공급망관리의 등장 배경

공급망관리는 소채찍 효과(bullwhip effect)를 없애기 위하여 나타났다고 한다. 소채찍 효과란 공급망 하류의 고객 주문 정보가 상류로 전달되면서 정보가 왜곡되는 현상을 말한다. 즉, 고객의 수요가 상부 단계 방향으로 전달될수록 각 단계별 수요의 변동성이 증가하는 현상을 말한다. 소를 몰 때 긴 채찍을 사용하면 손잡이 부분에서 작은 힘이 가해져도 끝 부분에서는 큰 힘이 생기는 데에서 붙여진 명칭이다.

소채찍 효과 같은 정보 왜곡 현상은 공급망 상의 각 조직마다 목표가 상이하기 때문이다. SCM은 각 조직의 부분 최적화(local optimization)보다는 공급망의 전체 최적화(global optimization)를 목표로 한다.

〈그림 4-7〉 소채찍 효과

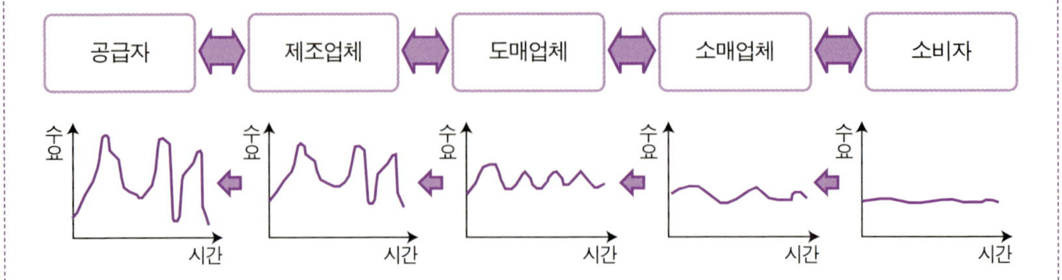

공급망관리(SCM: Supply Chain Management)는 일반적으로 '공급자에서 고객까지의 공급망상의 정보(information), 물자(material), 현금(cash)의 흐름에 대해 총체적 관점에서 사슬 간의 인터페이스(interface)를 통합하고 관리함으로서 효율성을 극대화하는 전략적 경영 기법'이라고 말한다. 공급망관리는 조직이나 과거의 업무 추진 방식에 개의치 않고 최대의 경영 효과를 도모하기 위해 공급업자에서 고객까지의 기업 업무 전반을 통합하고 최적화해 가는 접근 방식을 기본으로 한다.

- 물자의 흐름: 공급업체에서 고객에게 이르기까지 구체적인 제품의 흐름을 의미한다. 또한, 제품의 반품이나 그와 관련된 서비스, 재활용 그리고 처분 등으로 이루어진 역방향의 흐름도 포함한다.
- 정보의 흐름: 수요 예측, 주문 전달 그리고 납기 상태의 보고 등과 연관된다.
- 자금의 흐름: 신용카드 정보, 신용 조건, 지불 스케줄, 위탁판매와 그와 관련한 소유권 협정 등을 포함한다.

4.5 디지털혁명과 디지털비스니스

4.5.1 디지털혁명 시대의 도래

많은 전문가들이 2007년부터 미국 실리콘벨리에서 디지털혁명이 시작되었다고 한다. 토마스 프리드먼(Thomas Friedman)은 저서 '늦어서 고마워(Thank you for Being Late, 2016)'에서 "2007년에 애플 아이폰이 탄생하였고 페이스북이 하버드대를 벗어나 전 세계로 확산되

삼성전자의 경영혁신 'ERP에서 SCM으로'

CASE 4-1

삼성전자는 지난 30년 동안에 국내 대기업에서 전 세계를 대표하는 글로벌기업으로 변하였다. 2011년에 삼성전자의 시장가치는 일본 TOP 5 전자회사들을 합친 시장가치와 맞먹었다. 2020년 삼성전자는 반도체, 스마트폰, 가전제품에서 전 세계를 리드하고 있다. 이러한 삼성전자의 성공에는 끊임없는 경영혁신이 중요한 역할을 했다. 이건희회장의 신경영 선언 이후, 삼성전자는 1990년대에 BPR을 시작하여 ERP를 구현하였고, 2000년대에 들어와서는 6시그마를 추진하였고 최근에는 G-ERP(Global ERP)를 구축하였다. 특히 G-ERP로 구현된 삼성전자의 SCM 시스템은 타 글로벌기업의 벤치마킹 대상이 되고 있다.

컸던 운영 수준을 상향 평준화할 수 있는 계기가 됐다. 세 번째 원칙은 중앙집중화된 ERP 거버넌스 체제를 확보하는 것이었다. 이를 통해 개별 지역에서 운영되던 60여 개의 ERP시스템을 하나의 시스템으로 통합했다.

삼성전자가 목표(To-Be) 프로세스를 설계하는 것을 시작으로 글로벌 통합 ERP 시스템을 전 사업장에 적용하기까지 총 3년2개월이 소요됐다. 당시 업계 전문가들은 프로젝트 기간으로 7~8년을 예상했다. 삼성전자는 글로벌 통합 ERP 시스템 구축으로 전 세계 직원들이 언제 어느 곳에서나 동일 데이터에 실시간으로 접근해 동일 환경에서 업무를 수행할 수 있게

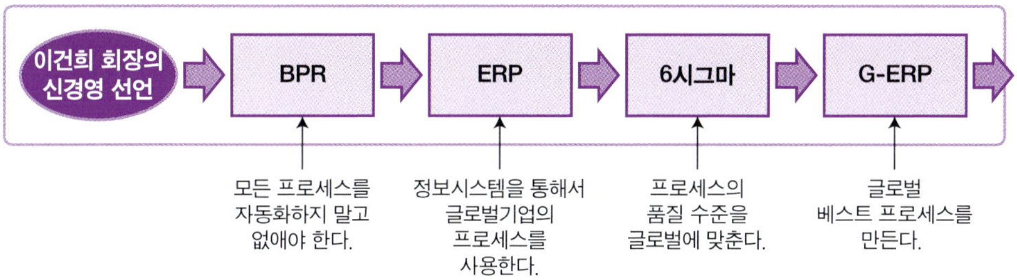

삼성전자의 끊임없는 경영혁신, ERP에서 SCM으로

이 책에서는 삼성전자의 경영혁신 사례 중 G-ERP 사례를 다루고자 한다. 삼성전자는 글로벌 운영 효율성을 높이고, 국제회계기준(IFRS)·사업 구조 변화 등 대내외 경영 여건 변화에 신속하게 대응할 수 있도록 하기 위해 기존 ERP를 전면 수정해 2007년부터 SCM 시스템인 G-ERP를 구축하였다.

삼성전자는 G-ERP를 구축하면서 세 가지 원칙을 내걸었다. 첫 번째는 표준화·최적화로 전사 프로세스를 전 세계적으로 통합하는 것이었다. 법인간 거래 및 납품 지시 등 모든 업무프로세스를 글로벌 베스트 프랙티스를 기반으로 전사 표준 프로세스로 만들었다. 사업부·지역별로 특화된 프로세스는 최소화했다. 두 번째 원칙은 데이터 표준화를 통해 글로벌 언어를 통일하는 것이었다. 사업장별로 개별 운영되던 것을 전사 단일 기준정보로 통합했다. 이는 사업장별 차이가

됐다. 특히 법인간 거래 프로세스가 12단계에서 5단계로 줄어드는 등 불필요한 단계 제거로 업무생산성을 크게 높일 수 있었다. 따라서 삼성전자가 전자업계에서 전 세계 1위가 되는 데는 SCM이 중요한 역할을 했다고 많은 전문가들이 이야기한다.

출처: 1. 전자신문, 씨아이오비즈플러스, 2012.
2. 박주석, 경희대 디지털비즈니스 강의노트. 2020.

토론

1. 삼성전자는 지난 15년동안 ERP를 2번 구축하였다. 첫번째 ERP 구축과 두번째 ERP 구축 사례는 어떤 차이점이 있는가?
2. 삼성전자 G-ERP 사례가 성공한 이유 세 가지는?
3. 삼성전자 G-ERP 사례에 적용된 MDM(Master Data Management)은 어떤 기술인가?

었고 아마존의 클라우드 컴퓨팅이 시작되었고 에어비엔비가 만들어졌는데 무엇보다도 이와 같은 변화가 동시다발적으로 일어났다"라고 말했다. 이렇게 미국에서 시작된 디지털혁명은 그 후 10년동안 전 세계 기업의 경영환경을 급속히 변화시키며 완전히 새로운 비즈니스모델을 탄생시켰다.

맥킨지컨설팅에 따르면 2019년 전 세계 글로벌기업들의 디지털화 수준은 아직 20%에 머무르고 있다. 2030년까지 인공지능, 로봇, 빅데이터, 클라우드 등 디지털기술에 의한 가치 재창출로 전 세계 국내총생산(GDP)는 13조 달러(약 1경 5,000조 원)가 추가 성장할 전망이다. 디지털 신시장은 열리겠지만 혁신 없는 기업은 급속히 사라질 것으로 예상된다. 소위 미국 빅4(구글, 아마존, 페이스북, 애플)와 중국 빅3(알리바바, 바이두, 텐센트)로 불리는 글로벌 IT 기업들은 다양한 영역을 넘나들며 기존 기업들의 생존을 위협하고 있다. 그래서 맥킨지컨설팅은 "향후 10년은 디지털혁신을 통해 살아남거나 죽는(Digitize or Die) 시대가 될 것이다"라고 주장한다.

4.5.2 디지털혁신과 디지털비즈니스

최근 화두는 4차 산업혁명 또는 디지털 혁명이다. 하지만 실제로 가장 많이 사용되는 용어는 디지털혁신(digital transformation)이다. 그만큼 기업들에게 디지털혁신은 가장 중요한 생존전략으로 현재 인식되고 있다.

디지털 관련된 용어는 '디지트화', '디지털화', '디지털혁신' 등이 있다. 세 가지 용어

〈그림 4-8〉 구글 트렌드 검색 결과

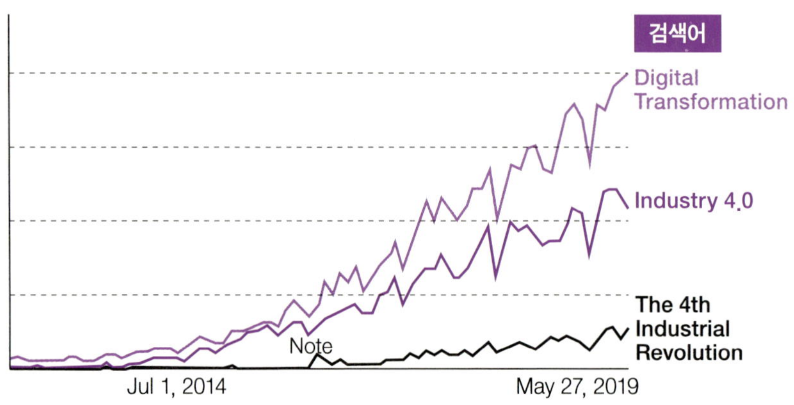

〈그림 4-9〉 디지털 혁신 로드맵

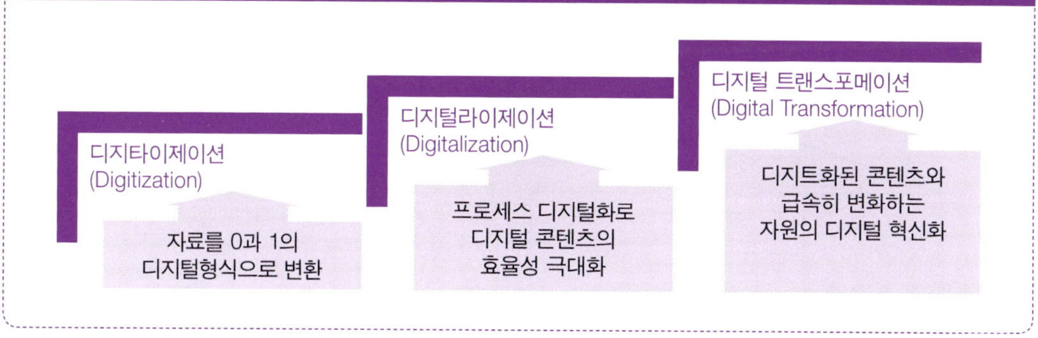

를 혼용해서도 사용하기도 하지만 이론적으로는 분명히 차이가 있다. 디지타이제이션(digitization)은 콘텐츠를 아날로그 형태에서 디지털 형태로 변환하는 것을 의미한다. 디지털라이제이션(digitalization)은 디지트화 콘텐츠를 이용하여 프로세스와 역할을 변화시키는 것이다. 디지털 트랜스포메이션(digital transformation)은 디지털기술을 활용하여 기업의 전략과 비즈니스모델을 변화시키는 것이다.

디지털혁신을 통하여 기업의 비즈니스가 변하고 있다. 예를 들어 과거 음악 산업의 경우 콘텐츠는 물리적인 매체에 의해 배포되었으나 지금은 디지털 매체에 의해 배포되고 있다. 따라서 음악 프로세스는 '음반을 판매하다'에서 '인터넷으로 시청한다'로 변하였다. 음악 비즈니스모델은 과거에 메이저 음반사에 의해 주도되었다면 지금은 소셜 미디어사에 의해 주도되고 있다. '강남스타일'이라는 한국 노래가 유튜브(YouTube)가 없었다면 전 세계적으로 유행되지는 않았을 것이다. 또 다른 예는 자동차 산업이다. 과거 자동차 산업의 경우 본질적인 프로세스는 '운전하다(drive)'이고 비즈니스모델은 '자동차 구매와 운영'이었다. 자율주행차와 디지털 교통환경에 의해 프로세스와 비즈니스모델이 근본적으로 변화되고 있다.

4.6 디지털비즈니스의 구성요소

인터넷 혁명과 함께 e비즈니스라는 개념이 나왔다면, 디지털혁명과 함께 디지털비즈니스라는 개념이 나왔다. e비즈니스는 인터넷 기술을 활용하여 기업 외부의 효과성(external effectiveness)에 집중하였다면, 디지털비즈니스는 디지털 기술을 활용하여 기업의

〈그림 4-10〉 e비즈니스에서 디지털비즈니스로

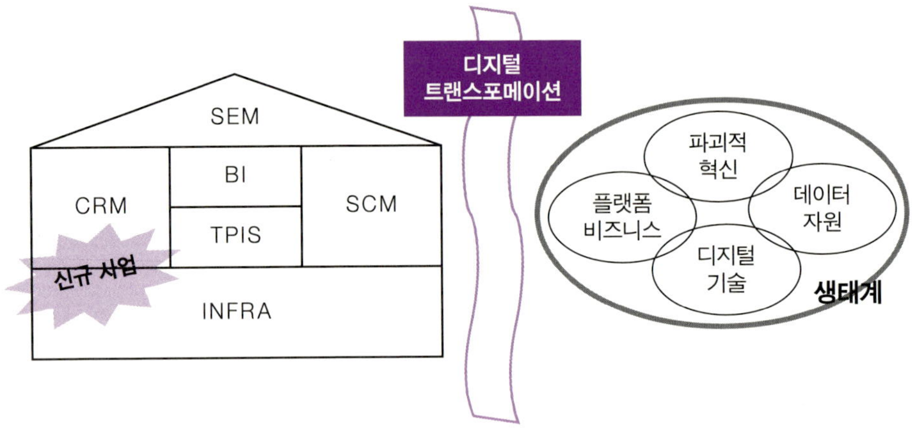

디지털 파괴(digital disruption)에 집중하였다. 따라서 디지털비즈니스는 디지털 기술, 파괴적 혁신, 플랫폼 비즈니스, 데이터 자원 그리고 생태계로 구성된다.

4.6.1 디지털 기술과 산업혁신

디지털 기술(digital technology)은 인공지능, 로봇, 빅데이터, 클라우드 컴퓨팅, 블록체인 등을 의미한다. 디지털 기술을 세상에 알린 기업은 애플이다. 애플이 앱스토어와 스마트폰을 내놓은 뒤 휴대전화 업계의 패러다임은 기기에서 소프트웨어 플랫폼으로 이동되었다. 변화에 적응하는 속도는 기업의 운명을 갈랐다. 삼성전자는 구글의 스마트폰 운영체제 안드로이드와 손잡고 변화하는 시장 환경에 빠르게 적응하여 성장했다. 한편, 휴대전화 시장의 전통 강자였던 핀란드의 노키아와 미국의 모토로라는 변화에 적응하지 못해 도태되었고 끝내 역사의 뒤편으로 사라졌다.

다른 한편에서는 커머스의 강자였던 아마존이 직접 IT 산업에 뛰어들면서 클라우드 컴퓨팅을 시작했다. 스마트폰과 클라우드 컴퓨팅의 등장은 빅데이터, 인공지능, 블록체인 등 새로운 기술 혁신과 맞물리면서 디지털 시대를 열게 하였다. 그 후에 구글 알파고가 이세돌 9단과의 바둑 대국에서 이기면서 인공지능 분야의 새로운 장을 여는 계기가 되었다. 구글 알파고는 인공지능, 빅데이터, 클라우드 컴퓨팅이 결합된 디지털 기술 체계를 보여주었다.

〈그림 4-11〉 제조업의 디지털혁신 기술, 디지털트윈

디지털트윈(Digital Twin)은 제너럴 일렉트릭(GE: General Electric)에서 만든 개념이다. 실제 물리적인 자산 대신 소프트웨어로 가상화한 자산의 디지털 트윈을 만들어 모의실험(시뮬레이션)함으로써 실제 자산의 특성(현재 상태, 생산성, 동작 시나리오 등)에 대한 정확한 정보를 얻을 수 있다. 에너지, 항공, 헬스케어, 자동차, 국방 등 여러 산업 분야에서 디지털 트윈을 이용하여 자산 최적화, 돌발 사고 최소화, 생산성 증가 등 설계부터 제조, 서비스에 이르는 모든 과정의 효율성을 향상시킬 수 있다.

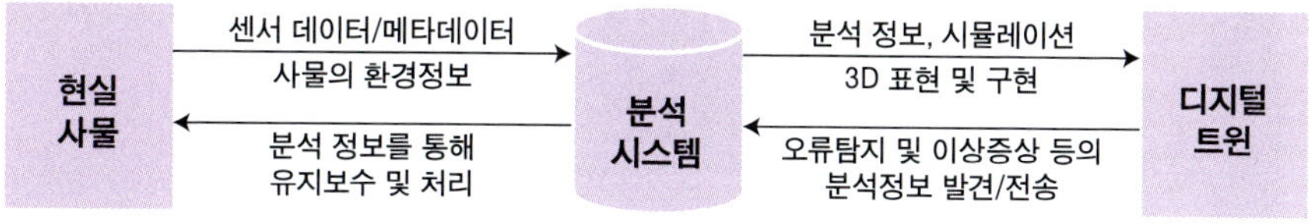

출처: 네이버지식백과, IT용어사전, 한국정보통신기술협회

SAP 코리아의 이성열 사장은 그의 저서 '디지털비즈니스의 미래'에서 "디지털 기술은 IT 산업의 판도를 뒤엎었고 모든 산업을 혁신하였다"고 주장하였다. 전통 IT 기업들이 쇠퇴하고 아마존, 구글, 페이스북 등 신흥 강자를 중심으로 새 판이 짜였다. 디지털 기술은 IT 산업을 넘어 제조업, 유통업, 금융업 등 모든 산업을 재정의하고 있다. 디지털 기술을 통한 기존 산업계의 창조적 파괴는 지금도 세계 곳곳에서 빠른 속도로 진행 중이다.

4.6.2 파괴적 혁신과 디지털 혁신

디지털 혁신은 디지털 기술을 활용한 파괴적 혁신을 의미한다. 파괴적 혁신은 클레이톤 크리스텐슨(Clayton Christensen)이 주장한 경영혁신 이론이다. 과거에 제시되었던 BPR, ERP, 6시그마 등이 대기업 관점의 경영혁신이었다면 파괴적 혁신은 벤처기업 관점의 경영혁신이다.

클레이톤 크리스텐슨에 따르면, 혁신은 크게 존속적 혁신(sustaining innovation)과 파괴적 혁신(disruptive innovation)으로 구분된다. 존속적 혁신은 기존 제품과 서비스를 점진적으로 개선해 더 나은 성능을 원하는 고객을 대상으로 높은 가격에 제공하는 전략이다. 따라서 존속적 혁신은 기존 대기업이 항상 유리하다. 반면에 파괴적 혁신은 로엔드 파괴(low-end disruption)와 신시장 파괴(new-market disruption)를 의미한다. 여기서 파괴(disruption)는 자원을 적게 가진 중소기업이 기존 안정된 비즈니스에 성공적으로 도전하는 과정을 의미한다.

〈그림 4-12〉 새로운 경영혁신 기법, 파괴적 혁신

출처: The Century Management HBR, 2012.

〈그림 4-13〉 존속적 혁신과 파괴적 혁신

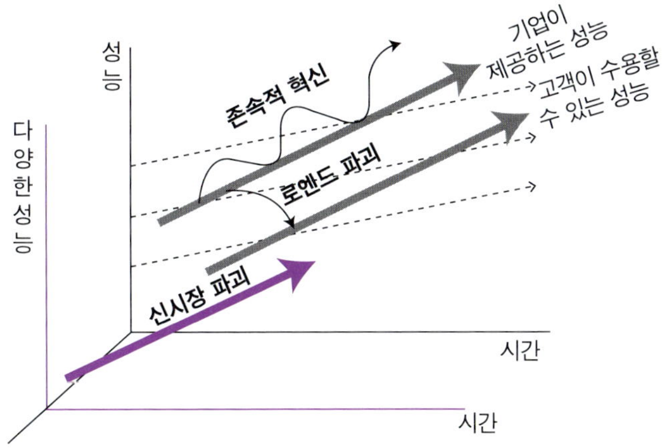

파괴적 혁신은 저가 시장이나 새로운 시장을 발판으로 시작된다. 파괴적 혁신은 기존의 기업이 간과한 두 가지 종류의 시장에서 출발한다. 로엔드 발판(low-end footholds)은 기존 기업이 가장 수익성이 크고 요구 수준이 높은 고객층에게 지속적인 노력을 기울이면서 요구 수준이 낮은 고객층에는 관심을 덜 갖기 때문에 존재한다. 이에 따라 요구 수준이 낮은 고객층에게 충분히 쓸만한 제품을 공급하는 것에 집중하는 파괴기업에게 문이 열리게 된다.

신시장 발판(new-market footholds)의 경우는 존재하지 않던 시장을 창조한다. 간단히 말하자면 파괴기업은 비소비자를 소비자로 바꾸는 방법을 찾아낸다. 예를 들어, 디지털 카메라 또는 스마트폰은 젊은 고객층이 비싼 필름을 사용하지 않고 수많은 사진들을 쉽게 찍을 수 있게 하였다. 소셜 미디어는 누구나 사진들을 공유할 수 있는 콘텐츠 플랫폼을 제공하였다. 따라서 유튜브나 인스타그램은 디지털 기술을 이용하여 새로운 시장을 창조한 파괴기업이었다.

4.6.3 데이터 자원과 플랫폼 비즈니스

디지털비즈니스의 중요한 특징은 초연결이다. 기업 또는 기관, 사람, 사물 등 모든 것이 항상 그리고 둘 이상의 방식으로 연결된다. 연결은 네트워크 효과(network effects)를 가속화시킨다. 연결은 네트워크를 만들게 되고 네트워크는 새로운 비즈니스 모델을 탄

디지털미디어의 강자 '넷플릭스'

CASE 4-2

디지털비즈니스의 성공요소로 파괴적 혁신은 매우 중요하다. 예를 들어 디지털미디어의 강자인 넷플릭스 사례를 살펴보자. 1997년에 창업한 넷플릭스가 초기에 제공한 서비스는 충동적으로 영화 비디오를 빌려보던 블록버스터의 고객 대부분에게 어필하지 못했다. 넷플릭스는 독점적인 온라인 인터페이스와 대규모의 영화 목록을 갖추고 있었지만 우편을 이용한 배달방식 때문에 상품이 도착하는데 며칠씩 걸리곤 했다. 넷플릭스의 서비스는 신작에 특별한 관심이 없는 영화광들, DVD 플레이어의 얼리어댑터, 온라인 쇼핑을 선호하는 사람들 같은 소수의 고객에게만 어필했다. 두 회사는 서로 다른 고객층의 매우 상이한 수요를 겨냥했던 것이다. 그러나 디지털기술의 발전에 힘입어 넷플릭스가 인터넷을 이용한 비디오 스트리밍 방식으로 전환함에 따라 선택의 폭이 넓은 콘텐츠를 매우 편리한 방식으로, 주문 즉시 저렴한 가격에 제공하게 되었다. 이러한 변화는 블록버스터의 핵심 고객층에게 어필하게 되었다. 그리고 그 과정은 전형적인 파괴적인 경로이었다.

출처: 클레이톤 크리스텐슨, 파괴적혁신이란 무엇인가?, HBR 2015.

토론

1. 넷플릭스 전략은 롱테일(Long Tail) 전략이라고도 한다. 그 이유는 무엇인가?
2. 그 후 넷플릭스는 '시네매치' 기술을 통하여 확실한 1위가 되었다고 한다. 시네매치란 무엇인가?

생시킨다. 서로 연결된다는 의미는 상호작용이 발생한다는 것이고, 상호작용을 통해 데이터를 주고 받는다는 뜻이다. 다르게 표현하면 데이터를 주고 받을 수 없다면 네트워크 효과는 실현되지 않는다.

네트워크 효과를 이용한 비즈니스 모델을 플랫폼 비즈니스(platform business)라고 한다. 플랫폼 비즈니스 모델의 기본은 데이터 생태계이다. 플랫폼 비즈니스가 주도하는 네트워크에 포함된 노드들 간의 상호작용을 데이터로 축적하고 데이터를 분석하여 다시 노드들 간의 상호작용을 강화시킨다는 것이다. 우버는 운전자와 승객의 위치와 탑승 수요와 공급을 데이터로 확보하고 분석한다. 분석 결과에 따라 운전자와 승객이 동시에 만족할 수 있는 매칭을 성사시킨다. 다른 플랫폼 기업들도 동일한 방식을 따른다. 데이터 연결은 네트워크 효과를 통해 플랫폼 비즈니스 모델을 가능하게 하는 것이다(김인현, 2019).

데이터 자원과 데이터생태계에 대해서는 11장에서 상세히 다룬다. 플랫폼 비즈니스에 대해서는 다음 절에서 상세히 설명한다.

4.7 플랫폼 시대의 도래

4.7.1 플랫폼 비즈니스의 기원

2007년 아이폰을 출시할 당시에 애플은 거대 기업에 둘러싸여 있고 조금도 위협적이지 않은 약한 상대이었다. PC 운영체제 시장에서 점유율은 4% 미만이었고 휴대전화 시장에서 점유율은 제로 이었다. 애플이 앱스토어라는 플랫폼의 힘을 최대한 활용하고 플랫폼에서 생겨난 새로운 전략의 원칙들을 이용함으로써 기존 업체들을 앞서 나갔다.

애플은 아이폰과 아이폰 운영체제가 하나의 제품이나 서비스 매개체 그 이상이라고 여겼다. 한쪽은 앱 개발자, 다른 한쪽은 앱 사용자들로 이루어진 양면시장에서 참여자들을 연결시킴으로써 양쪽 집단 모두에게 가치를 창출하였다. 양쪽에 참여하는 사람의 수가 증가함에 따라 그 가치도 증가하였다. '네트워크 효과'라고 부르는 이 현상이 바로 플랫폼비즈니스의 핵심전략이다. 2015년 1월까지 애플의 앱스토어는 140만 개 앱을 선보였으며 앱 개발자들이 거둔 누적 수익이 250억 달러를 기록했다(Marshall 외 2인, 2016).

이론적으로 플랫폼 비즈니스는 "공유경제를 구현하는 비즈니스 네트워크"를 의미한다. 공유경제란 '물건을 소유하는 개념이 아닌 서로 빌려쓰는 경제활동'이라는 의미로 2008년 로렌스 레식(Lawrence Lessig) 교수가 처음 사용했다.

플랫폼 비즈니스는 생산자와 소비자들을 끌어 모아 가치가 높은 교환이 이루어지도록 한다. 플랫폼 비즈니스의 주된 자산은 데이터와 상호작용이며, 이 두 가지는 플랫폼 비즈니스가 창출하는 가치의 원천이자 그들의 경쟁우위이기도 하다. 중요한 점은 디지털 기술의 발전과 함께 플랫폼 비즈니스는 가장 유망한 비즈니스모델이 되었다.

4.7.2 파이프라인에서 플랫폼으로

플랫폼 생태계에는 네 가지 형태의 참여자가 있다. 플랫폼 소유자는 플랫폼의 지적재산권과 관리방식을 제어한다. 공급자는 플랫폼과 사용자를 연결시키는 인터페이스 역할을 한다. 생산자는 플랫폼에서 제공하는 상품이나 서비스를 만들고 소비자는 이러한 상품이나 서비스를 이용한다.

이러한 생태계는 지난 수십 년에 걸쳐 산업을 지배해 온 전통적인 '파이프라인(pipeline)' 비즈니스 생태계와 확실히 다르다. 파이프라인 비즈니스는 일직선으로 이어지

〈그림 4-14〉 플랫폼 비즈니스의 네 가지 참여자 역할

- 플랫폼은 인프라뿐만 아니라 생산자와 소비자를 플랫폼으로 이끌어 올 수 있는 플랫폼 비즈니스 규칙을 제공한다.
- 플랫폼은 4개의 주요역할로 구분되며, 플랫폼전략으로 내부와 외부의 역할 간의 관계를 이해하는 것이 가장 중요하다.

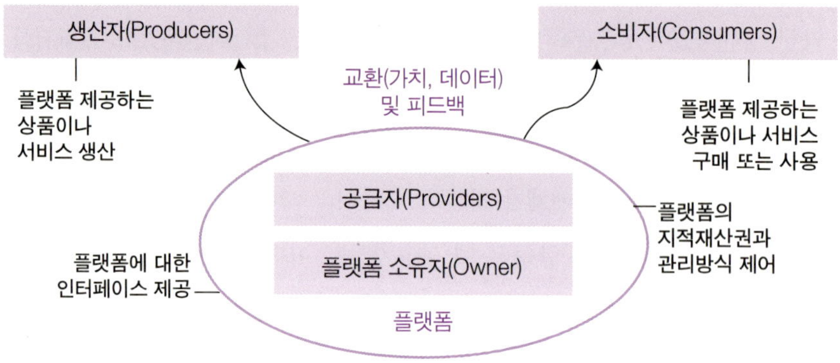

출처: Marshall W. Van Alstyne, Geoffery G. Parker, Sangeet Paul Choudary, 플랫폼 생태계 부상에 따른 새로운 전략의 규칙, HBR, 2016.

〈표 4-2〉 파이프라인과 플랫폼 비즈니스의 비교

파이프라인 모델	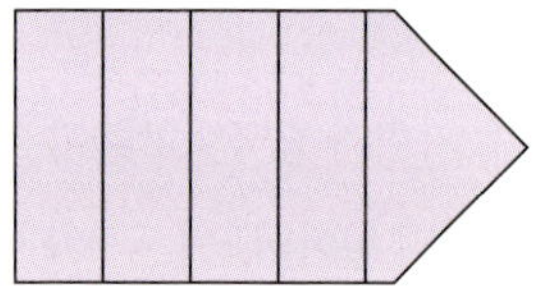	• 제품중심 • 프로세스 중심 • 가치의 창출 및 이동이 단계적 발생 • 가치의 생산자 및 소비자가 가치사슬 양쪽 끝에 위치 • 상대적으로 경험적 성장
플랫폼 모델	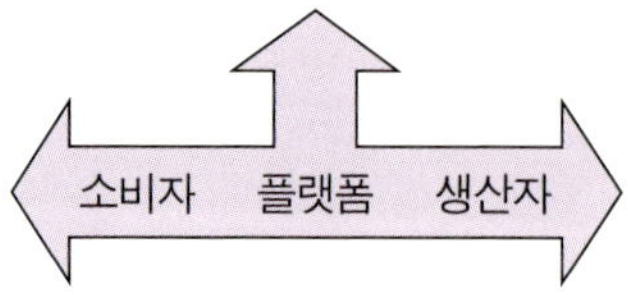	• 디지털 중심 • 데이터 중심 • 생산자이자 소비자 • 네트워크 효과 • 초기 사용자 커뮤니티가 핵심적 역할 • 지수적 성장 가능

출처: 이성열·양주성, 디지털 비즈니스의 미래, 리더스북, 2019.

는 일련의 활동을 통제함으로써 가치를 창출해내는 전형적인 '가치사슬(value chain)' 모델이다. 사슬의 한쪽 끝에서 원료를 투입하면 일련의 단계를 거쳐 더 높은 가치를 가진 결과물, 즉 완성품으로 바꿔놓는다.

정리하면 전통적인 비즈니스는 오프라인 중심의 파이프라인 비즈니스이고, e비즈니스는 온라인과 오프라인 융합의 파이프라인 비즈니스이고, 디지털비즈니스는 온라인과 오프라인 융합의 플랫폼 비즈니스이다. 그리고 순수하게 파이프라인 형태를 고수해 온 기존 기업들의 시장에 플랫폼 기업이 진입하면 십중팔구 플랫폼이 승리하고 있는 상황이다.

따라서 전통 기업이 파이프라인 비즈니스에서 플랫폼 비즈니스로 변화하는 것은 중요하다. 엘스타인, 파커, 초더리의 2016년 HBR 논문에서 세 가지 전환 전략을 제시하였다.

첫 번째 전략은 자원 통제에서 자원 조정이다. 자원을 통제하는 관점에서는 남들이 가질 수 없는 자산을 통제함으로써 유리한 입장에 선다고 생각한다. 파이프라인 세계에서는 석유, 부동산 등의 유형 자산과 지적재산권 등의 무형자산이 여기에 포함된다. 반면 플랫폼 세계에서는 모방하기 힘든 자산은 커뮤니티와 그 구성원들이 소유하고 기여하는 자원들이다. 주택, 자동차, 아이디어, 정보 등이 될 수 있다.

두 번째 전략은 내부 최적화에서 외부 상호작용이다. 파이프라인 기업들은 구매에서 판매까지 전체 사슬을 최적화함으로써 가치를 창출할 수 있도록 내부 자원과 인력을 조직화한다. 반면에 플랫폼은 외부 생산자와 외부 소비자 간 상호작용을 촉진함으로써 가치를 창출한다. 이런 외부 지향성 때문에 플랫폼은 변동이 심한 생산비 부담마저 떨쳐버릴 수 있다.

세 번째 전략은 고객가치 중심에서 생태계가치 중심이다. 파이프라인 기업들은 가치사슬의 맨 끝에서 상품이나 서비스를 구매하는 개인 고객의 평생 가치 극대화를 추구한다. 반면에 플랫폼은 순환적이고 반복적인 피드백 기반 프로세스를 통해 점차 확대해 가는 생태계의 전체 가치를 극대화하려고 한다.

4.7.3 디지털 플랫폼 비즈니스의 의미

플랫폼은 오랫동안 존재해 왔다. 쇼핑몰은 소비자와 상인을 연결시키고 신문은 구독자와 광고주를 연결시킨다. 21세기에 달라진 것은 디지털기술 덕분에 소유해야 할 물리적 기반과 자산이 대폭 줄어들었다는 점이다.

디지털기술은 플랫폼을 구축하고 크게 확장하는 작업을 한층 단순하고 저렴하게 만들며, 모든 참여가 거의 마찰 없이 이루어져 네트워크 효과를 강화시킨다. 또 엄청

〈그림 4-15〉 플랫폼 비즈니스 사례들

- Uber, 세계 제1의 택시회사
  (택시를 단 한대도 소유하지 않음)
- Facebook, 가장 유명한 미디어회사
  (컨텐츠를 제작하거나 소유하지 않음)
- Airbnb, 최대의 숙박제공회사
  (숙박시설을 전혀 소유하지 않음)
- Skype, Wechat, 세계 최대의 전화통신 서비스회사
  (전화통신 인프라를 전혀 하지 않음)
- Alibaba, 세계에서 가장 가치 있는 소매업회사
  (상품 재고가 전혀 없음)

난 양의 데이터를 수집, 분석, 교환하는 능력을 향상시킴으로써 모두에게 플랫폼의 가치를 높여준다.

디지털경제의 원동력은 수요자 중심의 '규모의 경제'이며 네트워크 효과라고도 한다. 네트워크 효과는 소셜 네트워킹과 수요 집적, 앱 개발, 그리고 네트워크를 확장시키는 다른 현상에 효율성을 부여하는 기술로 인해 강화한다. 디지털 경제에서는 경쟁업체보다 더 많은 플랫폼 참여자를 끌어들인 기업이 제공하는 거래당 평균 가치가 높아진다. 그 이유는 네트워크가 넓을수록 공급과 수요의 연결이 더 잘 이루어지고 연결 대상을 찾는데 활용 가능한 데이터도 더 풍부해지기 때문이다. 규모가 클수록 더 많은 가치가 발생되며, 그것으로 더 많은 참여자를 유인해 더욱 더 많은 가치를 창출한다. 독점을 만드는 또 하나의 선순환적인 피드백의 고리다. 우버에서부터 알리바바, 에어비엔비, 페이스북에 이르는 다양한 디지털 플랫폼 비즈니스가 전 세계 비즈니스를 휩쓸고 있다.

요약

경영정보시스템 분야는 전통적인 경영정보시스템에서 e비즈니스를 거쳐서 디지털비즈니스로 발전되었다. 인터넷 혁명과 함께 e비즈니스라는 개념이 나왔고, 디지털 혁명과 함께 디지털비즈니스라는 개념이 나왔다.

e비즈니스는 경쟁우위를 확보하기 위해 기업 외부·내부의 업무혁신으로 정의되며 주로 비즈니스 모델 및 프로세스의 변화를 의미한다. e비즈니스시스템은 크게 고객 관련 활동 부분, 기업 내부 활동 부분, 협력업체 관련 활동 부분, 그리고 기업 전반 하부구조 부분의 4개 부분으로 나누어져 있다. 특히 고객관계관리(CRM), 공급망관리(SCM), 신규 사업은 e비즈니스시스템의 핵심 구성요소라고 한다.

e비즈니스는 인터넷 기술을 활용하여 기업 외부의 효과성에 집중하였다면, 디지털비즈니스는 디지털 기술을 활용하여 기업의 디지털 파괴에 집중하였다. 따라서 디지털비즈니스는 디지털 기술, 파괴적 혁신, 플랫폼 비즈니스, 데이터 자원 그리고 생태계로 구성된다.

디지털 기술은 인공지능, 로봇, 빅데이터, 클라우드 컴퓨팅, 블록체인 등을 의미한다. 디지털 기술은 IT 산업의 판도를 뒤엎었다. 전통 IT 기업들이 쇠퇴하고 아마존, 구글, 페이스북 등 신흥 강자를 중심으로 새 판이 짜였다. 디지털 기술은 IT 산업을 넘어 제조업, 유통업, 금융업 등 모든 산업을 재정의하고 있다. 디지털 기술을 통한 기존 산업계의 창조적 파괴는 지금도 세계 곳곳에서 빠른 속도로 진행 중이다.

디지털 혁신은 디지털 기술을 활용한 파괴적 혁신을 의미한다. 과거에 제시되었던 BPR, ERP, 6시그마 등이 대기업 관점의 경영혁신이었다면 파괴적 혁신은 벤처기업 관점의 경영혁신이다. 파괴적 혁신은 로엔드 파괴와 신시장 파괴를 의미한다.

플랫폼 비즈니스는 생산자와 소비자들을 끌어 모아 가치가 높은 교환이 이루어지도록 한다. 플랫폼 비즈니스의 주된 자산은 데이터와 상호작용이며, 이 두 가지는 플랫폼 비즈니스가 창출하는 가치의 원천이자 그들의 경쟁우위이기도 하다. 중요한 점은 디지털 기술의 발전과 함께 플랫폼 비즈니스는 가장 유망한 비즈니스모델이 되었다.

중요 용어

가치기반경영(VBM) 매출이나 이익보다는 기업 가치를 높이기 위한 시스템.

거래처리시스템(TPIS) 영업, 생산, 물류, 회계, 재무 등에 관련된 거래데이터를 처리하는 시스템.

고객관계관리(CRM) 고객에 대한 이해를 바탕으로 신규 고객 획득, 기존 고객 유지 및 강화를 위한 시스템.

공급망관리(SCM) 공급망상의 정보, 물자, 현금의 흐름에 대해 총체적으로 관리하는 시스템.

균형성과표(BSC) 다양한 관점의 성과를 균형되게 관리하기 위한 시스템.

데이터웨어하우스(DW) 업무처리의 데이터를 전사 차원의 주제로 통합하여 관리하는 시스템.

디지털혁신 디지털기술을 활용하여 기업의 전략과 비즈니스모델을 변화시키는 것.

디지털화 디지트화된 콘텐츠를 이용하여 프로세스와 역할을 변화시키는 것.

디지트화 콘텐츠를 아날로그 형태에서 디지털 형태로 변환하는 것.

로엔드 발판 요구 수준이 낮은 고객층에게 충분히 쓸 만한 제품을 공급하는 것에 집중.

비즈니스인텔리전스(BI) 기업이 보유하고 있는 데이터를 정리하고 분석해 기업의 의사결정에 활용되는 시스템.

신규 사업 제품, 영업채널, 서비스의 복합화나 새로운 추가를 통한 비즈니스 모델 구현 시스템.

신시장 발판 존재하지 않던 시장을 창조.

전략경영관리(SEM) 기업의 이해관계자를 위한 정보시스템.

전사자원관리시스템(ERP) 인력, 자본, 물자, 정보, 시간 등 기업 내에 있는 모든 경영자원을 하나의 체계로 관리하는 통합정보시스템.

전자상거래(e커머스) 인터넷과 컴퓨터 등 정보통신 기술을 활용하여 제품이나 서비스를 거래하는 일련의 활동.

존속적 혁신 기존 제품과 서비스를 점진적으로 개선해 더 나은 성능을 원하는 고객을 대상으로 높은 가격에 제공하는 전략.

지식경영시스템(KMS) 영업, 생산, 재무 등 다양한 영역의 노하우나 규칙을 전사 차원에서 관리하는 시스템.

파괴적 혁신 로엔드 파괴와 신시장 파괴가 있으며, 여기서 파괴는 자원을 적게 가진 중소기업이 기존 안정된 비즈니스에 성공적으로 도전하는 과정을 의미.

플랫폼 비즈니스 공유경제를 구현하는 비즈니스 네트워크.

활동기준관리(ABM) 활동기준원가 개념을 경영전반에 확대한 시스템.

e비즈니스 경쟁우위를 확보하기 위해 기업 외부·내부의 업무 혁신.

e이코노미 수익 및 가치 판단이 주로 지적 자산 및 고객관계 자산으로 파생되며, 수확체증의 법칙이 적용되는 경제.

연습문제

1. 컴퓨터사회, 연결사회 및 초연결사회의 차이점에 대해서 설명하시오.
2. e커머스와 e비즈니스의 예를 들어보시오.
3. e비즈니스시스템의 핵심 구성요소에 해당하는 시스템은 무엇인가?
4. 디지털혁명 시대의 특징을 설명하시오.
5. 디지트화는 무엇인가? 그리고 예를 들어보시오.
6. 디지털화와 디지털변혁의 차이점은 무엇인가?
7. 존속적 혁신과 파괴적 혁신의 차이점은 무엇인가?
8. 파괴적 혁신에서 기존기업은 파괴적 혁신기업의 진입을 허용하는 이유는 무엇인가?
9. 순수 파이프라인 기업과 플랫폼비즈니스 기업에서 누가 주로 승리하는가? 그 이유는 무엇인가?

CHAPTER

05 e커머스와 핀테크

비대면 시대 속에서 라이브 커머스는 순간적인 유행이 아닌 하나의 트렌드로 자리매김했다.
바야흐로 오프라인 커머스(전통시장)에서 온라인 커머스(인터넷 쇼핑몰)를 지나
오픈마켓 및 소셜커머스를 거쳐 라이브 커머스의 시대가 오고 있다.

- 저자

학습목표

인터넷 시대를 살아가고 있는 기업과 개인들에게 전자상거래란 단순히 물건을 사고파는 것 이상이다. 많은 기업들은 전자상거래, 모바일상거래를 통해 단순히 소비자에게 상품을 파는 것을 넘어, 이를 통해 기업의 프로세스를 혁신시키고 궁극적으로 기업의 경쟁우위를 높이고자 하고 있다. 개인도 이를 통해 시간을 절약할 수 있으며 경쟁력을 향상시킬 수 있다. 우리 생활에 있어 시간적, 공간적 제약은 점차 허물어져 가고 있다. 이제는 개인도 자신의 정보 인프라를 심각하게 생각하고 체계적으로 구축해나가야 한다.

이 장에서는 기업과 개인에게 있어서 전자상거래, 모바일상거래, 라이브커머스란 어떤 의미가 있으며, 전략적인 경쟁우위를 얻기 위한 방법에는 어떤 것이 있는지 살펴보고자 한다.

- 전자상거래, 모바일상거래, 라이브커머스란 무엇이며 이들이 어떻게 발전하고 있는지 살펴본다.
- 전자상거래를 통해 기업들의 경쟁환경이 어떻게 변화되고 있는지 살펴본다.
- 전자상거래의 다양한 형태에는 어떤 것이 있는 살펴본다.
- 기업이 인터넷을 통해 어떻게 마케팅과 광고 활동을 하는지 살펴본다.
- 전자상거래의 다양한 보안방법과 암호화 방법에 대해서 살펴본다.
- 전자상거래를 통한 지불결제방법에 대해서 살펴본다.

5.1 전자상거래와 모바일상거래

현재 정보기술의 발전과 더불어 기업의 경영 환경이 급속도로 변화하고 있으며, 정보기술과 네트워크를 통한 기업의 경영혁신 활동도 활발히 이루어지고 있다. 또한 기업의 상거래 활동도 기존의 시장을 통한 생산자·소비자 관계에서 발전하여 생산자 및 소비자가 가상공간을 통하여 만나는 새로운 형태의 상거래 패러다임인 전자상거래로 변화하고 있다.

최근 들어서는 스마트폰 등 모바일 기기의 발달과 더불어 모바일상거래 활동도 매우 활발하게 일어나고 있다. 휴대폰 등을 통하여 물건을 사고파는 모바일상거래 시장은 최근 통계청 자료에 의하면 2012년 1조 원 수준(국내)에서 매년 30~50%씩 증가하여 2021년에는 2020년 대비 20%증가한 9.7조로 집계됐다.

5.1.1 전자상거래의 발전

국내의 경우 1999년 7월 1일부터 시행된 전자문서 및 전자거래기본법에 의하면 전자거래를 '재화나 용역의 거래에 있어 그 전부 또는 일부가 전자문서에 의해 처리되는 거래'라고 정의하고 있다. 여기서 전자문서라고 하는 것은 '컴퓨터 등 정보처리능력을 가진 장치에 의하여 전자적 형태로 작성되어 송수신 또는 저장되는 정보'를 의미한다. 즉, 과거의 상거래에서는 종이를 통해 거래를 인증받아야만 법적으로 거래가 보장되었으나, 이제는 전자적으로 인증을 받아도 법적으로 보호받을 수 있게 되었다. 2020년 개정된 동법에서는 공인전자문서 중계자(온라인 등기우편 사업자) 제도를 개선하였으며 종이문서를 폐기할 근거를 제시하였다.

전자서명법은 제정된지 21년 만인 2020년 5월에 공인인증서가 가진 우월적 법적 지위를 없애는 방식으로 폐지하고 다양한 인증에 동일한 법적 효력을 부여한다는 내용을 담은 전자서명법 개정안이 국회 본회의를 통과하였고 같은 해 12월부터 시행되고 있다.

전자상거래의 등장

일반적으로 전자상거래의 등장은 1970년대 미국에서 시작된 EDI(Electronic Data Interchange)로부터 시작되었다고 할 수 있다. EDI란 국제 운송회사들이 운송서류를 신속히 전달할 목적으로 전자문서를 표준화하여 사용한 것이 시초이며, 기업 간 거래의 시작에서 종료 시점까지 표준화된 전자형식으로 컴퓨터와 컴퓨터 간에 상호정보를 서류 없이 처리하는 절차로 정의할 수 있다. 이러한 EDI의 장점으로는 종이서류에서 발생되는 오류 감소와 문서 처리비용 절감, 신속성과 비용 절감 효과를 들 수 있다.

실제적으로 전자상거래(EC: Electronic Commerce)라는 용어가 사용된 것은 1989년 미 국방성 프로젝트이다. 이때는 인터넷이 범용화되기 이전이었기 때문에 인터넷과는 별개로 제안되었으며, 주로 기업 간 거래에 한정되어 사용되었다. 하지만 1990년대에 등장한 월드와이드웹으로 인해 웹을 통해 정보의 게시와 제공의 문제가 해결되고, 하이퍼링크와 GUI환경을 통해 사용이 편리해졌으며, EDI의 정형화된 거래문서에서 탈피하여 비정형 정보도 취급이 가능하게 되었기 때문에 전자상거래는 급속하게 발전하게 되었다.

1990년대에는 웹의 출현으로 전자상거래 활용이 보다 체계적으로 변화하게 되었고 이를 통해 다양한 기업 활동이 개발되었다. 2000년대 들어서는 언제 어디서나 상거래가 가능한 보다 더 다양한 형태의 모바일상거래가 구축되었다. 2010년대부터는 스마트폰의 대두로 진정한 의미의 유비쿼터스 상거래 형태로 발전하고 있다.

전자상거래의 발전방향

전자상거래의 발전단계는 〈그림 5-1〉과 같이 구분할 수 있다. 초기에는 일방적으로 자사의 제품을 소개하는 정보의 전달단계에서, 고객과 기업 간의 쌍방향적인 정보의 교류가 가능하게 되는 정보의 교류단계로 발전하게 되고, 정보를 통해 거래가 이루어지는 거래단계로 발전하게 되었다. 현재는 인트라넷 등을 통해 기업의 업무프로세스가 혁신되는 단계로 진행되고 있는데, 이는 궁극적으로 인터넷과 전자상거래가 경쟁력을 얻기 위한 전략적인 도구로써 사용된다는 것을 의미하는 것이다.

〈그림 5-1〉 전자상거래 발전 방향

전자상거래의 성장요인: 하드웨어 기술의 발전

전자상거래가 이처럼 성장하게 된 요인으로는 크게 하드웨어 기술의 발전과 통신망의 발전을 들 수 있다. 하드웨어 기술의 발전으로는 PC의 용량이 급속히 증가한 것이 하나의 원인이라고 할 수 있다. 예를 들어 마이크로프로세서의 경우 1995년에 30MHz이던 것이 최근 11세대 인텔 CPU에서는 8코어, 5.3GHz로 단순히 코어 속도로만은 176배이나 코어가 8개로 늘어났고 세대를 달리하는 미세공정기술 발전으로 과거와는 비교불가능한 수준으로 발전하였다. 이는 컴퓨터의 처리속도가 빠르게 증가하고 있다는 것을 의미한다.

이와 더불어 저장장치의 가격도 100MB당 1990년대에 100달러 하던 것이, 최근에는 6TB에 100달러 정도로 하락하였다. 또한 가정의 통신회선도 1995년 14Kbps에서, 2000년에는 200K로, 최근에는 500Mbps ~ 10Gbps(광랜 사용 시)까지 기하급수적으로 확장되고 있다. 이러한 속도와 저장능력의 발달로 인해 비디오나 오디오와 같은 멀티미디어 자료가 신속하게 처리될 수 있었다. 이를 통해 개인들이나 기업들이 전자상거래를 할 수 있는 기본적인 토대가 마련되었다.

네트워크의 발전

두 번째로, 인터넷과 다른 통신망들이 연결이 되면서 다양한 형태로 컴퓨터를 활용할 수 있게 되었다. 즉, 〈그림 5-2〉와 같이 과거에는 중앙 집중적인 형태로 컴퓨터를 사용하여 왔지만 이제는 가정에서도 인터넷을 이용하여 업무를 처리할 수 있게 되었다. 또한 모바일을 통한 인터넷이 가능하게 됨으로써 어디서나 인터넷을 이용할 수 있게 되었고, TV나 기타 가전제품에서도 인터넷 활용이 가능하게 되었다. 따라서 이제는 네트

〈그림 5-2〉 네트워크 활용

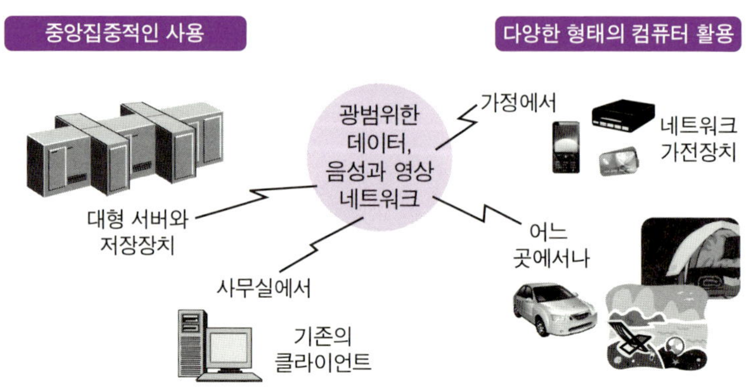

워크 자체가 컴퓨팅이라고 할 수 있다. 즉, 네트워크를 사용하지 않는 컴퓨팅은 상상할 수 없는 시대가 도래하게 된 것이다.

5.1.2 모바일상거래의 발전

모바일상거래란 일반적으로 주문, 판매 등의 상거래가 휴대폰, 스마트폰 등 모바일 기기와 무선통신을 통해 이루어지는 형태의 상거래를 말한다. 거래가 전자적으로 이루어진다는 의미에서는 일종의 전자상거래에 속할 수 있으나 상거래 형태가 모바일 기기와 무선통신을 통하여 이루어지는 경우를 특히 모바일상거래라고 칭한다.

모바일상거래의 등장과 성장

모바일상거래는 1990년대 휴대폰의 등장과 함께 점진적으로 발전해 왔으나 2010년대 들어 스마트폰의 등장과 함께 그 발전 속도가 매우 빠르게 진행되고 있다. 2009년 스마트폰 시장이 열린 이래 국내에서만 2020년 6월 기준 5,182만 회선이 스마트폰으로 사용될 만큼 폭발적인 성장세(모바일 빅뱅)를 보이고 있다.

이런 스마트폰 사용의 증가와 함께 모바일상거래 시장은 지속적인 성장세를 보일 것으로 예상되며 1980년대의 PC 혁명, 1990년대의 인터넷 빅뱅과 같이 모바일 빅뱅 현상이 지속되고 있다. 최근 들어서는 고객과 기업을 연결하는 모바일상거래뿐만 아니라 기업의 전자결재, 인트라넷 활용 등 기업 내부의 업무를 모바일 환경에서 처리하는 모바일비즈니스(Mobile Business) 활동도 매우 빨리 발전해 오고 있다.

유통분야 모바일상거래

1999년 스마트폰의 대두와 함께 인터넷상의 마켓플레이스에서 경쟁적으로 모바일상거래 앱을 소개하기 시작했다. G마켓을 필두로 인터파크, 쿠팡 등이 모바일상거래 시장에 진출하였으며 인터넷 쇼핑몰에 이어 GS샵, 롯데홈쇼핑 등과 같은 홈쇼핑사 등도 모바일상거래 시장에 진출하고 있다.

쿠팡(그림 5-3)은 2021년 기업공개 규모가 외국기업으로는 알리바바 이후 최대라는 월스트리트 저널(WSJ)의 평가를 받으며 뉴욕 증시에 상장되었다. 쿠팡 주식은 거래 개시 직후부터 급등해 첫날 공모가 35달러에서 41% 오른 49달러에 거래를 마쳤다. 이에 따라 쿠팡의 시가총액은 886억 5,000만 달러(약 100조 5,000억 원)에 이르렀으나 이후 다소 하락하였다.

〈그림 5-3〉 모바일상거래 사이트: 쿠팡 검색창

유통분야의 모바일상거래는 유비쿼터스 환경을 소비자에게 제공함으로써 소비자들이 언제 어디서나 원하는 때에 장소에 구애받지 않고 물건을 구매할 수 있다는 장점이 있다. 또한 스마트폰의 위치 정보 이용이 가능해 주변에 있는 레스토랑, 상점의 이용권을 구입할 경우 할인해 주는 등 소비자에게 위치에 따른 맞춤형 서비스도 제공해 줄 수 있다는 장점이 있다. 위치정보를 이용하여 서비스를 제공할 경우 이를 위치기반 서비스(LBS: Location Based Service)라고 부르기도 한다.

게임분야 모바일상거래

스마트폰에서 가장 많이 사용되는 애플리케이션(Application, App)으로는 단연 게임 분야가 선두이다. 10대, 20대 청소년들을 중심으로 스마트폰 게임이 매우 활발하게 이용되고 있으나 최근 들어서는 중장년층으로도 스마트폰 게임의 확산이 이루어지고 있다.

스마트폰 게임 시장의 장점으로는 앱 마켓의 글로벌화와 함께 히트 상품은 신속하게 글로벌 강자로 자리 잡을 수 있는 기회가 있다. 무료게임이 많아 게임개발업체의 수익모델이 취약한 편이나 스마트폰 초기 단계의 히트 게임 상품 앵그리버드(Angry Bird)는 최근에는 미키마우스와 같이 캐릭터 상품화되어 오프라인 시장에서도 큰 수익을 올리고 있다. 또한 국내의 초기 단계 모바일게임인 애니팡 게임은 카카오톡 사용자와 연동되면서 단기간에 많은 사용자를 확보하며 아이템 판매 등을 통하여 수익모델을 창출하였다.

급속히 성장하는 글로벌 오픈 게임시장에서 선도기업으로 자리잡기 위하여는 시대 흐름에 부응하는 제품을 신속하게 개발·출시해서 선점하려는 노력이 필요하다. 또한 게임 시장은 항상 청소년 게임 중독과 같은 폐단의 가능성을 갖고 있으므로 법규나 제도, 교육 등을 통해 이를 해소할 수 있는 방안을 강구해야 건전한 모바일 게임문화, 게임시장으로 발전할 수 있을 것이다.

광고분야 모바일상거래

모바일 광고 시장은 스마트폰을 통해 문자, 배너, 동영상 등을 통해 광고활동을 하는 것으로 그 형태는 매우 다양하다. 인터넷을 플랫폼으로 사용함으로써 인터넷 광고 시장과 매우 유사한 형태를 보인다. 검색광고, 메시지광고, 배너광고, 팝업광고, 쿠폰광고 등이 대표적인 형태이다.

모바일광고의 가장 큰 장점은 역시 언제 어디서나 광고가 가능하다는 것이지만 이에 더해 위치정보를 이용하면 필요한 지역에 있는 잠재 소비자들만을 대상으로 광고활동을 하는 타겟 광고가 가능해져 광고의 효율성을 증가시킬 수 있다는 장점이 있다. 모바일 광고 시장은 지속적으로 성장해오고 있으며 2015년 1조 3천억 원 수준에서 2020년 3조 8,558억 원 시장으로 성장하였다.

5.1.3 라이브상거래(라이브커머스)의 대두

라이브상거래란 스마트폰이라는 모바일 플랫폼을 통해 실시간으로 상품을 파는 방식으로 스마트폰이 판매자와 소비자를 연결하는 새로운 통로가 되고 있다. 스트리밍 기술을 통해 제품을 판매하는 방식이며 그 대상은 화장품, 의류, 신발, 식품까지 매우 다양하다. 시장조사기관에 의하면 라이브커머스 시장은 2020년 3조 원 규모로 급성장했으며 수 년내로 8조 원에서 10조 원 규모로 성장할 것이라는 전망이 나올 정도로 성장하고 있다.

판매자가 구매자와 실시간으로 소통을 하며 상품을 판매하는 라이브상거래 시장에 현재 대형 유통업체와 온라인 플랫폼은 물론 홈쇼핑 업계까지 앞다퉈 진출하는 상황이다. 라이브상거래 시장은 단순 판촉을 넘어 제품의 사용 환경, 방법을 알려주는 등의 강점이 있어 소비자 유인 효과가 크다.

5.1.4 상거래와 경영 패러다임의 변화

인터넷을 이용한 전자상거래, 모바일상거래는 인터넷 관련 산업을 확산시키고 있을 뿐만 아니라, 기업 내부적인 측면에서 새로운 마케팅 채널로써의 역할을 담당하고 있다.

라이브커머스

CASE 5-1

'6개월만에 거래액 2배 성장' 네이버 쇼핑라이브, SME 비중 85%에 달해

"광고·홍보 여력이 부족한 소상공인(SME)들은 소비자들과의 적극적인 소통이 곧 신뢰와 매출 확대로 이어집니다. 소통이 잘 이뤄질 수 있는 홈쇼핑은 소상공인들에겐 벽이 높았습니다. 네이버는 쇼핑라이브 기술로 그 벽을 허물고 있습니다."

지난 23일 경기도 성남시 네이버 그린팩토리에서 만난 조성택 네이버e랩스 책임리더는 "네이버는 수 년간 연구개발(R&D)의 상당 부분을 동영상 스트리밍 기술에 투자해 왔다"며 "세계적인 수준의 기술을 확보해 쇼핑라이브에 적극 도입하는 중"이라고 말했다.

네이버는 지난 29일 있었던 실적 발표회에서 올 1분기 커머스 부문 영업이익이 지난해 같은 기간보다 40.3% 늘어난 3,244억 원을 기록했다고 밝혔다. 특히 지난 7월 30일 첫 출시한 라이브커머스 서비스 '쇼핑라이브'의 성장세가 두드러졌다. 쇼핑라이브는 생방송을 통해 홈쇼핑처럼 제품을 판매할 수 있는 채널이다. 조 책임리더는 "쇼핑라이브 내 소상공인 비중이 85%에 달한다"고 설명했다. 반응은 폭발적이다. 반년 전 출시 당시보다 거래액이 2배 이상 늘었고, 1분기 누적 시청수 1억 7,000만, 누적 구매자수 170만 명을 넘어서며 커머스 부문 전체 성장을 견인했다.

라이브커머스의 핵심 경쟁력은 안정적인 라이브 환경에서 나온다. 판매자와 시청자가 실시간으로 질의응답을 주고받으며 시청자가 최종 구매 결정을 내리기 때문이다. 방송이 끊기면 시청자가 줄어들고, 질문과 답변에 걸리는 시간이 길어진다면 '실시간'성이 떨어져 구매로 이어지기 힘들다.

네이버는 울트라 초저지연 기술(ULL)을 자체 개발해 송출과 수신 간 지연 시간을 기존 8~9초에서 2초대로 줄였다. 이는 유튜브를 비롯한 소수 주요 글로벌 빅테크들과 어깨를 나란히 하는 수준이다. 조 책임리더는 "동영상 스트리밍 송출부터 수신까지 전 과정을 아우르는 기술력을 확보해 안정적이고 품질 높은 라이브 환경을 구축했다"며 "네이버는 이미 지연시간을 1초대로 줄이는 기술을 확보했고, 최종적으로는 실시간 화상통화를 하는 것과 비슷한 수준으로 지연 시간을 최소화할 계획"이라고 설명했다.

네이버는 또한 ABP(Adaptive Bitrate Publish) 기술을 도입해 방송 도중 끊김을 최소화했다. 조 책임리더는 "ABP는 최대한 안정적인 라이브를 제공하기 위해 네트워크 상태에 따라 자동으로 영상 품질을 변경하는 기술"이라며 "네트워크 상태가 현저히 나쁜 게 아닌 이상 영상 품질 차이는 육안으로 파악하기 어려울 정도로 미세하다"고 말했다.

네이버는 안정성과 품질을 동시에 잡기 위해 H.265 코덱을 도입했다. H.265 코덱은 기존 H.264 코덱 대비 압축 효율이 2배 이상 좋다. 같은 양의 데이터로 기존 대비 화질을 3~50% 가량 향상시킬 수 있다. 조 책임리더는 "라이브 커머스를 제공하는 대부분의 다른 기업들은 기술력 한계로 H.264 코덱까지만 지원하고 있다"며 "네이버 쇼핑라이브는 더 적은 데이터를 사용하고도 더 좋은 화질을 제공하는 만큼 송출자들의 데이터 비용 부담을 덜어준다"고 설명했다.

네이버는 앞으로도 쇼핑라이브 기술 고도화를 통해 소상공인 사업 확대를 도울 계획이다. 연내 발표할 동영상 기술의 상당수를 쇼핑라이브에 우선 적용해 라이브커머스 시장에서 입지를 굳히겠다는 목표다. 지난 1월에는 소상공인을 위한 쇼핑라이브 전용 스튜디오를 열기도 했다. 조 책임리더는 "오는 2·3분기에는 모바일 환경에서도 전문 카메라를 비롯한 특수 장비와의 연동을 지원해 PC만큼 전문적인 라이브 환경을 제공할 예정"이라며 "소상공인들도 대기업에 버금가는 송출 시스템을 누릴 수 있도록 돕겠다"고 밝혔다.

출처: 서울경제, 정다은 기자, 2021.05.01.

토론

1. 라이브커머스의 성공 이유에 대해 논의하시오.
2. 라이브커머스의 발전 방향에 대해 논의하시오.

과거에는 영업사원과 직접 접촉하거나, 카탈로그 등과 같이 우편을 통한 접촉, 또는 전화를 이용한 접촉만 가능하였으나, 현재는 쌍방향 인터넷을 통해 마케팅 정보를 공유할 수 있게 되었다.

마케팅 패러다임의 변화

인터넷을 통한 전자상거래, 모바일상거래는 경영의 패러다임을 변화시키고 있다. 첫째, 일대일(one-to-one) 마케팅이 가능하게 되었다. 즉, 개별 고객과 개인적인 관계가 형성이 되고 고객 라이프사이클도 관리할 수 있게 됨으로 해서 관계 마케팅이 가능하게 되었다. 예를 들어 아마존이나 예스24의 경우 회원으로 로그온을 하게 되면 그동안 고객이 어떠한 책을 구입했는지, 어떠한 책이 추가로 필요할지를 알려준다. 이러한 일대일 경영은 기업내부에서도 이루어지게 된다. 인트라넷, 그룹웨어를 통한 빠른 업무지시와 협조를 통해 종업원관계경영도 가능하게 되었다.

둘째, 맞춤화된 기업대응을 통해 고객의 요구를 충족시킬 수 있게 됨으로서 역동적 상거래를 추구할 수 있게 되었다. 가격이 미리 결정되는 기존 상점과는 달리, 인터넷은 특정 시점에 따라 개별 고객의 요구를 만족시키는 역동적인 가격체계가 가능하게 되었다.

셋째, 기존의 정보기술은 기업내부의 프로세스 통합과 고객의 정보요구에 직접적으로 연결되지 않지만, 인터넷에서는 공급자에서 고객에 이르는 모든 정보흐름 프로세스가 웹으로 통합 가능하게 됨으로 해서 고객과의 접점으로 활발히 이용될 수 있게 되었다.

넷째, 쌍방향 커뮤니케이션을 통한 시장동향 및 고객요구의 변화를 파악할 수 있게 되었고, 온라인 재고변화 정보를 모니터링할 수 있게 됨으로 해서 시장반응에 대한 온라인 피드백을 제공받을 수 있게 되었다.

5.1.5 거래 주체들의 환경 변화

인터넷을 통해 고객과 기업들의 경영환경은 크게 변화되고 있다. 〈표 5-1〉은 고객과 기업 관점에서 인터넷으로 인해 어떻게 환경이 변화되었는지를 보여주고 있다. 먼저, 고객의 관점에서 보면, 인터넷 공동체의 출현으로 함께 정보를 공유할 수 있게 되었으며, 공동구매 등을 통해 구매력을 높일 수 있게 되었다. 기업의 관점에서 보면, 지역성을 탈피하여 시장이 크게 확대되었으며, 고객의 요구에 신속히 대응할 수 있는 등 고객과의 쌍방향적인 접촉이 가능하게 되었다.

고객 관점

고객 관점에서 인터넷으로 인해 환경이 어떻게 변화했는지 살펴보자. 먼저 인터넷 안에 존재하는 다양한 동호인 집단인 인터넷 공동체의 출현으로 인해 동호인 간의 집단 수요가 발생할 수 있었고, 이를 통해 공동구매가 가능하게 되었다. 즉, 공통된 구매의사를 가진 네티즌 간의 제휴를 통해 개인들은 가질 수 없었던 구매력을 가질 수 있게 되었다. 또한 최종소비자가 원하는 물건을 인터넷에 올려놓으면 공급자들이 가격을 제시하는 역경매(reverse auction)도 가능하게 되었다. 이러한 인터넷의 환경변화로 인해 결국 고객들의 교섭력이 강화될 수 있었다.

이와 더불어 성인용품 등 직접 구매하기를 회피하는 제품들을 인터넷으로 구매함으로 해서 새로운 잠재 시장이 출현하게 되었다. 또한 비교구매 에이전트를 활용하여 동일제품의 가격을 비교할 수 있게 되었으며, 기업들의 정보를 인터넷을 통해 빠르게 얻을 수 있게 됨으로 해서 이들 기업들의 정보를 쉽게 비교할 수 있게 되었다.

기업 관점

기업 관점에서 보면, 〈표 5-1〉에서 보는 것과 같이 사이트를 통해 저렴한 비용으로 자사의 브랜드를 홍보할 수 있게 되었으며, 게시판과 전자우편 등을 통해 고객의 요구에 대해 신속히 대응할 수 있게 되었다. 또한 페덱스(FedEx)사의 화물추적 서비스와 같이 인터넷을 통해 새로운 고객 서비스를 강화할 수 있게 되었다. 타 기업과 온라인 제휴가 용이하게 됨으로 해서 허브 사이트(사이트 연합)가 만들어지는 등 타 기업과의 비즈니스 관계도 강화할 수 있게 되었다.

〈표 5-1〉 기업의 경영환경변화

고객 관점	기업 관점
• 인터넷 공동체의 출현 • 고객집단의 급격한 확대 • 공동구매 • 역경매 • 잠재 시장의 출현 • 동일제품의 가격비교 용이 • 사이트 간 제공서비스 비교 용이	• 가시성의 확보(브랜드 홍보 효과) • 고객요구에 대한 신속한 대응 • 새로운 대고객 서비스 강화 • 타 기업과의 비즈니스 관계강화 • 비용 절감 • 팬데믹 등으로 인한 인터넷 택배 기업의 발전

5.2 전자상거래와 모바일상거래의 형태

전자상거래의 유형에는 거래 주체에 따라 기업 간 전자상거래(B2B), 기업과 소비자 간 전자상거래(B2C), 소비자와 소비자 간 전자상거래(C2C), 정부와 기업 간 전자상거래(B2G) 등 여러 형태로 나눌 수 있다. 그러나 대부분 기업 간 전자상거래, 기업과 소비자 간 전자상거래, 소비자와 소비자 간 전자상거래로 나누고 있다.

5.2.1 기업과 기업 간 전자상거래

기업 간 전자상거래의 직접적 이점으로는 종이 없이 전자적으로 처리함으로 해서 업무처리비용 및 시간의 절감, 자료의 재입력이 없어지면서 입력오류 방지, 업무처리 절차 개선이 있다. 간접적 이점으로는 재고수준 감소, 고객 서비스 향상, 효율적인 인력 및 자금 관리이다. 또한 전략적 이점으로는 거래 상대방과의 관계 개선, 경쟁우위 확보, 전략적 정보시스템의 구축과 경영혁신 추구이다.

기업 간 전자상거래는 경영의 여러 부문에서 경쟁력을 창출할 수 있게 만들어 준다. 첫째, 공급자 관리측면에서 협력업체와의 거래를 신속하게 관리할 수 있게 해줌으로써 인력을 절감할 수 있고, 구매 및 조달 업무의 처리비용과 시간을 절감할 수 있게 된다. 둘째, 재고관리 측면에서 보면 주문, 선적, 결재 등의 처리시간이 단축되고, 관련 업무 진행과정을 모니터링할 수 있음으로 해서 효율적인 재고관리가 가능해진다. 또한 재고변화를 모니터링함으로 해서 원자재 수급상태를 지속적으로 파악할 수 있게 해주며, 궁극적으로는 재고수준과 재고부족을 동시에 관리할 수 있게 해 준다. 셋째, 문서관리 측면에서 선적 계산서, 주문서 등 선적에 필요한 문서의 전송이 용이하게 된다. 넷째, 채널관리 측면에서 신기술, 신제품, 가격정보 획득이 용이하게 되었다. 마지막으로, 결재관리 측면에서 송장 처리속도가 빨라지고, 거래처리 시 비용이 절감된다.

5.2.2 기업과 소비자 간 전자상거래

기업과 소비자 간(B2C) 전자상거래란 소비자들이 인터넷 쇼핑몰 등에서 구매를 하는 형태를 의미한다. 컴퓨터와 인터넷의 등장으로 소비자의 구매 프로세스는 〈그림 5-4〉와 같이 변화하고 있다.

〈그림 5-4〉 소비자 구매 프로세스

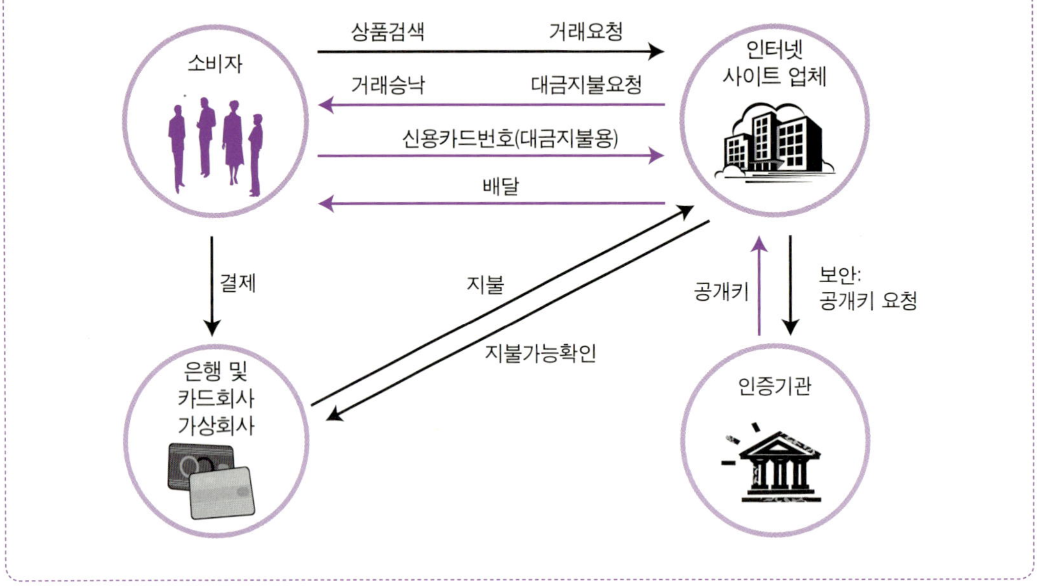

기업과 소비자 간의 전자상거래에 있어서 중간상의 역할과 구조도 변하고 있다. 전통적인 유통체계에서는 도매상과 유통업자, 소매상을 거침으로 해서 중간마진이 많아지게 되고, 이를 통해 가격이 상승하게 되었다. 그러나 〈그림 5-5〉에서 보는 바와 같이 인터넷을 통한 전자상거래에서는 기업이 직접 쇼핑몰을 운영하면서 소비자와 직접 거래하

〈그림 5-5〉 전자상거래에 있어 중간상의 구조

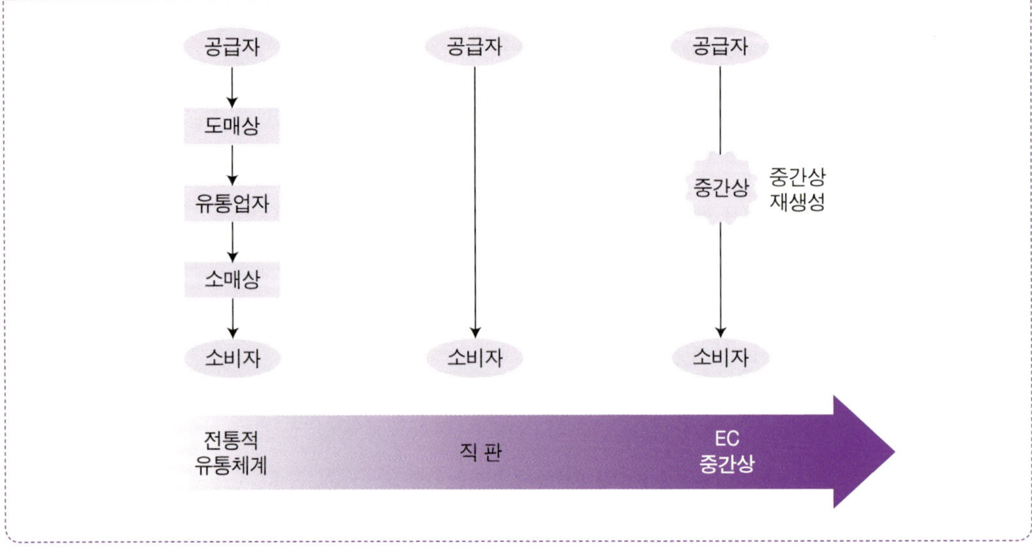

기 때문에 가격을 낮출 수 있게 되었다. 또한 전통적인 유통체계와는 달리 인터넷에서는 정보를 전달해 줌으로 해서 거래가 이루어지게 하는 새로운 중간상인인 정보중개업자가 생기게 되었다.

초기 단계에 제품이 표준화되어 있는 서적 등의 판매로 시작된 온라인 B2C 마켓이 〈표 5-2〉에서 보는 바와 같이 최근에는 식품, 의류 등 다양한 제품에서 거래가 활성화되고 있다.

이외에 기업과 소비자 간 전자상거래에 있어서 중요한 현상은 비교구매 서비스가 출현하고 있다는 것이다. 소비자가 구매를 주저하는 이유로는 지불 방식이나 보안뿐만이 아니라 거래방법과 가격 제시 등도 주요 문제임을 알 수 있다. 이러한 문제를 해결하기 위해 쇼핑 에이전트를 이용한 비교구매 서비스도 출현하게 되었다.

5.2.3 소비자와 소비자 간 전자상거래

소비자와 소비자 간(C2C)의 전자상거래에는 직거래와 경매가 대표적이며, 주로 일반적인 경매형태와 역경매가 이루어지고 있다. 전통적 경매방식이란 최저가로 시작해서 더 이상 높은 가격이 제안되지 않으면 최고가에 낙찰하는 오름차순 경매 제도를 말한다. 이는 가장 많이 이용되는 형태의 경매이다. 그러나 이와는 달리 인터넷에서는 역경매도 이루어지고 있다. 역경매란 전통적인 방식과는 달리 다수의 판매자가 구매자에게 상품을 판매할 경우에 주로 이용한다. 역경매에서는 구매자가 제품구매의사를 공시하고, 판매자가 자사제품의 우월성을 홍보하고 가격을 제시하게 된다. 최종 낙찰은 최저가를 제시한 판매자에게 이루어진다. 이러한 역경매를 통해서 판매자보다 소비자가 시장에서의 교섭력을 가지게 된다.

5.2.4 다양한 형태로의 진화: G2C, P2P

전자상거래는 기업과 소비자를 연결해 주는 시장에서 진화되어 정부기관도 국민들과 소통하고 업무처리를 하는데 적극적으로 사용하기 시작하였으며 개인 간에도 상호 파일을 공유하는 등 다양한 형태로 진화하고 있다.

〈표 5-2〉 2020년 전자상거래 상품군별 거래액								(억 원, %)
	2020년		2021년		전월대비		전년동월대비	
	연간	2월	1월*	2월*	증감액	증감률	증감액	증감률
합계	1,594,384	119,459	150,771	137,628	-13,143	-8.7	18,169	15.2
가전	2,54,877	19,433	26,648	24,322	-2,327	-8.7	4,889	25.2
컴퓨터 및 주변 기기	73,495	6,087	7,934	7,847	-87	-1.1	1,760	28.9
가전·전자·통신기기	181,382	13,346	18,715	16475	-2,240	-12.0	3,129	23.4
도서	35,024	2,808	3,568	3,072	-496	-13.9	265	9.4
서적	24,150	1,905	2,588	2,135	-453	-17.5	229	12.0
사무·문구	10,874	902	981	938	-43	-4.4	35	3.9
패션	455,356	32,776	35,838	32,589	-3,249	-9.1	-187	-0.6
의복	150,154	9,494	10,904	10,013	891	-8.2	520	5.5
신발	28,794	1,915	2,028	2,145	117	5.8	229	12.0
가방	27,301	2,108	2,282	2,374	92	4.0	266	12.6
패션용품 및 액세서리	22,545	1,841	1,773	1,629	-144	-8.1	-212	-11.5
스포츠·레저용품	53,696	2,978	3,930	3,628	-302	-7.7	469	21.8
화장품	124,311	10,486	10,806	9,006	-1,801	-16.7	-1,480	-14.1
아동·유아용품	48,557	3,955	4,115	3,796	-320	-7.8	-159	-4.0
식품	258,925	19,460	29,299	25,635	-3,664	-12.5	6,175	31.7
음·식료품	196,794	14,829	21,790	19,141	-2,649	-12.2	4,312	29.1
농축수산물	62,131	4,361	7,509	6,494	-1,015	-13.5	1,863	40.2
생활	228,137	17,728	20,512	18,560	-1,952	-9.5	832	4.7
생활용품	145,052	11,573	13,035	11,609	-1,426	-10.9	37	0.3
자동차 및 자동차용품	21,845	1,616	1,555	1,548	-7	-0.5	68	-4.2
가구	49,944	3,681	4,873	4,471	-403	-8.3	789	21.4
애완용품	11,296	858	1,048	932	-116	-11.1	74	8.6
서비스	323,629	24,002	31,735	30,746	-989	-3.1	6,744	28.1
여행 및 교통서비스	82,347	7,079	4,987	5,759	772	15.5	-1,320	-18.6
문화 및 레저서비스	8,926	656	343	767	424	123.5	111	16.9
e쿠폰서비스	42,662	3,292	4,405	3,867	-538	-12.2	576	17.5
음식서비스	173,336	11,353	20,310	18,685	-1,625	-8.0	7,332	64.6
기타서비스	16,357	1,623	1,690	1,668	-22	-1.3	45	2.8
기타	38,435	3,252	3,169	2,703	-466	-14.7	-548	-16.9

출처: 통계청, 온라인 쇼핑 동향 보도자료, 2021.02.

전자정부

전자정부(e-Goverment, G2C)란 인터넷과 통신망을 이용하여 정부기관이 국민 또는 기업 등과 정보를 교환하고 업무를 수행하는 시스템을 말한다. 정부기관이 국민과 소통할 경우는 G2C(Government-to-Citizen)라 하며 기업과 교류할 경우는 G2B(Government-to-Business)라 칭한다.

G2C의 경우 호적등본, 주민등록 발급 등의 서류처리 업무를 온라인으로 하는 형태가 있으며 세금 등 각종 공과금 지급 등의 세무, 회계적인 업무를 온라인으로 처리하는 등 다양한 형태가 있다. G2B의 경우 기업이 정부와 물자 구매, 조달과 관련된 부분이 대부분이나 정부의 각종 규정, 지침 정보 교환 등 정보교류업무 등 다양한 형태를 띠고 있다.

정부는 2019년 3월부터 공공부문 ICT 활용현황 및 문제점 검토에 착수하여 공공분야 디지털 전환을 위한 추진계획을 마련하였다. 디지털 정부혁신 추진전략(2019.10)에 따르면 대한민국 정부는 디지털 서비스에서 세계최고 선도국으로 재도약을 목표로 UN 전자정부 평가 1위를 목표로 하고 있다. 이를 위한 우선 추진과제는 〈표 5-3〉과 같다.

P2P 네트워크

인터넷을 통해 친한 동료들 또는 동호인들끼리 파일이나 문서를 주고 받는 네트워크를 구성할 경우 이를 P2P(Peer-to-Peer) 네트워크라 한다. P2P 네트워크는 중앙 데이터베이스나 중앙 서버가 있는 중앙집중형(centralized) P2P와 중앙 센터가 없이 단순 사용자들끼리만 연결되는 순수(pure) P2P의 두 종류의 형태가 있다.

〈표 5-3〉 대한민국 디지털 정부 혁신 추진전략

구분	우선 추진 과제
Front-End	• 선제적·통합적 대국민 서비스 혁신 • 공공부문 마이데이터 활성화 • 시민참여 플랫폼 고도화
Back-End	• 현장중심 스마트 업무환경 구현 • 클라우드와 디지털 서비스 이용 활성화 • 개방형 데이터·서비스 생태계 구축

중앙집중형 P2P의 경우 중앙 서버가 인덱스 기능, 파일 보호기능 등을 통해 시스템의 일체성, 일관성, 효율성과 보안성을 높일 수 있다는 장점이 있음에 비해 사용자가 몰릴 경우 시스템 속도가 저해되며 개인의 자율성을 해칠 가능성이 있다. 파일 다운로드 관련 저작권 이슈가 한동안 매스컴의 관심이었으며 불법음원 다운로드 문제 등이 있으나 P2P는 다수의 사용자들이 자신들의 자료를 자유롭게 공유할 수 있는 매우 효율적인 파일공유 시스템이라 할 수 있다.

유튜브대학

CASE 5-2

어딜 가나 디지털 트랜스포메이션(DX)이 화두인 시대다. 때로는 자고 일어나면 달라지는 듯한 세상사에 불안한 마음마저 들기도 한다. 스타 강사로 잘 알려진 김미경에게도 예외는 아니었다. 코로나19로 인해 오프라인 강연 자체가 씻은 듯이 사라져버린 뒤 허탈감을 느끼던 그의 선택은 무엇이었을까.

고민 끝에 자기계발 플랫폼 'MKYU(MK유튜브대학)'라는 스타트업 최고경영자(CEO)로 변신한 그를 화창한 봄날 만났다. 충청북도 증평에서 태어나 작곡을 공부한 피아노 선생님이 전국에 알려진 스타 강사로, 또 디지털 세계에 맞춘 온라인 대학 설립자로 끊임없이 변신할 수 있던 비결에 대해 물으며 대화를 시작했다. 특유의 화끈한 말투는 여전히 강의에 나설 때 모습 그대로였지만 한편에서는 그때보다 더욱 많은 이들을 책임져야 하는 경영자의 무게감도 느껴졌다.

— 코로나19 이후 삶이 완전히 바뀌었다고 들었다.

자기계발 강사로 살면서 적어도 세 달치 이상씩 일정이 잡히고 매일 전국을 돌며 가는 곳이 다르게 살았다. 한 30년 가까이 그렇게 살았는데 코로나19 이후로 강의가 하나도 안 생기더라. 마지막 강의가 언제였는지 정확히 기억하는데 작년 1월 22일이었다. 그때만 해도 한동안 쉬어가자고 생각했는데 4월쯤 되어 수입이 제로가 되니 비로소 공포가 밀려오기 시작하더라. 회사 주수익원이 내 강의다 보니 매출이 크게 줄고, 25년을 함께 일했던 직원이 같이 밥먹으러 가는 길에 월급 30%를 삭감해달라고 자청해서 중국집을 찾아가다가 눈물이 터져나오는 걸 숨겼던 적도 있었다.

— 변화가 선택이 아니라 필수에 가까운 순간이었던 것 같다.

그때 생각해보니 아날로그의 대표 특성이 전부 다 나에게 있더라. 사람이 모여야 하고, 특정 장소에서 만나야 하고…. 그러니 기존 내 콘텐츠와 커리어는 디지털에 대한 준비가 안 되어 있던 것이다. 그래서 그때부터 디지털에 '디' 자만 들어가도 닥치는 대로 읽으며 고민했다. 종이신문도 4종을 펼쳐놓고 읽었다. 그러다가 한 기사를 보고 유레카라고 느꼈다.

— 어떤 기사였나.

대학생들이 줌 강의를 하는 대신에 등록금 50%를 반환해달라고 시위하는 기사였다. 반대로 생각해보면 줌 강의에도 기존 등록금 50% 정도는 내겠다는 말이 아닌가. 동영상 강의도 유료화할 수 있겠다는 확신으로 직원들에게 콘텐츠 회사가 아니라 정보기술(IT) 회사가 되자고 말했다. 그날부터 당장 나도 코딩을 배우기 시작했다. 직접 뭘 만들기 위해서라기보다는 지금까지 네이버 인스타그램 페이스북 등 다 소비만 했으니 생산은 어떤 원리인지 조금이라도 이해해보기 위해서였다. CEO 입장이라는 게 그렇다. 급하면 2~3시간만 자면서 빠르게 공부하는 거다.

— 그 덕분에 온라인 대학 MKYU를 만들어 주목받고 있다.

즉시공부, 즉시교육을 원하는 30·40대 여성들이 타깃이다. 등록 학생이 10만명에 달한다. 1년에 9만 9000원인 입학금을 낸 사람을 열정대학생이라고 부르는데 이 숫자도 5만명에 가깝다. 이렇게 바뀌는 데 9개월 정도가 걸렸다. 가르치는 내용 역시 내가 직접 나서는 것은 5%도 안 된다. 1인 커머스 하는 방법도 있고 다른 사람을 가르치는 방법, 블로그 활용법, 영어 공부 등 실질적으로 필요한 교육을 다양한 강사들이 빠르게 전달하려는 것이다. 직원 2명 정도와 함께 시작했던 일이 점점 커져 지금은 직원이 90명을 넘게 됐다. 사무실 근처에서 새로 들어온 직원이 인사하는데 내 강연을 들은 팬인 줄 알고 실수한 적도 있을 정도다(웃음).

— 그런 식의 강의는 곧바로 고개를 끄덕이거나 소리를 내는 관중이 없어서 어렵지 않은가.

그게 꼭 그렇지만도 않더라. 강사로 이름을 얻게 된 후 대형 강의를 주로 했는데 그런 장소에서 뒷줄에 앉은 분들은 어차피 내 얼굴 표정도 잘 안 보이지 않나. 하지만 온라인 강의에서는 모두가 날 잘 볼 수 있다. N분의 1로 권리를 정확히 나누는 것이랄까. 중간 거래자인 '미들맨(middle man)'들이 사라지고 나와 관객이 직접 소통할 수 있는 길이 열린 것이다. 기존에 미들맨 역할을 하던 대학이나 언론사도 어떻게 바뀌어야 할지 고민이 많아지는 시대라는 이야기이기도 하다.

— 돌이켜보면 작곡을 공부하던 음악인에서 대중 강사가 된 것도 큰 변화였다. 변화가 많은 삶에 익숙한 것 같다.

증평 시골에서 연세대 작곡과에 수석 입학을 했으니 그때까지는 음악을 잘했다. 그런데 대학이라는 곳에 전공을 찾아서 내 꿈이라고 들어오지만 막상 내 꿈이 아닐 확률도 높지 않나. 내 경우도 그랬다. 일단 밥벌이는 해야 하니 졸업 후에 CM송 작곡하는 광고회사에서 근무했었는데 월급도 적어서 결혼하고 그만뒀다. 주부로 살면서 피아노를 가르치기 시작했는데 알고 보니 내가 뭔가 일을 만들고 나아가는 것을 좋아하더라. 전단지를 붙여야 할 때는 경비 아저씨와 친해져서 금방 붙이고, 학부모들과도 금방 친해지는 능력이 있더라. 새벽 4시 반에 일어나서 애들이 써놓은 학생카드를 보고, 레슨비 봉투에 아이들이 어떻게 피아노를 배우고 생활하는지 편지를 2장씩 자세히 써서 보내드렸더니 학부모들이 믿어주시고 사람이 늘었다. 증권회사 첫 월급이 90만원 할 땐데 내가 200만원 넘게 벌었으니 운영도 잘됐다. 그 덕에 음악협회에서 운영 비결을 강의해보라고 불렀는데 고민 끝에 '새벽 4시 반의 비밀'이라는 주제로 나섰다. 그게 내 첫 강의가 됐다.

— 시작은 운이 좋기도 했지만 직업을 바꾸는 게 마냥 쉬운 변화는 아니었을 것 같다.

작곡을 공부했고, 소재도 처음에는 피아노 학원 성공 사례밖에 없어서 기업에 강의를 다닐 때 무시받기도 했다. 강의 잘하는 법을 배운 적은 없으니 그걸 메꾸기 위해서 책을 열심히 읽으며 공부하고 강의로 만들었다. 그런데 신기하게 작곡이랑 똑같더라. 오케스트라가 연주를 한다고 하면 악장이 있고, 악장별로 소주제, 소주제 안에 클라이맥스가 있다. 그리고 그 안에 감정도 있어야 한다. 나는 강의 준비도 그렇게 작곡하듯 똑같이 썼다. 다만 그 주제는 계속 바뀔 수 있어야 한다. 강의를 30년 했다면 30번은 바뀌는 거다.

— 석사 논문 인용이 잘못된 일로 힘든 시간도 겪었다.

그게 2013년이었다. 인정하고 수용하는 게 우선이었다. 일이 풀리기 위해 안 풀리는 때도 있다고 생각한다. 최근에도 엔조이커플이라는 개그맨 부부 유튜버를 만났는데 지금은 성공했지만 개그맨일 때는 밥을 굶을 정도였다고 하더라. 그래서 그 친구들에게도 똑같이 유튜버로 잘 풀리기 위해 개그맨으로 잘 안 풀린 것이라고 말해줬다. 불행은 내가 그 불행을 대하는 방식에 따라서 집채만큼 커질 수도 있고 주머니 안에 들어갈 정도일 수도 있다. 나는 그렇게 힘들고 일이 안 풀릴 때면 다른 건 할 것도 없으니 공부라도 열심히 하면서 시간을 채웠다. 당시 2년 정도 정말 힘들었지만 어떻게 내가 살지는 매일 아침 선택할 수 있는 것 아닌가. 그냥 밥 먹고 공부만 했는데 과학책 읽다가 양자역학 공부까지 하고 그랬다. 지금이라도 강의나 사업을 할 수 없는 힘든 일이 생기면 밥솥 하나랑 책 들고 어디론가 갈 것 같다.

— 다른 할 일도 많은데 마냥 공부만 하라고 하면 젊은 이들은 싫어하지 않을까.

물론 공부만 할 수는 없다(웃음). 나도 피아노 학원을 운영하다가 전업강사로 바꿀 때 마음먹었다고 해서 곧바로 바꾼 것이 아니다. 피아노 학원을 일단 하면서 조금씩 강의를 해보고 확신이 선 뒤 2년 정도 지나 전업강사가 됐다. 자신이 원하는 것을 하기 위해 공부하고 준비하긴 해야 하지만 생계를 위협하지 않는 선에서 현실적으로 움직여야 한다는 것을 나도 안다. 한 80%는 현재에 쓰고, 20%는 미래를 위해 쓰라고 하고 싶다. 난 지금도 아침에 일어나서 영어 공부를 2시간씩 하고 있다. 미래에 되고 싶은 게 있다면 몸을 미래로 향해 돌려야 한다. 다만 완전히 돌릴 수 없으니 20%만이라도 돌려놓는 거다.

— 그렇다면 지금은 어떤 미래를 향해 몸을 돌리고 있나.

일반인을 위한 스피치 마스터클래스를 열기로 했다. 나는 말로 평생을 먹고살았는데 요즘 보니 은퇴한 운동선수, 의사, 요리사, 디자이너 등 다양한 첫 직업을 가진 분들도 두 번째 직업은 전부 똑같이 말하는 것이더라. 한의사인데 건강관리를 잘 풀어서 설명해주거나 즐겁고 재미있게 요리를 알려주는 요리사라거나 결국 다 말을 잘해야 한다. 가만히 보니 사람들이 실력에 비해 말을 잘 못하는 경우도 많다. 뛰어난 실력을 갖추고 많은 경험이 있는 이라고 해도 논리만 있거나 에피소드만 있거나 하면 종합적으로는 말을 잘하지 못하는 것이다. 그렇다고 너무 앞서나간 사람이 될 필요는 없다. 요즘은 사람들이 자신보다 반보 정도 앞서나간 사람한테 배우는 게 적절하다고 느끼고 기꺼이 돈을 내는 시대다.

— 자신을 위한 미래 계획이 또 있다면 무엇일까.

지난 30년간 내가 만든 커리어의 테두리 안에서 강사 김미경으로 살아왔다고 생각한다. 내가 만든 것들이지만 이걸 좀 확장하고 아예 다른 환경에서도 살아보고 싶은 마음이다. 내가 애 셋을 키웠는데 큰애가 이제 32세이니 다 큰 것 아닌가. '세컨드 라이프'가 찾아온 것이다. 나는 유학을 꼭 해보고 싶었는데 60세 이후에는 제대로 공부 좀 해봐야겠다고 생각한다. 학위를 딴다는 개념이 아니라 그냥 자유롭게 공부하고 다른 세상에서 다른 경험으로 네트워킹하고 싶다. 올해부터는 외국 저자와 한 달에 한 번씩 인터뷰하고, 60세가 넘으면 아예 외국에 나가서 공부하는 것이 꿈이다. 남편도 그래라 하고 응원해주고 있다. 나이를 먹고 나면 부부도 더 욕심부리지 말고 응원을 해줘야지. 돈 때문에, 밥 때문에 붙잡아두지 말고 말이다. 안 그런가?

She is…

1965년 충청북도 증평에서 태어나 연세대 작곡과에 수석 입학했지만 음악에는 큰 뜻이 없다는 것을 깨달았다. 결혼 후 1남2녀를 키우며 피아노 학원 운영에 성공하고 우연히 강연을 하게 된 이후 진로를 바꿔 오늘날 30여 년의 강연 경력을 보유한 스타 강사가 됐다. 오프라인 강연 외에도 유튜브 채널 '김미경TV' 크리에이터이자 국내 최초 유튜브대학인 'MKYU' 학장으로도 활발하게 활동하고 있다.

출처: 매일경제, 이용익 기자, 2021.04.30.

토론

1. 유튜브대학의 특징이 무엇인지 논의하시오.
2. 김미경 CEO의 성공 이유에 대해서 논의하시오.

5.3 인터넷 마케팅과 광고

5.3.1 전통적 마케팅과 인터넷 마케팅 패러다임

전통적인 마케팅의 특징이라면 대량생산에 따른 매스 마케팅(mass marketing)이라고 할 수 있다. 즉, 대량생산은 소량의 품종을 생산할 수밖에 없기 때문에 이러한 소량 제품을 소비자들에게 효율적으로 알림으로써 대량판매를 유도하게 되기 때문에, 매스미디어를 통해서 대중에게 홍보하게 된다. 이러한 매스미디어는 고비용이며 비효율적이지만 많은 사람에게 광고할 수 있다는 장점이 있다. 또한 매스마케팅의 특징으로는 대규모의 동질적인 시장을 타깃으로 해야 하고, 표준화된 상품과 서비스에 적합하다는 것이다. 반면 불특정 다수에게 광고를 노출시키는 것이기 때문에 비용대비 효율성 측면에서는 비효율적일 수 있다. 따라서 광고비용이 높기 때문에 광고효과에 대한 분석이 필요하다고 할 수 있다.

전통적 마케팅 패러다임

전통적 마케팅 패러다임으로는 고객화, 관계 마케팅, 데이터베이스 마케팅 등이 있다. 첫째, 고객화(mass customization)란 모든 사람들의 고유한 니즈(needs)에 맞는 상품과 서비스를 제공하는 것을 의미하며, 유연성과 신속한 반응을 통한 다양성과 고객화가 목표이다. 예를 들어 델컴퓨터의 경우, 인터넷상으로 고객들이 자신이 원하는 컴퓨터의 사양을 주문하면 바로 조립해서 판매하는 고객주문형 대량생산을 한다. 이러한 고객화의 특징으로는 수요 세분화, 고객화된 상품과 서비스 제공, 짧은 제품수명주기 등을 들 수 있다.

둘째, 관계 마케팅은 시장경쟁이 치열하고 신규고객 창출보다 단골고객 유지가 더 중요하다는 인식이 나오면서 대두되기 시작하였다. 즉, 상위 20%의 고객이 매출액의 80%를 차지하고 있으며, 신규고객 확보비용이 기존고객 유지비용보다 몇 배나 더 든다는 것을 기업들이 인식하기 시작했기 때문이다. 따라서 관계 마케팅의 목표는 시장 점유율보다는 고객 점유율이라고 할 수 있다. 즉, 거래량에 근거한 단기적 이익보다는 고객유지에 기초한 장기적인 이익을 추구한다고 할 수 있다.

마지막으로 데이터베이스 마케팅이란 관계 마케팅과 비슷한 개념이지만 고객을 평생고객으로 관리하자는 의미가 있다. 즉, 고객 라이프사이클을 관리하면서 특정 사건이 발생한 순간마다 고객에게 적극적으로 구매를 권유하는 이벤트 마케팅을 통해 평생 고객으로 전환하자는 것이다. 이러한 데이터베이스 마케팅이 가능하게 된 원인으로는 고객의 인구통계학적이거나 행태적인 데이터를 획득할 수 있게 되고, 많은 데이터를 분석할 수 있는 데이터베이스 처리기술이 발전했기 때문이다.

이러한 데이터베이스 마케팅에서 비롯된 전통적인 마케팅으로는 프리퀀시 마케팅, 다이렉트 마케팅, 텔레마케팅, 통합 콜센터(CTI: Computer Telephony Integration) 등이 있다. 먼저, 프리퀀시 마케팅이란 마일리지를 통해 많은 물건을 구매하거나 서비스를 구매하는 우량고객에게 혜택을 부여하는 마케팅 기법으로, 이를 통해 우량고객이 경쟁사로 이탈되는 것을 방지할 수 있다. 둘째, 다이렉트 마케팅이란 이벤트, 결제 안내문 등을 우편 카탈로그로 발송하는 것을 의미한다. 텔레마케팅이란 전화를 통한 판매활동과 해피콜 등을 의미한다. 마지막으로 통합 콜센터란 데이터베이스를 기반으로 구내교환기(PBX: Private Branch eXchange), 음성응답장치(VRU: Voice Response Unit) 등을 연결하여 각종 전화서비스를 실행하는 곳을 말한다. 이를 통해 전화를 건 고객을 기다리지 않게 하거나 고객이 걸어온 전화로 문의사항에 관련된 상품을 판매할 수 있다.

인터넷 마케팅 패러다임

전통적 마케팅 활동은 여러 가지 측면에서 비효율성을 가지고 있다. 즉, 전통적인 마케팅은 매스미디어를 통한 불특정 다수를 위한 광고이기 때문에 타겟팅이 어렵고, 복잡한 유통단계로 인해 비용이 높다. 또한 대량생산, 대량판매, 대중 마케팅이기 때문에 개별적인 고객의 요구를 충족시키기 어렵다는 한계가 있다. 이러한 전통적 마케팅은 전자상거래의 등장으로 인터넷 마케팅 패러다임으로 변하고 있다. 인터넷 마케팅이란 인터넷을 통해 상품과 서비스를 판매하고 소비자가 인터넷을 통하여 고객 서비스를 받는 등의 일련의 행위를 의미한다. 〈표 5-4〉는 인터넷을 통한 마케팅 활동의 변화를 보여주고 있다.

〈표 5-4〉 인터넷을 통한 마케팅 활동의 변화

목표	시장점유율 → 고객 점유율
마케팅 전략	대중마케팅 → 일대일 마케팅
마케팅 과정	특정제품의 대량판매 → 특정 고객별 다양한 제품의 반복적 교차판매(cross selling)
마케팅 커뮤니케이션	일방향(one-way) → 쌍방향 커뮤니케이션(two-way)

〈그림 5-6〉 마케팅 개념의 차이

인터넷 마케팅의 기대효과로는 고객과의 쌍방향적이며 일대일 관계의 형성이다. 또한 인건비와 고정비 등 판매경비를 절감할 수 있으며, 공간적인 제약을 극복함으로써 전시공간과 매장관리 비용을 절감할 수 있다. 그 외에 전통적인 매체(신문, 방송)에 비해 제공되는 정보의 양이 무제한이고, 기존 마케팅에서 카탈로그 제작 등에 소요되는 종이, 잉크, 연료를 절약하는 등 환경보호도 가능하다.

전통적인 매스마케팅과 인터넷 마케팅의 차이를 보면 〈그림 5-6〉과 같다. 전통적인 매스마케팅에서는 기업이 여러 가지 제품 중에서 몇 개의 제품을 선택하고 그 제품을 고객에게 홍보하는 형태이다. 이에 비해 인터넷 마케팅에서는 기업이 인터넷상에 다양한 제품을 제공하면 고객이 선택하는 형태이다. 즉, 전통적인 매스마케팅에서는 기업이 제품을 선택했으나 인터넷 마케팅에서는 고객이 제품을 선택하여 고객이 관심 있는 제품을 구매할 수 있기 때문에 더 효율적이라고 할 수 있다.

이러한 인터넷 마케팅의 형태로는 이메일 마케팅, 전염성 마케팅, 퍼미션 마케팅, 협력 마케팅 등이 있다. 이메일 마케팅이란 전자 카탈로그, 온라인 설문, 온라인 제품 설명서를 이메일로 발송하는 형태를 말하는 것으로 과거의 DM 마케팅과 같은 형태를 의미한다. 전염성 마케팅이란 이용자가 의식적 또는 무의식적으로 서로 알리면서 퍼져나가게 하는 효과를 주는 마케팅 활동이다. 주로 SNS를 통해 급속하게 퍼져나간다. 퍼미션 마케팅이란 스팸메일과 다르게 고객에게 정보서비스를 제어할 수 있는 권한을 부여하고 동의를 얻는 것을 말한다. 협력 마케팅이란 웹사이트 간의 목표가 유사하고 상생(相生)의 여지가 있다면 서로 도와가면서 고객들을 모으고 유지하는 마케팅을 의미한다.

팔도비빔면 '괄도네넴띤' 되니 7만 5,000개 23시간만에 완판 CASE 5-3

팔도 비빔면(네넴띤) 전염성 마케팅 사례

괄도네넴띤'. 팔도가 비빔면 출시 35주년을 기념해 선보인 제품의 이름이다. 팔도 비빔면 포장지 글씨체가 언뜻 '괄도네넴띤'처럼 보인다고 해 젊은 층 사이에서 유행한 신조어에서 따왔다. 이는 멍멍이를 '댕댕이'로 표기하는 것과 같이 기존에 있던 단어를 비슷한 모양의 글자로 변형하는 방식이다.

팔도는 이 신조어를 한정판에 적용해 판매하기로 결정했다. 기존 팔도 비빔면과 달리 포장에서부터 차별화를 뒀다. 비빔면을 상징하는 파란색 대신 흰색 바탕으로 포장해 시각적인 효과를 극대화했다. 또 기존 제품보다 더 맵다. 괄도네넴띤엔 할라피뇨 분말과 홍고추가 들어가 매운 정도를 나타내는 스코빌 지수가 2.652SHUD에 달해 기존 팔도 비빔면보다 5배 더 매운 것이 특징이다.

괄도네넴띤에 대한 소비자 반응은 폭발적이다. 팔도는 지난 19일부터 25일까지 일주일간 온라인 쇼핑몰 11번가 단독으로 이 제품의 판매에 들어갔다.

각종 포털에선 괄도네넴띤이 인기검색어 톱10에 꾸준히 오르며 소비자의 이목이 쏠렸고, 준비했던 일주일 치 판매 물량 1만 5,000세트(7만 5,000개)는 불과 23시간 만에 전부 팔렸다. 팔도 측은 부랴부랴 괄도네넴띤 공장 라인 완전가동에 들어갔으며 3월 초로 예정된 오프라인 판매를 앞당긴다는 계획을 세우고 있다.

윤인균 팔도 마케팅 담당자는 "네넴띤이란 제품을 출시하기까지 언어 파괴라는 측면에서 우려의 목소리가 높아 내부적으로도 고민이 많았다"며 "하지만 문화로 받아들이는 게 맞는다고 판단해 출시를 결정했다"고 말했다. 그는 또 "젊은 층을 타깃으로 하는 제품으로 그들의 언어로 제품화를 했을 때 더 감성을 자극할 수 있다고 결론을 내렸다"고 설명했다.

출처: 중앙일보, 곽재민 기자, 2019.02.22.

토론

1. 언어파괴가 가져오는 전염성 마케팅의 효과에 대하여 논하시오.
2. 팔도 비빔면의 전염성 마케팅 효과를 논하시오.

새로운 인터넷 패러다임: 긴꼬리 효과(롱테일 효과)

전통적인 마케팅 패러다임에 파레토 법칙이 있다면 인터넷 마케팅에는 롱테일 효과(long tail effect)가 있다. 파레토 법칙은 일반적으로 상위 20%의 고객이 매출의 80%를 창출한다는 이론에 근거하고 있다. 우수 고객에게 특별 서비스를 제공하는 VIP 마케팅의 이론적 근거를 제시하고 있다. 이러한 경우는 백화점, 은행 등 오프라인 마켓 대부분의 경우에 적용된다고 볼 수 있다. 또한 이런 파레토법칙은 히트 상품 20%가 기업의 매출에 지대한 영향을 미치는 효과와도 비교될 수 있다.

하지만 인터넷 쇼핑몰의 경우 오프라인 시장과 차별화되는 점이 검색기능이다. 대부분의 인터넷 쇼핑몰 고객은 쇼핑몰 사이트에서 자신이 원하는 상품을 검색한 후 쇼핑을 시작한다. 예를 들어 인터넷 서점의 경우 매우 다양한 책이 판매되는 바 희귀 서적을 포함한 일반 다품목 소량 판매 책자의 매출이 베스트셀러를 포함한 인기 책자의 소품목 다량 판매액보다 훨씬 크다는 이론이 롱테일효과이다. 이는 인터넷 서점의 창고 등 재고비 부담이 오프라인 마켓에 비해 적어 훨씬 다양한 종류의 서적 판매가 가능하다는 사실이 이를 뒷받침한다.

긴꼬리 효과는 온라인 마켓의 특수성에 기인하는 것이기는 하나 오프라인 시장에서도 '조용한 다수'의 소리에 포커스를 맞출 경우 가능성은 항상 존재한다고 할 수 있다.

5.3.2 인터넷 광고

인터넷 광고란 인터넷에서 특정 광고주에 의해 유료의 형식으로 자신의 상품, 서비스 등과 같이 특정한 목적을 수행하기 위한 멀티미디어적 커뮤니케이션 활동을 의미한다. 인터넷 광고의 특징으로는 광고효과측정이 가능하다는 것이다. 예를 들어 기존의 인쇄광고나 전파매체와는 달리 얼마나 많은 사람이 광고를 보았는지를 알 수 있으며, 또한 파악된 사용자의 프로파일을 가지고 특정인을 대상으로 광고를 뿌려 줄 수 있다.

인터넷 광고의 장점으로는 전 세계 고객을 대상으로 시간제약이 없으며, 정보를 무제한으로 공급하여 관련 제품의 정보를 종합해서 광고할 수 있다는 것이다. 또한 멀티미디어를 통한 쌍방향 커뮤니케이션이 가능하고 특정대상광고나 맞춤광고도 가능하다. 그 외에 광고를 곧바로 구매로 연결할 수 있으며, 광고내용을 갱신하기가 용이하며, 비용이 적게 들고, 마케팅 효과 측정이 용이하다.

1990년대 후반에는 인터넷의 주된 광고 수단이 배너광고였으며 배너광고가 결국은 인터넷의 주 수입원이 될 것으로 많은 사람들이 예측하였다. 하지만 이 예상은 빗나가고 많은 광고주들이 배너광고의 효과성에 회의를 품고 적극적인 투자를 회피하였다. 2000년대에 들어서면서 키워드 검색을 통한 광고에 다양한 광고주들이 관심을 보이면서 인터넷 광고시장의 규모가 기하급수적으로 커지기 시작하였다. 최근 예산별 집행 광고 유형을 살펴보면, 〈그림 5-7〉에서 보는 바와 같이 동영상 광고가 20%, 키워드 검색광고가 42%, 노출형(배너 등) 광고가 38%로 나타났다.

〈그림 5-7〉 2020년 인터넷 광고 유형 (단위: 억 원)

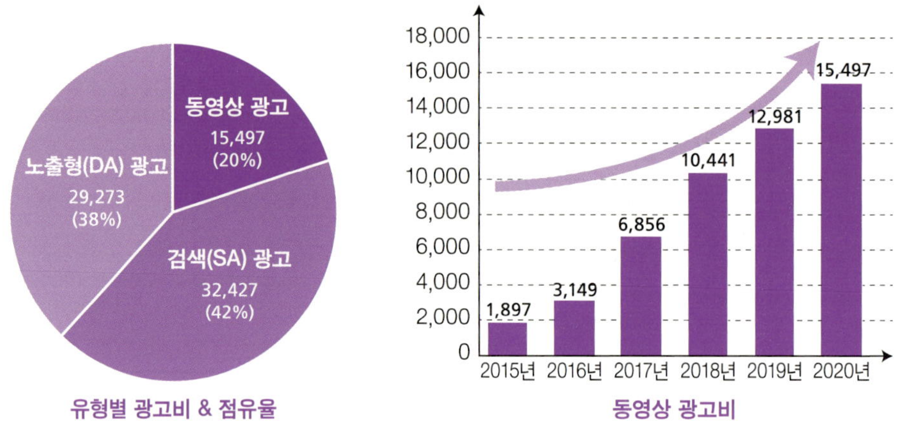

- 2020년 검색 광고 집행 추정치: 3조 2,427억 원, 전년대비 약 7.4% 증가
- 2020년 노출형 광고 집행 추정치: 2조 9,273억 원, 전년대비 약 31.7% 증가
- 2020년 동영상 광고 집행 추정치: 1조 5,497억 원, 전년대비 약 31.4% 증가

출처: 한국온라인광고협회, 2020온라인광고 시장 분석 및 전망, 2021.03.

5.3.3 배너광고와 키워드 검색광고

인터넷 배너광고 이용방법

인터넷 광고를 하기 위해서는 광고 대행사를 이용하거나 직접 광고하는 방법이 있다. 먼저 광고대행사를 이용하는 것은 홈페이지의 제작과 홍보 및 광고를 도맡아 해주는 대행사를 이용하는 방법을 말한다. 이러한 기관을 이용하게 되면 비용은 올라가지만 체계적인 관리가 가능하다는 장점이 있다. 다른 방법으로는 직접 인터넷 광고를 하는 것이다. 직접적으로 인터넷 광고를 활용하는 방법으로는 야후와 같은 디렉토리 검색엔진에 등록하는 방법과 다른 유사 사이트와 제휴를 맺어 배너를 상호교환하는 방법이 있다. 그 외에도 전자우편을 이용해서 광고를 하는 방법이 있다. 이러한 방법은 일반적으로 무료로 이용할 수 있는 광고의 형태이다.

이 외에도 직접적인 광고이지만 유료로 이용할 수 있는 방법이 있다. 먼저 특정 사이트에 배너광고를 게재하는 방법으로 유명사이트에 돈을 주고 광고를 게재하는 방법이 있다. 이는 또한 특정 광고주의 배너만을 전시해주는 고정식과 동일 프레임에 여러 광고주의 배너를 돌아가며 전시하는 회전식이 있다. 이 외에도 유료로 검색엔진에 배너

광고를 게재하는 방법이 있다. 위에서 언급한 것처럼 검색엔진의 디렉토리에 등록하는 것은 무료이지만 배너형태의 광고를 이용하는 것은 유료이다.

인터넷 배너광고 효과 측정

어떠한 광고 매체이건 광고의 효과를 측정할 수 있어야 광고비를 산정할 수 있고 광고주를 유인할 수 있다. 인터넷 배너광고의 효과를 측정하기 위해서는 다양한 방법이 쓰이고 있다.

첫째, 히트수를 이용하여 노출효과를 측정하는 방법이 있다. 이는 특정 웹사이트를 방문한 사람의 수를 이용하여 노출효과를 측정하는 것으로 인터넷 초기에 많이 사용하였던 방법이다. 그러나 히트수는 시간을 전혀 측정하지 않고 있기 때문에 광고가 효과를 발생시키는데 필요한 최소한의 시간을 전혀 고려하고 있지 않다는 단점이 있다. 즉, 접속자가 접속 서버에 있는 파일들을 건드리기만 하면 횟수로 기록되므로 한 사람의 방문이 수십 번의 히트수로 기록될 수 있다.

둘째, 방문횟수(visit)를 이용하여 노출효과를 측정하는 방법이 있다. 이는 특정 웹사이트를 일정시간 이상 사용한 방문자의 수를 이용하여 노출효과를 측정하는 방법이다.

셋째, 뷰(view)를 이용하여 노출효과를 측정하는 방법이 있다. 뷰란 특정 사이트의 수십 개의 페이지 중 특정 페이지가 노출된 횟수를 지칭하는 것으로 뷰는 다른 말로 임프레션(impression)이라고 할 수 있다. 오늘날 대부분의 사이트에서 제공하는 CPM(Cost Per Mile)은 바로 뷰에 근거하여 1,000뷰당 광고비를 설정하는 방법이다.

네 번째, 클릭(ad click 또는 click-through)을 이용하여 노출효과를 측정하는 방법이 있다. 이는 노출된 광고 배너에 대해 실제로 어느 정도 클릭했는가를 나타내는 지표이다. 따라서 접속자의 능동적인 반응을 요구하는 개념이라고 할 수 있다.

마지막으로, 사용자 정보를 이용하여 노출효과를 측정하는 방법이 있다. 이는 접속자의 신상, 즉 성별, 나이, 직업 등을 미리 확인해 두고 나서 해당 사용자의 구체적인 프로파일에 근거하여 분석하는 방법이다.

배너가격 결정방식

인터넷 배너가격 결정방식으로는 CPM, CPC/CTR, 고정요금 등이 있다. CPM(Cost Per Mill)이란 인쇄 미디어 광고에서 많이 사용되는 지표로써, 배너의 노출 횟수에 따라 광고 가격을 산정하는 방법으로 1,000회 동안의 광고 노출을 기준으로 가격을 책정한다. 이러한 방법은 배너가 게재된 기간이나 광고에 노출된 사람들이 어떤 반응을 보였는지에 관계없이 계약된 횟수의 배너를 웹사이트에서 노출시켜야 한다. 그러나 페이지 요청횟수와 실제로 다운로드된 횟수와의 차이가 존재하며, 캐시에 의한 배너노출 파악이 곤란하다는 단점이 있다.

둘째, CPC(Cost Per Click)/CTR(Click-Through Rate)은 방문객이 직접 클릭한 배너광고의 횟수에 따라 가격을 책정하는 방법이다. 이러한 방법은 1996년 Proctor & Gamble(P&G)사가 야후에 클릭(click-through) 기반의 광고 가격을 처음 요구하면서 시작되었다. 예를 들어 2% CTR이란 100명의 임프레션당 2명이 클릭했다는 것을 의미한다. 미국의 경우에는 평균 CTR이 2.6%이나 국내의 경우에는 1% 정도인 것으로 조사되었다. 그러나 이벤트를 하거나 공짜 제품을 주는 경우에는 30%까지 올라갈 수 있다. 그러나 이 방법은 배너광고 피라미드로 악용될 수 있다는 단점이 있다. 즉, 클릭 횟수에 따라 광고비를 받게 되므로 배너 클릭만을 강력하게 유도하게 되어 오히려 타겟팅이 혼란스러울 수도 있다. 따라서 아직까지 CPM 모형에 비해 널리 사용되지는 않고 있는 실정이다.

그 외에 배너광고를 본 사용자가 등록하거나 경품행사에 참여하는 등 광고주가 원하는 특정한 행동을 수행한 횟수에 따라 배너 가격을 책정하는 CPA(Cost Per Action) 모델이 있다. 또한 배너를 통하여 구매를 하거나, 배너를 클릭한 후 웹사이트로 이동하여 구매했을 때만 구매 금액의 일정 비율을 배너광고 가격으로 책정하는 CPS(Cost Per Sale) 모델도 있다. 그 외에 배너광고를 통하여 고객이 특정 종류(예: 회원 등록 등)의 트랜잭션을 발생시켰을 때 이에 따라 가격을 책정하는 CPT(Cost Per Transaction)도 있다.

광고주의 경우 브랜드 홍보가 주목적인 경우에는 CPM모델을 이용할 수 있다. 즉, 방문자들의 배너 클릭횟수를 증대시키기 위해서는 특정한 브랜드를 강조하기보다는 방문자의 관심사가 될 만한 포괄적인 형태의 배너 문구가 더 효과적이기 때문이다. 자신의 사이트로 트래픽이 얼마나 발생했는가가 주된 관심사가 되는 웹사이트 홍보가 주목적인 경우에는 CPC모델을 이용할 수 있다.

인터넷 키워드 검색 광고

키워드광고란 고객들이 포털사이트나 인터넷 검색사이트에서 검색할 경우, 사전에 체결된 광고계약에 따라 검색한 키워드와 관계있는 회사의 홈페이지를 차별적으로 제공하여, 특정 제품 또는 서비스를 홍보하는 형태의 광고이다. 이 경우 일반적으로 고객에게 제공되는 정보의 우선순위는 광고주의 광고비가 많을수록 높다.

비즈보드 일매출 10억… 전년비 2배 성장

CASE 5-4

일매출 10억 '카톡 광고판' 품은 카카오 연매출 4조 시대 열었다

4분기 플랫폼 부문 매출은 전년 동기 대비 48% 증가한 6570억 원으로 집계됐다. 카카오톡 안에서 일어나는 모든 사업을 일컫는 '톡비즈' 매출은 전년 동기 대비 63% 증가한 3603억 원이다.

특히 카카오톡 대화창 상단 광고판인 비즈보드의 가파른 성장세가 매출 상승을 이끌었다.

여민수 카카오 공동대표는 이날 실적발표 이후 진행된 컨퍼런스콜(선화회의)에서 "비즈보드는 국내 광고 시장에 성공적으로 안착하면서 지난해 12월 일평균 매출이 전년 대비 두 배 성장한 10억 원을 달성했다"며 "비즈보드의 확대로 자신이 좋아하는 브랜드 카카오톡 채널과 친구를 맺는 이용자도 꾸준히 증가하며 작년 한 해 카카오톡 채널 매출은 42% 증가했다"고 말했다.

여 대표는 또 "선물하기, 톡스토어, 메이커스를 포함한 카카오커머스의 4분기 거래액은 전년 동기 대비 71% 증가하며 높은 성장세를 이어갔다"며 "선물하기는 전년 동기 대비 61% 성장했고, 톡스토어는 4분기 거래액이 전년 동기 대비 3배 이상 성장하는 높은 성과를 기록했다. 카카오 쇼핑 라이브의 4분기 거래액은 전분기 대비 4배 가까이 성장했다"고 했다.

그는 "비즈보드 상품은 채팅탭 외에도 샵탭, 그리고 카카오T로도 확대 중"이라며 "기존 비즈보드가 아닌 곳에서 상품이 노출된 것도 광고 효율성을 높이는 측면에서 점차 비즈보드로 통합되어 나갈 계획"이라고 했다.

포털비즈 매출은 신종 코로나바이러스 감염즈(코로나19) 영향으로 검색 광고 매출이 감소해 전년 동기 대비 9% 감소한 1227억 원을 기록했다.

포털비즈 매출엔 포털 다음(Daum) PC와 모바일을 비롯해 카카오스토리·스타일·페이지 및 기타 자회사 광고가 포함된다.

출처: 뉴스1, 손인해 기자 · 김근욱 기자, 2021.02.09.

토론

1. 비즈보드가 급성장한 이유에 대해 논의하시오.
2. 향후 비즈보드의 발전 전망에 대해 논의하시오.

(단위: 십억 원)

	2018	2019	2020	YoY
매출	2,417.0	3,070.1	4,156.7	+35%
플랫폼 부문	1,039.3	1,434.7	2,145.9	+50%
톡비즈	421.1	649.8	1,117.8	+72%
포털비즈	495.4	523.6	477.9	-9%
신사업	122.7	261.3	550.1	111%
콘텐츠 부문	1,377.7	1,635.4	2,010.8	23%
게임	417.0	397.4	495.5	25%
뮤직	532.9	586.6	612.6	4%
유료콘텐츠	218.4	297.2	528.0	78%
IP 비즈니스 기타	209.5	354.1	374.7	6%
영업비용	2,344.0	2,863.3	3,700.7	29%
영업이익	72.9	206.8	456.0	120%
영업이익률	3.0%	6.7%	11.0%	+4.3%pt
연결당기순이익	15.9	-341.9	167.1	흑자전환
지배지분순이익	47.9	-301.0	149.6	흑자전환
비지배지분순이익	-32.0	-40.9	17.5	흑자전환

카카오의 실적요약 - 2020년 연간

인터넷 키워드(internet keyword)란 사용자가 회사명, 브랜드명, 상품명을 직접 브라우저 주소창에 키워드를 입력시킴으로써 원하는 특정 사이트로 즉시 접속하게 하는 단어이다. 고객들이 회사명, 브랜드명 또는 상품명 중 어느 것을 입력해도 자동으로 해당 회사의 제품 웹페이지로 직접 접속하게 하는 방식이다.

인터넷 키워드의 특징과 장점으로는 고객들이 해당브랜드의 웹페이지로 쉽게 접근이 가능하다는 것이며 키워드를 통해 다양한 형태의 온라인 매체로 연결, 상호 간 홍보의 극대화를 꾀할 수 있게 된다.

5.4 전자결제와 핀테크

인터넷의 활용은 이제 단순히 홈페이지를 통한 공개된 정보의 흐름에만 국한되지 않는다. 홈페이지를 통한 광고나 마케팅 활동의 경우에는 공개가 되는 것이 원칙이지만, 기업의 내부 종업원들만이 이용하는 정보, 외부 공급업자만 접근해서 보아야만 하는 정보들, 그리고 쇼핑몰의 경우 신용카드 정보 등은 보안이 유지되어야 하는 정보이다.

이와 같이 보안이 유지되어야 하는 정보들이 공개된 인터넷을 통해서 전달이 될 때 심각한 문제가 발생할 수 있기 때문에 현재 인터넷에서 정보를 보내거나 받기 위해서는 암호화나 인증과 같은 방법을 이용해서 보안을 유지하고 있다.

일반적으로 인터넷에서 일어날 수 있는 문제와 이에 대한 해결책은 〈표 5-5〉와 같다. 처리중인 데이터가 변경되는 것을 막기 위해서는 암호화가 이용되고, 신분을 확인하기 위해서는 인증이 필요하며, 기업의 중요한 데이터를 외부로부터 보호하기 위해서는 방화벽이 필요하다. 이 중에서 전자상거래를 통한 지불이 이루어지기 위해서는 먼저 암호화와 인증 부분이 해결되어야 한다.

전자상거래 보안에는 일반적으로 기밀성, 인증, 무결성, 부인 방지라는 네 가지 차원이 있다. 먼저, 기밀성이란 수신자 이외에는 데이터를 보지 못해야 한다는 것을 의미한다. 둘째, 인증이란 송신자와 수신자의 진위를 파악할 수 있어야 한다는 것을 의미한다. 즉, 고객이 믿을 수 있는 고객인지, 상점이 믿을 수 있는 상점인지 파악할 수 있어야 한다는 것이다. 셋째, 무결성이란 데이터가 중간에 변조되지 않고 그대로 전달이 되어야 한다는 것을 의미한다. 마지막으로 부인 방지란 거래 부인 방지를 의미하며, 후에 송신

〈표 5-5〉 인터넷 보안문제와 해결책

발생 가능한 문제	해결책	관련 기술
처리중인 데이터를 가로채서 허가 없이 변경하는 경우	암호화 (encryption)	관용키 알고리즘 공개키 알고리즘
사용자가 부정 행위를 위해 자신의 신분을 위장할 경우	인증 (authentication)	전자서명 (digital signature)
허가받지 않은 사용자가 다른 네트워크에 접근하는 경우	방화벽 (firewall)	방화벽(firewalls) VPN

자나 수신자가 거래를 부인하지 못하는 것을 의미하며 영수증의 기능을 의미한다. 이러한 전자상거래 보안의 네 가지 차원을 제공해 줄 수 있는 해결책이 바로 암호화와 전자인증이다.

5.4.1 암호화와 암호화키

암호란 무엇인가에 대해 이야기를 하기 위해서 줄리어스 시저의 예를 들고자 한다. 시저는 아군에게 보내는 메시지가 적에게 노출되지 않도록 하기 위해서 특별한 암호를 사용했다.

예를 들어 'L FDPH L VDZ L FRQTXHVHG'라는 암호문이 있다고 하자. 이를 해독하기 위해서는 암호화하는 방법, 즉 암호화 알고리즘을 알아야 한다. 본 예에서는 암호문의 영문자 알파벳을 3칸씩 뒤로 이동시켜 보면 대응되는 규칙을 쉽게 발견할 수 있을 것이다. 즉, 위의 암호문을 해독하면 'I CAME I SAW I CONQUERED'이라는 문장이 나올 것이다. 암호란 이처럼 암호문과 암호알고리즘으로 구성되어 있다. 암호화 알고리즘이란 암호를 만들고 풀 때 사용되는 서로간의 약속된 규칙이다. 그리고 암호문이란 이러한 암호화 알고리즘에 의해 생성된 문장을 의미한다. 전자상거래에 쓰이는 암호에 대한 용어정리를 하면 〈표 5-6〉와 같다.

암호화와 키

암호화 알고리즘의 종류에는 비키방식(non key-based algorithm)과 키방식(key-based algorithm)이 있다. 비키방식이란 해쉬(hashing)를 의미하는 것으로 위와 같이 알고리즘만을

〈표 5-6〉 암호화 관련 용어

용어	정의
평문	암호화를 하지 않은 일반 문서
암호화	평문을 암호화 알고리즘을 이용해 암호문으로 만드는 일
암호화 알고리즘	평문을 암호문으로 만들기 위해서 쓰이는 규칙
암호문	암호화 알고리즘을 통해 암호화되어서 나온 문서
복호화	암호문을 다시 원래의 평문으로 바꾸는 일
복호화 알고리즘	복호화할 때 쓰이는 규칙으로 암호화 알고리즘과 같음
키(key)	ID나 패스워드와는 달리 암호화 알고리즘에 의해 만들어지는 비트(bit)들의 집합으로, 암호화나 복호화를 할 때 쓰이는 도구

가지고 메시지를 암호화하는 방법을 의미한다. 키 방식이란 암호화 알고리즘 외에 키를 이용해 메시지를 암호화하는 방법을 의미한다. 과거에는 특정인끼리 암호문을 주고받기 때문에 암호화 알고리즘만 가지고 암호화를 해도 문제가 없었으나, 현재 전자상거래에서는 불특정 다수를 대상으로 하기 때문에 키(key)를 이용한 방법을 사용해야만 한다.

대칭키 암호화 방식

키를 이용한 암호화 방법에는 크게 대칭키 암호화 방식(symmetric encryption algorithm)과 공개키 암호화 방식(public-key cryptography)의 두 가지로 나눌 수 있다. 먼저, 대칭키 암호화 방식은 2차 세계대전 때 사용되던 암호화 방식으로, 암호화를 할 때 쓰는 키와 복호화를 할 때 쓰는 키가 같다는 특징이 있다. 그러나 이 방식은 군대와 같이 적은 수의 사람들 간에는 사용할 수 있지만, 전자상거래와 같이 불특정 다수들 간에 사용하기에는 문제가 있다. 왜냐하면 불특정 다수와 사용하기 위해서는 각각 수많은 키를 가지고 있어야 하기 때문이다. 이 암호화 방식의 종류로는 DES, IDEA, RC4 등이 있으며, 넷스케이프나 익스플로러와 같은 웹브라우저에 내장되어 있다.

공개키 암호화 방식

둘째, 공개키 암호화 방식은 암호화키와 복호화키를 서로 다르게 만들어서 사용함으로써 불특정 다수와 암호문을 주고받을 수 있게 해주는 방식이다. 즉, 여러 사람에게 공개하는 공개키(public key)와 자신만이 알고 있는 비밀키(private key)를 이용하는 방법으

〈그림 5-8〉 대칭키 암호화 방식

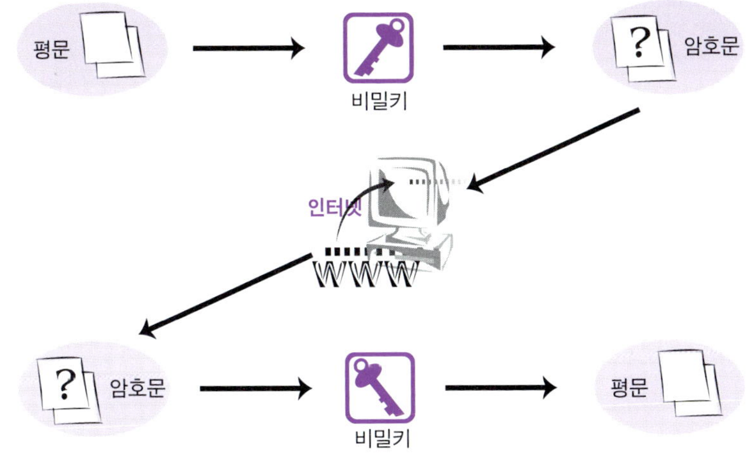

로, 공개키로 암호화하면 비밀키로 풀어야 되며, 비밀키로 암호화하면 공개키로 풀어야 한다. 이 암호화 기법의 종류로는 RSA가 있다. 이 공개키를 이용하면 메시지의 기밀성(confidentiality)과 송신자에 대한 인증(authenticity)이 제공되며, 해쉬기능과 같이 이용되면 메시지의 무결성도 제공된다.

공개키를 이용해서 암호화를 하는 방법은 다음과 같다. 먼저 송신자와 수신자는 자신이 전자상거래에서 사용할 공개키와 비밀키를 만든다. 송신자와 수신자 모두 비밀키는 본인이 가지고 있고, 공개키는 인증기관을 통해 나누어 갖는다. 송신자가 수신자에게 비밀 문서를 전달하고자 할 때는 먼저 메시지의 무결성을 제공하기 위해 해쉬기능을 이용해 일정한 길이의 숫자를 생성한다. 이 숫자는 이후에 수신자가 평문과 비교하기 위해서 사용되는 것으로 메시지가 중간에 변질이 되었는지를 검증하게 된다.

다음으로는 숫자와 평문을 자신의 비밀키와 함께 암호화를 한다. 이때 송신자에 대한 인증이 이루어진다. 즉, 송신자의 비밀키는 오직 송신자만이 가지고 있기 때문에 수신자는 이 문서가 송신자가 보낸 것인지를 확인할 수 있다.

이렇게 해서 나온 1차 암호문을 다시 수신자의 공개키로 암호화를 한 후에 수신자에게 보낸다. 이를 통해 메시지의 기밀성이 제공된다. 즉, 수신자에게 보내진 암호화문은 제일 마지막에 수신자의 공개키로 암호화되어 있기 때문에 수신자의 비밀키로만 이 암호문을 1차 복호화할 수 있다. 즉, 중간에 메시지가 노출이 되어도 오직 수신자의 비밀키로만 이 문서를 복호화할 수 있기 때문에 메시지의 기밀성이 제공되는 것이다.

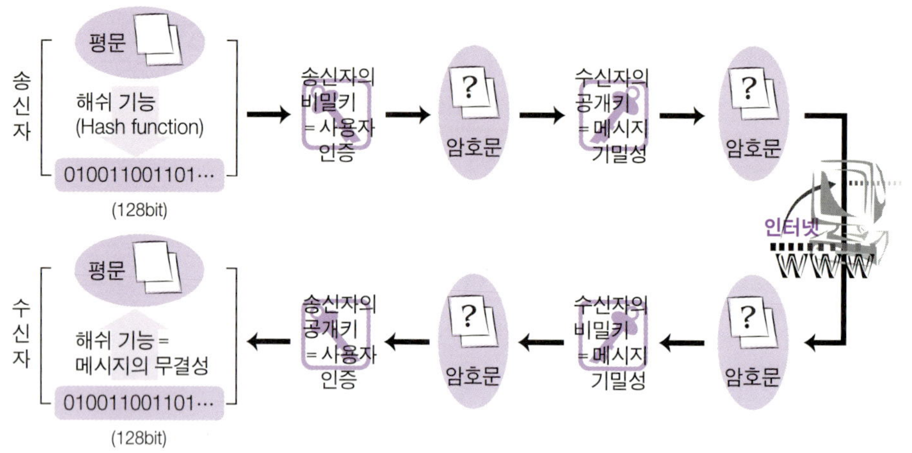

〈그림 5-9〉 공개키 암호화 방식

또한 이 메시지는 암호화에 쓰인 비밀키로만 복호화되기 때문에 송신자의 입장에서는 수신자의 인증이 이루어지게 된다. 이렇게 해서 나온 문서는 송신자의 비밀키로 암호화되어 있기 때문에 인증기관에서 얻은 송신자의 공개키로 복호화를 하면 비로소 원래의 평문과 해쉬기능에 의해서 나온 숫자를 얻을 수 있다. 따라서 수신자의 입장에서 송신자의 인증이 이루어진다고 할 수 있다. 이후에 수신자는 이 평문이 중간에 변질되지 않았는지를 해쉬기능을 이용해서 검증할 수 있다. 즉, 암호를 해독해서 얻은 평문을 다시 해쉬기능을 이용하여 송신자가 만든 숫자와 비교하면 메시지가 중간에 변질되었는지를 확인할 수 있다. 대칭키 암호화 방식과 공개키 방식을 비교하면 다음과 같다. 대칭키 암호화 방식은 빠르고, 하드웨어 상에서 수행되기 쉽다는 장점이 있지만 키를 배분하기 어렵고, 디지털 서명을 지원할 수 없다는 단점이 있다. 이에 비해 공개키 암호화 방식은 서로 다른 키를 사용하기 때문에 상대적으로 키를 배분하기 쉽고, 전자서명을 이용하여 기밀성과 지불 부인 방지를 제공할 수 있는 장점이 있지만 공개키 배분절차가 필요하다.

5.4.2 핀테크

4차 산업혁명 시대로 진입하면서 디지털 트랜스포메이션의 영향을 가장 많이 받고 있는 산업 중 하나가 금융산업이며 그 결과는 핀테크로 나타나고 있다. ICT와 지능화 기술(AI, 빅데이터 등), 생체인식기술은 금융산업과의 융합을 통하여 금융상품이나 금융서비스, 금융거래뿐만 아니라 금융산업 전반에 혁신을 일으키고 있다. 과거에도 현금자동인출기(ATM: Automated Teller Machine)의 등장이나 컴퓨터와 인터넷을 이용한 인터넷 뱅킹 등과 같이 기술진보로 인한 금융혁신은 여러 차례 있었으나 4차 산업혁명을 선도하고 있는 인공지능(AI), 빅데이터(Big Data), 생체인식(biometrics), 클라우드 컴퓨팅 기술을 활용하는 핀테크는 금융산업의 디지털 트랜스포메이션으로 인식되며 새로운 핀테크 산업으로 성장하고 있다. 〈표 5-7〉에 나타난 바와 같이 구글, 애플, 아마존과 같이 거대 플랫폼을 보유하고 있는 빅테크(Big Tech) 기업들이 금융업에 뛰어들면서 핀테크를 둘러싼 경쟁은 날로 치열해지고 있다. 국내에서도 네이버와 카카오가 금융업에 진출한 사례를 대표적인 빅테크 기업 사례로 보고 있다.

〈표 5-7〉 주요 빅테크기업의 핀테크 현황

빅테크기업	핵심사업	지급결제	신용·대출	예금	자산관리	보험
Amazon	전자상거래	AmazonPay	Amazon Lending	–	–	Amazon Protect
Apple	스마트기기 제조·판매	ApplePay	Apple Card	–	–	–
FaceBook	SNS·광고	Messenger Pay	–	–	–	–
Google	검색·광고	GooglePay	Google Tez	–	–	–
Microsoft	소프트웨어 개발·판매	Microsoft Pay	–	–	–	–
Alibaba	전자상거래	AliPay	MyBank	MyBank	Yu'e Bao	Xiang Hu Bao
Tencent	온라인게임 개발·운영	TenPay	WeBank	WeBank	LiCaiTong	WeSure
Baidu	검색·광고	Baidu Wallet	Baixin Bank	Baixin Bank	–	–
Vodafone	이동통신	M-Pesa	M-Pesa	M-Shwari	–	–
Mercado Libre	전자상거래	Mercado Pago	Mercado Credito	–	Mercado	–
네이버	검색·광고·전자상거래	네이버페이	네이버 파이낸셜	네이버 파이낸셜	네이버 파이낸셜	네이버 파이낸셜
다음카카오	검색·SNS·광고	카카오페이	카카오뱅크	카카오뱅크	카카오뱅크 카카오페이증권	카카오페이

출처: FSB(2019), CB Insight, 자본시장연구원.

핀테크 산업을 지원하기 위한 정부의 규제 완화 노력도 같이 이루어지고 있는데 개정된 전자서명법에 의해 2020년 12월부터 시행된 공인인증서 폐지가 대표적이라고 할 수 있다. 〈표 5-8〉에서 보는 바와 같이 공인인증서 폐지가 기존 공인인증서 제도 자체를 없애는 것이 아니라 명칭을 공동인증서로 고치고, 기존 공인인증서에는 정부가 부여한 '공인'이라는 독점적 지위를 없앰으로써 민간기업에서 발급하는 사설인증서와 동등하게 경쟁하게 한 것이다. 이를 통하여 사설인증서에서 활용되고 있는 지문인식과 같은 편리한 핀테크 기술들이 성장할 수 있는 기반이 조성되었다.

〈표 5-8〉 개편된 인증서 종류(2021년 1월 기준)

인증서 종류		발급기관	주요특징
1.	공동인증서	금융결제원, 코스콤 등	기존 공인인증서와 유사한 방식으로 이용가능
2.	금융인증서	금융결제원	은행(22개) 및 카드사 등에서 이용 가능
3.	KB모바일 인증서	KB국민은행	각 은행(모바일뱅킹) 앱을 통해 금융그룹별 서비스에 이용 가능
	NH원패스	NH농협은행	
	하나원큐 모바일 인증	하나은행	
4.	PASS 인증서	이동통신 3사	개별 서비스 앱에서 인증서를 발급하며, 각 플랫폼에 연계된 서비스에서 이용 가능
	카카오페이 인증서	카카오페이	
	네이버 인증서	네이버	
	페이코 인증서	NHN페이코	
	토스 인증서	비바리퍼블리카	

※ 1. 공동인증서, 2. 금융인증서, 3. 사설인증서 예시: 각 금융사, 4. 사설인증서 예시: 개별 서비스 앱

〈표 5-9〉 공동인증서와 금융인증서 비교

구분	공동인증서(기존 공인인증서)	금융인증서
유효기간	1년	3년
갱신	고객이 직접 갱신	자동갱신
비밀번호	특수문자포함 10자리	지문, 안면, 홍채, PIN(6자리숫자), 패턴 등
이용범위	은행, 신용카드, 보험, 정부민원	22개 은행(향후 확장 예정)
보관	하드, 이동식디스크	금융결제원 클라우드
이동·복사	이동·복사 절차 수행 필요	불필요, 클라우드 자동 연결

공인인증서제도 개편으로 인해 새롭게 등장한 금융인증서는 〈표 5-9〉와 같이 온라인으로 22개 은행을 이용할 수 있는 인증서로 유효기간이 3년으로 늘어났으며(공동인증서는 1년) 유효기간 만료 전에 자동갱신이 가능하며 금융결제원 클라우드에 저장되기 때문에 따로 보관하거나 이동·복사 절차를 수행할 필요가 없다.

카카오페이

> "우리는 테크핀 기업으로 정의합니다. 핀테크는 금융을 기술이 지원하지만,
> 테크핀은 기술 혁신을 통해 쉽고 편리한 새로운 금융 서비스를 만듭니다."
>
> \- 기가오페이 대표, Alex

2014년 8월에 국내 최초로 간편결제 서비스를 시작한 카카오페이는 〈표 5-10〉에서 보듯이 연간 거래액 2019년 48.1조, 2020년 67조로 1년 사이에만 약 40% 가까운 성장을 하였다. 2020년에는 바로투자증권을 인수하여 투자, 펀드까지 사업영역을 확장하였다. 카카오는 〈표 5-10〉, 〈그림 5-10〉에 나타난 바와 같이 최근에는 생활금융플랫폼을 표방하며 청구서, 인증, 보험 분야 서비스도 강화하고 있다.

〈표 5-10〉 카카오페이 주요 서비스(결제, 송금)

주요 서비스	기술·장점	특징
결제	• 온라인: 생체인증(지문, 얼굴인식) • 오프라인: QR코드	• 은행계좌나 신용카드를 미리 연결해야 함 • 결제 가능한 오프라인 매장에서 사용
송금	• 카카오톡 친구 송금 • 계좌번호 송금	• 카카오톡 친구끼리 계좌번호 없이 송금 가능

〈그림 5-10〉 카카오페이 주요 지표

35백만
누적 가입자

2천만+
월 활성 사용자

3.2백만+
증권 계좌 오픈
2020년 12월 기준

12월 한 달간
펀드 투자 960만 건
펀드 가입자 수
123만 명 기록

67조 원
2020년
연간 거래액

4Q20 19.9조원
YoY 47.3%

출처: 카카오, IR보고서, 2021.04.

〈그림 5-11〉 카카오페이 서비스 분야

손쉬운 후불 결제 서비스	대중교통과 같은 결제 수단을 손쉽게 이용할 수 있는 후불결제 서비스이다. 후불결제로 인해 별도의 교통가드 없이 지갑 없이 다닐 수 있게 될 것이다.
필요한 보험 서비스	필요한 보장만 필요할 때 편리하게 가입할 수 있는 보험 서비스이다. 비교해보고 내가 원하는 보장만 골라서 가입하여 정말 필요로 하는 보험만 가입하게 될 것이다.
폭넓은 투자 서비스	기존의 투자보다 수익과 위험도 면에서 매우 다양한 상품을 제공하는 투자 서비스이다. 안정적이고 우량한 파트너십을 통해 매력적인 상품에 투자할 수 있게 될 것이다.
빠른 환전 서비스	최대 90%의 환율 우대로 당일 환전이 가능한 서비스이다. 혜택은 온전히 누리면서도 급한 상황에서 빠르게 환전할 수 있게 된다.
알아 보는 인증 서비스	모바일 없이도 나를 인증하여 더 편리하고 안전하게 생활할 수 있는 인증 서비스이다. 모바일을 넘어 탈 모바일로도 나의 얼굴을 인증하여 보다 자유롭고 안전하게 생활할 수 있을 것이다.
안전한 배송 서비스	개인 간 물품 거래를 할 때 보다 안전하게 주고받을 수 있는 서비스이다. 안전하고 재빠른 배송 서비스로 더 손쉽게 물품 거래가 가능해질 것이다.
하나의 자산 관리 서비스	본인의 모든 금융정보를 한눈에 볼 수 있는 서비스이다. 카카오페이 하나로 모든 금융조회를 시간순으로 조회하고, 거래가 가능해진다.

출처: 카카오, IR보고서, 2021.04.

위챗페이

중국의 대표적인 인터넷 기업 텐센트(Tencent)는 자사의 모바일 메신저 위챗(WeChat)을 기반으로 모바일 간편 결제서비스 위챗페이(WeChatPay)를 2014년 3월에 출시하였는데 알리페이(AliPay)에 비해 10년 정도 늦었음에도 위챗의 소셜 네트워크 서비스 기능을 기반으로 많은 이용자들을 빠르게 확보하면서 알리페이의 강력한 경쟁상대로 부상하였다. 2019년 기준 시장점유율은 일리페이 54.4%, 위챗페이 39.4%로 이 두 결제방식이 전체 시장의 94%를 차지하고 있다.

위챗페이의 빠른 성장을 가능하게 한 텐센트의 전략 중 하나가 바로 샤오청쉬(小程序, mini app)전략이다. 샤오청쉬는 〈그림 5-12〉에서 보듯이 앱안의 앱으로 별도의 앱을 설치하지 않고 위챗 플랫폼에서 필요한 기능을 사용하게 해주는 모바일 앱 스트리밍 서비스이다.

샤오청쉬를 사용하면 스타벅스 매장에 들어서면서 스마트폰으로 스타벅스 앱이 아니라 위챗 샤오청쉬를 열고 위챗 스타벅스 공식계정과 연결된 샤오청쉬 앱을 통해 커피 선택과 주문까지 한다. 결제는 위챗페이로 하며, 연결된 개인계정으로 포인트까지 적립할 수 있다.

〈그림 5-12〉 위챗 기반의 미니앱 '샤오청쉬'의 화면

출처: HS Adzine, 2018, https://blog.hsad.co.kr/2584

중국 모바일 간편 결제시장에 먼저 진출한 알리페이가 중국 내에 QR코드를 통한 오프라인 결제 인프라를 구축해놓은 덕분에 위챗페이는 인프라 구축에 들어갈 시간을 절약할 수 있었으며, 경쟁우위 강화를 통한 차별화 전략에 집중할 수 있었다.

구글페이

구글이 2015년 5월 28일 발표하여 2015년 9월 10일 서비스를 개시한 NFC 기반 간편결제 서비스로 구글 월렛(Google Wallet)이 전신이다. 안드로이드 4.4 이상 NFC 단말기에서 사용 가능하다. 2018년 1월 8일 안드로이드 페이(Android Pay) 및 구글 월렛을 비롯한 다양한 결제 서비스를 구글페이(Google Pay)라고 하는 단일 통합 서비스로 결합했다(그림 5-13). 2020년부터는 은행계좌 개설과 간편송금, 생활비 관리 등의 기능이 업그레이드되었다. 이러한 구글의 행보는 최근 빅테크기업이 금융에 진출한 사례로 꼽을 수 있으며 비슷한 사례로 경쟁사인 애플은 2019년 골드만삭스와 아이폰 통합 신용카드를 출시한 적이 있다.

구글페이의 서비스는 크게 여섯 가지로 분류된다.

〈그림 5-13〉 구글페이 실행 화면

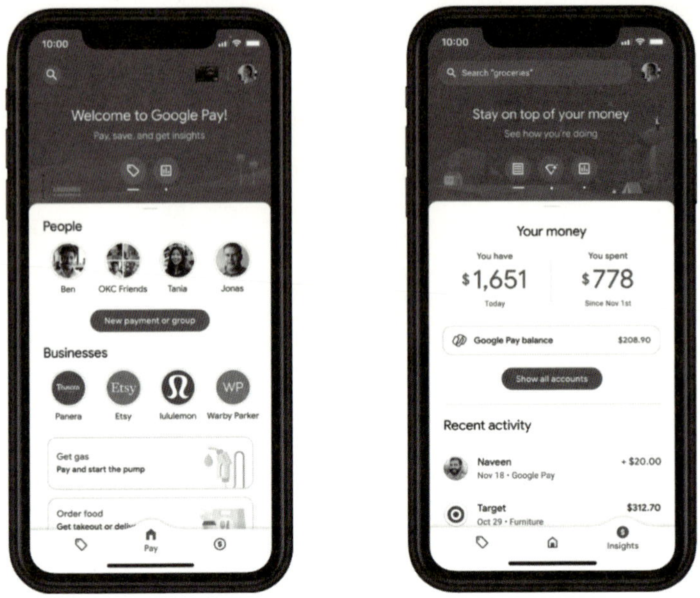

- 매장 내 결제: 구글페이의 오프라인 결제 서비스는 국제 표준 NFC 규격인 EMV(Euro-Pay, Mastercard, Visa)를 사용한다. 한국 지역의 매장 내 결제서비스는 도입되지 않았다. 구글페이에 등록이 가능한 카드를 등록을 하고 Pin이나 지문인식, 얼굴인식 등으로 잠금 해제 후 EMV 단말기에 스마트폰을 가져가면 결제가 완료된다. 별도의 앱 실행이 필요 없어 편리하다. 신용카드 이외에도 제휴된 은행의 직불카드나 선불카드도 등록해서 쓸 수 있다.
- 온라인 또는 인앱 결제: 구글과 제휴한 웹사이트나 앱에서 구글페이를 통해 결제가 가능하다. 한국 지역의 웹사이트 결제는 도입되지 않았으나, 인앱결제는 LG유플러스와 PG계약을 맺어 한국에서도 가능하다.
- 구글 제품 구매: 구글의 제품들을 구입할 수 있으며, 구글플레이를 사용할 수 있는 지역이라면 결제가 가능하다(일부 유료상품은 지역에 따라 구매할 수 없음).
- 기차 및 버스 요금 지불: 특정 대중교통 시스템에서 구글페이로 결제가 가능하다.
- 친구와 가족에게 송금: 미국·영국·인도만 가능하다.
- 포인트카드, 기프트카드, 쿠폰, 이벤트 티켓, 탑승권 저장 및 사용: 일부 국가에서만 서비스중이다.

유통가 페이전쟁

CASE 5-5

유통가에 잠시 사그라들었던 페이(간편결제) 열풍이 다시 불고 있다.

비대면 소비가 급증하면서 이커머스 경쟁이 치열해지자 '록인 효과(Lock-in·특정 제품, 서비스를 한번 이용하면 기존의 것을 계속 이용하는 현상)'를 노린 것이다. 결제, 할인, 포인트적립 등을 지원하는 페이는 한번 입문하면 빠져나가기 어려운 특성 뿐 아니라 빅데이터 확보를 통한 사업 확장에도 용이하다.

롯데그룹의 엘페이(L.PAY)를 운영하는 롯데멤버스는 30일 롯데 유통 계열사들과 손잡고 대대적인 결제 할인 프로모션을 진행하며 엘페이 모객에 대대적으로 나선다.

5월 한 달 간 롯데ON·백화점·마트·슈퍼·홈쇼핑·아울렛·호텔·GRS·세븐일레븐·하이마트 등 10개 유통사 온·오프라인 매장에서 각각의 고객 특성을 고려한 엘페이 이벤트가 잇달아 열릴 예정이다.

롯데멤버스는 이에 앞서 지난 11일 엘포인트 모바일 애플리케이션을 개편, 엘포인트와 엘페이 회원 및 앱 통합 작업을 마무리했다. 엘포인트 총 회원 수는 지난 3월 기준 약 4063만명이다.

윤성환 롯데멤버스 마케팅팀장은 "롯데ON에 엘페이 간편결제 시스템이 적용된 이래 이용률이 부쩍 높아진 데다 최근 보복소비 영향까지 더해져 올해 1~4월 엘페이 취급고가 전년 동기 대비 54% 가량 늘었다"고 말했다. 이어 "엘포인트와의 통합으로 엘페이 접근성이 더욱 높아졌고, 5월부터 본격적인 마케팅 프로모션까지 시작되는 만큼 고객들의 더 큰 호응이 기대된다"고 말했다.

페이는 경쟁이 치열한 이커머스 업계에서 필수 서비스나 다름없다. 한국은행의 '2019년 간편결제서비스 이용 현황'에 따르면 간편결제 서비스 이용 실적은 매년 늘고 있다. 지난해 간편결제서비스 일평균 이용실적은 602만건, 1745억 원으로 전년 대비 각각 56.6%, 44% 증가했다. 때문에 쿠팡(쿠페이), 신세계(SSG페이), 롯데(엘페이) 등에 이어 신규 진입자도 속속 늘어나는 추세다.

GS리테일은 오는 7월 GS홈쇼핑과 합병을 앞두고 GS페이를 준비했다. GS페이는 GS25·더프레시·랄라블라와 GS홈쇼핑 등에서 쓸 수 있는 간편 결제 서비스다.

GS페이 론칭을 위해 GS리테일은 지난해 1월 페이먼트 플랫폼 제휴 7개사에 경쟁 입찰을 진행했고, 이후 KB국민은행, KG이니시스를 제휴사로 선정했다. KB금융그룹의 계열사 3540만 회원과 KG그룹 1576만 회원을 보유한 핵심 파트너로 초기 안정적인 이용자 확보에 용이하다는 판단에서다.

GS리테일은 향후 KB금융그룹과 구매 데이터 분석 및 활용도 추가로 협조하기로 했다. GS리테일 관계자는 "약 100명의 IT 개발자가 7월 GS페이 론칭을 위해 머리를 맞대고 있다"며 "가장 간편하고 안전한 방식으로 알려진 원클릭 페이 결제 시스템을 통해 GS페이가 간편결제 업계 주도권을 쥘 수 있도록 힘쓰겠다"고 말했다.

현대백화점도 이달 초 'H.Point Pay'의 상표권 등록을 신청하며 페이 시장에 도전장을 내밀었다. 아직까지 사업이 구체화되진 않았지만 현대백화점그룹 유통계열사인 현대백화점, 현대식품관투홈, 현대홈쇼핑, 현대백화점면세점, 현대리바트 등에서 두루 사용 가능할 것으로 보인다.

페이 서비스를 활용하면 온라인 소비 트렌드를 뽑아낼 수 있는 데이터 수집도 손쉽게 가능하다. 페이는 구매 데이터 추출의 통로 역할을 하기 때문이다.

과거에는 은행, 카드사가 구매 데이터를 소유했다. 유통업체는 적립 제도로 고객의 당사 구매 데이터를 집계해왔지만 이외 정보는 얻기 어려웠다. 각 백화점이 한때 경쟁적으로 자체 카드를 내놓은 이유다. 그러나, 페이를 사용하면 계열사 간의 구매 정보까지 한 번에 파악할 수 있다. 소비자 정보를 활용해 맞춤형 서비스를 제공 가능해진 것이다.

추출한 빅데이터를 활용해 핀테크 사업 확장성도 기대할 수 있다. 네이버와 카카오 등 IT업체들의 경우 각각 '네이버페이'와 '카카오페이'를 기반으로 보험, 대출, 증권 등 금융 서비스 영역으로 무한확장하고 있다.

유통업계 관계자는 "간편 결제서비스 사업은 편

의성을 높이는 것을 넘어 신사업으로 확장할 수 있는 기회"라고 강조했다.

출처: 아주경제, 서민지 기자, 2021.04.30.

토론

1. 대기업 유통회사들이 페이경쟁에 뛰어든 배경에 대하여 논의하시오.
2. 빅데이터와 페이(간편결제)와의 관계에 대하여 논의하시오.

요약

인터넷 전자상거래와 모바일상거래는 고객과 기업의 입장에서 새로운 변화를 주도하고 있다. 고객의 구매력을 향상시키고 기업 간의 협력을 강화하거나 고객에 대한 접점으로 활용되는 등 다양한 변화와 발전을 주도하고 있다. 또한 그 자체의 산업을 발생시키고 발전하고 있다.

정보기술의 발전에 힘입어 급속히 확산되는 전자상거래와 모바일상거래는 크게 기업 간 상거래(B2B), 기업과 소비자 간 상거래(B2C), 소비자와 소비자 간 상거래(C2C)로 나눌 수 있다. 또한 정부기관과 개인들도 G2C, G2B, P2P 등을 이용하여 전자적 업무처리에 적극 참여하고 있다.

지난 수십 년 동안 마케팅 개념은 지속적으로 변화해 왔다. 매스마케팅, 다이렉트 마케팅으로 대변되는 전통적 마케팅 활동은 여러 가지 측면에서 비효율성을 가지고 있다. 이러한 전통적 마케팅은 전자상거래의 등장으로 보다 효율적인 인터넷 마케팅, 모바일 마케팅 패러다임으로 변하고 있다.

전자상거래의 보안과 관련하여 처리중인 데이터가 변경되는 것을 막기 위해서는 암호화가 이용되고, 신분을 확인하기 위해서는 인증이 필요하며, 기업의 중요한 데이터 저장장소로 외부인의 접근을 막기 위해서는 방화벽이 필요하다. 이 중에서 전자상거래를 통한 지불이 이루어지기 위해서는 먼저 암호화와 인증 부분이 해결되어야 한다. 전자상거래 보완의 네 가지 차원을 제공해 줄 수 있는 해결책이 바로 암호화와 전자인증이다. 암호화 방식에는 키방식과 비키방식이 있으며 키를 이용한 방식으로는 대칭키 암호화 방식과 공개키 암호화 방식이 사용된다. 현재의 공동인증서는 공개키 암호화 방식을 사용하고 있다.

핀테크란 ICT와 지능화기술(AI, 빅데이터 등), 생체인식기술이 금융산업과의 융합을 통하여 금융상품이나 금융서비스, 금융거래 뿐만 아니라 금융산업 전반에 혁신을 촉발하는 기술이나 현상이다. 대표적으로 국내의 모바일 간편 결제서비스인 카카오페이와 중국 텐센트의 위챗페이 그리고 구글페이에 대해서 알아보았다.

중요용어

공개키 암호화 방식 암호화키와 복호화키를 서로 다르게 만들어서 사용함으로써 불특정 다수와 암호문을 주고받을 수 있게 해주는 방식.

공인인증서 인증기관명, 인증시작과 만기날짜, 인증인 이름, 인증인 공개키, 인증기관의 싸인, 기타정보를 담고 있는 인증문서를 의미.

관계 마케팅 거래량에 근거한 단기적 이익보다는 고객유지에 기초한 장기적인 이익을 추구하는 마케팅.

구글페이 구글에서 출시한 모바일 간편결제 서비스.

다이렉트 마케팅 이벤트, 결제 안내문 등을 우편 카탈로그로 발송하는 마케팅.

대칭키 암호화 방식 2차 세계대전 때 사용되던 암호화 방식으로, 암호화를 할 때 쓰는 키와 복호화를 할 때 쓰는 키가 같음.

데이터베이스 마케팅 고객 라이프사이클을 관리하면서 특정사건이 발생한 순간마다 고객에게 적극적으로 구매를 권유하는 이벤트 마케팅(Event Marketing)을 통해 평생고객으로 전환하는 마케팅.

라이브상거래 스마트폰이라는 모바일 플랫폼을 통해 실시간으로 상품을 파는 방식. 스트리밍 기술을 통해 제품을 판매하는 방식.

롱테일효과 인터넷이 등장하면서 각광받은 이론으로 80%의 다품목 소량구매자를 통한 매출이 상위 20%의 소품목 다량 매출을 능가한다는 법칙을 뜻함.

모바일 게임 일반적으로 휴대전화나 스마트폰, 태블릿 PC 등의 휴대용기기를 통해 즐길 수 있는 게임을 이르는 말로 게임전용기기를 기반으로 한 핸드헬드게임(Hand Held Game)은 범주에 포함되지 않음.

모바일 광고 인터넷과 휴대용기기를 이용하여 이동 중에도 문자, 배너, 동영상 등의 광고활동을 통해 소비자에게 접근할 수 있는 광고기법.

모바일상거래 유비쿼터스 환경에서 언제 어디서나 원하는 때, 모바일 통신 네트워크를 통해 행해지는 전자적 거래형태로 금전적 가치를 지니는 모든 거래행위.

배너 웹페이지 내에 사각형태의 그래픽 광고로 대개 GIF나 JPEG 이미지를 사용. 크기는 컴퓨터 그래픽 단위인 pixel을 사용.

암호화 평문을 암호화 알고리즘을 이용해 암호문으로 만드는 일.

역경매 최종소비자가 원하는 물건을 인터넷에 올려놓으면 공급자들이 가격 제시.

위챗페이 중국 텐센트의 메신저서비스 위챗과 연동된 모바일 간편결제 서비스.

인터넷 광고 인터넷에서 특정 광고주에 의해 유료의 형식으로 자신의 상품, 서비스 등에 관한 의도적 목적의 수행을 위해 수행되는 멀티미디어적 커뮤니케이션 활동.

인터넷 마케팅 인터넷을 통해 상품과 서비스를 판매하고 소비자가 인터넷을 통하여 고객서비스를 받는 마케팅.

전염성 마케팅 이용자가 의식적으로 또는 무의식적으로 서로 알리면서 퍼져나가게 하는 효과를 주는 마케팅.

전자문서 컴퓨터 등 정보처리능력을 가진 장치에 의하여 전자적 형태로 작성되어 송수신 또는 저장되는 정보.

전자정부 인터넷과 통신망을 이용하여 정부기관이 국민 또는 기업등과 정보를 교환하고 업무를 수행하는 시스템으로 디지털 정부, 온라인 정부를 뜻함.

카카오페이 우리나라 대표 스마트폰 메신저 카카오톡과 연동된 모바일 간편결제 서비스.

파레토법칙 일반적으로 상위 20%의 고객이 매출의 80%를 창출한다는 이론으로 이탈리아 경제학자 빌프레도 파레토(Vilfredo Pareto)에 의해 발견되었으며, 80 대 20의 법칙을 뜻함.

퍼미션 마케팅 스팸메일처럼 고객이 짜증나지 않도록 고객에게 정보서비스를 제어할 수 있는 권한을 부여하고 동의를 얻는 마케팅.

프리퀀시 마케팅 마일리지를 통해 많은 물건을 구매하거나 서비스를 구매하는 우량고객에게 혜택을 부여하는 마케팅.

핀테크 ICT와 지능화기술(AI, 빅데이터 등), 생체인식기술이 금융산업과의 융합을 통하여 금융상품이나 금융서비스, 금융거래 뿐만 아니라 금융산업 전반에 혁신을 촉발하는 기술이나 현상.

CPA 배너광고를 본 사용자가 등록하거나 경품행사에 참여하는 등 광고주가 원하는 특정한 행동을 수행한 횟수에 따라 배너 가격을 책정.

CPM 인쇄 미디어 광고에서 많이 사용되는 지표로써, 배너의 노출 횟수에 따라 광고 가격을 산정하는 방법.

P2P 네트워크 인터넷을 통해 사용자끼리 직접 파일이나 문서를 주고받을 수 있는 네트워크를 형성하는 것으로 중앙 데이터 베이스나 중앙 서버가 있는 중앙집중형과 중앙 센터 없이 단순사용자들끼리 연결되는 순수형의 두 종류가 존재.

연습문제

1. 인터넷으로 인한 고객과 기업들의 경영환경의 변화에 대하여 설명하시오.
2. 인터넷 전자상거래가 변화시킨 경영의 패러다임을 설명하시오.
3. 전통적 매스마케팅과 인터넷 마케팅의 차이를 설명하시오.
4. 인터넷 광고의 형태를 나열하고 간단하게 설명하시오.
5. 전자상거래 보안의 일반적인 네 가지 원칙을 나열하고 간단히 설명하시오.
6. 전자서명과 전자인증서를 설명하시오.
7. 핀테크를 설명하고 사례를 들어보시오.
8. 카카오페이, 구글페이, 위챗페이를 설명하시오.
9. 라이브상거래를 설명하고 예를 들어보시오.

CHAPTER

06

기업 경영과 의사결정지원시스템

> 경영이란 인간에 관한 것이다. 경영의 과제는 사람들이 협력하여 일할 수 있도록 만들고, 사람들이 자신의 장점은 살리고, 단점은 방해되지 않도록 만드는 것이다.
>
> \- 피터 드러커

학습목표

성공적인 기업 운영을 위해서는 다양한 정보와 의사결정 과정을 지원할 수 있는 정보시스템이 필수적이라고 할 수 있다. 이 장에서는 여러 가지 형태의 의사결정지원을 위한 정보시스템을 살펴본다. 또한, 웹 기반 정보기술이 기업의 의사결정 활동을 지원하기 위한 정보기술의 역할 강화에 어떻게 기여하였는지 살펴볼 것이다.

통신기술의 발달은 경영 환경에 많은 영향을 주고 있다. 특히 고객이 원하는 상품을 직접 검색함으로써 상품 간 비교가 가능해졌기 때문에 고객의 구매 의사를 유지시키기 위한 고객관리가 점점 더 중요해지고 있다. 이에 대응하여 기업이 신속하고 정확하게 의사결정을 하기 위해서는 경영 환경에 맞는 의사결정시스템을 갖춰야 한다. 이 장에서는 의사결정의 문제와 이를 해결할 수 있는 의사결정시스템을 살펴볼 것이다.

또한 최근에는 기업 내·외부에서 쌓인 대규모 데이터들을 활용해서 기업의 의사결정에 활용하는 경우가 늘어나고 있는데, 이러한 데이터마이닝 작업은 기존의 설문조사와 같은 전통적인 조사 방법의 한계를 극복할 수 있다는 이점이 있다. 이 장에서는 데이터마이닝을 위한 여러 가지 분석 방법론을 살펴보고, 더 나아가 소셜 네트워크 서비스의 발달과 기업 의사결정에 미치는 영향에 대해서도 살펴볼 것이다.

- 전사적 의사결정지원시스템의 특성을 이해할 수 있다.
- 중역정보시스템의 개념을 이해할 수 있다.
- 지능정보시스템의 개념을 이해할 수 있다.
- 데이터마이닝과 머신러닝의 개념을 이해할 수 있다.
- 공간적 의사결정지원을 위한 지리정보시스템을 이해할 수 있다.
- 기업 경영에 있어 소셜 네트워크 서비스의 중요성을 이해할 수 있다.

6.1 의사결정지원시스템

기업의 모든 활동은 의사결정에 의해 시작된다. 따라서 성공적인 경영활동을 위해서는 충분한 정보를 신속하게 제공함으로써 효과적이고 적절한 의사결정을 할 수 있도록 해야 한다.

정보통신기술의 발전으로 인해 전통적인 경영 환경과 달리 판매자는 고객을 직접 대면하지 않고도 상품 판매가 가능하고, 고객도 인터넷을 통해 보다 저렴하고 품질이 좋은 상품을 찾을 수 있게 되었다. 하지만 고객의 충성도는 저하될 수 있어 고객관계관리의 불확실성은 더 높아졌다. 이와 같은 경영 환경은 기업의 의사결정을 어렵게 만들고, 그로 인해 정확한 의사결정의 중요성이 더욱 높아졌다. 이 절에서는 기업 경영의 의사결정 문제를 살펴보고 이를 지원하는 정보기술을 살펴보도록 한다.

6.1.1 기업 경영과 의사결정 문제

기업 경영자는 여러 의사결정 문제에 직면하게 된다. 특히 전통적인 피라미드형의 조직 구조에 비해 수평화된 최근의 조직 구조에서는 의사결정 문제의 형태나 규모 등이 변화하여 이전보다 다양한 형태의 의사결정 문제가 발생한다.

의사결정 문제는 의사결정 주체에 따라 〈그림 6-1〉과 같이 구조적, 반구조적, 비구조적의 세 가지 유형으로 분류할 수 있다. 구조적 의사결정 문제는 비교적 자주 발생하고 문제 해결을 위한 일정한 규칙과 절차가 존재하여 쉽게 분석되는 문제를 의미한다.

〈그림 6-1〉 계층적 조직 구조와 의사결정 문제의 유형

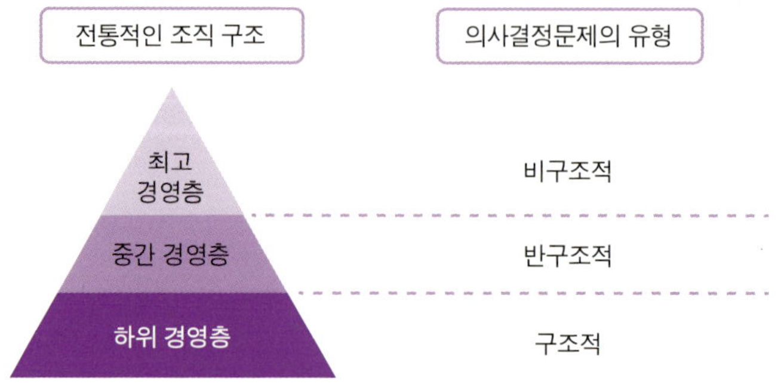

구조적인 문제들은 사전에 준비된 보고서 등을 통해 문제의 해답을 찾을 수 있다. 한편 비구조적 의사결정 문제는 비반복적인 문제로서 의사결정에 필요한 일정한 규칙과 절차가 존재하지 않아 문제 해결을 위한 해답을 찾는 것이 용이하지 않은 문제를 의미한다. 마지막으로 반구조적 의사결정 문제는 의사결정에 필요한 일정한 규칙과 절차가 일부분만 존재하는 문제를 의미한다. 그러므로 비구조적이거나 반구조적인 의사결정 문제의 해결을 위해서는 의사결정자의 판단이 필요하고, 이러한 판단을 도와 줄 수 있는 정보나 지식을 제공하는 정보시스템이 도움이 될 수 있다.

6.1.2 의사결정지원시스템 정의

의사결정지원시스템이란 경영 활동에서 의사결정자들이 당면하는 비구조적, 반구조적 문제 해결을 위해 효과적인 의사결정을 할 수 있도록 분석 모형과 데이터를 지원하는 컴퓨터 기반의 시스템을 의미하며, 광범위한 시스템 및 기술 등을 모두 포괄한다. 즉, 의사결정지원시스템은 의사결정을 지원하는 여러 유형의 정보시스템을 모두 포함하는 개념이다. 주로 사용되고 있는 의사결정지원시스템으로는 중역정보시스템, 전문가시스템 및 그룹의사결정지원시스템 등이 있다. 광의의 의사결정지원시스템은 의사결정뿐만이 아니라 그 실행에도 도움을 주는 시스템으로 경영지원시스템이라고도 불린다. 의사결정지원시스템의 주된 역할은 의사결정자를 대신하는 것이 아니라 시기적절한 정보지원으로 업무효과성을 증진시키는 것이다.

의사결정지원시스템은 〈그림 6-2〉와 같이 데이터관리 하위시스템, 모형관리 하위시스템, 지식관리 하위시스템, 사용자 인터페이스 등의 구성 요소로 이루어져 있다.

데이터관리 하위시스템

효과적인 의사결정을 위해서는 기본적으로 의사결정의 토대가 되는 데이터가 필요하다. 기업 내부의 데이터는 일반적으로 데이터베이스에 저장되어 있는데 데이터베이스로부터 의사결정에 필요한 데이터나 정보를 추출하기 위해서는 데이터베이스를 관리해 주는 데이터베이스관리시스템이 필요하다. 데이터베이스와 데이터베이스관리시스템에 대해서는 11장에서 자세히 다룰 예정이다.

〈그림 6-2〉 의사결정지원시스템의 구성 요소

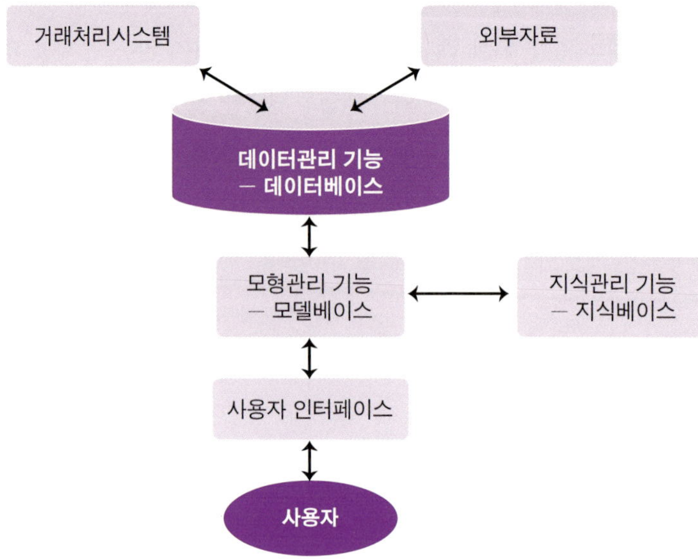

모형관리 하위시스템

데이터베이스로부터 추출된 데이터는 의사결정에 유용한 형태의 정보나 지식으로 변환되어 의사결정자의 판단을 지원하게 된다. 따라서 의사결정지원시스템은 다양한 모델을 체계적으로 저장하고 관리하기 위한 모형관리 시스템이 필요하다. 모형관리 하위시스템은 의사결정모형과 데이터를 결합하여 의사결정에 유용한 정보나 지식을 만든다. 의사결정지원시스템에 사용되는 의사결정모형은 일반적으로 What-if 분석, 민감도 분석, Goal-seeking 분석, 최적화 분석 등이 있으며, 각각에 대해서는 의사결정지원시스템의 역할에서 자세히 다루도록 한다.

지식관리 하위시스템

지식관리 하위시스템은 모형관리 하위시스템에서 산출되는 지식을 저장하고 이를 다른 의사결정 문제에 이용할 수 있도록 지원해주는 기능을 한다. 지식관리 하위시스템은 흔히 전문가시스템이라 불리는 지식추출엔진을 통해서 전문가의 지식을 추출하고 이를 저장하는 기능을 담당한다. 시스템 구성요소로는 지식을 추출하는 기능을 담당하는 추론엔진과 추출된 지식을 저장하고 의사결정에 필요한 지식을 제공해주는 기능을 담당하는 지식베이스 등이 있다.

사용자 인터페이스

사용자 인터페이스는 의사결정지원시스템과 사용자가 직접 대면하는 접점이다. 모든 시스템의 사용자 인터페이스는 사용자에게 유연성과 유용성을 제공할 수 있도록 설계되어야 한다. 특히 의사결정지원시스템의 사용자 인터페이스는 사용자가 의사결정모형을 자신의 의사결정 문제에 맞도록 설계할 수 있는 대화기능과 사용자가 시스템으로부터 얻게 되는 의사결정지원의 결과를 잘 이해할 수 있도록 설명을 해주는 기능 등이 잘 갖추어지도록 설계되어야 한다.

6.1.3 의사결정지원시스템의 특징

의사결정지원시스템은 다음과 같은 특징을 갖고 있다. 첫째, 의사결정지원시스템은 반구조적 및 비구조적인 문제의 상황에서 의사결정을 지원한다. 반구조적인 문제를 해결하기 위해 다양한 모형을 모형관리 하위시스템을 통해 의사결정을 지원하며, 비구조적 문제 해결에는 지식관리 하위시스템을 통해 전문가의 지식을 제공해 의사결정을 지원한다.

둘째, 의사결정지원시스템은 모든 경영 계층의 의사결정을 지원한다. 일반적으로 계층별로 역할이 서로 달라서 제공되는 정보의 종류와 범위에서 차이가 있으나, 각 계층의 의사결정자에게 적합한 의사결정을 지원한다.

셋째, 의사결정지원시스템은 다양한 의사결정 유형을 지원하기 위해 모형관리 하위시스템을 통해 의사결정자의 유형에 맞는 모델을 제공하며, 사용자 인터페이스를 통해 의사결정자의 유형에 맞는 의사결정 프로세스가 진행되도록 지원한다.

넷째, 대화식 정보처리와 그래픽 디스플레이를 지원하는 사용자 인터페이스를 통해 시스템의 효과를 크게 높여준다.

따라서 의사결정지원시스템 도입 시 다음 사항을 고려하여야 한다. 첫째, 기업 경영자의 의사결정을 위해서는 조직 내·외부의 데이터가 모두 필요하며 기업의 모든 정보시스템에서 제공하는 데이터도 필요하다. 그러므로 의사결정지원시스템은 이와 같이 다양한 원천으로부터 데이터를 획득하여 의사결정에 필요한 정보를 처리할 수 있도록 설계되어야 한다.

둘째, 의사결정지원시스템은 의사결정의 과정을 컴퓨터가 의사결정자를 대신하여 자동으로 결정을 내리도록 하는 것이 아니라, 의사결정자와 컴퓨터 간의 상호작용을 통해 보다 정확하고 합리적인 의사결정을 가능하게 하는 것이 목적이다. 따라서 의사결정자와 시스템 간의 대화식 정보처리가 가능하도록 설계되어야 한다. 그리고 의사결정자가 쉽게 이해할 수 있도록 그래픽을 이용하여 정보처리결과를 보여주고 출력하는 기능이 있어야 한다.

셋째, 의사결정지원시스템은 의사결정 중에 발생 가능한 환경의 변화를 반영할 수 있도록 유연하게 설계되어야 한다. 분석모형의 구성 요소들을 바꾸거나 완전히 새로운 분석모형을 개발해야 할 경우 이를 즉각적으로 시스템에 반영하여 의사결정이 지체되지 않도록 해야 한다.

6.1.4 의사결정지원시스템의 역할

의사결정지원시스템은 기업의 의사결정에 필요한 여러 가지 업무를 지원할 수 있다. 의사결정지원시스템의 특징은 의사결정자가 필요로 하는 정보가 무엇인지를 미리 요구할 필요 없이, 의사결정을 도울 수 있는 의사결정모형을 이용할 수 있다. 앞에서 살펴본 바와 같이 의사결정지원시스템의 구성 요소 중에는 모델베이스가 있으며 이를 활용하여 의사결정에 도움이 되는 여러 가지 분석을 수행하게 된다. 의사결정지원시스템은 민감도 분석, What-if 분석, Goal-seeking 분석, 최적화 분석 등 기본적인 분석모형이 있다.

민감도 분석

일반적으로 민감도 분석은 하나의 변숫값이 지속적으로 변화할 때 다른 변숫값에 미치는 영향을 보는 것이다. 예를 들어, 광고비용을 10%씩 지속적으로 증가시켰을 때 매출액 변화의 추이를 분석하는 것이다.

What-if 분석

What-if 분석은 민감도 분석의 일종으로 하나 또는 여러 개의 변숫값을 변화시켰을 때 결괏값 또는 다른 변숫값에 미치는 영향을 분석하는 방법이다. 이는 기업 운영에 영향을 주는 여러 요소 간에 적절한 관계를 세워놓고 각 요소를 변화시킬 때 관계에 따라 전체 결과가 어떻게 변화하는지 분석하는 것으로, 예를 들어 광고비용을 10% 삭감했을 때 당기순이익이 어떻게 변화하는지를 분석하는 것이다.

Goal-seeking 분석

Goal-seeking 분석은 What-if 분석과 민감도 분석의 분석순서를 뒤집어 놓은 것과 같다. 즉, 결괏값 또는 목표변숫값을 먼저 정해 두고 정해진 값이 얻어질 때까지 다른 변숫값들을 지속적으로 변화시키는 분석방법이다. Goal-seeking 분석은 실제 의사결정 지원시스템에서 가장 많이 사용되는 분석방법으로 매출액을 20억 원으로 먼저 정하고 이 매출액을 얻기 위한 적정한 광고비용 수준을 찾는 것을 예로 들 수 있다. 또한 이 분석방법은 기업의 상위경영목표를 달성하기 위해 필요한 하위경영목표를 수립할 때 유용하게 이용될 수 있다.

최적화 분석

최적화 분석은 Goal-seeking 분석의 개념을 이용하여 보다 복합적인 문제를 해결하기 위한 분석방법이다. Goal-seeking 분석은 결괏값을 미리 정하는 반면, 최적화 분석에서는 결괏값을 정해 두지 않고 여러 가지 제약조건을 만족하는 범위 내에서 최적의 값을 찾을 때까지 분석을 계속한다. 예를 들어, 매출액을 20억 원 수준으로 유지하면서 광고비용을 최소로 사용하고자 할 때 허용되는 최소한의 광고비용을 도출하는 것이다.

6.1.5 그룹의사결정지원시스템의 정의

정보화 사회에서 기업 내·외부 경영 환경이 보다 복잡해지고 의사결정의 양이 급속하게 증가함에 따라 대부분의 의사결정의 과정이 매우 복잡하며 전문가의 참여가 요구되었다. 이러한 요구를 수용한 정보시스템이 그룹의사결정지원시스템(GDSS: Group Decision Support System)이며, 종합적인 의사결정 지원도구로써 집단이 비정형적 문제를 해결하고자 할 경우에 이용된다. 집단 구성원 간 의사소통시 야기되는 문제점을 해결하며, 의사결정에 유용한 기법들을 제공하고 의사소통의 형태, 시기, 내용을 체계적으로 유도함으로써 집단의 의사결정 과정을 효율적으로 지원함을 목적으로 한다.

6.1.6 그룹의사결정지원시스템의 유형

의사결정자 간의 의사소통에 영향을 미치는 요소로는 장소와 시간이 있다. 집단구성원 간의 물리적 장소는 그룹 의사결정에 영향을 미친다. 집단구성원의 의사결정 수행과정이 동일 장소에서 이루어지는가 또는 다른 장소에서 이루어지는가에 따라 의사결정 방식이 달라진다. 예를 들어 동일 장소에서는 기존의 회의 방식과 유사한 전자회의시스템을 통해 의사결정을 수행하는 것이 가능하며, 다른 장소에서는 화상회의 또는 이메일을 통해 의사결정을 할 수 있다. 시간 또한 의사결정 수행 과정이 동일 시간에 이루어지는가 또는 다른 시간에 이루어지는가에 따라서 의사결정 방식이 달라진다. 동일 시간에 그룹의사결정은 전자회의 시스템, 화상회의를 통해 가능하며, 다른 시간에는 이메일을 통해 가능하다. 따라서 시간과 장소에 따라 그룹의사결정지원시스템을 〈그림 6-3〉과 같이 구분할 수 있다.

6.1.7 그룹의사결정지원시스템의 효과

그룹의사결정지원시스템을 통해 달성하고자 하는 업무 목표는 정보전달, 협업, 조정 및 지식공유이다. 앞에서도 설명하였듯이 이러한 목표를 달성하기 위해 전자회의시스템, 정보센터, 화상회의시스템, 이메일 등 다양한 그룹의사결정지원 기술이 사용되고 있다.

〈그림 6-3〉 그룹의사결정지원시스템의 유형

물리적 장소 \ 시간	동일	상이
동일	멀티미디어 프레젠테이션 전자회의시스템 전자백판 전자투표	정보센터 프로젝트 룸 오피스 공유
상이	화상회의시스템	이메일 보이스메일 팩시밀리 전자결제

협업툴 시장, 비대면 시대 그 한계는 어디인가

CASE 6-1

신종 코로나바이러스 감염증(코로나19) 이후 전 세계적으로 원격근무와 재택근무를 도입하는 기업이 많아졌다. 그 흐름에 따라 같은 사무실에 있지 않아도 업무가 가능하게 하는 화상회의·문서관리 등 업무 기능이 주목받은 협업 도구에 대한 필요성이 커졌고, 협업툴 시장 역시 한계 없이 성장하고 있다.

국내에서도 네이버와 카카오가 모두 협업툴 시장에 뛰어들었다. 네이버클라우드는 업무용 플랫폼인 네이버웍스, 워크플레이스, 워크박스를 통합한 패키지 솔루션 '네이버 클라우드 포 스마트워크'를 최근 선보였다.

네이버 스마트워크는 기업 운영에 필요한 모든 시스템을 단순 조합이 아닌 하나의 솔루션처럼 사용할 수 있게 통합한 것이 특징. 네이버클라우드를 기반으로 하나의 플랫폼 안에서 하나의 ID로 솔루션 간 구성원 정보를 연계한 단일 통합 프로세스로 운영 효율성을 높였다.

업계에서는 앞으로 협업툴 시장이 지속 성장할 것으로 전망하고 있다. 미국 시장조사업체 마켓앤마켓에 따르면 지난해 310억 달러(37조 원) 규모였던 세계 협업 툴 시장은 2024년 480억 달러(57조 원) 규모로 성장할 전망이다.

이중 아시아 시장규모가 약 20조 원으로, 잠재력이 크다는 평가를 받고 있다. 이처럼 영상회의나 협업툴에 대한 수요가 늘면서 관련 기업들의 경쟁도 뜨거워지고 있다.

협업툴 인기에 많은 글로벌 기업들이 인수·합병(M&A)을 통해 이 시장에 진출하고 있다. 미국 1위 통신사 버라이즌은 지난해 4월 화상회의 기술업체 블루진스를 인수했다. 1조 가치의 유니콘으로 등극한 채팅 솔루션업체 센드버드도 2020년 엔터프라이즈 화상회의 플랫폼 개발업체인 리니어허브를 인수했다. 음성·비디오 API로 사업 영역을 확대하고 있으며, 지난해 리니어허브의 핵심 기술을 통해 모바일 앱에 음성 및 영상경험을 탑재한 '센드버드 콜'을 런칭했다. 그 외에도 기업용 고객관리소프트웨어 업체인 세일즈포스가 기업용 메신저 소프트웨어 업체인 슬랙을 약 30조 원에 인수한 바 있다.

이렇듯 재택근무가 일상이 되면서 업무 공백을 최소화할 수 있는 협업툴 서비스 시장이 폭발적으로 규모를 늘리고 있으며, 앞으로도 그 확장세는 지속될 전망이다. 협업툴 서비스사들은 화상회의 기능을 전면에 내세우는 한편 특정 직군에 최적화된 시스템을 개발하는 형태로 수요층을 공략하고 있다.

협업툴 콜라비(collabee) 조용상 대표는 "2010년에는 실시간 협업이 중요했다면, 2020년에는 업무가 진행되는 흐름을 한 눈에 볼 수 있는 원페이지 협업툴이 주목을 받고 있다. 코로나 19 판데믹 이후 협업툴 섹션 중, 문서기반 협업툴이 2019년부터 현재까지 시장을 리드하고 있다. 코로나 시대 이후에도 이런 문서 기반 협업 툴이 크게 성장을 할 것으로 예상된다"고 협업툴 시장의 전망에 대해 말했다.

출처: 벤처스퀘어, 박소현 기자, 2021.04.15.

토론

1. 코로나19 시대 이후 비대면에 초점을 둔 여러 협업툴이 출시되었고, 많은 기업에서 이러한 협업툴을 채택하여 사용하고 있다. 이러한 협업툴이 그룹의사결정에 미치는 긍정적 영향과 부정적 영향에 대해 논의하시오.
2. 위 사례에서 언급하지 않은 협업툴의 기능 중 그룹의사결정에 도움을 줄 수 있는 기능에 대해 생각해보고 논의하시오.

이러한 그룹의사결정지원시스템을 도입함으로써 기대할 수 있는 가장 큰 효과는 정보 공유로 인한 업무의 생산성 향상이다. 전자우편, 문서관리, 전자결제, 문서 데이터베이스, 전자회의, 스케줄관리, 워크플로우 등 여러 기능을 지니고 있는 그룹의사결정지원시스템의 도입을 통해 구성원 간의 정보교환이나 협력체계가 구축되므로, 구성원 간의 그룹활동이 촉진되고 시간이 단축된다. 또한 불필요한 작업을 최소화함으로써 조직 구성원의 만족도를 높일 수 있다. 이외에도 업무 처리 시간 단축, 비용 절감, 업무의 정형화로 인한 관리의 효율성, 의사소통방식의 개선, 조직 구성원의 능력개발 도모 등의 효과가 있다.

6.2 중역정보시스템

기업 내 가장 중요한 의사결정을 하는 경영계층은 최고경영층으로, 전사적 목표에 관련된 의사결정을 수행하지만, 현재의 경영 환경에서는 제한된 정보를 토대로 최고경영층의 의사결정이 수행되고 있다. 따라서 이러한 문제 해결을 위해 최고경영층의 의사결정을 지원할 수 있는 정보시스템이 필요하다.

6.2.1 중역정보시스템의 정의

중역정보시스템(EIS: Executive Information System)은 중역(또는 최고경영층 및 임원)이 자신의 위치와 역할에 맞는 경영 기능을 수행하고 목적을 달성하기 위해 필요한 주요 정보를 신속하게 얻을 수 있도록 지원하는 시스템이다.

일반적으로 중역은 컴퓨터 전문가가 아니지만 기업의 내·외부 정보를 중점적으로 사용하고 필요에 따라서는 정보시스템을 조작하는 경우가 발생한다. 따라서 중역정보시스템을 통해 중역이 받게 되는 데이터의 양을 축소하여 중역의 위치와 역할에 따라 적합한 정보를 신속하고 지속적으로 제공해야 한다. 또한 제공되는 데이터에 대한 이해가 용이해야 하며 아이디어나 의견, 평가 및 설명 등의 자료를 전달할 수 있어야 하기 위해서 통신기능이 포함되어 있어야 한다. 마지막으로 중역이 기업 내부에서 진행되고 있는 프로젝트뿐 아니라 전체 산업계 및 시장 등 광범위한 환경에 대해 좀 더 효율적으로 접근할 수 있는 수단을 제공하기 위해 상세정보 보기, 예외 보기 및 추세 분석 등의 기능을 제공해야 한다.

6.2.2 중역정보시스템의 특징

보통 중역정보시스템은 의사결정지원시스템의 일부로 인식되어 있으나 중역의 환경과 역할이 복잡하기 때문에 몇 가지 추가적인 응용시스템이 포함되며 다음과 같은 특징을 가지고 있다.

별도의 데이터베이스

중역정보시스템은 중역이 정기적으로 필요로 하는 정보를 확보하고 회계 및 마케팅 등의 경영정보시스템과 같은 여타의 정보시스템으로부터 중요한 정보를 얻기 위해 만들어졌다. 기본적으로 위에 언급한 정보시스템들은 기업 차원에서 하나의 지원시스템으로 결합되어 있지만 중역정보시스템은 중역의 요구에 알맞은 형식으로 정보를 저장하고, 보안을 유지하기 위해 중역 차원의 데이터베이스가 별도로 설치되어 있다.

데이터 종합 및 검색의 편리성

중역이 관심을 가지고 있는 현안에 대해 검토해야 할 데이터의 수준을 미리 정하는 것이 어려울 때를 대비해서, 중역정보시스템은 여러 수준의 데이터를 요약하고 종합하여 정보로 제공한다. 또한 데이터 및 정보의 검색이 편리하도록 일반적인 정보에서 구체적인 정보에 이르기까지 일관된 접근방법을 제공한다.

통신과 연결

중역정보시스템은 중역이 다른 사람들에게 정보를 전송할 수 있는 기능을 가지고 있기 때문에 정보의 일관성을 유지할 수 있으며 새로운 데이터가 발견되었을 때 기업 전반으로의 배분이 가능하다. 그리고 중역정보시스템은 다양한 데이터베이스와 파일로부터 내·외부 자료를 이동하는 기능을 가지고 있어서 외부의 데이터베이스에 접속하여 정보를 검색할 수도 있다. 그 외에도 중역정보시스템은 데이터를 그래픽화할 수 있는 기능을 가지고 있으며 What-if 모형을 통한 계획 수립 및 예측도 가능하게 한다.

SK하이닉스 사회적 가치 측정시스템 개발, 경영진 의사결정 지원

CASE 6-2

SK하이닉스는 사회적 가치 성과 측정시스템 'Hy-SVMS'을 구축했다고 25일 밝혔다.

이 시스템은 사회적 가치 성과 데이터를 입력 및 취합하는 '웹UI', 산출된 모든 데이터를 측정하고 표준화해 관리하는 '사회적 가치 데이터베이스', 회사의 모든 사회적 가치 성과 및 동향을 한눈에 확인할 수 있는 '사회적 가치 디지털 보드룸'으로 이뤄져 있다.

구성원이 시스템을 통해 자신의 사회적 가치 실적을 기본 데이터 상태로 입력하면 곧바로 화폐 단위로 자동 산출된 실적값을 확인할 수 있다. 엑셀로 작성하던 기존 방식보다 업무 부담이 줄었다.

사회적 가치 디지털 보드룸에서는 비즈니스 사회성과, 사회공헌 사회성과, 경제간접 기여성과 등 분야별 사회적 가치 측정값과 목표 달성도를 살펴볼 수 있다. 사업장이나 자회사 성과도 확인 가능하다.

Hy-SVMS는 SK하이닉스 경영진이 사회적가치 데이터를 바탕으로 의사결정을 내리도록 지원하는 역할을 할 것으로 전망된다.

SK하이닉스는 Hy-SVMS 구축에 그치지 않고 회사의 사회적 가치 관련 시스템을 한 채널로 통합해 '사회적 가치 포털'을 구축한다는 목표를 세웠다. 구성원 누구나 쉽게 접속해 사회적 가치에 관한 이해도를 높일 수 있도록 사회적 가치를 창출하는 데 구심점 역할을 하는 시스템을 운영하기로 했다.

김형민 SK하이닉스 사회적가치성과관리팀 PL은 "사회적가치 데이터를 표준화하고 정량화하는 것은 사회적 가치 성과들을 보다 합리적이고 보편타당하며 납득할 만한 언어로 표현한다는 뜻이다"며 "이를 통해 우리가 추진하고 있는 사회적 가치가 SK하이닉스를 둘러싼 다양한 이해관계자들로부터 인정받게 될 것이다"고 말했다.

출처: 비즈니스포스트, 임한솔 기자, 2021.01.25.

토론

1. 사회적 가치가 기업 의사결정에 미치는 영향에 대해 논의하시오.
2. 사회적 가치 외 기업 경영자 의사결정의 주요 요인들에 대해 논의하시오.

6.2.3 중역정보시스템의 효과

기업의 경영자가 중역정보시스템을 이용해서 얻을 수 있는 효과는 기업 경영에 직접적인 영향을 미치게 된다. 우선 효과적인 중역정보시스템을 통해 최고경영자가 경영 목적과 기업의 성과를 실시간으로 비교, 확인할 수 있기 때문에 기업을 효과적으로 통제할 수 있다. 또한 경영자가 원하는 정보를 신속하게 제공하므로 정보 검색 시간을 절약할 수 있고 기업 내·외부와의 의사소통을 원활히 할 수 있다. 중역정보시스템에 저장된 데이터를 바탕으로 중역들은 사업의 우선순위를 명확히 할 수 있으며 기업의 조직원들과 데이터를 공유함으로써 업무에 대한 집중도를 높일 수 있다. 또한 기업의 경영자가 필요한 정보를 잘 알지 못할 때에도 중역정보시스템을 통해 적합한 정보를 제공받아 보다 정확한 의사결정을 할 수 있도록 도와준다.

이와 같은 중요성에도 불구하고 중역정보시스템은 성공사례가 많지 않다. 이는 데이터가 발생하는 즉시 이용가능한 정보로의 가공 및 예측이 자동화되지 못하였기 때문이다. 또한 중역에게 기업 전반에 걸친 종합적인 정보를 제공하기보다는, 각 부서별로 처리된 정보만을 제공하는 것도 중역정보시스템의 성공의 방해요인이 되고 있다.

그러나 현대의 기업은 범람하는 정보 속에서 중역 및 기업 경영자들에게 가치 있는 정보를 시기적절하게 제공하여 경영 전략 및 목표 수립과 수행을 지원할 필요가 있다. 기업 관리자의 입장에서 기업 내·외부의 정보를 전략적으로 제공할 수 있는 중역정보시스템은 매우 의미가 있다고 할 수 있다.

6.3 지능정보시스템

일반적인 경영 문제는 대상 영역이 매우 광범위하고, 불확실성이 크기 때문에 유연하고 신속한 의사결정을 내리기가 쉽지 않다. 이러한 경영 환경에서 경영자의 의사결정을 효과적으로 지원하기 위해 많은 기업들이 다양한 지능정보시스템을 활용하고 있다. 지능정보시스템은 인공지능 기술과 에이전트 기술 등을 이용하여 경영자의 의사결정을 지원하는 시스템을 통칭하는 것으로, 이 장에서는 전문가시스템(expert system) 및 지능형 에이전트(intelligent agent) 외에도 대용량의 데이터로부터 유의한 패턴을 찾는 데이터마이닝(data mining) 기술을 살펴보고자 한다.

6.3.1 전문가시스템

전문가시스템이란 전문지식이 없는 사용자에게 전문가의 지식과 경험을 제공하여 문제를 해결할 수 있도록 돕는 시스템을 의미한다. 전문가의 지식을 컴퓨터에 저장, 처리할 수 있는 형태로 표현하여 컴퓨터가 자동으로 문제 상황을 추론, 진단, 결론 및 해결방안을 제시한다. 앞 절에서 살펴본 것과 같이 전문가시스템은 의사결정지원시스템의 하위시스템인 지식관리 하위시스템의 기저가 될 수 있다. 그러나 전문가시스템은 반드시 의사결정지원시스템의 하위시스템으로서의 역할만 하는 것은 아니고 그 자체가 독립된 정보시스템으로서의 역할을 수행하기도 한다.

전문가시스템은 기존 컴퓨터시스템이 단순 자료만 처리하는 것과 달리 추론 과정을 통해 지식을 처리한다. 따라서 전문가시스템은 불완전한 데이터를 가지고도 추론을 통해 의사결정에 필요한 정보를 제공할 수 있는 탁월한 문제 해결 능력을 갖고 있다. 또한, 보유한 지식이 많을수록 다양한 관점에서 문제 해결에 접근할 수 있다는 장점이 있으며, 문제를 바라보는 방식, 의사결정 과정, 그리고 의사결정 상황에서 선택 가능한 대안에 대해 다양하고 논리적인 접근법을 제시한다. 뿐만 아니라 전문가시스템은 인간이 지니고 있는 전문지식과 달리 일단 시스템에 저장하면 잊어버리거나 없어지지 않고 필요할 때마다 수정하거나 새로운 정보를 입력할 수 있다. 이는 저장된 지식을 이용하여 지식의 일관성 있는 적용이 가능하며 지식의 내용이 변하지 않는 한 추가적인 비용을 부담하지 않아도 지식을 쉽게 전수할 수 있다는 것을 의미한다.

전문가시스템의 기본적인 구성 요소와 동작 원리를 살펴보고 전문가시스템이 적용되고 있는 여러 분야에 대하여 알아보자.

전문가시스템의 구성 요소

지식베이스. 지식베이스는 전문가시스템의 두뇌에 해당하는 부분으로 전문지식을 데이터베이스의 형태로 저장해 두는 곳이다. 전문지식은 여러 가지 형태로 표현이 가능한데, 지식의 표현 방법에 대해서는 '전문가시스템의 동작원리' 절에서 따로 살펴보기로 한다.

추론엔진. 추론엔진은 지식베이스에 저장된 지식을 새로운 문제 해결에 이용하는 기능을 담당하는 부분이다. 추론엔진에서는 지식의 표현 형태에 따라 다른 방식으로 추론한다. 추론 방식에 대해서는 '전문가시스템의 동작원리' 절에서 지식 표현과 관련하여 다시 설명한다.

블랙보드. 블랙보드란 현재의 문제를 설명하기 위해 따로 분리된 작업 메모리 장소이다. 블랙보드는 추론과 같은 작업의 중간 결과를 기록하는 데에도 이용된다.

인터페이스. 인터페이스는 시스템과 사용자 간의 의사소통을 담당하는 부분이다. 일반적으로 사용자가 질문을 하면 시스템이 이에 적합한 답을 함으로써 의사소통을 하게 된다. 모든 시스템에서 인터페이스 부분은 중요하지만 추론 과정을 거쳐야 하는 전문가시스템에서는 특히 인터페이스의 설계가 중요하다고 할 수 있다.

설명기능 부분. 설명기능 부분이란 전문가시스템이 추론을 하여 제시한 결과에 대해서 사용자가 근거를 요구할 때 이를 설명하기 위한 부분이다. 전문가시스템은 사용자가 알지 못하는 전문지식을 기반으로 사용자에게 답을 제시하므로 사용자가 답을 더 잘 수용할 수 있도록 충분한 설명을 제시해줄 필요가 있다.

전문가시스템의 동작원리

전문가시스템이 동작하기 위해서는 우선 인간의 지식이 컴퓨터에서 처리될 수 있는 형태로 표현되어야 한다. 전문가시스템에 저장되어 있는 인간지식을 지식베이스라고 하며, 지식베이스에 저장되는 인간 지식의 표현 방법으로는 규칙, 지식프레임(knowledge frame), 의미론적 연결망(semantic network) 등이 있지만, 여기에서는 규칙만 설명하기로 한다.

가장 일반적으로 사용되는 지식 표현 방법은 규칙을 이용하는 방법이다. 규칙이란 'If~ Then~'으로 이루어진 일반적인 규칙의 형태를 이용하여 인간의 지식을 표현한다. 예를 들면, 다음과 같은 형태로 표현할 수 있다.

IF '학년 > 2'
THEN '출석부를 작성하라'

이 규칙은 '학년'이라는 변수의 값이 2를 초과하는 경우에 'Then' 이하에 있는 '출석부를 작성하라'는 동작을 실행하도록 한 것이다.

이와 같은 규칙 형태로 표현된 지식이 축적되어 '지식베이스'를 만들게 된다. 전통적인 데이터베이스 방식에서도 이러한 형태의 규칙을 이용하는 경우가 많지만 전문가시스템에서의 규칙은 보다 복잡하고 다양한 차원을 가질 수 있다. 전통적인 데이터베이스 방식에서의 규칙은 데이터베이스 내의 자료 중에서 사용자가 필요한 자료를 추출하기 위한 도구임에 반해, 지식베이스 내의 규칙은 그 자체가 지식이며 시스템의 가장 핵심적인 부분을 차지한다는 차이점이 있다.

〈그림 6-4〉는 주식시장의 동향에 관한 간단한 지식을 규칙의 형태로 표현한 것이다. 장세가 '강세장'이면서 전날 매수 의사결정을 했다면 오늘 '매도'하고, 그렇지 않다면 '매수'한다. 오늘의 장세에 대한 시스템의 특별한 신호가 없거나 '약세장'일 경우에는 전날 의사결정이 매수였을 경우에 '매도'하고, 아니면 투자를 보류한다. 지식 표현은 그림에서 보는 바와 같이 'and', 'or', 'else' 등을 이용하여 보다 복잡하게 표현할 수 있다.

〈그림 6-4〉 규칙에 의한 지식 표현 방법의 예

```
If 당일의 시스템 생성신호 = "강세장" (익일 기준)
And 전일의 의사결정 = "매수"
   Then "매도"
   Else "매수"
If 당일의 시스템 생성신호 = "   " (대응하는 규칙이 존재하지 않는 경우)
Or 당일의 시스템 생성신호 = "약세장" (익일 기준)
And 전일의 의사결정 = "매수"
   Then "매도"
   Else "투자 보류"
```

전문가시스템의 응용 분야

전문가시스템 응용의 효시는 스탠포드 대학에서 개발된 DENDRAL시스템으로, 이는 화학분야에서 분자구조물을 파악해주는 시스템이었다. 이후에 균혈증과 뇌수막염 환자의 진단을 지원하기 위한 MYCIN과 수학 문제의 해결을 지원하는 MACSYMA 등이 개발되었다. 초기에 이학, 공학, 의학 분야에서 주로 응용되었던 전문가시스템은 이후에 경영학 분야에 응용되기 시작하여 투자 의사결정지원, 주식가격 예측, 신용카드 부정사용적발, 세액계산지원, 생산일정계획 등에 이용되고 있다.

전문가시스템은 컴퓨터 설계, 의학적 진단 및 처방, 법률 상담이나 투자 자문 등의 분야에서 폭넓게 활용되고 있지만, 해당 분야가 복잡하거나 해결책에 대한 합의가 이루어지지 못 했을 경우 활용되기 어렵다는 단점이 있다. 또한 시스템 스스로 새로운 규칙이나 상관 관계를 발견하지 못한다는 단점이 있다.

6.3.2 지능형 에이전트

지능형 에이전트는 일반적으로 인터넷 환경에서 지능적으로 활동하는 소프트웨어 프로그램을 의미한다. 지능형 에이전트의 개념을 이해하기 위해서는 먼저 전자상거래 환경에서의 에이전트라는 개념을 이해해야 한다. 전자상거래 환경에서의 에이전트는 전자상거래 상에서의 구매자, 판매자, 중개인 등의 전자상거래 참여자를 대신하여 업무를 수행하는 소프트웨어이다. 유사한 개념으로 소프트웨어 에이전트라는 개념도 있는데, 이는 전산화된 환경에서 사용자를 위해 과업을 수행하는 소프트웨어 프로그램을 의미하는 것으로 이 책에서 정의하고자 하는 지능형 에이전트에 가장 근접한 개념이라 할 수 있다. 지능형 에이전트란 상기의 소프트웨어 에이전트 중에서 〈표 6-1〉에 제시된 속성을 가진 것을 지칭한다고 할 수 있다.

지능형 에이전트는 사용자 개인의 선호를 고려하여 의사결정을 할 수 있다. 예를 들어 사용자에게 불필요한 스팸메일을 자동으로 지워 주거나, 일정을 관리하기도 하며, 네트워크를 돌아다니며 사용자에게 적합한 상품을 찾아 주기도 한다. 이와 같이 지능형 에이전트는 사용자를 대신하여 여러 가지 과업을 수행하는데, 그 종류에는 특정 정보나 사건을 자동으로 찾아 사용자에게 알려주는 관찰자 에이전트(watcher agent), 사용자가 원하는 조건에 근접한 상품 중 최적의 구매를 할 수 있도록 도와주는 구매 에이전트(shopping agent), 사용자가 정한 검색 기준을 파악하여 정보를 검색하는 정보재생 에이전트(information retrieval agent), 통신망 등의 오류를 찾아 자동으로 해결하는 도우미 에이전트(helper agent), 그리고 사용자의 과거 행태를 자동으로 학습하여 개인의 선호에 맞는 정보를 제공하거나 비구조적 문제에 대한 해답을 제시하는 기능을 가진 학습 에이전트(learning agent) 등이 있다.

〈표 6-1〉 지능형 에이전트의 속성

속성명	내용
자율성	최종사용자로부터의 유인이나 자극 없이 어떠한 과업이나 목표의 완성을 이끄는 행동을 취할 수 있는 능력을 의미하는 것으로 사용자의 특별한 명령 없이도 자신이 대행하는 업무가 완수될 수 있도록 자동으로 행동을 취할 수 있어야 함
통신 능력	목표를 수행하는 과정에서 제3자로부터 현 상황의 외부 환경에 대한 정보에 접근할 수 있는 능력을 보유하고 있어야 함
협동 능력	통신능력의 확장을 의미하는 것으로 어떤 과업이나 목표를 위하여 여러 에이전트들이 협동적으로 과업을 수행할 수 있는 능력
적응적인 행동	외부 환경을 검사하여 과거의 성공적인 행동을 유사한 상황에서 취할 수 있어야 하며 목표를 성공적으로 성취할 수 있는 확률을 증가시킬 수 있도록 그들의 행동을 적응시켜 나갈 수 있어야 한다는 것
신뢰성	사용자의 입장을 일관성 있게 대표할 수 있도록 행동하여야 한다는 것
추론 능력	과거의 경험이나 현재의 판단 등을 바탕으로 추정할 수 있는 능력
가동성	클라이언트 컴퓨터 내부에 정적인 상태로 머무는 것이 아니라, 네트워크 안에서 유동적으로 움직여 다른 컴퓨터 내부에 있는 정보까지 수집할 수 있는 능력

“알파고 닮은 AI 이코노미스트가 ‘포스트 코로나’ 경제회복 도울 것” CASE 6-3

알파고와 비슷한 원리로 작동하는 ‘AI(인공지능) 이코노미스트’가 신종 코로나바이러스 감염증(코로나19)으로 인한 경제 손실 회복을 도울 수 있을 것이라는 전망이 나왔다.

4일(현지 시각) 파이낸셜타임즈(FT)는 소프트웨어 전문 기업 세일즈포스(Salesorce)와 하버드대학이 공동 연구·개발한 ‘AI 이코노미스트’를 소개했다.

AI 이코노미스트는 인공지능 머신러닝의 한 유형인 강화학습(Reinforcement learning)을 활용해 노동자와 정부 등 여러 경제 주체 간의 수백만 가지 상호작용을 모델링하는 데이터 기반 컴퓨터 시뮬레이션이다. 작동 원리는 2016년 이세돌과 바둑 대국으로 화제를 모은 ‘알파고’와 비슷하다.

AI 이코노미스트와 같이 머신 러닝을 이용해 경제 전망을 분석하는 것은 ‘알고리즘 경제학(algorithmic economics)’이라고도 부른다. 알고리즘 경제학은 구글이나 아마존 같은 회사가 경매 구조를 짜거나 가격을 책정하기 위해 쓰이고 있지만 AI 이코노미스트의 경우 입법자들의 제안을 시뮬레이션을 통해 검증하고 발전시키도록 돕는다.

마크 베니오 세일즈포스 회장은 ‘이해관계자 자본주의(stakeholder capitalism)’라는 개념으로 AI 이코노미스트의 개발 목적을 설명했다. 이해관계자 자본주의는 주주뿐만이 아니라 근로자, 환경 등 다양한 경제 주체들의 이해관계를 고려하는 것을 의미한다.

이를 통해 “(AI 이코노미스트를 통해) 사회 복지를 개선하고 경제를 최적화할 수 있다”는 설명이다.

AI 이코노미스트는 초기에는 조세 정책에서 생산성과 형평성 사이의 최적의 절충안을 찾는 것에 주로 활용됐다. 연구진들은 그러나 AI 이코노미스트가 앞으로 경기부양책의 영향, 보편적 기본소득, 환경 규제안 등 다른 많은 분야에도 적용될 수 있도록 개발할 예정이다.

토니 예이츠 전 영국중앙은행 경제학자는 “머신러닝은 경제 측정학, 패턴 학습과 비슷하다”며 “다른 중앙 은행에서 사용하고 있는 다른 경제 모델보다 더 나은 점이 있다”고 말했다.

그러나 AI 이코노미스트에게는 아직 몇 가지 한계가 있다. AI 이코노미스트 내 지능형 에이전트는 아직 4개에 불과하다. 지능형 에이전트는 사용자 개입 없이 주기적으로 정보를 모으거나 서비스를 수행하는 프로그램이다.

이 때문에 물려받은 부와 자원봉사, 창업할 수 있는 개개인의 능력 등 다양한 변수들이 복잡하게 상호작용하며 만들어내는 경제 흐름을 제대로 반영하기 어렵다는 의견도 있다. 리처드 소셔 세일즈포스 수석 과학자는 AI 이코노미스트의 한계를 인정하면서도 모델이 입법자들에게는 굉장히 정교한 도구가 될 수 있다고 주장했다.

소셔는 “AI 이코노미스트는 현재 정확하거나 현실적이지 않은 점이 있다”며 “그렇지만 AI는 초이성적이고 사람들은 늘 이성적이지 못하다. (누적 데이터의) 규모가 커진다면 점점 유용해질 것이다. 인간 게놈 염기 서열을 분석하는 것과 비슷하다”고 말했다.

FT는 “코로나19로 인한 경제 침체에서 벗어나기 위해 많은 독창성이 필요할 것”이라며 “경제학자들은 다양성과 복잡성을 수용하고 세계가 어떻게 돌아가는지에 대한 이해를 심화시키기 위해 다른 학문과 협력할 필요가 있다”면서 AI 이코노미스트의 잠재력을 높게 평가했다.

출처: 조선비즈, 이주아 기자, 2020.05.06.

토론

위 기사는 지능형 에이전트를 활용한 AI 이코노미스트를 소개하고 있다. 경제 분야 외에도 어떤 분야에서 어떻게 지능형 에이전트를 활용할 수 있는지 논의하시오.

〈표 6-2〉 지능형 에이전트의 종류

종류	내용
관찰자 에이전트	특정정보나 사건을 자동으로 찾아다니는 에이전트로서 사용자에 관련된 정보가 나타나면 사용자에게 이 사실을 알려 주는 기능을 한다. 예로는 인터넷 신문기사 중에서 사용자가 관심 있는 기사의 주제를 지정해주면 관련 기사가 나타날 때마다 이메일 등을 통해 사용자에게 관련 기사를 전달해주는 서비스가 있다.
구매 에이전트	인터넷에서 사용자가 원하는 조건에 근접한 여러 상품 대안 가운데에서 최적의 구매를 할 수 있도록 해주는 것으로 이를 이용하면 각 상품군 중에서 사용자가 원하는 최적상품을 찾을 수 있다.
정보재생 에이전트	지능적인 방법으로 정보를 검색해 낼 수 있는 능력을 가진 에이전트를 의미한다. 가장 대표적인 응용사례는 사용자가 정의한 검색기준을 파악하여 검색을 해주는 인터넷 검색엔진 등이다
도우미 에이전트	주로 통신망 등에서 망의 관리에 이용되는 에이전트를 의미한다. 이 에이전트의 대부분은 통신망의 오류를 적발하고 그 원인을 찾아 자동으로 문제를 해결해주는 기능을 수행한다.
학습 에이전트	사용자의 과거 행태를 자동으로 학습하여 개인의 선호에 맞는 정보를 제공한다거나 인간이 해결하기 곤란한 비구조적인 문제에 대해서 지능적으로 해답을 제시하는 등의 기능을 가진 에이전트를 의미한다. 학습 에이전트를 응용하는 사례로 인터넷 서점인 아마존(http://www.amazon.com)의 예를 들 수 있다. 아마존 사이트에 접속하여 도서를 구매하게 되면 IP 등을 인식하여 이후에 접속할 때 사전에 구매했던 도서들의 정보를 바탕으로 사용자가 선호할 것이라 예상되는 도서들을 추천해준다.

6.3.3 데이터마이닝

데이터마이닝이란 대량의 데이터로부터 새롭고 의미 있는 정보를 추출하여 의사결정에 활용하는 일련의 작업을 의미한다. 컴퓨터 기술의 발전과 저장 장치의 대형화로 인해 기업에서 다루는 데이터의 양이 기하급수적으로 증가하고 있기 때문에 기업은 데이터를 보다 효과적으로 관리할 수 있는 방법을 찾아야 한다. 데이터베이스 조회 도구인 일반 질의나 OLAP(Online Analytical Processing) 등은 미리 가설을 세우고 데이터를 통해 그 가설을 확인하는 과정을 취하지만, 데이터마이닝의 경우에는 데이터에 숨겨진 정보를 찾아내는데 사용된다. 즉, 데이터마이닝은 컴퓨터시스템을 통해 가설을 발견하는 방식으로 데이터를 이용해 짧은 시간 내에 가능한 다수의 유용한 정보를 찾아낸다. 일반적으로 데이터마이닝에 많이 이용되는 분석 방법으로는 장바구니 분석과 의사결정나무, K-평균군집화, 인공신경망, 사례 기반 추론 등이 있다. 최근에는 다양한 환경에서 발생하는 대량의 데이터를 분석 및 활용하기 위한 방법으로 딥러닝, 머신러닝을 활용한 인공지능이 주목받고 있다.

카카오, AI형 에이전트 개발 활발

CASE 6-4

국내 1위 모바일 플랫폼 업체인 카카오는 인공지능(AI)형 에이전트 개발을 활발히 진행하고 있다. 카카오는 이 프로젝트를 '디플로(DFLO)'로 명명했다. 듀얼(Dual), 딥러닝(Deep Learning), 다이얼로그(Dialog)를 상징하는 'D'와 흘러감을 의미하는 '플로(Flow)'의 합성어다.

말뜻대로 카카오 AI형 에이전트는 이용자 업무를 대신할 수 있는 수준이다. 양방향 대화가 가능할 수 있도록 개발된다. 전화로 식당을 예약하거나 커피 주문을 받는 등 간단 업무부터 콜센터 등 다양한 맥락과 상황이 발생하는 복잡 업무까지 AI가 도맡는다. 이는 이용자가 음성으로 명령했을 때 단답형으로 대답하는 기존 AI에서 진보한 것이다. 카카오는 사람과 사람, 사람과 기업 등 주체와 상관없이 자연스러운 대화가 가능하도록 주력한다.

카카오는 현대자동차에 적용된 카카오아이의 활용 범위도 전방위로 확대하고 있다. 현재까지 카카오아이는 차 안에서 장소 검색과 날씨·운세·뉴스 검색만 지원했다. 이를 카카오 음원 서비스 '멜론'까지 통합하는 작업을 진행 중이다.

카카오는 카카오 AI를 모든 블루투스 기기에 연결하는 계획을 세웠다. '카카오홈' '카카오미니' '헤이카카오 애플리케이션' 등 사물인터넷(IoT), AI 스피커, 모바일 등으로 기기 연결 범위를 넓힌다. AI형 에이전트가 '개인 비서'로서 실생활에 활용되는 셈이다.

카카오 관계자는 "이용자에게 보다 나은 편리함을 제공하고, AI가 자연스럽게 대응할 수 있도록 하는 게 목표"라면서 "양방향 AI를 토대로 '지능형 에이전트' 개발을 본격화할 것"이라고 말했다. 이어 "카카오아이는 편의성을 높이고 적용 차종을 확대할 것"이라면서 "150만대 이상 차량에서 카카오아이를 활용할 수 있을 것으로 기대한다"고 덧붙였다.

출처: 전자신문, 류태웅 기자, 2020.05.19.

토론

1. 양방향 AI를 바탕으로한 지능형 에이전트와 단방향 지능형 에이전트의 차이에 대해 설명하고, 양방향 지능형 에이전트의 장·단점에 대해 논의하시오.
2. 사물인터넷(IoT) 기술을 기반으로 다양한 기기들이 연결됐을 때의 활용 범위와, 개인정보 이슈 등 발생할 수 있는 문제에 대해 논의하시오.

장바구니 분석

장바구니 분석(market basket analysis)은 말 그대로 시장에서 고객의 장바구니에 들어 있는 상품 간의 구매 연관 관계를 파악하고자할 때 사용하는 방법이다. 즉, 여러 사람의 장바구니에 A라는 상품과 B라는 상품이 들어 있었다면 A와 B 두 상품은 함께 구매되는 경우가 많다고 판단하는 것이다. 장바구니 분석은 분석의 방법이 간단하고 많은 양의 데이터에 대해서도 쉽게 적용할 수 있으므로 데이터마이닝에 유용하게 이용될 수 있다.

장바구니 분석에서는 상품 간의 연관 관계를 찾게 되므로 흔히 'If~ Then~'의 형태로 결과가 제공되기 때문에 이해하기가 쉽다. 그러나 분석할 데이터의 양이 많아질수록 수많은 의사결정 규칙이 도출될 수 있고, 이 중에서는 규칙 간에 결과가 상충하는 경우도 존재한다. 따라서 수많은 의사결정 규칙 중에서 분석에 유의한 규칙을 찾아내고, 상충하는 규칙 중에서 의사결정에 보다 영향력이 있는 규칙을 선택해 내는 것이 장바구니 분석의 중요한 과제이다.

장바구니 분석에서는 의미 있는 규칙을 뽑아내기 위해 '지지율(support)', '정확도(confidence)', '리프트(lift)' 등의 지표를 사용한다. 지지율은 전체 거래 중에서 상품 A와 상품 B를 포함하는 거래량이 어느 정도인가를 파악하기 위한 지표이다.

$$\text{지지율} = \frac{n(A \cap B)}{N}$$

이때 N은 전체 거래의 횟수이고, n(A∩B)는 상품 A와 상품 B가 함께 구매되는 빈도수를 나타내는 것으로 두 품목의 동시 구매가 얼마나 자주 발생하는가를 측정하는 것이다.

또 다른 지표인 '정확도'는 상품 A를 구매한 거래 중에서 상품 B가 포함된 거래의 정도를 측정하는 지표이다. 이는 연관성의 강도를 나타낼 수 있으며, 다음과 같은 조건부확률에 의해 계산된다.

$$\text{정확도} = P(B \mid A)$$

리프트는 임의로 상품 B를 구매할 때와 비교해서 상품 A와 상품 B를 함께 구매하는 경우의 비율을 측정하는 지표로, 상품 A와 상품 B의 관계를 측정할 수 있으며, 다음과 같은 식으로 나타낼 수 있다.

$$\text{리프트} = \frac{n(A \cap B)}{P(A)P(B)}$$

이때 P(A)는 전체 거래 중에서 A라는 상품이 포함된 거래가 일어날 확률을 의미한다. 리프트의 값이 1에 가깝다는 것은 상품 A와 상품 B의 구매거래가 통계적으로 서로 독립

〈표 6-3〉 리프트의 의미 및 예

리프트	의미	예
1	독립적인 관계	사탕과 화장품
> 1	양의 상관관계	맥주와 땅콩
< 1	음의 상관관계	변비약과 지사제

이라는 의미이며, 1보다 크면 양의 연관관계를, 1보다 작으면 음의 연관관계를 의미한다.

장바구니 분석에서는 이상에서 제시된 세 가지의 측정 지표를 복합적으로 고려하여 유의한 의사결정규칙을 선택하게 된다. 즉, '정확도' 값이 크더라도 두 상품의 공통 구매율인 '지지율' 값이 어느 정도 수준이 되어야 의미가 있는 규칙이며, 상품 A를 구매했을 때 상품 B를 구매하는 규칙이 발견되었을 경우에도 상품 B가 구매되는 기본 확률이 커야 의미가 있으므로 리프트 값이 1보다 큰 경우에 유용한 정보가 된다.

의사결정나무

의사결정나무(decision tree)는 데이터마이닝 기법 중 분류에 주로 사용되는 기법이다. 분류(classification)란 데이터 간의 공통 특성을 찾아내어 서로 다른 집단으로 그룹화하는 것을 의미한다. 일반적으로 전체 데이터 중 일부를 이용하여 각 그룹의 특징을 정확히 묘사하거나 분류하는 모형을 생성하고, 이를 이용해서 목표 데이터를 처리하는 2단계의 과정을 거치게 된다.

의사결정나무도 새로운 데이터가 속하는 집단을 예측하기 위해 이미 만들어진 의사결정나무 모형이 지시하는 바에 따라 데이터의 속성에 대한 질문을 반복적으로 수행한다. 질문에 따라 한 번에 데이터를 분류할 수도 있기 때문에 나무의 질문 모형을 얼마나 잘 만드는지가 이 기법의 핵심이라고 할 수 있다.

의사결정나무는 가장 상단을 뿌리마디(root nodes), 속성의 분리 기준을 포함하는 내부마디(internal nodes), 마디와 마디를 이어주는 가지(link), 그리고 최종 분류에 해당하는 잎(leaf)으로 구성된다. 예를 들어, 컴퓨터 구매 여부에 대한 고객 데이터를 이용해서 향후 컴퓨터를 구매할 가능성이 있는 고객을 예측하는 것을 목적으로 의사결정나무를 구축하면 〈그림 6-5〉와 같다.

데이터는 나이, 학생 여부, 신용등급, 컴퓨터 구매 여부로 구성되어 있다. 의사결정나무 기법은 우선 각 속성이 고객 분류에 영향을 미치는 정도를 측정한 후 그 중에서 가장 영향력이 있는 속성을 선정하여 나무의 뿌리마디로 지정한다. 여기에서는 '나이'라는 속성이 뿌리마디로 선정되었으며 고객들은 속성 값에 따라 '30세 이하', '31세에서 39세', '40세 이상'의 3개의 가지로 분리되었다. 첫 번째 분할에서 나이가 31세에서 39세인 고객은 학생 여부나 신용등급에 관계없이 컴퓨터를 구매한다는 규칙을 발견할 수 있다. 나머지 고객에 대한 분류를 위해 다른 속성들을 이용하여 나무를 확장시키는 데, '30세 이하'의 고객에게 가장 큰 영향을 미치는 속성인 학생 여부를 내부마디로 지정하였고

〈그림 6-5〉 의사결정나무를 이용한 고객 분류

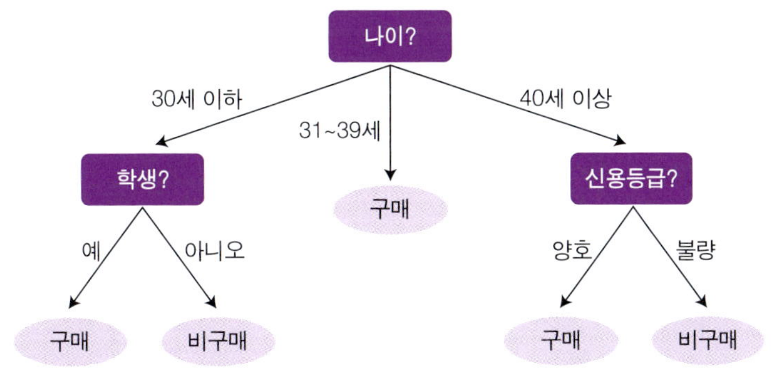

분리기준은 학생인지 아닌지로 정하였다. 또한 '40세 이상' 고객에게 가장 큰 영향을 미치는 속성인 신용등급을 또 다른 내부마디로 정하여 신용등급 상태가 양호한지 불량한지에 따라 고객을 분류하였다. 이와 같은 방법으로 나무를 확장시킨 결과 총 5개의 분류 규칙이 만들어졌음을 알 수 있다. 수립된 의사결정나무에 의하면 새로운 고객이 30세 이하의 학생이면 컴퓨터를 구매할 것이라고 예측할 수 있다.

그러나 실제 데이터에는 오류값이나 결손값이 존재하기 때문에 모든 데이터를 완벽하게 분류할 때까지 나무를 확장하게 되면 불필요한 속성이 나무에 포함되므로 정확하지 않은 규칙이 산출되고 모형의 예측력이 떨어지게 된다. 불필요하게 많은 속성이 포함되는 것을 과적합(overfitting)이라 하고 과적합을 피하기 위해선 불필요한 마디를 제거해야 하는데 이를 가지치기(pruning)라고 한다.

K-평균군집화

K-평균군집화(K-means clustering)는 군집화 기법 중 대표적으로 사용되는 기법으로, 비슷한 속성을 가진 데이터끼리 그룹화한다. 이를 통해 각 데이터 집단의 성격을 파악하고 데이터 전체의 구조에 대한 이해를 도울 수 있다. 이 때문에 다른 데이터마이닝 기법을 사용하기 전에 선행 작업으로 K-평균군집화를 사용하기도 한다. 여기서 클러스터는 데이터가 분류되는 각 그룹들을 의미하며, K는 클러스터의 개수를 의미한다.

K-평균군집화는 전체 데이터를 유사도 기준으로 사전에 결정된 K개의 군집으로 구분하는 방법으로, 데이터에 있는 속성값 중 초기 K개의 중심값을 선택한다. 중심값과 다른 레코드들 간의 거리를 계산해서 가장 가까운 거리에 있는 군집으로 분류하고 각

〈그림 6-6〉 K-평균군집화

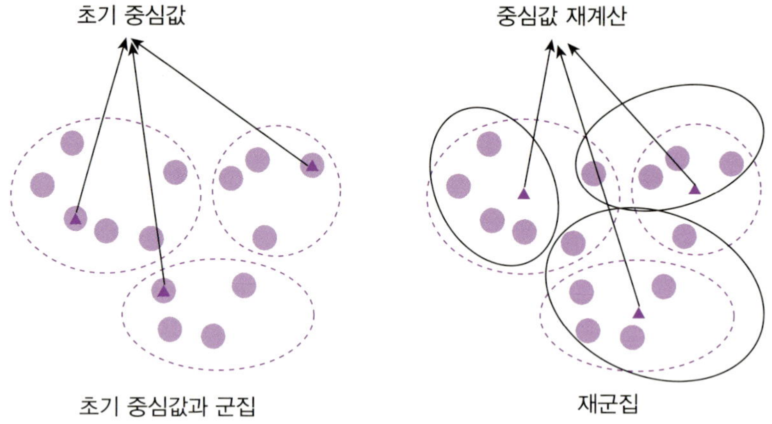

군집별로 중심값을 계산한 뒤, 새로운 중심값과 각 레코드 간의 거리를 다시 계산하여 가까운 레코드들을 재군집한다. 일반적으로 유클리디안 거리(euclidean distance)가 많이 사용되며 새로운 중심값과 기존의 중심값의 차이가 없을 때까지 반복한다.

K-평균군집화에서 사전에 결정하는 초기 군집수 K에 따라 결과가 달라질 수 있으므로, 의미 있는 결과를 얻기 위해서는 초기 군집수를 달리하여 여러 번 수행하는 것이 좋다. 또한 데이터 속성의 형태나 값의 범위에 따라 거리 측정 기준이 달라질 수 있으므로, 데이터의 속성에 따라 적절한 방법을 이용하여 거리를 계산해야 한다.

사례 기반 추론

사례 기반 추론(case-based reasoning)은 과거에 발생한 유사 사례를 이용하여 새로운 문제를 해결하고자 하는 것으로 인간의 문제 해결 방법과 가장 유사한 의사결정 방법이다. 사례 기반 추론의 개념을 이해하기 위해 간단한 예를 들어 보자, 자동차면허를 취득하기 위해 필기시험을 준비 중이라면 교통 관련 법규집을 정독하여 공부하는 것보다 기출문제를 풀어봄으로써 시험의 경향을 파악하는 것이 보다 효과적일 수 있다. 그러나 만약 대학입시 기출문제집을 구입하여 풀었다면 자동차면허시험의 경향을 제대로 파악할 수 없을 것이다. 한편, 원동기면허나 특수차 면허와 관련된 기출문제집은 자동차면허시험과 정확하게 일치하지는 않지만 유사한 부분도 많을 것이다. 즉, 응시하게 될 자동차면허시험을 대비하기 위해서는 자동차면허 기출문제집을 구입하는 것이 가장 좋지만, 만약 이를 구할 수 없다면 원동기면허와 같은 유사한 시험의 기출문제집을 구하여 참고할 수 있을 것이다. 이처럼 의사결정 문제를 해결하기 위해서 과거의 유사한 사례를 통해 현재의 문제를 해결하고자 하는 노력이 사례 기반 추론의 기본 개념이라고 할 수 있다.

사례 기반 추론을 이용하기 위해서는 일반적으로 현재의 문제와 과거 사례들 사이의 유사 정도를 측정하기 위한 유사도 척도가 있어야 한다. 사례 기반 추론은 과거의 사례를 기반으로 추론을 하므로 현재 해결하고자 하는 문제와 얼마나 유사한 사례를 확보하느냐가 중요하다. 또한 과거 사례들을 모두 이용하여 추론하는 것이 아니라 과거 사례들 중에서 현재 해결하고자 하는 문제와 유사한 몇 개의 사례를 선택하여 추론을 하게 되므로 해결하고자 하는 문제와 과거 사례들 사이의 유사도를 측정하는 척도가 필요한 것이다. 유사도 측정도구는 여러 가지 방법이 제안되고 있지만 코사인 유사도(cosine similarity), 상관관계(correlation), 유클리디안 거리(euclidean distance) 등이 가장 많이 이용되고 있다.

유사도 척도를 통해 해결하고자 하는 문제와 유사한 과거 사례가 선정되면, 유사도에 따라 한 개 이상의 과거 사례를 이용하여 현재 문제의 해답을 추론한다. 〈그림 6-7〉은 이와 같은 사례 기반 추론의 일반적인 과정을 나타낸 것이다.

〈그림 6-7〉 사례 기반 추론의 일반적인 과정

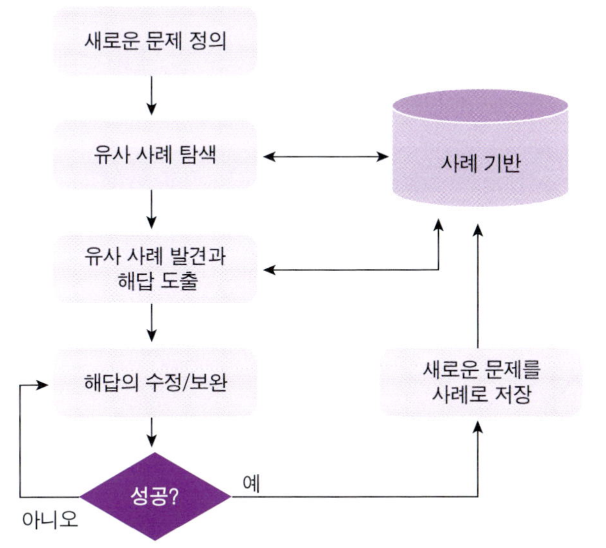

사용자가 문제에 대해 기술하면 모형은 과거 사례를 보관하고 있는 사례베이스로부터 사용자의 문제와 유사한 사례를 찾고, 이를 기반으로 추론을 수행한다. 추론이 끝난 후 성공적인 사례에 대해서는 사례베이스에 이를 추가하거나 수정함으로써 사례베이스를 계속 보완한다.

사례 기반 추론은 그 방법론이 간단하고 인간의 문제 해결방식과 유사하여 다양한 분야에서 응용되고 있는데, 경영학 분야에서는 프로젝트 기업, 기업신용 평가, 채권등급 평가, 콜센터에서의 자동응답시스템 등에 활용되고 있다.

인공신경망

인공신경망(neural network)은 생물학적 뇌의 작동원리를 그대로 모방하여 새로운 형태의 알고리즘을 만들고자 하는 노력에서 개발되었다. 이는 연산능력에서 탁월한 성과를 나타내는 컴퓨터의 특성과 추론능력이 뛰어난 생물의 두뇌를 결합하고자 한 시도였다.

이와 같이, 인공신경망은 동물의 뇌에서 일어나는 과정을 컴퓨터에 모방한 것으로 특수한 컴퓨터를 사용하여 구현할 수 있고, 일반 컴퓨터에서도 응용소프트웨어를 통해 구현이 가능하다. 〈그림 6-8〉은 일반적인 인공신경망의 구조를 나타낸 것이다.

〈그림 6-8〉에서 보는 바와 같이 인공신경망은 입력노드를 통해 여러 가지 정보를 입력받게 되고, 입력된 정보는 연결선을 따라 처리 요소(processing element)에 입력된다. 여기서 각각의 연결선은 중요도에 따라 가중치를 갖고 있으며, 각각의 입력정보는 이 가중치를 고려한 합산함수에 의해 처리 요소에 입력된다. 처리 요소에 들어온 입력정보는 처리 요소 내부의 변환함수에 의해 출력신호로 변환되어 다음 단계의 처리 요소로 전달된다.

〈그림 6-8〉 인공신경망의 구조

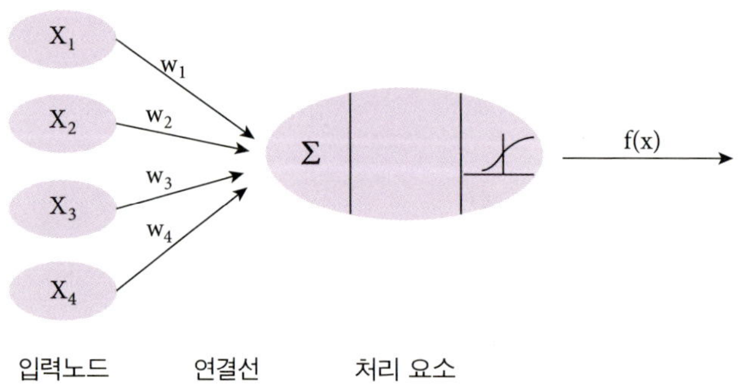

〈그림 6-9〉 기업 신용 평가를 위한 인공신경망 모형의 예

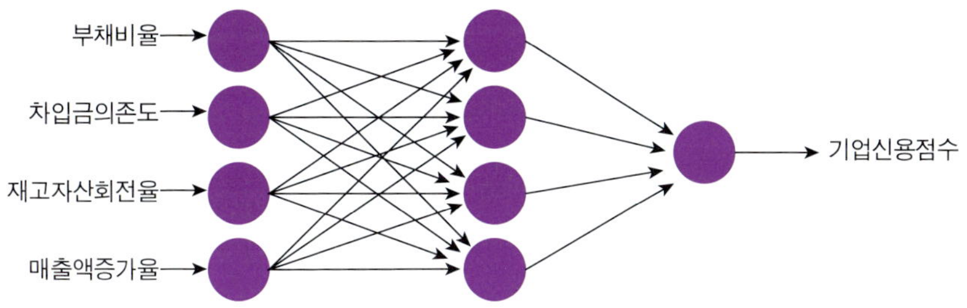

각 처리 요소에 들어온 입력정보는 합산함수에 의해 변환되어 입력되는데, 일반적으로 많이 이용되는 합산함수는 각각의 처리 요소에 들어온 모든 입력정보의 가중치 합계로 계산된다. 이는 일반적인 가중합계를 의미하는 것으로 각 연결선에 배정된 가중치에 의해 들어온 값이 가중합계 되어 처리 요소에 입력된다. 계산된 입력값은 변환함수에 의해 변환되어 출력된다. 일반적으로 시그모이드 함수(sigmoid function)가 이용되어 비선형 예측을 가능하게 하고 복잡한 의사결정 문제에 대해 보다 정확한 출력값을 제공한다.

인공신경망을 경영학에 응용하고자 하는 연구는 재무, 회계, 마케팅, 생산 등 여러 분야에서 다양하게 진행되어 왔다. 특히, 재무분야에 대한 응용연구는 매우 활발하게 진행되고 있으며, 주가지수 예측, 기업 신용 평가, 환율 예측 등의 연구가 진행되고 있다. 예를 들어 기업 신용 평가를 위한 인공신경망 모형을 구축하기 위해서는 기업의 신용 평가를 위한 기초 입력 자료가 제공되어야 한다. 〈그림 6-9〉는 기업의 신용 평가를 위한 인공신경망 모형을 나타낸 것이다. 〈그림 6-9〉에서 제시된 것과 같이 인공신경망은 기업의 재무비율을 입력받아 처리 요소에서 이를 처리하여 연결선의 가중치를 결정하게 된다. 가중치가 결정되면 이를 기반으로 새로운 기업에 대한 신용 평가를 수행할 수 있다.

머신러닝

머신러닝(machine learning)은 알고리즘을 이용해 데이터를 분석하고, 분석을 통해 학습하며, 학습한 내용을 기반으로 판단이나 예측하는 기법이다. 따라서 구체적인 지침을 시스템에 직접 입력하는 것이 아닌, 대량의 데이터와 알고리즘을 통해 시스템을 학습시켜 작업 수행 방법을 스스로 익히는 것을 목표로 한다.

머신러닝을 활용하면 주어진 데이터에서 클래스를 도출하는 패턴인식과 연속적인 어떠한 값을 추정하는 회귀 및 함수 근사화의 문제를 해결할 수 있다. 머신러닝은 학습 방법에 따라 구분될 수 있으며 분류는 다음과 같다. 첫째, 지도학습(supervised learning)은 패턴인식과 회귀와 같은 문제 상황에서 학습 데이터의 클래스 또는 결괏값을 이미 알고 있을 때, 머신러닝 모델을 통해 도출된 결괏값에 따라 피드백을 주어 성능을 향상시키는 방법이다. 둘째, 비지도학습(unsupervised learning)은 데이터의 클래스 또는 결괏값을 사용하지 않고 데이터의 클래스, 패턴, 군집 등을 추정하는 방법이다. 셋째, 강화학습(reinforcement learning)은 모델을 학습시킬 때 결괏값을 주지 않는 대신에 모델의 특정 행동에 보상값을 줌으로써, 모델이 보상값을 최대화하는 행동을 선택하게 해서 성능을 높이는 방법이다.

머신러닝 모델의 학습 과정에서 중요한 요소 중 하나는, 문제를 해결하기 위해 적절한 특징을 추출하는 것이다. 머신러닝 모델의 학습 과정에서 주어진 모든 정보를 사용하여 결괏값을 도출할 수도 있지만, 필요 이상의 정보를 사용하거나 노이즈가 많은 정보를 사용할 경우, 머신러닝 모델의 성능은 떨어지고 연산 시간이 늘어난다. 이를 방지하고 모델의 성능을 향상시키기 위해 데이터의 차원을 낮춰 필요한 특징을 추출해야 한다. 예를 들어, 오렌지와 자몽을 구별해야 하는 문제 상황이 있다. 오렌지와 자몽을 구분하기 위해 사용할 수 있는 정보는, 모양, 색, 크기, 가격, 재배 지역, 판매량 등이 있다. 이 때 오렌지와 자몽을 구분하기 위해서는 모양, 색, 크기 정보만을 가지고 충분히 문제를 해결할 수 있다. 오히려 가격, 재배 지역, 판매량 등과 같이 분류에 있어 불필요한 정보를 과도하게 사용할 경우, 정확도가 떨어질 수 있고 연산 시간도 오래 걸릴 수 있다. 반면 세 가지 특징만을 사용했을 때 문제 해결이 완벽하지는 않을 수 있지만, 존재하는 모든 특징을 고려했을 때 보다 정확하고 빠르게 문제를 해결할 수 있다.

딥러닝

딥러닝(deep learning)은 앞서 설명한 인공신경망 모형에서 발전한 형태로, 계층구조로 이뤄진 인공신경망의 내부 은닉층이 여러 단계로 이뤄진 구조를 의미한다. 딥러닝은 비선형 변환기법들을 조합하여 컴퓨터가 계산할 수 없는 텍스트, 이미지, 영상과 같은 비정형 데이터를 계산 가능한 형태인 정형 데이터로 변환한다. 딥러닝은 인공신경망에 여러 은닉층을 더해 복잡하고 어려운 계산을 가능하게 했지만 등장 초기에는 많은 주목을 받지 못했다. 이전에는 하나의 은닉층 구조만으로도 충분히 좋은 성능을 나타냈기 때문이다. 또한 은닉층의 수가 늘어남에 따라 기하급수적으로 늘어나는 계산량을 감당할 수 없었고, 과적합에 의한 차원의 저주의 위험이 존재했다. 하지만 최근 컴퓨팅 능력이 향상되고, 처리 가능한 데이터의 규모가 늘어남에 따라 딥러닝의 성능이 향상되어 다시 주목을 받기 시작했다.

다양한 종류의 딥러닝 모델이 존재하지만 대부분, 몇 가지 대표적인 구조에서 파생된 것이다. 대표적인 딥러닝 모델로는 심층 신경망(DNN: Deep Neural Network), 합성곱 신경망(CNN: Convolutional Neural Network) 등이 있다.

심층 신경망은 인공신경망 구조에서 입력층과 출력층 사이에 여러 개의 은닉층이 존재하는 모형이다. 다수의 은닉층을 통해 정교한 신경 네트워크를 구성하고 이를 통해 비정형 데이터를 처리할 수 있다. 또한 각 은닉층 마다 다른 층위의 특징 학습이 가능하기 때문에 데이터의 잠재적인 구조를 파악할 수 있고, 비선형 예측 문제 해결과 복잡한 의사결정을 모델링 할 수 있다.

합성곱 신경망은 생물의 시각 처리과정을 모방한 다층의 피드-포워드(feed-forward)적인 신경망이다. 합성곱 신경망은 이미지 데이터 분석에서 뛰어난 성능을 보이는데 이미지의 픽셀 데이터 형태는 컴퓨터가 처리할 수 없는 형태이기 때문에 컴퓨터가 연산 가능한 형태로 변환해야 한다. 이미지 픽셀 데이터의 정형화 과정에서 합성곱 신경층(convolution layer), 풀링 신경층(pooling layer)이 합성곱 신경망의 핵심 요소가 된다. 합성곱 신경층과 풀링 신경층을 통해 이미지 픽셀 데이터를 연산 가능한 행렬의 형태로 처리하고 이미지의 특징을 추출한다. 이미지를 연산 가능한 형태로 변환했기 때문에 문자 및 영상 인식, 비슷한 이미지의 분류, 이미지 내 피사체 추출 및 얼굴 인식 등으로 활용이 가능하다. 특히 필기체 문자 인식 분야에서는 1990년대 초반부터 적용됐다. 최근에는 R-CNN(Region-CNN)과 같은 기법을 통해 이미지 내에서 특성을 추출하여 이미지 속에 있는 객체들을 분류할 수 있다. 또한 합성곱 신경망은 이미지 분석 외에도 다양한 분야로 활용범위를 넓히고 있으며, 최근에는 텍스트 마이닝 분야에서도 활발하게 활용되어 자연어 처리, 감성 분석 등에 사용되기도 한다.

인공지능과 비즈니스 애널리틱스

다양한 딥러닝 기법은 컴퓨터 비전(computer vision), 음성인식(speech recognition), 자연어처리(natural language processing), 음성/신호처리(sound/signal processing) 등의 분야에 적용되어 기술의 혁신적 진보를 보여주고 있다. 딥러닝을 활용하여 정보를 처리하면 컴퓨터가 스스로

〈그림 6-10〉 딥러닝과 머신러닝을 활용한 인공지능 관계도

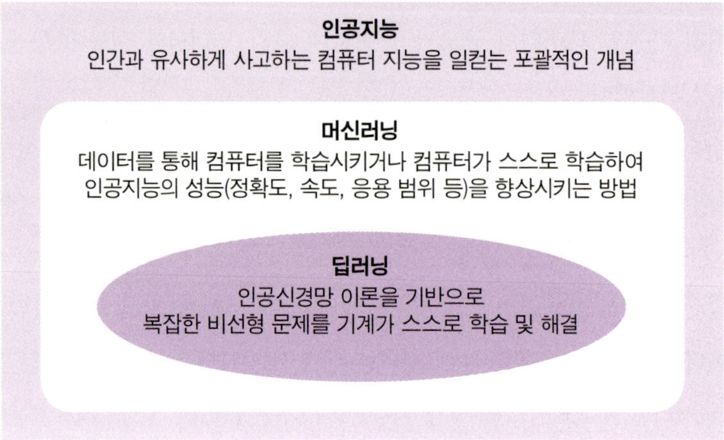

학습하여 인공지능을 향상시키는 머신러닝을 구축할 수 있다. 이처럼 딥러닝과 머신러닝 기법을 혼합하여 보다 우수한 인공지능을 만들어낼 수 있다.

인공지능(artificial intelligence)이라는 개념은 1956년 미국 다트머스 대학에 있던 존 매카시 교수가 개최한 다트머스 회의에서 처음 등장했다. 특히 2015년 이후 신속하고 강력한 병렬 처리 성능을 제공하는 GPU(Graphics Processing Unit)의 도입으로 개발이 더욱 가속화되고 있다. 또한 저장장치의 대형화와 이미지, 텍스트와 같은 다양한 데이터가 범람하게 된 빅데이터 시대의 도래도 이러한 성장세에 큰 영향을 미쳤다. 그 예로 구글 딥마인드가 제작한 인공지능인 알파고(Alphago)를 들 수 있다. 2016년 구글 딥마인드의 알파고는 한국의 프로바둑기사인 이세돌 9단과의 대결에서 승리를 거두면서 일반인에게 인공지능을 알리는 계기가 되었다.

인공지능은 기존 데이터 분석 기법보다 고도화되어 사용자에게 더 많은 인사이트를 제공한다. 인공지능의 기술은 개발사뿐만 아니라 다양한 기업의 경영 환경에서도 활용되고 있다. 기업 경영 환경에서 인공지능의 기술을 활용하여 더 나은 의사결정을 하고, 미래를 예측해 위기에 대응하는 것을 비즈니스 애널리틱스(business analytics)라 한다. 비즈니스 애널리틱스의 등장 이전, 기존의 기업들은 정형적이고 제한적인 데이터를 통해 현상을 파악하는 탐험적 분석을 진행했다. 통계적 기법들을 활용하여 문제의 원인과 발생 현황을 파악하고, 이를 통해 의사결정을 진행했다. 하지만 비즈니스 애널리틱스의 영역에서는 실시간으로 수집되는 정형·비정형 데이터를 머신러닝, 딥러닝과 같은 고

2021년… '생각하는' AI 등장 예고 세상을 이해하고 대화하는 인공지능 개발 중 CASE 6-5

인공지능(AI)에 있어 2010년대는 위대한 한 해였다. 대량의 데이터 처리 능력에 사람처럼 학습할 수 있는 딥러닝 기술이 발전하면서 인류는 곳곳에서 사람을 대신할 수 있는 인공지능을 경험하기 시작했다.

그러나 과학자들은 딥러닝을 최종 설루션으로 보고 있지 않는 중이다. 인공지능 전문가들은 지난주 몬트리올.AI(Montreal.AI)가 주최한 온라인 토론에서 AI를 인간 수준으로 끌어올리는 데 있어 딥러닝을 넘어선 또 다른 솔루션이 필요하다는 데 동의했다.

딥러닝의 단점은 사람의 추론 능력

'AI 토론 2: AI 발전: 학제 간 접근'이란 주제로 열린 이번 토론에서 AI 전문가들은 딥러닝의 문제를 다양하게 지적했다.

특히 초청 토론자인 인지과학자 게리 마커스(Gary Marcus)는 외부에서 보는 화려한 모습의 딥러닝과 달리 실무자들은 운용 과정에 있어 발생하고 있는 여러 가지 문제점으로 인해 곤란을 겪고 있다고 설명했다.

가장 어려운 부분은 딥러닝이 요구하고 있는 데이터 량이다. 데이터를 수집해 분석·처리하는 과정에서 다른 알고리즘과 비교해 지나치게 많은 양의 데이터를 요구하고 있어 인공지능을 운용하는 데 있어 어려움을 가중시키고 있다고 말했다.

게리 마커스는 또 딥러닝이 데이터로부터 산출된 지식을 다른 영역에 적용하는 데 있어 어려움을 겪고 있다고 밝혔다. 특히 추론 및 지식을 표현하는 데 있어 불투명성과 함께 표현력이 부족한 점 등 다양하게 드러나고 있는 단점들을 지목했다.

사람은 5감으로 구성된 감각기관을 통해 여러 가지 자극을 받아들인다.

이렇게 받아들인 정보들은 뇌로 전달되어 관계성에 대한 분석이 이루어지게 된다. 예를 들어 책상 위에 책과 볼펜이 놓여 있다고 하면 책상 앞에서 책을 읽고 볼펜으로 노트를 해나갈 수 있음을 연상하게 된다.

이런 능력을 추론(reasoning)이라고 하는데 문제는 인공지능에 있어 이런 상식적인 능력이 매우 부족하다는 것이다.

바둑 기사 이세돌을 이겼던 '알파고'에서 보듯 딥러닝이 어떤 분야에서 사람의 능력을 훨씬 뛰어넘는 것은 틀림없는 사실이다. 실제로 의료현장에서는 의사보다 더 효과적으로 피부질환 등을 진단하는 사례가 보고되고 있다.

그러나 조금 다른 영역으로 이동하게 되면 그 능력을 발휘하지 못한다. 이런 현상은 자신이 하고 있는 일을 포괄적으로 이해하지 못하고 있으며 고차원적으로 처리하지 못하고 있다는 점을 말해주고 있다.

상식을 갖춘 대화형 인공지능 개발

딥러닝에 있어 이런 단점들은 그동안 전문가들 사이에서 빈번하게 지적되어 온 사항들이다.

그런 만큼 몬트리올.AI 토론에 참석한 전문가들은 하이브리드 AI 등 다양한 방식의 인공지능을 개발하고 있다고 밝혔다.

'Neural-symbolic Cognitive Reasoning'란 책을 쓴 컴퓨터 과학자 루이스 램(Luis Lamb)은 기계학습 기능에 논리적 형식화(logical formalization) 기능을 추가해 이 두 축을 기반으로 하는 '뉴럴 심볼릭 AI(neural-symbolic AI)'을 제안했다.

논리적 형식화 기능이란 철학에서 논리학을 전개하는 것처럼 인공지능에 맞는 논리학을 전개해나가자는 것. 논리를 확대하면서 인공지능의 참여 영역을 확대해나갈 수 있다고 말했다.

전 구글 클라우드의 최고 AI과학자를 맡았던 페이-페이 리(Fei-fei Li) 스탠퍼드대 교수는 "현재 인공지능 시스템은 주변 세계와의 적극적인 상호 인식 작용에서 사람과 달리 매우 부족하고 결핍된 모습을 보이고 있다."고 지적했다.

리 교수는 "이런 단점을 보완하기 위해 인공지능의 사회화가 필요하다."며, "현재 스탠퍼드대 연구소에서는 주변 세상을 이해하면서 스스로 행동해나갈 수 있는 대화형 에이전트(interactive agents)를 구축하고 있다."고 밝혔다.

컴퓨터 과학자인 리처드 서튼(Richard Sutton)은 "대부분의 AI 작업에서 저명한 신경과학자 데이비드 마(David Marr)가 만든 용어인 '계산 이론(computational theory)'이 부족하다."고 지적했다.

계산 이론이란 특정한 알고리즘이 문제를 얼마만큼 효율적으로 수행할 수 있는지를 연구하는 것을 말한다.

리처드 서튼은 "이 계산 이론을 통해 정보처리 시스템이 추구하는 목표와 목표를 추구하는 이유를 정의하는데 있어 강화학습 외에는 이 계산 이론이 전혀 발견되지 않고 있다."며, "개발자들의 합의에 의해 AI를 위한 계산 이론을 추가로 개발해야 한다."고 주장했다.

워싱턴대학교 최예진 교수는 상식(common sense)의 중요성을 강조했다. 사람이 지니고 있는 상식을 인공지능은 지니고 있지 않다는 것.

그러나 최 교수는 "그동안 인공지능 개발에 있어 상식의 중요성을 간과해 왔다."며, "인공지능이 주변 세계에 대한 지식을 갖출 수 있도록 시스템을 보완해 나가야 한다."고 말했다.

최 교수는 "추론의 공간이 무한하지만 이를 뒷받침하기 위해 상식의 영역을 확대할 필요가 있다."고 말했다. 또한 최 교수는 "사람과 같은 상식과 추론 능력에 도달하기 위해 상징적 표현과 신경 표현을 결합하고, 지식을 추론에 통합하며, 단순한 범주화가 아닌 벤치마크 시스템을 구축하는 등 광범위한 병렬 연구가 필요하다."고 주장했다.

출처: 사이언스타임즈, 이강봉 기자, 2021.01.04.

토론

1. 인공지능의 한계는 기술이 발전함에 따라 극복되고 있지만, 인간의 직관과 통찰력은 인공지능이 따라올 수 없는 인간 고유의 능력이다. 앞으로 인공지능의 성능이 향상됨에 따라 인간의 경쟁력이 떨어질 수 있는 분야와 인간의 경쟁력이 높아지는 분야에 대해 논의하시오.
2. 인공지능이 인간의 많은 일자리를 대체하고 있는데, 미래에 경쟁력을 가지기 위해선 어떠한 능력을 향상시켜야 하는지에 대해 논의하시오.

도화된 분석기법을 통해 분석하고, 기업의 목적에 맞게 처리하여 향후 상황을 예측하고 미래 위험에 대해 최적화 모델을 구축하여 실시간 의사결정을 지원한다. 기업에서 수집하는 여러 데이터의 유형에 따라 분석 기법 또한 다양하게 활용될 수 있다. 따라서 비즈니스 애널리틱스의 영역에서 기업은 최적의 의사결정을 내리기 위해서 데이터의 유형에 맞는 적절한 분석 기법을 선택해서 모델을 구축해야 한다.

〈표 6-4〉 IT 업계 인공지능 사업 현황

구분	사업 현황
IBM	자연어 처리 기능 등을 갖춘 왓슨(Wotson) 슈퍼컴퓨터
마이크로소프트	지능형 개인비서 '코타나' 2016년 출시
페이스북	인공지능 연구 그룹 구성 발표
애플	지능형 개인 비서 '시리(Siri)' 기능 향상 추진
구글	연구 조직 '신경 네트워크' 구축 사실 발표 무인자동차, 음성인식 검색 등에 인공지능 적용

6.4 공간적 의사결정지원을 위한 지리정보시스템

상권 분석, 입지 분석 등 공간과 관련한 의사결정은 복잡하고 다양한 공간적 문제를 지니고 있다. 이러한 공간적 의사결정 문제 해결을 지원하는 다양한 시스템이 존재한다. 이 절에서는 지리정보시스템에 대해 살펴보기로 한다.

6.4.1 지리정보시스템의 정의

지리정보시스템(GIS: Geographic Information System)은 공간상 위치를 점유하는 지리자료와 이에 관련된 속성자료를 통합하여 처리하는 정보시스템으로서, 데이터를 분석하고 표현하기 위해 데이터 시각화 기술을 사용하는 의사결정지원시스템의 한 종류이다. 이 시스템은 지리적 정보를 수집 및 저장, 조작 및 표현할 수 있으며, 수집된 데이터는 지도상의 위치 정보를 점, 선, 면 등을 이용하여 표현한다.

지리정보시스템은 관리자가 데이터를 바꾸고 더 나은 해결책을 찾기 위해 비즈니스 시나리오를 자동으로 연결시킬 수 있는 모델링 능력을 지니고 있다. 지리정보시스템은 사람이나 자원의 지리적 분배에 관한 지식이 필요한 의사결정을 지원한다. 즉, 지리정보시스템은 단순히 지도를 그리거나 만들어내는 기술을 의미하는 것이 아니라 특정 질문에 대한 해답을 지도, 즉 그래픽 요소와 함께 보여주는 시스템이다.

6.4.2 지리정보시스템의 구성 요소

지리정보시스템은 다양한 분야에서 사용되고 있으며, 각 분야의 시스템 성격에 맞는 구성 요소를 가지고 있다. 일반적으로 지리정보시스템은 데이터, 소프트웨어, 하드웨어, 인적자원 등의 구성 요소로 이루어져 있다.

데이터

지리정보시스템 구성 요소 중 데이터는 매우 중요하면서 핵심적인 요소이다. 실제로 지리정보시스템 시스템구축 및 과제수행 시 데이터와 관련된 부분이 70~80%까지 차지할 정도로 많은 비중을 차지하고 있다. 지리정보시스템 분야는 다른 분야와는 달

〈그림 6-11〉 지리정보시스템 데이터 구성

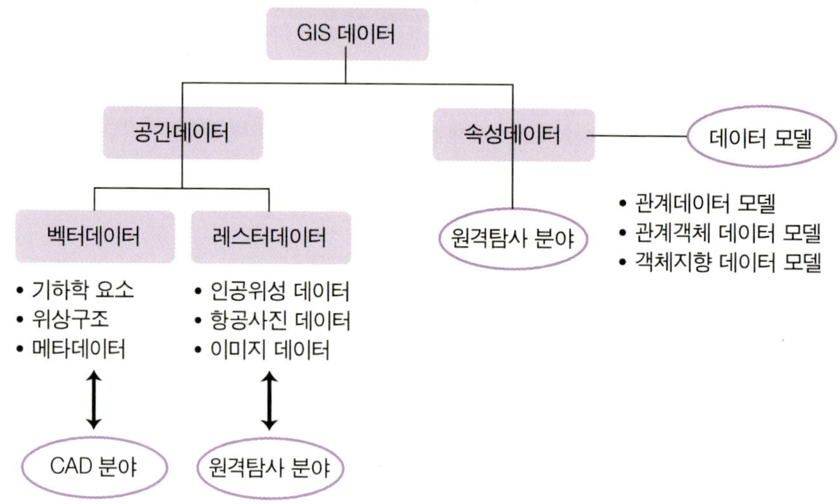

리, 여러 기능을 구현하기 위해 다양한 지리정보 소프트웨어와 데이터를 가지고 있으며 정보 분야의 표준화 추세보다는 늦은 표준화 성향을 보이고 있다. 따라서 다양한 지리정보시스템 소프트웨어에 따라 다양한 데이터 모델 및 아키텍처를 가지며, 이에 따른 다양한 데이터 유형을 가지고 있다. 각 데이터 유형마다 입력방식 및 아키텍처가 다르며, 구축된 데이터 유형에 따라 처리, 분석되는 방식이 다르다.

지리정보시스템 분야에서 사용되는 데이터를 지리정보시스템 데이터 또는 지리데이터(geographic data)라 하며, 이 데이터는 공간데이터(spatial data)와 속성데이터(attribute data)로 구성되어 있다. 현재 지리정보시스템 분야에서 중요시되는 데이터는 공간데이터이다. 왜냐하면 속성데이터는 이미 정보화 분야에서 기존에 구축된 것이 많이 있으며, 구축방식이 상대적으로 간단하여 그다지 많은 기술이 요구되지 않기 때문이다. 공간데이터는 상대적으로 다양한 데이터 유형에 따라 세분화되며, 데이터 유형에 따라 분석 또는 처리 과정이 달라지고, 이에 기반한 결과도 다르게 나올 수 있기 때문에 매우 중요하게 다루어지고 있다.

소프트웨어

지리정보시스템의 주요 구성 요소 중 소프트웨어는 데이터와 함께 핵심 요소로 기능하고 있다. 지리정보시스템 데이터의 구축 및 조작뿐만 아니라 지리정보시스템에서 수행하는 대부분의 작업이 소프트웨어를 거치지 않고는 수행이 어려울 만큼 대부분의 기능을 수행하고 있다. 또한 다양한 지리정보시스템 소프트웨어에서 지원하는 데이터 모델 및 아키텍처에 따라 다양한 데이터를 처리할 수 있으므로, 소프트웨어와 데이터는 매우 밀접한 관계를 가진다.

하드웨어

하드웨어는 지리정보시스템 구현을 위한 기본 토대로서, 소프트웨어가 운용되고, 데이터가 구축 및 저장되며, 프로세스가 수행되는 장치이다. 하드웨어의 범주에는 데스크탑 PC, 워크스테이션뿐만 아니라 디지타이저, 스캐너, 플로터 등의 입·출력장비를 포함하고 있다. 최근 컴퓨터 기술의 발전으로 하드웨어 장비의 비용이 낮아지는 동시에 성능은 매우 향상되어 일반 사용자들이 좀 더 쉽게 접근하고 있다. 이러한 환경에서 수많은 사용자들 간의 네트워크를 구축하여 지리정보시스템을 구현할 수 있게 되므로 점점 비중이 커지고 있다.

인적자원

지리정보시스템에서 가장 중요한 요소 중 하나는 인적자원이다. 복잡하고 거대해지는 지리정보시스템 시스템에서 다양한 역할을 수행하는 인적자원의 결합을 통해서 효율적인 지리정보시스템 구현이 가능하다. 지리정보시스템의 인적자원은 시스템 구축, 유지관리, 활용이라는 단계를 통해 데이터 제작자, 시스템 관리자, 프로그래머, 시스템 엔지니어, 사용자 등 다양한 역할을 수행하는 인적자원의 결합이 요구된다. 각 역할을 수행하는 인적자원은 각 과정에서 요구되는 수준의 숙련도에 따라 낮은 수준에서 높은 수준으로 범주화될 수 있다. 또한 지리정보시스템이 적용되는 지리학, 환경, 교통, 통신, 토목, 비즈니스 분야 등에 종사하는 인적자원을 유형화할 수 있다. 1980년대 후반에 보급되기 시작하여, 1990년대 전반기에 활성화되기 시작한 국내 지리정보시스템 분야는 1995년 국가 차원의 지리정보시스템 사업이 촉발되어 급격히 발전하고 있으며, 이러한 발전의 일환으로 지리정보시스템 관련 전문가 및 기술인력 양성을 수행하고 있다.

6.4.3 지리정보시스템의 활용

위에서 논의한 바와 같이 지리정보시스템은 도형과 속성정보를 지닌 지리정보를 이용하여 공간적 의사결정을 위한 유용한 정보를 제공하는 시스템이다. 따라서, 지리정보시스템의 활용은 단순한 시설물의 관리는 물론, 국토 및 환경관리에서부터 토지, 국방, 자원, 도시계획에 이르기까지 공공 분야에서 광범위하게 활용되고 있다. 또한, 민간에서는 지리정보시스템의 개념이 위치 기반 서비스(LBS: Location-Based Service)의 개념으로 변화 및 확장되고 있다.

〈표 6-6〉 지리정보시스템 활용 분야

구분	활용 분야
공공	토지정보시스템(Land Information System: LIS) 도면자동화 및 시설물관리시스템(Automated Mapping/Facility Management System: AM/FM System) 측량정보시스템(Surveying Information System: SIS) 교통정보시스템(Transportation Information System: TIS) 환경정보시스템(Environmental Information System: EIS) 자원정보시스템(Resource Information System: RIS) 조경 및 경관정보시스템(Landscape/Viewscape Information System: LIS/VIS) 재해정보시스템(Disaster Information System: DIS) 해양정보시스템(Marine Information System: MIS) 기상정보시스템(Meteorological Information System: MIS) 국방정보시스템(National Defence Information System: NDIS) 지하공간정보관리시스템(Under Ground Information System: UGIS)
민간	지도 서비스: 위치 정보 제공 상권분석: 구매 패턴 및 고객확보 점포 입지, 배송 경로 선정 각종 시설물 관리 교통정보서비스 부동산정보

GIS·지능형 영상해석 융합으로 공간정보 패러다임 바꾼다. CASE 6-6

전통적인 공간정보 기술에 복합적인 정보의 통합으로 목적과 활용에 따른 새로운 가치가 형성되고 있다.

자율주행, 드론, 디지털트윈과 같이 패러다임이 바뀌는 새로운 시장을 이끌기 위한 공간정보 플랫폼이 등장한 것이다. 바로 위치정보와 지능형 영상해석 기술을 융합한 'TwinEye' 기술이 그 주인공이다.

TwinEye는 위치정보와 지능형 영상해석을 기반으로 다양한 분야에 적용이 가능하며, 사용자의 목적과 필요에 맞는 맞춤형 영상을 제공하는 것이 특징적이다.

이러한 TwinEye는 현재 크게 두 가지 분야에서 활용되고 있다. 2개의 CCTV 카메라로 3차원 공간적 해석을 함으로써 정확한 정보를 실시간으로 활용할 수 있는 안개가시거리 측정 기술과 무기준점 스테레오 드론 솔루션으로 나누어 살펴볼 수 있다.

그간 광학시정계를 이용한 안개 측정은 그 정확도와 활용도가 사용자 요구에 도달하지 못하는 미비한 수준에 머물러 있다는 지적을 피하지 못했다. 하지만 TwinEye 기술은 이러한 한계를 극복하고 있다.

CCTV로 촬영한 2개의 이미지로 양안시차의 원리를 이용해 깊이지도(Depth-Map)를 생성하고 3차원 거리정보(가시거리)를 측정해 사용자가 원하는 목적에 맞게 안개의 발생 횟수, 정도, 가능 가시거리, 기상정보, 교통상황 등 다양한 정보를 수집한 것이다.

이를 통해 자연환경, 교통상황 변화로 인한 사고를 미연에 방지하고, 다양한 정보제공 시설물(VMS, 안개예고표시판, 가변속도제한표지, 지향성 스피커, 안개등)과의 연동을 통해 운전자에게 안전·교통정보 등 유용한 정보를 자동으로 제공하는 것이 강점으로 손꼽힌다.

또한 무기준점 스테레오 드론 솔루션은 드론에 부착된 2개의 스테레오 카메라를 촬영된 영상에 TwinEye 기술을 적용해 다양한 용도의 지도를 신속, 정확하게 제작한다.

GPS/INS를 장착한 드론을 이용해 별도의 지상기준점 측량과정을 생략할 수 있으며, 자체 영상처리 SW를 통해 기존 제품 대비 빠른 3D Point Cloud 생성·정사영상 제작이 가능한 것이 특징이다.

이로 인해 기존 작업 대비 50% 이상 기간을 단축할 수 있으며 드론에 의한 단독 작업으로 비용 절감 효과도 얻을 수 있다.

이러한 TwinEye를 개발한 공간정보기술(주)은 지난 1996년 설립 이후 창의적인 사고와 지속적인 R&D 투자를 바탕으로 신기술 개발을 위한 신 시장 개척을 선도하고 있으며, 공간정보 패러다임 변화를 주도하는 GIS 분야 리딩 기업 중 하나다.

공간정보기술은 4차 산업혁명 핵심 인프라인 공간정보 산업을 견인하기 위해 위성영상, GPS 등 첨단 공간정보 공급기술과 고객중심의 특화된 공간정보 가공, 갱신, 통합, 활용, 서비스 솔루션을 바탕으로 BPR/ISP, SI, MIS 개발 등 다양한 수요자의 합리적 의사결정과 효율적 업무 수행을 지원하고 있다.

국토지리정보원 등 정부기관과 서울특별시 등 지자체를 위주로 다양한 지리정보 관련 서비스를 제공하고 있으며, 국가기본도수정, 정사영상 제작, 상·하수도 GIS DB 정화도 개선사업에 참여, 최근에는 르완다 도시개발사업 지원을 위한 통합 지리정보시스템을 구축해 해외 시장으로도 그 영역을 넓혀 가고 있다.

향후 공간정보기술은 4차 산업혁명 핵심기술인 사물인터넷, 빅데이터, 인공지능, 증강현실 등과 융복합해 지능화된 서비스 제공이 가능한 공간정보 구축을 목표로 정밀한 데이터 가공 기술을 자체적으로 개발할 계획을 갖고 있다.

공간정보기술 박경열 대표이사는 "공간정보기술은 융합 기술을 활용한 다양한 SW, HW 개발을 통해 휴먼니즈를 만족시키는 토탈솔루션을 제공하는 것을 목표로 하고 있다"며 "앞으로도 꾸준한 기술개발과 남다른 고객감동을 실현하며, 사람과 기술이 동반 성장하는 고객가치 중심의 회사가 되도록 노력할 것"이라고 말했다.

출처: 공학저널, 박인교 기자, 2020.02.03.

토론

1. 지리정보시스템을 활용한 기술은 우리의 일상에서 다양하게 활용되고 있다. 일상에서 사용하고 있는 지리정보시스템을 이용한 서비스들에 대해 논의하시오.
2. 공간적 의사결정의 상황에서 기업의 지리정보시스템 활용 방안에 대해 논의하시오.

6.5 기업 경영과 소셜 네트워크 서비스

소셜 네트워크 서비스(SNS: Social Network Service)보다는 이제 약칭으로 더 많이 불리는 월드 와이드 웹 기반의 서비스인 SNS는 최근 인터넷과 스마트폰의 발전으로 인해 폭발적으로 성장하여 사회적으로 커다란 관심의 대상으로 급부상하였다. 이에 따라, 소셜 네트워크 서비스 산업 또한 급성장하고 있다. 특히 소비자가 소셜 네트워크 서비스를 통해서 정보를 빠르게 획득하기 시작하면서 소셜 네트워크 서비스의 영향력은 더욱 커지게 되었다. 또한 소비자뿐만 아니라 기업의 측면에서도 소셜 네트워크 서비스는 효과적이고 적절한 소통의 공간으로 그 중요성이 부각되었다. 이러한 환경 변화로 기업은 고객과 더 빠른 소통이 가능해졌고 동시에 고객의 신속한 응답 요구도 증가하였다. 따라서 기업의 소셜 네트워크 서비스의 활용 방식에 따라 고객의 충성도를 높일 수 있지만, 반대로 저하시킬 수도 있다. 때문에 소셜 네트워크 서비스에 의한 기업 경영 환경의 변화는 고객의 정보와 제품 및 서비스에 대한 피드백을 빠르게 획득할 수 있으며, 이를 반영한 신속한 의사결정의 중요성이 더욱 높아졌다.

이 절에서는 기업 경영에서의 소셜 네트워크 서비스에 대하여 자세히 살펴본다.

6.5.1 소셜 네트워크 서비스의 정의

소셜 네트워크 서비스에 앞서 소셜 미디어에 대해 알아볼 필요가 있다. 소셜 미디어란 사람들이 모여서 형성된 커뮤니티에서 개인의 생각, 경험, 정보를 글, 사진, 동영상 및 오디오의 형태로 다른 사용자들과 공유하는 개방된 온라인 플랫폼이다. 이러한 소셜 미디어는 개방, 참여, 공유의 가치를 지니고 있는 웹2.0 시대의 핵심도구로써, 대표적인 소셜 미디어로는 블로그(blog), 소셜 네트워크(social network), 콘텐츠 커뮤니티(content community), 팟캐스트(podcast), 위키(wiki) 등이 있다.

특히 소셜 네트워크 서비스는 사용자 간의 정보 공유와 의사소통 등을 통해 사회적 관계를 생성 및 강화시켜주는 온라인 플랫폼이다. 대표적인 소셜 네트워크 서비스로는 트위터(Twitter), 페이스북(Facebook), 유튜브(YouTube) 등이 있으며, 이러한 소셜 네트워크 서비스에 의해 기업의 평판이 달라질 수 있다. 웹2.0 기반의 소셜 네트워크 서비스에 있어서 기업의 핵심 역량은 고객 이해 능력이므로, 기업은 고객의 니즈에 기반을 둔 기업 전략의 수립, 프로슈머화되는 고객의 기업 의사결정 참여 등을 강화할 필요가 있다. 더 나아가 최근 활발하게 논의되는 웹3.0 시대에도 소셜 네트워크 서비스는 핵심도구 중 하나이다. 사회적 참여와 공유를 중시하는 웹2.0과 달리 웹3.0은 개인화와 지능화를 중시한다. 개별 사용자에게 적절한 정보와 지식을 제공하기 위해서는 사용자에 대한 정보가 많아야 하고, 소셜 네트워크 서비스는 이러한 사용자의 정보가 가장 많은 곳 중 하나이다. 따라서 소셜 네트워크 서비스는 웹2.0 시대뿐만 아니라 웹3.0 시대에서도 주목해야 할 핵심 플랫폼이다.

6.5.2 소셜 네트워크 서비스의 유형

소셜 네트워크 서비스는 크게 프로파일 기반 소셜 네트워크 서비스(profile-based social network service), 콘텐츠 기반 소셜 네트워크 서비스(content-based social network service), 화이트 라벨 소셜 네트워크 서비스(white-label social network service) 및 모바일 소셜 네트워크 서비스(mobile social network service)로 구분된다.

프로파일 기반 소셜 네트워크 서비스

프로파일 기반 서비스 유형은 사용자들의 정보를 중심으로 네트워크가 형성된다. 사용자의 정보는 주로 관심사, 성별, 연령, 직업 등으로 구성된다. 대표적인 프로파일 기반 서비스로는 페이스북과 트위터 등이 있다. 이러한 유형의 소셜 네트워크 서비스 사용자들은 다양한 방법으로 그들의 공간을 확장할 수 있다. 사용자들은 자신의 공간에 콘텐츠를 게시하거나 서로의 공간에 글을 남겨 평가를 함으로써 공간 확장에 기여할 수 있다. 또한 사용자들은 종종 그들의 정보를 다양화하기 위해서 제3의 콘텐츠를 위젯의 형태로 포함하거나, 다른 웹사이트와 다른 서비스로부터 제공된 정보를 포함하기도 한다.

콘텐츠 기반 소셜 네트워크 서비스

콘텐츠 기반 서비스 유형은 프로파일 기반 서비스 유형처럼 사용자의 정보가 네트워크 연결망 형성에 중요한 역할을 하지만, 그보다 게시된 콘텐츠의 역할이 더욱 중요하다. 인스타그램(Instagram)은 사진 콘텐츠 기반 서비스 유형의 대표적인 사례이다. 인스타그램은 사용자들이 올리는 사진 콘텐츠를 중심으로 연결되어 있다. 이러한 사용자 중

대부분은 친구, 가족, 혹은 유명인의 사진을 보기 위해 인스타그램에 가입한다. 콘텐츠 기반 서비스의 다른 예로 유튜브를 들 수 있다. 유튜브는 영상을 공유하는 대표적인 콘텐츠 기반 소셜 네트워크 서비스로, 사용자들은 동일하게 시청한 영상을 중심으로 서로 연결된다. 이처럼 소셜 네트워크 서비스 상에서 사용자들에 의해 생성되는 콘텐츠는 다른 사용자의 콘텐츠 소비 행동을 통해 정보를 생성한다. 이러한 과정을 통해 사용자와 같은 종류의 콘텐츠를 소비하는 사용자들에 대한 정보가 축적된다. 그리고 이러한 과정이 반복됨에 따라 정보는 계속 증가한다.

화이트 라벨 소셜 네트워크 서비스

화이트 라벨 소셜 네트워크 서비스는 조직이나 개인이 자신만의 플랫폼을 제작하여 승인받은 회원들만 사용할 수 있도록 하는 자체적인 소셜 네트워크 서비스를 의미한다. 화이트 라벨 소셜 네트워크의 형태는 웹페이지부터 페이스북 그룹, 네이버 카페까지 다양하다. 많은 소셜 네트워크 서비스가 사용자들에게 소-커뮤니티(mini-community) 형태의 그룹을 생성 및 참여할 수 있도록 한다. 이를 통해 사용자들은 자신만의 커뮤니티를 만들거나, 기존 커뮤니티에 참여할 수 있는 기회를 제공 받는다. 예를 들어 네이버 밴드(Band)는 모든 사용자들에게 모임 형성 및 참여를 지원하며, 이러한 모임들은 사용자들의 취미활동, 자기개발 등과 같이 다양한 목적으로 활용된다. 하지만 이처럼 사용자가 직접 소셜 네트워크 서비스를 설계하고 운영함에 따라 그 사이트의 활동에 대해 책임과 의무가 부여된다.

모바일 소셜 네트워크 서비스

최근 기술의 발달로 스마트폰의 대중화가 실현되고 있다. 이에 페이스북이나 트위터와 같은 많은 소셜 네트워크 서비스들이 그들의 서비스를 모바일 공간으로 확대하여, 사용자들이 그들의 지인들과 모바일을 통해 소통할 수 있도록 지원하고 있다. 이러한 형태의 소셜 네트워크 서비스를 모바일 소셜 네트워크 서비스라 하며, 이는 단순히 소셜 네트워크 서비스에 국한되지 않는다. 최근 많은 온라인 커뮤니티에서도 모바일 서비스를 지원하고 있는데, 이러한 커뮤니티도 소셜 네트워크 서비스처럼 사용자의 프로필을 생성하고 콘텐츠를 생성 및 공유하는 기능을 제공한다.

6.5.3 소셜 네트워크 서비스의 활용

소셜 네트워크 서비스는 고객과의 관계를 형성하고 발전시키는데 도움을 줄 뿐만 아니라, 페이스북의 "좋아요(like)"나 구글플러스의 "+1" 등을 기반으로 사용자의 선호도 정보를 수집하고 분석하는 소셜인덱싱(social indexing) 방법을 활용할 수 있다. 이러한 사용자들의 선호도 정보를 기반으로 정교한 개인화 추천 서비스를 제공할 수 있다. 또한 소셜 네트워크 서비스로 인해 사진, 영상, 텍스트와 같은 비정형 정보가 급격히 증가함에 따라 소셜 네트워크 분석, 빅데이터 분석의 중요성이 최근 대두되고 있다.

소셜 네트워크 서비스 중에는 개인 사용자가 아닌 기업 사용자들을 위한 서비스를 제공하기도 한다. 기업용 소셜 네트워크 서비스는 직장 동료나 외부 관계자와 정보를 실시간으로 공유하고 관계를 맺을 수 있도록 개발된 서비스이다. 이를 통해 집단지성의 고도화 및 체계화를 가능케 하며 사용자가 효율적인 의사결정을 할 수 있도록 지원한다. 대표적인 서비스로 야머, 클래리즌, 레어베일, 자이브, 셰어포인트, 소셜캐스트, 소셜텍스트 등이 있으며, 이 외에도 다양한 기업용 소셜 네트워크 서비스가 지속적으로 개발되고 있다. 기업용 소셜 네트워크 서비스는 단순히 지식공유뿐 아니라, 프로젝트 관리나 문서 공유를 가능하게 함으로써 사용자들의 원활한 업무 협업을 도와준다. 최근에는 스마트폰 애플리케이션까지 지원하여 더욱 빠른 정보교환이 가능해졌다. 이와 달리 기존에 사용되는 그룹웨어(groupware)의 경우, 대부분 협업이 아닌 관리를 위한 도구로 사용되었다는 점에서 차이가 있다. 즉, 기존의 그룹웨어는 기업 내 지시를 전달하는 기능 중심의 획일적 플랫폼이었다면, 기업용 소셜 네트워크 서비스의 경우 기존 기능을 포함하는 정서, 참여, 개방과 협업을 위한 새로운 플랫폼이다.

최근에는 기업의 공급망관리(SCM: Supply Chain Management) 분야에서도 소셜 네트워크 서비스를 적용하고 있다. 기업의 생산부터 유통까지의 전 과정에 소셜공급망관리를 적용하여 기업 의사결정의 효율성을 증가시키고 있다. 실시간 문제파악을 통해 이에 따른 대처방안을 신속하게 공유하여 비용 절감이 가능해졌다. 또한, 소셜 네트워크 서비스를 통해 특정 프로젝트나 활동에 대한 정보를 획득하여 자발적으로 참여하고, 홍보하는 활동이 증가하고 있다. 이를 소셜펀딩(social funding) 또는 크라우드펀딩(crowd funding)이라고 한다. 소셜펀딩의 대표적인 사례인 와디즈(Wadiz)는 2019년까지 14,000여 건의 프로젝트를 개설하여, 누적 펀딩금액 2,400억 원을 돌파하였다.

소셜 네트워크 서비스는 앞서 설명한 것과 같이 고객 또는 기업 내 관계자들이 실시간 소통 및 정보 교환을 가능하게 해줌으로써 기업 경영 의사결정에 많은 도움을 줄 수 있지만, 동시에 정보의 통제가 불가능하다는 점에서 한계점이 존재한다. 따라서 이러한 소셜 네트워크 서비스를 이용함에 있어 적절한 통제와 관리가 필요하다.

6.5.4 소셜 네트워크 서비스와 4차 산업혁명

4차 산업 혁명은 소위 인공지능, 로봇기술, 생명과학이 주도하는 차세대 산업혁명을 말한다. 금융권에서는 이러한 정보통신기술(ICT: Information Communication Technology)과 융합한 새로운 패러다임을 예고한다. 최근 소셜 네트워크 서비스는 1분기(3개월)동안 제타바이트(zeta byte) 단위의 데이터를 생산하고 있다. 즉, 소셜 네트워크 서비스는 4차 산업의 핵심인 빅데이터를 생산해 내는 주요한 도구인 것이다. 그렇다면 4차 산업 혁명이 진행된 사회에서 소셜 네트워크 서비스를 어떻게 활용할 수 있을까? 다음의 사례를 살펴보자.

> 직장인 A씨는 매일 오후 1~2시, 저녁 7~8시 사이에 규칙적으로 소소한 일상을 페이스북 등 SNS에 올린다. 지인과 만날 때 단 한번도 약속을 어기거나 늦은 적이 없고 물건을 살 때도 어떤 용도로 왜 샀는지를 SNS에 꼼꼼히 기록한다. 때마침 대출이 필요해진 A씨는 은행지점을 방문했다가 깜짝 놀랐다. 신용카드를 사용하지 않고 평소 은행 등 금융거래 건수도 많지 않은데 신용등급이 예상보다 높아서다. 알고 보니 은행 로봇의 빅데이터가 신용등급 상향에 영향을 줬다. 로봇은 A씨가 올린 SNS를 통해 그가 평소 규칙적인 생활을 하며 약속을 잘 지키고 충동구매를 하지 않는 성실한 사람이라고 분석했다. 또 평소 성실한 사람이라면 연체 가능성도 낮을 것으로 해석했다.[1]

금융 회사에서는 소셜 네트워크 서비스 데이터를 분석하는 인공지능이 개인의 신용등급에 영향을 주는 사례도 있다. 금융권에서 소셜 네트워크 회사와 업무 협약 및 전산통합시스템을 구축하게 되면 실제로 나타날 수 있는 현상이다. 인공지능을 적극적으로 활용하는 방법들은 기업의 마케팅이나 인사, 재무 등에서도 위험요소 관리 및 수익률 향상에 상당한 도움이 될 것이다. 또한 4차 산업 혁명을 통해 모든 사람과 사물이 온라인화된다면, 현재보다 더 많은 데이터 생산이 가능해진다. 이와 같은 대량의 데이터가 소셜 네트워크 서비스에서도 폭발적으로 생산될 것이며, 이러한 데이터를 인공지능이 수집, 분석한 결과를 활용한다면 기업의 의사결정에 긍정적 영향을 미칠 수 있다.

---

1 머니S뉴스, 성승제 기자. 2016.12.14.

요약

이 장에서는 e비즈니스 환경에서 그 중요성이 더욱 높아지고 있는 경영의사결정 문제에 대한 해결책으로서 정보기술의 역할을 살펴보았다. 의사결정지원시스템은 전통적인 상거래 환경에서와 마찬가지로 e비즈니스 환경에서도 비구조적이거나 반구조적인 의사결정에 대한 지원을 할 수 있다. 의사결정지원시스템을 도입하기 위해서는 몇 가지 고려할 사항이 있는데, 정보처리를 위한 데이터 획득, 의사결정자와 시스템 간의 쌍방향 정보처리 가능성, 유연한 설계 등이 있다.

그룹의사결정시스템은 종합적인 의사결정 지원도구로서 주로 비정형적 문제를 해결하기 위해 사용된다. 이는 시간과 장소에 따라 여러 유형으로 나뉠 수 있다. 그룹의사결정시스템의 도입은 생산성 향상과 불필요한 작업 최소화를 통해 효과적으로 기업의 의사결정을 개선시킬 수 있다.

이 장에서는 고전적인 지능형 시스템의 하나인 전문가시스템의 구성 요소와 동작원리를 알아보았다. 또한 대용량 데이터로부터 유의한 패턴을 찾는 방법으로 데이터마이닝이라는 개념을 소개하였으며 데이터마이닝의 지능형 의사결정기술인 인공신경망, 사례 기반 추론, 의사결정나무 및 장바구니 분석과 K-평균군집화의 개념과 동작원리에 관하여 살펴보았다. 특히 최근에 빅데이터 활용의 큰 화두로 자리매김한 인공지능(딥러닝과 머신러닝)에 대해서도 살펴보았다. 또한, 공간적 의사결정을 위한 지리정보시스템의 정의와 활용을 알아보았다. 마지막으로, 최근 급격하게 성장하고 있는 소셜 네트워크 서비스에 대하여 살펴보았다.

이 장을 통하여 e비즈니스 환경에서는 불확실성이 더욱 높아져서 지능형 정보시스템의 역할이 전통적인 상거래보다 더욱 커지고 있다는 점을 이해할 수 있다. 복잡하고 다양한 공간 문제를 해결하는 지리정보시스템과 최근 인터넷과 스마트폰의 발전으로 빠르게 성장하는 소셜 네트워크서비스의 활용이 증가하고 있는데, 이러한 변화로 기업은 의사결정을 위한 유용한 정보를 제공받을 수 있게 되면서 전문적이면서도 개인화된 서비스를 제공할 수 있게 된다.

중요용어

딥러닝 인공신경망 모형에서 발전한 형태로, 신경망 구조의 은닉층이 여러 단계로 이뤄진 알고리즘.

머신러닝 알고리즘을 통해 데이터를 분석 및 학습하여 학습한 내용을 바탕으로 판단이나 예측하는 기법.

민감도 분석 일반적으로 하나의 변숫값이 지속적으로 변화할 때 다른 변숫값에 미치는 영향을 보는 것.

사례 기반 추론 과거에 발생한 유사 사례를 이용하여 새로운 문제를 해결하고자 하는 방법.

소셜 네트워크 서비스 관심이나 활동을 공유하는 사람들 사이의 상호적 관계 및 관계망을 구축해주고 보여주는 온라인 서비스 또는 플랫폼.

의사결정지원시스템 경영의사결정 문제 중에서 비구조적이거나 반구조적인 의사결정 문제에서의 의사결정을 지원하기 위한 정보시스템.

인공신경망 동물 신경망에서의 정보전달체계를 모사하여 컴퓨터에 구현한 알고리즘.

인공지능 인간과 유사하게 사고하는 컴퓨터 지능을 일컫는 포괄적인 개념.

전문가시스템 전문지식이 없는 초보자도 전문가의 지식을 이용할 수 있도록 도와주는 역할을 하는 시스템.

중역정보시스템 중역이 경영기능을 수행하고 목적을 달성하기 위해 필요한 주요 정보를 신속하게 얻을 수 있도록 지원하는 시스템.

지능형 에이전트 인터넷 환경에서 지능적으로 활동하는 소프트웨어 프로그램.

지리정보시스템 공간상 위치를 점유하는 지리자료와 이에 관련된 속성자료를 통합하여 처리하는 정보시스템으로서 데이터를 분석하고 표현하기 위해 데이터 시각화 기술을 사용하는 의사결정지원시스템의 한 종류.

지식베이스 전문가시스템의 두뇌에 해당하는 부분으로 전문지식을 데이터베이스의 형태로 저장해 두는 곳.

최적화 분석 결과의 값을 정해 두지 않고 여러 가지 제약조건을 만족하는 범위 내에서 최적의 값을 찾을 때까지 분석을 계속하는 것.

Goal-seeking 분석 결과의 값 또는 목표변수의 값을 먼저 정해 두고 정해진 값이 얻어질 때까지 다른 변수의 값들을 지속적으로 변화시켜 주는 분석 방법.

What-if 분석 경영과학에서 다루는 민감도 분석의 일종으로 하나 또는 여러 개의 변숫값을 변화시켰을 때 결과의 값 또는 다른 변수의 값에 미치는 영향을 분석하는 방법.

데이터마이닝 대용량의 데이터로부터 유의한 패턴을 찾아내는 과정.

연습문제

1. 전통적인 상거래 환경보다 e비즈니스 환경에서 의사결정지원시스템의 역할이 더 강조되는 이유는 무엇인가?
2. 전문가시스템에서 지식표현 방법으로는 일반적으로 규칙의 형태가 가장 많이 이용된다. 규칙의 형태가 다른 표현 방법보다 우월한 점은 어떠한 것이 있는가?
3. 지능형 에이전트의 종류를 생각해보고 각각의 사례를 찾아보시오.
4. 데이터마이닝 방법 중 의사결정나무는 무엇인가?
5. 머신러닝 또는 딥러닝을 응용한 기업 사례를 주변에서 찾아보시오.
6. 인공지능(AI)에 활용되는 기술은 어떠한 것들이 있는가?
7. 소셜 네트워크 서비스에서 생성되는 데이터를 기업 경영에 활용한 기업 사례를 찾아보시오.

3부
정보시스템 경영

7장 ▪ e비즈니스 기획과 조직

8장 ▪ 정보시스템 구축

9장 ▪ 정보시스템 보안과 윤리적 문제

CHAPTER 07

e비즈니스 기획과 조직

> 그간 우리에게 가장 큰 피해를 끼친 말은 "지금껏 항상 그렇게 했어"라는 말이다.
>
> \- 그레이스 호퍼

학습목표

정보통신기술이 발전하면서 e비즈니스는 비즈니스 프로세스와 비즈니스 조직을 변화시키는 등 여러 분야로 활동 영역을 확장하고 있다. 앞서 말한 e비즈니스는 스마트폰과 같은 쌍방향 전자기기를 가진 사용자들이 인터넷을 기반으로 비즈니스를 수행하는 것을 의미한다. 5장의 e커머스와 7장의 e비즈니스는 서로 다른 개념임에도 혼재되어 사용되고 있다. e커머스는 가상 공간에서 이루어지는 전자매체 기반의 상거래를 의미하고, e비즈니스는 인터넷과 같은 정보통신기술을 이용해 비즈니스 프로세스를 지원하는 것을 의미한다. 따라서 e비즈니스는 e커머스를 비롯하여 기업내부관리, 다른 업체와의 협력을 위한 모든 활동을 포함하는 개념이다.

기업이 e비즈니스로 전환하면서 얻는 이점은 다양하다. 우선 경제적인 커뮤니케이션과 마케팅 전략을 개발할 수 있으며, 국내뿐만 아니라 국외로 시장을 확대할 수 있다. 또한 주문을 온라인으로 처리하여 주문 프로세스를 간소화할 수 있다. 이번 장에서는 새로운 전략과 애플리케이션을 도입할 때 발생할 수 있는 문제해결을 위한 e비즈니스 전략적 계획 프로세스와 e비즈니스가 경영자, 조직, 정보기술 경영 및 정보시스템에 미치는 영향, 정보자원관리의 중요성에 대해 알아본다.

- e비즈니스 환경에서 기업이 경쟁우위를 확보하기 위한 e비즈니스 전략 프레임워크에 대해 이해한다.
- e비즈니스 계획을 위한 '시나리오 접근법'과 '경쟁우위를 위한 계획'에 대해 이해한다.
- e비즈니스 전략, 구조, 애플리케이션 개발에서의 e비즈니스 계획의 역할에 대해 이해한다.
- e비즈니스 전략 실행에서 발생하는 최종사용자의 저항과 변화관리에 대해 이해한다.
- e비즈니스 기업에서 경영자 업무에 영향을 주는 다양한 정보기술 방법을 확인한다.
- 경영자가 정보시스템 계획과 통제에서 어떻게 정보시스템의 성과를 제고할 것인지 확인한다.
- e비즈니스 기술경영의 세 가지 구성 요소를 식별하고, 구성 요소들이 e비즈니스 기업에서 어떻게 구현될 수 있는지 사례를 살펴본다.

7.1 e비즈니스 전략 프레임워크

비즈니스 전략은 기업이 추구하는 장기적 목표 설정 및 달성을 통해 경쟁우위를 점할 수 있도록 포트폴리오 및 자원을 효과적이고 효율적으로 배분하는 것으로 정의할 수 있다. 그러나 e비즈니스 환경에서는 산업 구조 자체가 급변하고 있기 때문에 e비즈니스 전략은 특정한 전략적 포지션을 선택하는 것이 아니라, 환경 변화에 유연하게 대응하는 것이 중요하다.

e비즈니스 전략은 e비즈니스 환경에서 경쟁우위를 유지하기 위한 핵심 역량 확보를 위한 것으로 터픽 젤라씨(Tawfik Jelassi) 교수와 알브레히트 엔덜스(Albrecht Enderse) 교수는 〈그림 7-1〉과 같이 전략적 분석(strategic analysis), 전략 수립(strategy formulation), 전략 실행(strategy implementation)으로 구성된 3단계 e비즈니스 전략 프레임워크를 제시하였다.

7.1.1 전략적 분석

일반적으로 전략적 분석은 기업이 경영 전략 수립을 위해 SWOT 분석을 활용하여 문제를 분석하는 과정으로, 외부 환경 분석과 내부 환경 분석으로 구성된다.

〈그림 7-1〉 e비즈니스 전략 프레임워크

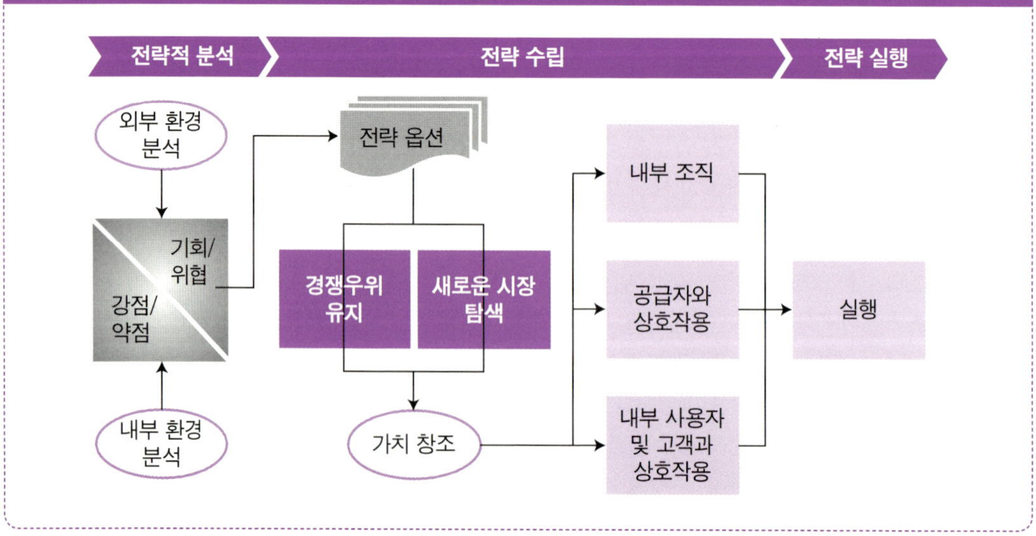

출처: Tawfik Jelassi and Albrecht Enders, Strategies for e-Business, 3rd ed., © Pearson Education Limited 2014.

〈그림 7-2〉 SWOT 매트릭스

외부 환경 분석의 목적은 기업의 e비즈니스 전략에 영향을 미칠 수 있는 기업 외부 상황을 파악하는 것이다. 외부 환경 분석에서는 기술변화, 경제발전, 사회적 변화 등 거시적 환경 요인에 관심을 가지며, 동시에 산업 내 경쟁자, 공급자, 대체재 등과 관련된 외부의 위협요인을 파악한다. 이러한 외부 환경 분석은 기업이 미래에 직면할 수 있는 기회와 위협을 이해하는 데 도움이 된다.

내부 환경 분석은 특정 e비즈니스 전략을 실행하거나 유지하기 위하여 기업이 소유하는 핵심 자원이나 능력을 이해하는 것을 목표로 한다. 기업의 핵심자원에는 정보기술 능력, 대규모 이용자, 자원 획득을 위한 재정, 강력한 브랜드 등이 있다. 특히, 정보기술 능력은 기업이 정보기술과 인터넷을 활용하여 자원들을 가치 있는 제품 또는 서비스로 전환하는 능력으로, e비즈니스 전략 실행을 위한 필수요소라고 할 수 있다. 이러한 내부 환경 분석 결과를 통해 경쟁사 대비 기업의 강점과 약점을 파악할 수 있다.

기업은 외부 환경과 내부 환경 분석을 통해 경영 전략에 대한 구체적인 목표와 목적을 수립하며, 이러한 과정을 전략적 계획화 과정이라 한다.

7.1.2 전략 수립

전략 수립 단계는 전략적 분석을 통해 계획 기간에 대한 구체적 목표를 설정하고 이를 달성하기 위한 방법을 수립하는 단계이다. 일반적으로 기업은 수익성, 판매 성장, 시장점유율 향상, 위험 감수, 혁신성이나 명성과 같은 목표를 설정하고 이를 달성하기 위해 노력한다. 이를 목표관리(MBO: Management By Objective)라고 하며, 목표관리 시스템의 운영 목표는 다음 네 가지 기준을 충족시켜야 한다.

- 목표를 중요도 순으로 정리해야 한다. 계획 기간 동안 사업단위의 주요 목표가 투자수익률을 늘리는 것이라면, 우선 수입을 늘리거나 비용을 줄임으로써 이익을 증가시켜야 한다. 혹은, 시장점유율을 늘리거나 가격을 인상함으로써 수입을 증가시켜야 한다.
- 목표를 정량적으로 표시해야 한다. '투자수익률(ROI: Return On Investment)의 증가'라는 막연한 목표보다 '2년 이내에 15%까지 투자수익률의 증가'라고 명확하게 목표를 정해야 한다.
- 사업단위를 현실적인 목표로 설정해야 한다. 목표는 이상적인 생각이 아닌 사업단위의 기회와 강점에 대한 분석을 기초로 정해져야 한다.
- 기업의 목표는 일관성이 있어야 한다. 판매와 이익을 동시에 극대화하는 것은 불가능하다.

전략 수립 단계는 전략 옵션(strategy options), 경쟁우위 지속(sustaining competitive advantage), 새로운 시장 공간 탐색(exploring new market spaces), 가치 생성과 획득(creating and capturing value)의 과정을 거친다. 첫째, 전략 옵션은 기업 내·외부 환경 분석을 통해 얻은 통찰력을 기반으로 기업의 비전과 목표에 맞는 전략을 수립하는 단계이다. 선택 가능한 전략 옵션으로는 마이클 포터(Michael Eugene Porter)의 원가우위 전략, 차별화 전략, 집중화 전략이 있다. 둘째, 경쟁우위 지속은 기업이 경쟁우위를 지속적으로 유지하기 위하여 경쟁우위를 위협하는 이슈에 대하여 이해하는 단계이다. 기업은 e비즈니스 환경에서 신생 인터넷 기업들의 모방이나 기존 기업들의 지속적인 경쟁 압박을 받는다. 셋째, 새로운 시장 공간 탐색은 경쟁자가 없는 새로운 시장 공간인 블루오션(blue ocean)을 창출하는 단계이다. 기업은 새로운 e비즈니스 혁신을 개발함으로써 새로운 차별화 원천을 구축할 수 있다. 마지막, 가치 생성과 획득은 기업의 지속적인 수익 달성을 위하여 높은 가치를 낮은 비용으로 창출하고 이를 고객에게 제공하는 단계이다. 기업이 고객에게 제공하는 고객 가치는 위기 상황을 극복하고 경쟁우위를 유지하기 위한 중요한 자산이다. 실제로 노키아(Nokia)를 포함한 휴대폰 제조 기업들이 기능 및 사양을 강조할 때, 애플(Apple)은 편의성 및 감성을 자극함으로써 새로운 고객 가치를 창출하고 스마트폰 시장의 경쟁우위를 확보하였다.

급변하는 디지털 마케팅 환경 속 마케터가 살아남기 위해 가져야 할 3대 요소 CASE 7-1

지난 1년간 팬데믹으로 인해 사람들의 일상생활과 업무 방식 등 생활의 많은 요소들이 변했다. 특히 전 세계적으로 락다운이 시행되었던 2020년 4월을 기준으로 앱 이용 시간이 전년 대비 40% 증가하며 모바일 디바이스 이용 방식에도 큰 변화가 있었다. 이러한 흐름에 따라, 기존에 오프라인 비즈니스들 중 상당 부분이 디지털, 그 중에서도 모바일로 서비스를 확대했으며, 마찬가지로 디지털 마케터들은 변화에서 살아남기 위해 모바일에서의 마케팅 전략을 강구해야 했다. 특히 기업들의 디지털 트랜스포메이션이 데이터 수집을 용이하게 만들면서, 데이터를 활용한 퍼포먼스 마케팅이 마케팅의 기본으로 자리잡게 되었다. 즉, 2021년은 코로나19로 시작된 디지털 트랜스포메이션이 퍼포먼스 마케팅으로 꽃 피우는 한해였다고 할 수 있다.

그렇다면 올해는 어떨까? 안타깝지만 2021년도 마케터들에게는 그다지 희망적이지 않을 것으로 보인다. 앞서 말했듯, 기업들의 디지털 트랜스포메이션으로 모아진 방대한 데이터 덕분에 퍼포먼스 마케팅의 전성기가 시작되었지만, GDPR(개인정보 보호법), COPPA(어린이 온라인 사생활 보호법), CCPA(소비자 프라이버시 보호법) 등 미국 및 유럽에서부터 시행된 개인정보 보호 강화 정책으로 인해 데이터 수집이 어려워졌다.

국내 상황도 예외는 아니다. 작년 8월부터 시행된 새로운 개인정보보호법은 당장에는 비즈니스에 영향을 끼치는 수준이 아니지만, 글로벌 기준에 맞춰 규제와 제약을 강화해야 한다는 목소리가 계속해서 나오는 만큼 변화가 멀지 않아 보인다. 엎친 데 덮친 격으로 구글과 애플 등 거대 플랫폼 사업자들이 광고ID로까지 개인정보 범위를 확대하고 OS 업데이트를 통해 데이터 수집을 위한 사용자 동의를 필수화하며 개인정보 보호 강화를 본격화하고 있다. 마케터들 입장에서는 지난 한 해 여러 툴을 사용해 열심히 모아온 데이터와 이를 기반으로 한 퍼포먼스 마케팅이라는 집이 마치 한 순간에 파도에 휩쓸려가듯 사라지게 된 것이다.

그렇다면 2021년, 모든 게 파도에 휩쓸려 나간 새로운 땅에서 살아남기 위해 마케터들은 무엇을 해야 할까? 무인도에 사람이 떨어졌다고 가정했을 때, 그곳에서 생존하기 위해 가장 필요한 세 가지를 꼽자면 단연 물과 식량, 불, 그리고 은신처일 것이다. 이와 마찬가지로 마케터가 올해를 잘 살아남기 위해 가장 필요한 세 가지는 물과 식량에 해당되는 데이터, 불에 해당되는 머신러닝, 은신처에 해당되는 마케팅 클라우드라 할 수 있다.

생존을 위해 가장 먼저 필요한 것은 물과 식량이다. 바로 얼마 전 4월 26일(미국 시간 기준)에 진행된 iOS 14.5 업데이트로 인해 애플 디바이스 내 광고 추적의 기본 설정은 '광고 추적 제한(Limit Ad Tracking, LAT)'으로 바뀌었다. 이는 모든 앱들이 애플의 각 디바이스별 사용자 광고ID(IDFA) 수집을 위해 팝업 동의를 얻도록 하는 것으로, 동의를 얻지 못할 경우 IDFA 추적을 불가능하게 한다. 즉, 이번 업데이트로 사실상 기존 모바일 마케팅의 물과 식량이 되었던 데이터에 접근이 어려워진 것이다. 이제 마케터들은 사용자 동의 비율을 높이기 위해 사용자 경험(UX) 상에서 최대한 자연스러운 동의 요청 방법을 연구해야 한다. 또한, 로그인 계정 등을 통해 퍼스트 파티(first-party) 데이터로서는 어떠한 것들을 수집하고 이를 어떻게 활용할지 기민하게 설계해야 한다. 척박한 환경에서도 자급자족할 수 있는 새로운 물과 식량인 자사 데이터를 수집하는 것이다. 더 나아가, 이렇게 어렵게 모은 데이터를 광고 파트너가 어떻게 저장하고 활용하는지 살펴보고, 가능하다면 캠페인의 성과를 투명하게 공개하고 공유할 수 있는 파트너와 함께 하길 권장한다.

생존에 필요한 두 번째는 불에 해당되는 머신러닝이다. 음식의 가치를 더해주고 어둠을 밝혀주는 불과 같이, 머신러닝은 가공되지 않은 데이터에서는 발견할 수 없었던 새로운 유저를 발견하고, 수많은 데이터 속 중요한 가치를 가진 데이터의 잠재력을 끌어내며 기존에 보이지 않던 새로운 인사이트를 찾아준다. 앞으로 마케팅에 활용 가능한 데이터가 대폭 줄어들

것으로 예상되는 만큼, 머신러닝의 역할은 더욱 확대될 것이다. 사용자를 특정하지 않은 상태에서 광고가 노출되는 지면, 소재, 시간 등의 상황적 데이터, 컨텍스츄얼 시그널(contextual signal)만으로 짧은 시간 내 광고 목표로의 전환 가치를 예측하고 가장 적합한 광고를 적절한 비용으로 내보낼 수 있는 더욱 고도화된 머신러닝이 필요해지는 것이다.

마지막으로 필요한 것은 은신처 역할을 하는 마케팅 클라우드다. 마케팅 클라우드를 통해 모바일 비즈니스는 자사 데이터를 안전하게 보관 및 활용하고, 마케터는 필요에 따라 직접 사용할 데이터, 지면, 비딩 방식을 조정해 캠페인을 설계할 수 있다. 따라서, 마케터는 마케팅 클라우드를 선택할 때 이것이 사용하기 쉬운지, 원하는 타겟에 도달 가능한지, 원하는 지면, 익스체인지, 인벤토리와 연동이 가능한지, 성과 및 노출량이 머신러닝으로 관리되는지 등을 살펴봐야 한다. 그 외에도 자동화, API 등 원하는 기능이 갖춰졌는지와 캠페인 관련 데이터를 다시 가져와 자산화할 수 있는지도 함께 고려해보길 바란다. 특히, 광고 성과에 대한 결과만 보고 받는 형태는 해당 플랫폼에 종속될 확률이 높아 피하는 게 좋다.

올해도 데이터 관련 정책의 변화로 쉽지 않은 한 해가 되겠지만, 그럼에도 모바일 광고는 계속될 것이다. 디지털 광고의 점유율은 전체 광고 시장의 절반을 넘어 날로 증가하고 있으며, 이중에서도 모바일 광고 산업은 디지털 광고 산업의 70% 가까이 성장했다. 마찬가지로, 앱 광고는 사용자와 가장 관계성이 높고 신뢰할 수 있는 지면으로 부상하며 마케터들의 포기할 수 없는 광고 매체로 자리매김했다. 피할 수 없으면 즐기라 했던가. 비록 눈 앞에 변화들이 크고 어려워 보여도, 앞서 설명한 세 가지, 자사의 퍼스트 파티 데이터와 고도화된 머신러닝 엔진, 그리고 마케팅 클라우드를 잘 확보한다면 변화 속에서도 발돋움할 기회를 찾을 수 있을 것이다.

출처: 플래텀, 2021.05.06.

토론

개인정보 보호 강화 정책으로 데이터 수집이 어려워지고 있는 상황에서 활용할 수 있는 기업의 전략에 대해 논의하시오.

7.1.3 전략 실행

e비즈니스에서 앞서 수립한 전략을 성공적으로 실행하기 위해서는 내부 조직, 공급자, 사용자(고객)와의 상호작용이 중요하다.

첫째, 내부 조직과의 상호작용은 기업 문화, e비즈니스 전략에 대한 인식, 내부 인력에 대한 이슈이다. 기업 문화의 경우 효과적인 e비즈니스 전략 실행을 위해 제품 및 기술 중심의 기업 문화를 고객 서비스 중심의 기업 문화로 바꿔야 한다. 또한 e비즈니스는 신속하게 실행하는 것이 중요하기 때문에 훌륭한 전략은 복잡할 것이라는 고정 관념은 버리고 내부 인력으로 모든 것을 해결하려는 관행은 버려야 한다.

둘째, 공급자와의 상호작용은 공급망관리에 관한 이슈이다. 성공적인 공급망 구축은 핵심 역량 확보와 같은 효과적인 기업 성과를 창출하며, 고객에게 제공할 수 있는 가치를 단기간 내에 확대시킬 수 있다. 이를 위해서는 모든 공급망 파트너들이 하나의 조직처럼 각자의 역할을 효율적으로 수행할 수 있도록 신뢰 관계가 구축되어야 하며, 파트너로부터 얻을 것과 파트너에게 줄 것에 대한 분명한 지표가 설정되어야 한다.

셋째, 사용자와의 상호작용은 가치 생성 및 획득을 위한 사용자 제작 콘텐츠(UCC: User Created Contents)의 전략적 활용에 관한 이슈이다. 효과적인 e비즈니스 전략 실행은 고객의 잠재적 가치를 파악하고 이에 맞는 콘텐츠와 기능을 제공하여 고객의 적극적 참여를 끌어내는 것이다. 이 관점에서 고객이 자발적으로 참여하고 제작한 사용자 생성 콘텐츠는 훌륭한 참고자료이다.

7.2 e비즈니스 전략 계획

수많은 사람으로 구성된 집단이 사막에서 지도, 나침반, 계획, 지도자, 물자지원과 정보 전달 수단 없이 이동하는 것은 상상만으로도 불가능하다. 그러나 e비즈니스를 도입하고자 하는 대부분 기업이 이처럼 막연한 방법으로 변화를 시도하고 있다. e비즈니스 기술은 회사가 비즈니스를 수행하는 방법에 큰 변화를 몰고 왔다. e비즈니스를 성공적으로 수행하기 위해서는 중요성과 구조뿐 아니라 새로운 설계가 필요하며, 이를 위한 계획의 창출과 구현이 필요하다.

따라서 비즈니스 전략 개발과 관련된 이슈들에 대해 알아야 하며, e비즈니스 계획을 구현하는 프로세스와 새로운 e비즈니스 전략, e비즈니스를 도입할 때 나타나는 문제점에 대해서도 인지해야 한다.

7.2.1 조직 차원의 계획

〈그림 7-3〉은 조직 차원의 계획(organizational planning) 프로세스에 대한 구성 요소를 나타낸다. 이러한 기본적인 계획 프로세스는 (1) 팀 형성, 모형화, 합의(consensus), (2) 기존 자원에 대한 평가, (3) 비즈니스적, 경제적, 정치적, 사회적 환경 분석, (4) 개발이 가져올 영향에 대한 예상과 평가, (5) 공유된 비전 형성과 성취하고자 하는 목적 결정, (6) 목적 달성을 위해 취해야 하는 행동의 결정 순서에 따라 이루어진다. 이와 같은 프로세스의 결과를 계획이라 하며, 계획은 목적 달성을 위해 필요한 행동을 명확히 설명해야 한다.

〈그림 7-3〉 조직 차원의 계획 구성 요소

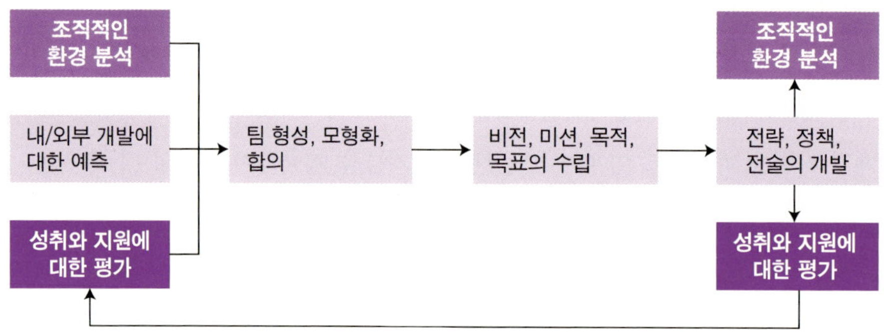

또한 계획 프로세스에 의한 실행은 통제 척도를 이용하여 피드백을 제공해야 한다. 즉, 조직 차원의 계획 프로세스는 계획에 따라 행동하고, 행동은 결과를 낳고, 계획의 일부는 결과로부터 학습되는 일련의 과정이다.

전략적 계획은 조직의 미션, 목표, 전략, 정책 등을 개발하는 것으로, 기업은 팀 형성, 시나리오 개발, 합의 도출 훈련과 같이 다양한 기법을 이용하여 비전을 개발하고, 이를 기초로 프로세스를 시작할 수 있다. 전술적 계획은 목표를 설정하고 이를 성취하기

〈표 7-1〉 전략적인 e비즈니스 비전수립의 예

부문	전략적인 e비즈니스 비전 수립
고객에 대한 이해	• 누가 고객인가? • 고객의 우선순위가 어떻게 바뀌는가? • 목표고객은 누구인가? • 어떻게 e비즈니스가 목표고객 세그먼트에 대한 도달(reach)에 도움을 주는가?
고객 가치	• 어떻게 e비즈니스 서비스와 함께 고객에게 가치를 부가할 수 있을까? • 고객의 첫 번째 선택이 되려면 어떻게 해야 하나?
경쟁	• 누가 실질적인 경쟁자인가? • 가장 강력한 경쟁자의 비즈니스 모형은? • 그들은 e비즈니스/전자상거래에서 무엇을 하는가? • e비즈니스 사업을 하는 데 있어서 경쟁자의 잠재적인 파트너, 공급자, 고객은 누구인가?
가치사슬	• 만약 지금 e비즈니스를 시작한다면 가치사슬을 어떻게 설계할 것인가? • 누가 공급망 파트너인가? • 해야 할 역할은 무엇인가?

위한 절차, 법칙, 스케줄, 예산 등을 개발하는 것이다. 조직 계획은 일상 업무들을 실행하고 통제하는 단기간에 수행되는 계획으로 전형적인 예로는 프로젝트 계획과 생산 스케줄링을 들 수 있다. 다음은 조직 차원의 계획을 위한 두 가지 방법에 대해 설명한다.

7.2.2 시나리오 접근법

계획 및 예산 프로세스는 너무 정형적이어서 급변하는 경영 행동에는 부적절할 수 있다. 완벽한 결과에 대한 서두름과 집착은 프로세스를 실제 경영 목적과 멀어지게 한다. 그렇기 때문에 경영자와 기획자들은 변화가 심한 실제 비즈니스와 최대한 근접한 계획을 수립하기 위하여 지속적으로 다른 접근방법을 시도한다. 시나리오 접근법은 형식에 치우치지 않으면서도 실제적이며 전략적인 계획 방법론이라고 할 수 있다.

시나리오 접근법에서 경영자들과 기획자들은 마이크로월드(micro world) 혹은 버추얼 월드(virtual world)라고 하는 경영 시뮬레이션을 한다. 마이크로월드는 실세계를 축소한 제한된 지식 환경 시뮬레이션으로, 경영자들은 실세계에서 일어날 수 있거나 이미 일어나고 있는 현상에 대하여 다양한 시나리오를 만들어 실험하고 평가할 수 있다.

전략적 정보시스템(IS: Information System) 계획에 대한 시나리오 접근방식에서 비즈니스 팀과 정보시스템 경영자들은 다양한 비즈니스 시나리오를 만들고 평가한다. 또한 미래에서 요구하는 비즈니스와 정보기술을 이용한 미래 시나리오를 통해 앞으로 해야 할 일을 예측할 수도 있다. 선택적인 시나리오들은 팀 혹은 비즈니스 시나리오 시뮬레이션에 의해 만들어지며, 이는 다양한 개발 및 환경 요인들(시나리오를 발생시킨 정치적, 사회적, 비즈니스적, 기술적인 변화)을 모두 고려한 것이다.

7.2.3 경쟁우위를 위한 계획

경쟁우위를 위한 계획은 경쟁이 심하고 정보기술이 복잡한 e비즈니스 환경에서 특히 중요하다. 따라서 전략적 e비즈니스 계획은 기업이 전략과 기술을 사용했을 때 직면할 수 있는 잠재적 이익과 위험에 대한 평가를 포함한다. 경쟁전략을 위한 모형과 비즈니스 활동의 가치사슬모형은 전략적 계획 프로세스에 사용될 수 있다. 또한 전략적 e비즈니스 계획 프로세스에서 e비즈니스 기회에 대한 잠재성을 평가할 때, 위험과 수익의 가능성을 측정하는 전략적 기회 매트릭스를 사용한다(그림 7-4).

〈그림 7-4〉 전략적 기회 매트릭스

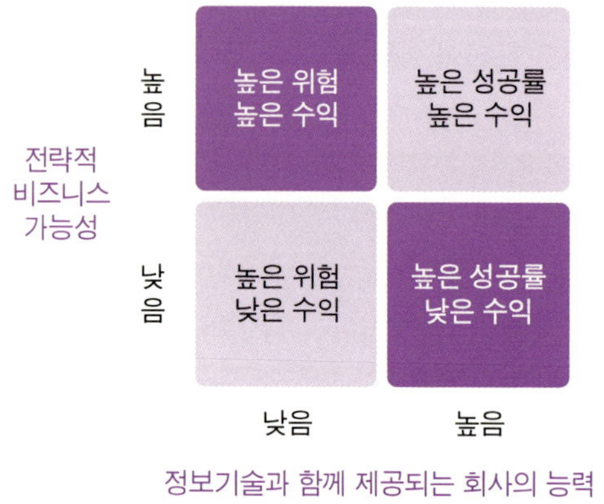

미국 경영컨설턴트 알버트 험프리(Albert Humphrey)에 의하여 고안된 SWOT(Strength, Weakness, Opportunity, Threat) 분석은 기업의 내부환경과 외부환경을 분석하여 전략적 기회의 영향과 정보기술의 사용을 평가하고 경영전략을 수립하기 위해 사용된다. 강점(strength)은 자사 경영자원인 내부환경에서 리더가 지니고 있는 핵심 역량과 강점들이며, 약점(weakness)은 자사 경영자원인 내부환경에서 다른 기업들과 비교하여 부족함을 보이는 비즈니스 성과 영역이다. 기회(opportunity)는 고객 및 경쟁 등의 외부환경에서 새로운 시장에 대한 가능성 혹은 현재 시장을 확대할 수 있는 혁신적인 발전에 대한 가능성이며, 위협(threat)은 외부환경에서의 경쟁자의 행동, 다른 경쟁 세력, 정부 정책의 변화, 새로운 기술 등으로 발생하는 비즈니스 및 시장 손실에 대한 가능성을 의미한다.

7.2.4 e비즈니스 계획

〈그림 7-5〉는 기업의 고객 가치와 비즈니스 가치 목표를 만족시키는 데 초점을 두는 e비즈니스 계획 프로세스를 나타낸다. 이러한 계획 프로세스를 이용하면 새로운 e비즈니스 및 e커머스 플랫폼, 프로세스, 제품과 서비스에 대한 전략과 비즈니스 모형을 개발할 수 있으며, e비즈니스 애플리케이션의 수립과 실행을 지원하는 IT 전략 및 IT 아키텍처를 개발할 수 있다.

고객 가치와 비즈니스 가치 비전의 만족을 위해 e비즈니스와 IT 전략을 개발할 경우, 기업의 최고경영자(CEO: Chief Executive Officer)와 최고정보책임자(CIO: Chief Information Officer)

〈그림 7-5〉 e비즈니스 계획 프로세스

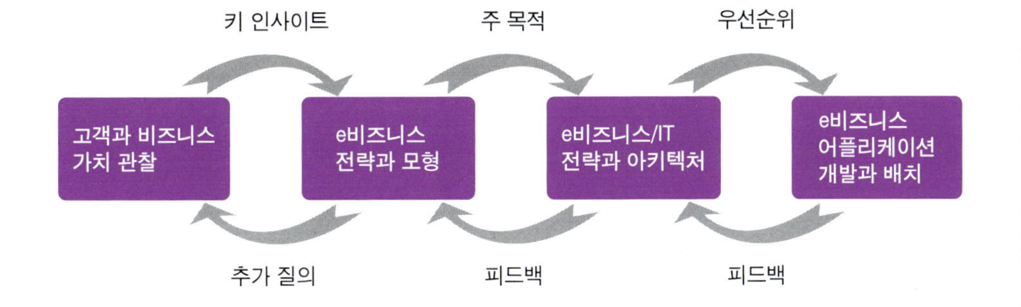

가 모두 관여해야 한다. e비즈니스의 절대적 구성 요소인 정보기술이 빠르게 변하기 때문에 이와 같은 상호적응(co-adaptation) 프로세스가 필수적이다. e비즈니스 계획 프로세스의 세 가지 주요 구성 요소는 다음과 같다.

- 전략 개발: 기업의 e비즈니스 비전 지원을 위한 전략 개발은 고객과 비즈니스 가치에 초점을 둔 혁신적 e비즈니스 시스템 개발에 정보기술을 활용하는 것이다.
- 자원 관리: 기업의 IT 자원에는 정보시스템 관련 직원, 하드웨어, 소프트웨어, 데이터, 네트워크 자원들이 있으며, 자원 관리는 IT 자원을 관리하거나 아웃소싱하는 전략적 계획을 수립하는 것이다.
- 정보기술 아키텍처: 정보기술 아키텍처는 특정한 목적으로 정보를 조직화한 것으로, 기업의 e비즈니스 지원을 위한 적절한 아키텍처를 전략적으로 선택해야 한다.

정보기술 아키텍처

전략적 e비즈니스 계획 프로세스에 의해 만들어진 정보기술 아키텍처는 다음의 주요 구성 요소를 포함하는 개념적인 청사진이라고 할 수 있다.

- 컴퓨팅 및 커뮤니케이션 인프라: e커머스에서 정보기술의 전략적 사용을 지원
- 데이터 자원: 다양한 데이터베이스에 있는 자원(데이터웨어하우스, 인터넷, 인트라넷, 엑스트라넷)
- 애플리케이션 아키텍처: 비즈니스 애플리케이션들은 e비즈니스 활동을 지원하는 전사적 시스템의 통합된 아키텍처로 SCM, ERP, CRM 등에 대한 개발, 유지 보수를 지원

- IT 조직화: 정보시스템의 조직적인 구조와 정보시스템 전문가의 배치는 비즈니스 전략에 맞출 수 있도록 설계되며, 기업의 경영철학과 계획 프로세스에서 형성된 비즈니스 및 IT 전략에 따라 IT 조직의 형태가 결정

e비즈니스 전략의 이용

IT, e비즈니스, e커머스의 애플리케이션은 기업의 경쟁우위를 위해 전략적으로 이용되는데, 이용 효과를 극대화하기 위해서 어떻게 포지셔닝(positioning)할지 결정해야 한다.

- 비용 절감과 효율성 증대: 기업 내부 및 외부에서 적은 양의 자원을 이용한다. 따라서 인터넷 및 적은 비용으로 고객, 공급자, 파트너와 상호작용할 수 있는 방법을 이용해 효율성을 향상시키고 비용을 낮추는 데 초점을 맞추는 전략을 주로 사용한다. 이메일, 채팅 시스템, 기업의 웹사이트, 엑스트라넷, 그룹웨어 등이 여기에 속한다.
- 비즈니스 효과 측면에서 성과 향상: 이 부분은 기업의 내부 연결성이 높고 외부 연결성은 낮을 때 비즈니스 프로세스를 향상시키는 것에 관심을 둔다. 주로 인트라넷, 엑스트라넷과 같이 인터넷 기반 기술을 기업 내부적으로 사용하는 전략으로 이는 기업 내부 혹은 외부 파트너와의 정보공유 및 협업 효과를 향상시킬 수 있다.
- 글로벌 시장 진입: 고객 혹은 경쟁자와의 연결성을 높이거나 IT를 적극적으로 활용하는 기업이 해당되며 고객과의 상호작용을 최대화하기 위해 e비즈니스 애플리케이

〈그림 7-6〉 전략적 포지셔닝 매트릭스

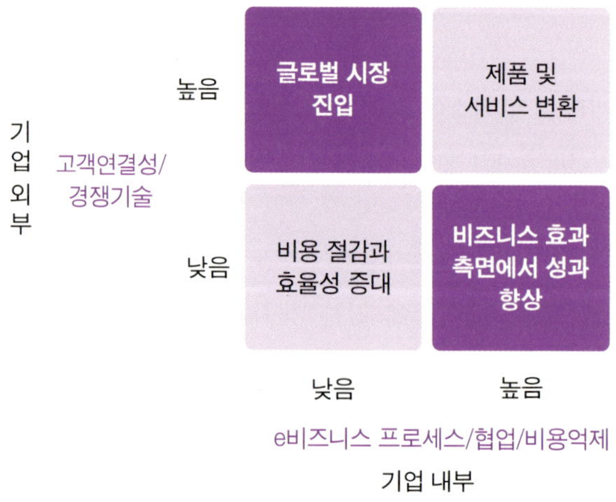

션을 개발하는 전략을 사용한다. 고부가 가치를 지닌 정보를 제공하고 광범위한 분야에서 고객을 지원할 수 있는 e커머스 사이트를 구축하는 것도 하나의 방법이 될 수 있다.

- 제품 및 서비스의 변환: 기업, 고객, 공급자, 경쟁자들이 광범위하게 연결되어 있으며 e커머스 사이트, 인트라넷, 엑스트라넷을 포함한 인터넷 기반 기술이 기업 운영 및 비즈니스 관계에서 실행되고 있는 환경이다. 기업은 새로운 인터넷 기반 제품이나 서비스를 개발할 수 있으며, 이를 통해 시장에서 전략적인 위치를 선점할 수 있다. 기업의 웹사이트에서 e커머스나 경매 등을 위해 인터넷을 이용하는 것이 전략적 e비즈니스 애플리케이션의 예라고 할 수 있다.

e비즈니스 전략의 예

- 시장 형성자: 고객의 요구를 규명하여 새로운 시장을 정의하기 위해 인터넷을 사용한다. 이 모형은 기업이 시장에 처음 진입한 뒤, 지속적인 혁신을 통하여 경쟁에 앞서기를 요구한다(예: Amazon, E*TRADE).
- 채널 재구성: 직접 고객들에게 접근하여 주문을 처리하고 판매하는 새로운 채널로 인터넷을 사용한다. 이 모형은 물리적 유통 및 마케팅 채널을 보완한다(예: Cisco, Dell Computer).
- 거래 중개: 구매 과정을 처리하기 위하여 인터넷을 사용한다. 이 모형에서 온라인상의 탐색, 비교, 선택, 지불은 최종사용자 사이에서 이루어진다(예: eBay, Microsoft).
- 정보 중개: 정보탐색 비용을 낮추기 위하여 인터넷을 사용한다. 구매에 필요한 정보를 수집하기 위하여 고객에게 통합된 프로세스를 제공한다(예: HomeAdvisor, Auto-By-Tel).
- 셀프서비스 개선: 인터넷을 이용하여 고객이 직접 사용할 수 있는 종합적 서비스를 제공한다. 셀프서비스는 고객과 직접적이고 개인화된 관계형성을 가능하게 한다(예: Healtheon).
- 공급망 개선: 공급망의 모든 참여자 사이의 상호작용을 효율적으로 처리하기 위하여 인터넷을 사용한다(운영상의 효율성 증대) (예: McKesson, Ingram Micro).
- 채널 전문: 판매와 서비스 채널로써 인터넷을 사용하며, 이 모형은 기존 물리적인 사무실과 콜센터를 보충한다(예: Charles Schwab).

〈그림 7-7〉 정보기술을 활용한 e비즈니스 애플리케이션 계획 프로세스

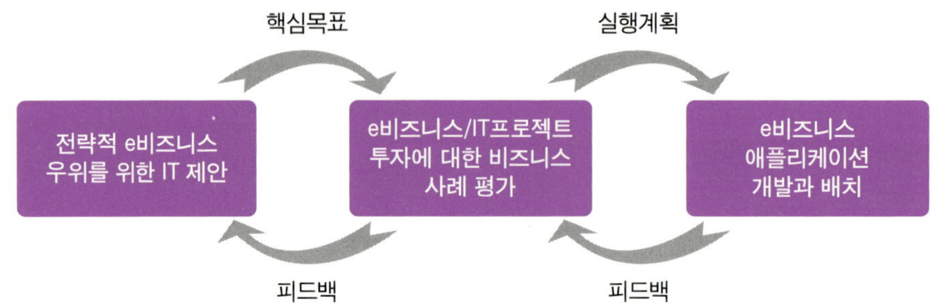

e비즈니스 애플리케이션 계획

e비즈니스 애플리케이션 계획 프로세스는 e비즈니스 및 IT 계획의 전략 단계 이후에 실행된다. 이 단계는 개발된 전략적 e비즈니스의 우선순위를 정하기 위하여 정보기술을 사용하는 IT 관리자의 제안 사항에 대한 평가를 포함한다.

기업의 실무진과 사업부 관리자들은 현시점에서 가장 바람직하고 필수적인 e비즈니스 전략 우선순위에 근거하여 제안된 프로젝트 투자에 대한 비즈니스 사례를 평가하고, 마지막으로 e비즈니스 애플리케이션을 개발, 구현, 관리한다.

7.3 e비즈니스 전략 실행

많은 기업의 경우 전략 수립은 잘하지만, 이를 행동으로 옮기는 경우가 많지 않다. 심지어 기업의 경영진들도 e비즈니스가 많은 기회를 제공하고 효율적이라고 생각함에도 불구하고 행동으로 옮기지 않는다. 전략을 행동으로 전환하는 것, 즉 전략을 실행하는 것은 많은 인적, 물적, 조직 문화적 문제점들을 초래한다. 전략 실행에 앞서 이와 같은 문제점들을 찾아내고 극복할 방법을 수립하는 것이 전략 실행에 있어 매우 중요한 과정이다.

실행(implementation)이란 계획된 것을 실제로 행동으로 옮기는 것을 의미하며 경영진의 중요한 책임이다. 즉, 실행은 앞 절에서 언급하였던 e비즈니스 전략과 애플리케이션 변화에 대한 계획을 실제로 수행하는 하나의 프로세스라고 할 수 있다.

금융·통신에 유통 결합…커지는 '데이터 동맹'

CASE 7-2

신한은행이 LG유플러스, CJ올리브네트웍스와 마이데이터 사업 협업을 위한 '3자 동맹'을 맺었다. 통신·금융·유통 분야 데이터를 결합해 고객 맞춤형 서비스를 개발하겠다는 계획이다. 마이데이터 시대를 앞두고 빅테크(대형 IT 기업)의 공습에 대비하기 위한 금융-비금융 회사 간 '합종연횡'이 이어질 것이라는 전망이 나온다.

"6800만 명 데이터 단숨에 확보"

신한은행은 18일 서울 태평로 신한은행 본점에서 LG유플러스, CJ올리브네트웍스와 '마이데이터 공동 프로젝트' 업무 협약을 체결했다. 이날 행사에는 진옥동 행장을 비롯해 각사 대표가 모두 참석했다.

세 회사는 고객이 자신의 데이터를 관리하고 관련 서비스를 받을 수 있는 새로운 플랫폼을 개발하기로 했다. 자산관리 등 금융 서비스뿐 아니라 통신, 생활, 유통, 엔터테인먼트, 쇼핑 등 다양한 생활 밀접형 서비스도 제공할 예정이다. 공동으로 수집한 데이터를 바탕으로 고객 행동 공동 연구, 머신러닝(기계학습)과 인공지능(AI) 서비스 개발, 디지털 마케팅 자원 공유 등도 함께 추진키로 했다.

각자 보유한 데이터를 융합하면 고객의 생활 패턴을 더욱 효과적으로 분석할 수 있다는 설명이다. 소비자 취향에 맞는 금융, 통신, 쇼핑 등의 상품을 먼저 개발해 제시하는 것도 가능해진다. CJ올리브네트웍스는 CJ 계열사의 통합 멤버십 CJ원(ONE)을 통해 2,700만 명의 유통 관련 데이터를 보유하고 있다. 신한은행(2,500만 명) LG유플러스(1,600만 명) 회원 수를 더하면 총 6,800만 명의 데이터를 단숨에 확보할 수 있게 된다.

신한은행 관계자는 "하나의 앱에서 자산 관리를 받고 모은 자산으로 곧바로 원하는 제품을 사는 것이 가능해질 것"이라며 "커피를 좋아하는 소비자에게 커피 할인을 해주는 금융 상품을 소개하거나, 통신사 요금 납부 내역을 바탕으로 신용 등급을 산정해 대출해주는 등 소비자 혜택을 키울 수 있는 '청사진'은 무궁무진하다"고 말했다.

금융-비금융사 협업 이어질 듯

앞으로 금융-비금융 회사 간 협업 바람이 더욱 거세질 것이라는 전망이 나온다. 네이버, 카카오 등 빅테크와 금융사 간 줄다리기가 계속되는 가운데 마이데이터 경쟁력이 생존의 핵심 키워드로 떠올랐기 때문이다. 금융위원회는 마이데이터 신청 업체에 대한 사전 심사를 진행 중이다. 이르면 내년 초 첫 번째 허가 업체가 나올 전망이다.

빅테크 기업들은 쇼핑, 검색 등의 자체적인 데이터를 갖고 있지만 금융사 데이터는 금융 관련 정보에 치중되어 있다. 은행 등 금융사들이 잇달아 동맹을 구축하고 있는 이유다.

하나금융그룹은 SK텔레콤과 합작해 설립한 핀테크 업체 핀크를 마이데이터 예비허가 심사 업체로 등록했다. 핀크는 앱을 통해 금융거래 및 상품 조회·분석 서비스를 제공하는 통합 자산관리 업체다. SK텔레콤의 휴대폰 이용 정보를 통신점수로 산출한 뒤 이에 따라 대출 금리를 깎아주기도 한다. 우리금융그룹은 지난 8월 KT와 손잡았다. 우리·비씨카드와 KT 간 데이터를 공유하는 한편 합작사 설립도 준비 중이다.

출처: 한국경제, 정소람 기자·오현아 기자, 2020.11.18.

토론

1. 기존의 경영 전략과 e비즈니스 전략의 공통점과 차이점에는 어떠한 것들이 있을지 논의하시오.
2. 스마트 모바일 기기를 활용한 모바일 비즈니스 전략의 장·단점에는 어떠한 것들이 있을지 논의하시오.

7.3.1 e비즈니스 실행

기업은 e비즈니스 환경으로 바뀌면서 조직 내에 많은 변화를 겪고 있다. e비즈니스 환경은 1980년대에 이미 변화를 겪었던 수많은 대형, 글로벌 기업들에게 또 다른 주요한 조직적 변화를 가져왔다. 많은 기업이 BPR(Business Process Reengineering), ERP(Enterprise Resource Planning), 시스템 설치와 업그레이드, 서비스 센터 창설, JIT(Just In Time) 제조 방식, 유로화 도입과 관련된 문제 등을 한 번 이상 경험했다. 그리고 이러한 새로운 e비즈니스 전략과 애플리케이션의 구현은 조직상의 변화를 가져왔다.

〈그림 7-8〉은 e비즈니스와 정보기술을 이용한 애플리케이션을 조직에 도입함에 따라 발생되는 비즈니스 변화의 영향, 수준, 영역에 대해 보여준다. 예를 들어 e비즈니스 애플리케이션의 하나인 온라인 거래 프로세싱은 핵심 비즈니스를 가지고 있는 영역에서는 효율성을 가져왔다. 하지만 ERP, CRM(Customer Relationship Management)은 공급망 파트너들과 함께 핵심 비즈니스 프로세스의 리엔지니어링을 내부적으로 요구했으며, 그 결과 기업이 비즈니스 사례에 대한 모형을 만들고 실행하게 되었다. 물론 새로운 e커머스의 시작은, 기업이 비즈니스의 핵심 라인을 재정의하고 해당 산업에서 선도기업으로써 전체 가치사슬 내에서 역동적인 변화를 촉진했다.

〈그림 7-8〉 비즈니스 변화

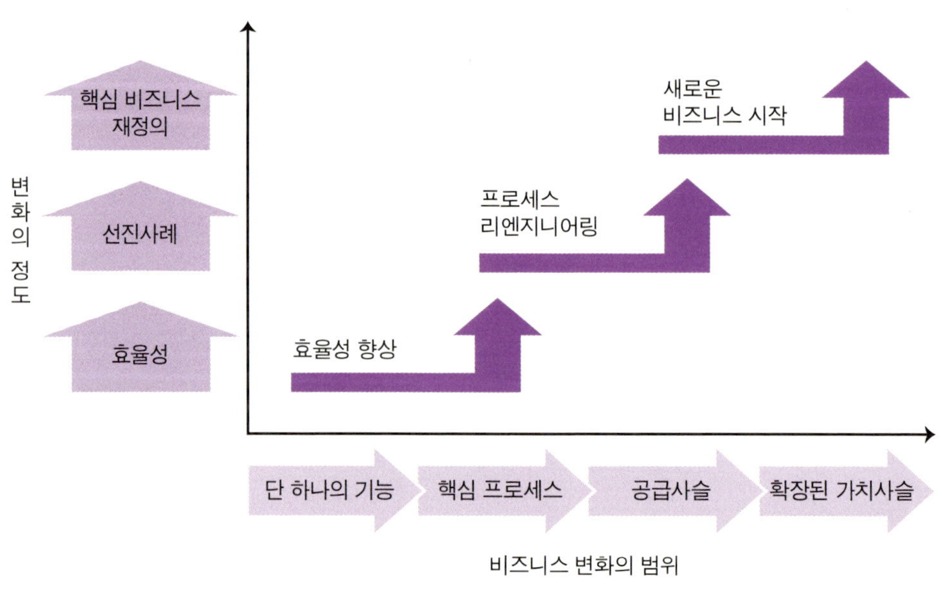

〈표 7-2〉 시스템을 개발한 e비즈니스 기업에서 발생한 문제점

인트라넷을 이용하는 전사정보 포털	전사적자원관리
• 보안	• 도입에 대한 최종사용자의 동의
• 포털의 영역과 목적 정의	• 스케줄링·계획
• 시간 확보와 자금 조달	• 레거시 시스템·데이터 통합
• 지속적인 데이터 품질의 보장	• 도입에 대한 경영진의 동의
• 직원들의 동의	• 다양화·다국적의 현장과 파트너 관리
• 데이터의 조직화	• 문화·마음가짐 변화
• 기술전문가 발견	• IT 교육
• 편리하게 만드는 것	• IT 직원의 모집과 유지
• 모든 사용자에 대한 접근 제공	• 새로운 플랫폼으로 이동
	• 성능·시스템 업그레이드

새로운 e비즈니스 전략 시행에 있어서 새로운 e비즈니스 시스템의 도입은 비즈니스 프로세스, 조직 구조, 경영상의 역할, 직원 업무의 할당, 주주 관계의 변화와 같은 조직 차원에서의 변화를 초래한다. 예를 들어, 〈표 7-2〉는 새로운 전사정보포털(EIP: Enterprise Information Portal)과 ERP를 개발하고 구현했던 100대 기업에서 발생한 문제점의 종류와 범위를 나타낸 것이다.

7.3.2 최종사용자의 저항과 참여

새로운 기법이 도입되면 이 기법으로 영향을 받게 되는 사람들의 저항이 발생하게 되는데, e비즈니스 역시 최종사용자인 내부 구성원들에게 새로운 업무 수행에 대한 공포와 변화에 대한 저항을 유발할 수 있다.

새로운 정보기술에 대한 최종사용자의 저항을 완화할 수 있는 방법 중에 하나는 적절한 교육과 훈련이다. 하지만 보다 중요한 것은 조직적인 변화와 새로운 정보시스템 개발에 최종사용자를 참여시키는 것이다. 또한 조직은 비즈니스 변화를 관리할 수 있는 다양한 전략을 가져야 하며, 이러한 전략의 바탕에 최고경영진과 모든 비즈니스 이해관계자들의 참여가 있어야 한다.

특히 새로운 시스템이 구현되기 전에 e비즈니스 계획과 애플리케이션 개발 프로젝트에 최종사용자가 직접 참여하는 것은 최종사용자 저항을 크게 줄일 수 있다. 여기에

〈그림 7-9〉 지식경영시스템의 장애물

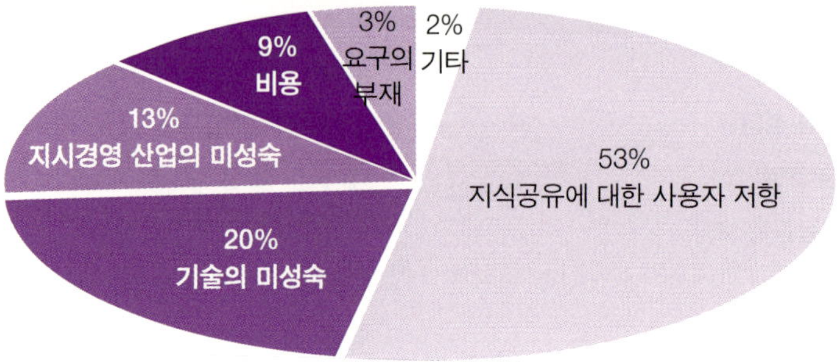

는 최종사용자가 e비즈니스 시스템 개발팀의 구성원이 되거나 직접 시스템을 개발하는 방법이 있다. 이러한 참여로 인해 최종사용자는 시스템에 대한 주인의식을 갖게 되며, 시스템은 최종사용자의 요구를 충족시킬 수 있다. 실질적으로 최종사용자들은 시스템이 기술적으로 얼마나 뛰어나고 얼마나 데이터 처리를 효율적으로 하는지에 관한 문제보다는, 실제 시스템을 사용할 때 느끼는 불편함이나 거부감으로 인해 새로운 시스템 도입에 저항하게 된다. 예를 들어, 〈그림 7-9〉는 지식경영시스템에 대한 몇몇 장애물들을 설명하고 있다. 그림과 같이 지식을 공유하는 것에 대한 최종사용자 저항은 지식경영 애플리케이션을 구현하는 데 가장 큰 장애물이다.

7.3.3 변화관리

변화관리란 기업의 성과 향상을 위하여 기업에서 발생하는 변화를 관리하는 것을 의미하며, 혁신을 시행함과 동시에 기업의 변화관리를 통해 나중에 발생할 수 있는 성과 저하를 예방한다.

〈그림 7-10〉은 변화관리의 주요 차원과 어려움 및 비즈니스에 미치는 영향의 정도에 대하여 설명한다. e비즈니스 전략과 애플리케이션의 실행에 따라 나타나는 변화 요소는 사람, 프로세스, 기술 등이며, 나머지 요소들은 새로운 정보기술 도입으로 변화한다. 예를 들어, 시스템 통합자는 새로운 e비즈니스 애플리케이션을 개발하고 실행하는 회사뿐만 아니라 다른 외부 하청업체까지 고려해야 한다. 특히 사람과 관련된 요소의 변화관리는 가장 어려우며 가장 긴 시간이 소요된다.

따라서 조직적 차원의 변화관리에서 주요 초점은 사람에게 맞춰진다. 이에 대한 변

〈그림 7-10〉 변화관리의 주요 차원

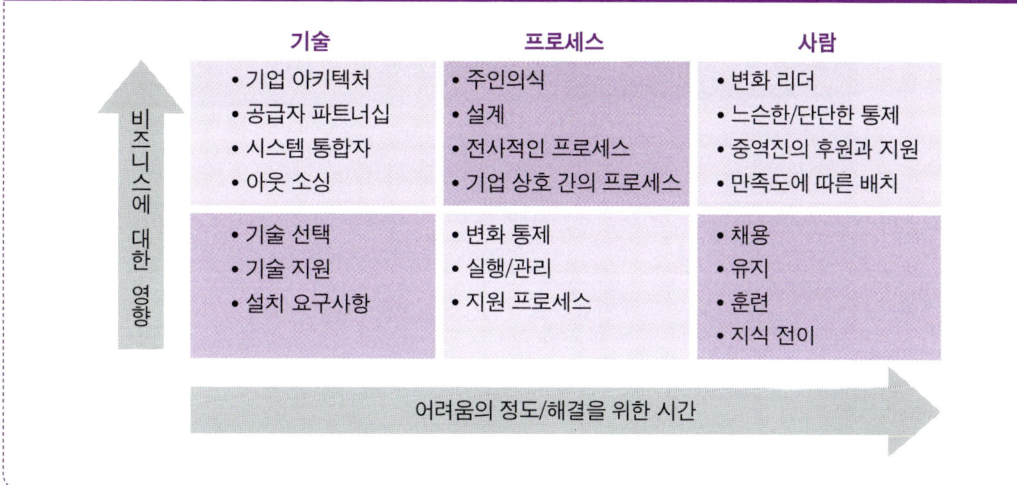

화관리 활동은 성과 측정, 동기부여, 보상에 대한 혁신적인 방법의 개발이 있다. 변화하는 작업장에서 요구하는 핵심 역량에 따라 직원을 채용하고 훈련하는 프로그램 개발이 이에 해당한다. 변화관리는 조직이 직면한 모든 도전 과제들을 분석하고 정의하며, 위험과 비용을 낮추고 변화의 장점을 극대화하는 프로그램 개발을 포함한다. 예를 들어, CRM와 같은 새로운 e비즈니스 프로세스의 실행 시 변화 활동 계획, 선택된 관리자들의 임명, 팀 직원의 개발, 변화에 대한 열린 커뮤니케이션과 피드백의 장려가 포함되어야 한다. 변화관리 전문가들이 추천하는 주요 전술은 다음과 같다.

- e비즈니스 계획과 애플리케이션 개발 시 가능한 많은 사람을 참여시켜라.
- 지속적인 변화를 문화의 일부분으로 만들어라.
- 가능한 모든 사람에게 직접, 자주 모든 것을 공유하라.
- 재정적인 인센티브와 보상을 아낌없이 사용하라.
- 사내 문화 안에서 작업을 해라.

변화관리 프로세스

변화관리의 8단계 프로세스는 〈그림 7-11〉에 설명되어 있다. 이 모형은 새로운 e비즈니스 전략과 애플리케이션들에 의해 야기되는 조직적 차원의 변화관리에 적용될 수 있는 많은 모형 중의 하나일 뿐이다. 예를 들어, 모형은 계획 단계에서 창출된 e비즈니스 비전이 사내 직원들에게 전달되도록 권하고 있다. 조직 내에서의 e비즈니스 변

〈그림 7-11〉 변화관리 프로세스

	준비(Set Up) / 분석 (Analysis)	정의 (Definition)	전이 (Transition)
변화 비전 창출	• 전략적 비전 이해	• 변화스토리 창출 • 비전을 종합적이고 사용할 수 있게 함	
변화 전략 정의	• 변화에 대한 준비 평가	• 최선의 변화 구성을 선택	• 변화관리 방식 수립
리더십 개발	• 리더십 창출 • 결심	• 최선의 변화 구성을 선택	
위원회 형성	• 팀 형성 • 이해관계자 관리	• 커뮤니케이션 • 지식과 기술의 전달	• 저항관리
성과 관리	• 요구 형성	• 성과 관리 실시 •People Practices	
비즈니스 혜택 제공	• 비즈니스 사례 형성	• 혜택의 양 결정	• 혜택의 유지
문화 개발	• 현재 문화에 대한 이해	• 목표 문화 설계	• 문화 변화 시행
조직 개발	• 현재 조직에 대한 이해	•목표 조직 설계	• 조직 변화 시행

화에 대한 준비를 평가한 후, 전략들을 개발하고 리더와 내부 구성원들을 선택하여 훈련한다.

선택된 리더는 변화의 대행자로서 기술, 비즈니스 프로세스, 업무 내용, 조직 구조 변화에 대한 비즈니스 사례를 개발하여 내부 구성원들과 다른 비즈니스 이해관계자들로 구성된 팀을 이끈다. 또한 리더는 변화의 장점들을 전달하고 새로운 e비즈니스 애플리케이션의 상세한 훈련 프로그램들을 지도한다.

물론 대다수의 변화관리 모형은 변화에 협조하는 내부 구성원들과 이해관계자들에게 재정적인 인센티브와 같은 보상과 새로운 성과 측정 방법들을 포함하고 있다. 인터넷, 인트라넷, 엑스트라넷 및 토론 그룹을 통하여 직원들과 다른 비즈니스 이해관계자들의 관심사에 대한 커뮤니티를 형성함으로써, 조직 내 e비즈니스 기업 문화를 조장하는 것 또한 가치 있는 변화관리전략이라고 할 수 있다.

변화관리 효과

변화관리로 기대되는 효과는 세 가지가 있다. 첫째로, 변화에 대한 요구가 큰 상황에서 변화관리를 통해 변화에 대한 적응력을 높임으로써 변화의 충격을 극복하고 성과를 향상시킬 수 있다. 둘째로, 변화관리는 큰 비용을 동반하지만, 차후 변화에 적응하는 비용을 절감할 수 있다. 기업이 변화 적응 비용을 줄이고 변화관리 과정에서 직원들의 문제를 해결하여 변화에 더욱 쉽게 적응할 수 있게 한다. 셋째로, 현재 상황에 가장 적합한 변화관리를 시행하면 기업은 경쟁력을 생겨 이익을 얻을 수 있다. 기업은 내·외부 환경의 빠른 변화와 불확실성의 증가로 유연한 대처가 필요하기 때문이다. 요약하자면 변화관리로 기대되는 효과는 다음과 같다.

- 변화의 적응력을 높인다.
- 변화 적응 비용을 줄인다.
- 기업 경쟁력을 확보한다.

7.4 e비즈니스 기술의 관리

e비즈니스 관리자와 전문가는 e비즈니스 조직에 큰 영향을 미치는 정보시스템과 정보기술을 이해해야 하고 이를 관리하는 방법 또한 습득할 필요가 있다. 이 절에서는 정보기술이 관리자와 e비즈니스 조직에 영향을 미치는 방법과 고객과 비즈니스 가치의 중요성을 강조하는 방법에 대해 살펴본다. 정보자원관리(IRM: Information Resource Management)는 이를 위한 주요한 프레임워크이며, e비즈니스 시스템과 기술관리는 기업의 주요한 업무 중 하나가 될 것이다.

7.4.1 경영자와 e비즈니스 기술

경영자에게 정보기술은 기업 경영에 중요한 도전이며, 오늘날 e비즈니스와 기술환경의 경쟁적 압박은 경영자에게 정보기술의 사용과 관리를 재고하도록 권하고 있다. 최근 들어 많은 기업의 경영진들이 정보기술을 통해 e커머스를 실현하며, 정보기술을 비즈니스 단위의 기능 통합과 조직 상호 간 비즈니스 과정의 관리를 용이하게 하는 플랫폼으

신임 리더, 귀를 열고 언러닝하라

CASE 7-3

벌써 11월 하순이다. 많은 사람에게 11월의 끝자락 하면 생각나는 이미지가 한 장 남은 달력과 한 해를 마무리하는 송년 모임의 시작일 것이다. 하지만 리더십을 연구하고 강의하는 필자에게 11월 하순은 인사시즌의 시작을 의미한다. 경영환경이 불확실해지고 경쟁이 치열해지면서 기업의 인사시즌이 점점 앞당겨지고 있다. 이미 한화, GS, 대림 등 많은 그룹이 임원인사를 마쳤고, 4대 그룹의 임원인사도 조만간 단행될 듯하다.

그래서 11월 하순은 많은 리더가 자리에서 물러나는 시기이자, 동시에 리더의 역할을 부여받은 분들이 새로운 출발을 하는 시기이기도 하다. 인사시즌이 마무리되면 새로 임명된 신임 리더를 위한 교육과정이 진행되는 경우가 많이 있다. 이들이 주어진 역할에 얼마나 잘 적응하여 조직을 이끌어나가느냐가 내년도 성과에 큰 영향을 미친다는 사실을 기업들이 잘 알고 있기 때문이다. 이런 신임 리더 과정에서 강의하다 보면 리더의 역할은 무엇이고, 어떻게 이를 효과적으로 수행해야 할지 몰라 당황하고 있는 분을 많이 만나게 된다. 신임 리더로서의 역할을 잘 수행하고 싶은 분들을 위해 두 번의 칼럼에 걸쳐 신임 리더가 반드시 기억해야 할 중요한 포인트들을 정리해 본다.

첫째, 이제까지의 성공비결은 과감히 잊자. 좋은 성과를 냈고 성공했기 때문에 승진해서 리더 역할을 새롭게 부여받은 것이다. 그래서 신임 리더 중에 '나만의 성공 노하우'에 사로잡혀 변화된 상황에 효과적으로 적응하지 못하고 실패하는 리더가 많이 생긴다. 세계적인 리더십 교육기관인 '창조적 리더십 센터'(Center for Creative Leadership)가 발간한 보고서에 따르면 신임 임원의 40%가 18개월 이내에 실패하고, 가장 큰 실패 원인이 역량 부족이 아닌 이전 역할과 행동을 그대로 반복한다는 것도 같은 이유이다.

따라서 신임 리더로 성공하려면 기존의 성공방정식을 잠시 옆으로 치워두자. 그리고 새로운 상황에서 지속적인 성과를 내고 리더로서 성공하려면 어떤 변화가 필요한지를 제로베이스에서 찾으려고 노력해야 한다. 주위에서 혹은 구성원들이 이런저런 조언을 하면 겉으로는 듣는 척하지만 속으로는 '그래도 내가 이 자리까지 올라온 건 나만의 실력과 노하우 덕분이야'라는 생각으로 나도 모르게 귀를 닫아버리는지 되돌아보자.

자신의 경험과 노하우를 의도적으로 잊으려는 노력을 필자는 '언러닝'(unlearning)이라고 표현한다. 신임 리더에게 언러닝이 중요한 이유는 역량 있는 '실무자'에서 조직을 이끌어 가야 하는 '운영자'로 전환하기 위해 새롭게 부여받은 역할과 책임을 명확하게 파악하는 것이 리더로서 첫 단추를 성공적으로 끼우느냐의 중요한 결정요인이 되기 때문이다.

둘째, 귀를 열고 입은 닫아라. 신임 리더가 되었다는 것은 기본적으로 내가 가진 역량과 성과를 조직에서 인정했다는 의미이다. 따라서 신임 리더들이 가지고 있는 공통된 특징 중 하나가 자신감이 매우 높다는 것이다. 하지만 지나친 자신감은 새로 부여받은 역할을 수행하면서 필요한 변화된 상황을 파악하고 구성원들의 의견을 경청하기보다 자신의 비전과 조직운영의 원칙을 점령군처럼 선포하는 데 집중할 가능성을 높이게 된다. 부임하자마자 이렇게 일방적인 소통만 하는 신임 리더를 보며 구성원들은 모든 걸 내려놓고 수동적으로 시키는 일만 하는 존재가 될 것이다. 따라서 신임 리더가 되었다면 자신이 처한 상황을 파악하기 위해 귀를 열고 입은 닫아라. 듣는 것과 말하는 것의 비율을 7대 3 정도로 맞춰 놓고 회의를 진행하는 것도 효과적인 방법이 될 수 있다.

모든 일에는 첫 단추를 잘 끼우는 것이 중요하다. 신임 리더로 성공하고 싶다면 입을 닫고 귀를 활짝 열어 구성원들의 의견을 경청하고, 내가 가진 성공 노하우를 잠시 언러닝하는 지혜를 발휘해보자. 당신의 2021년이 한층 더 성공적으로 변화될 수 있을 것이다.

출처: 세계일보, 정동일 연세대 경영대 교수, 2020.11.19.

토론

1. 변화관리를 위한 CEO의 역량으로는 어떠한 것들이 있을지 논의하시오.
2. 인적자원관리, 업무내용관리, 조직구조관리 등 다양한 분야의 변화관리에서 CEO의 역할으로는 어떠한 것들이 있을지 논의하시오.

로 간주하기 시작했다. 정보기술이 조직에서 경영자의 구조와 분포, 더 나아가서 조직 구조를 변화시키는 다양한 원인은 다음과 같다.

- 인터넷, 인트라넷, 엑스트라넷과 웹은 경쟁적인 세계 시장에서 요구되는 개인, 팀, 비즈니스 단위 및 비즈니스 파트너 간의 의사소통, 공동 연구, 의사결정을 촉진시킴으로써 이들을 밀접한 비즈니스 관계로 연결시키고 있다. 이러한 전사적 협업시스템은 구성원의 협업적 의사결정을 지원한다.
- 지식기반화되어 가는 조직의 구성원들은 대부분 동료, 고객, 본부로부터 조직화된 피드백을 통해 자신의 성과를 관리하고 통제하는 전문가들이다. 최근 많은 조직에서 전통적인 경영계층구조상 존재했던 중간관리자들의 자리가 없어지고 있다.
- 정보시스템이 제공하는 의사결정지원능력은 경영 의사결정의 초점을 변화시키고 있다. 경영자들은 일상적인 의사결정에서 벗어나, 더욱 현실적인 전략을 개발해야 하는 압박에 직면하고 있다.
- 비즈니스에 이용되는 정보자원관리는 정보시스템 전문가의 고유 업무가 아닌 모든 경영자의 주요한 책임이 되었다. 즉, 데이터와 정보, 컴퓨터 하드웨어와 소프트웨어, 정보통신 네트워크, 정보시스템 인적자원 등은 비즈니스 경영자에 의해서 관리되어야 하는 자원이며 자산이다.

정보기술은 조직과 경영 환경의 변화를 촉진시키는 주요한 원인이 되었다. 인터넷 기술과 기타 강력한 하드웨어, 소프트웨어, 데이터 및 네트워크의 발전으로 인하여 컴퓨팅 능력과 정보자원은 예전보다 훨씬 경영자에게 쉽고 유용한 비즈니스 도구가 되었다. 사실 이러한 정보기술은 이미 경영 의사결정과 조직 구조, 그리고 경영활동에 혁신적인 변화를 가져오고 있다. 잡다한 일로부터 해방된 경영자는 활발한 e비즈니스 환경을 위한 실제적인 대안을 마련하기 위해 전략을 고민할 수 있게 된다. 중간관리자는 더 이상 일선의 담당자와 팀, 최고경영자 사이에서 피드백이나 통제지시를 위한 통로역할을 할 필요가 없게 되었다. 따라서 많은 회사는 중간관리자의 구조와 수를 줄이고 있으며, 과제 중심적인 팀의 성장을 장려하게 되었다.

정보기술관리의 어려움

정보기술을 관리하는 것은 결코 쉬운 일이 아니며, 정보기술을 통한 기대효과가 나타나지 않을 수 있다. 이와 같은 정보시스템 도입의 실패는 기업에게 치명적인 손실을 입힌다. 허쉬(Hershey)가 자사의 비즈니스 프로세스를 혁신하기 위해 도입한 ERP 구현의 실패는 3분기 수익의 19% 하락과 판매의 12% 감소, 연간 재고의 29% 증가라는 커다란 손실을 가져왔다. 또한 배달 주기가 5일에서 12일로 늘어났으며, 몇몇 소매업체에 대해서는 완료된 주문을 이행하지 못하였다. 이로 인해 고객관계에 손상을 입었고 주가 또한 급락하였다. 여러 연구에 따르면 많은 조직에서 정보기술을 효과적, 효율적, 경제적으로 사용하지 못하고 있으며, 정보자원과 정보서비스 기능도 제대로 관리하지 못하고 있다. 다음의 예를 살펴보자.

정보기술을 e커머스와 웹에서의 의사결정지원, e비즈니스 프로세스와 제품의 혁신을 위하여 사용하는 대신, 전통적인 비즈니스 프로세스를 자동화하려는 데 우선적으로 사용하는 기업은 정보기술을 효과적으로(effectively) 사용하지 못하는 것이다. 또한, 느린 응답시간과 빈번한 작업 중단을 초래하는 정보시스템, 또는 애플리케이션 개발 프로젝트를 제대로 관리하지 않는 정보시스템 전문가와 컨설턴트는 정보기술을 효율적으로(efficiently) 사용하지 못하는 것이다.

많은 사례에서 정보기술은 경제적으로(economically) 사용되지 못하고 있다. 컴퓨터 하드웨어와 소프트웨어의 가격하락과 기술발전으로 데이터를 처리하는 단위비용은 하락하고 있지만, 많은 조직에서 정보기술 비용은 다른 어떤 비용보다도 빠르게 증가하고 있다.

경영참여와 지배구조

정보시스템 운영의 관건이라고 할 수 있는 성과문제를 해결하기 위한 쉽고 빠른 해답은 없다. 그러나 정보시스템 도입에 성공한 조직의 경험은 경영자와 최종사용자의 적극적인 참여가 고품질의 정보시스템 성과의 핵심 요소라는 것을 보여준다. 앞 절에서 기술한 것과 같이 정보시스템 관리에 대한 경영자의 적극적 참여와 정보시스템 애플리케이션 개발에서의 최종사용자 참여는 정보기술의 비즈니스 가치를 증진할 수 있다. 정보기술관리에서 경영자의 적절한 참여는 정보기술의 활용을 계획하고 통제하는 최고경영자 위원회, 운영위원회 등의 지배구조의 개발에 의해서 가능하다. 따라서 많은 기업에서 경영자가 비즈니스 단위에 영향을 주는 정보기술 의사결정에 적절하게 참여하도록 정책과 절차를 개발하여 시행 중이다. 이를 통하여 경영자는 정보시스템의 성과문제를 관리할 수 있으며, 이 정도로 높은 수준의 참여 없이는 정보기술의 전략적 비즈니스 가치를 개선할 수 없다. 정보기술의 경영자 참여와 지배 구조는 다음과 같다.

- 최고경영자 정보기술 위원회(executive IT committee): 전략적 정보시스템 계획을 수립하고 주요 정보시스템 프로젝트의 개발을 조정한다. 이 위원회에는 CIO뿐만 아니라 기업의 주요 부문에서 정보시스템 기능의 관리를 책임지고 있는 최고경영자들이 참여한다.
- 정보기술 운영위원회(IT steering committee): 비즈니스 단위 경영자, 운영 관리자, 정보서비스 부서의 관리자가 참여하는 운영위원회는 핵심적인 정보시스템 개발 프로젝트의 진행 상황을 체크하고 분쟁을 조정하며, 프로젝트 간의 우선순위를 재조정하기 위하여 정기적으로 회의를 소집한다.
- 최종사용자에 의한 정보기술관리: 최종사용자는 자신의 비즈니스 단위와 워크그룹의 정보시스템 자원, 품질, 서비스를 관리하는 책임을 진다. 여기에는 정보시스템 인력, 하드웨어, 소프트웨어, 네트워크 및 데이터 자원을 관리하는 것뿐만 아니라 정보시스템 개발 프로젝트에 참여하는 것도 포함한다.

7.4.2 e비즈니스 기술경영

급속히 변화하는 기술의 관리는 모든 조직에게 매우 중요한 사항이다. 역사적으로 PC, 클라이언트 및 서버 네트워크, 인터넷, 인트라넷의 등장과 같은 정보기술의 변화는 즉각적이고 극적이었으며, 미래에도 동일할 것이다. 정보기술의 발전은 많은 조직의 운영, 비용, 작업환경 관리, 경쟁적 지위에 주요한 영향을 끼쳐왔으며, 이 또한 앞으로도 계속될 것이다. 따라서 모든 정보기술은 통합된 e비즈니스와 e커머스 시스템을 위한 기술 플랫폼으로 관리되어야 한다.

〈그림 7-12〉 e비즈니스 기술경영의 주요 구성 요소

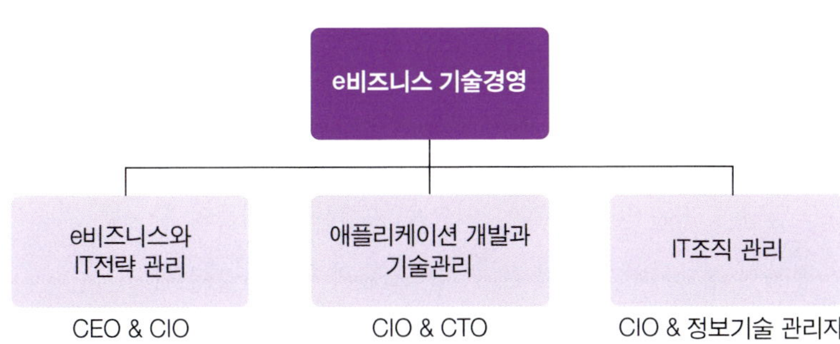

많은 기업이 새로운 정보시스템 기술을 식별하고, 이를 조직에 소개하며 조직에 확산시키는 별도의 기관을 설립하여 운영하고 있다. 이런 기관을 기술경영 그룹이라 칭한다. 〈그림 7-12〉는 기업의 정보기술경영에 대한 e비즈니스적 접근방법을 나타내며, 각 접근방법에 따라 책임지는 최고경영자는 다음과 같다.

- e비즈니스와 정보기술 전략의 공동개발과 구현은 CEO와 CIO가 담당한다.
- e비즈니스 애플리케이션 개발 및 새로운 정보기술의 연구와 구현은 CIO와 CTO(Chief Technology Officer, 최고기술경영자)가 책임진다.
- 기업의 정보기술 조직과 정보시스템 기능에 속하는 정보기술 프로세스, 전문가, 하부조직의 관리는 CIO와 정보기술관리자가 책임진다.

최종사용자 컴퓨팅 관리

정보기술관리의 책임은 점차적으로 조직의 전 기능과 수준의 경영자에게 분산되고 있다. 정보자원관리는 CIO만의 책임이 아니라, 모든 분야 경영자(기업, 부서, 워크그룹, 기능)의 책임이 되었다. 특히 인터넷, 인트라넷, 엑스트라넷, 클라이언트 및 서버 네트워크는 다양한 정보를 관리하게 만들었으며, 정보시스템을 관리해야 하는 책임을 조직의 기능분야와 워크그룹의 경영자에게도 확산시키는 동인이 되었다.

컴퓨터를 이용하여 직무를 수행하는 최종사용자의 수는 정보서비스 부서의 처리능력을 초과하였다. 그 결과, 최종사용자의 워크그룹과 팀은 PC 워크스테이션, 소프트웨어 패키지, 인터넷, 인트라넷, 그 밖의 다른 네트워크를 사용하여 자신들의 활동에 정보기술을 활용하게 되었다. 이런 현상을 최종사용자 컴퓨팅(EUC: End-User Computing)이라 부르며, 많은 기업이 다음과 같은 방법으로 이 현상에 대응한다.

최종사용자 컴퓨팅과 작업그룹 컴퓨팅의 폭발적 증가를 지원하고 관리하는 사용자 서비스, 즉 클라이언트 서비스를 창안한다. 사용자와 긴밀히 협조하는 스태프로 구성된 정보센터를 설치하거나, 웹 기반 인트라넷 헬프 데스크를 설치한다. 사용자 컨설턴트, 감사이사, 비즈니스 분석가와 같은 정보시스템 전문가들이 최종사용자 워크그룹에 편성되기도 한다. 이러한 전문가들은 분쟁 조정, 정보 수집 및 교환, 교육 성과의 조정, 비즈니스 담당자 지원 등 필수적인 역할을 수행한다. 이들의 활동은 최종사용자 워크그룹과 전사적 정보서비스 부서 간의 의사소통과 협동을 개선한다.

최종사용자와 비즈니스 단위에서의 하드웨어와 소프트웨어를 획득하는 데 적용되는 정책을 수립하고 실시한다. 이 방법은 하드웨어, 소프트웨어, 네트워크 연결에 관한 기업표준과의 호환성을 보증하며, 전사적 네트워크와 데이터베이스의 무결성(integrity)을 보호하고 성능을 보증할 수 있는 적절한 통제 하에서 애플리케이션 개발을 가능하게 한다.

7.4.3 정보시스템 기능관리

정보시스템의 기능과 활동은 시스템 개발 기능, 시스템 운영 기능, 기술 지원 기능으로 크게 세 가지 범주로 분류할 수 있다. 시스템 개발 기능은 시스템 분석 및 설계, 애플리케이션 프로그래밍, 개발지원과 개발센터로 세분화된다. 시스템 운영 기능은 컴퓨터 운영, 데이터 센터, 데이터 입력, 생산지원 등으로 세분화된다. 마지막으로 기술 지원 기능은 사용자 서비스, 정보 센터, 데이터 관리 및 네트워크 관리, 처리용량 관리 등의 기타 기능을 포함한다.

조직의 정보시스템 기능을 관리하는 것은 매우 복잡한 업무가 되었다. 조직은 중앙 집중형 구조에서 분산형 구조로 이동하였으나, 정보자원의 관리에 대한 통제는 더욱 중앙 집중화되는 방향으로 가고 있다. 이는 집중화된 e비즈니스 요소와 분산화된 e비즈니스 요소가 혼합된 조직구조의 등장을 초래했으며, 이러한 구조 변화에 영향을 미친 요인은 인터넷의 확산, 기업 인트라넷의 확산, PC 네트워크의 유지비용 증가라고 할 수 있다.

현재의 컴퓨터 기반 정보시스템은 집중화 혹은 분산화된 정보시스템, 비즈니스 운영 및 의사결정을 모두 지원할 수 있다. 집중화된 정보시스템은 이전에 하위 경영자가 수행하던 의사결정이 최고경영자에게 집중되도록 조직의 모든 부문을 정보통신 네트워크로 연결하며, 운영의 집중화를 촉진하여 지사, 제조공장, 창고 등의 수를 줄여준다. 한편 분산화된 정보시스템은 인트라넷과 클라이언트 및 서버 네트워크 최고경영자가 많은 의사결정을 중간 경영자에게 위임할 수 있게 하며, 경영자들은 조직의 전반적인 지휘에 필요한 정보 접근과 의사소통 능력을 확보함과 동시에 비즈니스 운영을 분산시킬 수 있다. 기업의 조직 구조와 정보시스템 구조는 최고경영자의 철학, 조직문화, 기업 운영의 혁신 필요성, 공격적 혹은 보수적인 경쟁전략의 사용 여부 등에 영향을 받는다. 기업은 정보서비스 제공을 위해 다양한 조직적 노력을 지속하고 있으며, 이런 변화의 추세에는 다음과 같은 사항들이 포함된다.

컴퓨터가 단일 부서의 업무량을 처리하기에도 벅찼던 컴퓨팅 기술 초창기에는 분산화가 유일한 대안이었다. 그러나 거대한 메인프레임 컴퓨터의 개발과 원격통신 네트워크 및 원격 터미널은 컴퓨터 하드웨어와 소프트웨어, 데이터베이스 및 정보 전문가들의 집중화를 전사적 차원에서 가능하게 하였다.

미니컴퓨터와 마이크로컴퓨터의 개발은 다운사이징의 추세를 촉진하였고, 기업, 부서, 워크그룹 및 팀 단위로 분산된 클라이언트 및 서버 네트워크가 등장하였다. 이는 데이터베이스와 정보시스템 전문가들을 해당 부서로 이동시켰고, 최종사용자 컴퓨팅을 지원하는 정보센터의 탄생을 유발하였다.

네트워크의 유지비용을 큰 폭으로 줄여준 클라우드 컴퓨팅(cloud computing)은 인터넷 기반 컴퓨팅의 일종으로 정보를 자신의 컴퓨터가 아닌 클라우드에 연결된 다른 컴퓨터에 요청하여 처리하는 기술을 의미한다. 사용자는 어디서나 서버, 스토리지와 같은 컴퓨팅 자원에 접근이 가능하며, 최소한의 관리와 노력으로 신속한 처리가 가능하다. 클라우드 컴퓨팅과 스토리지 솔루션은 사용자와 기업들에게 개인 소유나 타사 데이터 센터의 데이터를 저장 및 가공하는 기능을 제공한다.

최근 e비즈니스와 e커머스의 전략적 요구와 기업의 정보시스템 자원에 대한 집중화된 통제를 동시에 확립하는 것이 추세이다. 이로 인해 어떤 조직은 집중화된 구조가 되었고, e비즈니스 부문에서는 집중화와 분산화가 통합된 하이브리드 구조가 등장하였다.

일부 기업은 자사의 정보시스템 기능을 정보시스템 자회사로 분리하여 모기업뿐만 아니라 외부조직에도 정보시스템 서비스를 제공하고 있다. 어떤 대기업들은 e커머스와 정보기술 그룹의 인터넷 관련 사업을 별도의 '닷컴(.com)'회사 또는 비즈니스 단위로 분리하거나 새롭게 설립하였다.

상당수의 기업이 정보기술, 일반 관리 및 인적자원관리, 고객 서비스와 마케팅, 물류 및 운송, 재무금융, 부동산 등 거의 모든 비즈니스 기능을 아웃소싱(outsourcing)에 의존하고 있다. 정보기술의 아웃소싱은 정보시스템 운영의 전부 혹은 일부분을 시스템통합(SI: System Integration)업체 또는 설비관리 업체에게 넘기는 것이다.

많은 기업은 ASP(Application Service Providers)업체에게 소프트웨어 조달과 지원을 아웃소싱 하고 있다. ASP업체는 인터넷과 인트라넷을 통하여 비즈니스 애플리케이션 및 기타 소프트웨어를 제공하고 지원한다.

애플리케이션 개발 관리

애플리케이션 개발 관리는 다양한 정보시스템 개발 프로젝트를 수행하는 시스템 분석가와 소프트웨어 개발자, 기타 정보시스템 전문가들로 구성된 팀의 활동을 관리하는 것이다. 팀의 주요활동으로는 시스템 분석과 설계, 프로토타이핑, 애플리케이션 프로그래밍, 프로젝트 관리, 품질보증, 시스템 유지보수 등이 있다. 시스템 개발 그룹은 정보시스템 전문가로 구성된 개발센터를 설립하기도 하는데, 이들의 역할은 새로운 애플리케이션 프로그램 개발 도구를 평가하고 정보시스템 전문가들의 업무 효율을 향상시킬 수 있도록 도와주는 것이다.

정보시스템 운영관리

정보시스템 운영관리는 조직의 전사적 데이터 센터 혹은 비즈니스 단위의 데이터 센터에 있는 하드웨어, 소프트웨어, 네트워크 및 인적자원의 사용을 관리하는 것이다. 관리 대상이 되는 운영활동에는 컴퓨터시스템 운영, 네트워크 관리, 생산 통제, 그리고 생산 지원이 포함된다.

대부분의 운영관리 활동은 컴퓨터시스템 성능 관리를 위한 소프트웨어 패키지를 사용함으로써 자동화되고 있다. 이러한 시스템 성능 관리 패키지는 컴퓨터 업무의 처리 과정을 감시하고, 컴퓨터시스템의 성능을 최적화할 수 있는 계획된 컴퓨터 운영일정을 개발하는 데 도움을 주며, 효과적인 컴퓨터 능력 계획과 제어에 활용할 수 있는 상세한 통계치를 제공해준다. 이런 정보는 컴퓨터시스템 활용, 비용 및 성과를 평가할 수 있고, 그 외에도 능력계획, 생산계획 및 통제, 하드웨어·소프트웨어 획득계획 등을 평가하는 데에도 이용된다.

또한 제공된 정보시스템 서비스에 기초하여 사용자에게 비용을 배분하는 비용청구 시스템(chargeback system)에 사용될 정보를 제공한다. 발생한 모든 비용은 시스템 자원의 사용에 따라 기록으로 남아 보고되고 할당되며, 시스템 자원의 사용량에 따라서 특정한 최종사용자 비즈니스 부문에 청구된다. 이러한 프로세스에서 정보서비스 부서는 비용을 비즈니스 부문에 직접 부과하는 서비스 센터가 된다. 비용청구 시스템이 없다면, 정보시스템 서비스에서 발생하는 비용은 다른 일반관리 비용과 합쳐져서 간접비용으로 취급된다.

7.4.4 정보기술의 인적자원관리

정보자원관리의 관점에서 데이터와 정보, 하드웨어, 소프트웨어, 정보통신 네트워크와 함께 정보시스템 인적자원은 매우 귀중한 자원이므로 경영관리의 대상이 된다. 정보시스템 자원 중에서 데이터와 정보에 관한 것은 11장에서 다룰 예정이므로 여기서는 인적자원관리의 주요 이슈를 다루도록 한다.

정보서비스 조직의 성공과 실패는 인적자원의 우수성에 전적으로 의존한다. 하지만 자질이 우수한 정보시스템 인력을 채용하고 훈련시키며 이들을 유지하는 일은 기업에게 매우 어려운 것이다. 따라서 정보시스템 관리자의 가장 중요한 직무 중 하나는 우수한 인력을 채용하고, 기존 인력의 능력을 개발하고 조직하여 지휘하는 것이다. 예를 들면 다음과 같다.

- 구성원들은 신속하게 변화하는 정보기술 분야에서 최신기술을 익힐 수 있도록 지속적으로 훈련을 받아야 한다.
- 구성원들의 업무 수행에 대한 평가가 이루어져야 하며, 뛰어난 성과에 대한 인센티브 및 승진 등의 보상이 주어져야 한다.
- 임금 수준은 정해져 있어야 하고, 각 구성원들의 경력관리는 연륜과 전문지식을 획득함에 따라 승진과 전근을 통하여 새로운 직무로 이동할 수 있도록 설계되어야 한다.

많은 기업이 정보서비스 인력에게 개별적인 경력관리, 평가에 의한 봉급인상의 기회, 프로젝트 리더십 기회, 전문적인 미팅과 교육 세미나의 참석 기회 등을 제공하고 있다. 이런 기회들은 유연한 직무환경을 제공하기 때문에 유능한 인력을 유지하는 데 도움이 된다. 기술적·지능적 도전과제를 할당하고 동료 전문가들과 우호적인 직무환경을 조성하는 것도 정보서비스 인력의 이직을 방지하는 데 도움을 주는 요소이다.

7.4.5 CIO

정보자원관리의 철학은 데이터와 정보의 처리, 저장, 전달과 관련된 모든 기술이 통합된 조직자원관리 측면에서 관리되어야 한다는 것이다. 이런 기술에는 전통적인 컴퓨터 기반의 정보처리 기술뿐만 아니라 인터넷, 인트라넷, 엑스트라넷, e커머스, 협업시스템 등이 포함된다. 이러한 '고립된 기술(islands of technology)'들은 정보자원관리에 의해서 통합되는데, 이것이 최고정보책임자(CIO)의 주요한 임무가 되었다.

CIO의 개념

CIO에 대한 정의는 사람마다 차이가 있으나, 일반적으로 기업의 정보기술 및 컴퓨터 시스템 부문을 책임지고 있는 사람에게 보편적으로 부여되는 직무 명칭으로 정보화를 책임지는 최고정보책임자라고 정의할 수 있다.

정보기술과 시스템이 더욱 중요해짐에 따라 조직 내에서 전략적 목표를 세우는데 있어 CIO의 역할이 부각되고 있다. 특히 최근에는 단순히 정보시스템 부서의 책임자의 역할을 벗어나, 조직 전체의 정보자원에 관한 정책을 총괄적으로 전담하는 최고정보책임자의 중요성에 대한 인식이 크게 확산되고 있다. 미국에서는 GE, 애플 등이 CIO 제도를 도입하였고, 국내에서도 삼성·아시아나항공 등에서 이 제도를 도입해 실시하고 있다.

CIO의 역할

CIO는 기업의 모든 정보기술 사용을 감독하며, 이를 전략적 비즈니스 목표에 맞도록 조정하고 정렬한다. CIO의 주요한 역할은 다음과 같다.

- 모든 전통적 컴퓨터 서비스, 인터넷 기술, 정보통신 네트워크 서비스 및 여타 정보시스템 기술 지원 서비스를 책임진다.
- 일상적인 정보서비스 활동은 직접 지휘하지 않고, 비즈니스 및 정보기술 계획과 전략, 연구 및 개발 활동에 집중한다.
- CEO와 그 밖의 최고경영자들과 함께 e비즈니스와 e커머스에서 정보기술의 전략적인 활용방안을 세운다. 많은 기업은 정보시스템 분야 이외의 비즈니스 영역 출신의 중역을 CIO로 선임하고 있다.

위기는 '참' 기회… CIO를 위한 역발상 혁신 팁 여섯 가지 CASE 7-4

마르케트 대학교(Marquette University)의 교직원들은 지난 5년 동안 온라인 교육에 관해 진지하게 검토했다. 일부 온라인 학습을 구현했지만 그리 빨리 발전하지 못했다. 그들은 이런 중차대한 일을 대규모로 이행하는 데 수 년이 소요된다는 사실에 통탄했다.

하지만 전 세계적인 유행병으로 인해 하루아침에 상황이 바뀌었다. 1주일 만에 대학 전체가 직접적인 수업 기반 교육에서 가상 교육으로 전환하기로 결정했다.

마르케트 대학교의 혁신 담당 임원이자 2017년까지 이사회 평의원이었던 척 스워보다는 "기술이 있었지만 이에 따른 장벽도 존재했다. 그런데 아무도 장벽을 넘어설 생각을 하지 않았다"라고 말했다.

그는 이어 "그러다 상황이 급변했다. 유일한 대안이 모든 수업을 취소하고 임시 휴업해야 할 상황에 직면했다. 결국 우리는 방법을 찾아낼 것이다. 결국 앞으로 2개월 동안 지난 10년 동안 이룬 것보다 더 큰 발전을 이루게 될 것이다"라고 덧붙였다.

위기로 인해 공포와 불확실성 등의 많은 문제가 발생하지만, 이는 일반적인 장벽을 없애고 혁신을 가능하게 하기도 한다고 스워보다가 말했다.

이미 그런 예가 있었다. 대공황 중 GM과 크라이슬러는 새로운 이점과 능력에 적응하여 우위를 점하는 방법을 찾아낸 덕분에 살아남았다. 예를 들어, GM은 고급 브랜드에서 대량 저가 브랜드 쉐보레로 생산을 전환하여 대중 자동차 시장으로 공격적으로 확장했다. 또한 해당 기업은 여러 브랜드에서 같은 엔진과 부품을 사용하여 재고를 더 줄이고 유연성을 확보했다.

원격 의료도 또 다른 예이다. 코로나바이러스 팬데믹으로 인해 원격 의료가 주류화되어가고 있다. 코로나19 사태가 발생하기 전에는 원격 의료가 자리를 잡지 못했었다. 무엇보다 정부 관계 및 환자와 기업의 관심 부족이 원인이었다. 그러나 이제 병원, 의원 및 의료 집단들이 온라인 의료 업무를 대규모로 운영하기 위해 앞다투어 원격 의료 기업 및 기술 벤더와 협력하고 있다.

현재 모든 조직이 혁신을 강제 받는 상황은 아니다. 그러나 현 상황을 이용해 조직의 혁신을 이끌어낼 수 있음에 주목할 필요가 있다.

몇 주 전만 하더라도 대부분의 조직은 위기 1단계로서 빠르게 진행되는 상황에 맞추어 주도하는 방법을 배우고 있었다고 리더십 조언자이자 미래 형성자: 불확실한 세상에서 리더가 책임을 지는 방법(Future Shaper: How Leaders Can Take Charge in an Uncertain World)의 저자인 니암 오키페가 말했다.

2단계에는 리더들이 범하고 고치려 하는 실수가 무엇인지 파악하는 것이 포함된다. 그녀는 "이제 우리는 3단계에 들어서고 있다. 일부 규칙을 재정립할 수 있는 기회가 있다. 이 모든 것이 끝나면 '넥스트 노말'은 무엇이 될까?"라고 말했다.

스워보다는 "잘 대처하면 위기는 현재의 상황을 극복하고 더 나은 일을 할 수 있게 도와준다"라고 말했다. 즉, CIO는 위기로 인해 혁신을 가속화시키고 한 줄기 빛을 찾을 수도 있을 것이다.

새로운 위험-보상 역학을 활용하라

전통적으로 CIO는 제대로 검증되지 않은 것을 시도하지 않으려 한다. 하지만 위기 상황에서는 기존의 방식이 통하지 않는다고 스워보다가 말했다. 대안이 폐업이라면 조직은 더 잃을 것이 없다. 그는 "시스템이 이미 무너지고 있기 때문에 위험-보상 역학을 바꿀 때 더 이상 실패를 두려워하지 않는다"라고 말했다.

마르테크의 경우 수업을 온라인화하는 것에 대한 실질적이고 타당한 우려가 있었다. 현재 CPA(Cape Point Advisors)의 대표인 스워보다는 "전면적인 온라인 교육과정으로의 변화는 상당한 위험이 따르는 일이다. 그러나 이 위기를 통해 선택권이 없어지자 단기간에 얼마나 많은 변화에 적응할 수 있는지 알게 되었다. 대학 구성원 모두가 참여하기 위해 많은 노력이 필요했다"라고 말했다.

미니애폴리스에 위치한 담보대출 서비스 기업 노스마르크(NorthMarq)의 CIO 댄 릿치는 갑자기 165명의 원격 사용자 밖에 지원하지 못하는 인프라로 500명의 직원들이 재택근무를 하도록 해야 했다.

해당 기업은 3주 만에 15만 달러 어치의 핵심 인프라를 마련했고 시트릭스 환경을 확대했으며 새로운 시트릭스VPN 환경을 추가하고 원격 사용자를 위해 50대 이상의 노트북을 구매했다. 당초 이 자본 투자는 18개월에 걸쳐 이루어질 계획이었다.

릿치는 "CIO의 관점 COO를 설득하는 상황을 생각해보자. CIO 외에 아무도 모르는 백 오피스에 있는 인프라보다는 주요 비즈니스 시스템을 이야기하는 것이 더 쉽다. 재택근무 (지침)을 위해 인프라 투자에 긴급성을 더할 수 있었다"라고 말했다.

스워보다는 위기 상황에서는 "사람들이 (완벽을) 기대하지 않는다"라고 덧붙였다.

한 번에 1주일 또는 한 달씩 혁신하라

팬데믹 불확실성이 큰 상황에서 비즈니스 전망이 빠르게 바뀌고 있다. 따라서 주 단위 정도의 작은 사이클을 반복하여 현재 무엇을 개선할 수 있는지 파악하는 것이 중요하다고 멜라니 패리쉬가 말했다. 그는 실험적 리더: 혁신가 조직을 기르는 새로운 상사가 되자(The Experimental Leader: Be a New Kind of Boss to Cultivate an Organization of Innovators)의 저자이자 리더십 코치다.

그는 "팀을 통해 민첩한 접근방식을 취하고 프로토타입은 줄이며 당장은 큰 예산을 지출하지 않도록 하되 내일을 위해 오늘 어떤 일을 무료로 할 수 있는지 파악하라. 그리고 그런 짧은 사이클을 반복할 수 있는 방법을 파악하라"라고 말했다.

소규모 사이클 혁신은 불확실한 시기에 불안해하는 직원들에게 유의미한 일을 제공하는 역할도 한다. 그녀는 "그것이 지금 당장 팀을 위한 최선이다"라고 말했다.

하나의 목표에 집중하라

CIO는 일상 생활에서 상충되는 우선순위들 사이의 지속적인 싸움에 직면하지만 지금은 양해를 구하지 않고 우선순위를 재조정할 수 있다. 스워보다는 "위기는 자원을 재집중할 수 있는 엄청난 능력을 제공한다. IT조직을 한 가지에 더욱 집중할 수 있게 되면 완수할 가능성이 높아진다"라고 말했다.

의사결정을 지역 팀 또는 IT리더에게 분산시키라

리더가 현실적으로 위기를 극복하려면 '순간의 리더십' 기술이 필요하다고 오키페가 말했다.

오키페가 "누군가를 핵심 대응 코디네이터로 임명한 후 혁신 및 의사결정을 지역 팀 또는 리더에게 할당하라. 그들은 그들의 커뮤니티에 대해 더욱 잘 알고 있다. (상황이 바뀌면서) CIO와 CEO는 새로운 목표를 세울 수 있다. 하지만 더 빨리 대응할 수 있는 사람들에게 의사결정을 위임하라"라고 말했다.

전략적 계획보다는 전략적 의도를 생각하라

기존에 수립된 전략적 혁신 계획은 위기 상황에서 대부분 지나치게 장기적인 것이기 쉽다. 압박을 받는 상황에서 전략적 의도가 가장 효과적이라고 패리쉬가 말했다.

그는 "사람들이 방향성을 파악할 수 있도록 하라. 그렇지 않으면 상황이 바뀌었을 때 계획이 실패할 수 있다. 사람들이 일하면서 방향을 바꿀 수 있는 여지를 제공하라"라고 말했다.

과도할 정도로 소통하라

위기 중에는 평상시보다 혁신 진행상황에 대해 더욱 빈번하게 소통하라고 오키페가 말했다. "새로울 것은 없다 하더라도 일일 브리핑을 하는 것이 좋다. 예정된 브리핑을 취소하는 경우 사람들에게 혼란을 야기할 수 있다. 새로 보고할 일이 없더라도 브리핑을 하라"라고 말했다.

노스마르크에서는 CEO가 조직의 분위기를 설정하기 위해 주간 업데이트를 제공하며, IT 부서가 해당 메시지에 주간 업데이트를 더하고 필요 시 소규모 그룹들이 모인다. 직원들이 음료를 들고 모여 긴장을 푸는 SDS(Social-Distancing Social) 화상회의로 한 주를 마무리한다. 릿치는 "우리의 협업 방식이 우리의 문화를 대변한다"라고 말했다.

스워보다는 지금부터 수 개월 또는 수 년 후에 '넥스트 노말'이 정의되면 이 위기 중 달성한 혁신이 조직에 장기적인 영향을 미칠 것이라고 생각한다. 그는 "새로운 기술 활동이 지금까지 보다 훨씬 빠른 속도로 도입될 것이다"라고 말했다.

그는 이어 "CIO가 나설 차례이다. 조직적 장벽이 있을 때 새로운 프로세스 접근방식을 시도하라. 조직과 사람의 역할을 바꾸어 새로운 것을 받아들이도록 할 때이다"라고 말했다.

출처: CIO, Stacy Collett, 2020.04.17.

토론

기존 CIO의 역할과 최근 변하고 있는 CIO의 역할의 공통점과 차이점에는 어떠한 것들이 있을지 논의하시오.

요약

정보기술을 관리할 때에는 비즈니스 목표, 프로세스, 구조, 기술의 변화에 대한 계획이 필요하다. 계획이란 조직의 내·외부적 환경 평가, 새로운 개발 예측, 조직의 비전, 미션, 목적, 목표를 수립하고, 조직이 추구하는 계획들을 유기적으로 통합시키기 위하여 '시나리오 접근법'이나 '경쟁우위를 위한 계획'과 같은 방법들을 사용하는 가상의 조직적인 프로세스이다. 훌륭한 계획 프로세스는 조직이 스스로 학습하게 하며, 조직변화와 조직혁신을 촉진시킨다.

전략적 e비즈니스 계획은 리엔지니어링 비즈니스 프로세스 또는 경쟁우위 획득과 같은 e비즈니스 비전과 전략 목표에 부합하도록 기술에 대한 투자를 조정하는 것이다. 이는 회사의 e비즈니스 및 IT 전략과 기술 구조에 대한 아웃라인을 나타낸다. 기술구조는 회사의 기술 플랫폼, 데이터 자원, 애플리케이션 구조, IT 조직을 구체화시키는 개념적인 청사진이다.

e비즈니스 변화 실행 활동은 e커머스 활동, 리엔지니어링 프로젝트, 공급망 제휴, 신기술 도입과 같은 e비즈니스 전략과 애플리케이션에 따른 비즈니스 프로세스, 조직 구조, 업무 할당, 직무 관계에서의 변화를 도입하고 실행하는 것이다. 회사는 e비즈니스 계획단계에서 최종 사용자의 참여 및 저항 감소, 모든 이해관계자들의 e비즈니스 변화 수용 최대화와 같은 변화관리 전략을 사용한다.

고객 만족을 위해서 e비즈니스 기업은 주기 시간을 단축하고, 재고와 인적자원 등의 보유 자산의 수준을 낮추며, 신제품을 신속하게 개발하고, 고객 서비스를 개선해야 하며, 지식 공유와 학습을 증진해야 한다. 정보기술은 이런 목표를 달성하는 핵심적인 수단이다. 따라서 e비즈니스 경영자와 전문가들은 정보시스템과 정보기술을 이해해야 하며 이를 관리하는 방법을 실질적으로 습득할 필요가 있다.

인터넷 기술과 기타 강력한 하드웨어, 소프트웨어, 데이터 및 네트워크의 발전은 경영 의사결정과 조직 구조, 그리고 경영활동에 혁신적인 변화를 가져오고 있다.

중요용어

그룹웨어 여러 사용자가 각기 별개의 작업 환경에서 통합된 하나의 공동 프로젝트를 동시에 수행할 수 있도록 만들어 주는 소프트웨어.

기술경영 기술을 전략적으로 활용함으로써 사업기회 창출 등 기업의 경쟁력을 향상시키기 위한 공학과 경영학을 융합한 개념.

다운사이징 대규모의 컴퓨터시스템을 소규모 컴퓨터의 네트워크로 대체하려는 경향.

데이터 센터 집중화된 컴퓨팅 자원을 활용하여 조직의 정보처리 활동을 수행하는 조직단위를 일컫는 용어로, 컴퓨터 센터라는 용어를 사용하기도 함.

비용청구시스템 제공된 정보 서비스와 정보시스템 자원의 사용량에 따라서 최종사용자 부서에게 정보시스템 비용을 할당하는 방법.

아키텍처 일반적으로 아키텍처는 컴퓨터시스템의 하드웨어 구조를 말함. 아키텍처는 컴퓨터시스템을 구성하고 있는 하드웨어 장치인 CPU, 레지스터, 기억장치, 입·출력장치 등과 같은 여러 가지 컴퓨터 구성요소들에 대한 전반적인 기계적 구조와 이를 설계하는 방법. 현재는 시스템, 웹사이트를 구성하는 기본개념, 즉 건축의 설계도에 해당하는 의미로 사용되기도 함.

애플리케이션 개발 관리 애플리케이션 개발 관리는 모든 주요한 e비즈니스 및 정보기술 개발 프로젝트의 시스템 분석 및 설계, 프로토타이핑, 애플리케이션 프로그래밍, 프로젝트 관리, 품질 보증, 시스템 유지보수 등의 활동을 관리하는 것.

엑스트라넷 외부 보안을 유지한 채 협력업체들과 서로의 전산망을 이용하여 업무를 처리할 수 있도록 협력업체들의 인트라넷을 인터넷으로 연결한 것.

정보서비스 운영의 아웃소싱 조직의 정보시스템 운영의 전부 혹은 일부를 시스템 통합(SI)업체에 위임하는 것.

클라우드 컴퓨팅 인터넷 기반 컴퓨팅의 일종으로 정보를 클라우드에 연결된 컴퓨터에 요청하여 처리하는 기술.

CIO 기업의 모든 정보기술을 관장하며 정보시스템에 관한 장기계획과 전략에 집중하는 최고경영자.

CTO 기업의 정보기술 계획과 적용을 담당하는 최고경영자.

EIP 기업정보포털, 인터넷포털사이트를 통하여 기업 활동에 필요한 모든 자원을 통합하여 관리·분석하고 제공할 수 있는 시스템.

ERP 전사적자원관리. 생산, 판매, 자재, 인사, 회계 등 기업 전 부문에 걸쳐 있는 인력, 자금, 정보 등 모든 경영 자원을 하나의 체계로 통합, 계획, 관리함으로써 기업 생산성을 높이는 종합경영 관리시스템.

EUC 최종사용자 컴퓨팅. 컴퓨터를 이용하여 문제 해결이나 업무 처리에 종사하는 담당자(최종사용자)가 정보시스템 부문에 의존하지 않고, 자기 자신이 필요로 하는 용도에 합치되는 시스템을 사용해서 정보를 검색, 가공, 입력하는 것.

e비즈니스 인터넷 등 정보통신기술을 이용하여 고객과의 협력, 기업 간 거래, 정보교환, 마케팅 등 일체의 비즈니스 활동을 네트워크 상에서 수행하는 것.

e비즈니스 조직 e커머스에서 유연, 민첩, 고객초점, 가치를 지향하는 선도기업이 되기 위해 조직 구조와 역할을 리엔지니어링한 인터네트워킹된 e비즈니스 기업을 지칭.

IRM 정보자원관리. 정보와 정보 관련 기술을 자원으로서 관리하는 것으로, 정보와 그 관련기술을 인력·상품·자본에 이어 제4의 기업자원으로 인식하고 활용하려는 개념.

연습문제

1. 전통적 기업의 e비즈니스 도입 방안에 대하여 설명하시오.
2. e비즈니스 기업에서 정보기술이 경영자 업무에 미치는 영향에 대하여 설명하시오.
3. e비즈니스 도입으로 발생한 내부 구성원들의 저항을 해결하는 방법에 대하여 설명하시오.
4. e비즈니스 기술경영의 주요 구성 요소에 대하여 설명하시오.
5. 기업의 정보시스템 기능은 집중화되어야 하는가 아니면 분산화되어야 하는가?
6. 인터넷, 인트라넷, 엑스트라넷과 같은 소프트웨어의 발전은 정보기술 경영의 조직에 어떤 영향을 미쳤는가?
7. CIO, CTO, CEO의 역할에서 공통점과 차이점에 관해 설명하시오.

CHAPTER 08

정보시스템 구축

> 손으로 10초면 충분히 할 수 있는 일을 컴퓨터로 하루 종일 프로그래밍해서 자동으로 수행할 때, 나는 더할 나위 없이 큰 행복을 느낀다.
>
> \- 더글라스 노엘 애덤스(Douglas Noel Adams)

학습목표

이 장에서는 정보시스템을 개발하는 접근방법을 소개하고, 새로운 정보시스템과 기술을 구현하는 프로세스와 프로젝트관리 이슈에 대해서 토의하며, 비즈니스 분야의 정보시스템의 개발을 위한 접근방법과 정보시스템 전문가와 최종사용자들이 활용하는 다양한 접근방법에 대해서도 살펴본다.

이 장을 학습하면 시스템 개발과정과 정보시스템 구성요소 모델을 활용하여, 비교적 간단한 비즈니스 문제에 대한 정보시스템을 제안할 수 있게 될 것이며, 또한, 다음의 사항에 대한 능력도 갖추게 될 것으로 예상된다.

- 정보시스템의 개발과 구현을 위해서 정보시스템 개발주기의 각 단계를 어떻게 활용할 것인지에 대한 설명과 구체적인 예를 제시할 수 있다.
- 프로토타이핑 접근방법이 정보시스템 전문가와 최종사용자에 의한 시스템개발 과정을 어떻게 개선시키는지 설명할 수 있다.
- 새로운 정보시스템의 구현에 관련된 제반행위를 설명할 수 있다.
- 하드웨어, 소프트웨어, 정보시스템 서비스를 외부에서 조달할 때 고려할 평가요소들에 대해서 서술할 수 있다.
- 객체지향적 개발, 컴포넌트기반 개발(CBD), 모바일 SW 개발, CASE, 요구사항관리 기법, QA 기법, 오픈소스 SW, API, 클라우드 등 최신의 정보시스템 구현 방법에 대해서 설명할 수 있다.

8.1 정보시스템 개발 방법론

정보시스템을 개발하는 과정은 정보시스템 개발주기 또는 시스템 개발 생명주기(SDLC: Systems Development Life Cycle)라고 부르는 다단계 과정으로, 일반적으로 SDLC는 〈표 8-1〉과 같이 5단계로 구성된다. SDLC의 모든 활동은 상호 연관성이 매우 높으며 상호의존적이다. 순차적인 활동들도 있지만 동시에 진행되기도 한다. 개발대상 시스템의 수정과 개선을 위해서라면 언제라도 이전 활동들로 회귀하여 이들을 반복 수행하기도 한다.

8.1.1 전통적 SDLC와 현대적 SDLC

전통적인 시스템 개발주기 방법론은 프로젝트 관리가 정형적인 SDLC 접근법을 채택하더라도 많은 시스템 프로젝트가 실패하였다는 경험과 컴퓨팅 환경이 급변해왔다는 두 가지 문제점을 갖고 있다. 정보기술은 훨씬 더 강력해졌고 프로그래밍의 초기 형태와는 매우 다른 클라이언트/서버 아키텍처와 GUI(Graphical User Interface) 같은 특징들을 포함하게 되었다.

그러나, 이런 문제점 때문에 프로젝트 관리자들이 SDLC 개념을 포기해야 하는 것은 아니다. 〈표 8-1〉에 표현된 모든 단계들은 대규모 프로젝트를 위해 절대적으로 필요하거나 매우 바람직한 것이나 SDLC의 일반적 구조는 현재 컴퓨팅 환경의 현실에 맞게 변화해야 한다. 프로젝트 관리자들은 다음과 같은 특징을 염두에 두어야 한다.

〈표 8-1〉 SDLC의 5단계와 산출물

	SDLC 단계	산출물
1단계	시스템 조사(investigation)	실현가능성 조사(feasibility study)
2단계	시스템 분석(analysis)	기능 요구사항(functional requirements)
3단계	시스템 설계(design)	시스템 명세서(systems specifications)
4단계	시스템 구현(implementation)	작동하는 시스템(operational system)
5단계	시스템 유지보수(maintenance)	개선된 시스템(improved system)

- 간접비용의 최소화: 전통적 SDLC는 많은 기록과 데이터 입력을 요구하여, 개발활동의 자원을 소모시킨다. 현대적 SDLC는 이러한 정보를 자동으로 포착하는 도구와 데이터 입력을 용이하게 하는 도구를 제공해야 한다.
- 유연성과 반응성 제고: 전통적 SDLC는 명세상의 변화를 잘 다루지 못했으나, 변화를 다루는 능력은 더 중요해지고 있다. 빠른 변화속도는 시스템 개발자들에게 프로젝트의 환경적 기회와 위협에 빠르게 대응하기 위한 유연성을 요구한다는 것을 의미한다.
- 업무의 동시성 고려: 전통적 SDLC는 기본적으로 순차적이다. 새로운 SDLC는 상이한 단계의 태스크들을 동시에 수행하고, 심지어는 초기 단계에서 후기 단계의 태스크를 허용해야 한다. 예를 들어, 다른 부분을 설계하고 논리적 분석을 하기 이전에 개발자들은 시스템의 중요부분을 평가(사후감사)하고, 구현하고, 시험할 것이다.
- 부가 가치에의 집중: 전통적 방법의 또 다른 문제는 분석을 강조하는 경향이다. 분석은 매우 중요하지만, 프로젝트에 가장 많은 가치를 부가하는 부분에 집중될 필요가 있다.

8.1.2 프로토타이핑

프로토타이핑은 새로운 시스템 솔루션에 대한 작업모델 또는 프로토타입(prototype, 원형)을 신속하게 개발하고 테스트하는 방법이다. 이 접근방법은 정보시스템 전문가와 비즈니스 전문가가 다함께 참여하는 상호 작용적이고 반복적인 과정을 거친다.

- 프로토타이핑은 특히 최종사용자의 요구사항을 정의하기 어려운 프로젝트의 개발 과정을 신속하고 편리하게 한다. 이런 이유로 프로토타이핑을 RAD(Rapid Application Design; 신속한 애플리케이션 설계)라 지칭하기도 한다.

〈그림 8-1〉 프로토타이핑 접근방법

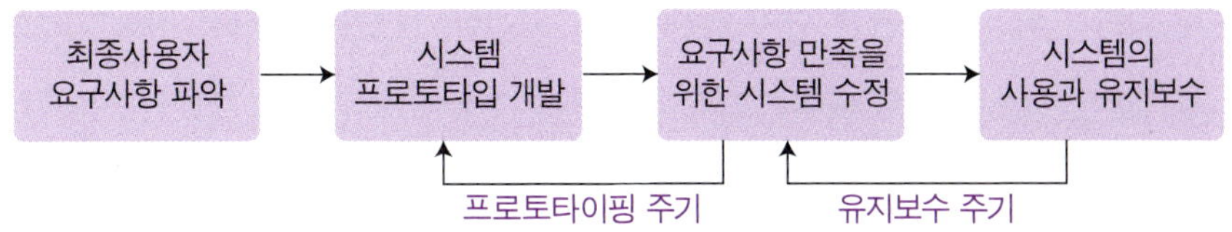

- 프로토타이핑은 시스템 설계를 단순화하고 가속화함으로써 최종사용자가 시스템 개발 과정에 참여할 수 있는 기회를 제공한다. 이는 시스템 개발과정에서 최종사용자와 정보시스템 전문가의 역할에 변화를 요구하는 것이다.

프로토타이핑 과정

일반적으로 대규모의 정보시스템 개발에는 전통적 시스템개발 방법론이 여전히 적용된다. 그러나, 이런 시스템의 일부분이 프로토타이핑되는 경우는 빈번하다. 최종사용자가 필요로 하는 비즈니스 애플리케이션의 프로토타입은 다양한 소프트웨어 도구를 이용하여 신속하게 개발된다. 최종 승인될 때까지 이런 프로토타입은 여러 번에 걸쳐서 개량된다. 프로토타이핑은 전통적 시스템개발 주기의 여러 단계들이 결합된 반복적이고 상호 작용적인 과정이며, 운영 모델(working model)의 신속한 개발과 테스트를 가능하게 한다.

8.2 현대적 정보시스템 개발 방법론

8.2.1 객체지향적 개발

SDLC 개발 프로젝트는 종종 개발기한을 넘기고 일정을 벗어나며 예산을 초과한다. 개발된 시스템은 경직되어 있고, 너무 많은 결점을 가지며, 사용자들의 요구사항을 충족시키지 못한다. 이런 문제들은 최근에 조직들이 직면한 소프트웨어 위기(software crisis)로 설명된다.

이에 대한 한 가지 대안은 객체지향적 개발(Object-Oriented Development)이다. 객체지향적 개발이 컴퓨터 시스템을 보는 시각은 전통적 SDLC와는 근본적으로 다르다. 전통적 접근방법은 단계별 지시사항을 컴퓨터 프로그램의 형태로 제공한다. 여기서 프로그래머들은 모든 절차를 자세히 명시해야만 한다. 본래의 업무수행에는 적합하지만 동일한 실세계 엔티티를 다루는 다른 업무 해결에는 적합하지 않을 수 있다. 예를 들어, 계산서 처리를 위한 시스템은 단지 계산서만을 처리할 수 있다. 계산서, 마케팅, 그리고 판매부서들은 모두 고객의 이름, 주소, 그리고 과거와 현재의 구매기록과 같은 비슷한 데이터를 사용하기는 하지만, 계산서 처리 시스템은 마케팅부서의 우편발송 업무와 판매원을 위한 안내서를 다루는 데에는 적합하지 않을 수 있다.

객체지향적 시스템은 수행될 업무를 중심으로 시스템이 만들어지는 것이 아니라, 그 업무를 수행하기 위하여 모델링되어야 할 현실 세계에 기초하여 만들어지게 된다. 그러므로, 만약 어떤 기업이 그들의 고객 및 고객과의 상호작용에 대한 좋은 모델을 보유하고 있다면 그 모델은 고객과 관계된 계산서, 우편발송, 그리고 판매안내서에 모두 사용될 수 있다. 객체 기술은 상호 작용하는 조직 간 정보시스템들의 글로벌 네트워크 상에 존재하는 구매, 공유 및 재사용을 가능케 한다.

객체지향적 방법의 장점과 한계

소프트웨어 개발을 위한 객체지향적 방법은 여러 가지 장점을 가지고 있다.

첫째, 이 방법은 각 객체가 상대적으로 작고 독립적이며 다루기 쉽기 때문에 시스템 개발의 복잡성을 크게 줄이고 좀더 쉽고 신속하게 구축하고 유지보수할 수 있는 시스템을 개발할 수 있게 한다.

둘째, 객체지향적 접근방법은 프로그래머들의 생산성과 질을 향상시킨다. 하나의 객체를 정의하여 구현하고 테스트한 후에는 이것을 다른 시스템에서 재사용할 수 있다.

셋째, 객체지향적 접근방법으로 개발된 시스템은 매우 신축적이다. 객체의 유형을 변화시키거나 새로운 종류의 객체를 추가함으로써 시스템을 용이하게 수정하거나 개선할 수 있다.

넷째, 객체지향적 접근방법은 시스템 분석가들이 프로그래밍언어 수준이 아니라 사용자와 동일하게 현실적 관점에서 시스템 요구사항을 모델링할 수 있게 한다. 전사적 관점에서 기본적인 운영의 변화는 특정 그룹이나 개인의 정보 요구사항보다 느리게 변화한다. 그러므로, 객체지향적 접근방법에 의한 일반모델을 바탕으로 작성된 소프트웨어는 특정한 문제해결을 위해서 작성된 프로그램보다 수명이 더 길 것이다.

객체지향적 분석과 설계

객체지향적 시스템을 위한 개발 프로세스는 전통적 SDLC와 많은 측면에서 유사하다. 개발 프로세스는 앞서 설명한 일반적인 5단계 SDLC와 동일한 단계를 가진다. 개발자들은 개발 프로세스 관리를 위해서 정형적 SDLC 방법론을 사용하거나 프로토타이핑을 사용할 수 있다. 두드러진 차이점은 논리적 분석과 설계단계에서 시스템 분석가들이 객체지향적 접근방법의 이용으로 객체지향적 개념을 표현하는데 좀더 적합한 특화된 모델링 다이어그램을 사용할 수 있다는 것이다.

UML

표준 객체지향적 언어에 도입된 통일된 기법과 표기법들은 UML(Unified Modeling Language)로 불린다. UML은 모델구축자가 소프트웨어 시스템의 가공물(artifacts)을 명시하고, 시각화하고, 구축하도록 지원한다.

〈그림 8-2〉는 UML 클래스와 객체 다이어그램의 예를 보여주고 있다. 〈그림 8-2(a)〉는 학생과 강좌의 두 개의 객체 클래스를 이들의 속성과 연산함수와 함께 보여주고 있다. 같은 클래스에 속한 객체들은 다른 객체들과의 유사한 관계에 관여하게 될 것이다. 예를 들어, 모든 학생들은 수강신청을 하고, 따라서 학생 클래스는 다른 강좌 클래스와 '수강신청'하는 관계에 참여할 수 있다. 〈그림 8-2(b)〉는 〈그림 8-2(a)〉에 보이는 두 객체 클래스의 객체 인스턴스(instance)를 보여주고 있다. 객체 인스턴스의 속성과 속성값은 두 번째 구역에 나타나 있다.

〈그림 8-2(a)〉의 학생 클래스에서 '평점계산'과 같은 작업은 클래스의 모든 인스턴스에게 제공되는 기능 혹은 서비스이다. 이러한 작업을 통해서만 다른 객체들이 한 객체에 저장된 정보에 접근하고 이를 이용할 수 있다.

〈그림 8-2〉 UML 클래스와 객체 다이어그램

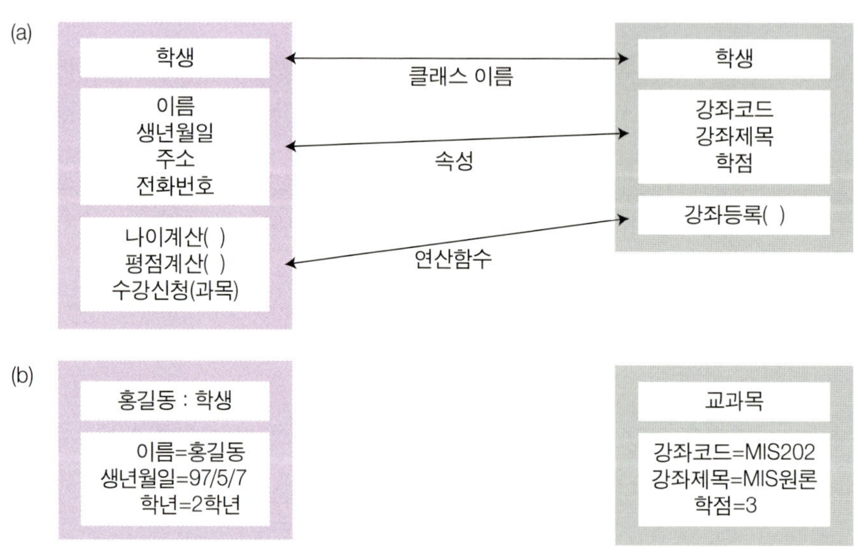

객체기술과 웹기반 시스템개발

객체지향적 접근방법은 웹 애플리케이션 개발에 적합한 방법이다. 그 이유는, 첫째, 객체지향적 시스템의 코드와 데이터는 재사용 가능한 구성요소들로 캡슐화되고, 이는 독립적으로 개발되고 개선될 수 있기 때문이다. 이는 시스템 유지보수를 감소시킬 뿐만 아니라, 개발 속도와 유연성을 증가시킨다. 객체기술은 기업들이 인터넷상에서 비즈니스 애플리케이션을 공유하게 한다.

두 번째 이유는 웹이 정적인 데이터에서 동적인 데이터로 진화함에 따라 객체지향적 소프트웨어 시스템으로 움직이기 때문이다. 객체들은 소프트웨어 코드와 데이터가 결합되어 정의되기 때문에 이러한 상황에서 유용하다. 매번 새롭게 코드를 작성하는 대신에 객체는 코드를 조직하고, 구성하며 재사용하는 모듈화된 방법을 제공한다. 예를 들어, 사용자들이 웹페이지를 클릭할 때, 사용자들은 클라이언트 컴퓨터로 객체들을 다운로드받는다. 데이터와 코드의 이런 조합은 새로운 방법으로 구성되고, 처리되고, 능동적으로 운영될 수 있다.

8.2.2 컴포넌트기반 개발

소프트웨어 위기에 대응하기 위해 소프트웨어 공학 분야에서 컴포넌트 기반 개발(CBD: Component-based Development) 방법론이 대두되었다. 소프트웨어 위기란 소프트웨어에 대한 요구와 복잡성이 증가하고 소프트웨어·하드웨어 기술이 발전하는 반면 소프트웨어의 생산성과 발전 속도가 이러한 변화에 부응하지 못하는 현상을 지칭한다. CBD는 소프트웨어의 구성을 컴포넌트로 나누어 디자인하고 각 컴포넌트를 직접 개발하거나 적합한 컴포넌트를 구입하여 마치 레고 블록을 조립하듯이 소프트웨어를 개발하는 방법론을 말한다. 이를 통해서 소프트웨어의 요구 사항이 변경되었을 때 전체 소프트웨어 재개발 없이도 관련 컴포넌트를 교체하거나 업그레이드함으로써 요구 사항 변화에 빠르게 대응할 수 있게 된다. CBD의 또 다른 장점은 소프트웨어 구성단위를 철저하게 모듈화하여 중복 개발 요소를 제거한다는 것이다. 예를 들어서 우리가 많이 사용하는 마이크로소프트(Microsoft)의 워드(Word), 엑셀(Excel), 파워포인트(PowerPoint)의 인쇄 기능은 하나의 컴포넌트로 구현되어 있다.

컴포넌트들은 높은 수준의 애플리케이션 서비스를 제공하는, 명확하게 정의된 개방 인터페이스를 제공하는 독립형 기능패키지이다. 다양한 애플리케이션에서의 재사용과 이질적인 컴퓨팅 플랫폼을 위해 구성 요소들은 동적으로 분산될 수 있다. 소프트웨어 개발자들에 쉽게 학습되는 추상적 개념을 위해 컴포넌트들은 객체의 특징을 가진다. 컴포넌트의 실례는 사용자 인터페이스 아이콘, 워드프로세싱, GUI, 온라인주문, 재고 재주문 등이다. 인트라넷상에서 사용되는 컴포넌트에는 검색엔진, 방화벽, 웹서버, 브라우저, 페이지 디스플레이, 통신프로토콜 등이 포함된다.

컴포넌트들은 분리된 기능을 수행하는 루틴이나 프로그램을 캡슐화한다. 컴포넌트 기반 프로그램에서, 다양하게 사용되는 인터페이스를 지닌 컴포넌트를 정의할 수 있다. 데이터 은닉은 컴포넌트 자체에 지정된 기능들에 의해서만 컴포넌트의 데이터에 접근할 수 있도록 하는 것으로, 분산된 컴포넌트들의 중요한 특성이다.

오직 지정된 기능들만이 특정한 데이터 아이템에 접근할 수 있고, 외부의 '요청자'는 컴포넌트에 질의해야 한다. 이로 인해서 컴포넌트 지향적 프로그램의 유지보수가 단순해진다.

컴포넌트기반 개발이 이용되는 주요 이유는 다음과 같다.

- 적은 에러로 신속하게 프로그래밍을 할 수 있는 코드 재사용성
- 이질적인 기반구조와 플랫폼을 위한 지원
- 새로운 비즈니스 애플리케이션의 신속한 조립
- 애플리케이션의 규모 성능

8.2.3 모바일 SW 개발 기법

최근의 소프트웨어는 모바일을 기본으로 하고 있을 정도로 PC 기반 소프트웨어에서 모바일 기반 소프트웨어로 변화하고 있는 추세다. 모바일 소프트웨어도 스마트폰의 발달로 인해 다양한 형태로 개발되고 있는데, 소프트웨어 개발 프로젝트에서는 어떠한 형태로 개발해야 하는지를 예산, 개발 기간, 사용자 분석 등을 통해 결정한 후 개발해야 한다.

모바일 소프트웨어의 종류

모바일 소프트웨어의 종류는 네이티브 앱(Native App), 모바일 웹(Mobile Web), 하이브리드 앱(Hybrid App) 등 세 가지가 있다. 네이티브 앱은 모바일 운영체제에 따라 프레임워크

〈그림 8-3〉 네이티브 앱과 하이브리드 앱의 개발 방식

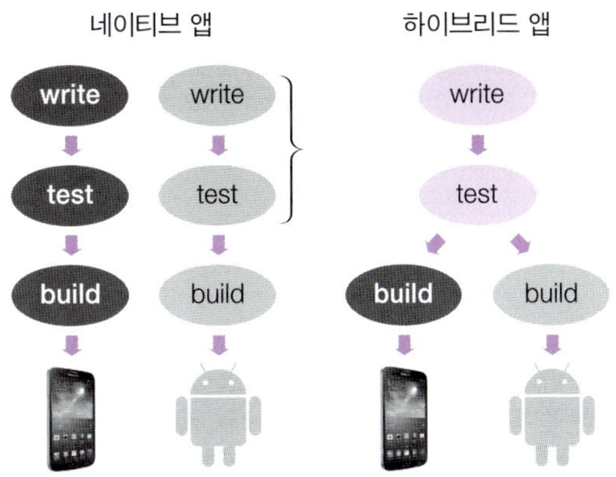

출처: http://codejs.co.kr/mobile-web/

가 선택되고 그에 맞춰 소프트웨어 개발이 이루어지기 때문에 디바이스에 최적화된 소프트웨어를 만들 수 있지만 해당 모바일 운영체제 외에서는 구동되지 않는다. 모바일 웹은 모바일 디바이스 안에 있는 브라우저를 통해 구동되기 때문에 모바일 운영체제와 상관없이 구동되지만 브라우저가 지원하지 않는 기능은 구현되지 못한다. 하이브리드 앱은 이 두 가지를 모두 지원하는 방식이다(그림 8-3). 단순히 생각하면, 무조건 하이브리드 형태로 하는 것이 나을 듯 싶지만 만들고자 하는 모바일 소프트웨어의 특성을 고려해 정하는 것이 좋다.

이 외에도 기술적으로는 웹 앱이지만, UI/UX를 네이티브 앱으로 구현하여 겉으로 보이기에는 네이티브 앱으로 보이도록 한 모바일 웹 앱(mobile web app)이 있다.

모바일 소프트웨어의 장단점

각 모바일 소프트웨어는 개발 방식에 따라 장단점을 가지고 있다. 〈표 8-2〉는 디바이스의 기능 액세스, 속도, 개발 비용, 스토어 활용, 개발 프로세스별로 구분하여 나타내고 있다. 종합적인 부분을 살펴본다면 하이브리드 앱이 효율이 높은 것으로 나타나고 있다.

네이티브 앱. 아이폰, 안드로이드 폰, 윈도우 폰과 같이 모바일 디바이스에 직접 설치해서 사용하는 소프트웨어를 말하는 것으로 플랫폼 전용의 SDK로 개발되고, 앱스토

〈표 8-2〉 모바일 소프트웨어 개발방식의 비교

	디바이스 기능 활용도	속도	개발비용	앱스토어	승인절차
네이티브	모두 활용	매우빠름	높음	사용가능	필수적임
하이브리드	모두 활용	필요시 네이티브 수준	적정함	사용가능	낮은 부담
웹	부분적 활용	빠름	적정함	사용불가능	없음

어나 마켓을 통해 배포되는 것이 특징이다. 장점으로는 모바일 디바이스가 가지고 있는 모든 기능을 사용할 수 있다는 것과 자유로운 UI 구현이 가능하다. 실행 속도도 다른 방식보다 빠르지만 업데이트를 위한 배포가 스토어를 통해야 하기 때문에 불편하고, 디바이스에 종속적이기 때문에 개발 비용과 유지보수 비용이 높다는 단점이 있다.

모바일 웹. 모바일 디바이스가 가지고 있는 웹 브라우저를 통해 접속하도록 만들어진 웹 소프트웨어로 기존의 웹 개발 기술로 개발할 수 있고 설치할 필요없이 브라우저를 통해 바로 이용할 수 있다는 장점이 있다. 그리고, 배포가 편리하고 디바이스에 독립적이라는 점과 개발과 유지보수 비용이 비교적 낮다는 점도 장점이다. 단점으로는 디바이스의 기능을 사용하는데 한계가 있는데, 이는 사용자와 다양한 인터페이스를 유지해야 하는 모바일 특성상 한계가 드러난 단점이라 할 수 있다. 브라우저 기반으로 개발되기 때문에 UI를 구현하는데 제약이 있고 실행 속도가 느리다는 단점도 있다.

하이브리드 앱. 네이티브 앱처럼 설치해서 사용하지만 내부 기능은 웹 기술로 구현하는 방식이다. 최소한의 기능만 네이티브 앱으로 개발하고 일반적인 기능은 웹으로 개발하는 특징이 있기 때문에 스토어를 통해 배포할 수 있다. 모바일 디바이스의 모든 기능에 접근할 수 있고 개발과 유지보수 비용이 낮다는 장점이 있지만, 디바이스에 종속적이고 UI 구현에 제약이 있는 단점이 있다.

다음과 같은 형태는 하이브리드 앱을 사용해서 개발하는 것이 좋다.

- Android, iOS 등 여러 모바일 플랫폼에서 작동해야 하는 경우
- GPS, 카메라, 통화 등의 모바일 기기 기능을 사용해야 하는 경우
- 인터넷 접속이 안 되는 상황에서도 작동해야 하는 경우
- 네이티브 앱에서만 얻을 수 있는 고성능의 그래픽이 필요하지 않는 경우

모바일 웹 앱과 html5. 웹 기술을 이용하지만 네이티브 앱처럼 보이는 웹 기반 소프트웨어로, CSS3를 이용하여 네이티브 앱과 같은 UI/UX를 제공한다. 모바일 웹과 같은 장점을 가지지만 사용자에게는 네이티브 앱과 같은 UI/UX를 제공하고 html5 기술을 이용하여 모바일 디바이스의 기능을 사용할 수 있는 장점이 있다. 웹이 가지고 있는 한계를 적절한 아키텍처 변형과 html5를 활용한다면 다양한 네이티브 기능을 활용할 수 있을 것이다. 그러나 너무나 화려한 UI/UX를 사용한다면 모바일 소프트웨어에 많은 부담이 있을 수 있으니 주의해야 한다.

클라이언트/서버 기반의 소프트웨어가 주류를 이루던 PC에서 웹 기반의 소프트웨어가 인기를 얻은 이유는 개발, 배포의 일관성과 편의성 때문일 것이다. 모바일 플랫폼에 따라 달리 개발해야 했던 모바일 소프트웨어는 모바일 웹과 하이브리드 웹 앱이 나타나면서 일관성 있는 개발 방법과 다양한 기능 활용이 가능하게 되었다. 이러한 현상은 기존 모바일 소프트웨어 개발이 좀 더 체계적으로 변할 것이고, 체계적인 개발 방법들 속에서 더 효율성 있는 개발 기법들이 많아질 것으로 예상된다.

8.2.4 CASE

전통적 SDLC 절차는 너무 경직되어 있고 비용이 많이 소요되며 시간 소모적이다. 따라서, 많은 기업이 이를 활용하기는 매우 어렵다. SDLC의 이런 단점들을 해결하기 위해 컴퓨터 기반 시스템공학(CASE: Computer-Aided Systems Engineering)이 등장하였다. CASE는 CASE 도구라는 소프트웨어를 이용하여 SDLC 활동의 많은 부분을 수행하는 것이다. CASE 소프트웨어 패키지는 비즈니스 계획, 프로젝트 관리, 사용자 인터페이스 설계, 데이터베이스 설계, 소프트웨어 개발 등을 지원한다.

CASE 도구의 활용

CASE 도구의 성능은 전자 스프레드시트와 데이터베이스 관리 패키지 등과 같은 최종사용자 소프트웨어의 애플리케이션 개발 능력에서 발휘된다. CASE 도구는 순서도(flowcharts), 데이터 흐름도(DFD: Data Flow Diagrams)와 같은 그래픽 도구의 사용을 자동화하는 데도 이용된다. 예를 들어, ERwin, Rational Rose, Case/4/0 등의 도구들이 있다.

SDLC 패키지는 계획, 분석, 설계 등 SDLC의 전반부뿐만 아니라 구현과 유지보수처럼 후반부에 적용되는 도구도 제공한다. 요즘의 패키지들은 대부분 데이터사전의 역할을 확장한 시스템 리파지토리(system repository) 구성요소를 포함하고 있다. 시스템 리파지토리는 시스템 분석가에게 SDLC의 모든 활동단계에서 활용할 수 있는 컴퓨터 기반 데이터 설명서와 카탈로그 기능을 제공한다. 따라서, 리파지토리는 시스템 개발도구에 의해 생성되는 시스템에 대한 상세한 사항을 모두 저장한 데이터베이스가 된다.

통합 CASE 도구(I-CASE: Integrated-CASE)도 시스템 개발의 전체 단계를 지원한다. 어떤 CASE 도구들은 JAD(Joint Application Design, 공동 애플리케이션 설계)를 지원하기도 한다. JAD는 시스템 분석가, 프로그래머, 그리고 최종사용자로 구성된 협력 그룹이 상호 작용하여 새로운 애플리케이션을 설계하는 것을 의미한다. 새로운 시스템을 개발하는 것을 전방향 공학(forward engineering)이라 한다면, 어떤 CASE 도구는 후방향 공학(backward engineering) 또는 역공학(reverse engineering)을 지원한다. 역공학이란 이미 개발된 애플리케이션 프로그램 코드로부터 비즈니스 논리를 발견하여 이를 보다 효율적이고 성능이 개선된 신 시스템으로 자동 변환하는 것을 말한다.

8.2.5 최종사용자 개발

최종사용자가 정보시스템 전문가의 직접적 개입 없이 다양한 최종사용자 소프트웨어 패키지를 이용하여 자신의 시스템을 직접 개발하는 것이 최종사용자 개발(end-user development)이다. 때로는 최종사용자는 개발과정에서 다음과 같은 정보시스템 전문가의 조언과 컨설팅을 받기도 한다.

- 응용 패키지 활용에 관한 훈련
- 하드웨어와 소프트웨어의 선정
- 데이터베이스 등 조직의 정보자원에 대한 접근권한 획득 지원
- 분석, 설계, 구현단계의 지원

정보시스템 활동의 초점

최종사용자 개발은 아래에 나열된 기초적인 정보시스템 활동에 초점을 맞추어야 한다.

- 출력: 어떤 정보가 필요하며, 어떤 형식으로 정보를 표현해야 하는가?
- 입력: 어떤 원천으로부터 어떤 데이터가 가용한가? 어떤 형식인가?

- 처리: 가용한 입력을 원하는 출력으로 변환하는 데 요구되는 작업 혹은 변환과정은 무엇인가? 어떤 소프트웨어가 이를 가장 잘 처리할 수 있는가?
- 저장: 애플리케이션이 미리 정의된 데이터를 사용하는가? 향후 신 시스템과 여타 애플리케이션에서 사용할 새로운 데이터와 데이터베이스를 정의해야 하는가?
- 통제: 애플리케이션에서 사용하는 데이터의 접근통제가 필요한가? 불의의 사고나 손상에 대비하기 위한 통제가 필요한가?

8.2.6 요구사항 관리

사용자(고객)와 커뮤니케이션을 위해 프로젝트관리자는 많은 시간과 비용을 할애한다. 사용자는 자신들의 의견이 올바르게 반영되지 않는다고 불평한다. 소프트웨어는 사용자가 원하는 기능을 만드는 것이기 때문에 사용자가 원하는 것이 무엇인지 찾아내는 것이 가장 중요하다. 요구사항을 정의할 때 사용자는 개발팀과 회의하면서 문서나 자료보다는 개발팀이 직접 말해주는 것만 이해하는 경우가 많다. 사용자가 원하는 것이 무엇이지 정확히 정리하는 것은 사용자에게도 중요한 일이지만 개발팀에게도 무엇과도 바꿀 수 없는 중요한 요소이다. 요구사항이 잘못 정의되는 순간, 소프트웨어 개발기간 내내 반드시 터질 폭탄을 안고 가는 것과 마찬가지이기 때문이다. 소프트웨어의 품질도 커뮤니케이션에 달렸다고 해도 과언이 아니다.

일반적으로, 요구사항이 정의되고 나면 개발팀과 사용자의 커뮤니케이션이 대폭 줄어드는데 바람직한 현상은 아니다. 지금 만들고 있는 것이 제대로 되고 있는지 사용자와 계속 소통해야 한다. 사용자와 커뮤니케이션이 원활하면 사용자 만족도가 높아지고, 이는 소프트웨어 품질이 좋다라고 볼 수 있기 때문에 연관성이 크다.

사용자는 자신이 원하는 것이 정확히 무엇인지 모른다. 개발팀은 사용자가 자연스럽게 이야기하도록 계속 유도하는 것이 중요하다. 예전에는 사용자와 회의를 통해 요구사항을 정리했지만 이제는 사용자와 함께 요구사항을 정리한다.

사용자에게 문서를 보여줘야 한다면, 사용자가 알아볼 수 있는 문서를 보여줘야 한다. 이런 문제를 해결하기 위해, 애자일 기반의 도구들을 사용한다. 아틀라시안(Atlassian)의 지라(Jira)도 그 중 하나인데, 해야 할 것(To Do), 하고 있는 것(In Progress) 등으로 구분되어 있어 지금 진행되고 있는 일들을 한눈에 볼 수 있다. 누가, 언제, 무엇을, 어떻게 하는가를 나타내면서 소프트웨어 개발 과정을 조금 더 직관적으로 나타내는 것이 중요 포인트

〈그림 8-4〉 Jira의 사용 예

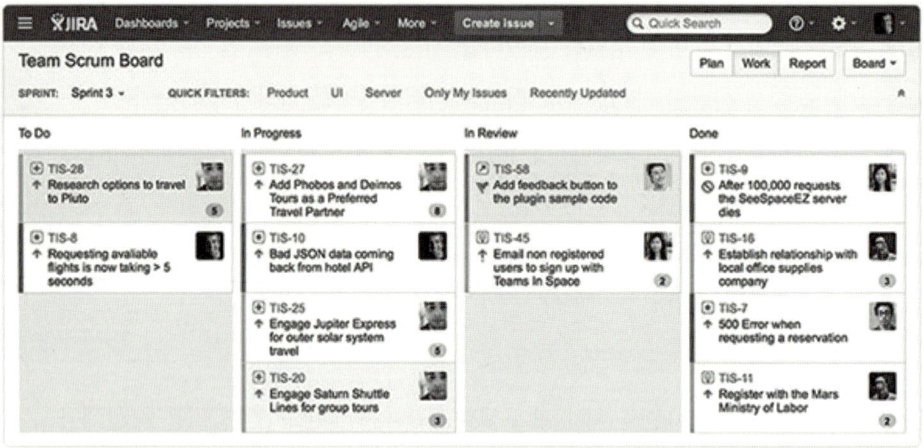

이다. 레드마인(REDMINE), 슬랙(slack) 등도 커뮤니케이션을 강화하는 도구들이다.

사용자와 개발팀의 커뮤니케이션을 활성화하기 위해서는 많이 이야기하는 것보다 서로 알기 쉬운 문서나 용어를 쓰면서 이야기하는 것이 중요하다. 개발팀 안에 있는 팀원들 간의 커뮤니케이션에도 필요하다. 지라도 사용자와의 커뮤니케이션보다는 개발팀 안에서 커뮤니케이션을 더 원활하게 하기 위해 나온 도구이다.

8.2.7 오픈 소스

오픈소스 SW는 SW의 프로그래밍 설계도인 소스코드가 특정 라이선스 방식으로 공개되어 누구나 자유롭게 배포, 수정, 복제, 사용, 재배포가 가능한 SW이다. 이전에는 기업이 SW를 내부 자원으로 자체 개발(Closed)하였으나, 최근에는 외부와 협력하여 SW를 개발하는 새로운 SW 생산·공유 방식이 널리 사용되고 있다. SW는 소스코드의 공개 여부에 따라 사적 독점SW와 공개SW로 구분되며, 소스코드 저작자의 저작권 행사 방식에서의 차이점이 존재한다. 소스코드가 공개 되어 있다고 하여서 이를 오픈소스 소프트웨어라 하지는 않는다는 것이 중요하다. 오픈소스 소프트웨어는 누구라도 소스 코드를 읽을 수 있고 사용자가 능력이 있다면, 각종 버그의 수정은 물론이고 그것을 개조하여 기능을 추가할 수 있으며, 누구나 그 소프트웨어의 개발에 참여할 수 있다. 따라서 오픈소스 소프트웨어는 '프로그램을 복제하여 배포할 수 있는 권리', 소프트웨어의

〈표 8-3〉 사적 독점 SW와 공개 SW 비교

구분	독점SW	공개 SW
코드 판독	코드에 대한 정보를 바이너리 코드로 제공하기 때문에 코드 판독 불가능	코드에 대한 정보를 소스코드로 제공하기 때문에 판독 가능
라이선스료	사용시 라이선스료 부과	라이선스료 부과 안 함
SW 업그레이드 주체	개발업체를 통해서만 버그의 수정과 업그레이드가 이루어짐	사용자가 자유롭게 버그 수정 및 업그레이드가 가능
보안상 허점 인식주체	개발업체만 SW 보안상 허점을 알 수 있음	사용자들의 엄격한 검토로 보안성이 높음
신제품 출시 시간	신제품 출시에 통상 2-3년의 장시간 소요	개발주기가 3개월로 짧음
지적재산권	개발업체	여러 단체가 소유

출처: 송위진. 2002. 한국형 오픈소스 소프트웨어 기술개발 전략. 정책자료, 1-49.

'소스코드에 접근할 수 있는 권리', 프로그램을 '개선할 수 있는 권리'를 개발자에게 보장한다는 특징이 있다.

SW 생산방식은 과거 폐쇄적(Closed) 혁신과는 다른 개방형(Open) 혁신으로 커뮤니티를 통한 개발로 급속히 변모하고 있으며, 독점SW사는 소스코드를 공개하고 커뮤니티를 운영 혹은 후원하며 SW생산, 네트워크 및 판매 채널로 활용하고, 비즈니스 모델을 컨설팅, 기술지원 등 서비스 사용료를 청구하는 서비스 형으로 전환하고 있다.

공개SW 개발 생태계는 기업을 중심으로 고객(사용자), 공개SW 커뮤니티, 재단·연합, 자발적인 개발자, 투자자 등으로 구성된다.

오픈소스란, 단지 소스 코드에만 국한되는 용어가 아니다. 오픈소스 소프트웨어의 배포 조건은 OSI(Open Source Initiative)에서 다음과 같이 규정하고 있다.

1. 자유 배포(Free Redistribution): 특정한 소프트웨어의 라이센스에는 해당 소프트웨어의 일부나 전부가 다수의 프로그램으로 구성되는 배포판의 일부로 포함되어 재배포되지 못하도록 배포나 판매상의 제한을 설정할 수 없다. 또한 이러한 종류의 배포판에 대한 판매나 양도에 있어서 별도의 라이센스 비용을 징수할 수 없다.
2. 소스코드 공개(Source Code Open): 프로그램 저작물에는 반드시 소스 코드가 포함되어야 하며, 컴파일 된 형태뿐만 아니라 소스코드의 배포 또한 허용되어야 한다. 만약 소스코드를 제외한 상태로 배포하고자 한다면 일반적으로 통용되는 매체를 이용해서 제작 실비에 준하는 비용으로 소스 코드를 제공해야만 한다. 이 경우 가장 바

〈그림 8-5〉 OSS 생산·공유 개념도

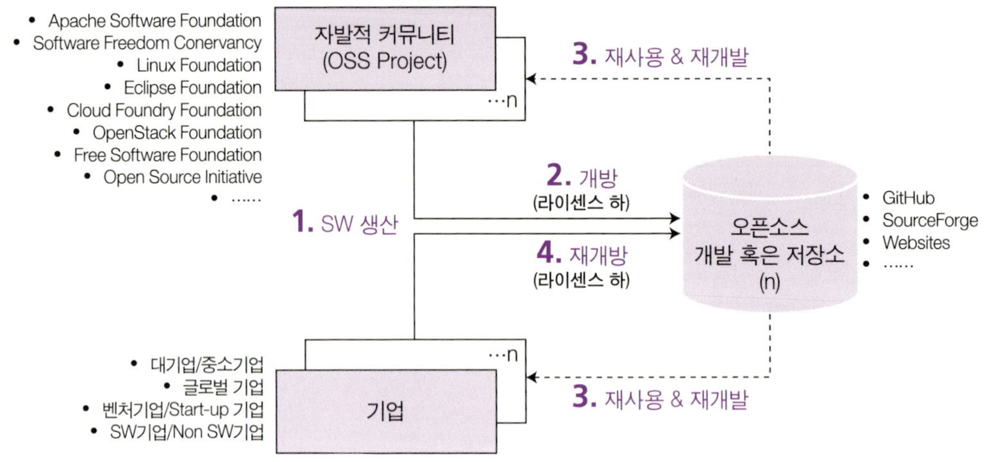

출처: NIPA 이슈리포트, 오픈소스 중요성과 시사점, 2019.

람직한 방법은 인터넷을 통해서 소스 코드를 무료로 다운로드받을 수 있도록 하는 것이다. 소스코드는 프로그래머들이 개작하기에 용이한 형태로 제공되어야 하며, 고의로 복잡하고 혼란스럽게 만들어진 형태와 선행 처리기나 번역기에 의해서 생성된 중간 형태의 코드는 허용되지 않는다.

3. 2차적 저작물(Derived Works): 라이센스에는 프로그램 원저작물의 개작이나 이를 이용한 2차적 프로그램의 창작이 허용되어야 하며, 이러한 파생적 프로그램들은 최초의 프로그램이 갖고 있던 라이센스의 규정과 동일한 조건하에서 재배포될 수 있어야 한다.
4. 소스코드 수정 제한(Integrity of The Author's Source Code): 빌드 과정을 통해서 프로그램을 개작할 목적으로 소스 코드와 패치 파일을 함께 배포할 경우에는, 정상적인 빌드를 보장하기 위해서 라이센스 안에 소스코드의 수정을 제한하는 항목을 추가할 수 있다. 그러나 이러한 경우에도 수정된 소스 코드를 이용해서 만들어진 소프트웨어에 대한 자유로운 배포를 허용해야 하며, 수정된 소스코드를 통해서 만들어진 2차적 프로그램을 원래의 프로그램과 구별하기 위해서 별도의 이름과 버전을 사용할 것을 요구하는 항목을 추가할 수 있다.
5. 개인이나 단체에 대한 차별 금지(No Discrimination Against Persons or Groups): 라이센스는 모든 개인과 단체에 대해서 동일한 기준으로 적용되어야 한다.

6. 사용 분야에 대한 제한 금지(No Discrimination Against Fields of Endeavor): 라이센스 안에 특정한 분야에 종사하는 사람에 대한 프로그램 사용상의 제한을 설정할 수 없다. 예를 들면, 유전연구나 상용 사업체에서는 해당 프로그램을 사용할 수 없다는 등과 같이 특정한 분야에 대한 사용을 금지하는 제한을 설정해서는 안 된다.
7. 라이센스의 배포(Distribution of License): 프로그램에 대한 권리는 반복되는 배포에 따른 별도의 라이센스 승인이나 양도 과정 없이도 프로그램을 배포 받은 모든 사람에게 동일하게 적용된다.
8. 라이센스 적용상의 동일성 유지(License Must No Be Specific to a Product): 프로그램에 대한 권리는 반복되는 배포 과정에서 특정한 배포판에 포함되어 있는 상태로만 유효하지 않고, 모든 배포 단계에서 동일한 효력을 갖는다. 만약, 특정한 배포판에 포함되어 있던 프로그램을 독립적으로 사용하거나 재배포한다면 해당 프로그램을 배포 받는 사람은 프로그램이 포함되어 있던 최초의 배포판 상태에서 발생된 권리와 동일한 권리를 갖는다.
9. 다른 라이센스의 포괄적 수용(License Must Not Contaminate Other Software): 라이센스에 오픈 소스 소프트웨어와 함께 배포되는 소프트웨어에 대한 제한을 설정해서는 안 된다. 예를 들면, 동일한 매체를 통해서 배포되는 소프트웨어는 모두 오픈소스 소프트웨어여야 한다는 제한으로 인해서 다른 라이센스 기준을 따르는 소프트웨어가 함께 배포될 수 있는 형태를 금지해서는 안 된다.
10. 이용허락의 기술 중립의무(License Must Be Technology-Neutral): 이용허락 규정이 어떠한 개별 기술이나 인터페이스 형태를 단정해서는 안 된다. 이는 이용허락자와 피이용허락자 사이의 계약 성립을 위해 명시적인 동의 표시를 요구하는 것을 막기 위한 것이다.

이와 같이, 위에서 언급한 10가지의 조건을 충족해야만 오픈 소스 소프트웨어라 할 수 있다.

8.2.8 애플리케이션 프로그래밍 인터페이스(API)

API는 애플리케이션 SW를 구축하고 통합하기 위한 정의 및 프로토콜의 집합으로, 애플리케이션 프로그래밍 인터페이스(Application Programming Interface)의 약자이다. API를 사용하면 구현 방식을 알지 못해도 제품 또는 서비스가 서로 커뮤니케이션할 수 있으며 애플리케이션 개발을 간소화하여 시간과 비용을 절약할 수 있다. 새로운 툴과 제품을 설계하거나 기존 툴과 제품을 관리하는 경우 API는 유연성을 제공하고 설계, 관리, 사용 방법을 간소화하며 혁신의 기회를 제공한다.

API는 당사자들 간 계약을 나타내는 문서화를 갖춘 계약으로 비유되기도 한다. 한쪽 당사자가 특정한 방식으로 구성된 원격 요청을 보내면 다른 쪽 당사자의 소프트웨어가 이에 응답하는 방식이기 때문이다.

API는 개발자가 새로운 애플리케이션 구성 요소를 기존 아키텍처에 통합하는 방식을 간소화하므로 비즈니스 팀과 IT팀 간의 협업에도 도움이 된다. 비즈니스 요구사항이 빠르게 변화하는 상황에서, 경쟁력을 유지하려면 혁신적인 서비스를 신속하게 개발하고 배포하도록 지원해야 하기 때문이다.

API는 클라우드 네이티브 애플리케이션 개발을 통해 자체 인프라를 연결하는 간소화된 방식이지만, 고객 및 다른 외부 사용자와의 데이터 공유를 허용하기도 한다. 공개 API는 파트너와의 연결 방식을 간소화하고 확대할 수 있을 뿐만 아니라 보유한 데이터를 활용해 수익을 창출할 수 있기 때문에 고유의 비즈니스 가치를 지닌다(예: Google Maps API).

API는 개인용 컴퓨터가 나오기 훨씬 전인 컴퓨팅 초기에 등장했으며 대개 운영 체제의 라이브러리로 사용되었다. API는 점차 로컬 환경에서 분리되었으며 2000년대 초반에는 데이터의 원격 통합을 위한 주요 기술이 되었다.

원격 API는 커뮤니케이션 네트워크를 통해 상호 작용하도록 설계되었다. 가장 광범위하게 사용되는 커뮤니케이션 네트워크가 인터넷이기 때문에 대부분의 API는 웹 표준을 기반으로 설계된다. 웹 API는 일반적으로 요청 메시지에 HTTP를 사용하여 응답 메시지 구조의 정의를 제공한다. 이러한 응답 메시지는 일반적으로 XML 또는 JSON 파일의 형태이다.

API 릴리스 정책은 다음과 같은 세 가지 접근 방식을 취한다.

- 프라이빗(Private): API를 내부에서만 사용할 수 있도록 하며, 기업이 API를 최대한으로 제어할 수 있다.
- 파트너(Partner): API를 특정 비즈니스 파트너와 공유하며, 품질 저하 없이 추가 수익원을 창출할 수 있다.

GPT-3

CASE 8-1

GPT-3, 왜 요금제를 선택했으며…
마이크로소프트에 독점 라이선스를 부여했나?

OpenAI의 대규모 자연어처리(NLP) 모델인 GPT-3는 공개 이후 개발자, 연구원, 기업가 및 언론인 사이에서 가장 큰 이슈이다. 세계에서 가장 큰 자연어처리 모델 GPT-3는 다음 달부터 유료화된다. OpenAI는 설립 이념과 달리 대중에게 자유롭게 공개하는 대신 상용화를 선택한 것이다.

이 가격 책정은 OpenAI가 GPT-3를 수익성 있는 사업으로 전환하는 데 필요한 것과 AI로부터 어떤 종류의 조직이 혜택을 받을 수 있는지를 더 잘 평가할 수 있게 해줄 것이다. GPT-3는 이런 종류의 첫 번째 AI 모델이고, OpenAI의 가장 큰 고민중의 하나는 이 거대한 심층 학습 알고리즘을 운영하는 데 드는 숨겨진 막대한 비용에 대해 어떻게 해결해야 할 것인가인 것으로 보인다.

2019년 3월 11일 OpenAI는 비영리단체에서 영리기업으로 전환하고 OpenAI는 범용인공지능(AGI, Artificial General Intelligence) 기술 중 일부를 상용화할 것이라고 선언했다. 그리고 얼마 지나지 않아 마이크로소프트는 10억 달러(약 1조 1천억 원)를 투자했다.

마이크로소프트는 OpenAI가 GPT-3를 지난 6월 출시하기 전 5월 OpenAI 와의 지속적인 파트너십을 확대하고 세계 상위 5대 슈퍼컴퓨터 중 하나를 구축하고 애저(Azure)에서 새로운 인프라를 사용하여 초대형 자연어처리(NLP) 모델 GPT-3를 학습하기 위해 맞춤형으로 설계된 애저(Azure) 호스팅 홈을 발표했다.

지난 22일 마이크로소프트는 OpenAI와 협약으로 독점 라이선스를 확보했다고 발표하고 이를 활용해 마이크로소프트 고객에게 진일보한 AI 솔루션을 제공한다는 계획을 발표했다.

기존 비공개 무료 베타 버전 사용자들도 10월 이후에는 책정된 가격 체계의 네 가지 중 하나를 선택해야 한다. 제시된 GPT-3 모델 가격 체계는 제공하는 사용량에 따라 '익스플로어(Explore)', '크리에이트(Create)', '빌드(Build)', '스케일(Scale)' 등 네 가지로 나뉜다.

'익스플로어'는 무료 구간이다. 이제 사용자는 토큰(token) 10만 개 또는 체험기간 3개월 중 먼저 만료되는 쪽을 적용받는다. 다시 말해 무료로 토큰을 최대 10만 개까지 쓸 수 있고, 이를 다 쓰지 않을 경우 3개월간 무료로 쓸 수 있다는 뜻이다. '크리에이트'는 월 100달러(약 11만 7천원)로 사용자는 1개월간 토큰 200만 개를 쓸 수 있고, 이를 소진하면 추가 토큰 1,000개당 8센트(약 940원)를 지불하면 된다. '빌드'는 월 400달러(약 47만원)로 사용자는 1개월간 토큰 1,000만 개를 쓸 수 있고, 이를 소진하면 추가 토큰 1,000개당 6센트(약 700원)를 내면 된다. '스케일'은 별도 가격을 책정했다.

최종 딥러닝 모델을 훈련하는 것은 GPT-3 개발의 몇 가지 단계 중 하나에 불과하다. 그 전에 AI 개발자들은 계층과 매개변수를 점차 증가시켜야 하고, 그들이 목표에 도달할 때까지 언어 모델의 많은 하이퍼 파라미터들을 조작해야 한다. 시행착오는 신경망이 커질수록 점점 더 비싸진다.

OpenAI가 GPT-3을 개발하는데에 사용한 비용을 정확히 알 수는 없다. 그러나 일부 전문가들의 추정에 따르면 최종 모델 학습비용의 1.5~5배 정도라고 한다. 이것은 연구 개발 비용을 1,150만 달러(약 135억 원)에서 2,760만 달러(약 324억 원) 사이로 GPU의 오버헤드를 증가시킬 것으로 보인다. 또한 지난 6월 OpenAI가 발표한 논문에서 GPT-3는 1750억개 매개 변수로 딥러닝의 한계까지 추진되어 미세 조정없이 여러 자연어 처리 벤치마크에서 최첨단 성능을 달성했다며, 'GPT-3 small'을 포함해 여덟 가지 언어 모델을 발표했었다. 이러한 모델을 연구하고 개발하는 비용은 이 계산에 포함되지 않았다.

많은 기업, 기관들은 신경망을 훈련시키는 시간과 비용을 줄이기 위해 미리 훈련된 버전의 모델을 개발자들에게 제공한다. 그러면, 모델을 로드하고 실행할 수 있는 서버나 장치만 있으면 된다.

그러나 GPT-3의 경우, 신경망이 매우 크기 때문에 그것을 실행하는 것이 매우 어렵다. GPT-3는 파라미터당 16비트의 반정밀 부동소수점 변수(halfprecision floating-point variables)를 사용한다. 즉, 모델을 적재하고 적절한 속도로 추론을 실행하는 데만 최소 350GB의 VRAM이 필요한 것이다.

이는 각각 32GB의 메모리를 가진 최소 11개의 테슬라 V100 GPU에 해당한다. GPU는 개당 약 9,000달러(약 1천만 원) 이므로, GPU 클러스터의 비용이 최소 99,000달러(약 12억 원)에서 RAM, CPU, SSD 드라이브 및 전원 공급 장치의 경우 수천 달러까지 증가할 것이다. 딥러닝 트레이닝과 추론에 특화된 엔비디아의 DGX-1 서버가 좋은 기준일 것이다. 약 13만 달러(약 1억 5천만 원)인 DGX-1은 VRAM(8×16GB)이 부족하지만 GPT-3의 견고한 성능을 위한 다른 모든 구성 요소를 갖추고 있다.

결론적으로 2018년 4월 뉴욕타임즈 보도에 따르면 오픈AI는 설립 초기년도에 총 1,100만 달러(약 129억 원)의 비용을 썼는데 이 가운데 7백만 달러(약 82억 원)가 직원들의 급여와 복지 혜택으로 나갔다. 2016년 오픈AI의 직원수는 52명이었다. 현재 오픈AI의 정확한 연구원 수는 알 수 없지만 이와 비슷한 배경의 구글 딥마인드의 경우, 2018년에 700명의 직원에게 년간 4억 8,300만 달러(약 5,640억 원) 이상을 지불했다고 한다. 오픈AI의 이번 요금제는 연구원들의 높은 연봉과 GPT-3 실행 비용에 기인한 것으로 보인다.

또한 OpenAI는 점점 더 강력해지고 파워풀한 일련의 AI 기술을 출시하고 있다. 이에 따르는 AI 능력을 위해서는 더 많은 자금이 필요하다. 그 비용을 충당하는 가장 확실한 방법은 제품을 생산하고 그 대가를 보상받는 것이며, GPT-3 모델이 출시하기까지 직·간접적으로 관련된 마이크로소프트에 독점 라이선스를 부여하는 것과 이 기술의 상용화를 가속하기 위한 가장 적극적인 방법을 선택한 것으로 보인다. 이제 OpenAI는 AI연구소에서 적어도 부분적으로는 대표적인 AI 솔루션 회사가 되어가고 있는 것이다.

출처: 인공지능 신문, 최창현 기자, 2020.09.27.

토론

1. GPT-3 사례를 통해, 개발비용이 큰 SW의 개발 전략을 토론하시오.
2. 마이크로소프트와 같은 기존 대기업은 새로운 기술에 강한 OpenAI 같은 스타트업과 어떻게 협력했는지 조사하시오.

- 퍼블릭(Public) 또는 공개(Open): API가 모두에게 제공되며, 제 3자가 API와 상호 작용하는 애플리케이션을 개발하여 혁신을 끌어낼 수 있다.

8.3 시스템 개발 프로세스

8.3.1 시스템개발 프로세스의 시작

시스템 개발 프로세스의 첫 번째 단계는 시스템 조사(탐색)단계이다. 이 단계는 정보시스템 계획과정에서 생성된 여러 제안들을 검토하는 것과 연관되기도 한다. 조사단계는 정보시스템이 기업의 비즈니스 우선순위와 기회를 충족시키는가를 예비 조사하는 단계를 포함하기도 한다. 시스템 조사단계는 다음과 같은 3단계로 이루어진다.

- 비즈니스 기회와 우선순위를 어떻게 해결할 것인가를 결정한다.
- 새로운 혹은 개선된 정보시스템이 실현가능한 방안인지를 판단하는 조사를 실시한다.
- 프로젝트 관리계획을 입안하고 경영진의 승인을 얻는다.

실현가능성 조사

시스템 개발은 많은 비용이 소요되기 때문에 시스템 조사는 실현가능성 조사라는 예비 조사단계를 거치는 것이 일반적이다. 이 단계에서는 최종사용자와 잠재 사용자의 정보 요구, 지원요구, 비용, 이익, 제안 프로젝트의 실현가능성 등을 결정한다.

실현가능성 조사의 단계는 ① 관련 데이터 수집, ② 정보시스템에 대한 예비 명세와 개발계획에 관한 보고서 작성, ③ 승인을 위해 경영진에 제출, ④ 경영진이 승인을 한 경우에 시스템 분석을 실시하는 등 4단계로 구성된다.

실현가능성 조사의 가장 중요한 목표는 정보시스템의 대안들을 평가하여 이 중에서 가장 바람직하고 실현가능성이 높은 비즈니스 애플리케이션을 제안하는 것이다.

시스템의 실현가능성은 4개 범주의 관점에서 평가된다.

- 조직적(organizational) 실현가능성: 시스템이 조직의 비즈니스 우선순위를 얼마나 잘 지원하는가에 초점을 둔다.
- 경제적(economic) 실현가능성: 예상되는 비용 절감, 매출증대, 이익증가, 필요 투자액의 절감, 그 밖의 다른 이득들이 시스템을 개발하고 운영하는데 소요되는 비용을 초과할 것인가가 분석의 초점이다.
- 기술적(technical) 실현가능성: 시스템의 니즈를 충족시키는 하드웨어와 소프트웨어의 신뢰성과 기능, 그리고 이를 한정된 시간 안에 획득하거나 개발하는 것이 가능한가를 조사한다.
- 운영적(operational) 실현가능성: 관리자, 종업원, 고객, 공급자 및 그 밖의 사람들이 시스템을 운영하고 이용하며 지원하려는 자발적 의지와 능력의 평가에 초점을 둔다.

비용·이익 분석

모든 시스템은 비용과 이익을 발생시킨다. 비용·이익 분석은 정보시스템 대안을 평가할 때 비용요소와 이익요소를 발견하는 과정을 의미한다.

- 유형(tangible) 비용: 계량화가 가능한 비용을 일컫는다. 예를 들면, 하드웨어와 소프트웨어 비용, 종업원 급여 등 시스템의 개발과 구현에 필요한 비용이 여기에 속한다.
- 무형(intangible) 비용: 시스템의 에러와 실패로 인한 고객신용의 상실, 종업원 사기저하 등과 같이 계량화, 추정, 금전적 환산이 불가능하거나 매우 어려운 비용을 의미한다.
- 유형(tangible) 이익: 시스템 운영의 결과로 얻게 되는 재고비용의 감소, 인력감축에 따른 인건비의 절감 등 계량화가 가능한 이익이다.
- 무형(intangible) 이익: 추정하기는 매우 어렵지만 더 나은 고객서비스와 보다 정확한 정보를 경영자에게 적시에 제공함으로써 얻게 되는 이익이 여기에 속한다.

8.3.2 시스템 분석

시스템 분석은 최종사용자의 정보 니즈를 심도 있게 분석하는 단계이다. 시스템 분석은 새로운 정보시스템의 설계에 기초가 되는 기능적 요구사항(functional requirements)을 산출한다. 전통적으로 이 단계는 다음의 사항을 상세히 분석한다.

- 조직과 최종사용자의 니즈
- 현 시스템의 제반활동, 자원 및 산출물
- 최종사용자와 기타 잠재 사용자의 니즈를 충족시키는 데 필요한 정보시스템 능력

조직 분석

조직적 분석은 시스템이 운영되는 조직과 환경시스템(하위시스템 포함)을 평가하는 것이다. 시스템 분석이 전통적으로 다루어온 조직 분석대상은 환경, 조직구조, 사람, 비즈니스 활동, 환경시스템, 현 정보시스템 등을 포함한다.

현 시스템의 분석

새로운 시스템을 설계하기 전에 현 시스템에 대한 상세한 분석을 완료해야 한다. 분석대상이 되는 현 시스템은 수작업 프로세스일 수도 있고 자동화된 정보시스템일 수도 있다. 현 시스템 분석은 활동, 자원 및 산출물의 분석을 포함한다. 자원 분석은 데이터 자원을 정보로 변환하는 하드웨어, 소프트웨어, 인적자원을 대상으로 한다. 또한 정보

의 입력, 처리, 출력, 저장 그리고 통제활동이 어떻게 수행되는가를 기록한 문서도 분석 대상이다.

기능 요구사항 분석

시스템 분석에서 가장 어려운 단계가 기능 요구사항 분석이다. 정보시스템 분석가와 최종사용자는 특정한 비즈니스 정보 니즈를 정의하기 위해 팀으로 작업한다. 이런 정보 니즈를 충족시키는 각각의 시스템 활동(입력, 처리, 출력, 저장, 통제)에 요구되는 정보처리 능력을 결정한다. 이 단계의 목적은 이것을 어떻게 구현할 것인가(how to do it)가 아니라 무엇을 해야 하는가(what should be done)를 결정하는 것이다. 마지막으로 기능 요구사항을 정의한다. 기능 요구사항은 최종사용자가 시스템에서 사용하게 될 하드웨어, 소프트웨어, 네트워크, 데이터, 인적자원 등에 의해서 제약받지 않는 정보 요구사항을 의미한다.

시스템 분석가들은 논리적 프로세스와 데이터 관계를 표현하기 위해 데이터흐름도(DFD: Data Flow Diagrams)와 엔티티 관계도(ERD: Entity-Relationship Diagrams) 같은 기법을 사용한다.

8.3.3 시스템 설계

사용자의 정보니즈를 충족시키기 위해 시스템이 무엇을(what) 해야 하는가를 서술하는 것이 시스템 분석인 반면에 시스템 설계는 시스템이 어떻게(how) 이 목표를 달성할 것인가를 명시한다.

시스템 설계는 시스템 분석 단계에서 개발된 기능 요구사항을 만족하는 시스템 명세서(system specifications)를 산출하는 제반 설계활동으로 이루어진다. 시스템 명세서는 소프트웨어 개발, 하드웨어 획득, 시스템 시험, 구현단계의 제반활동의 기반으로 활용된다.

시스템 설계는 사용자 인터페이스 설계, 데이터 설계 및 프로세스 설계의 세 가지 주요 산출물, 혹은 인도물(deliverables)을 생성하는 것이다.

사용자 인터페이스 설계

사용자 인터페이스 설계는 최종사용자와 컴퓨터 기반 애플리케이션 간에 상호작용을 지원하는데 초점을 둔다. 설계자는 인터넷이나 인트라넷 웹페이지와 같이 사용하기 간편한 흥미롭고 효율적인 형태의 사용자 입력 및 산출 설계에 전념한다. 사용자 인터페이스는 간단하고 간결하며 논리적으로 조직되어야 한다. 설계는 사용자 인터페이스의 작업모델 혹은 프로토타입을 설계하고, 최종사용자의 피드백에 의해 여러 차례 수정되는 프로토타이핑 절차를 거치는 경우가 빈번하다. 디스플레이 화면, 상호 작용적 사용자/컴퓨터 대화(dialogues), 음성응답, 입력양식(forms), 문서, 보고서 등에 관한 상세한 명세서가 이 단계의 주요 산출물이다.

시스템 명세서

시스템 명세서는 시스템의 사용자 인터페이스, 데이터베이스 구조, 처리와 통제절차에 대한 설계를 정형화한 것이다. 시스템 설계자는 시스템을 대상으로 하는 하드웨어 명세서, 소프트웨어 명세서, 네트워크 명세서, 데이터 명세서를 개발한다. 이런 작업의 수행을 위해 시스템 분석가는 최종사용자와 팀으로 공동작업을 한다. 시스템 분석가는 최종사용자가 보유한 비즈니스 활동 및 응용분야에 관한 전문지식을 자신이 보유한 컴퓨터 기반 시스템 지식과 결합하여 시스템의 설계를 구체화한다.

최종적인 시스템 명세서가 서술하는 일반적인 내용은 다음과 같다.

- 하드웨어 자원(장비와 매체)
- 소프트웨어 자원(프로그램과 처리절차)
- 네트워크 자원(통신매체와 네트워크)
- 인적 자원(최종사용자와 정보시스템 요원)
- 이상의 자원을 이용하여 데이터 자원(파일과 데이터베이스)을 정보제품(디스플레이, 응답, 보고서, 문서)으로 변환하는 방법

8.3.4 구현

조사, 분석, 설계 단계 이후의 SDLC 단계가 구현이다.

새로 설계한 정보시스템의 구현절차는 다양한 획득, 시험, 문서화, 설치 및 전환활동 등을 수반한다. 또한 구현 시스템의 운영과 활용에 필요한 최종사용자의 훈련도 포함한다. 따라서, 구현은 시스템의 성공을 보증하는 필수적인 단계이다. 구현은 다음과 같은 다양한 활동들을 포함한다.

- 하드웨어, 소프트웨어 및 서비스의 획득
- 소프트웨어 개발 혹은 수정

- 프로그램, 처리절차와 하드웨어의 시험
- 시스템 문서화
- 시스템 전환(병행전환, 파일럿전환, 단계별 전환, 직접전환)
- 최종사용자 훈련

8.3.5 하드웨어, 소프트웨어 및 서비스의 평가

하드웨어와 소프트웨어의 평가와 선정을 위해 일반적으로 기업들은 다음과 같은 활동을 한다.

- 시스템 설계단계에서 개발된 시스템 명세서를 기반으로 공급업체들에게 입찰과 제안서의 제출을 요구한다.
- 하드웨어와 소프트웨어의 물리적 특성과 성능 특성의 최소 요구사항을 설정한다.
- 정부기관과 대부분의 대기업들은 시스템의 모든 상세한 요구사항을 기록한 제안요청서(RFP: Request For Proposal) 혹은 견적요청서(RFQ: Request For Quotation)라는 문서를 이용한다.
- 여러 제안들이 경쟁하는 경우 다양한 평가요소에 계량화된 점수를 부여하는 스코어링 시스템을 사용하기도 한다. 각 제안서는 평가요소별로 명세서의 내용을 충족하는 정도에 따라서 점수가 부여된다.
- 하드웨어와 소프트웨어는 데모를 실시하여 평가해야 한다.
- 제안된 하드웨어와 소프트웨어를 평가하기 위해 특별히 마련된 벤치마킹 테스트 프로그램 또는 테스트 데이터를 사용하기도 한다. 여러 대의 컴퓨터에서 특정한 태스크의 실행절차를 모의실험하고 이들의 성능을 평가하는 특별한 소프트웨어 시뮬레이터가 사용되기도 한다.
- 인터넷 뉴스그룹과 같은 사용자 그룹은 제조업체와 공급업체가 주장하는 하드웨어, 소프트웨어의 성능을 객관적으로 평가하는 가장 좋은 정보원천이다.

하드웨어 평가요소

컴퓨터 하드웨어를 평가할 때에는 컴퓨터의 유형 – 메인프레임, 마이크로 컴퓨터, 혹은 주변장치 등 – 에 상관없이 각 구성요소별로 특정한 물리적 특성과 성능 특성을 상세히 조사해야 한다. 하드웨어 평가요소에는 성능, 비용(가격), 신뢰성, 호환성(compatibility), 기술, 인간공학적 고려, 연결성, 확장가능성(scalability), 소프트웨어, 고객 지원 등이 포함된다.

소프트웨어 평가요소

소프트웨어를 평가하는 요소들 중에는 하드웨어 평가요소와 유사한 것들이 많다. 따라서, 성능, 비용, 신뢰성, 획득가능성(availability), 호환성, 모듈화(modularity) 정도, 기술, 인간공학, 지원 등의 요소를 대상으로 제안 소프트웨어를 평가한다. 이와 아울러 소프트웨어의 평가에 있어서는 품질, 효율성, 유연성, 보안, 연결성, 지원언어, 문서화, 하드웨어 등의 평가요소들을 추가로 고려한다.

정보시스템 서비스의 평가

하드웨어와 소프트웨어 제품의 제조업체와 공급업체들은 최종사용자와 기업에게 다양한 정보시스템 서비스를 제공한다. 정보시스템 서비스의 대표적인 예로는 전자상거래 웹사이트 개발, 신규 하드웨어와 소프트웨어의 설치와 전환, 종업원 훈련, 하드웨어 유지보수 등이 있다.

최근에는 정보시스템 서비스를 외부의 전문기업에 아웃소싱(outsourcing)하는 사례가 늘고 있다. 예를 들면, 다음과 같다.

- 시스템 통합업체(SI: System Integrator)가 조직의 컴퓨터 장비를 관리하고 유지보수하는 책임을 완전히 진다.
- 조직을 대신하여 시스템 통합업체가 많은 벤더와 하부계약자가 참여하는 대규모 시스템개발 프로젝트의 개발과 구현을 책임진다.
- 특정 산업에서 필요한 전문적인 하드웨어, 소프트웨어, 서비스는 부가가치 재판매업체(VAR: Value-Added Reseller)로부터 공급받는다.
- 시스템 설계, 프로그래밍 계약, 컨설팅 서비스 등을 외부 업체에 아웃소싱한다.

이와 같은 정보시스템 서비스의 평가요소에는 성능, 시스템 개발, 유지보수, 전환, 훈련, 백업, 접근성(accessibility), 사업적 입지(business position), 하드웨어, 소프트웨어 등이 있다.

구글과 페이스북의 QA(Qualiy Assurance) 사례

CASE 8-2

구글의 QA

구글의 고참 디렉터이며, 테스팅 계열의 최상급 자인 Patric Copeland는 '구글은 어떻게 소프트웨어를 테스트하는가(제임스 휘태커, 제이슨 아본, 제프 카롤로 공저)'의 서문에서 이렇게 말하고 있다.

"구글은 전산학과 코딩 기술을 존중한다. 테스터가 그 클럽에 동참하려면 훌륭한 전산 지식과 절묘한 코딩 기술을 갖추어야 한다."

Patric이 주는 첫 번째 조언은 "테스터의 수를 많이 두지 말라 "는 것이다. 래리 페이지(Larry Page)도 "부족함이 명석함을 만든다"고 하였다. 아웃소싱 리소스 투입을 통해서 대리 경험자의 수를 늘려, 배포 전에 이슈를 최대한 많이 잡아내려는 시도는 어쩌면 명석하지 않은 솔루션일지도 모르겠다.

구글에서 테스터의 일은 다른 엔지니어들이 하지 않는 더 좋은 테스트를 하는 사람이다. 테스터의 실제 업무는 생산성을 향상시키는 일이고, 느슨한 개발로 인한 재작업이 늘어나는 것을 예방하는 활동이다. 구글에서는 개발자가 자신이 품질을 스스로 책임지기 때문에 적은 수의 전문 테스터만으로도 테스팅을 해낼 수 있다고 한다. 품질 활동의 초점은 결함을 찾는 것보다는 예방에 맞추어져 있다.

지금은 구글에 있지 않지만, 이 책의 저자 중 한 명인 제임스 휘태커(James Whittaker)는 이렇게 언급하고 있다.

"품질과 테스트가 동치는 아니다. 하지만 품질을 이루기 위해서는 개발과 테스팅을 믹서기에 함께 넣고 구분되지 않을 정도로 섞어야 한다."

QA부서나 테스팅부서가 따로 있을 때 가장 큰 맹점이자 악효과가 바로 이것이라고 생각된다. 개발자는 개발을, 테스터는 테스트를 하는 것으로 분리하는 순간에 많은 문제가 발생한다. 간단한 테스트로 수정하고 고쳐질 수 있는 부분조차도 여러 단계와 컴포넌트, 그리고 시스템 통합을 거쳐 테스터가 설정한 테스트 케이스를 실행하는 순간에 발생되고 이로 인한 재작업의 비용과 시간의 손실은 너무나도 크다. 개발자가 품질을 책임진다는 말, 개발과 테스트를 분리하지 말아야 한다는 말은 QA와 테스팅을 업무로 삼고 있는 입장에서는 job security와도 연관되는 무서운 말이기도 하다. 하지만 배포가 임박한 시점에, 수없이 쏟아지는 버그를 정신없이 리포팅하는 것이 테스팅을 잘하고 있음을 보여주는 것은 아닌 것 같다.

구글은 SWE, SET, TE로 역할이 구분되어 있다. SWE(Software Engineer)는 개발자이다. 견고한(fault-tolerant) 설계, TDD, 단위 테스트를 수행한다. SET(Software Engineer in Test)는 테스트용이성(Testability) 및 범용 테스트 인프라에 중점을 두며, 테스트 기능을 개발하는 개발자 이다. 각 기능의 품질에 초점을 두고 개발자의 테스트를 돕는다. 모든 단계에서 테스트를 가능케 하는 사람들로 100% 코딩을 하는 역할이며, 기능 코드 작성을 하는 훌륭한 테스터이다. TE(Test Engineer)는 반은 사용자 입장, 반은 개발자 입장에서 테스트한다. 엔지니어이며, 사용자인 개발자이다. 개발자가 존중하는 기술과 개발자가 알아야 하는 사용자 측면의 관심영역을 조합한 직책이다. 제품전문가, 품질조언자, 리스크 분석가이다.

페이스북의 QA

별도로 독립된 QA Team이 없다. 'Test engineering team'이 있었으나 이 팀은 Test infrastructure를 구축하고 유지보수 하는 업무이다. 앞서 살펴본 회사들과 마찬가지로 개발자들이 직접 테스트를 작성하고 실행 및 유지보수를 한다. 개인 또는 팀이 하는 테스트보다 도그푸딩(dog-fooding)을 한다. 출시 전에 일주일 정도는 임직원들이 미리 변경을 경험하고 버그를 올릴 수 있으며, 수동 테스트 보다 자동화 테스트를 한다. 또한 릴리즈 24시간 전에 베타 페이스북(beta facebook)에 미리 반영하여, 이에 대한 버그도 리포트 받고 있으며, 페이스북 베타테스터 프로그램도 운영하고 있다. 실제로, 페이스북 채용 사이트를 살펴봐도 구글과는 달리 Test 및 QA 엔지니어가 별도로 나와있지 않은 것을 보면, 현재도 QA나 테스팅 엔지니어로 구분된 역할은 페이스북에 없는 것 같다.

출처: NIPA SW공학센터, 글로벌 기업의 QA사례, 2015.08.01.

토론

1. 전문적인 테스팅에 대한 의사결정을 내릴 수 있어야 하는 데, 이렇게 하려면 필요한 건 무엇인가?
2. 단지 버그 등록 → 수정 확인 → 재테스트 후 이슈 종료에 급급한 상황은 아닌지 되물어 본다. 버그의 근본원인을 파악하려는 노력이 필요한 것이 아닌가?
3. 궁극적으로는 개발 (제품)팀에 실제로 소속되어 일하는 것이 필요하지 않은가?
4. 기업의 정보시스템 개발 책임자로서 SW테스트 체계를 어떻게 구축할지 생각해보시오.

8.3.6 기타 구현활동

시험, 문서화, 훈련, 그리고 유지보수 등은 정보시스템의 성공적인 구현에 중요한 역할을 담당하는 활동들이다.

시험

시스템 시험은 SDLC의 모든 단계에서 수행된다. 웹사이트 성능의 시험, 소프트웨어의 시험과 디버깅, 신규 하드웨어의 시험, 각종 프로토타입의 검토 등이 여기에 속한다.

문서화

훌륭한 사용자 문서화는 구현과정에서 매우 중요한 부분이다. 문서화는 시스템의 SDLC에 참여하는 모든 사람들 간에 의사소통을 촉진하는 수단이 되며, 에러의 원인이나 시스템의 변경사항을 발견하는 데 지극히 중요한 역할을 한다. 문서화의 대상에는 운영절차에 관한 매뉴얼, 데이터 입력 화면, 각종 양식과 보고서 등이 포함된다.

훈련

정보시스템 전문가는 최종사용자가 새로운 정보시스템을 충분히 활용할 수 있도록 이들을 훈련시켜야 한다. 불충분한 교육훈련은 시스템 구현의 실패요인이 된다. 훈련 내용은 데이터 입력방법 등 신규 시스템 활용의 모든 측면, 관리자와 최종사용자를 대상으로 신기술과 시스템이 비즈니스 운영과 관리에 미치는 영향에 대한 교육, 하드웨어 장치와 소프트웨어 패키지에 대한 훈련 프로그램 등이 주를 이룬다.

전환 방법

신규 정보시스템의 초기 운영은 어려운 작업이다. 대개의 경우 구 시스템의 인력, 절차, 장비, 입·출력장치, 데이터베이스 등은 신 시스템의 요구사항에 맞게 전환되어야 한다. 이런 절차를 전환과정이라 한다. 전환과정은 크게 네 가지 범주로 분류한다.

- 병행(parallel)전환: 프로젝트 개발팀과 최종사용자, 경영자 등이 신 시스템으로 완전하게 전환하는 것에 동의하기 전까지 신 시스템과 구 시스템을 함께 운영한다. 이 기간 동안 신·구 시스템의 운영과 결과에 대한 비교와 평가가 이루어진다. 구 시스템이 폐기되기 전까지 시스템의 에러가 수정되고 운영에서 발생하는 제반 문제들을 해결할 수 있는 충분한 시간이 확보된다.
- 단계별(phased)전환: 신 시스템의 기능 중에서 일부만을 전환하거나 일부 부서와 사업소, 영업장을 대상으로 신 시스템으로 전환한다. 시간이 흐름에 따라 기능을 확대하거나 적용대상을 확장한다. 단계별 전환은 조직 내에서 점진적으로 이루어지기 때문에 저항과 충격을 최소화할 수 있다.
- 파일럿(pilot)전환: 특정 부서와 작업장을 테스트 사이트로 활용한다. 개발자는 신 시스템을 조직 전체로 확산시켜도 된다는 확신이 들 때까지 신 시스템을 테스트한다.
- 직접(direct/plunge)전환: 구 시스템을 완전히 폐기하고 신 시스템을 즉시 사용하는 전환방법이다.

정보시스템 유지보수

일단 시스템이 구현되고 비즈니스 운영에 실제로 이용되면 유지보수 활동이 시작된다. 시스템 유지보수는 정보시스템의 성능개선과 구현 이후의 요구사항 반영을 목적으로 시스템을 모니터링하고 평가하며 변경하는 활동을 의미한다. 유지보수 활동에는 다음 사항들이 포함된다.

- 신규 개발된 시스템이 당초 계획되었던 비즈니스 목표를 충족하는가를 확증하기 위한 후기구현 검토
- 정기적인 검토와 감사를 통한 개발과정 및 이용과정에서 발생하는 에러의 수정
- 비즈니스 조직, 비즈니스 환경, 비즈니스 요구사항의 변경으로 인한 정보시스템의 변경

8.3.7 클라우드 서비스와 시스템 개발

클라우드 컴퓨팅 패러다임의 빠른 보급과 클라우드 인프라스트럭처 도입으로 인한 혜택이 가시화되면서 많은 조직과 기업을 유혹하고 있다. 조직은 비용을 줄이고, 위험을 최소화하면서 클라우드 아키텍처로 마이그레이션하여 이익을 최대화하는 것이 매우 중요할 것이다. 이러한 클라우드로의 마이그레이션 프로젝트를 성공하기 위해서는 진행 과정 중의 위험관리가 프로젝트 전체적인 품질을 결정하는 데에 큰 영향을 미치는 요소라 볼 수 있다.

클라우드로의 마이그레이션 프로젝트 진행 시에는 새로운 IT 인프라로 옮기기 위해, 모든 활동을 계획에서부터 디자인 및 실행까지의 많은 위험요소를 식별하고 관리해야 하는데, 그 중에서도 다음 세가지 영역에 대해서는 특별히 중점을 두고 위험요소를 식별해야 한다.

먼저, 인프라 스트럭처 관점에서는 자기 조직에 적합한 클라우드 아키텍처를 선택해야 하며, 퍼블릭 클라우드(Public Cloud)와 프라이빗 클라우드(Private Cloud) 중 어떤 방식을 선택하느냐에 따라 위험요소는 달라진다. 또, 비즈니스 전체적인 '상호 운용성'에 대한 주의 깊은 검토가 요구되고, 기업의 내·외부 시스템 간의 모든 상호작용이 평가되어야 하고, 지속 가능성이 있는 인프라를 구성할 수 있도록 신중해야 한다.

그리고 데이터 및 애플리케이션 관점에서는 클라우드 서비스로 마이그레이션된 거의 모든 애플리케이션은 다양한 애플리케이션과 시스템이 서로 연결되어 있으므로, 각 연결들에 대한 마이그레이션 영향도를 평가하여 데이터 플로우에 발생하지 않도록 예방하는 것이 중요하다.

마지막으로 보안 관점에서는 다음과 같은 사항들이 가장 중요하게 고려되어야 한다.

- 기밀데이터가 클라우드에 안전하게 저장이 되는가?
- 사이버 위협으로의 노출과 관련 있는 리스크는 어떤 것들이 있는가?
- 클라우드 서비스 프로바이더를 신뢰할 수 있는가?
- SLA에 제공되어 있는 보안수준은 어느 정도인가?
- 어떤 보안 매커니즘이 구현되어 있는가?
- 어떤 보안 표준에 준수하고 있는가?

클라우드 아키텍처의 보안과 프라이버시를 개선하기 위해서 다음의 사항을 구체적으로 고려하여야 한다.

- 이행계획 수립: 클라우드로 이관되어야 할 데이터를 결정하고 그 데이터에 대한 무결성 및 기밀성 확보를 위한 계획을 수립하고, 클라우드 데이터 접근에 대한 인증 및 인가 프로세스에 대한 정의
- 보안요구 분류 및 맵핑: 클라우드로 이관할 데이터를 요구되는 보안 분류와 맵핑하여 식별
- 컴플라이언스 확인 및 SLA 수준 점검: 클라우드 서비스 프로바이더 제공의 인프라일 경우, 서비스 제공자의 보안 및 프라이버시 대책(예: 물리보안, 사고알람 등)의 리뷰 및 SLA 평가에 반영 및 점검
- 민감데이터 식별: 지금까지의 프로세스에 해당하지 않는 민감데이터를 별도로 식별
- 보안 프라이버시 위반여부 확인: 해당되는 규제조사 및 클라우드로 마이그레이션 후 준수해야 할 컴플라이언스에 대한 사항 평가
- 이관 후 비즈니스상의 영향도 평가: 보안 또는 프라이버시 위반에 대한 위험관리, 클라우드로 이관한 모든 작업 및 활동에 대한 비즈니스상의 영향도 평가

특별히 마이그레이션 프로세스 중 데이터와 애플리케이션에 대한 보호 방안을 별도로 고민해야 하는 것이 중요하다.

요약

정보시스템을 개발하는 과정은 정보시스템 개발주기라 부르는 다단계 과정으로 간주된다. 정보시스템 개발주기는 시스템 개발 생명주기(SDLC)라고도 한다. SDLC의 각 단계 — 시스템 조사, 분석, 설계, 구현 및 유지보수 — 는 상호 연관성이 매우 높으며 상호의존적이다. 순차적인 활동들도 있지만 다수의 개발활동은 동시에 진행되기도 한다.

프로토타이핑은 새로운 시스템에 대한 작업모델 또는 프로토타입(원형)을 신속하게 개발하고 테스트하는 방법이다. 최종적으로 승인될 때까지 이런 프로토타입은 여러 번에 걸쳐서 개량된다. 프로토타이핑은 전통적 시스템개발주기의 여러 단계들이 결합된 반복적이고 상호작용적인 과정이며, 운영 모델의 신속한 개발과 테스트를 가능하게 한다.

전통적 SDLC 절차는 너무 경직되어 있고 비용이 많이 소요되며 시간 소모적이다. 따라서, 많은 기업이 이를 활용하기는 매우 어렵다. SDLC의 이런 단점들을 해결하기 위해 컴퓨터 기반 시스템공학(CASE)이 등장하였다. CASE는 CASE 도구라는 소프트웨어를 이용하여 SDLC 활동의 많은 부분을 수행하는 것이다. CASE 소프트웨어 패키지는 비즈니스 계획, 프로젝트 관리, 사용자 인터페이스 설계, 데이터베이스 설계, 소프트웨어 개발 등을 지원한다.

최종사용자가 정보시스템 전문가의 직접적 개입 없이 다양한 최종사용자 소프트웨어 패키지를 이용하여 자신의 시스템을 직접 개발하는 것이 최종사용자 개발이다. 때로는 최종사용자는 개발과정에서 다음과 같은 정보시스템 전문가의 조언과 컨설팅을 받기도 한다.

새로 설계한 정보시스템의 구현절차는 다양한 획득, 시험, 문서화, 설치 및 전환활동 등을 수반한다. 또한 구현 시스템의 운영과 활용에 필요한 최종사용자의 훈련도 포함한다. 따라서, 구현은 시스템의 성공을 보증하는 필수적인 단계이다.

정보시스템 서비스의 대표적인 예로는 전자상거래 웹사이트 개발, 신규 하드웨어와 소프트웨어의 설치와 전환, 종업원 훈련, 하드웨어 유지보수 등이 있다. 최근에는 정보시스템 서비스를 외부의 전문기업에 아웃소싱하는 사례가 늘고 있으며, 비용을 줄이고, 위험을 최소화하면서 클라우드 아키텍처로 마이그레이션하여 이익을 최대화하는 방향으로 발전하고 있다. 이전에는 기업이 SW를 내부 자원으로 자체 개발(Closed)하였으나, 최근에는 오픈소스 SW와 같이, 외부와 협력하여 SW를 개발하는 새로운 SW 생산·공유 방식이 널리 사용되고 있다. 또한 API(애플리케이션 프로그래밍 인터페이스)를 사용하면 구현 방식을 알지 못해도 제품 또는 서비스가 서로 커뮤니케이션할 수 있으며 설계, 개발, 관리, 사용 방법을 간소화하여 시간과 비용을 절약하고, 유연성을 제공하며 혁신의 기회를 제공한다.

중요용어

객체지향적 시스템 수행될 업무를 중심으로 시스템이 만들어지는 것이 아니라, 그 업무를 수행하기 위하여 모델링되어야 할 현실 세계에 기초하여 만들어지는 시스템.

기능 요구사항 기능 요구사항은 최종사용자가 시스템에서 사용하게 될 하드웨어, 소프트웨어, 네트워크, 데이터, 인적자원 등에 의해서 제약을 받지 않는 정보 요구사항.

모바일 소프트웨어의 종류 네이티브 앱, 모바일 웹, 하이브리드 앱 등 세 가지.

소프트웨어 위기 소프트웨어에 대한 요구와 복잡성이 증가하고 소프트웨어·하드웨어 기술이 발전하는 반면 소프트웨어의 생산성과 발전 속도가 이러한 변화에 부응하지 못하는 현상.

시스템 개발 생명주기(SDLC) 시스템 접근방법을 적용하여 정보시스템을 개발하는 과정. SDLC의 각 단계 — 시스템 조사, 분석, 설계, 구현 및 유지보수 — 는 상호 연관성이 매우 높으며 상호의존적: 순차적인 활동들도 있지만 다수의 개발활동은 동시에 진행.

실현가능성 조사 최종사용자와 잠재 사용자의 정보니즈, 자원요구, 비용, 이익, 제안 프로젝트의 실현가능성 등을 결정하는 예비조사 단계.

역공학 이미 개발된 애플리케이션 프로그램 코드로부터 비즈니스 논리를 발견하여 이를 보다 효율적이고 성능이 개선된 신 시스템으로 자동 변환하는 것.

오픈소스 소프트웨어 소스코드를 공개한 상태로 소스코드를 누구나 자유롭게 개작 및 개작된 소프트웨어를 재배포할 수 있도록 허용된 소프트웨어. SW의 프로그래밍 설계도인 소스코드가 특정 라이선스 방식으로 공개되어 누구나 자유롭게 배포, 수정, 복제, 사용, 재배포가 가능한 SW.

최종사용자 개발 최종사용자가 전문가의 직접적 개입 없이 다양한 최종사용자 소프트웨어 패키지를 이용하여 자신의 시스템을 직접 개발하는 것.

프로토타이핑 새로운 시스템에 대한 작업모델 또는 프로토타입(원형)을 신속하게 개발하고 테스트하는 방법.

API 애플리케이션 SW를 구축하고 통합하기 위한 정의 및 프로토콜의 집합으로, 애플리케이션 프로그래밍 인터페이스의 약자.

CASE 소프트웨어를 이용하여 SDLC 활동의 많은 부분을 수행하는 것. CASE 소프트웨어 패키지는 비즈니스 계획, 프로젝트 관리, 사용자 인터페이스 설계, 데이터베이스 설계, 소프트웨어 개발 등을 지원.

CBD 소프트웨어의 구성을 컴포넌트로 나누어 디자인하고 각 컴포넌트를 직접 개발하거나 적합한 컴포넌트를 구입하여 마치 레고 블록을 조립하듯이 소프트웨어를 개발하는 방법론.

JAD(공동 애플리케이션 설계) 시스템 분석가, 프로그래머, 그리고 최종사용자로 구성된 협력 그룹이 상호 작용하여 새로운 애플리케이션을 설계하는 것.

UML 표준 객체지향적 언어에 도입된 통일된 기법과 표기법으로 모델구축자가 소프트웨어 시스템의 가공물을 명시하고, 시각화하고, 구축하도록 지원.

연습문제

1. 전통적 SDLC의 5단계를 간략히 요약하시오.
2. 프로토타이핑을 정의하고 이 접근방법의 장점과 단점을 서술하시오.
3. 객체지향적 개발의 장점은 무엇인가?
4. 최종 사용자 개발이란 무엇인가? 예상되는 문제점은 무엇인가?
5. 기업의 요구사항 관리를 전문적으로 도와주는 국내외 서비스와 솔루션을 조사하시오.
6. 실현가능성 조사의 네 가지 범주를 설명하시오.
7. 기업의 정보시스템 개발 책임자로서 요구사항 관리 체계를 어떻게 구축할지 생각해보시오.
8. 오픈 소스 접근으로 성공한 사례와 분쟁이 일어난 사례를 찾아보시오.
9. 클라우드 방식으로 전환을 성공적으로 수행한 국내외 기업이나 조직을 찾아보시오.
10. API 방식으로 이루어지고 있는 기업 간 협업 사례를 찾아보시오.

CHAPTER 09

정보시스템 보안과 윤리적 문제

> 우리에게 보안은 최우선 사항이라고 할 수 있다. 왜냐하면 생활을 관리하고, 사람들과 연락을 계속하고, 창의적으로 지내는 등, 컴퓨터로 당신이 할 수 있는 모든 일들을 하기 위해서 우리가 보안 문제들을 해결하지 않으면 사람들은 컴퓨터 사용을 자제할 것이기 때문이다.
>
> \- 빌 게이츠(Bill Gates, 마이크로소프트 창업자)

학습목표

최신의 정보기술을 이용하여 정보시스템을 구현하는 과정에서 보안이나 법적, 윤리적 문제를 포함한 다양한 장벽에 부딪히게 된다. 이러한 문제들은 여러 가지 면에서 사회에 큰 영향을 미치고 있으므로 반드시 그 중요성을 이해하고 대처할 수 있어야 한다.

9장에서는 정보시스템의 보안을 위협하고 있는 다양한 행위를 규명하고, 4차 산업혁명 시대의 기업들은 어떠한 방법을 이용하여 여기에 대처하고 있는지에 대해 자세히 알아보고자 한다. 더불어 사물인터넷, 생체보안 기술 등이 생활 깊숙이 들어오게 되면서 더욱 중요한 의미를 가지게 된 프라이버시 문제, 4차 산업혁명으로 인해 예견되는 일자리 문제 등 윤리적인 문제 등도 함께 살펴보고자 한다.

- 4차 산업혁명 시대 기업과 개인이 겪고 있는 여러 가지 보안 문제를 이해한다.
- 4차 산업혁명 시대에 대두될 수 있는 보안 문제를 예상해 본다.
- 정보기술을 이용할 때 나타나는 다양한 법적, 윤리적, 프라이버시 문제를 파악한다.
- 실제 기업이 사용하는 정보기술 보안 전략 및 대책에 대해 알아본다.
- 정보기술 사용에 따른 이익을 최대화하고 그 부작용을 최소화하는 방안을 제시해본다.

9.1 4차 산업혁명 시대의 보안 문제

비즈니스에서의 정보기술 사용은 여러 가지 형태로 사회에 영향을 미치고 있다. 범죄나 사생활(프라이버시) 침해, 고용 문제 그리고 근로환경 악화와 같은 사회적 문제를 예로 들 수 있다. 하지만 역시 이러한 부작용 이전에 정보기술이 가져다준 여러 가지 이익 역시 간과해서는 안 된다. 공장에서 컴퓨터를 이용한 생산 프로세스의 자동화는 많은 사람들의 일자리를 뺏는 결과를 가져오기도 하지만, 반대로 쾌적한 근로환경에서 낮은 비용으로 높은 품질의 제품을 생산하게 도와주기도 한다. 따라서 경영자들은 이러한 정보기술의 폐해를 최소화하고 그 이익을 최대화할 수 있는 올바른 방향을 제시할 수 있어야 한다.

9.1.1 컴퓨터 범죄와 보안

컴퓨터의 편리함과 동시에 약점을 잘 파악하고 있는 몇몇 개인이나 집단이 저지르는 컴퓨터 범죄는 최근 사회에 커다란 위협요인으로 작용하고 있다. 정부 당국과 기업, 그리고 개인의 대처에도 불구하고, 새로운 유형의 범죄 또한 지속적으로 발생하고 있어 각별한 관심과 예방을 위한 노력이 요구된다. 특히 컴퓨터 범죄는 기업이 사용하는 정보시스템의 무결성, 보안, 그리고 생존과 직결되는 문제이기도 하다. 따라서 효과적인 보안 대책을 수립하는 것은 모든 기업에서의 최우선 과제로 인식되고 있다. 4차 산업혁명 시대에 대표적으로 발생하고 있는 보안 문제들(security issues)에 대해 좀 더 자세히 알아보자.

9.1.2 해커와 해킹

일반적으로 해커(hacker)라고 하면 불법적인 개인이나 집단을 떠올리기 쉬우나, 컴퓨터 내의 시스템이나 프로그램 혹은 데이터 등에 관해 전문적인 지식을 가진 사람을 의미하는 중립적인 용어에 가깝다고 할 수 있다. 이러한 해커 가운데, 크래커(cracker)라고도 불리는 블랙햇(black-hat hacker)은 각종 데이터와 프로그램을 훔치거나 파괴하기 위해 인터넷 및 각종 전산망에 불법적으로 침입하는 개인이나 집단을 의미한다. 이와 대비되는 개념으로 화이트햇(white-hat hacker)은 모의 해킹이나 다른 취약점 점검 등의 기법에 전문적인 보안 전문가로 공익, 예방 혹은 방어를 목적으로 해킹에 대한 대응 전략을 구상하는 개인이나 집단을 의미한다.

해킹(hacking)은 컴퓨터를 포함한 각종 네트워크 자원 활용에 있어서 극단적 사용 유형의 하나로, 타인의 컴퓨터 시스템에 무단 침입하여 데이터 및 프로그램에 접속하는 행위를 의미한다. 크래커들의 주요한 불법행위는 타인의 전자메일을 훔쳐보거나 웹서버에 침입하여 시스템 암호와 같은 중요한 파일들을 자신의 컴퓨터로 전송하는 것이다. 또한 해당 시스템이 자신의 침입을 알아채지 못하도록 중요 파일을 삭제하거나 반대로 자신의 데이터를 심어 놓기도 한다. 최근 해킹과 관련된 여러 논쟁 가운데 하나는 단순 침입만을 시도하는 해커들을 어떤 식으로 처벌할 것인가 하는 것이다. 최근 적발되는 컴퓨터 범죄 중 이러한 단순 침입 사례의 비중이 증가하고 있는데, 많은 나라의 컴퓨터 범죄 관련 법 조항에서는 타인의 전산망을 사전 허가 없이 불법 침입하는 경우, 그 경중과 관계없이 누구든 처벌하는 것을 원칙으로 하고 있음을 유의할 필요가 있다.

〈표 9-1〉은 해킹 공격의 주체, 대상, 목적, 기법 등의 기준에 따른 최근 변화하고 있는 해킹 트렌드를 설명하고 있다. 우선 공격의 주체가 예전에는 해킹에 대한 전문적인

〈표 9-1〉 최근의 해킹 동향

기준	과거	현재
공격 주체	• 해킹 전문가	• 해킹 전문가 • IT 숙련자 • 컴퓨터 이용자
공격 대상	• 서버 운영체제 • 네트워크 장비	• 사용자 PC • 사용자 스마트폰 • 사용자 이메일 • 사용자 블로그 및 SNS
공격 목적	• 서비스 파괴 • 서비스 불능 • 자기 과시	• 돈벌이 수단 • 정치적 목적 달성
공격 기법	• 자기 과시를 위한 소란스러운 공격	• 지속적 • 지능적 • 잘 드러나지 않음

출처: 정보보호교육센터, 2020.

지식을 갖춘 전문가에 국한되었다면, 최근에는 해킹 전문가뿐만 아니라 IT 활용에 능숙한 일반인도 해킹 범죄에 연루되는 경우가 많이 늘어나고 있다. 다음으로, 공격의 대상은 예전에는 서버 운영체제나 네트워크 장비 등 기업의 중요한 정보시스템 인프라를 노렸다면, 최근엔 일반 사용자의 PC, 스마트폰, 이메일, SNS, 블로그 등을 대상으로 한 공격의 비중이 늘어나고 있다. 다음으로, 공격의 목적도 과거에는 서비스 파괴나 불능, 자기 과시 등이 주를 이루었지만, 최근에는 정치적 목적 달성이나 돈벌이를 목적으로 한 공격의 비중이 늘고 있다. 마지막으로, 공격 기법의 경우, 예전에는 자기 과시를 위한 소란스러운 공격이었다면, 최근에는 특정 대상에 대해 잘 드러나지 않게 지속적으로 그리고 지능적으로 공격하는 경우가 흔히 발생하고 있다.

〈표 9-2〉는 일반적으로 흔히 발생하는 주요 해킹 기법들을 설명하고 있다. 이 표에 언급된 방법들은 해커들이 저지르는 컴퓨터 범죄에서의 대표적인 몇 가지 유형에 불과하다. 따라서 이후 3절에서 논의하게 될 다양한 보안 기법들은 전자상거래나 여타의 이비즈니스 환경에서 개인과 기업이 피해를 예방하고, 피해의 규모를 최소화하기 위한 필수적인 장치가 될 것이다.

9.1.3 전자금융 사기에 악용되는 신원도용

다른 신원으로 가장해 개인의 신원 정보를 캐낸 후, 금전적 피해를 주는 전자금융 사기 범죄도 최근 큰 문제가 되고 있다. 가장 대표적인 방법은 피싱(phishing)이다. 피싱은 개인정보(private data)와 낚시(fishing)를 합쳐 만든 용어로, 금융기관 혹은 공공기관으로 가장해 민감한 개인 금융정보를 입력하게 하여 범죄에 악용하는 수법이다. 특히 전화를 이용한 피싱 수법은 보이스 피싱(voice phishing) 혹은 비싱(vishing)이라고 하는데, 최근엔 대출 혹은 범죄연루를 빙자해 개인정보를 빼가는 수법이 급격히 증가하고 있다. 문자 혹은 메신저 메시지를 이용한 피싱 범죄는 스미싱(smishing)이라고 한다. 모바일 청첩장 혹은 무료 쿠폰과 같은 낚시성 문자메시지에 URL(Uniform Resource Locator)을 함께 보내 소액결제를 유도하거나 개인금융 정보를 캐내는 수법이다. 피싱보다 진화한 파밍(pharming)이라는 인터넷 사기 수법은 더 알아내기 어렵다. 위장 사이트를 만드는 것이 아니라 실제 도메인을 탈취하는 수법을 쓰기 때문이다. 정상적인 주소로 접속해도 위장 사이트로 연결되기 때문에 각별한 주의가 필요하다.

〈표 9-2〉 주요 해킹 기법

기법	내용
네트워크 검색 (scans)	네트워크 검색을 이용하여 시스템의 하드웨어 및 소프트웨어 사양을 파악하는 것
논리 폭탄 (logic bombs)	해커에 의해 특정 프로그램 내부에서 오동작을 일으키도록 의도적으로 주입된 악성코드
백도어 (back doors)	침투했던 통로가 나중에 발각될 경우를 대비하여 몇 군데 임시 통로인 백도어를 만들어 두는 것
버퍼 오버플로우 (buffer overflow)	메모리 버퍼에 한 번에 많은 양의 데이터를 보냄으로써 컴퓨터의 통제 권한을 빼앗거나 파괴하는 기법
서비스거부 (denial of service)	특정 웹사이트에 한꺼번에 많은 양의 정보 요청신호를 보냄으로써 해커들이 효과적으로 시스템의 성능을 저하시키거나 심지어 사이트를 다운시키는 기법
스니퍼 (sniffer)	인터넷을 통과하는 개인정보를 몰래 탐색하여 개인의 암호나 전송 메시지 전체를 복사하는 프로그램
스푸핑 (spoofing)	가공의 전자메일 주소나 웹페이지를 만들어서 사용자들이 암호나 신용카드 번호 같은 주요 정보를 입력하도록 유도하는 것
악성 애플릿 (malicious applets)	'자바'로 작성된 작은 프로그램들인 애플릿 중에서 의도적으로 사용자의 컴퓨터 자원을 파괴하거나 암호를 훔치도록 제작된 것
암호추적 (password cracker)	무작위 대입을 통해 임의의 암호를 찾아내는 프로그램
워 다이얼링 (war dialing)	사용자가 모뎀으로 연결되어 있는 경우 무작위로 수천의 전화번호를 추적하여 전화를 거는 프로그램
트로이 목마 (trojan horse)	정상적으로 보이는 프로그램 내부에 사용자가 알지 못하는 불법적인 코드를 넣어두고 몰래 개인 정보를 추출하도록 설계된 프로그램

출처: Sager, 2000.

9.1.4 컴퓨터 바이러스

컴퓨터 바이러스(virus)나 웜(worm)은 컴퓨터 범죄 중 가장 파괴적인 범죄라고 할 수 있다. 일반적으로 바이러스와 웜은 동일한 것으로 간주하지만, 기술적 측면에서 보면 약간의 차이가 있다. 바이러스는 스스로의 힘으로는 작동할 수 없고 오로지 다른 프로그램의 내부에 코드 형태로 첨가되어야만 동작할 수 있는 프로그램 코드를 의미한다. 반면에 웜은 다른 프로그램의 도움 없이 독자적으로 기능할 수 있는 프로그램을 뜻한다. 어느 경우든 네트워크를 통해서 이미 이들에 의해 감염된 컴퓨터에 접속하거나 혹은 감염된 자기디스크 복사본을 사용하는 컴퓨터는 대개 똑같이 감염되고, 컴퓨터 시

〈표 9-3〉 주요 컴퓨터 바이러스

이름	특징
멜리사 바이러스	감염된 워드 파일이 이메일로 전송되는 워드 매크로 바이러스
미켈란젤로 바이러스	미켈란젤로의 생일인 3월 6일에 감염 증상이 나타나는 부트 바이러스
브레인 바이러스	360KB 용량의 플로피 디스켓을 감염시켜 3개의 불량 섹터를 생성하는 부트 바이러스
예루살렘 바이러스	1988년 이스라엘 예루살렘 대학에서 발견된 파일 바이러스. COM, EXE 파일에 감염되어 13일의 금요일이 되면 모든 파일을 삭제해서 '13일의 금요일' 바이러스로도 불렸으며, 후에 많은 변형 바이러스 출현의 계기가 됨
CIH 바이러스	매년 4월 26일에 플래시 메모리 및 하드 디스크를 못쓰게 만든 파일 바이러스
DIR II 바이러스	컴퓨터 내 모든 COM, EXE 파일에 감염되어, 디스크의 파일 실행을 방해한 파일 바이러스
LAROUX 바이러스	특이한 증상은 없으나 엑셀 작업 중 여러 가지 에러 증상으로 불편하게 만든 매크로 바이러스
LRC 바이러스	기억장치의 크기가 감소되며, 하드디스크를 인식 못하게 만든 부트 바이러스

출처: 네이버캐스트, 2021.

스템의 내부는 파괴된다. 따라서 컴퓨터 바이러스나 웜은 빠른 시간 내 무수한 사용자들의 컴퓨터로 전염될 수 있다. 물론 모든 바이러스나 웜이 파괴적인 명령을 수행하는 것은 아니지만 대부분의 경우 메모리 영역이나 하드디스크 내용을 삭제 혹은 기타 저장장치의 내용에 오류를 발생시킨다. 〈표 9-3〉은 대표적인 컴퓨터 바이러스와 그 특징을 설명하고 있다.

컴퓨터 바이러스는 주로 전자메일이나 인터넷을 통한 파일 전송 혹은 기타 온라인 서비스를 이용할 때 첨부파일로 함께 사용자의 컴퓨터 시스템으로 유입되거나 불법 복제된 소프트웨어 등을 통해 전염될 수 있다. 바이러스는 보통 자기 자신을 대상 컴퓨터 운영체제의 파일 속으로 복사한다. 이후 바이러스는 주메모리로 퍼지고 다음엔 각종 하드디스크와 본체에 연결된 외장하드에까지 번지게 된다. 그러므로 바이러스 감염을 피하기 위해서는 되도록 믿을 수 있는 업체로부터 공급된 소프트웨어만을 사용하고 사용 전에 반드시 백신 프로그램을 이용하여 바이러스 감염여부를 확인하여야 한다. 더욱 바람직한 것은 정기적으로 백신 프로그램을 사용하거나 백신 프로그램을 상주하게 하여 하드디스크의 감염여부를 검사하고 바이러스를 제거하는 방법이다.

2020년 정보보호교육센터에서 발표한 보고서에 따르면, 한 해 평균 4억 3천만 개 이상, 즉 하루에 약 118만 개의 신규 악성코드가 생성되고 있다고 한다. 이에 비해 백신

고도화하는 랜섬웨어, 폐쇄망도 안심 못해… '백업보안' 소홀땐 땅치고 후회 CASE 9-1

지난해 글로벌 정보기술(IT)서비스 업체 A사는 랜섬웨어로 인해 최대 500억 원이 넘는 손실을 입을 위기에 처했다. A사는 IT서비스 기업답게 랜섬웨어에 대응하기 위해 단계별 보안을 철저히 했다. A사는 랜섬웨어 감염 사실을 인지한 후에도 당황하지 않았다. 혹여나 모를 상황에 대비해 백업을 해뒀기 때문이다. 언제든 백업 데이터를 복구하면 된다는 생각에 해커 협박을 대수롭지 않게 생각했다. A사는 해커와 불필요한 협상을 진행하지 않고 곧바로 백업 데이터를 가동하려했으나 무용지물이었다. 해커는 이미 백업 마스터 서버까지 장악한 상태였다. 백업 관련 컨트롤타워인 마스터 서버가 감염되면 어떤 시스템에 어떤 데이터가 있는지 파악조차 힘들다. A사가 믿었던 최후의 보루인 백업 시스템까지 해커에게 뚫리면서 A사는 막대한 손실을 볼 수밖에 없었다. 시스템이나 데이터를 암호화해 이를 빌미로 금전을 요구하는 '랜섬웨어'가 갈수록 기승을 부린다. 랜섬웨어 공격에 대처하기 위해 기업마다 보안 투자를 강화한다. 그러나 A사의 사례처럼 단순 보안 투자만이 능사는 아니다. 랜섬웨어에 대응하기 위한 궁극적 방안으로 백업 서버 보안이 주목받는다. 유사시를 대비해 마련한 백업에 대한 보안을 소홀히 하면 돌이킬 수 없는 상황이 발생할 수 있기 때문이다.

랜섬웨어의 새로운 표적 '백업 마스터 서버'

국내외 주요 보안 업체와 기관은 올해 보안 주요 키워드 중 하나로 랜섬웨어를 꼽았다. 포티넷에 따르면 지난해 하반기 랜섬웨어 공격은 7배 증가했으며, 올해도 랜섬웨어는 가장 심각한 사이버 위협이 될 것으로 예상된다. 코로나19로 글로벌 경기가 침체된 가운데 랜섬웨어 피해 비용으로 기업 어려움도 가중된다. 랜섬웨어 전문 업체 코브웨어에 따르면 랜섬웨어로 인해 해커에 지급한 피해금이 지난해 3분기 약 23만달러로 2019년 4분기에 비해 세 배 가량 증가했다. 랜섬웨어 공격 방식도 진화하고 있다. 과거 무작위로 이메일을 보내 공격 통로를 찾았다면 최근에는 고위급 임원 등 타깃형 공격으로 기업 기밀 자료까지 접근한다. 랜섬웨어가 고도화되자 이 같은 피해를 예방하기 위해 많은 기업이 보안 투자를 확대했다. 이에 해커는 보안이 상대적으로 취약한 백업 시스템을 새로운 공격 창구로 삼고 공격을 이어갔다.

랜섬웨어 안전지대는 없다… 백업까지 보안 강화

업계 전문가들은 랜섬웨어 안전지대는 없다고 지적한다. 업계 관계자는 "최고정보책임자(CIO)와 보안 실무자는 백업이 있으니 괜찮다고 여기지만, 정작 백업 담당자는 랜섬웨어는 보안 영역이라 여기는 경우가 많아 백업 보안을 놓치는 경우가 많다"고 지적했다. 이 관계자는 "랜섬웨어 대응 보안 솔루션을 구매하고도 며칠 동안 시스템을 제대로 복구하지 못하는 경우가 많은데, 대부분 백업 마스터 계정까지 탈취당했기 때문"이라고 말했다. 또 다른 관계자는 "이중, 삼중으로 백업 시스템을 갖췄다 하더라도, 백업 마스터 서버가 감염되면 컨트롤타워가 장악되어 백업 시스템을 가동할 수 없다"면서 "백업 보안이 취약하다는 것을 인지한 해커들이 백업 환경까지 공격하는 경우가 늘어 이에 대한 대비가 필요하다"고 강조했다. 이정현 숭실대 교수는 "망분리 환경이라도 USB 등 다른 매개체를 이용해 해커가 원하는 지점으로 뚫고 들어갈 여지가 충분하다"면서 "'랜섬웨어 안전지대는 없다'는 관점에서 전반적 대비가 필요하다"고 말했다. 이 교수는 "랜섬웨어 증가로 기업과 공공 등 여러 분야에서 대대적으로 보안 강화에 나섰지만, 100% 보안은 없는 만큼 부족한 부분이 없는지 늘 살펴야 한다"면서 "최후의 보루로 생각하는 백업 시스템 역시 수시로 모니터링하고 보안이 강화된 환경을 구축해야 랜섬웨어 공격에도 해커에 휘둘리지 않고 안정적 서비스 제공이 가능하다"고 덧붙였다.

출처: 전자신문, 김지선 기자, 2021.04.27.

토론

1. 진화하고 있는 랜섬웨어의 유형 및 사례를 더 조사하시오.
2. 기업 차원에서 랜섬웨어 공격을 방어하기 위한 예방책을 생각해보시오.
3. 기업 차원에서 랜섬웨어에 감염된 경우, 이를 해결하기 위한 대책에 대해 생각해보시오.

프로그램이 대처할 수 있는 하루 평균 악성코드의 수는 10%에도 미치지 못하고 있는 실정이다. 따라서, 컴퓨터를 사용하지 않을 수 없는 개인과 기업이 이러한 바이러스의 공격으로부터 안전을 담보할 방법은 평소 바이러스에 대한 충분한 사전 지식 확보를 통해 공격에 노출되는 빈도를 최소화하는 것이라 할 수 있다.

9.1.5 기업 네트워크를 이용한 절도행위

기업 내 많은 컴퓨터 관련 범죄는 금전적 절취와 관련되는 것이 많다. 이러한 범죄의 대부분은 내부인들의 소행이거나 적어도 그들의 긴밀한 협조하에 이뤄지는 경우가 많다. 따라서 범죄의 마지막 단계에서는 대개 기업 내 네트워크에 접속할 수 있는 내부인이 최종적으로 데이터를 변경함으로써 완전범죄를 노리게 된다.

이와 같은 범죄 행위로 인해 발생한 기업의 재무적 손실은 일반적으로 보도된 것보다 훨씬 크다. 왜냐하면 피해를 본 회사들은 도둑맞은 금액의 규모보다는 이러한 사실이 대중에게 알려짐으로써 일어날 후폭풍이 훨씬 더 무섭기 때문이다. 즉, 컴퓨터 범죄의 대상이 되었다는 사실 때문에 고객들이 투자를 축소하거나 주주들이 기업의 보안에 대해 불만을 터뜨리는 것이 두려운 것이다. 〈그림 9-1〉은 보안사고로 인해 기업이 입을 수 있는 피해를 이해당사자 및 시기별로 보여주고 있다.

〈그림 9-1〉 보안사고로 인해 예상되는 기업의 피해

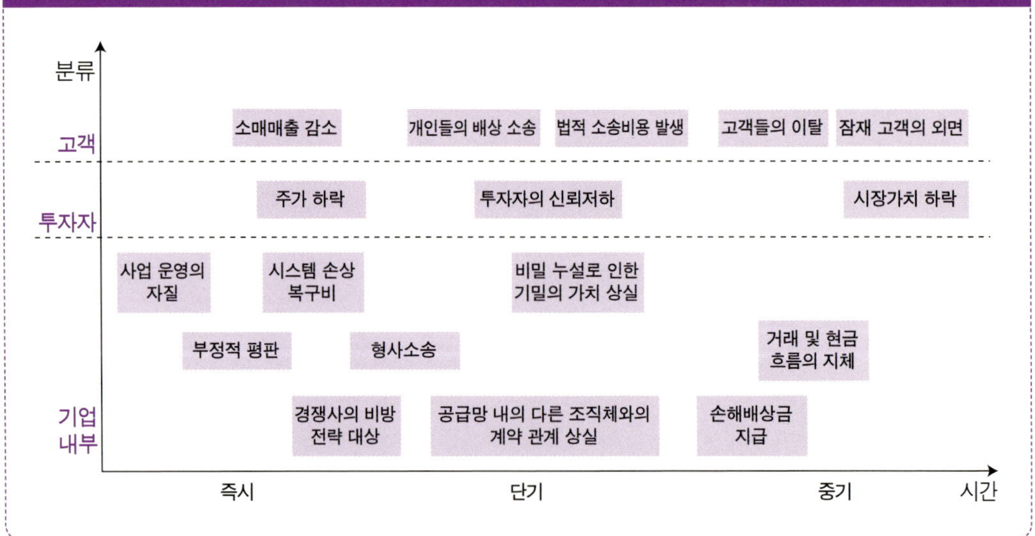

출처: 정보보호교육센터, 2020.

9.1.6 직장에서의 컴퓨터 사용

비록 인가된 사람이라 하더라도 컴퓨터 시스템과 네트워크를 본래의 용도 이외로 사용하는 것은 기업 내 시간과 자원의 절도행위라 할 수 있다. 가장 간단한 예로 직원이 회사의 컴퓨터를 임의로 사용하는 것을 들 수 있다. 즉, 개인적인 목적으로 인터넷 뱅킹이나 채팅, 컴퓨터 오락 등 회사 컴퓨터로 수행해야 할 본연의 업무에서 벗어나는 활동을 하는 것을 의미한다. '스니퍼(sniffer)'라 불리는 네트워크 감시 소프트웨어를 이용하면 회사 내부 네트워크의 트래픽을 조사할 수 있으므로, 직원들의 부적절한 컴퓨터 사용 현황을 알 수 있다.

한 조사에 의하면 미국 직장인의 90%가 근무 시간에 업무 외 용도로 인터넷을 사용하고 84%가 직장의 컴퓨터를 이용해서 개인 전자메일을 보낸다고 한다. 직장인 대부분은 이러한 업무 외 용도로의 사용이 그렇게 심각한 문제는 아니라고 여겨왔고, 더구나 이 때문에 누군가가 해고당하거나 하는 일은 없을 것이라고 믿어왔다. 그러나 그 정도를 벗어나면 해고를 당하는 일도 있는데, 1999년 11월 뉴욕타임즈(The New York Times)는 사내 전자메일을 이용하여 인종차별적이고 음란한 농담을 유포시킨 3명의 직원을 해고한 예가 있다. 같은 해 제록스(Xerox)는 음란물 검색에 하루 평균 8시간 이상을 소비하는 직원 40명 이상을 해고했다. 이후 제록스는 8명으로 구성된 전담반을 구성하여 회사 내에서 업무와 관계없는 용도로 사용되는 컴퓨터의 현황을 파악하기에 이르렀다. 다른 회사의 경우도 크게 다르지 않아 트래픽 감시 소프트웨어를 설치하여 네트워크에 지나친 부담을 주는 인터넷 접속에 대해서는 차단하는 등의 조치를 강구하게 되었다. 2016년 1월에도 유럽 법원에서 업무 중 메신저로 사적인 대화를 주고받았다는 이유로 해고된 일에 대해서 직원이 업무시간에 보낸 메신저 채팅 내용을 기업에서 감시하는 것이 정당하다는 판결을 한 사례가 있다.

9.1.7 소프트웨어와 지적재산권

컴퓨터 프로그램은 그 자체로 귀중한 자산이고 프로그램 대다수는 상당한 고가이다. 이 때문에 많은 컴퓨터 시스템에서는 허가받지 않은 불법 복제 프로그램을 사용하고 있으며, 이로 인해 소프트웨어의 지적재산권 문제도 큰 사회문제로 대두되고 있다. 최근 들어 소프트웨어 불법 복제와 관련된 다양한 사례들이 속속 신문 지면을 장식하고 있다.

소프트웨어는 저작권과 사용자 라이선스로 보호받는 지적재산이기 때문에 허가받지 않은 복제는 당연히 불법이다. 일반적으로 상용 소프트웨어 패키지를 구매한다는 것은 최종사용자가 반드시 정해진 용도로만 사용하겠다는 법률적인 동의를 뜻한다. 따라서 사용자가 많은 기업에서 상용 소프트웨어를 사용하기 위해서는 큰 비용이 수반되므로, 여러 기업에서는 개별 구매보다 저렴한 사이트 라이선스(site license)를 체결하여 내부 직원들이 합법적으로 약정된 수의 복사본을 사용하도록 하고 있다. 또 다른 대안은 셰어웨어(shareware)를 사용하는 것으로 이는 타인에게 복사해 주어도 불법이 아닌 소프트웨어를 의미한다. 하지만 대부분의 셰어웨어는 시험판인 경우가 많으므로 정해진 기간이 지나면 사용할 수가 없다. 이때는 정해진 가격을 지불하여야만 계속해서 사용할 수 있다. 마지막으로 공용 소프트웨어(public domain software)가 있는데 이는 말 그대로 저작권과 무관한 공공의 무료 소프트웨어를 의미한다.

소프트웨어만이 컴퓨터 시스템에서 불법적으로 사용될 수 있는 유일한 지적재산은 아니다. 음악, 영화, 게임, 도서, 그림, 각종 문헌 등과 같은 디지털 콘텐츠도 역시 쉽게 저작권 침해를 받을 수 있는 지적재산에 속한다. 이들 중에서 디지털화되어 있는 것들은 컴퓨터를 이용하여 쉽게 복제 혹은 변형이 가능하므로 전자메일, 다이렉트 메시지와 같은 인터넷 서비스를 이용하여 유포될 가능성이 크다. P2P(Peer-To-Peer) 기술은 인터넷을 통해 각종 디지털화된 저작물의 공유를 더욱 용이하게 만들었다.

9.1.8 스팸메일의 폐해

사생활 보호의 주장이 최근 대두되는 반면, 오히려 타인이 감추려고 하는 정보를 알 권리가 있다는 주장(정보의 자유, freedom of information), 어떤 문제들에 대해 자신의 의견을 자유롭게 피력할 수 있는 권리가 있다는 주장(발언의 자유, freedom of speech)과 그러한 의견을 자유롭게 출판할 수 있는 권리가 있다는 주장(출판의 자유, freedom of the press)을 제시하는 사람도 있다. 이러한 논쟁은 주로 온라인 커뮤니티의 공공게시판이나 포털서비스의 댓글창, 그리고 이메일 통해 일어난다. 거의 전투가 벌어지는 듯한 양상을 보이는 이런 곳에서는 주로 명예훼손성 메시지, 플래밍, 스팸 또는 메시지 검열(censorship) 등이 무기로 사용된다.

스팸메일(spam mail)이란 수신자의 의사와는 관계없이 특정 목적을 위해 무차별하게 전송되는 대량의 메일을 말한다. 이는 주로 광고나 단순히 쓰레기메일(junk mail)을 보내려는 목적을 가진 사람들이 애용하는 방법이다. 물론 컴퓨터 바이러스를 유포하거나 임의의 컴퓨터 시스템에 침투하려는 범죄 목적을 위해서도 사용되고 있다.

플래밍(flaming)이란 임의의 대상에게 극단적으로 모욕적이거나 비난하는 내용을 담은 메일을 보내거나 인터넷 뉴스그룹에 그런 내용의 글을 게시하는 것을 의미한다. 이는 주로 특정 목적을 위해 개설된 뉴스그룹의 게시판에서 흔히 볼 수 있다. 또한 인터넷상으로 인종차별적이거나 명예훼손성인 내용의 메시지를 유포해서 발생한 각종 소송과 함께 음란물과 관련된 문제 역시 끊이지 않고 나타나고 있는데, 명예훼손성 내용의 배포는 사실여부와 관계없이 법적 처벌 대상이 됨을 명심할 필요가 있다.

9.1.9 사물인터넷과 해킹 피해

4차 산업혁명과 함께 사물에 센서를 붙여 실시간으로 데이터를 주고받을 수 있는 사물인터넷의 시대가 도래했다. 날씨에 따라 집안 온도와 습도가 자동으로 조절되고, 개인의 건강 상태를 실시간으로 확인하며 관리해주는 등 사물인터넷 기술은 우리 일상 속 깊숙이 들어와 많은 편의를 제공하고 있다. 시장조사기관 가트너는 2016년 세계적으로 64억 개였던 사물인터넷 기기의 수가 2020년에는 세 배 이상인 208억 개에 달할 것으로 전망했다.

그러나 사물인터넷에서 '인터넷으로 만물이 연결되고 있다'는 말의 의미를 뒤집으면 '만물이 컴퓨터 범죄에 노출되고 있다'는 뜻이 되기도 한다. 2016년 개봉한 영화 〈아이.티.〉에서는 성공한 사업가의 최첨단 사물인터넷 기술로 꾸민 스마트 하우스가 해킹되면서 발생하는 사건을 그리며 사물인터넷이 가진 양면성의 위험을 경고하고 있다. 실제로 최근 사물인터넷의 급격한 성장과 함께 사물인터넷 기기를 통한 보안사고 역시 급증하고 있다. 특히 현재 양산되고 있는 사물인터넷 기기에는 PC나 스마트폰에 비해 저사양의 하드웨어가 사용되고 있으며, 보안 설계 및 관리 또한 소홀하게 이뤄지고 있어 해커들의 집중적인 공략목표가 되고 있다. 사물인터넷 기기가 주로 가전제품, 웨어러블 기기, CCTV, 1인용 이동 수단, 자동차 등 일상생활에서 사용되고 있어 민감한 개인정보를 담고 있으며, 개인의 안전과 밀접한 관련이 있다는 점에서 이는 더욱 심각한 문제라고 볼 수 있다.

따라서 사물인터넷과 관련된 사업을 운영하는 기업에서는 이러한 보안 문제를 어떻게 대비하고 해결할 것인지 심각히 고민해야 한다. 전문가들은 최종사용자도 보안 기능을 확인하고 주기적으로 비밀번호를 변경하며, 사용하지 않는 기기는 원격 연결 기능을 비활성화하는 등의 기본 보안 수칙을 철저히 지켜야 예방할 수 있다고 조언한다.

9.2 프라이버시 문제와 기타 윤리 문제

9.2.1 프라이버시 문제

정보기술의 발전으로 인해 점점 빠르고 편하게 필요한 데이터와 정보를 취합하거나 저장, 교환, 재생할 수 있게 되었다. 즉, 컴퓨터를 기반으로 한 정보시스템의 효율성과 효과성은 시간이 지날수록 점점 높아지고 있는 것이다. 하지만 기술은 반대로 개인의 사생활을 침해하는 역효과도 가져오고 있다. 많은 기업에서 직원들의 사내 전자메일을 감시하고 있는 것이 그런 예라고 볼 수 있다. 또한 임의의 웹사이트를 방문할 때마다 방문자의 접속 정보는 계속해서 그 사이트의 서버에 저장되므로 이 역시 사생활 침해 위험에 노출되어 있는 셈이다. 신용카드 회사나 정부기관 혹은 개인 회사에 이르기까지 다양한 조직의 중앙 데이터베이스에 저장된 고객 정보의 누출로 인해 많은 사람들이 사생활 침해를 호소하고 있고, 심지어 사기 같은 불법 행위의 대상이 되기도 한다. 이러한 허가받지 않은 개인정보의 사용으로 인한 피해 사례는 무수히 많다. 물론 정보의 유출뿐만 아니라 데이터베이스 내에 단순 오류가 발생하는 경우에도 아무 관련 없는 사람이 신용불량자로 둔갑할 수도 있다.

인터넷은 대부분의 사용자에게 익명성을 부여하는 대신, 그 대가로 많은 사람들의 사생활을 침해하고 있다고 할 수 있다. 웹과 이메일, 채팅 그리고 뉴스그룹에 이르기까지 대부분의 인터넷 서비스는 아직 개인정보와 사생활 보호를 위한 확실한 대책을 가지고 있지 않으며, 이로 인해 무수한 개인정보가 쉽게 외부에 노출되고 있다. 매번 웹사이트나 뉴스그룹을 방문할 때 개인정보는 '쿠키'라고 불리는 조그만 파일로 만들어져 각자의 하드디스크에 저장되는데, 〈그림 9-2〉는 쿠키파일의 예이다.

쿠키파일은 보안성이 높지 않아 해커가 아니더라도 이 파일을 이용하여 비교적 쉽게 타인의 개인정보를 수중에 넣을 수 있다. 이는 아직까지 합법적인 것으로 심지어 해당 사이트의 소유주가 이런 정보를 제3자에게 팔기도 하며, 이런 개인정보들은 해커들의 주요 탈취 대상이 되고 있다.

〈그림 9-2〉 쿠키파일의 예

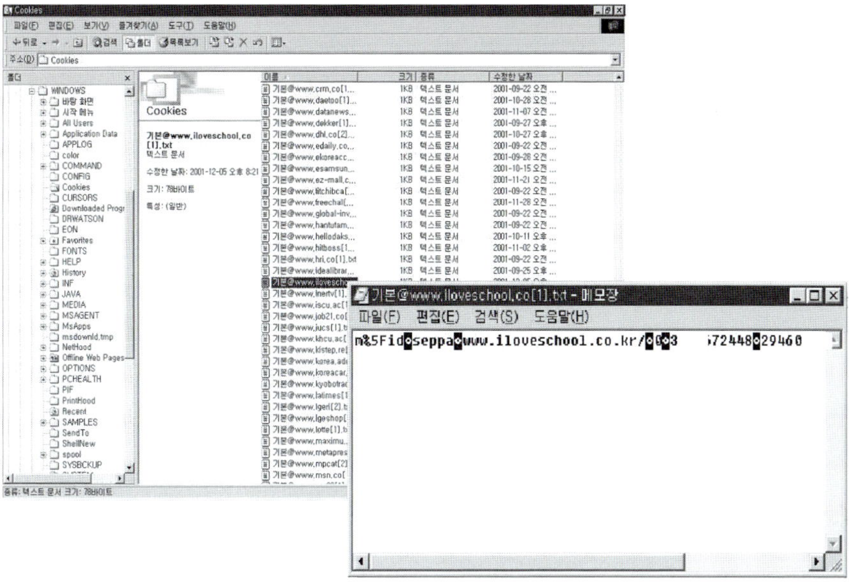

9.2.2 컴퓨터 감시

근무환경과 프라이버시 문제에 있어 가장 중요한 사안 중 하나는 컴퓨터 감시(computer monitoring)이다. 컴퓨터 감시란 직원들의 생산성과 효율성을 점검하기 위해 간부들이 그들의 컴퓨터에서 나타나는 변화를 계속하여 관찰하는 것을 의미한다. 이러한 제도의 본래 목적은 직원들의 작업 효율성과 그 수준을 향상시키기 위해 연속적인 데이터를 수집하는 것이었지만, 점점 그 의미는 퇴색되고 업무보다는 직원 자체를 감시하는 것을 주요 기능으로 삼게 되었다. 즉, 컴퓨터 감시는 직원들의 프라이버시와 자유를 침해할 소지를 다분히 가지고 있다.

일반적으로 직원들은 어떤 식으로 감시를 당하는지, 그때 취합된 정보가 어떻게 사용되는지에 대해 전혀 모르기 때문에, 컴퓨터 감시는 직원들의 프라이버시를 심각하게 침해하고 있다. 전문가들은 이러한 정보들이 함부로 사용될 경우 적절한 프로세스를 거쳐 평가받아야 하는 직원들의 권리마저 무시당할 수 있다고 말한다. 전자적으로 끊임없이 진행되는 감시 속에서 일해야 하는 직원들은 상당한 스트레스를 감수해야 하고, 이 때문에 컴퓨터 감시는 감시당하는 직원들의 건강까지 위협하고 있다고 비난받는다.

‘몰라서 못 받던 정부지원금 있나?’ 마이데이터가 알려줍니다

CASE 9-2

30대 직장인 김 모씨는 바쁜 일상을 보내느라 자동차 관리에 신경을 쓰지 못했다. 수개월 전 차량이 리콜 대상이라는 우편물을 받았지만 생업에 쫓기다보니 어느 순간 잊게 됐고 타이어 상태가 좋지 않다는 알림이 들어와도 겉보기에 멀쩡해 그냥 운행했다. 하지만 얼마 전 네이버페이에 접속했다 눈이 번쩍 뜨였다. 자신의 차량 번호만 입력했는데 무슨 문제로 리콜 대상 차량이 됐으며 어디에 연락을 하면 되는지, 타이어 크기가 얼마이며 이에 맞는 상품으로 어떤 것을 선택하면 되는지 네이버쇼핑과 바로 연동이 됐기 때문이다.

5일부터 마이데이터(본인 신용정보관리업)가 본격 시행되면서 기업들이 소비자의 선택을 받기 위해 ‘차별화 전쟁’에 나서고 있다. 마이데이터란 개인이 자신의 금융 정보를 취합할 수 있는 권리를 기업에 위임하면 기업은 이를 토대로 정보를 모아 맞춤형 서비스를 추천해주는 것이다. 가령 개인의 소비패턴을 분석해 가장 많은 혜택을 받을 수 있는 신용카드를 제시해주는 것이다. 지금까지 자유업에서 이날 이후 허가제로 전환되며 본인가를 받은 28개 기업만 사업을 계속할 수 있다. 기업들은 개인의 예금 잔액, 대출 규모, 카드 사용 내역 등 기초적인 금융 정보를 토대로 나름의 금융 서비스 추천은 누구나 할 수 있어, 결국 어떤 차별화된 서비스를 제공하느냐가 중요하다고 보고 이에 사활을 걸고 있다.

디지털에 박차를 가하고 있는 NH농협은행의 경우 정부 지원 프로그램에 특화된 서비스를 선보이고 있다. 개인은 중앙 정부뿐만 아니라 지방자치단체 차원에서도 다양한 지원 프로그램이 있어 꼼꼼히 점검하지 않으면 놓치기 쉽다. 농협은행은 이 점에 주목하고 앱 ‘올원뱅크’에 접속해 본인 인증만하면 본인이 받을 수 있는 정부 지원 프로그램을 종합해 안내해주고 있다. 아동 수당 등 기초적인 정부 지원뿐만 아니라 건강가정지원센터·노후준비 서비스 등을 소개해준다.

막대한 사용자를 거느린 네이버의 자회사 네이버파이낸셜도 약진하고 있다. 네이버 애플리케이션에서 네이버페이에 접속한 후 ‘내 자산’을 클릭하면 본인 인증을 통해 자신의 은행 계좌 잔액, 증권투자 현황 및 수익률, 카드 사용액, 대출액 등을 한 화면에서 볼 수 있다. 특히 자동차 특화 서비스에 공을 들였다. 본인의 차량 번호만 입력하면 모델명과 배기량·연비·차대번호 등의 정보를 제공한다. 중고차 시세와 함께 적합한 업체도 연결해준다. 자동차보험 가입 현황과 만기까지 남은 기간, 자동차 검사까지 남은 일수도 안내해주고 엔진오일과 같은 소모품은 네이버쇼핑을 통해 바로 구입할 수 있게 했다. 유가 시세도 보여주며 주변의 최저가 주유소도 안내해준다.

신한은행도 앱 ‘쏠’에서 접속할 수 있는 ‘마이 자산’을 통해 마이데이터 서비스 고도화에 박차를 가하고 있다. 자신이 관리받고 싶은 은행 잔액, 연금, 부동산 등의 정보를 입력하면 이를 토대로 최적의 금융투자 경로를 추천해주고 있다. 신한은행은 장기적으로 자산의 범위를 확장해 전통적인 금융자산부터 한정판 운동화와 같은 실물 자산, 암호화폐 등의 디지털자산까지 관리, 운용할 수 있는 정보 계좌 업무도 선보일 계획이다.

국민은행은 ‘KB마이머니’앱을 통해 마이데이터 서비스를 제공하고 있다. 자체 인증 수단인 ‘KB모바일인증서’로 로그인할 수 있어 공동인증서(옛 공인인증서)가 필요한 다른 업체에 비해 인증이 간편하다는 것이 장점이다. 특히 KB부동산과 연계되어 주택 관련 시세 반영이 신속·정확하다. 이 외에 토스는 개인 신용점수와 신용점수 올리기 서비스를 시행 중이며 이를 기반으로 가장 적합한 대출·투자·카드상품 등을 추천해준다.

출처: 서울경제, 이태규 기자, 2021.02.06.

토론

1. 마이데이터 관련 사업이 개인의 프라이버시 문제를 해결해 줄 수 있을 것인지에 대해 논의해 보시오.
2. 미국, 유럽 등 해외 선진국들의 마이데이터 사업에 대해 조사하시오.
3. 본 사례에 제시된 마이데이터 사업의 미래에 대해 전망하시오.

여러 나라에서 직장에서의 컴퓨터 감시를 없애려는 정치적 압력이 증가하고 있다. 미국에서는 이미 사회단체나 노동조합 또는 법률단체에서 정부 차원의 입법화를 계속 해서 요구하고 있다. 제안된 조항이 통과되면 각 직장에서의 컴퓨터 감시는 완화되고 직원들의 프라이버시를 보호하려는 노력은 가속화될 것이다. 한편 그동안 감시당하던 직원들이 회사를 상대로 소송을 내는 경우도 늘고 있다. 이에 직원들에 대한 컴퓨터 감시는 한동안 뜨거운 논쟁거리가 될 전망이다.

'디지털 장의사'도 어엿한 직업입니다

CASE 9-3

인터넷에서 원치지 않는 정보를 지워주는 '디지털 장의사'가 공식 직업으로 인정받는다. 논쟁이 한창인 '잊혀질 권리' 법제화에도 긍정적인 영향을 줄 것으로 보인다. 정보기술(IT) 신직업으로 주목받으면서 시장도 크게 확대된다.

디지털 장의사가 방송통신위원회 추천으로 국가직무능력표준(NCS) 신규 직군으로 고용노동부에 접수됐다. 디지털 장의사는 온라인에 떠돌아다니는 원치 않는 정보를 대신 삭제하는 사람이나 업체를 의미한다. 온라인 상조회사라고도 불린다. 사람이 죽으면서 온라인에 남아 있는 사진을 삭제하고 계정 탈퇴 업무까지 맡는다. 2011년 미국 라이프인슈어드닷컴이 정보 삭제 대행사업을 시작하면서 관련 업체가 우후죽순 늘었다. 라이프인슈어드닷컴은 가입비 300달러에 회원이 사망하면 관련 정보를 삭제한다.

국내에는 30여개 디지털 장의사 전문업체가 있는 것으로 전해졌다. 방통위가 파악하기는 국내기업 20여개와 해외업체 10여개 수준이다. 업무와 분야도 과거보다 크게 늘었다.

온라인평가관리 전문회사 맥신코리아는 디지털 정보 삭제부터 기업 위기, 온라인 평판까지 관리한다. 의사·변호사·최고경영자·연예인·정치인 등 개인의 부정적인 기사·댓글 관리도 대행한다. 업계 관계자는 "건당 수수료나 가입비 등 비용 산정 방식은 다양하다"며 "수십만 원에서 많게는 수백만 원을 지불하고 정보 삭제를 대행한다"고 밝혔다.

디지털 장의사가 IT 신직업으로 각광받는 배경에는 '잊혀질 권리'가 있다. 지난 2014년 유럽사법재판소(ECJ)가 잊혀질 권리를 인정하는 판결을 내놓으면서 일파만파로 확대되고 있다. 당시 한 스페인 출신이 채무 문제로 집이 경매에 넘어갔다는 내용의 기사를 구글(Google) 검색에서 삭제해달라는 주장에서 시작됐다. 법원이 인터넷 검색 결과에서 민감한 개인정보 삭제를 요청하도록 인정하면서 업계 관심이 쏠렸다. 판결 후 구글은 6개월 만에 19만 1,233건 정보(URL) 삭제 요청을 받았다.

국내에서도 잊혀질 권리에 대한 법제화 움직임이 활발하다. 방통위를 중심으로 잊혀질 권리를 현행 규정에 적용하는 방안과 법제화 과제 등 다각적 논의가 이뤄지고 있다. 일부에서는 디지털 장의사가 부정적인 영향을 미칠 것이란 의견도 있다. 기업 등이 특수목적으로 사실을 은폐하는데 활용될 수 있다는 것이다. 인적자원개발위원회 관계자는 "사실이면서도 특정 기업이나 집단 이익을 위해 정보를 삭제할 가능성도 크다"며 "여러 문제가 발생할 수 있기 때문에 대안 마련이 필요할 것"이라고 밝혔다. 이 밖에 알 권리를 침해하는 요소로 지적받기도 했다.

출처: 전자신문, 권동준 기자, 2016.01.24.

토론

1. 잊혀질 권리와 알 권리 중 더 중요한 권리는 무엇인지 논의하시오.
2. 잊혀질 권리 법제화가 기업에 어떤 영향을 미칠지 토론하시오.

9.2.3 기타 윤리적 문제들

지금까지 살펴본 여러 이슈 이외에도 비즈니스 환경에서 정보기술의 활용으로 인해 발생하는 기타의 문제들이 있다. 이러한 문제들은 고용, 획일주의, 근로환경, 건강 등의 영역에서 발생하고 있는 윤리적이고 사회적인 영향력과 깊은 관련이 있다.

먼저 고용 문제에 미치는 정보기술의 영향은 중요한 사회경제적인 문제일 뿐 아니라, 작업 환경의 자동화를 위해 컴퓨터 및 인공지능 로봇을 사용하는 문제와 같은 실질적인 면에서도 직접적으로 연관되어 있다. 누구나 인정하듯 정보기술의 영향으로 직업의 종류와 수요는 다양해지고 생산성 역시 눈에 띄게 향상되었다. 반면 특정 분야에서의 인력에 대한 수요 감소 역시 나타나게 되었다. 예를 들어, 회계시스템이나 기계 설비를 컴퓨터로 자동화할 경우, 생산성은 향상되는 반면 많은 경리와 기능공들은 일자리를 잃게 된다. 또한 정보시스템에 의해 창출된 직종에 종사하기 위해서는 기존의 직업들과는 다른 형식의 경험과 기술이 요구되기도 한다. 따라서 이들이 새로운 업무와 위치에 어울리도록 적절히 재교육받지 못하면 도태될 수밖에 없다. 이러한 노동 대체 현상은 4차 산업혁명을 통해 더 크게 나타날 것으로 보인다. 알고리즘과 로봇, 다른 형태의 비인적 자산(non-human assets)의 능력이 크게 증대되고 있기 때문이다.

하지만 e-비즈니스의 시작과 함께 그 이상으로 많은 새로운 일자리가 생겼으며, 스마트폰의 출현과 함께 앱 시장이 생겨났음 또한 부인할 수 없다. 인터넷 웹마스터(webmaster), 전자상거래 책임자(e-commerce director), 시스템 분석가(system analyst), 사용자 컨설턴트(user consultant), 데이터 과학자(data scientist)와 같은 새로운 직종들이 생겨났고, 서비스 산업에서는 기업에 특별한 서비스를 제공하는 직종들이 나타났다. 또한 정보기술의 영향으로 기존에는 불가능해 보이던 복잡한 제품과 서비스의 생산이 가능해짐에 따라 부수적인 직종 역시 발생했다. 즉, 우주탐험, 미세전자기술이나 원격통신 같은 정보기술 의존도가 가장 높은 산업영역에서 새로운 직종이 속속 만들어지고 있는 것이다.

마지막으로, 정보기술의 사용으로 인한 건강의 손상 역시 중요한 문제로 자리잡고 있다. 지나친 컴퓨터 사용은 스트레스, 팔과 목 근육의 손상, 안구 건조화, 전자파에 대한 과다노출뿐 아니라 심지어 죽음에 이르게까지 하는 중요한 원인이 되고 있다. 즉, 회사에서의 컴퓨터 감시 같은 제도는 직원들의 과다 스트레스를 유발하는 원인 가운데 하나로 지목받고 있고, 심각한 건강 문제 또한 초래하는 것으로 알려져 있다. 하루 종일 컴퓨터 앞에서 일해야 하는 많은 현대인들은 쉽게 눈의 피로감을 느끼며, 모니터에서 방사되는 전자파로 인해 여러 가지 질병을 호소하고 있다. 물론 전자파가 정확하게 인체에 어떠한 영향을 미치는지를 연구한 결과는 나온 바가 없지만, 전문가들은 가급적 모니터에서 너무 가까이 앉아 일하지 말 것을 권장하고 있다.

9.3 정보시스템과 보안

앞에서 살펴본 바와 같이 다양한 문제들이 정보시스템의 보안 및 개인의 프라이버시를 위협하고 있다. 따라서 이 절에서는 기업들이 보안을 유지하기 위해 사용하는 다양한 방법들에 대해 알아본다. 경영자들과 보안 전문가 모두 보안과 그 수준에 대한 책임을 져야 한다. 이를 위해서는 무엇보다 체계적이고 빈틈없는 보안대책 수립이 우선되어야 함은 아무리 강조해도 지나치지 않을 것이다.

9.3.1 정보시스템과 보안관리

보안관리의 목적은 모든 비즈니스 프로세스와 자원의 정확성(accuracy)과 무결성(integrity), 그리고 안전성(safety)을 유지하는 데 있다. 따라서 효과적인 보안관리는 오늘날의 기업들을 묶어주는 정보기술 네트워크 속에서 오류와 사기와 같은 가치손실의 위험을 최소화해주는 것이다. 〈그림 9-3〉은 정보시스템에서의 대표적 보안 방안들을 설명하고 있다.

암호화

암호화(encryption)는 인터넷, 인트라넷, 그리고 엑스트라넷에서 데이터와 다른 네트워크 자원을 효과적으로 보호하는 중요한 수단이 되어왔다. 비밀번호, 메시지, 파일과 같은 주요 데이터들은 암호화되어 전송된 후 허가받은 사용자만이 해독할 수 있다. 여기서 암호화란 특별한 수학적 알고리즘이나 키를 이용하여 디지털 데이터를 일반인들이 알아볼 수 없는 형태로 변형하는 것을 말한다. 현재 가장 널리 사용되는 암호화 기법은 한 쌍의 공개키(public key)와 개인키(private key)를 사용하는 공개키 기반구조(PKI: Public Key Infrastructure) 방법이다. 예를 들면, 송신자는 수신자의 공개키를 이용하여 전자메일을 암

〈그림 9-3〉 정보시스템에서의 대표적 보안 방안

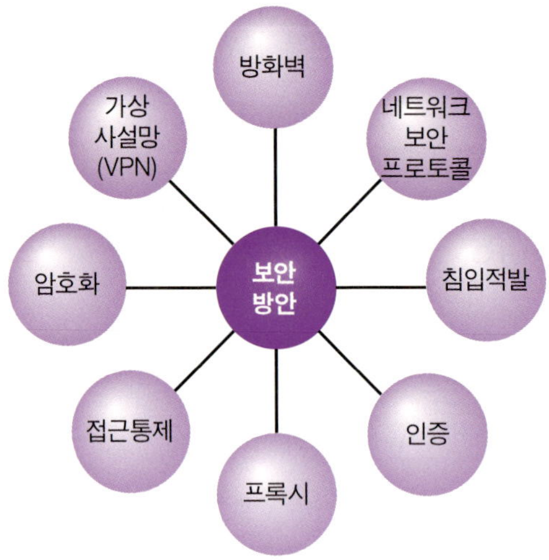

호화해서 전송한다. 메일이 도착하면 수신자는 오직 본인만이 알고 있는 개인키를 이용하여 암호를 해독하고 내용을 확인한다. 즉, 공개키는 타인에게 공개되어 있지만 개인키는 오직 본인만이 알고 있는 것이다.

방화벽

방화벽(firewall) 소프트웨어는 인터넷을 포함한 네트워크의 보안과 통제를 위한 중요한 요소이다. 네트워크 방화벽은 라우터(router)라 불리는 통신 프로세서가 될 수도 있고 방화벽 소프트웨어가 설치되어 있는 전용 서버가 될 수도 있다. 방화벽은 필터와 함께 접속 지점의 안전성을 제공함으로써 기업의 인트라넷과 같은 내부 네트워크를 외부의 침입으로부터 보호하는 '문지기(gatekeeper)' 역할을 수행한다. 즉, 모든 네트워크의 트래픽을 필터링하여 정확한 암호와 보안코드를 가지고 있는 허가된 프로세스만을 통과시킨다. 인터넷의 낮은 보안 신뢰도 때문에 방화벽은 인터넷에 접속하고 있는 조직의 필수적인 구성요소로 인식되고 있다.

서비스거부 공격 방어

거대 기업에 대한 해커들의 공격이 날로 증가함에 따라 인터넷의 보안 취약성이 점점 중요한 사회문제가 되고 있다. 특히 'DoS(Denial of Service)'라 불리는 서비스거부 공격이

〈표 9-4〉 서비스거부 공격에 대한 계층별 방어 대책

단계	방어 대책
좀비 컴퓨터	• 보안 대책을 수립하고 실시한다. 서버 내 트로이목마 프로그램과 취약점에 대해 정기적으로 검사한다. • 사용하지 않는 포트는 폐쇄하며, 사용자들에게 확장자가 .exe인 첨부파일은 열지 않도록 한다.
인터넷 서비스 제공업체	• 항상 트래픽을 감시하여 갑작스런 트래픽의 증가나 감소가 발생하지 않도록 한다. • 잘못된 IP 주소를 가려낸다. • 네트워크 제공업체와 긴밀한 관계를 유지한다.
공격 대상이 되는 웹사이트	• 항상 백업 서버와 여분의 네트워크 연결회선을 준비한다. • 각 서버로 들어오는 트래픽의 양을 제한한다. • 다중 침입탐지 시스템과 여러 개의 라우터를 설치하여 대량 트래픽으로 인한 병목현상을 해소한다.

출처: Radcliff, 2000.

그 대표적인 예이다. 〈표 9-4〉는 조직이 서비스거부 공격에 대해 어떤 식으로 대처해야 하는지를 단계별로 열거해 놓았다.

인터넷을 통한 서비스거부 공격은 크게 세 단계의 네트워크 계층과 연결되어 있다. (1) 공격 대상이 되는 웹사이트, (2) 그 웹사이트가 이용 중인 인터넷 서비스 제공업체(ISP: Internet Service Provider), (3) 해커가 공격을 위해 가상의 진지로 이용하는 '좀비(zombie)' 혹은 '노예(slave)' 컴퓨터가 그것이다. 예를 들면, 공격자는 먼저 대학의 서버들처럼 비교적 관리가 소홀한 컴퓨터에 잠입하여 트로이 목마 프로그램을 심어 놓는다. 그러면 이 프로그램은 좀비 컴퓨터의 자원을 이용하여 야후나 이베이 같은 대형 기업의 서버로 엄청난 양의 서비스 요청 신호를 보낸다. 〈표 9-4〉에 나타난 것처럼 서비스거부 공격에 대처하기 위해서는 세 단계의 모든 컴퓨터에서 예방책과 보안대책이 수립되고 실행되어야 한다. 이것은 기업이 서비스거부 공격 같은 해커들의 침입으로부터 자신들의 웹사이트를 보호할 수 있는 기본적인 요구사항이다.

전자메일 감시

인터넷, 그중에서도 전자메일 시스템은 컴퓨터 바이러스를 퍼뜨리거나 네트워크로 침입하기 위해 해커들이 가장 즐겨 이용하는 수단이다. 최근에는 전자메일 시스템을 통한 직원들의 불법적인 내부정보 유출을 우려하는 회사의 자체 검열과 그에 대해 반대하는 직원들의 항의가 이어지기도 한다.

컴퓨터 바이러스 대책

규모의 차이만 있을 뿐 기업 대부분이 컴퓨터 바이러스로 인해 피해를 본 경험이 있으므로 지속적이고 꾸준한 백신 소프트웨어의 업그레이드 및 개발을 통한 방어 대책 수립은 일반적인 현상이 되었다. 대기업의 경우 이러한 임무는 주로 회사 내의 정보시스템 부서에서 맡게 된다. 요즘은 이러한 임무 자체를 아예 외부의 인터넷 서비스 제공업체나 통신업체 혹은 보안관리 전문업체에 위탁하는 회사도 적지 않다. 그 이유 중의 하나는 백신 소프트웨어 회사들이 네트워크 버전의 소프트웨어를 개발하였기 때문이다. 즉, 네트워크 버전의 백신을 인터넷 서비스 제공업체나 다른 서비스 업체에 판매할 경우 그 업체들 역시 각자의 고객들에게 네트워크를 통해 쉽게 그 백신을 공급할 수 있기 때문이다. 최근 백신 개발회사들은 방화벽과 백신 소프트웨어를 통합한 보안패키지 판매에도 나서고 있다.

9.3.2 기타 보안대책

지금부터는 정보시스템을 외부의 위협요인으로부터 보호하는 기타 보안대책에 대해 알아보도록 하자. 이 방법에는 내고장성(fault-tolerant) 컴퓨터와 보안감시기 같은 하드웨어 도구에서부터 암호와 백업파일 등의 보안정책 및 절차와 같은 소프트웨어 도구들을 포함한다.

비밀번호 관리

일반적인 보안관리를 위해서는 다중레벨의 암호시스템을 사용한다. 우선 최종사용자는 사용자 아이디를 이용하여 컴퓨터 시스템에 로그인한다. 로그인 과정에서 비밀번호 입력을 요청받게 되고 정확하게 입력하였을 때 시스템에 입장할 수 있다. 이때 사용되는 비밀번호는 되도록 자주 바꾸고 남들이 쉽게 알아채지 못하도록 대문자, 소문자, 숫자 및 특수문자 등을 이용한 다양한 조합을 이용하는 것이 바람직하다.

백업파일

백업파일이란 각종 데이터나 프로그램의 복사본을 의미하는 것으로, 그 자체로 중요한 보안대책이 된다. 파일을 정기적으로 백업할 때는 계속해서 가장 최근의 백업파일에서부터 백업을 해나가는 방식이 주로 사용된다. 즉, 현재 사용 중인 파일이 손상된 경우 가장 최근의 백업파일로부터 복구하고, 만약 그 파일마저 손상되어 있다면 계속해서 그 이전의 백업파일로 옮겨가면서 복구하는 방식이다. 때때로 통제의 목적으로 지난 여러 세대의 백업파일을 보관하는 경우도 있다. 가장 최근의 여러 시점에서 얻어진 마스터 파일들을 백업 목적으로 보관하는 것이다. 일단 백업목적의 마스터 파일들이 정해지면 가급적 중앙의 데이터센터에서 물리적으로 멀리 떨어진 곳에 보관하는 것이 바람직하다.

보안감시기

'시스템 보안감시기(system security monitor)'로 알려진 특수한 소프트웨어 시스템을 이용해서 네트워크의 보안을 유지할 수도 있다. 시스템 보안감시기란 네트워크와 컴퓨터 시스템의 모든 사용 내역을 실시간으로 감시하고 허가받지 않은 사용자와 각종 파괴행위 등으로부터 시스템을 보호하는 프로그램을 지칭한다. 이 프로그램에서는 오직 허가받은 사용자만이 네트워크에 접속하도록 해주는 보안지침과 방법을 제공한다. 사용자 아이디와 비밀번호 방식이 이런 목적으로 흔히 사용된다. 또한 보안감시기는 컴퓨터 시스템의 하드웨어, 소프트웨어 및 각종 데이터 자원의 사용을 통제하고 감시한다. 즉, 허가된 사용자라 할지라도 특정 장치나 프로그램 및 데이터 파일의 사용에 제한받을 수 있다. 마지막으로, 네트워크에 불법적이거나 허가되지 않은 방식으로 침입하려는 시도가 있을 때 보안감시기는 각각의 경우에 대해 통계자료를 수집하여 관리자에게 제공하는 보고서 기능도 가지고 있다.

생체보안

생체보안이란 각 개인에게서 고유하게 나타나는 신체, 생리적 특징들을 첨단의 정보기술을 이용하여 인식하고 구분하여 시스템 접근가능 여부를 판단해주는 것으로서, 현재 가장 빠르게 성장하고 있는 보안 분야 중의 하나이다. 대표적인 생체보안으로는 음성인식, 지문인식, 얼굴인식, 홍채인식 등이 있다. 이러한 생체인식 시스템에 사용되는 장치들은 특수한 센서를 이용하여 지문이나 음성 같은 신체적 특징을 모두 디지털화하고 최종적으로 개인의 생체 프로필을 작성한다. 이렇게 작성된 디지털 프로필은 기존의 데이터베이스에 저장되어 있던 개인의 신상기록과 비교하여 그 적합성 여부를 판단하게 된다. 만일 2개의 기록이 일치하면 그 사람은 해당 시스템에 접근할 수 있고 원하는 자원을 이용할 수 있다.

컴퓨터 고장 통제

일반적으로 컴퓨터 시스템의 고장은 대표적인 몇 가지 원인에 의해 일어나는 경우가 많다. 그 대표적인 원인으로는 정전, 전자회로 기능장애, 통신네트워크 상의 문제, 알려지지 않은 프로그래밍 오류, 컴퓨터 바이러스, 관리자의 운영미숙, 고의 파괴 등이다. 이러한 문제를 사전에 막기 위해서는 하드웨어의 감시 및 관리, 소프트웨어의 정기적인 업데이트 등이 필수적이다. 백업시스템을 재해복구 시스템과 연계하여 작동시키는 것도 좋은 방법이 될 수 있다. 또한 대규모의 하드웨어 및 소프트웨어 교체 시에는 반드시 발생 가능한 문제점들을 미리 파악하고 대책을 모색한 후에 실시하여야 한다. 기업의 컴퓨터 시스템과 네트워크를 담당하는 관리자에게는 높은 수준의 교육을 시행하고 데이터 관리 및 문제 발생 시 대처할 수 있는 다양한 방법론에 대해 숙지시킬 필요가 있다.

내고장성 시스템

많은 기업은 컴퓨터 시스템이 정지되는 최악의 사태에 대해 우려하고 그런 사태에 유연하게 대처하기 위한 다양한 방안들을 강구하고 있다. '내고장성 시스템(fault tolerant systems)'은 그 중 대표적인 것으로 프로세서와 주변장치 및 관련 소프트웨어 등을 중복으로 보유함으로써, 혹시 있을지 모르는 시스템의 고장에도 안전하게 작동하게 하는 것을 목적으로 하고 있다.

9.3.3 정보시스템의 통제

이 절에서 마지막으로 언급하게 될 것은 기업 내부의 정보시스템 통제와 감사에 관한 내용이다. 먼저 정보시스템의 통제에 대해 알아보자. 정보시스템 통제란 정보시스템 활동에서의 정확성과 유효성 및 타당성을 보장하기 위해 이뤄지는 다양한 방법론과 제반 기술을 의미한다. 정보시스템 통제의 목적은 반드시 데이터 입력과 그 처리 및 저장 방법 그리고 정보 출력까지의 모든 과정이 정확하게 이루어질 수 있도록 개발되어야 한다는 것이다. 즉, 정보시스템의 입력, 처리, 출력 및 저장 같은 주요 활동에 있어서의 품질과 보안을 유지하기 위해 적절히 감시하고 관리하도록 설계되어야 하는 것이다. 〈그림 9-4〉는 정보시스템 통제의 대략적 구조를 설명하고 있다.

그림에서 설명된 것처럼 정보시스템 통제는 정보시스템으로 입력되는 데이터를 관리하여 잘못 입력된 데이터가 가공되어 결국 쓸모없는 정보로 나오는 GIGO(Garbage In,

디지털 신분증 시대… "내정보 통째로 보여줄 필요없죠" CASE 9-4

20대 초반의 남성이 편의점에서 담배를 산다고 치자. 만약 편의점에서 '나이'를 확인하려 한다면 이 남자는 신분증을 꺼내 제시해야 한다. 원치 않아도 얼굴 사진과 주소, 주민등록번호 뒷자리까지 보여줘야 하는 셈이다. 그런데 머지않아 이런 일은 점차 없어질 전망이다. 이른바 '디지털 신분증' 시대가 다가오고 있어서다. 이정화 LG CNS 블록체인사업추진단장은 최근 본지와의 인터뷰에서 "디지털 신분증은 신원 인증 시 불필요하게 많은 정보를 노출하지 않아도 된다"며 "상황에 맞게 제출할 항목만 선택할 수 있기 때문"이라고 말했다.

기존 신원 인증은 고객이 전반적인 개인정보를 모두 제공해야 했다. 이름과 전화번호만 알면 충분한데도 주소, 나이 등 기타 정보까지 전달하는 식이 대부분이었다. 그러나 블록체인 기반 분산 신원증명(DID) 기술을 바탕으로 구축되는 디지털 신분증은 본인이 제공할 정보를 취사선택하는 것이 가능하다. 가령 자동차를 렌트를 할 때도 운전면허 정보, 연락처, 이름 등 디지털 신분증에 저장된 정보 중 최소한의 정보만 제공할 수 있는 것이다. 블록체인 기술로 정보 위·변조 가능성도 줄어든다. 이 단장은 "디지털 신분증은 고객이 개인정보에 관한 자기 주권을 행사할 수 있다"며 "스스로가 개인정보 관리의 주체가 되는 것"이라고 말했다.

디지털 신분증 시대는 이미 열렸다. LG CNS는 지난 1월 행정안전부와 협력해 모바일 공무원증 시스템을 구축해 발급하기 시작했다. 공무원들은 스마트폰에 공무원증을 내려받아 쓸 수 있게 된 것이다. 그는 "현재 모바일 공무원증은 청사 출입, 온라인 업무시스템 로그인 등 기본적인 기능을 제공하고 있으나 시간이 지날수록 실생활과 밀접한 기능이 추가될 예정"이라며 "예를 들어 은행 대출 심사 시 재직증명서를 종이로 떼서 낼 필요없이 모바일 공무원증으로 재직 사실을 증명하는 서비스도 기대해볼 수 있다"고 설명했다. 여기에 행안부는 내년부터 운전면허증, 장애인 등록증 등으로 디지털 신분증 발급 범위를 확대할 계획이다. 모바일 운전면허증은 전 국민을 대상으로 하는 서비스로, 올해 금융 공공 분야 블록체인 시장을 집중 공략하고 있는 LG CNS도 수주에 나설 준비를 하고 있다.

이 단장은 '지갑은 두고 다녀도 스마트폰은 항상 챙기는' 현대인의 특성상 디지털 신분증이 빠른 시일 내 대중화될 것으로 내다봤다. 스마트폰에서 구현되는 디지털 신분증은 휴대성은 높고, 분실할 염려는 적다. 그는 "스마트폰 속 디지털 신분증만 있으면 일상생활이 가능해질 것"이라며 "향후에는 본인인증은 물론 투표 기능까지 지원하며 공유 킥보드 렌트, 콘서트 예매 등 다방면에서 활용될 수 있을 것"이라고 기대했다.

출처: 이데일리, 김국배 기자, 2021.04.11.

토론

1. 본 사례에서 언급된 디지털 신분증 활용을 가능하게 하는 '블록체인 기반 분산 신원증명' 기술에 대해 추가로 조사하시오.
2. 디지털 신분증이 활용될 수 있는 분야에 대해 설명하시오.

Garbage Out) 현상을 피하도록 도와준다. 이 예에서는 암호, 보안코드, 정형화된 데이터 입력화면 그리고 오류신호음 등이 그러한 역할을 수행하고 있다. 물론 소프트웨어에 관련 명령어를 첨가함으로써 부적절한 데이터 입력을 적발, 수정할 수도 있다. 즉, 데이터입력 프로그램 자체에서 불명확한 코드나 데이터필드, 트랜잭션에 대한 적합성 검사를 수행하게 하는 것이다.

〈그림 9-4〉 정보시스템 통제의 구조

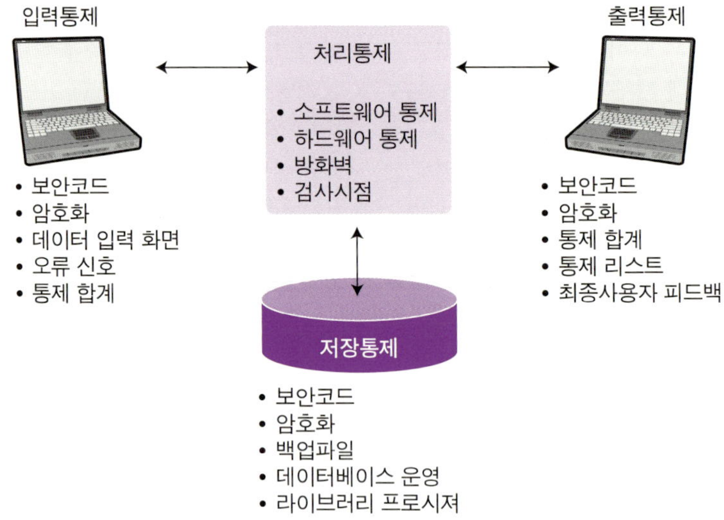

출처: O'Brien, 2002.

9.3.4 정보시스템의 감사

기업의 정보시스템은 내부감사인 또는 전문회계법인의 외부감사인에 의해 정기적인 감사를 받아야 한다. 이러한 감사 활동은 적합한 보안대책이나 관리 규정이 수립되어 있는지, 만약 수립되어 있다면 정확하게 지켜지고 있는지 등을 평가하는 것이다. 평가에서는 주로 사용 중인 소프트웨어와 입·출력 데이터의 정확성(accuracy) 및 무결성(integrity)을 검사한다. 이 검사를 위하여 특별히 EDP(Electronic Data Processing) 감사인을 고용하는 기업도 있는데 이들은 소프트웨어의 통제처리 과정과 그 정확성을 검사하기 위해 특별히 제작된 샘플데이터를 사용한다. 감사에 사용되는 소프트웨어는 크게 특수한 목적에 맞도록 자체 제작된 프로그램과 기존의 감사인들에 의해 그 효용성을 인정받은 범용 패키지로 나눌 수 있다.

정보시스템 감사의 또 다른 목적은 감사증적(audit trail)의 무결성을 파악하는 것이다. 감사증적이란 임의의 트랜잭션이 정보로 처리되어 가는 과정에서의 모든 단계를 추적할 수 있게 해주는 문서나 설명서의 존재 여부를 의미한다. 처음 소스문서에 트랜잭션이 나타나서 마지막 출력문서나 보고서에 정보로 변환되는 것으로 끝나는 것이다. 수작업시스템의 감사증적은 쉽게 눈에 띄므로 추적이 용이한 반면, 정보시스템에서는 작업의 시작, 실행 및 기록이 문서화되지 않기 때문에 감사증적에 대한 추적이 매우 어렵다. 따라서 감사인은 디스크와 테이프 파일 등의 저장매체를 검색하여 정보시스템의 감사증적을 파악할 수 있어야 한다.

요약

현대 사회의 다양한 문제들이 정보시스템의 보안을 위협하고 있다. 비즈니스 환경에서의 보안과 그 수준에 대한 책임을 맡은 경영자들과 보안 전문가들은 반드시 정보시스템 하드웨어, 소프트웨어, 네트워크 및 기타 데이터들을 다른 주요 자산과 함께 위협요인으로부터 보호해야 한다. 이를 위해서는 무엇보다 효과적이고 타당한 보안대책 수립이 우선 되어야 한다.

보안관리가 갖는 중요성은 그에 대한 다양한 위협요인의 출현과 함께 빠른 속도로 커지고 있다. 정보시스템에서 보안관리의 목적은 비즈니스 프로세스와 자원의 정확성, 무결성, 그리고 안전성을 보장하는 것이다. 즉, 효과적인 보안관리라고 하는 것은 정보기술의 네트워크 속에서 기업이 직면하는 가치손실의 위험을 최소화하여 주는 것이다. 따라서 보안관리자는 실제 보안관리를 가능하게 해주는 다양한 방법론과 대책들을 숙지하고 있어야 한다. 암호화기법, 접근통제, 방화벽, 보안프로토콜, 보안소프트웨어, 백업시스템 등이 이러한 방법론과 대책에 해당한다.

보안 및 프라이버시 문제뿐만 아니라 고용 및 근로환경 악화나 획일주의, 건강 문제 등과 같은 다양한 사회, 윤리적 문제에 대한 정보시스템의 영향력이 증가함에 따라, 그 부작용에 대한 우려의 목소리도 점차 높아지고 있다. 이러한 문제들은 기업 경영자와 학계의 전문가 그리고 정보시스템 담당자들이 정보기술의 윤리적 사용에 대한 본인들의 책임을 이해하고 인간적인 방향으로 접근하려고 노력할 때 비로소 많은 사람에게 이익이 되는 해결 방안을 찾아낼 수 있다.

중요 용어

개인키 오직 수신자 본인만이 알고 있는 키로 송신자로부터 암호화되어 전송된 메시지는 수신자의 개인키를 이용하여 복호화함.

공개키 메시지를 보내려는 송신자에게 알려져 있는 키로 송신자는 수신자의 공개키를 이용하여 메시지를 암호화함.

공개키 기반구조(PKI) 공개키 암호화 방식의 상용화를 위해서 키의 생성과 인증, 분배와 관리를 맡기 위한 체계를 의미함.

디지털 신분증 위·변조나 도용 위험이 있는 기존 플라스틱 신분증(주민등록증·운전면허증)을 대신해 스마트폰 등에 저장해 활용할 수 있는 신분증으로, 전자증명서 확대와 더불어 '디지털 정부' 혁신 계획으로 추진 중임.

랜섬웨어 몸값(ransom)과 제품(ware)의 합성어로 컴퓨터에 잠입해 데이터를 암호화해놓고 해독 프로그램을 주겠다며 금품을 요구하는 범죄 수법을 지칭함.

마이데이터 각종 기관과 기업에 산재하는 신용정보 등 개인정보를 확인, 직접 관리하고 활용할 수 있는 서비스를 지칭함.

방화벽 인트라넷 같은 내부 네트워크와 인터넷 간에 주고받는 다양한 정보를 선별하여 수용, 거부 및 수정하는 능력을 가진 보안 시스템을 지칭함.

블록체인 데이터를 중앙에 저장하지 않고 분산해 저장하는 데이터베이스 형태로, 중앙 데이터베이스가 없어 해커가 공격하기 어려움. 초기에는 비트코인의 거래를 위한 보안 기술로 활용되다가 최근엔 금융 서비스, 클라우드 서비스 등에 접목되고 있음.

생체보안 각 개인에게서 나타나는 고유한 신체, 생리적 특징을 첨단의 정보기술을 이용하여 인식하고 구분하여 보안에 활용하는 기술. 대표적인 생체보안 기술로는 음성인식, 지문인식, 얼굴인식, 홍채인식 등이 있음.

서비스거부 공격(DoS) 컴퓨터 시스템의 정상적인 운영을 방해하여 사용자에 대한 서비스 제공을 거부하게 만드는 공격을 지칭함.

웜 좁은 의미의 컴퓨터 바이러스에 대응되는 것으로 다른 프로그램의 도움 없이 독자적으로 기능할 수 있는 프로그램을 지칭함.

정보시스템 감사 정보시스템 활동에 있어서 적합한 보안대책이나 관리 규정이 수립되어 있는지, 만약 수립되어 있다면 정확하게 지켜지고 있는지를 평가하는 업무를 지칭함.

정보시스템 통제 정보시스템 활동에 있어서 정확성과 유효성 및 타당성을 보장하기 위해 이루어지는 다양한 방법론과 제반기술을 통칭함.

컴퓨터 감시 직원들의 작업 생산성과 효율성을 파악하기 위해 간부들이 직원들의 컴퓨터에 나타나는 변화를 연속적으로 관찰하는 것으로 사생활 침해의 소지가 다분히 존재함.

컴퓨터 바이러스 컴퓨터 프로그램이나 실행 가능한 부분을 변형하고, 스스로 자신을 복제 또는 변형 복제하여 컴퓨터 작동에 피해를 주는 명령어들의 조합. 좁은 의미에서의 컴퓨터 바이러스는 웜과 달리 스스로의 힘으로는 작동할 수 없고 오직 다른 프로그램의 내부에 코드 형태로 첨가되어야만 동작할 수 있음.

파밍 위장 사이트를 만드는 것이 아니라 실제 도메인을 탈취하는 범죄 수법으로 피싱 수법보다 더 알아차리기 어려움.

피싱 전화, 문자메시지, 온라인 사이트 등을 통해 진짜로 가장하여 개인정보를 빼내어 금융사기에 악용하는 범죄 수법을 의미함.

연습문제

1. 최근 국내외 기업의 보안 관련 사고 사례에 관해 설명할 수 있는가?
2. 최근 일각에서 제기되는 정부의 빅데이터 및 인공지능 기술 독점 사용으로 인한 '빅브라더 통제사회'에 대한 우려에 관해 설명할 수 있는가?
3. 사물인터넷 관련 최근 범죄 사례에는 어떤 것이 있는가?
4. 포스트 팬데믹 시대에 정보 보안 우려는 더욱 커질 것인가, 아니면 축소될 것인가?
5. 대중의 '알 권리'와 개인의 '잊혀질 권리'가 충돌할 때 적절한 해결책은 어떤 것이 있는가?
6. 4차 산업혁명으로 인해 발생하게 될 일자리 문제에 어떻게 대비해야 하는가?
7. 포스트 팬데믹 시대 새롭게 등장할 정보 보안 관련 직업군에는 어떤 것들이 있는가?
8. 이 장에서 소개되지 않은 정보시스템 및 정보기술 사용의 부작용은 어떤 것이 있는가?

4부
정보기술

10장 ■ 컴퓨터 하드웨어와 소프트웨어
11장 ■ 데이터자원과 빅데이터경영
12장 ■ 사물인터넷

CHAPTER

10

컴퓨터 하드웨어와 소프트웨어

> 컴퓨터는 사람보다 훨씬 더 똑똑합니다…
> 만약 당신이 그들을 이길 수 없다면, 그들과 함께하는 상황에서 생각해야합니다.
> 그게 뉴럴링크(Neuralink)가 하는 일입니다.
>
> \- 엘론 머스크

학습목표

컴퓨터 시스템은 하드웨어와 소프트웨어로 구성되어 있으며 이 두 가지 구성요소의 끊임없는 상호작용을 통하여 컴퓨터 사용자가 하고자 하는 일을 수행 할 수 있다. 운영체계가 없는 컴퓨터나 모니터 없이 본체만 있는 컴퓨터로는 어떤 일도 할 수 없다. 이처럼 하드웨어와 소프트웨어의 가치는 서로 상호작용할 때 의미를 가진다.

이 장에서는 컴퓨터 시스템의 내부적인 처리나 운영을 이해하고 활용하는 관점에서 하드웨어의 구성 및 운영원리에 대해 살펴보고 소프트웨어 및 프로그래밍 언어의 발전과정과 종류에 대해 살펴보고자 한다. 또한 기존의 하드웨어와 소프트웨어의 경계를 허무는 새로운 기술인 클라우드 컴퓨팅에 대해서도 살펴보고자 한다.

- 하드웨어와 소프트웨어의 발전 과정 및 종류에 대하여 설명한다.
- 하드웨어의 구성요소 및 운영원리를 파악한다.
- 소프트웨어의 발전 과정 및 종류에 대하여 설명한다.
- 클라우드 컴퓨팅의 발전 과정 및 종류에 대하여 설명한다.
- 프로그래밍 언어의 발전 과정을 설명한다.

10.1 컴퓨터 하드웨어

오늘날의 기업들은 기업의 운영 및 문제해결을 위해 필수적으로 IT 인프라스트럭처(IT infrastructure)를 구축하고 있다. IT 인프라스트럭처는 컴퓨터 하드웨어, 소프트웨어, 네트워크 뿐만 아니라 기업을 운영하기 위한 모든 IT기반의 서비스까지 포함하는 개념이다. 이 중에서도 컴퓨터 하드웨어는 업무연산처리, 데이터의 저장, 입력 및 출력 등을 위한 요소로 이루어져 있으며 데이터 처리방식 및 규모와 성능에 따라 다양한 종류로 이루어져 있다. 이 장에서는 우선 컴퓨터 하드웨어의 발전과정에 대해 살펴보고 컴퓨터의 종류와 하드웨어의 구성요소 및 운영원리에 대해 설명한다.

10.1.1 컴퓨터 하드웨어의 발전과정

어벤져스와 같은 영화에서 컴퓨터를 이용해 특수효과를 사용할 경우 초당 약 수백억 개의 계산을 수행한다고 한다. 최초로 상용화된 컴퓨터인 UNIVAC I의 속도가 계산당 0.001초(1milisecond: 초당 1,000개의 계산을 수행하는 속도)로 최근의 컴퓨터에 비하면 천만 배 이상이나 느린 속도지만, 이는 불과 45년 전의 일이다. 컴퓨터의 발전은 앞으로도 계속될 것이지만 지난 반세기 동안의 컴퓨터 발전과정을 이해하는 것은 눈부신 정보통신 기술의 발전이 시사하는 바를 이해하는 데 도움을 줄 것이다.

초기의 계산 장치

최초의 계산장치로 알려진 주판(abacus) 이후, 기계화된 계산장치가 최초로 개발된 것은 1642년 프랑스의 수학자인 파스칼(Blaise Pascal)의 덧셈, 뺄셈, 곱셈이 가능한 톱니방식의 계산기계이다. 1690년에는 독일의 라이프니쯔(Gottfied von Leibnitz)가 파스칼의 계산기와 원리는 비슷하지만 덧셈, 뺄셈, 곱셈과 더불어 나눗셈과 제곱근까지 가능한 계산기를 개발하였다.

〈그림 10-1〉 주판

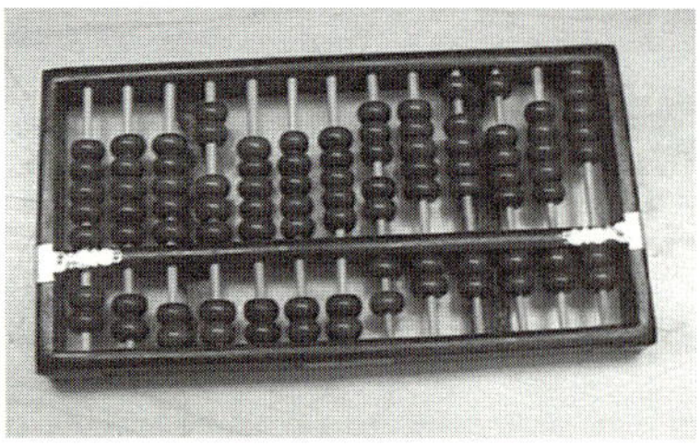

1822년, 영국의 수학자 배비지(Charles Babbage)는 저장된 계산단계에 따라 데이터를 자동으로 처리할 수 있는 차분기관(Difference Engine)이라고 불

〈그림 10-2〉 최초의 기계식 계산기

〈그림 10-3〉 라이프니쯔의 계산기

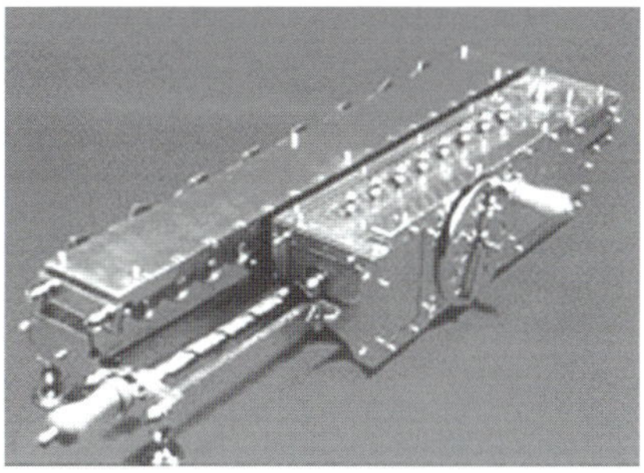

리는 연산기계를 개발하였는데, 차후 기억, 연산, 입출력장치 등을 갖춘 해석기관(Analytic Engine)이라는 이름으로 더욱 포괄적인 기능의 기계를 고안하였지만 당시 생산기술수준의 부족으로 만들어지지는 않았다. 그의 아내인 에이다 오거스타(Ada Augusta)는 책을 통하여 해석기관이 프로그램 되는 방식을 설명하여 '최초의 프로그래머'로 불려 왔으며, 프로그래밍 언어 중 하나인 'Ada'는 그녀를 기리기 위한 것이다. 배비지의 해석기관에 내장된 원리들은 오늘날의 전자화된 컴퓨터와 그 원리가 거의 유사하다. 19세기 후반에는 증가되는 인구에 대한 정보를 기록하고 도표화하는 시간을 줄이기 위하여 미국 인구성에 근무하던 홀러리스(Herman Hollerith)는 기계판독카드를 사용하는 기계를 개발하였다. 이 당시 홀러리스가 세운 회사는 오늘날 IBM(International Business Machine)사의 전신이

〈그림 10-4〉 차분기관

〈그림 10-5〉 해석기관

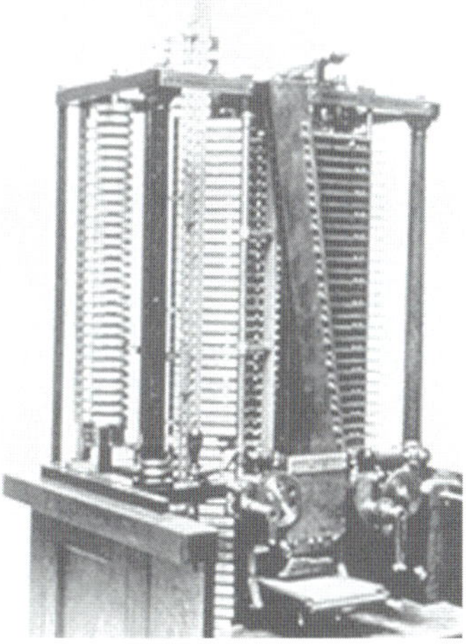

〈그림 10-6〉 홀러리스의 기계

〈그림 10-7〉 천공카드

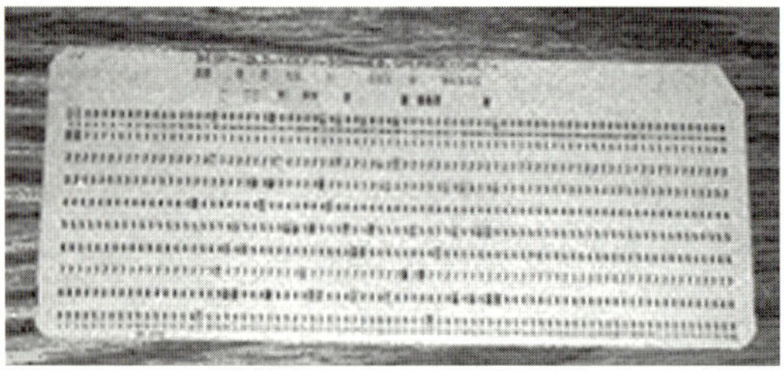

며, '홀러리스 카드'라고 알려진 천공카드는 후에 'IBM 카드'로 알려지게 되었다.

초기의 컴퓨터

최초의 전자식 컴퓨터는 1942년 아이오와 주립대학의 아타나소프(John Atanasoff) 교수와 그의 조교인 베리(Clifford Berry)가 복잡한 계산을 수행하는 물리학자들을 돕기 위한 목적으로 전자식 디지털 계산기를 제작하였는데, 이 기계를 그들 두 명의 이름을 포함하여 'Atanasoff-Berry Computer'라고 명명하였으며 약자로는 'ABC'라고 칭하였다.

1944년엔 IBM, 국방성과 공동연구에 참여한 하버드 대학의 하워드 에이킨(Howard Aiken)이 마크 I(MARK I)이라고 불리는 컴퓨터를 제작하였다. 이 MARK I은 배비지의 설계를 실현시킨 것으로서 연산 속도는 23자리 숫자에 대한 덧셈, 뺄셈을 0.3초에, 곱셈을 6초에, 그리고 나눗셈을 11.4초에 처리하였다.

〈그림 10-8〉 ABC

〈그림 10-9〉 MARK I

1946년, 모클리(John W. Mauchly)와 에커트(J. Presper Eckert, Jr.)가 지도하던 펜실배니아 대학 전자공학과의 엔지니어 팀에 의해 에니악(ENIAC: Electronic Numerical Integrator and Calculator)이 개발되었다. 미 육군의 탄도 궤도의 수학적 도표를 계산하기 위해 만들어진 최초의 전자계산장치인 에니악 컴퓨터는 전자식 작동을 위해 진공관(Vacuum Tubes)을 사용하였으며, 연결 회로를 수동으로 설치하거나 제거함으로써 연산이 통제되었다.

한편, 펜실배니아 대학의 노이만(John von Neumann)은 데이터가 컴퓨터의 기억장치에 저장되는 방법과 동일한 방식으로 프로그램을 주기억장치(main memory)에 저장하는 개념을 최초로 고안하였는데, 이는 컴퓨팅 발전에 획기적인 전기를 마련한 것으로 내장프로그램(stored program)의 개념이라고 할 수 있다. 즉, 에니악처럼 프로그램을 수행할 때마다 수많은 스위치와 회로를 일일이 변경하는 것이 아니라, 필요한 프로그램을 바로 입력함으로써 기억된 프로그램의 순서대로 계산이 자동으로 끝나도록 하였다. 노이만은 1946년에 시작하여 1950년까지 5년간 내장 프로그램 개념을 최초로 도입한 컴퓨터인 에드백(EDVAC: Electronic Discrete Variable Automatic Computer)을 개발하였다.

이때까지의 컴퓨터들은 상업적인 목적보다는 실험이나 학문적인 목적에서 제작되었다. 이에 1951년 모클리와 에커트는 상업적인 목적의 전자식 컴퓨터인 유니백 I(UNIVAC I: Universal Automatic Computer)을 개발하였다.

〈그림 10-10〉 ENIAC

〈그림 10-11〉 EDVAC

〈그림 10-12〉 UNIVAC

유니백 I은 1950년 미국정부의 인구 센서스, 1952년 대통령 선거의 득표율 예측 및 1954년, 제너럴 일렉트릭(General Electric)사의 자동임금처리 시스템에 적용되었다. 컴퓨터에서 사용되는 대부분의 초기 상업용 애플리케이션들은 임금, 영수증, 원장 등과 같은 회계 또는 재무 기능을 위한 것들이었다.

그러나 초기 컴퓨터에 사용되었던 진공관(vacuum tubes)은 많은 양의 열이 발생하였고, 진공관이 터지는 것을 방지하기 위한 대규모의 에어컨 시설이 필요하였다. 이에 1947년 미국 뉴저지 주의 벨연구소에서 트랜지스터(transistor)를 개발하여, '컴퓨팅의 제2세대'라는 새로운 장이 열렸다. 반도체(semiconductor)로 알려져 있는 트랜지스터는 작고, 빠르며, 열 발생이 적고, 무엇보다도 가격이 저렴했기 때문에 컴퓨터 기술의 진보에 많은 발전을 가져왔다. 이에 따라 컴퓨터의 크기는 작아졌으며, 기업들은 적극적으로 컴퓨터를 구입, 회계, 판매관리, 생산통제, 재고통제, 생산설계 등 점차 용도를 확장해 나아갔다.

마이크로컴퓨터의 개발

컴퓨터의 급격한 발전은 1970년대 마이크로컴퓨터(micro computer)의 개발 때문이라고 할 수 있다. 구입가격과 운영비는 점차 떨어지는데 반해, 컴퓨터의 중요한 성능은 개선을 거듭하였으며, 거의 18개월마다 계산능력이 두 배씩 증가하였고 이와 같은 진보로 인해 마이크로컴퓨터는 현대사회에서 거의 다목적 또는 다용도의 만능장치와 같이 되었다. 1971년 인텔(Intel)사를 설립한 노이스(Robert Noyce)가 개발한 최초의 초소형 전자회로인 Intel 4004 마이크로프로세서 '칩(chip)'은 손톱만한 크기에 몇 볼트의 전력만을 사용하였지만 한번에 겨우 네 자리 숫자의 정보를 처리할 수 있었다. 1974년 개인용 컴퓨터를 개발하기 위해 충분한 속도와 성능을 가진 Intel 8080이 출시되었으며, 이후 더욱 강력하고 더욱 빠른 마이크로프로세서들이 계속해서 개발되었다.

〈그림 10-13〉 Intel 4004

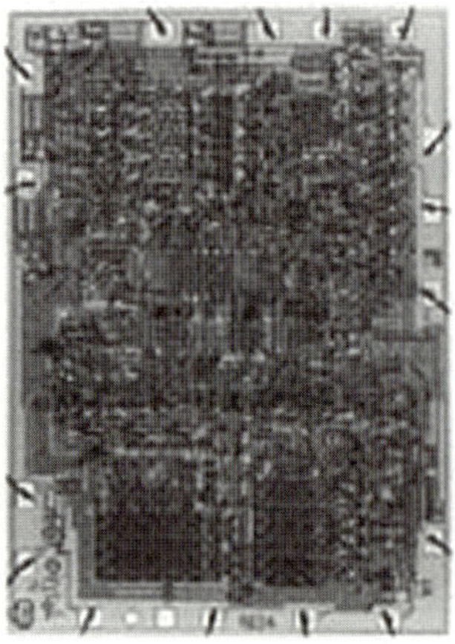

처음으로 판매된 마이크로컴퓨터는 1975년 로버츠(Ed Roberts)에 의해 처음 팔렸던 Altair 8800이며, 이와 비슷한 시기에 IBM사에서 개발한 마이크로컴퓨터인 IBM 5100은 스크린, 키보드, 16,000자의 내부 저장용량, 그리

〈그림 10-14〉 Altair 8800

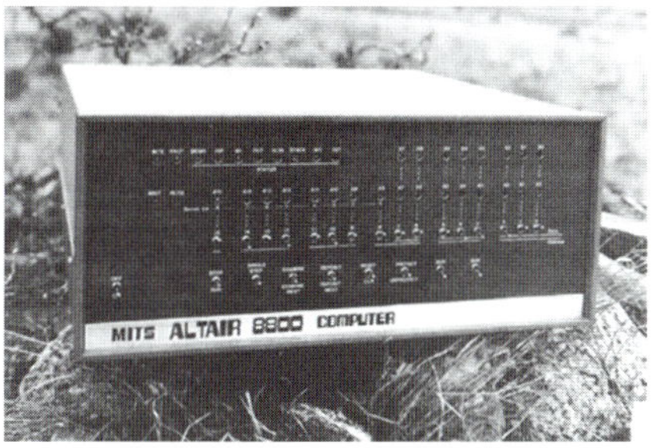

〈그림 10-15〉 Apple II

고 APL 또는 베이직(BASIC) 컴퓨터 언어를 포함한 세트로 판매되었다. 이는 대기업이나 정부에서만 사용할 수 있던 컴퓨터를 일반 대중이 사용할 뿐 아니라 프로그래밍하기 위해 구매할 수도 있다는 가능성을 보여주었다.

1977년 미국의 스티브 잡스(Steve Jobs)와 워즈니악(Stephen Wozniac)은 애플(Apple) 컴퓨터사를 설립하였다. 애플 컴퓨터는 대중적으로 판매된 최초의 마이크로컴퓨터였으며, 키보드와 모니터를 갖추고 미리 조립된 상태로 배달되었다. 회사설립 후 불과 7년도 안 되어 애플사는 학교와 대학에 수백만 대의 컴퓨터를 판매하며 포브스(Forbes)지가 선정한 500대 기업 안에 들게 되었다. 1982년 IBM은 'PC(Personal Computer)'라고 불리는 개인용 컴퓨터를 소개하였으며, 데스크탑 컴퓨팅을 통하여 기업사회에 마이크로컴퓨터의 표준으로 자리잡아갔다. 이후로는 점차 컴퓨터가 컴퓨터 기술자들은 물론 근로자나 일반적인 사용자에 의해서도 다루어지기 시작했다. 2000년 후반 이후부터는 포터블 PC개념인 태블릿 등 다양한 형태의 컴퓨터가 보급되고 활용되고 있다. 또한 휴대폰 크기가 대형화되면서 컴퓨터, 태블릿, 휴대폰의 경계가 모호해지며 모든 컴퓨터는 휴대 가능하게 되었다.

컴퓨터 하드웨어의 세대별 특징

컴퓨터의 발전과정은 컴퓨터를 구성하는 데 사용되는 프로세서에 의해 구분될 수 있다.

제1세대: 진공관 시스템(1951~1958년). 1세대 컴퓨터의 특징은 데이터의 저장과 처리에 진공관을 사용하였다는 점이다. 주기억장치에는 자기 드럼, 입·출력 및 보조기억

〈그림 10-16〉 진공관

〈그림 10-17〉 트랜지스터

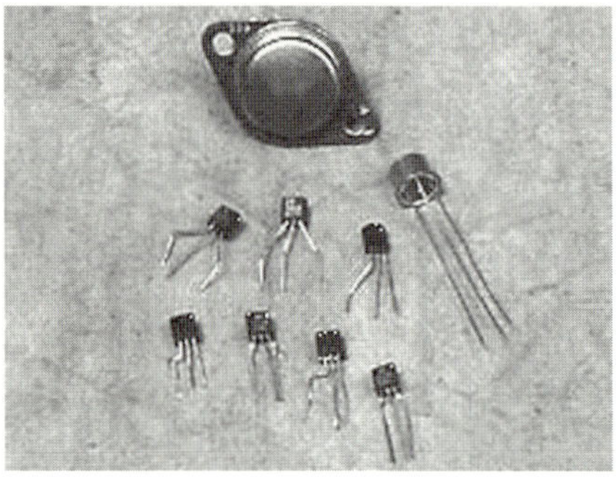

장치로는 천공카드를 이용하였으며, 프로그램은 기계어를 사용하여 작성하였기 때문에 규모가 크고, 속도가 느리며, 불안정하고 비싼 가격에 프로그래밍도 어려웠다.

제2세대: 트랜지스터 시스템(1958~1964년). 2세대에서는 진공관이 트랜지스터로 대체되어, 1세대 컴퓨터에 비하여 크기가 작고, 사용하기 쉬웠으며, 가격이 저렴하였다. 이 당시 기계의 내부 기억장치는 자기코어(magnetic core)의 형태였으며 입력과 출력에는 자기테이프(maganetic tape)와 종이카드가 사용되었다. 이 시기에 분당 600라인의 속도를 가진 프린터가 개발되었으며 소프트웨어에 있어서도 FORTRAN와 COBOL과 같은 프로그래밍 언어가 개발되었고, 운영체제(operating system)가 소개되었다.

제3세대: 집적회로(1964~1971년). 3세대에서는 실리콘 칩에 광화학적 홈을 낸 트랜지스터들을 포함한 집적회로(IC: Integrated Circuit)가 개발되었다. 집적회로는 기기의 소형화뿐 아니라 놀라울 정도로 빠른 속도를 가능하게 하였다. 이로 인해, 컴퓨터 주변장치와 운영시스템의 성능도 대단히 발전하였으며, 시분할 기법을 이용한 다중프로그래밍 운영체제가 개발되었다.

1960년, 당시 설립한지 3년밖에 안 되었던 디지털(DEC: Digital Equipment)사는 PDP-1이라는 이름의 집적회로를 이용한 최초의 미니컴퓨터를 선보였으며, 미니컴퓨터 사상 최고로 많이 팔렸던 PDP-11까지 지속적인 제품라인 확장을 이루었다. 1964년에는 IBM이 시스템/360이라는 시리즈 컴퓨터를 소개하였는데, 이 컴퓨터는 메모리 크기가 16킬로바이트에서 1메가바이트까지 범위로 구성된 6대의 컴퓨터로 이루어졌다. 이 컴퓨터들은

〈그림 10-18〉 집적회로

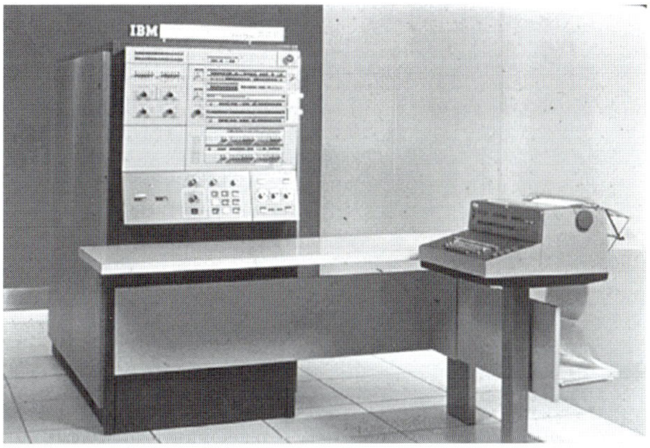

〈그림 10-19〉 IBM System/360

증가하는 기업, 정부, 기관들의 컴퓨팅 요구에 부응하여 엄청난 성공을 거두었고 이로 인해 IBM은 대형 컴퓨터 시장의 60~70%를 점유하는 초일류기업으로 성장하게 되었다.

제4세대: 초고밀도 집적회로(1971년~현재). 4세대는 고밀도 집적회로(LSI: Large-scale Integrated Circuit)와 초고밀도 집적회로(VLSI: Veri Large-scale Integrated Circuit)의 세대이다. LSI는 수천 개의 트랜지스터를 포함하고 있는 단일 칩으로써 이 작은 하나의 칩이 중앙처리장치(CPU)를 완전히 대치할 수 있었다. VLSI는 트랜지스터를 수십만 개에서 수백만 개 포함하고 있는 칩이며, 서로 다른 몇 개의 처리 칩을 하나의 칩에 결합한 형태이다. 마이크로컴퓨터는 VLSI을 이용한 마이크로프로세서를 이용하여 개발되었다.

제5세대. 제4세대까지는 주로 하드웨어적인 발전만이 이어져 왔으며, 상대적으로 소프트웨어는 비약적인 발전이 이루어졌다. 아직도 컴퓨터는 인간과 같이 유연한 사고판단 능력을 갖고 있지 못하고 있다. 5세대 컴퓨터는 지금까지의 컴퓨터와 비교하여 혁신적인 구조와 처리 능력을 가지며, 특히 인간이 가지고 있는 생각을 컴퓨터에 적용하고자 하는 인공지능(AI: Artificial Intelligence)을 갖게 될 것이다. 그래서 5세대 컴퓨터를 생각하는 컴퓨터(thinking computer)라고도 한다. 현재 상용화되어 있지는 않지만 앞으로 발전되어 갈 형태의 컴퓨터를 지칭한다.

M1 맥북 까는 인텔, 속내를 말하다

CASE 10-1

애플 맥의 '인텔 코어→M1' 전환이 궤도에 진입하자 인텔이 괜한 심통이다. 인텔은 과거 'Get a Mac' 캠페인에서 '맥가이'로 활동한 할리우드 배우 저스틴 롱이 등장하는 영상 'Justin Gets Real'에서 게임 플레이, 터치스크린 같은 인텔 기반 노트북만이 가능한 장점들을 열거하며 M1 맥북의 단점 하나하나 조목조목 꼬집었다. 심지어 인텔은 PC와 M1 맥을 비교하는 편향된 사이트 공개도 했다.

인텔 심통에도 맥의 M1 칩 전환은 순조로운 분위기다. M1 맥북에어와 맥북프로, 맥미니까지 처리 속도, 배터리 지속 능력에서 사용자들의 평가는 우호적이다. 부드럽고 강력한 멀티태스킹, 거의 들리지 않는 작동음도 장점으로 꼽는다. M1으로 첫 발을 뗀 애플 실리콘 기술은 결국 수년 내 맥에 탑재되는 모든 인텔 칩을 대체할 것이다.

팻 겔싱어 인텔 CEO

파운드리 사업하는 인텔

인텔은 애플의 M1 칩 전환에 심통이면서도 애플 실리콘 칩 제조를 진행할 수 있다는 희망 섞인 메시지도 내놓고 있다.

팻 겔싱어 인텔 CEO는 3월24일 새벽 "인텔 언리쉬: 미래를 설계하다"라는 주제의 온라인 간담회를 통해 200억 달러(약 22조 6천억 원)를 투자해 미국 애리조나에 반도체 공장 2곳을 신설한다면서 "칩을 디자인하고, 제조, 그리고 마케팅까지 하는 '종합반도체기업' 인텔에 '파운드리(수탁생산)'이라는 새로운 사업이 더해진다."라고 강조했다.

"인텔은 소프트웨어, 반도체 및 플랫폼, 패키징, 및 제조 과정을 갖춘 유일한 기업이다. 인텔 수탁생산 사업은 최고의 제품을 설계하고 제공할 것이다."

한때 인텔은 마이크로소프트와 PC 산업을 주도하는 양대 산맥(윈텔)으로 꼽혔다. 하지만 스마트폰과 태블릿 같은 모바일 기기가 전통적인 개념의 PC를 위협하면서 인텔의 전성기도 저물었다. 무엇보다 '무어의 법칙'으로 불렸던 인텔 칩 성능 개선이 지지부진했다. 애플의 M1 칩 전환은 이와 무관치 않다. 인텔의 파운드리 사업 진출은 이 같은 여러 상황을 감안한 전략적 판단으로 풀이된다.

애플은 대만 파운드리 업체 TSMC에 칩 생산을 의존하고 있다. 아이폰, 아이패드에 탑재되는 A시리즈, M1까지 도맡아 생산한다. 다시 말해 TSMC는 애플의 유일한 칩 공급 파트너다.

겔싱어는 "인텔 파운드리 서비스는 최첨단 프로세스 기술과 패키징, x86 코어와 ARM, RISC-V를 아우르는 세계적 수준의 IP 포트폴리오가 강점이다."라며 파운드리 사업의 잠재 고객으로 애플과 협상할 수 있다고 밝혔다. 인텔과 협상에서 유리한 고지를 점할 수 있는 애플이 공급망 다각화 측면에서 인텔은 고려 대상이 될 수 있다.

대만 시장조사업체 트렌드포스에 따르면 1분기 기준 업체별 파운드리 점유율은 TSMC 56%, 삼성전자 18%대다. 대만 UMC와 미국 글로벌파운드리는 각각 7%, 중국 SMIC는 5%의 점유율을 차지하고 있다.

출처: 얼리어답터, 이상우 기자, 2021.03.25.

토론

1. 한때 인텔은 PC 산업을 주도하는 양대 산맥으로 꼽혔다. 인텔의 파운드리 사업 진출이 시사하는 바가 무엇인지 생각해보시오.
2. 앞으로 세계 반도체 시장은 어떻게 변화할 지 생각해보시오. 그리고 삼성전자가 현재 반도체 시장에서의 입지를 유지할 수 있을 지 고려하시오.

10.1.2 컴퓨터 하드웨어의 분류

컴퓨터는 초소형 휴대장치부터 슈퍼컴퓨터까지 다양한 크기와 정보처리 성능을 가지고 있으며 다음과 같이 몇 가지로 나누어 설명할 수 있다.

슈퍼컴퓨터. 슈퍼컴퓨터(super computer)는 초고속으로 복잡한 연산을 수행할 수 있는 능력을 가진 고성능 컴퓨터로 주로 과학이나 군사 분야에 사용되어 왔으며, 점차 비즈니스 분야로도 급속하게 확산되고 있다. 슈퍼컴퓨터는 복잡한 수학적 표현과 계산이 필요한 현실세계의 거대한 시뮬레이션을 만들거나, 기상청에서는 예보시스템을 시뮬레이션 하는데 사용되고 있다. 슈퍼컴퓨터는 메인프레임에 비해 일반적으로 약 4배에서 10배 정도 빠른 처리속도를 가지고 있으며 처리속도를 증대시키기 위해 직렬 프로세서(serial processor)를 다중 프로세서(multiprocessor)와 연결시키거나 병렬처리 시스템(parallel processor)으로 대체해 나가고 있다.

서버 컴퓨터. 여러 개의 컴퓨터를 통신회선으로 연결한 통신망에서 하나의 컴퓨터에 공동으로 사용하는 정보를 저장해 두거나 메모리 등 컴퓨터자원을 많이 사용하는 프로그램들을 모아놓은 컴퓨터를 서버(server)라고 한다. 도메인을 관리하는 도메인 서버, 이메일을 관리하는 이메일 서버, 웹사이트를 관리하는 웹서버, 그리고 프린터를 공유할 수 있는 작업을 수행하는 프린터 서버 등, 서비스의 목적과 용도에 따라서 서버의 이름을 달리하여 사용된다. 따라서, 서버란 어떠한 특화된 임무를 수행하기 위하여 설정된 컴퓨터를 의미한다.

마이크로컴퓨터. 개인용 컴퓨터(personal computer)로도 불리는 마이크로컴퓨터(micro computer)는 가장 작고, 가격이 다양한 범주의 컴퓨터인데, 크기 및 이동성 유무에 따라, 데스크탑, 일체형 데스크탑, 랩탑(노트북), 그리고 타블렛 PC 등으로 나눌 수 있다.

데스크탑(desktop) 컴퓨터는 책상 위에 올려놓고 사용하는 컴퓨터로, 모니터, 키보드 및 마우스 등을 CPU 및 보조기억장치가 내장된 본체에 연결하여 사용한다.

일체형 데스크탑(all-in-one)는 데스크탑 본체와 디스플레이의 일체형 데스크탑을 의미한다. 데스크탑의 성능은 일반 데스크탑 PC 비슷한 편이며, 일반 데스크탑의 경우, 사용자의 취향에 따라 내부 부품을 교체해 성능을 업그레이드하는 것이 용이하지만 일체형 데스크탑은 비교적 업그레이드에 제약이 따른다. 하지만 데스크탑만큼 사용하기 편하여 노트북만큼이나 유지보수가 용이하다.

이동식(portable) 컴퓨터는 보통 본체와 모니터 일체형으로 되어 있으며, 데스크탑 컴퓨터에 비해 크기가 작고 이동하기 편리하게 설계된 컴퓨터를 말한다. 랩탑(laptaop)이나 노트북(notebook) 등의 이동식 컴퓨터는 사용자들이 사무실 외부에서도 데이터를 처리하고 네트워크에 접속할 수 있도록 이동성과 편의성의 극대화를 고려하여 설계되었다.

태블릿 PC(tablet PC)란 터치 스크린을 주입력장치로 장착한 휴대용 PC를 말한다. 키보드나 다른 입력장치를 사용하지 않고 프로그램 실행이나 필기 입력이 가능한 디바이스를 의미한다. 일반 PC가 윈도우 운영체제 중심의 GUI(Graphic User Interface)를 사용하였다면, 태블릿 PC는 손가락의 터치는 이용하는 NUI(Natural User Interface) 시대를 탄생시켰다(예: 안드로이드, 애플 등). 학교에서부터 의료산업까지 디스플레이가 필요한 모든 산업에 전반적으로 적용되어 사용되고 있는 추세이다. 5G나 LTE 등의 모바일 네트워크 환경이 결합되면서 다양한 애플리케이션을 통하여 무궁무진한 기능을 발휘하는 휴대용 PC로 자리잡았다.

10.1.3 하드웨어의 구성요소 및 운영원리

컴퓨터시스템(computer system)은 연산장치, 입력장치, 출력장치 및 저장장치 등의 물리적 장비인 하드웨어와 하드웨어를 조작하기 위한 명령과 코드의 집합체인 소프트웨어로 이루어져 있다.

〈그림 10-20〉 컴퓨터시스템의 하드웨어 구성요소

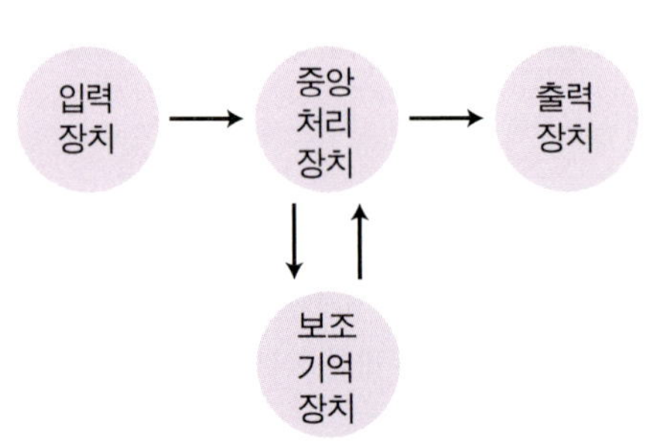

애플, 2021년 세계 노트북 시장 점유율 8.7%↑ 전망 CASE 10-2

애플이 노트북 시장에서 올해 8%인 점유율을 내년에 8.7%로 높일 것으로 예상된다는 전망이 나왔다. 또한 맥북 출하량은 전년대비 10% 이상 성장해 내년에 사상 최대치를 기록할 것으로 조사됐다.

시장조사기관 트렌드포스(TrendForce)는 12일(현지시각) 애플이 자체 설계한 반도체 칩인 M1을 탑재한 맥북이 2021년 연간 1710만대 출하가 예상된다고 밝혔다.

최근 트렌드포스의 조사에 따르면 코로나19 대유행으로 인한 재택근무 증가로 2020년 애플 맥북 출하량은 연간 1550만대로 전년대비 23.1% 증가할 것으로 예상된다. 맥북 출하량은 지난 11일 맥북 신모델 출시와 애플 실리콘 M1 프로세서에 힘입어 1710만대에 달하고 잠재적으로 전년대비 10% 이상 성장해 2021년 사상 최대치를 기록할 전망이다.

트렌드포스는 "ARM 아키텍처를 기반으로 한 신형 애플 실리콘 M1프로세서는 구형 맥북에서 발견된 인텔 x86 CPU를 대체하면서 전력 소비량이 크게 감소해 새로운 맥북의 배터리 수명을 연장한다"면서 "자체 M1칩을 탑재한 맥북 시리즈의 소매가는 동일하게 유지되며, M1 프로세서는 다양한 기능이 맥OS 빅서(Big Sur)와 함께 작동하도록 설계되어 애플 생태계의 여러 제품 간에 시너지 효과를 창출하고 사용자에게 보다 빠른 처리 능력과 경험을 제공할 것으로 보인다"고 말했다.

현재 M1을 탑재한 노트북 제품은 13.3인치 맥북 에어와 맥북 프로뿐이다. 애플 실리콘 M 시리즈 프로세서는 내년부터 14인치와 16인치 맥북 프로에도 탑재될 전망이다. 트렌드포스는 "애플이 애플 실리콘 M 시리즈 프로세서를 다양한 제품군에 걸쳐 통합하고, 프로세서의 성능이 향상됨에 따라 향후 맥북에 대한 소비자 수요는 견조할 것으로 예상된다"고 말했다.

트렌드포스는"2021년 글로벌 노트북 컴퓨터 출하량을 전년대비 1.9% 성장률을 예상할 때 애플의 시장실적은 두드러질 것으로 나타났다. 자체 개발한 M1 칩과 내년 맥북 출하량 증가로 애플은 2020년 8%에서 2021년 8.7%로 세계 노트북 시장 점유율을 끌어올릴 것으로 전망된다"고 밝혔다.

출처: 애플경제, 윤수은 기자, 2020.11.13.

토론

1. 도시바는 한때 우리나라에서 많이 이용하던 노트북이다. 도시바가 세계 노트북 시장의 경쟁에서 살아남지 못한 이유가 무엇일 지에 대해 생각해 보시오.
2. 애플이 인텔 CPU를 자체 개발한 M1칩으로 대체한 것이 인텔에 어떤 영향을 미치는 지에 대해 고려하시오.

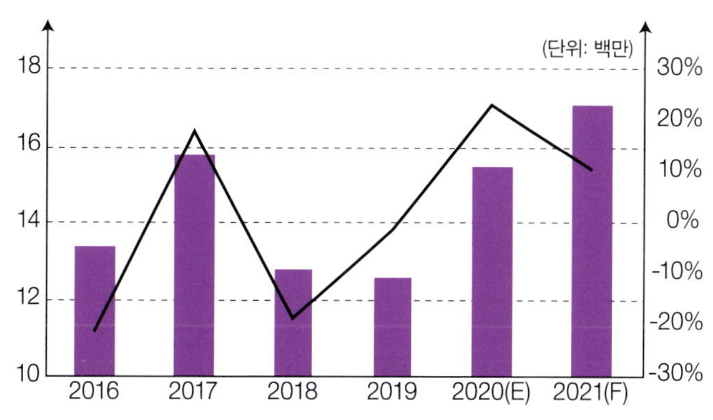

2016~2021년 애플 맥북 연간 출하량 및 전년대비증감률(YOY) 비교
출처: 트렌드포스.

시스템 관점에서 컴퓨터 하드웨어의 각 구성요소들은 그 역할에 따라 분류될 수 있는데, 프로그램과 데이터의 입력, 처리 및 조작, 저장, 그리고 출력 등이다.

중앙처리장치

컴퓨터의 두뇌라고 할 수 있는 중앙처리장치(CPU: Central Processing Unit)는 트랜지스터들이 내장된 실리콘칩으로 마이크로프로세서(micro-processor)라고 부른다.

반도체인 트랜지스터는 특별한 경로를 따라 특정전압의 전류는 통과시키고, 특정전압 이하의 전류는 막는 방식으로 '0'과 '1'의 이진수방식으로 신호를 이해하고 컴퓨터가 서로 다른 연산을 수행할 수 있도록 한다. CPU는 컴퓨터 내부의 모든 처리를 제어하고, 사용되는 모든 데이터를 다루며, 논리연산과 산술연산 및 비교연산을 수행한다. CPU의 가장 중요한 구성요소는 프로세서(processor)이며, 〈그림 10-21〉과 같이 산술논리연산장치, 제어장치, 그리고 보통 '메모리(RAM)'라고 불리는 주기억장치의 세 가지 부분으로 이루어져 있다.

프로세서. 산술논리연산장치(ALU: Arithmatic Logic Unit)는 두 데이터 간의 논리적 비교(comparison) 연산과 더불어 덧셈, 뺄셈, 곱셈, 나눗셈 등의 네 가지 산술연산을 수행한다. 일기예보에서부터 워드 프로세서에 이르기까지 모든 컴퓨터 응용프로그램은 이 다섯 가지의 단순한 연산에 의해 수행된다. ALU에서의 연산은 제어장치(CU: Control Unit)가 지시하는 명령에 따라서 하나하나씩 순차적으로 수행되는데, 이러한 연산을 수행하기 위해서 데이터는 일단 주기억장치로부터 ALU안의 산술 레지스터(arithmetic register)로 옮겨지게 된다. 제어장치는 마치 교통경찰관과 같이 컴퓨터 연산을 통제하는 역할을 한다.

〈그림 10-21〉 중앙처리장치

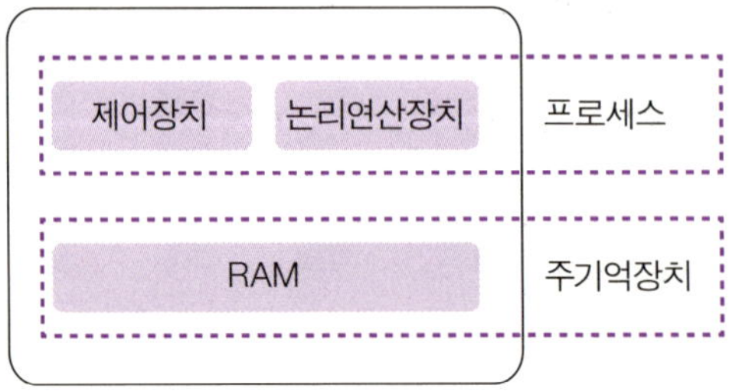

〈그림 10-22〉 Intel사의 쿼드코어 프로세서

제어장치는 컴퓨터 프로그램 안에 있는 명령을 해석 및 수행하고 입력장치, 출력장치, 그리고 메모리들 간의 데이터 전송 프로세스를 제어한다. 따라서 실제적으로 데이터를 생성하거나 변환시키기보다는, 중앙처리장치 안에서 단지 데이터의 흐름만을 지시한다. 제어장치는 한 번에 단 하나의 명령만을 실행할 수 있지만, 그 수행 속도가 너무 빠르기 때문에(100Mhz의 경우 1억 분의 1초) 동시에 여러 가지 많은 작업을 수행하는 것처럼 보인다. 과거에는 이러한 수행속도가 CPU의 성능을 나타내는 절대적인 기준이었지만, 최근에는 하나의 CPU에 2개 이상의 코어(core)를 집어넣은 다중 코어(멀티 코어, multi core) CPU가 등장하여, CPU의 성능을 나타내는 또 하나의 기준으로 보편화되었다. 컴퓨터 CPU에서 코어란 CPU에 내장된 처리회로의 핵심부분으로서, 현재는 1개의 CPU당 4개인 쿼드 코어(quad-core)와 6개인 헥사 코어(hexa-core)도 상용화되어 있다. 이와 같은 다중 코어 CPU는 내장된 코어 개수만큼 실제 CPU를 장착한 것과 유사한 성능을 낸다. 즉, 다중 코어 CPU는 단일 코어 CPU가 여러 번 걸쳐 처리해야 하는 작업을 한 번에 끝낼 수 있어 전반적인 처리 효율을 높일 수 있다. 2010년 이후 코어 i 시대가 도래하였고 최근 11세대까지 발전하여 더욱 처리 효율이 높아지고 있다. 반면 애플은 독자적인 M1 칩을 개발하여 인텔과의 경쟁에 합류하였다.

주기억장치. 주기억장치(primary storage) 또는 주메모리(main memory)는 CPU를 위해 데이터와 프로그램을 저장하며 다음과 같은 네 가지의 기본적인 목적을 가지고 있다.

- 처리를 위해 산술연산장치로 전송되기 전까지 데이터를 보관한다.
- 처리 과정마다의 데이터와 결과를 저장한다.
- 처리 후 출력장치로 전송되기 전까지 데이터를 보관한다.
- 입력장치와 보조기억장치로부터 접수된 프로그램과 명령을 보관한다.

현재, 주기억장치는 트랜지스터 수백만 개를 집적해 놓은 집적회로(IC)가 개발되어 기존의 자기코어를 대체하였다. 집적회로란 전류가 지나가면서 'on-off' 위상을 가진 전기

〈그림 10-23〉 RAM(DDR3 SDRAM)

적 트랜지스터 기억장치를 형성하는 반도체 물질의 여러 층들을 서로 연결한 것이다. 1평방인치인 하나의 회로 칩 안에는 수백만 개가 넘는 미세한 트랜지스터가 들어갈 수 있다. 최근에는 초 고용량의 저장장치로서 광메모리나 레이저 메모리도 상용화되고 있다.

램(RAM). 데이터를 읽고 쓰기 위한 주기억장치 또는 메모리를 RAM(Random Access Memory)이라고 한다. 이곳은 CPU가 명령을 저장하고 데이터가 처리되는 기능을 수행하며 메모리 영역이 넓으면 넓을수록 더 많은 프로그램들이 저장되고 실행될 수 있다. 최근의 컴퓨터 운영체제에서는 RAM의 각 부분 영역에서 동시에 하나 이상의 프로그램 수행을 지원하고 있다. 마이크로소프트(Microsoft)사의 운영체제인 윈도우즈(Windows)8은 32비트 버전일 경우 최소 1GB, 64비트 버전일 경우 2GB의 RAM을 최소 사양으로 요구하고 있으며, 그래픽, 동영상 편집등의 멀티미디어 작업에 있어서 메모리가 영역이 넓을수록 다중처리의 효율성이 증대된다.

RAM은 문자, 그래픽, 사운드, 기타 애니메이션까지 모든 유형의 데이터에 대해 저장과 조회 속도가 매우 빠른 장점을 가지고 있지만, 비교적 높은 가격과 일단 전원공급이 중단되면 RAM에 저장된 모든 데이터와 프로그램도 동시에 함께 날아가 버리는 휘발성(volatility)이 단점이다. 따라서 이러한 데이터의 잠재적인 손실을 방지하기 위하여 최근 개발되는 대부분의 응용프로그램에는 '자동저장' 기능을 갖추고 있다.

롬(ROM). 컴퓨터가 꺼지고 난 후 데이터나 프로그램을 저장할 필요가 있을 경우나, 데이터나 프로그램의 변경을 방지하기 위해 보호장치가 필요할 때가 있다. 예를 들어, 컴퓨터를 시동할 때 사용되는 '부팅(Booting)' 명령 등은 컴퓨터의 전원이 꺼지더라도 지워져서는 안 된다. ROM(Read Only Memory)은 이러한 경우를 위하여 주로 사용되고 있는데, ROM에 일단 데이터가 기록되고 나면 수정되거나 삭제될 수 없다. 즉, 명령이나 데이터를 반드시 수정해야 할 경우에는, 어쩔 수 없이 새로운 ROM으로 대체하는 수밖에 없다. 따라서 저장형태가 비휘발성을 가지며, 컴퓨터에 전원이 공급되든 공급되지 않든 간에 ROM에 보관된 프로그램 명령은 계속 유지된다.

무어의 법칙(Moore's Law)

인텔의 공동 창업자 고든 무어가 주장한 것으로 마이크로칩 기술의 발전 속도에 관한 것으로 마이크로칩에 저장할 수 있는 데이터의 양이 18개월마다 2배씩 증가한다는 법칙이다.

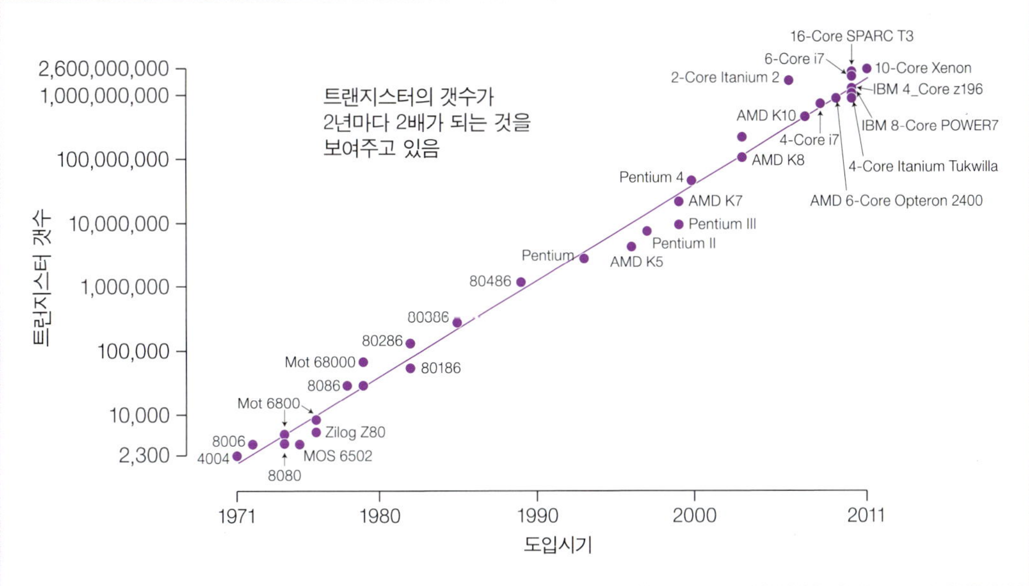

트랜지스터 수의 증가

황의 법칙(Hwang's Law)

반도체 메모리의 용량이 1년마다 2배씩 증가한다는 이론으로 삼성전자의 황창규 사장이 '메모리 신성장론'을 발표하여 그의 성을 따서 '황의 법칙'이라고 한다. '황의 법칙'은 기존의 '무어의 법칙'을 대체하는 반도체업계의 새 정설로 인정받고 있는 추세이다.

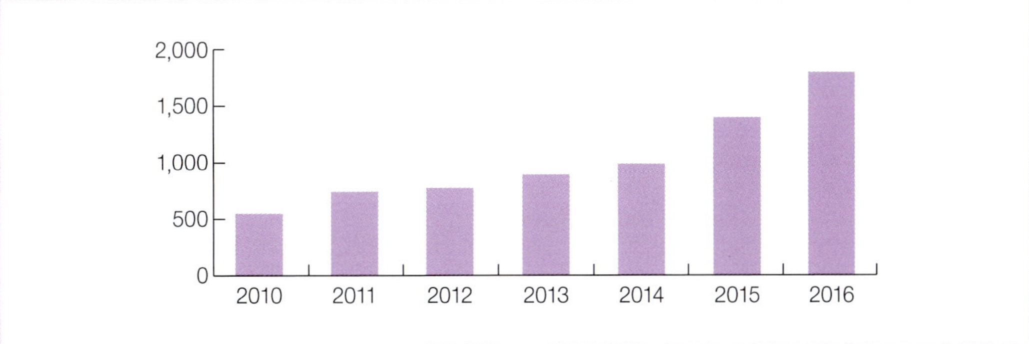

플레터당 저장밀도 증가 추세

'무어의 법칙', '황의 법칙' 처럼 저장매체 분야인 하드디스크의 밀도역시 점차 증가하고 있는 추세로, 플래터 한 장당 저장할 수 있는 용량은 지속적으로 증가하고 있고 있다.

입력장치

입력장치란 명령이나 데이터를 컴퓨터의 주기억장치에 입력시키는 모든 기계와 장치를 말하며, 가장 대표적인 입력장치는 키보드라고 할 수 있지만, 입력방식에 따라 다양한 유형이 있다.

키 입력장치. 키 입력장치는 데이터와 정보가 사용자의 타이핑을 통해 입력되며 주요 장치들로는 키보드와 POS 터미널을 들 수 있다.

- 키보드: 가장 대표적인 유형의 입력장치로, 사용자가 데이터나 명령을 타이핑함으로써 주기억장치에 입력하거나 프로그램을 실행시킬 수 있다. 최근에는 사무실에서 근무하는 근로자들의 장시간 노동에서 오는 피로를 덜기 위해 인체공학 키보드(ergonomic keyboard)나 리모콘형 무선 키보드가 소개되고 있다.
- 판매시점 터미널: POS(Point of Sales) 시스템이란 매장의 금전등록기와 전산실의 컴퓨터를 온라인으로 연결하여 판매시점의 데이터를 실시간으로 통합, 각 계층에서 생성된 정보를 종합 수집, 분석, 평가할 수 있게 하는 종합적인 판매관리 및 고객관리 시스템을 뜻한다. POS 터미널은 종전의 금전등록기와 전산기의 터미널 기능을 복합한 것으로 기존의 금전등록기의 기능은 물론 발생 데이터를 일부 보관하면서 모든 데이터를 컴퓨터에 전달, 수신하는 기능을 갖추고 있다. POS는 회계정보와 상품정보를 필요시 즉시 조회할 수 있는 시스템으로 바코드를 읽을 수 있는 스캐너 장비와 함께 사용되기도 한다. POS 장치는 데이터 입력시간과 입력오류의 수를 감소시킬 수 있으며, 보통 프린터, 스캐너, 회계 및 주문소프트웨어 등과 함께 연결되어 사용된다.

포인팅 장치. 포인팅 장치(pointing device)는 컴퓨터 화면상의 대상물을 가리킬 수 있는 장치를 말하며, 이는 키보드에 비해 사용이 간편하고 입력속도가 빠른 편이며, 다음과 같은 장치들이 있다.

- 마우스: 마우스(mouse)는 평면 위에서 직접 손으로 움직임으로써 이와 비례적으로

움직이게 되는 화면의 포인터(pointer)를 이용하여 커서(cursor)를 움직이고 아이콘(icon)이나 메뉴(menu) 등을 클릭(click)함으로써 명령을 실행시키거나 대상물을 선택할 수 있도록 도와주는 장치이다. 마우스는 그 형태와 원리에 따라 볼마우스(ball mouse), 펜마우스(pen mouse), 광마우스(optical mouse), 코일마우스(cross hair mouse)로 나눌 수 있다. 특히 코일마우스는 감겨진 코일 중심에 십자형의 미세한 코일을 교차시켜 교차접점을 포인팅 중심점으로 사용하는 방식으로 주로 CAD나 그래픽 디자인 작업에 디지타이저와 함께 사용된다.

- 터치스크린과 라이트 펜: 직접 손가락으로 화면을 터치함으로써 마우스 포인터를 이용한 클릭 효과를 낼 수 있는 장치가 터치스크린(touch screen)이며, 터치스크린은 영화예매 및 길안내와 같은 일반 고객을 위한 안내시스템에 사용될 수도 있다. 한편, 손가락 등으로는 한계가 있는 섬세한 대상을 정확하게 선택하기 위해 라이트 펜(light pen)을 사용하기도 한다.
- 디지타이저: 디지타이저(digitizer)는 펜마우스나 광마우스 등의 포인팅 장치의 움직임을 화면과 비례적인 타블렛(tablet) 평면의 좌표상에 그림으로 변환시켜 컴퓨터로 입력시켜주는 장치이다. 앞서 언급하였듯이, 디지타이저는 디자이너, 엔지니어, 예술가 등이 무선 광마우스나 펜마우스와 함께 미세함과 섬세함을 요하는 작업에 주로 사용하고 있으며, 최근에는 미니형 사이즈의 디지타이저를 이용해 전자결제 사인을 입력하는데 사용된다. 최근에는 애플의 아이패드 프로와 함께 출시된 애플펜은 기존의 연필과 필기감이 비슷할 정도로 입력장치 발전이 급속도로 이루어 졌다.

음성인식 장치. 마치 사람과의 대화처럼 컴퓨터와의 가장 자연스러운 의사소통 방식은 자연어를 이용한 음성일 것이다. 음성인식(voice recognition) 장치는 사용자가 두 손으로부터 자유롭기 때문에 입력오류가 적고, 그만큼 빠르기 때문에 중요한 기술로 부각되고 있으며, 이를 이용한 컴퓨터 운용, 인공지능 스피커 등 새로운 응용분야들을 만들어내고 있다. 그러나 인간이 사용하는 단어나 어휘의 종류와 수가 방대하여 완벽히 인간의 언어를 이해하기 힘들다는 한계점을 가지고 있다.

무선 입력장치들. 종이로 구성된 꼬리표나 바코드 대신 저렴한 반도체 칩을 물품에 부착하고 무선전파로 칩에 내장된 물품정보를 읽어 들이는 기술을 RFID(Radio Frequency Identification)이라고 한다. RFID를 이용하면 슈퍼마켓에서 일일이 계산할 필요 없이 RFID

판독기 앞을 지나기만 하면 자동으로 계산이 이뤄진다. RFID 기술 중 하나인 비접촉식 통신기술인 NFC(Near Field Communication)은 보안이 우수하고 가격이 저렴해 주목받는 차세대 근거리 통신기술이다. 기존 RFID 사용을 위해 필요했던 리더기가 필요하지 않다.

출력장치

컴퓨터를 통하여 생성된 출력물들은 다양한 장치와 매체를 통하여 사용자에게 전달된다. 정보의 효과적인 표현방식은 사용자로 하여금 관심을 유도할 뿐만 아니라 컴퓨터와 친숙하게 포용할 수 있게 하기 때문에 매우 중요하다. 다음은 대표적인 출력장치들을 소개하고 있다.

모니터. 데이터는 컴퓨터로 입력되어 곧바로 모니터(Monitor)를 통하여 사용자에게 보이게 되는데, 이를 통하여 사용자는 컴퓨터에 대한 입력과 출력을 동시에 눈으로 확인할 수 있게 된다. 따라서 모니터는 양방향적인 성질을 지닌 출력장치이며, 정보를 소프트카피(Softcopy)의 형태로 보여주게 된다. 모니터는 화면주사방식에 따라 크게 CRT 모니터와 LCD 모니터로 구분할 수 있다. 예전에는 PC용 모니터로 CRT 모니터를 주로 사용했지만 화면크기에 따른 부피와 무게 증가와 더불어 LCD 제조기술 발전으로 근래 대부분의 PC용 모니터는 LCD 모니터가 주를 이룬다. 최근에는 LCD 모니터와 LED 모니터로 구별되는데 이는 LCD 모니터에 부착되는 백라이트가 냉음극형광램프(CCFL: Cold Cathode Florecent Lamp)인지, 발광다이오드(LED: Light Emitting Diode)인지에 따라 구분된다. LED 모니터는 LCD 모니터에 비해 조금 더 밝고 수명이 좀 더 오래가며 비교적 얇은 형태의 모니터 제조가 가능하다는 이점이 있다.

프린터. 프린터(Printer)는 보통 컴퓨터 출력물의 하드카피를 만들어내는 데 사용된다. 레이저 프린터는 감광성의 드럼 위에 레이저 광선을 비춤으로써 종이가 그 위를 지나면서 레이저빔이 닿은 부분에만 토너를 정착시키는 방식으로서 한번에 한 페이지 단위로 정보를 인쇄하므로, 인쇄 속도가 빠르고 해상도가 높다. 인쇄 해상도는 dpi(dot per inch)로 나타내는데, 예를 들어, 1,200dpi라고 하면, 1인치 내에 1,200×1,200개의 점으로 문자를 나타내는 방식이라고 할 수 있다. 열 프린터(thermal printer)는 감열지에 고열로 패턴을 만들어 태우는 방식으로 흔히 팩스에서 사용되는 방식이다. 잉크젯 프린터(Ink Jet Printer)는 종이 위에 잉크로 미세한 점을 분사하는 방식이며, 토너가 비교적 저렴하지만 인쇄 속도가 느리다. 레이저 프린터는 복사기처럼 탄소 토너를 이용해 인쇄하는 프린터를 말한다. 장 단위로 인쇄할 정도로 속도가 빠르고 선명해서 사무용으로 주로 사용된다. 최근에는 프린터의 기능에 복사, 스캔, 팩스 기능을 혼합한 프린터 복합기의 사용이 보편화되었다.

음성출력. 컴퓨터 음성출력(voice output)은 쉽게 말해서 컴퓨터가 언어와 음성으로 출력데이터나 정보를 구사하는 것을 말한다. 음성출력에는 두 가지의 접근방식이 있는데, 첫 번째는 사람의 목소리로 다양한 문장이나 음절을 미리 준비하였다가 프로그램에 의해서 적절한 조합을 만들어 음성을 재생 및 실행시키는 것이다. 이는 일상에서 자동응답시스템(ARS: Automatic Response System) 형태의 고객안내 및 전화번호 안내 등에서 쉽게 경험할 수 있는 방식이다.

두 번째는 음성합성이다. 음성합성(synthesis of voice)은 음성재생과는 다른데, 여기서 합성(synthesis)이란 컴퓨터가 기본 음성요소를 기초로 하여 사람의 음성 패턴을 순전히 전자적으로 만들어내는 것을 말한다. 시리(Siri) 등 많은 발전을 이루었으나 음성이 부자연스럽고, 정확한 발음과 억양을 고려해야 하기 때문에 음성합성 분야는 많은 과제를 안고 있다.

10.2 소프트웨어와 프로그래밍 언어

컴퓨터 하드웨어가 작동하기 위해서는 구체적으로 명령을 내리는 소프트웨어가 필요하다. 소프트웨어는 컴퓨터 활용의 심장에 위치한다고 할 수 있다. 시스템 전체의 관점에서 보면 설계에 의한 컴퓨터 하드웨어는 틀에 해당하고, 전자우편에서 전문가시스템에 이르기까지 다양한 응용프로그램에서 소프트웨어는 운영방안을 지휘하는 시스템의 핵심부분이라고 할 수 있다. 소프트웨어는 크게 시스템 소프트웨어와 응용 소프트웨어로 나눌 수 있으며 소프트웨어를 개발하기 위해서는 프로그래밍 언어가 사용된다.

10.2.1 시스템 소프트웨어

컴퓨터시스템의 하드웨어 구성요소를 관리하고, 컴퓨팅 시간과 작업일정을 최적화하기 위해서는 시스템을 감시하고 관리하는 시스템 소프트웨어(system software)가 필요하다. 다시 말해서, 시스템 소프트웨어는 컴퓨터시스템의 정보처리 활동을 제어하고 지원하는 역할을 하며, 시스템 소프트웨어 프로그램은 컴퓨터의 기본적인 기능들을 지휘함으로써 다양한 응용프로그램을 지원한다. 시스템 소프트웨어는 크게 운영체제, 시스템 유틸리티, 언어처리기로 구성되어 있다.

운영체제

운영체제(operating system)는 CPU, 주변기기, 주기억장치, 보조기억장치 등의 컴퓨터 자원을 관리하고 통제하는 프로그램의 집합이다. 운영체제는 컴퓨터시스템이 여러 개의 다른 작업을 수행할 수 있도록 컴퓨터의 자원 및 업무를 할당하고 컴퓨터시스템 활동을 모니터하는 등 컴퓨터시스템의 책임자 역할을 한다.

일반적으로 PC는 특정 운영체제와 컴퓨터 하드웨어를 기반으로 한다. 특정 기종의 PC에 대해 만들어진 운영체제는 다른 기종의 컴퓨터에 사용할 수 없다. 사용자가 PC를 포함한 여러 컴퓨터들과 상호작용할 때의 모든 활동은 운영체제에 의해 통제된다.

지금의 운영체제들은 그래픽 사용자 환경(GUI: Graphical User Interface)을 기반으로 한다. GUI는 사용자가 아이콘, 버튼, 바, 박스 등을 이용해 작업할 수 있도록 하는 것으로 현재 PC 운영체제 및 다양한 응용 소프트웨어의 사용자 인터페이스에 있어서 일반적인 모델이 되었다. 대표적인 PC 운영체제는 윈도우, 맥오에스, 리눅스 등이 있다.

윈도우(Windows)는 마이크로소프트가 지속적으로 개발, 발전시키고 있는 운영체제이다. 가장 최신의 기술이 집약되어 있는 시리즈는 비교적 최신 버전인 윈도우 10 제품

〈그림 10-24〉 시스템 소프트웨어 인터페이스

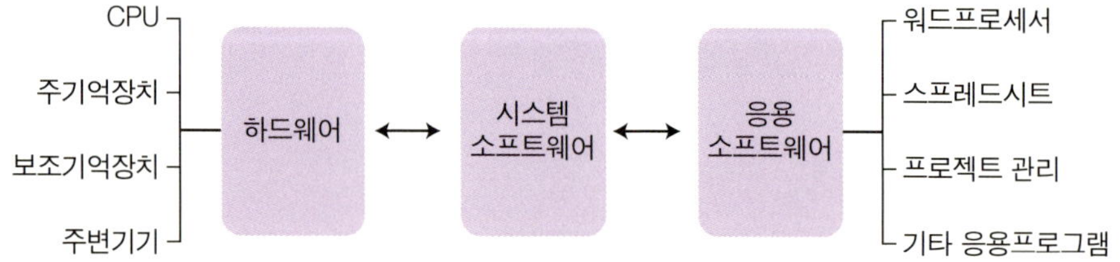

군이다. 윈도우 10은 데스크탑, 노트북, 태블릿 PC, 미디어센터 PC를 비롯한 개인용 컴퓨터용으로 개발되었다. 이전 윈도우와 비교하여 괄목할 만한 차별성은 모바일 지원, 홈 네트워크 체제 강화 등이 대표적이다. 현재 각광 받고 있는 태블릿 시장에 맞추어 매트로 UI(User Interface)라는 새로운 사용자 인터페이스를 갖추고 있으며, 이러한 변화는 터치를 인식할 수 있는 디바이스 증가에 기인한다고 볼 수 있다. 또한 애플리케이션 거래장터인 '윈도우 스토어'를 추가함으로서 윈도우 사용자가 필요한 기능을 쉽게 구입하여 활용할 수 있는 편의성을 갖추었다.

OSX(오에스엑스)는 애플이 매킨토시 및 맥북용으로 개발한 그래픽 사용자 환경 운영체제이다. 많은 OSX 제품군 중에 가장 혁신적으로 평가받는 운영체제인 OSX는 2016년 macOS(맥오에스) 시에라와 함께 명칭이 macOS로 변경되었다. 특히 아이클라우드 통합 기능을 제공해 아이폰과 아이패드 등 휴대 기기와 연동되는 것이 가장 큰 특징이다. 이 OS를 설치하면 아이폰이나 아이패드에서 작성한 메모나 알람을 데스크탑이나 노트북에서도 사용할 수 있고, 아이폰이나 아이팟터치 간에 아이메시지를 이용해 문자도 주고받을 수 있다. 현재는 macOS 빅서 버전에서는 휴대폰, 애플 맥북, 아이패드 등 통합 연동 기능을 더욱 편리하게 제공하고 있다.

유닉스(UNIX)는 1969년에 개발된 양방향, 다중사용자, 다중처리를 위한 운영체제로 다양한 기기들의 최적화된 통신 및 네트워크를 지원한다. 유닉스는 워크스테이션 및 서버에 주로 사용되며 다양한 기종의 컴퓨터에서도 설정변경을 통해 이용이 가능하며, 유닉스 기반의 응용프로그램들 또한 약간의 수정을 통해 실행할 수 있다. 그러나 유닉스는 다중 작업 및 다중 사용자가 동일한 파일에 동시 접근이 가능하기 때문에 보안 측면에서 문제점을 가지고 있다.

리눅스(Linux)는 인터넷을 통해 다운받을 수 있는 유닉스와 비슷한 운영체제로 거의 무료로 소프트웨어를 위한 추가 도구까지 다운로드받을 수 있다. 리눅스는 신뢰성이 높고 컴팩트한 운영체제로 서버를 포함한 휴대용 컴퓨터, 디지털 기기 등 다양한 하드웨어 플랫폼에서 실행이 가능하다는 장점이 있다. 또한 저렴한 비용과 견고한 시스템으로 유닉스와 윈도우 운영체제의 대안으로 인식되고 있다. 특히, 클라우드 컴퓨팅의 기본 OS로서 현재 많은 주목을 받고 있다. 이와 같은 이유로 서버 및 데스크탑에 이용되는 비율이 점차 증가하고 있으며 IBM, HP, 인텔과 같은 기업들도 리눅스를 제품의 핵심요소로 인식하게 되었다. 또한 리눅스는 공개 소스 소프트웨어로 모든 컴퓨터 사용자들이 무료로 프로그램 코드에 접근하여 오류를 수정하거나 보다 향상된 코드를 제공할 수 있다.

10.2.2 시스템 유틸리티

시스템 유틸리티(system utility)란 컴퓨터 사용자, 연산, 관리 등을 지원하는 프로그램이다. 모든 운영체제는 다양한 형태의 유틸리티를 포함하고 있는데 윈도우의 경우 디스크 오류 검사 및 속도를 최적화하는 유틸리티를 가지고 있으며, 이러한 유틸리티들은 컴퓨터의 활용을 위해서는 필수적인 기능들이라고 할 수 있다.

시스템 유틸리티는 우선 파일 목록의 확인 및 저장 내용 확인 등의 기능을 수행하는 파일 관련 유틸리티가 있으며 다양한 기법을 통해 하드디스크를 최적화 시켜주는 데이터 압축 유틸리티와 하드디스크의 초기화 및 사용 가능한 디스크 용량을 검사하는 유틸리티가 있다. 또한 컴퓨터 사용자의 시스템 사용 현황에 관한 정보나 오류 검사 및 복구를 지원하는 기능과 권한이 없는 사용자나 바이러스의 접근을 방지하는 기능을 수행하기도 한다.

언어처리기

프로그래밍 언어는 컴퓨터가 이해할 수 있는 기계어로 변환시켜주는 과정이 필요하다. 이와 같은 과정에서 컴파일러(compiler)나 번역기(interpreter)를 사용하는데, 이들이 바로 언어처리기의 예라고 할 수 있다.

10.2.3 응용 소프트웨어

응용 소프트웨어(application software)는 컴퓨터시스템으로 하여금 특정한 정보처리 활동을 수행하고 사용자에게 특정 기능을 제공하는 프로그램이라고 할 수 있다. 세상에는 컴퓨터를 이용한 각기 다른 수많은 용도가 존재하며, 그에 비례하여 다양한 응용소

〈그림 10-25〉 하드웨어와 소프트웨어 사이의 구조

프트웨어가 존재한다. 응용 소프트웨어에는 재고통제나 주문입력 등과 같은 분야를 위해 특정한 목적의 프로그램 또는 특정한 목적을 위해 미리 만들어진 '패키지'가 있다. 패키지(package)라는 용어는 일반적으로 소프트웨어 제조업체에서 미리 개발되어 판매되는 컴퓨터 프로그램 또는 프로그램 그룹을 일컫는 용어이다. 한편, 어떠한 특정 업무기능과도 관련되지 않은 범용(general)의 응용프로그램들이 있는데, 스프레드시트, 데이터 관리, 워드프로세싱, 그래픽, 멀티미디어, 통신 소프트웨어 등이 있다.

스프레드시트

전자 스프레드시트 소프트웨어는 전통적인 재무, 회계 연산 등과 같은 다양한 작업을 컴퓨터 모니터상에서 자동화시킬 수 있다. 즉, 스프레드시트 소프트웨어는 모니터상에서 작업서를 장부, 좌표, 행렬 등으로 변환시켜 보여줄 수 있다. 또한, 사용자는 각 좌표상의 셀(cell)에 숫자나 문자를 입력함으로써, 개별 셀에 입력된 값과 각 셀에 연결된 수리적 함수 및 공식을 통하여 출력될 결과를 미리 보여주는 등 화면상에서 계산을 자동화하여 주며 데이터를 선이나 막대그래프, 혹은 파이 차트와 같은 형태로 나타낼 수 있는 그래픽 기능을 포함하고 있다.

또한, 입력값과 수리적 함수나 공식으로 연결된 각 셀을 이용하면, 특정 입력값이 변화할 때, 변화된 입력값에 따라 결괏값들이 즉시 재계산되어 화면에 나타나므로 '만일 ~ 라면, 어떻게 될 것인가(What-If)' 형태의 문제가 포함된 계획, 예측, 분석 등에 효과적으로 사용될 수 있다. 가장 널리 알려진 스프레드시트로는 마이크로소프트 엑셀(Exel), 애플 넘버스(Numbers) 등이 있다.

워드프로세서

문서 작성에 주로 사용되는 워드프로세싱 소프트웨어(word processing software) 또는 워드프로세서(word processor) 프로그램은 오늘날 가장 널리 이용되는 소프트웨어로, 글꼴의 모양, 색깔과 크기, 표, 그림까지 다양한 형식의 문서 편집이 가능하다. 워드프로세서는 문서의 수정이 가능하며 문서의 형식을 지정하는 옵션을 이용해 줄 간격, 여백 및 글자 크기 등을 조절할 수 있다. 또한 워드프로세서들은 온라인 사전의 제공과 더불어 맞춤법 검사 기능까지 제공하고 있다. 또한, 그래픽과 이미지뿐만 아니라 사운드와 동영상까지도 포함할 수 있으며, 인터넷 문서(HTML)의 편집 기능까지 추가되어 개인용 컴퓨터를 이용하여 책이나 팜플렛 제작을 위한 탁상출판(desktop publishing)까지도 가능하게 한다.

한편, 워드프로세서 내에 포함되어 있지 않은 기능에 대해서도 객체연결 및 내장(OLE) 기능을 이용하여 워드프로세서 문서에 포함시킬 수 있다.

널리 알려진 워드프로세서로는 흔글, 마이크로소프트 워드(Microsoft Word), 애플 아이 페이지(Apple iPage) 등이 있다.

데이터관리 소프트웨어

데이터를 체계적이고 효율적으로 관리하기 위해서는 일반적으로 데이터베이스관리 시스템(DBMS: Database Management System)을 사용한다. 사용자는 데이터 관리 소프트웨어를 통하여 쉽게 데이터를 조작(입력, 수정, 삭제, 조회)함으로써 데이터 관리의 효율성과 데이터 가공업무의 유연성을 확보한다. 예를 들어, 영업담당 관리자는 특정 제품의 보유량을 확인할 수 있으며, 인사담당 관리자는 전 종업원의 고용상태를 한 눈에 볼 수 있고, 재무담당 관리자는 기업의 투자이력을 기록하고 유지할 수 있다.

마이크로컴퓨터 사용자들을 위하여 설계된 제품으로는 오라클(Oracle), 인포맥스(Informix), 그리고 마이크로소프트 SQL 서버(Microsoft SQL Server), 마이크로소프트 액세스(Microsoft Access) 등이 있으며, 데이터의 구축, 확산, 조작과 더불어, 데이터에의 접근, 질의 및 리포트 작성을 용이하게 하기 위해, 사용자가 직접 메뉴와 사용권한 등을 정함으로써 자신이 원하는 형태로 만들 수도 있게 되어 있다. 한편, 개인의 일정, 전화번호부, 주소록, 지출대장(가계부), 일기 등을 관리하는 개인정보 관리시스템(PIMS: Personal Information Management System) 패키지들은 개인의 데이터를 효율적으로 관리하는데 사용되고 있다. 하지만 현재는 휴대전화와 연동된 다양한 앱들이 출시되어, 휴대전화, PC 등과 연동하여 개인 스케쥴을 관리할 수 있다.

그래픽 소프트웨어

사용자는 그래픽 소프트웨어(graphic software)를 사용함으로써 차트, 그래프, 지도, 그림, 애니메이션 등의 생성, 저장, 조회 및 인쇄를 할 수 있다. 사용자들은 그래픽 소프트웨어를 이용함으로써 더 많은 정보를 더욱 빠르고 쉽게 이해할 수 있고, 데이터의 관계와 추세를 더욱 쉽게 파악할 수 있다. 그래픽 작성에 사용되는 그래픽 소프트웨어에는 프리젠테이션 그래픽, 분석 그래픽, CAD 소프트웨어, 웹 그래픽 소프트웨어 등이 있다.

프리젠테이션 그래픽(presentation graphics) 소프트웨어는 사용자로 하여금 가상의 3차원 이미지, 중복 이미지, 다중 이미지, 그림자 등 다양한 형태의 그래픽 효과를 쉽게 작성할 수 있도록 도와주는 소프트웨어를 말하는데, 주로 효과적인 회의나 발표를 목적으로 또는 워드 프로세서나 스프레드시트에서는 작성할 수 없는 그림 등이 포함된 보고서 등을 작성하기 위한 목적으로 주로 이용된다. 대표적인 프레젠테이션 그래픽 소프트웨어에는 마이크로소프트 파워포인트(Microsoft Powerpoint), 애플 키노트(Apple Keynote), 프레지(Prezi) 등이 있다.

캐드(CAD: Computer Aided Design) 소프트웨어는 생산제품의 설계에 주로 사용되며, 캠(CAM: Computer Aided Manufacturing) 소프트웨어는 생산장비를 제어하기 위하여 CAD 시스템 등에서 설계된 디지털 디자인 출력물을 이용한다. 컴퓨터 통합생산(CIM: Computer Integrated Manufacturing) 소프트웨어는 제품생산을 위한 자동화 생산설비 및 기기 안에 내장되어 있다. CAD/CAM/CIM 소프트웨어를 효과적으로 활용하면, 제품 개발시간을 극적으로 절감하고 기업에게 경쟁우위를 제공할 수 있다. 또한 개인용 웹 그래픽 소프트웨어는 일반사용자도 쉽게 그림 및 이미지를 수정 및 효과를 작성하고 편집할 수 있게 되었다. 일반적으로 Adobe Photoshop, Jasc Paintshop Pro, Microsoft Photo Editor 등이 있다. 애니메이션 등과 같은 동영상 파일의 제작과 편집을 위해서는 일반적으로 Windows Movie Maker, Apple iMovie, Final Cut Pro, PowerDirector 등이 있다.

통신 소프트웨어

통신 소프트웨어(communication software)는 중앙통제장치와 떨어져 위치한 디스플레이 터미널과 같은 주변기기와 통신할 수 있도록 하는 것으로 원격지 간의 터미널과 통신하는 기능, 통신장비와 통신회선의 감시, 통신망의 통신량 관리, 통신체증의 분석, 통신문제의 진단 등 컴퓨터 내 통신과 관련한 다양한 활동들을 지휘하고 감독한다.

그룹웨어

그룹웨어(groupware)는 워크그룹 간의 협업활동을 지원하기 위한 기능과 서비스로 워크그룹의 문서작성, 논평, 정보공유, 화상회의, 일정관리, 이메일 및 네트워크 기반의 협업 지원 소프트웨어 등을 포함하며 이는 그룹의 구성원들이 서로 다른 장소에 있을 때 이용된다. 그룹웨어를 통해 구성원들은 서로 의견을 나누거나 파일을 공유 및 전송할 수 있다. 대표적인 제품은 마이크로소프트의 Temas, Zoom 등이 있다.

인공지능과 디지털 전환 사례 CASE 10-3

삼성전자 경영혁신 속도낸다… 인공지능 접목시킨 ERP 완성

삼성전자 'N-ERP' 주요특징

- 시스템 혁신으로 대용량 처리
- 주문현황 및 공급망 상황 실시간 분석
- 데이터 기반 경영 시뮬레이션 가능
- 인공지능(AI)이 업무 의사결정 지원
- 문자 판독 기능 활용한 업무 자동화
- 클라우드 기반 다양한 환경에 적합
- 챗봇 등 자동화 플랫폼으로 업무 경감

삼성전자가 차세대 전사자원관리(ERP) 시스템인 `N-ERP`를 구축해 도입했다고 5일 밝혔다.

삼성전자는 미래 경영환경 변화를 지원할 수 있는 혁신 플랫폼을 마련하기 위해 전문 ERP 솔루션 패키지를 기반으로 30개월간 이 시스템을 개발했다. ERP는 기업의 물적·재무적 자원을 통합 관리해 보다 효율적인 업무 처리를 도와주는 시스템이다.

N-ERP는 SAP사의 최신 솔루션인 S/4 HANA기반의 `인-메모리 데이터베이스` 시스템을 적용해 대용량 데이터 처리와 분석 속도를 대폭 끌어올린 것이 특징이다.

인-메모리 데이터베이스 시스템은 디스크에 데이터를 저장해 상대적으로 복잡하고 느렸던 기존 ERP와 달리 메모리에 데이터를 저장해 속도를 높일 수 있다. 대용량 하드웨어를 병렬 연결해 업무량 급증에 따른 급속한 데이터 증가에도 유연하게 대응할 수 있도록 했다.

인공지능(AI)을 통한 업무 의사결정 지원과 문자 인식 기술을 활용한 업무 자동화 기능도 갖추고 있다. 내·외부 조직 간 협업이 효과적으로 이뤄질 수 있도록 사내·외 시스템 데이터를 실시간으로 연계해주고, 클라우드 기반 솔루션을 도입해 다양한 환경에서도 차질 없이 업무를 진행할 수 있도록 지원한다. 채팅을 통해 업무 처리를 돕는 챗봇 등 프로세스 자동화 플랫폼을 구축해 임직원들이 더 편하게 시스템을 사용하며 핵심 업무에만 집중할 수 있도록 했다.

삼성전자 관계자는 "N-ERP를 이용하면 온라인 판매 확대에 따른 대량의 소비자 주문 현황과 전체 공급망 상황을 실시간으로 분석할 수 있다"며 "이 같은 데이터를 기반으로 상세한 경영 시뮬레이션도 가능해 임직원들이 더 합리적으로 의사결정을 할 수 있게 된다"고 설명했다.

AI와 클라우드 등을 적용한 최신 ERP 도입은 글로벌 기업 중에서도 처음이라는 게 회사 설명이다. ERP 업계에 따르면 삼성전자가 N-ERP 구축에 투입한 비용은 7,000억~8,000억 원대로 역대 ERP 프로젝트 중 세계 최대 규모인 것으로 알려졌다.

N-ERP는 동남아시아와 중국 법인 등에 우선 적용됐고, 내년 1월까지 전 세계 법인에 순차적으로 도입될 예정이다. 삼성전자가 ERP 시스템 혁신에 나선 것은 2008년 G-ERP를 도입한 이후 13년 만이다. 삼성전자는 1995년부터 개별 법인별로 ERP 시스템을 도입해 사용해 오다가 2008년 전사 ERP를 도입했다.

문성우 삼성전자 경영혁신센터장은 "최신기술 기반 ERP 시스템 구축은 글로벌 기업 중에서 선도적인 사례"라며 "N-ERP는 삼성전자의 디지털 혁신을 받쳐줄 가장 중요한 플랫폼으로서 역할을 수행할 것"이라고 말했다.

삼성전자에 따르면 N-ERP 구축에는 계열사인 삼성SDS가 참여했다. 삼성SDS는 ERP 초기 도입 시기인 1990년대부터 ERP 구축과 고도화 작업을 진행하며 기술과 시스템 운영 노하우를 축적해 왔다.

출처: 매일경제, 노현 기자, 2021.04.05.

롯데, 생산부터 배송까지 디지털 강화… '온·오프' 다 잡는다

"위기 때 혁신하는 기업이 위기 후에도 성장 폭이 큰 것처럼, 팬데믹(세계적 대유행)이 안정화에 들어갔을 때를 철저히 대비해야 한다."

신동빈 롯데그룹 회장은 지난달 13일 열린 '2021 상반기 롯데 주요 임원 회의(VCM·Value Creation Meeting)에서 이같이 강조했다. 롯데는 올해 디지털 혁신에 대응하기 위해 디지털 전환(DX·Digital Transformation) 및 연구개발(R&D) 투자를 더욱 적극적으로 검토한다는 방침이다.

롯데마트 스마트스토어 광교점

출처: 롯데그룹 제공

롯데글로벌로지스는 충북 진천군 초평은암산업단지에 오는 2022년까지 연면적 18만 4,000㎡, 지상 3층 규모의 택배 메가 허브 터미널을 건설하고 있다. 약 3,000억 원을 투자하며, 완공 시 하루 150만 박스의 물량을 처리할 수 있게 된다. 롯데는 DX 기반의 차세대 택배 터미널을 구축해 이곳을 롯데 전자상거래(이커머스) 사업의 핵심 거점으로 삼겠다는 계획이다.

롯데마트는 온라인 시장에서의 배송 경쟁력을 확보해나갈 계획이다. 오프라인 매장을 배송 거점으로 삼는 스마트스토어·세미다크스토어를 늘려나갈 예정인데, 세미다크스토어의 경우 올해 29개까지 늘릴 계획이다. 세미다크스토어는 매장 후방에 핵심 자동화 설비를 구축한 것으로, 오프라인 영업과 온라인 주문 대응을 동시에 할 수 있다.

롯데칠성음료와 롯데정보통신은 경기 안성시에' 스마트 팩토리(Smart Factory)'를 구축하고 있다. 스마트 팩토리는 수요, 생산, 재고, 유통 등 전 과정에 디지털 신기술을 활용해 생산성 및 품질을 향상하는 지능화된 공장이다. 안성공장에는 각 생산 라인별 모든 설비의 상태 및 생산량, 진도율 등의 데이터를 중앙 서버로 전송하고 이를 종합적으로 실시간 모니터링할 수 있는 시스템이 구축됐다.

롯데는 그룹의 DX전략을 뒷받침할 내부 전문가 양성에도 적극적으로 나서고 있다. 지난해 11월 'DX 인재 육성방안'을 마련하고, 12월부터 전문가 양성과정을 본격적으로 시작했다. DX 인재 육성 방향은 비 DX 직무자를 대상으로 하는'리스클링(Reskilling)·새로운 기술의 습득)'과 DX 직무자들을 대상으로 하는' 업스킬링(Upskilling·숙련도 향상)'의 두 가지 축으로 진행된다.

디지털 전환을 주도할 인재 확보를 위해서도 노력하고 있다. 지난해 9월 롯데정보통신, 롯데홈쇼핑, 롯데칠성음료 등에서 DX 부문 신입사원 채용을 진행하기도 했다.

출처: 조선비즈, 정민하 기자, 2021.03.09.

토론

1. 포스트 코로나를 대비하여 기업들이 디지털 전환을 시도하고 있다. 하지만 맥킨지 조사에 따르면 디지털 전환의 성공률은 26%가 채 되지 않는다. 그 이유는 무엇인지에 대해 생각해보시오.
2. 디지털화와 디지털 전환은 다른 의미를 지니고 있다. 의미의 차이를 이해하고 각각에 해당하는 기업 사례를 찾아보시오.

서비스 지향 아키텍처

서비스 지향 개념을 기반으로 소프트웨어 시스템을 구축하고자 하는 노력을 서비스 지향 아키텍처(SOA: Service-Oriented Architecture)라고 한다. IT 자원의 상호운영성 및 재사용성, 민첩성 등의 장점을 지니고 있는 서비스 지향 아키텍처는 새로운 비즈니스 환경변화에 가장 빠르게 대응할 수 있는 최적의 대안으로 각광받으면서 금융, 제조, 통신, 공공 분야 등에서 진행 중인 주요 차세대 시스템의 핵심으로 자리 잡아 가고 있다. 서비스 지향 아키텍처는 기업 프로세스와 애플리케이션들을 각각 '서비스'라는 단위로 구성하고, 비즈니스 환경이 변화되었을 때 이 변화를 반영하여 서비스의 연결 구성을 쉽고 빠르게 변화시켜 새로운 기능을 제공하도록 한다.

10.2.4 프로그래밍 언어

컴퓨터 하드웨어가 이해할 수 있는 유일한 '언어'는 컴퓨터가 특정한 명령을 수행할 수 있도록 컴퓨터 하드웨어로 명령을 전달하는 비트와 바이트 형식으로 구성된 일련의 전기적 신호이다. 그러나 이와 같은 on/off 형식의 명령어를 사람이 일일이 입력하는 것은 쉽지 않은 일이기 때문에 사용자들이 이해하고 입력하기 쉬운 명령어를 컴퓨터가 자동으로 이해할 수 있는 기계어로 번역되는 프로그래밍 언어(programming language)를 만들게 되었다.

프로그래밍 언어의 발전과정

프로그래밍 언어는 지난 60년간 극적인 진화를 거듭하였다. 프로그래밍 언어의 진화단계에서 각 특징에 따라 서로 구분되는 개발 단계를 세대(generation)라고 하는데, 1세대와 2세대의 언어는 0과 1과 같은 코드의 기록이라는 형태로 대단히 비효율적으로 이루어졌다. 3세대와 4세대 언어는 좀 더 간결한 명령으로 압축되었다. 현재는 소위 '자연어(natural language)'라고 불리는 인간이 사용하는 일상의 언어에 가까운 언어들을 이용하여 프로그램을 작성한 뒤 이를 컴퓨터가 이해하는 기계어로 자동 번역할 수 있는 소프트웨어들이 개발되고 사용되고 있다.

1세대 언어. 1세대 언어인 기계어(machine language)는 가장 오래된 프로그래밍 언어라고 할 수 있으며, 모든 표현이 이진코드 또는 바이트의 그룹으로 구성되어 있다. 예를 들어,

하나의 명령어를 표현하기 위해서 7~8개의 비트로 구성된 각 바이트를 나열하였다면, 하나의 프로그램을 위해서는 상당한 시간과 노력을 필요할 뿐만 아니라 그 과정에서 발생하는 수많은 오류를 감수해야 했다. 또한 프로그램이 특정한 하드웨어 사양에 맞추어 작성되어야 했기 때문에 프로그래머는 프로그램이 실행될 하드웨어의 세부사양까지도 자세히 알고 있어야 하는 등 1세대 언어는 기계 중심적 언어라고 할 수 있다.

2세대 언어. 1950년대 초반, 기계연산 중에서 자주 반복되는 명령들을 매번 재프로그래밍하는 시간을 줄이기 위해 0과 1의 기나긴 행렬 대신 세 글자 또는 네 글자의 단일한 명령으로 표현하고자 하였다. 이와 인해 개발된 어셈블리 언어(assembly language)는 기계중심적이라는 면에서는 기계어와 마찬가지이지만, 코드가 비교적 일상의 영어와 유사하고, 매우 짧다는 특징이 있다. 또한 기계어가 아닌 어셈블리어를 기계어로 번역하기 위해 번역 프로그램인 어셈블러가 함께 사용되었다.

기계어와 어셈블리어 모두가 가진 가장 큰 단점은 배우는 데 오랜 시간이 걸리고, 에러가 생길 가능성이 매우 높다는 것이다. 그러나 1, 2세대 언어는 프로그래머가 하드웨어를 전적으로 통제할 수 있고, 프로그래머가 하드웨어를 완전히 통제할 수 있기 때문에 최소의 CPU 시간과 메모리 공간을 사용하게 되어 고급언어에 비해 프로그램이 더 효율적으로 돌아간다는 장점이 있다.

3세대 언어. 비즈니스 및 교육 분야에서 컴퓨터의 성장은 1950년대 고급 프로그래밍 언어(high level programming language)의 출현을 초래하였다. 3세대 언어는 어셈블리 언어에 비해 더욱 영어와 유사해 졌으며 'read', 'write', 'add a to b', 'let x=0' 등과 같은 명령이 주로 사용되었다. 3세대 언어는 프로그래머가 현안 문제를 해결하기 위한 논리적 절차를 구체화시켜야 하기 때문에 절차어(procedural language)라고도 불리며 FORTRAN(FORmula TRANslation), COBOL(COmmon Business Oriented Language), BASIC(Beginners All-purpose Symbolic Instruction Code) 등이 해당된다. 3세대 언어는 프로그래머로 하여금 절차의 집합 또는 컴퓨터의 수행단계에만 집중할 수 있는 환경을 제공하였다.

어셈블리어와 마찬가지로, 절차어도 미리 작성된 소스코드(source code)를 기계어로 번역하기 위해서는 번역기 또는 컴파일러(Compiler)라고 불리는 특수 번역 프로그램을 이용한다. 이전 세대 언어에 비해 3세대 언어는 비교적 배우기 쉽고, 더욱 영어와 유사하므로 프로그램 작성이 훨씬 용이해 졌다. 또한 에러를 찾아내고 수정하는 과정인 디버

〈표 10-1〉 '변수 y에 2와 5를 더한 값을 할당하기'의 언어세대별 표현

프로그래밍 언어	코드
1세대 언어 IBM System 370 기계어	00000101 00001000 00000010 00000000 00001100 00010000 00010000 00000000 00000101 00001010 0000010 00000000 00001100 00010000 00010000 00000100 00000101 00000000 00000010 00000000 00001100 00000001 00000000 00000000
2세대 언어 IBM System 370 어셈블리어	L R2, = F'2' A R2, = F'5' ST R2,Y

3세대 언어
FORTRAN
COBOL
BASIC
C, C++
	y = 2+5
	add 2,5 giving y
	let y = 2+5;
	y = 2+5;

4세대 언어	y = 2+5

깅(Debugging)을 상당히 용이하게 할 수 있게 되었다.

3세대 언어의 가장 큰 단점은 하드웨어의 제어가 어려워서 프로그램 운영의 효율성이 떨어진다는 것이다. 그러나 급속한 하드에어의 발전으로 빨라진 컴퓨터 속도와 확장된 저장 공간으로 인하여 컴퓨터 자원의 효율적 사용보다는 조직의 목표를 달성하기 위한 프로그램 자체의 효과성이 더욱 중요하게 여겨지게 되었다.

또한 3세대 언어는 표준화(standardized) 또는 휴대성(portable) 있는 언어라고 일컬어진다. 소스코드가 다른 운영체제를 사용하는 다른 컴퓨터에서도 운영될 수 있을 때 그 언어는 휴대성이 있다고 말하는데, 다른 하드웨어에 적용할 때, 휴대성 있는 소스 프로그램은 새로운 하드웨어를 위해 어느 정도는 수정이 가해져야 하지만, 전체 소스 프로그램을 재작성하는 것에 비하면 이러한 작업은 단편적인 작업이라 할 수 있다.

4세대 언어. 3세대 언어에 비하면 비절차적인 언어(nonprocedural language)라고 할 수 있는 4세대 언어는 반복적인 절차들 중 많은 부분이 사전에 프로그래밍 되어 있으며, 메뉴를 선택하거나 기능키를 누르는 것과 같은 단순한 입력 절차를 통해 프로그램이 가능하다. 따라서 전문적인 교육을 받지 않은 사용자들도 컴퓨터로 원하는 결과를 보기

위해, 수많은 명령어들을 정확한 순서로 일일이 입력할 필요 없이, 필요한 명령의 순서를 컴퓨터가 알아서 수행하게 된다.

예를 들어, 만약 데이터베이스 안의 한 칼럼(Column)이 AGE(연령)라면, 프로그래머는 화면으로 모든 레코드의 평균 나이를 보기 위해서 미리 프로그램된 명령어 'LIST AVERAGE (AGE)'만을 입력하면 된다. 이는 합계, 표준편차, 중앙값 등 다양한 함수들도 마찬가지이다. 또한, 'LIST', 'LOCATE' 등과 같이 단순한 명령만으로 데이터베이스로부터 특정 칼럼이나 레코드의 목록을 조회하거나 특정한 조건을 충족시키기 위한 레코드를 검색할 수 있다.

일반적으로 사용되는 4세대 언어에는 Powerbuilder, FOCUS, NOMAD와 RAMIS 등이 있으며, 이러한 언어는 코드를 빠르게 생성하고 배우기 쉬우며 사용이 용이하기 때문에 애플리케이션 생성기(application generator)라고도 부르고 있으며, 실제로도 점점 많은 소프트웨어 개발업체들이 새로운 애플리케이션 개발을 위해 4세대 언어를 사용하고 있다. 발전된 유형의 4세대 언어에서는 코드를 직접 작성하는 대신 단지 메뉴나 아이콘, 입출력 양식을 사용하여 프로그램을 작성한다. 이러한 경우 소프트웨어는 사용자가 볼 수 없는 뒷전에서 소스 코드를 생성하여 주기 때문에 구체적으로 손이 필요한 부분은 나중에 필요에 따라 직접 해당 부분의 원천코드를 찾아 코드를 수정하고 보완할 수 있도록 되어 있고 이러한 유형을 코드 생성기(code generator)라고도 부른다.

4세대 언어의 이점은 배우기 쉽고 새로운 응용 소프트웨어 개발에 필요한 사용 시간을 줄일 수 있다는 점이다. 반면 단점으로는 언어자체의 크기가 크기 때문에 많은 양의 컴퓨터 메모리가 필요하며 컴퓨터 자원의 사용이 효율적이지 않다는 점을 들 수 있다. 그러나 위에서 언급하였던 바와 같이 컴퓨터의 성능이 향상되고 컴퓨터 자원 비용이 낮아짐에 따라 4세대 언어의 이점이 더 크다고 할 수 있다.

〈표 10-2〉 4세대 언어의 특징

- 다른 언어에 비해 적은 코드를 필요로 한다.
- 다른 언어에 비해 적은 시간이 든다.
- 모듈성과 재사용성을 증진시킨다.
- 코드 유지보수가 용이하다.
- 사용자 친숙한(user-friendly) 인터페이스를 지원한다.
- 그래픽 및 사운드가 포함된 애플리케이션에 적합하다.

객체지향 프로그래밍 언어

현재는 새로운 유형의 언어인 객체지향 프로그래밍(OOP: Object Oriented Programming)이 널리 쓰이고 있다. 이 언어에서 사용되고 있는 모듈화의 두 가지 이점은 유지보수의 편리성과 응용프로그램 개발의 효율성이라고 할 수 있다.

객체(object)는 데이터와 데이터를 연산하는 코드를 함께 묶어 놓는다. 객체 내의 데이터는 '데이터 구성원(data members)'이라고 하며 객체의 코드 항목은 '구성원 함수(member functions)' 또는 '메소드(method)'라고 부른다. 예를 들면, 종업원 객체의 데이터는 주민등록번호, 성, 이름, 주소, 생년월일, 시간당 임금 등으로 구성될 수 있으며, 객체의 일부로서 주당 임금, 야근수당, 나이 계산 등 세 가지의 메소드가 포함될 수 있다.

전통적인 프로그래밍에서는 프로그램이 변할 때마다 다시 프로그램을 제작해야 했지만 객체지향 프로그래밍의 가장 큰 이점은 재사용성(reusability)이다. 객체지향 프로그래밍에서 소프트웨어 개발은 객체를 표준화시킴으로써, 마치 자동차 부품처럼 재사용하기 위하여 개별 프로그램을 재사용을 위한 부품이나 모듈로 다룸으로써, 하나의 크고 복잡한 프로그램을 만들어내는 대신 객체로 구성된 프로그램을 만든다. 객체는 표준화된 방법으로 개발되며, 표준화된 작동과 인터페이스를 가진다. 이러한 모듈개념은 소프트웨어가 노동집약적으로 작성되기보다는 간단하고 신속하게 조립되는 것을 가능하게 한다. 유지보수(maintenance)는 프로그램의 최종테스트에서도 잡히지 않는 프로그래

〈표 10-3〉 종업원 객체

종업원
- 속성
  - 주민등록번호
  - 성
  - 이름
  - 주소
  - 생년월일
  - 시간당 임금
- 메소드
  - 주당 임금 계산
  - 야근 수당 계산
  - 나이 계산

〈표 10-4〉 고급 프로그래밍 언어의 장점과 단점

장점	단점
• 언어 습득의 용이 • 프로그램의 용이 • 코드의 길이가 매우 짧아짐 • 디버깅의 용이 • 유지보수 용이	• 하드웨어 제어의 어려움 • 메모리의 비효율적 사용 • 느린 프로그램 속도

밍 오류(programming error)를 수정하거나, 또는 새로운 업무요구를 지원하기 위하여 프로그램을 수정하는 작업으로, 프로그래머가 완전히 새로운 코드를 처음부터 작성하는 대신 모듈을 교체함으로써 절약할 수 있는 시간과 노력은 실제로 막대하다. 결론적으로 객체지향 프로그래밍은 코드의 재사용성(reusability)을 지향하며, 재사용성은 많은 시간과 비용을 절약할 수 있게 한다.

객체지향 프로그래밍 언어는 지난 몇 년간도 계속 사용되어 왔지만, 최근엔 더욱 중요하게 부각되고 있다. 가장 대중적인 개체지향 프로그래밍 언어는 최초의 객체지향 프로그래밍 언어인 스몰톡(SmallTalk)과 C에서 분가한 C++이다.

C++은 C의 모든 기능을 만족하면서도 소프트웨어 객체를 다룰 수 있는 특성을 추가한 것이다. 이 외에도 비쥬얼베이직(Visual BASIC)은 널리 사용되는 시각 프로그램 도구 및 환경으로 마이크로소프트 윈도우 운영체제에서 실행 될 수 있는 애플리케이션을 개발할 때 사용되며, 그래픽 객체의 활용을 통해 프로그래머를 지원한다. 몇몇 객체지향 프로그래밍 언어는 그래픽 사용자 환경(GUI: Graphical User Interface)의 개발을 위하여 설계되었으며, 이러한 인터페이스에서는 사용자가 최소한의 노력으로 프로그램을 다룰 수 있도록 도와주는 창과 아이콘, 그리고 그 밖의 다른 그래픽 이미지들을 포함하고 있다.

웹을 위한 프로그래밍 언어

웹전용 소프트웨어 도구들은 기업이 웹사이트를 구축하거나 웹에서 운영되는 애플리케이션을 구축할 때 유용하다. 자바는 웹에서 운영될 수 있는 애플리케이션을 구축하는데 사용되고 HTML과 XML은 웹페이지를 제작할 때 사용된다.

자바. 자바(Java)는 썬 마이크로시스템(Sun Microsystems)에서 만든 객체지향언어로 기존의 프로그래밍 언어인 C, C++과 매우 유사하며 인터넷과 같은 네트워크 환경에서 유용하게 쓰인다. 자바는 해당 기기에 맞도록 자바 프로그래밍 코드를 해석할 수 있는 Java Virtual Machine을 개발하여 한 번 작성된 자바 코드가 Java Virtual Machine이 존재하는 어느 기기에서도 실행될 수 있도록 하였다. 이로 인해, 자바 응용프로그램은 컴퓨터 기종이나 운영체제와 상관없이 다양한 기기에서 실행될 수 있는데 IBM PC 및 다양한 서버 뿐만이 아니라 핸드폰, 태블릿 등에서도 동일한 프로그램을 공유할 수 있다.

HTML. HTML(Hypertext Markup Language)은 웹페이지를 만들 때 사용되는 언어로써 문자나 그래픽, 비디오, 사운드 등을 웹페이지에 나타내는 방법을 정의하고 웹페이지상의 객체들을 다른 웹페이지나 객체와 연결시키는 기능을 한다. 사용자는 하이퍼링크로 연결된 키워드나 그래픽 등을 클릭함으로써 다른 웹페이지나 객체로 즉시 이동할 수 있다. 웹페이지 제작 도구들은 워드, 스프레드시트, 데이터관리, 프레젠테이션 그래픽 등과 같은 소프트웨어 패키지를 통해 작성될 수도 있으나 다양한 개발 소프트웨어등을 통해 제작 할 수 있다.

XML. 1996년 W3C(World Wide Web Consortium)에 의해 개발된 웹페이지를 위한 언어로써 HTML이 웹페이지 형식에 맞추어 표현된 제한된 데이터만 읽을 수 있는 반면에 XML(eXtensible Markup Language)은 데이터에 의한 표현, 처리, 저장 등 각 데이터를 사용자의 편의에 맞도록 정리해 준다. 또한 서로 다른 플랫폼 간에 데이터를 주고받을 수 있는 XML의 등장으로 웹서비스라는 새로운 개념이 등장하게 되었다.

웹서비스란 문서작성·그래픽·인터넷 검색 등 모든 인터넷 서비스를 웹 기반에서 하나로 통합한 서비스를 뜻하는 것으로 인터넷에서 소프트웨어를 빌려 쓰는 ASP(Application Service Provider)와 비슷한 개념이지만, 1~2개 응용프로그램뿐 아니라 모든 프로그램을 웹상에서 구현할 수 있고, 컴퓨터의 형태나 운영체제가 다르더라도 정보를 쉽게 주고받을 수 있다. 예를 들어 기업에서 웹서비스를 도입하면 기업 내, 또는 기업 간에 서로 다른 시스템 요소들을 통합·운영할 수 있다. 예를 들어 판매·구매·재고 등 제품에 관한 모든 정보가 일원화되어 있기 때문에, 시장의 변화를 곧바로 의사 결정에 반영하고 거래업체에도 전달해 줄 수 있다.

AJAX. AJAX(Asynchronous JavaScript and XML)는 비동기 자바스크립트 XML를 의미하며 웹 2.0 구현을 위한 웹 기반 비동기 통신기술로, 데이터를 불러오려면 전체 페이지를 다시 리로딩해야 하는 기존 JSP/ASP 방식과 달리 SOAP, XML 등 소프트웨어 통신 프로토콜을 이용해 브라우저의 사용 화면 구성에 필요한 서비스만을 서버에 호출, 그결과를 화면에 적용할 수 있다. AJAX는 RIA(Rich Internet Application: Lazlo application Flex, JSP) 개념과 같이 웹에서 애플리케이션과 같은 윤택하고 동적인 웹 애플리케이션을 제작하기 위한 요구에서 시작되었다. AJAX 자체가 하나의 특정한 기술을 말하는 것이 아니며, 웹에 이미 존재하고 있는 DHTML, CSS, XML, XML Http Request 등의 기술들을 합친 기술 또는 그 기술들을 이용하여 보여줄 수 있는 이용형태를 나타낸다. 주로 대화식 웹 애플리케이션 제작을 위하여 사용된다.

10.3 차세대 컴퓨팅

- 그리드 컴퓨팅(grid computing): 높은 컴퓨팅 리소스를 필요로 하는 작업의 수행을 위해 인터넷 상의 분산된 다양한 시스템과 자원들을 공유하여 가상의 슈퍼 컴퓨팅과 같이 사용하는 방식
- 유틸리티 컴퓨팅(utility computing): 컴퓨팅 리소스를 구매하거나 소유하지 않고 가스, 전기등과 같이 유틸리티로 필요할 때마다 사용하는 방식
- 서버 기반 컴퓨팅(server based computing): 서버에 애플리케이션과 데이터를 두고 필요할 때마다 접속해서 사용하는 방식
- 네크워크 컴퓨팅(network computing): 서버 기반 컴퓨팅과 비슷하나, 애플리케이션을 서버에서 로드하여 로컬에서 수행하는 형태
- 클라우드 컴퓨팅(cloud computing): 언제 어디서나, 편하게, 구성이 가능한 컴퓨팅 자원들에 대한 네트워크 접근이 가능한 형태의 시스템
- SaaS(Software as a Service): 소프트웨어 및 관련 데이터는 중앙에 호스팅되고 사용자는 웹 브라우저 등의 클라이언트를 통해 접속하는 형태
- IaaS(Infrastructure as a Service): 서버, 스토리지, 네트워크를 가상화 환경으로 만들어, 필요에 따라 인프라 자원을 사용할 수 있게 서비스를 제공하는 형태

- PaaS(Platform as a Service): SaaS의 개념을 개발 플랫폼에도 확장한 방식으로, 개발을 위한 플랫폼을 구축할 필요 없이 필요한 개발 요소들을 웹에서 쉽게 빌려 쓸 수 있는 하는 형태

클라우드의 현재와 미래

CASE 10-4

클라우드의 장점과 유형은?

중앙의 컴퓨팅 활용도 따라 나뉘어

지난 3월 BSA 소프트웨어 얼라이언스(BSA; The Software Alliance)는 '2018 글로벌 클라우드 컴퓨팅 스코어카드(2018 Global Cloud Computing Scorecard)'를 발표했다. 이는 국가별 클라우드 수준을 평가한 것으로 주요 IT 경제 국가 24곳을 대상으로 조사한 것이다.

우리나라는 12위로 2016년 대비 변동이 없다. 12위면 괜찮은 수준으로 보일 수 있지만, 우리의 정보통신기술을 생각하면 부끄러운 평가일 수 있다.

국제전기통신연합(ITU)은 매년 국가별로 정보통신기술 순위를 매긴다. 우리나라는 보통 1위 혹은 2위를 기록한다. 작년에는 아이슬란드에 이은 2위를 차지했다. 재작년에는 1위였다.

결국 전체 정보통신기술 수준에 비해 클라우드 기술은 좋지 못하다는 의미다. 4차 산업혁명 핵심 인프라 중 하나가 클라우드임을 생각하면 이는 절대 무시할 수 없는 사항이다.

2015년 가트너(Gartner)가 분석한 자료에 따르면 2019년 전 세계 클라우드 시장 규모는 1,821억 달러(약 200조 원)에 이를 전망이다. 2013년 시장규모가 709억 달러(약 84조 원)임을 감안하면 6년 만에 2.5배나 증가한 것이다.

클라우드 시장 규모는 갈수록 커질 것으로 보인다. 이에 자유한국당 송희경 의원은 지난 6월 25일에 '클라우드 컴퓨팅 관련 법 개정안'을 발의했다. 개정안에는 공공기관의 클라우드 도입 활성화, 클라우드 서비스의 보안 인증 부분에 대한 법적 근거 마련 등의 내용이 담겨있다.

중앙 서버 자원을 이용해 서비스를 제공하는 클라우드 플랫폼

출처: © Pixabay.

이런 움직임을 바탕으로 국내에도 클라우드 활성화 바람이 불 것으로 예측된다. 참고로 과학기술정보통신부(이하 과기부)는 올해 클라우드 기업 수를 700개에서 800개로 늘리는 한편 공공 부분 도입률을 40%까지 늘리는 것을 목표로 잡았다.

클라우드의 세 가지 장점

이렇게 최근 클라우드가 각광받는 이유는 뭘까? 이를 알기 위해선 먼저 그 정의를 정확히 알아야 한다. 클라우드의 어원은 구름(Cloud)이다. 보이지 않는 컴퓨팅 자원을 활용한다는 데에서 유래한 것이다.

좀 더 풀어쓰면 클라우드는 '사용자에게 보이지는 않지만 중앙의 서버 컴퓨팅 자원을 활용해서 서비스를 받을 수 있게 하는 플랫폼'으로 정의할 수 있다.

클라우드는 세 가지 이점을 제공할 수 있다.

첫째, 자원 활용성을 증가시킨다. 클라우드는 원래 중앙 센터에서 사용되지 않고 낭비되는 컴퓨팅 자원을 활용하기 위해 등장했다. 즉, 사용하지 않는 자원을 필요로 하는 사용자에게 원격으로 컴퓨팅을 제

공하는 것이다. 이는 자원의 활용성을 증가시킨다.

둘째, 운영 효율성을 증가시킨다. 흩어진 자원을 개별로 힘들게 관리하지 않고 중앙에 모인 자원을 관리하는 이점이 있다. 운영상 편리할 뿐만 아니라 효율성도 향상된다.

셋째, 인공지능(AI) 서비스를 확장시킨다. 현재 주목을 받는 기계학습(Machine Learning)은 AI에게 수많은 데이터를 주고 스스로 공식을 만들게 해 문제를 푸는 방식이다. 때문에 데이터를 모으는 것이 중요하다. 클라우드는 기계학습에 필요한 데이터를 쉽게 모을 수 있기에 AI를 고도화시키는 데 유용하다.

아울러 AI를 보편화하는 데에도 큰 역할을 한다. 개인 스마트 기기에서 AI를 구현하는 것은 거의 불가능하다. 사용자가 높은 사양을 요구하는 고가 기기를 구입해 AI를 위한 환경을 갖춰야 하기 때문이다. 그런데 클라우드는 AI의 이러한 한계점을 극복하게 한다. 중앙 클라우드에 AI를 구축하고 이를 사용자가 이용하게끔 하면 된다. 그러면 사용자는 중앙 서버의 컴퓨팅 자원으로 AI 서비스를 받을 수 있다.

중앙의 컴퓨팅 활용도 따라 나뉘어

그런데 클라우드라고 다 같은 클라우드가 아니다. 클라우드의 유형은 크게 세 갈래로 나뉜다.

즉 중앙의 컴퓨팅 활용도에 따라 'SaaS(Service as a Service)', 'PaaS(Platform as a Service)', 'IaaS (Infrastructure as a Service)'로 나뉜다.

SaaS는 특정 서비스를 중앙 컴퓨팅 자원을 이용해 제공하는 서비스다. 사진 등 데이터를 중앙 서버에 저장할 수 있게 하는 것이 SaaS의 대표 유형이라고 할 수 있다.

PaaS는 플랫폼 자체를 클라우드 형으로 제공하는 서비스다. SaaS가 일반 수요자를 대상으로 제공하는 서비스라면 PaaS는 기업 등 서비스 제공자를 그 대상으로 한다.

따라서 PaaS에는 개발할 수 있는 환경이 구현된 경우가 많다.

가령 AI 개발자를 위해서 AI 툴을 PaaS에서 제공하는 것이다. 참고로 PaaS에서 서비스를 구현해 또 다른 사용자에게 제공하는 서비스는 SaaS가 된다. Paas에서 개발한 서비스도 클라우드에서 구현되기 때문이다.

IaaS는 장비 자체를 클라우드 형으로 제공한다. 하드웨어 등 기기를 임대 형태로 빌려온 경우를 생각하면 된다.

차이점은 원격으로 이를 받는다는 점이다. PaaS와의 결정적 차이는 중앙 서버의 컴퓨팅 자원 사용이 한층 더 깊다는 것이다. PaaS가 컴퓨팅 자원을 바탕으로 플랫폼을 구현해 제공한다면, IaaS는 플랫폼 이전의 컴퓨팅 자원을 그대로 제공해 더 강력한 기능을 발휘할 수 있다.

이처럼 유형에 따라 클라우드 서비스 활용도가 달라지기에 시장도 구분된다. 때문에 각 유형의 클라우드가 서비스 수요에 맞춰 성장할 수 있도록 알맞은 환경을 조성하는 노력도 필요하다.

가트너의 분석에 따르면 SaaS 시장은 2013년부터 2019년까지 연평균 13.3% 성장해 1,190억 달러(약 130조 원) 수준으로 형성될 전망이다. 같은 기간 PaaS 시장은 74억 달러(약 7.6조 원), IaaS 시장은 556억 달러(약 67조 원)에 이를 것으로 보인다.

출처: The Science Times, 유성민 IT칼럼니스트, 2018.07.16.

사티아 나델라 "클라우드, 10년내 다섯 가지 진화 온다"

"우리는 10여 년 전 클라우드 올인(All-in)을 선언했다. 클라우드에서 혁신을 봤고 모든 기업에 기회를 창출해 줄 것이라고 예견했기 때문이다. 이제는 향후 10년 동안 클라우드가 어떻게 변화할 것인지, 또 세상이 클라우드에 요구하는 혁신이 무엇인지 다시 생각해 볼 때가 됐다. 앞으로 클라우드는 '모든 사람이 참여하는 대단위 경제 성장'이 이뤄질 수 있도록 혁신을 제공해야 한다고 본다."

사티아 나델라 마이크로소프트 최고경영자(CEO)가 2일(현지시간) 온라인으로 개최된 기술 컨퍼런스

사티아 나델라 마이크로소프트 CEO

'이그나이트 2021'에서 향후 10년 동안 클라우드의 진화 방향에 대해 전망하며 이같이 말했다.

2014년 CEO 자리에 오른 나델라는 클라우드 분야에서 전문성을 높게 인정받는 경영인이다. 오랜 시간 마이크로소프트에서 클라우드 사업을 총괄해 왔고, CEO가 된 이후에는 회사의 비즈니스 중심을 윈도·오피스에서 클라우드로 전환시키는 데 성공해, 마이크로소프트를 다시 혁신 기업 반열에 올려놓기도 했다.

나델라는 이날 기술에 대한 시대적 요구가 변화하고 있고, 클라우드의 진화 방향도 바뀌어야 한다는 주제로 키노트를 진행했다. 이전까지 클라우드가 기업의 가치 창출 시간을 줄여주고, 민첩성을 높여 비용을 절감해주는 목적으로 사용됐다면, 앞으로는 개인이 더 많은 권한을 부여받고 자신의 능력을 증강시킬 수 있는 도구로 클라우드의 역할이 확대될 것이라는 게 그가 이번 키노트에서 이야기하고자 하는 핵심이다.

나델라는 클라우드의 진화 방향에 대해 유비쿼터스와 탈중앙화된 컴퓨팅, 데이터 주권과 생활 속 지능, 권한을 가진 창작자들과 커뮤니티, 모든 사람에게 경제적 기회 확대, 설계에 기반한 신뢰 등 다섯 가지 속성을 발현하는 방향이 되어야 한다고 주장했다.

① 유비쿼터스와 탈중앙화된 컴퓨팅:
"엣지에 주목하라"

나델라는 '유비쿼터스와 탈중앙화된 컴퓨팅'을 차기 클라우드가 갖춰야 할 첫째 속성으로 꼽았다.

그는 "모든 국가, 모든 산업 내 크고 작은 기업들은 언제 어디에나 존재하는 탈중앙화된 컴퓨팅 파워를 필요로 하고 있지만, 현재 컴퓨팅의 중앙 집중화는 초고조에 이르렀다"며 변화의 필요성을 강조했다.

이어 "컴퓨팅이 전 세계 모든 곳에 내장되어, 사람, 장소, 사물의 상호작용하는 방식이 변화할 때 사람들은 더 많은 주권과 탈중앙화된 제어를 원하게 될 것"이라며 "클라우드와 엣지 컴퓨팅은 이런 요구사항을 충족시키도록 진화할 것"이라고 예상했다.

② 데이터 주권과 생활 속 지능:
"폭발하는 데이터가 컴퓨팅을 흔든다"

그는 또 데이터의 폭발적인 성장에 따른 컴퓨팅의 역할 변화를 고민해야 한다고 화두를 던졌다.

"데이터의 양, 다양성, 속도는 클라우드에서 폭발적으로 성장할 것이고 특히 탈중앙화된 아키텍처로 구동되는 엣지에서 이런 흐름을 주도할 것이다"고 예상했다.

그는 데이터 폭발은 데이터 주권과 생활 속 지능이라는 두 가지 방향으로 컴퓨팅의 진화를 이끌 것으로 전망했다. "이 같은 세상에서 데이터에 대한 프라이버시와 주권이 더 중요한 문제로 떠오를 것이며 '대규모 다중 모델'은 그 자체로 퍼스트 클래스 플랫폼이 되어, 우리 주변의 지능을 생성할 것이다"고 말했다.

예상되는 구체적인 변화도 소개했다. 개인화와 프라이버시 보호 서비스를 달성하기 위한 새로운 '연합 기계 학습 방법'이 개발될 수 있다고 내다봤고, 비즈니스 로직이 데이터에서 학습한 코드에 의해 생성되고, 완전히 새로운 세대의 비즈니스 프로세스 및 생산성 시스템이 나올 것이라고 점쳤다.

③ 권한을 가진 창작자들과 커뮤니티:
"클라우드 이용해 누구나 창작자 된다"

나델라는 또 누구나 창작자가 될 수 있고, 클라우드가 다양한 기술과 도구로 이를 지원하게 되는 미래에 주목하라고 제언했다.

그는 "지난 10년 동안 기술은 소비를 유도하는 데 초점이 맞춰져 발전했지만, 향후 10년은 철저하게 '창작을 민주화'하는 데 필요한 기술 진보가 요구될 것"이라고 예상했다.

이어 "스킬, 툴, 플랫폼에 대한 접근권한이 확대되고, 커뮤니티들이 연결되고 협업해 모든 사람이 창작할 수 있게 될 것"이며 "우리 경제는 소비와 창작 사이에서 새로운 균형을 찾게 될 것"이라고 덧붙였다.

그는 특히 '엔드 유저 컴퓨팅' 디바이스(노트북, 스마트폰, 태블릿 등)가 새로운 혁신을 주도 할 것으로 봤다. "디바이스의 형태와 기능은 반도체부터 운영체제, 사용자경험에 이르기까지 모든 단계에서 재구상될 것"이며 "이런 컴퓨팅 경험은 커뮤니티에 의해 더욱 증폭될 것"이라고 전망했다.

④ 전 세계 모든 사람에게 경제적 기회 확대: "생산성 재정의하게 될 것"

나델라는 또, 전 세계 모든 구성원에게 경제적 기회가 확대되는 방향으로 기술 진보가 일어날 것으로 봤다.

그는 "우리는 현재와 미래 직업에서 요구되는 업무, 기술, 학습, 자격을 연결하고 피드백 루프를 만들어야 한다"며 "모든 근로자의 직업적 성취를 고취하기 위해 협업, 학습, 웰빙을 포함해 광범위하게 생산성을 정의해야 한다"고 주장했다.

⑤ 설계에 기반한 신뢰: "기술 회사 성공하려면 신뢰할 수 있는 설계 있어야"

나델라는 마지막으로 '설계에 기반한 신뢰'를 제공하는 기술회사만이 성공하게 될 것이라고 전망했다.

그는 "기본적으로 기술 업체는 회사를 둘러싸고 있는 다름 기업들이 성공하도록 기여했을 때 자신도 성공할 수 있다"며 "어떤 고객도 (앞에서는) 기술을 판매하면서 (뒤에서는) 경쟁하려는 업체를 믿을 수 없을 것"이라고 강조했다.

출처: ZDNet Korea, 임유경 기자, 2021.03.03.

토론

1. 기존 클라우드 기술의 장점과 차세대 클라우드 기술의 장점을 비교해보고 클라우드 컴퓨팅 기술이 어떻게 발전했는지 생각해보시오.
2. 사티아 나델라는 총 다섯 가지 속성을 발현하는 방향으로 클라우드가 진화해야 한다고 언급한다. 그 다섯 가지가 무엇인지 찾아보고 왜 그 다섯 가지 방향으로 진화해야 하는지 생각해보시오.

요약

컴퓨터의 발전역사는 초기의 계산장치에서 초기의 컴퓨터로, 그리고 마침내 오늘날의 마이크로컴퓨터 및 태블릿의 개발로 이어져 왔다. 최초의 계산장치인 주판에서 1642년 파스칼의 기계식 계산기, 1690년 라이프니쯔의 계산기, 1822년 배비지의 차분기관과 차후에 발명된 해석기관, 19세기 후반 홀러리스의 기계판독카드를 사용하는 기계까지 초기의 계산장치는 끊임없이 발전되어 왔으며 최초의 전자식 컴퓨터는 1942년 복잡한 수학적 계산을 가능하게 할 목적으로ㅗ 개발한 'ABC'였다. 1944년에는 마크 I 이라고 불리는 컴퓨터가 제작되었으며 1946년 최초의 전자계산장치인 애니악 컴퓨터가 팬실베니아 대학에서 개발되었다. 이후 프로그램을 주기억장치에 저장하는 개념을 도입한 EDVAC, 상업적인 목적으로 개발된 UNIAC I으로 발전을 이어갔다. 진공관을 대체하는 트랜지스터가 등장하고 마이크프로세서가 개발되면서 1975년 최초의 상업적인 마이크로컴퓨터 Altair 8800을 시작으로 IBM사의 IBM5100, 애플컴퓨터사의 애플컴퓨터 등이 차례로 등장하였으며 1982년에는 IBM에서 'PC'라고 불리는 개인용 컴퓨터를 소개하게 되었다. 이러한 컴퓨터의 발전과정은 컴퓨터에 사용되는 프로세서에 의해 1세대, 2세대, 3세대, 4세대, 5세대로 구분될 수 있다.

컴퓨터는 내부적으로 데이터를 표현하는 방법에 따라 아날로그 컴퓨터와 디지털컴퓨터로 나눌 수 있으며 규모와 성능에 따라 슈퍼컴퓨터, 태블릿, 워크스테이션, 마이크로컴퓨터 등으로 나눠질 수 있다.

컴퓨터시스템의 하드웨어는 중앙처리장치, 입력장치, 출력장치, 보조기업장치로 구성되어 있으며 중앙처리장치는 산술논리연산 장치, 제어 장치, 그리고 보통 '메모리'라고 불리는 주기억장치 등의 세 가지 부분으로 이루어져 있다. 보조기업장치는 CPU나 주기억장치에 비해서 비교적 오랜 기간동안 방대한 양의 소프트웨어와 데이터를 저장하기 위한 외부 저장 장치 등이 있다. 입력장치에는 키보드와 같은 키 입력 장치, 마우스로 대표되는 포인팅 장치, 음성인식장치, 휴대전화, 그리고 PC-카메라와 같은 기타 장치들이 있다. 출력장치에는 모니터와 프린터가 있다.

소프트웨어의 종류는 크게 시스템 소프트웨어와 응용 소프트웨어로 나뉘며 시스템 소프트웨어에는 운영체제와 같은 시스템 제어 프로그램, 시스템 유틸리티 프로그램과 같은 시스템 지원 프로그램, 그리고 컴파일러와 같은 시스템 개발 프로그램을 나눌 수 있다. 응용 소프트웨어로는 스프레드시트, 워드 프로세서, 데이터 관리 소프트웨어, 그래픽 소프트웨어, 그리고 통신 소프트웨어, 이메일 소프트웨어, 그룹웨어 그리고 웹을 위한 소프트웨어가 있다.

프로그래밍 언어의 발전과정은 1세대 기계어, 2세대 어셈블리언어, 3세대 절차어 순서로 발전해 왔으며 언어의 발전에 따라 자연어에 가까워지고 새로운 문법의 학습이 필요하지 않는 장점을 가지고 있다. 객체지향 프로그래밍은 프로그램을 모듈화하여 유지보수의 편리성과 응용프로그램 개발의 효율성을 높일 수 있도록 한다. 웹을 위한 프로그래밍 언어인 자바와 HTML, XML도 사용된다.

중요용어

기계어 컴퓨터가 특정한 명령을 수행할 수 있도록 컴퓨터 하드웨어로 명령을 전달하는 비트와 바이트 형식으로 구성된 일련의 전기적 신호.

램(RAM) 데이터를 읽고 쓰기 위한 주기억장치 또는 메모리.

보조기억장치 주기억장치에 저장된 데이터와 호환이 가능한 형식으로 데이터를 저장하며, 주기억장치에 비해서 컴퓨터로 하여금 비교적 오랜 기간동안 처리된 방대한 양의 소프트웨어와 데이터를 저장하기 위한 장치.

시스템 유틸리티 레코드를 정렬하거나, 백업을 위해 하드디스크의 파일을 자기테이프로 복사하는 것과 같이 일상적인 작업을 수행하기 위하여 작성된 프로그램.

어셈블러 어셈블리어를 기계어로 번역해주기 위한 특수한 프로그램.

운영체제 CPU, 주변기기, 주기억장치, 보조기억장치 등의 컴퓨터 자원을 관리하고 제어하는 프로그램의 집합.

유지보수 프로그램의 최종테스트에서도 잡히지 않는 프로그래밍 에러를 수정하거나, 또는 새로운 업무 요구를 지원하기 위하여 프로그램을 수정하는 작업.

응용 소프트웨어 컴퓨터시스템으로 하여금 특정한 정보처리 활동을 수행하고 사용자에게 특정 기능을 제공하는 프로그램.

자바 네트워크 환경에서 유용하게 쓰이는 객체지향 프로그래밍 언어.

자연어 인간이 사용하는 일상의 언어에 가까운 언어들.

주기억장치 자기 드럼을 사용하였고, 입력, 출력, 보조기억장치로는 천공카드를 이용하였으며, 프로그램은 기계어를 사용하여 작성.

중앙처리장치(CPU) 모든 컴퓨터 활동의 중심이며, 컴퓨터의 두뇌.

초고밀도 집적회로(VLSI) 트랜지스터 수십만 개에서 수백만 개를 포함하고 있는 칩이며, 서로 다른 몇 개의 처리칩을 하나의 칩에 결합한 형태.

클라우드 컴퓨팅 언제 어디서나, 편하게 컴퓨팅 자원들에 대한 네트워크 접근이 가능한 형태의 시스템.

프로그래밍 언어 사람들이 이해하기 쉬운 명령어를 컴퓨터가 자동으로 이해할 수 있는 기계어로 번역될 수 있도록 압축된 명령형식.

프리젠테이션 그래픽 가상의 3차원 이미지, 중복 이미지, 다중 이미지, 그림자 등 다양한 형태의 그래픽 효과를 쉽게 작성할 수 있도록 도와주는 소프트웨어.

황의 법칙 반도체 메모리의 용량이 1년마다 2배씩 증가한다는 이론으로 삼성전자의 황창규 사장이 제시했음.

ENIAC 모클리와 애커트가 지도하던 펜실배니아 대학 전자공학과의 엔지니어 팀에 의해 애니악이 개발.

HTML 웹페이지를 만들 때 사용되는 프로그래밍 언어로 하이퍼링크를 이용한 웹페이지나 객체 연결이 가능함.

XML 웹페이지를 만들 때 사용되는 언어로 서로 다른 플랫폼 간에 데이터를 주고 받을 수 있음.

연습문제

1. 컴퓨터 하드웨어를 세대별로 기술하시오.
2. 아날로그와 디지털의 차이점에 대해서 설명하시오.
3. 컴퓨터의 분류에는 슈퍼컴퓨터, 메인프레임컴퓨터, 미니컴퓨터, 워크스테이션, 마이크로 컴퓨터가 있다. 이를 각각 설명하시오.
4. 컴퓨터시스템의 하드웨어 구성요소를 설명하시오.
5. 롬(ROM), 램(RAM)의 용어를 각각 설명하고 차이점을 기술하시오.
6. 소프트웨어는 크게 두 가지로 나누어진다. 무엇인가?
7. 객체지향 프로그래밍을 설명하시오.
8. 클라우드 컴퓨팅이란 무엇인가?
9. 프로그램언어의 발전과정을 기술하시오.
10. 기계어와 자연어는 어떻게 다른가?

CHAPTER

11

데이터자원과 빅데이터경영

> 세상에서 가장 가치 있는 자원은 더 이상 원유가 아니라 데이터이다.
>
> \- 이코노미스트 2017년

학습목표

지난 60년 동안 정보자원의 핵심 축이 하드웨어 자원에서 소프트웨어 자원을 거쳐 데이터 자원으로 변화되었다. 데이터 자원의 중요성을 보여주는 대표적인 정보기술이 빅데이터이다. 많은 전문가들이 4차 산업혁명의 두 가지 핵심 기술을 빅데이터와 인공지능이라고 이야기한다. 최근에는 빅데이터뿐만 아니라 오픈데이터 또는 마이데이터에도 많은 관심이 쏠리고 있다.

이 장에서는 데이터 자원의 중요성을 강조하고 다양한 데이터 유형을 살펴보고자 한다. 또한 데이터가 신자본으로 부상하면서 데이터생태계와 데이터경제의 개념과 의미를 살펴보고자 한다.

- 데이터자원의 중요성을 확인한다.
- 빅데이터 시대가 도래한 배경과 사례를 살펴본다.
- 새로운 데이터 유형인 오픈데이터와 마이데이터 개념을 이해한다.
- 데이터 분석을 넘어서 데이터생태계에 대해서 설명한다.
- 전통적인 경제와 비교하여 데이터경제를 이해한다.

11.1 데이터자원의 중요성

11.1.1 정보자원관리와 데이터자원

정보자원관리(IRM: Information Resource Management)라는 개념은 1980년대부터 시작하였고 여기서 정보자원은 정보(information)와 정보기술(information technology)을 모두 포함하고 있다. 일반적으로 정보자원(information resource)은 하드웨어자원, 소프트웨어자원, 데이터자원 등으로 분류할 수 있다.

정보화 시대 초기에는 하드웨어 자원(메인프레임, PC, 네트워크 장비 등의 인프라)이 워낙 비싸기 때문에 하드웨어 자원의 효율적 활용에 많은 관심을 가졌다. 그러나 시간이 지나면서 실제로 업무를 자동화시키는 소프트웨어자원(애플리케이션 소프트웨어, 소프트웨어 패키지 등)에 집중하기 시작하였다. 기관에 적용된 소프트웨어 자원에 따라 기관 생산성에 확실한 차이가 생겼으며, 이로 인해 많은 기업들이 소프트웨어 자원 확보에 집중하였다. 이 과정에서 잘못된 소프트웨어 자원이 엄청난 리스크를 초래할 수도 있다는 사실도 깨닫게 되었다. 이제는 거의 모든 업무가 정보화됨에 따라 정보시스템을 통해 생성되는 데이터자원(영업데이터, 회계데이터, 소셜데이터, 위치데이터 등)에 관심을 갖기 시작했다.

1990년대에 마이클 햄머(Michael Hammer) 교수는 "기업의 경쟁우위는 프로세스 혁신과 정보기술 적용으로부터 창출된다."라고 주장하였다. 초기에는 일부 대기업들이 업무혁신과 정보혁신을 통해서 괄목할 만한 성과를 이루었으나, 대부분 기업들이 추진하게 되면서 더 이상의 차별성을 갖기는 쉽지 않았다. 2010년대에 토마스 데이븐포트(Thomas Davenport) 교수는 "이제는 기업의 경쟁우위는 프로세스 혁신이 아니라 데이터 분석으로부터 창출된다"라고 주장하였다. 최근에 기업들은 데이터 자원을 연계하고 통합하면서 새로운 가치를 창출할 수 있게 됨을 확인하게 되었고 데이터 자원을 분석하여 정확하고 빠른 의사결정을 할 수 있게 되었다.

중국 알리바바 그룹의 마윈 회장은 데이터의 중요성을 강조하고 있다. "알리바바는 데이터 기업이며 전자상거래 사업을 하는 목적도 단순히 물건을 사고 팔기 위한 것이 아니다"라고 하면서, 마윈은 누가 더 많은 데이터를 갖고 더 빠른 속도로 처리해 가치를 창출할 수 있느냐가 경쟁력이 될 것이라고 하였다.

11.1.2 전통적인 자원과 데이터 자원

전통적인 자원은 3M 또는 4M이라고 불리는 Money(자본), Material(물자), Man(인력), Machine(기계) 등을 말한다. 이러한 전통적인 자원은 물리적인 자원으로 제한된 자원의 점유를 위해 서로 경쟁한다. 반면에 데이터는 개념적 자원으로 활용과 유통에 제한이 없다. 즉, 하나의 데이터는 다양한 분야에서 활용할 수 있고, 전통적인 자원과 달리 비경쟁적이어서 무한하게 재사용이 가능하다. 더구나 데이터는 전자화되어 빠른 속도로 전 세계에 전달될 수 있다. 따라서 데이터 자원은 4차 산업혁명이 일어나면서 기업의 가장 중요한 자원으로 부상되고 있다.

데이터 자원은 컴퓨터와 인터넷 발전과 함께 점점 중요한 자원으로 인식되고 있다. 저장장치의 기술 발달에 따른 가격의 합리화로 대용량 데이터 관리가 가능해지고 실시간 데이터와 멀티미디어 데이터 처리가 일반화되었다. 또한 모바일이 일상화되면서 다양한 데이터가 기하급수적으로 생성되고 있다.

〈그림 11-1〉 전통적인 자원과 데이터 자원의 비교

전통 자원

- 사용에 따라 줄어든다.
- 제한된 자원의 점유를 위해 경쟁한다.
- 획득 및 활용에 비용이 발생한다.
- 진입장벽이 존재한다.
- 자원 불균형이 발생한다.
- 부익부 빈익빈을 초래한다.

데이터 자원

- 사용할수록 늘어난다.
- 활용과 유통에 제한이 없다.
- 비용이 거의 발생하지 않는다.
- 공평한 기회를 제공한다.
- 자원이 공정하게 배분된다.
- 자원 민주주의를 구현한다.

출처: 이진우, 투이컨설팅, 2018.

11.1.3 정보기술 발전과 데이터 폭발

지난 60년 동안 정보기술은 끊임없이 발전하였다. 이와 함께 전자화된 데이터의 관리도 〈그림 11-2〉와 같이 끊임없이 발전하였다. 컴퓨터는 물리적인 데이터를 전자적인 데이터로 변환하여 저장하였다. 컴퓨터가 관리한 데이터는 주로 문자와 숫자였다. 인터넷이 일반화되면서 전자적인 데이터를 전 세계가 공유하게 되었다. 인터넷은 숫자, 문자뿐만 아니라 텍스트, 이미지 등의 데이터를 처리하였다. 모바일은 개인이 항상 휴대하고 다니는 스마트폰과 무선통신망을 의미한다. 모바일 데이터는 숫자, 문자 등의 전통적인 데이터 뿐만 아니라, 이미지, 음성, 동영상 등의 멀티미디어 데이터도 포함하고, 끊임없이 생성되는 소셜데이터와 위치데이터도 포함한다.

모바일 데이터 환경은 '빅데이터(Big Data)' 시대의 도래를 의미한다. 즉, 데이터 규모가 페타바이트(petabytes) 이상으로 확대되어 기존의 상용 DBMS로 관리하기 힘들 정도로 데이터 규모가 커졌다. 빅데이터는 모바일 환경과 함께 많은 관심을 갖게 되었지만 사물인터넷 환경이 본격적으로 도래하면서 더욱 관심을 갖게 될 것이다.

〈그림 11-2〉 정보기술 발전과 데이터 폭발

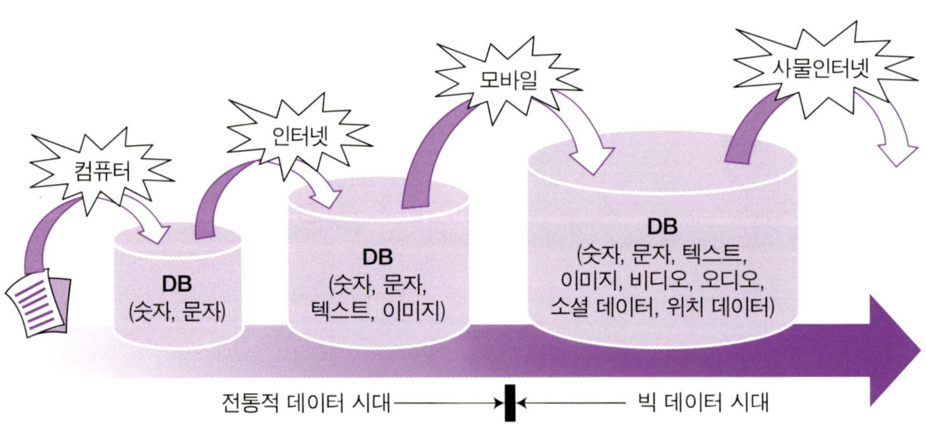

11.2 빅데이터 시대의 도래

11.2.1 데이터기술의 역사

지난 60년간 데이터의 역사를 살펴보면, 주요 거래데이터를 저장하기 위한 파일관리시스템(FMS: File Management Systems), 다양한 거래데이터를 통합적으로 관리하기 위한 데이터베이스관리시스템(DBMS: Database Management Systems), 그리고 이러한 데이터들의 중복성을 없애고 일관성을 유지하기 위한 데이터모델(data model), 업무 처리 관점이 아닌 사용자 관점으로 분석하기 위한 데이터웨어하우스(data warehouse), 수많은 데이터에서 가치있는 정보를 찾아내기 위한 데이터마이닝(data mining), 기업 지능 수준을 높이기 위한 정보화체계인 비즈니스인텔리전스(BI: Business Intelligence) 등의 발전이 있었다. 이러한 데이터 기술의 발전은 주로 기업 데이터이면서 구조화된(structured) 데이터에 집중되었다.

오히려 2000년대에 들어오면서 BPR, ERP, 6시그마 등의 경영혁신 기법이 일반화되면서 데이터 기술보다는 프로세스 기술에 대한 연구가 활성화되었다. 시스템개발 방법론도 데이터 중심보다는 프로세스 중심의 방법론이 활성화되었다. 실질적으로도 구조화된 데이터 기술 수준은 어느 정도 안정이 되었기 때문에 2010년대에 들어오면서 데이터품질에 대한 연구만이 활성화되었다.

11.2.2 빅데이터의 기원

비구조 데이터(unstructured data)는 인터넷의 발전과 함께 관심을 갖기 시작하였다. 2000년대 중반부터 빅데이터라는 용어를 사용하지 않았지만 일반 기업과 달리 아마존과 구글은 인터넷상에서 엄청나게 많은 데이터를 관리해야 했다. 아마존과 구글은 비싼 상용 DBMS를 사용하지 않고 빠르게 처리할 수 있는 새로운 기술이 필요했고, 이렇

〈그림 11-3〉 전자적 데이터 기술의 역사

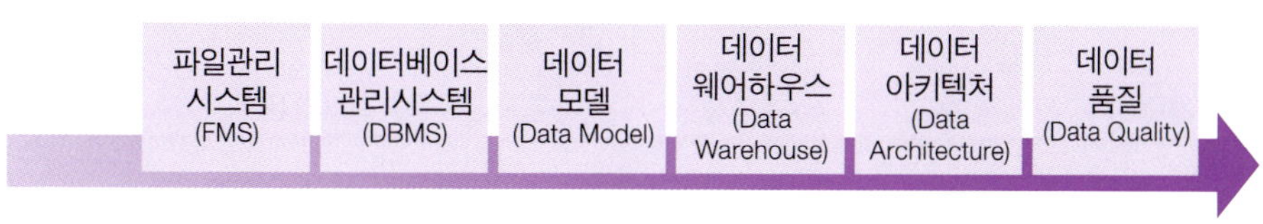

게 태어난 데이터 기술이 구글의 '빅테이블(Big Table)'과 아마존의 '다이나모(Dynamo)'이었다. 이러한 기술들은 추후에 오픈 환경의 분산처리시스템으로 일반화되었는데 '하둡(Hadoop)'이 대표적이다.

하둡을 대규모 데이터 처리에 활용한 대표적인 사례로는 뉴욕타임스와 페이스북이 있다. 뉴욕타임스는 1851년부터 1980년까지의 기사 1,100만 건을 PDF로 변환하는 대규모 프로젝트를 수행하면서 하드웨어와 소프트웨어를 신규로 구매하는 대신 아마존 EC2와 S3, 그리고 하둡 플랫폼을 활용했다. 작업을 하루만에 완료하고, 지불한 비용은 1,450달러에 불과했다. 페이스북은 하둡을 비롯한 오픈소스(Open Source)를 적용하여 데이터센터를 설립하였다. SNS 데이터 분석은 하둡 위에 하이브(Hive)로 구성된 데이터웨어하우스를 사용하고 있다.

빅데이터가 일반인들도 관심을 갖게 된 것은 2010년대 부터이다. 2010년에 경제잡지인 이코노미스트(Economist)지에서 빅데이터를 특집으로 보도하고 미국 대통령보고서에서 빅데이터 활용의 중요성을 언급했다. 2011년에 가트너가 '데이터는 21세기 원유'라고 주장했으며, 맥킨지는 빅데이터를 활용한 5대 산업분야의 변화를 예측하였다. 2012년에 다보스포럼에서 가장 주목해야 할 과학기술 1위로 빅데이터를 선정하였고 미국과 영국 정부에서 본격적인 빅데이터 정책이 시행되었다. 특히 미국 대선에서 오바바가 승리하는데 빅데이터 선거 전략이 중요한 역할을 하면서 사회적 관심을 갖기 시작했다. 국내에서는 2013년에 국내 대표 빅데이터 사례로 이야기되고 있는 서울시의 심야버스 노선 선정에 통신 및 위치데이터가 성공적으로 활용되었다.

〈그림 11-4〉 빅데이터의 기원

출처: 한국정보화진흥원, 2015를 2019년 박주석 수정.

서울시의 심야버스 노선 분석 사례 CASE 11-1

서울시와 KT, 한국정보화진흥원이 추진한 <빅데이터 분석을 통한 심야버스 노선정책 지원> 사업은 공공과 민간이 성공적으로 협력한 사례이자 단순한 내용으로 큰 성과를 낸 모범적 사례로서, 대한민국 빅데이터 활용의 대표 사례로 늘 꼽히는 사업이다. 버스 노선을 신규로 선정하는 일은 늘 많은 민원이 뒤따른다. 그래서 데이터를 이용해 객관적인 근거를 마련하여 거주민들의 민원을 최소화하고자 본 사업이 추진되었다.

이 사업에서 활용한 데이터는 KT가 보유한 심야시간대 통화 데이터, 즉 CDR(Call Detail Record) 데이터로, 자정에서 5시 사이의 서울 시내 유동인구 현황을 파악하여 버스 노선 최적화와 신규 노선 개발에 사용한 것이 주요 내용이다. KT 서비스 이용자의 심야시간대 통화 위치와 요금 청구를 위해 KT가 보유하고 있는 고객 주소지 정보를 매칭 시켜 심야시간대 시민들의 주요 이동경로를 통계치로 추출한 후 서울시 공공데이터인 버스정류장 위치와 결합하여 최적의 노선을 뽑아낸 것이다.

서울시는 심야버스를 '올빼미 버스'라 이름 붙였는데, 본 사업 종료 이후 올빼미 버스의 하루 평균 승객 수는 2015년 12월 기준 7,954명에서 2016년 12월에는 9,83명으로 증가했다.

출처: 4차산업혁명과 빅데이터전략, Near & Future Insight, 한국정보화진흥원, 2017.

토론

1. 심야버스 노선 분석을 위해서 어떤 정형 데이터가 사용되었는가? 그리고 어떤 비정형 데이터가 사용되었는가?
2. 개인정보보호를 위해서 어떤 비식별화 처리를 하였는가?
3. 경험에 의한 노선 결정과 수치에 의한 노선결정의 차이점은 무엇인가?

2016년 인공지능 바둑프로그램인 알파고와 이세돌 9단의 바둑대국은 인공지능 분야의 새로운 장을 여는 계기가 되었다. 또한 알파고가 학습하기 위하여 엄청난 양의 바둑기보 데이터가 활용되었다는 점에서 빅데이터의 중요성을 다시 한번 인식하게 되었다.

많은 전문가들이 빅데이터와 인공지능은 미래를 향한 중요한 2개의 축이 될 것이라고 한다. 인공지능은 빅데이터를 통해서 점점 지능화되고, 빅데이터는 인공지능을 통해서 더 의미있는 데이터를 추가하게 된다.

11.2.3 빅데이터의 정의

빅데이터는 협의의 정의와 광의의 정의가 있다. 협의의 정의는 "기존의 데이터베이스 기술로는 저장, 관리, 분석할 수 없는 대용량 데이터 집합"이고, 광의의 정의는 "이러한 대규모 데이터를 통해서 가치를 창출할 수 있게 하는 기술들, 분석기법들, 아키텍처 그리고 거버넌스"이다. 이런 측면에서 광의의 빅데이터에 대한 정의는 데이터사이언스(data science)라는 의미가 많이 포함되어 있다고 할 수 있다.

11.2.4 빅데이터의 특성

빅데이터는 일반적으로 세 가지 특성을 갖고 있다고 한다. 즉, 3V로 지칭되는 빅데이터의 다양성(variety), 규모(volume), 속도(velocity)이다. 다양성은 전통적인 데이터와 달리 구조적인 데이터뿐만 아니라 비구조적인 데이터를 포함한다. 빅데이터는 문서, 녹취, 이미지, 영상 등 다양한 형태의 비구조적인 데이터를 관리할 수 있어야 한다. 특히 사물인터넷이 보편화되면서 다양한 센서데이터(sensor data)를 관리해야 한다. 규모는 기존의 DBMS가 관리하던 데이터가 기가바이트 수준이었다면 테라바이트나 페타바이트 이상을 의미한다. 물론 절대적인 규모로 빅데이터를 정의하지 않았으므로, 기술 발달에 따라 빅데이터의 규모는 지속적으로 증가할 것이다. 속도는 데이터가 생성되어서 유통되고 소비되는 기간이 대폭 단축되었음을 의미한다. 기존 데이터 환경에서는 데이터가 생성된 후에 수개월에서 수년 동안 저장되어 유통되거나 활용되었다면, 빅데이터 환경에서는 몇 초에서 몇 시간 단위로 빠르게 유통되고 활용된다. 따라서 이러한 데이터를 무작정 축적하기보다는 가공하여 분석한 후에 폐기하거나 요약하는 것이 효율적이다.

최근에는 빅데이터의 특성을 3V에서 4V, 6V, 6V+1C로 확장하여 제시하기도 한다. 즉, 세 가지 특성에 가치(value), 변동성(variability), 정확성(veracity), 복잡성(complexity) 등이 추가

〈그림 11-5〉 빅데이터의 세 가지 특성

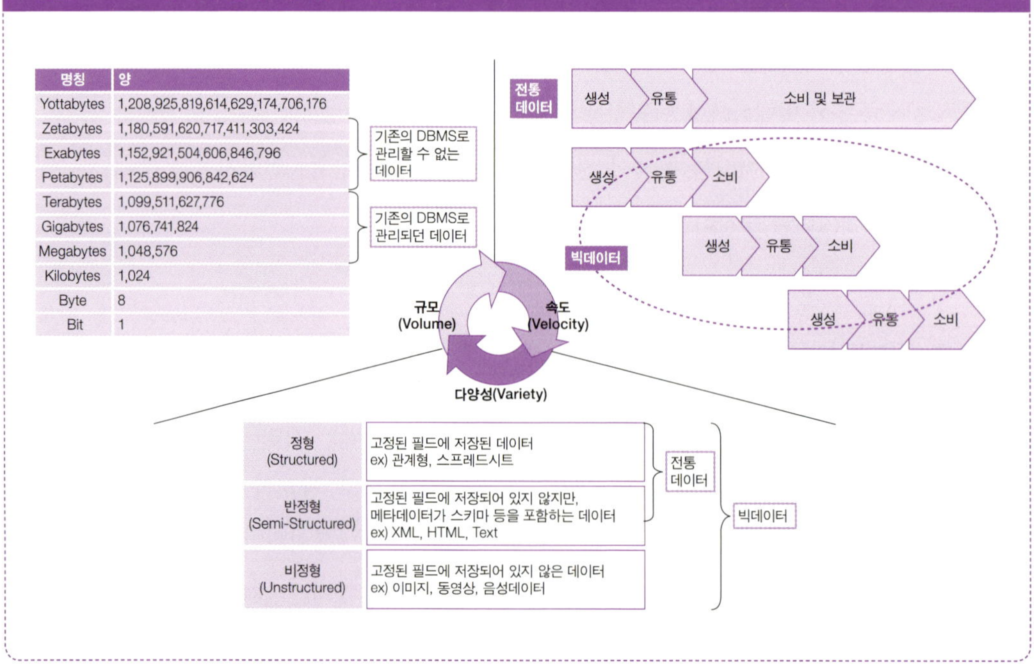

될 수 있다(윤희정, 2014). 이 책에서는 의미있는 결과 도출이 가능한 거대한 데이터 집합이 중요하다는 점에서 기존의 세 가지 특성에 가치 특성을 강조한다. 아무리 빅데이터라고 해도 무의미한 데이터 집합은 대상이 아니며 가치에 따라 데이터 등급을 나눌 수 있다. 데이터 가치에는 데이터 집합의 효익(benefit)뿐만 아니라 비용(cost)과 위험(risk)을 함께 고려할 수 있다.

11.2.5 빅데이터 활용의 의미

데이터의 폭발적인 증가로 인해 기업들은 과거보다 훨씬 더 많은 데이터를 관리하고 있다. 하지만 엄청난 양의 데이터를 관리한다고 해서 빅데이터 역량이 높다고 이야기할 수는 없다. 〈그림 11-6〉은 기업의 성과관리 차이(performance gap)와 지능관리 차이(intelligence gap)를 보여주고 있다. 노란곡선은 시간이 지남에 따라 기업이 관리가능한 데이터(available data)가 기하급수적으로 늘어나고 있음을 보여준다. 하지만 녹색곡선은 실제로 성과 분석 등에 활용되는 데이터 정도를 보여주고 있다. 파랑곡선은 실제로 의사결정 등에 활용되는 데이터를 보여주고 있다. 따라서 기업은 성과역량(performance capability)

〈그림 11-6〉 기업 성과역량과 분석역량의 차이

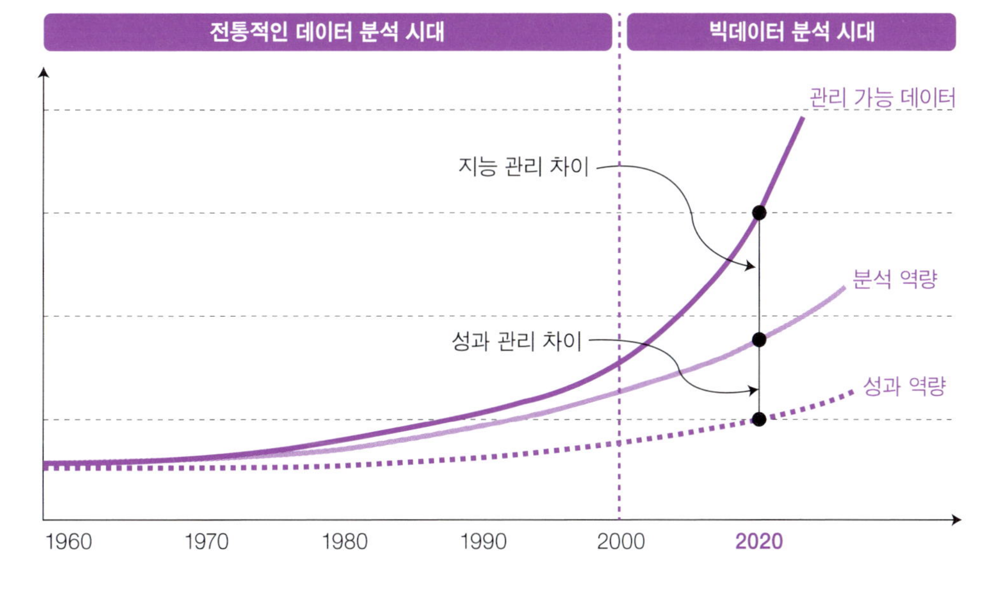

출처: 테라데이터 2011, 박주석 2018 수정.

과 분석역량(analytic capability)을 키움으로써 경쟁력을 훨씬 높일 수 있다.

실제로 성과역량과 분석역량이 높은 기업이 경험과 직관으로만 운영하는 기업보다 훨씬 더 높은 경쟁력을 갖고 있다. 2011년 MIT Sloan 보고서에 의하면 전 세계적으로 높은 성과를 보여주는 기업들이 데이터 활용과 분석을 훨씬 더 많이 수행하는 것으로 나타났다. 이런 기업들은 전통적인 데이터 분석 영역인 재무관리, 예산관리, 생산관리, 운영관리, 판매관리 등에 데이터를 적극적으로 활용할 뿐만 아니라 고객관리, 위험관리, 인력관리, 연구개발 등 새로운 데이터 분석 영역에도 적극적으로 데이터를 활용하고 있다. 반면에 전 세계적으로 낮은 성과를 보여주는 기업들은 전통적인 데이터 분석 영역에서는 소극적으로 데이터를 활용하고 있으며 새로운 데이터 분석 영역은 거의 활용하지 않고 있었다.

11.2.6 유사 개념 비교

일반적으로 빅데이터라는 용어를 많이 사용하지만 학계에서는 데이터사이언스라는 용어를 많이 사용되고 있다. 빅데이터가 적용 대상 관점에서 데이터 규모를 강조하여 정의된 개념이라면 데이터사이언스는 적용 방법 관점에서 데이터 가치를 강조하여 정의된 개념이다. 따라서 빅데이터와 데이터사이언스는 유사한 개념이지만 강조하는 관점이 다르다.

데이터사이언스의 정의는 "데이터로부터 통찰력을 찾아 문제를 해결하는 것"이라고 할 수 있다. 데이터사이언스는 크게 데이터 수집, 데이터 분석, 결과 적용의 3단계로 수행되었다. 데이터 수집은 빅데이터만을 의미하지 않는다. 데이터 분석은 오래전부터 다양한 방법으로 수행되었다. 과거에 통계적 분석(statistical analysis)이 주를 이루었고 데이터마이닝(data mining)도 일부 사용되었다. 데이터마이닝의 정의는 "대량의 데이터 집합으로부터 유용한 정보를 추출하는 것"으로 정의하고 있다. 기본적으로 데이터마이닝은 구조화된 데이터를 가정하고 있다.

공학적인 측면에서 빅데이터라는 용어가 많이 사용되었다면, 경영학적인 측면에서 비즈니스 분석(business analytics)이라는 용어가 많이 사용되었다. 비즈니스 분석은 "경험이나 직관이 아니라 비즈니스 데이터를 과학적으로 분석하여 의사결정을 내리는 것"이라고 정의한다. 한가지 주의할 점은 한국말로는 Business Analysis와 Business Analytics는 용어는 한국말로는 모두 비즈니스 분석이지만 개념은 상이하다. 통계학적 측면에서는 데이터 분석(Data Analytics)이라는 용어가 많이 사용된다. 데이터사이언스는 데이터 분석의 확장된 개념이라고 말하기도 한다.

11.3 비즈니스 분석의 의미

11.3.1 분석기법의 역사

가장 전통적이고 대표적인 데이터 분석기법은 통계학(statistics)이다. 통계학은 18세기 확률론부터 시작하여 가장 많이 활용되는 응용수학 분야이다. 데이터를 탐색하고 분석하는 이론을 개발하는 학문 분야로서 이미 일반적으로 많이 알려져 있기 때문에 통계학의 자세한 설명은 이 책에서 생략한다.

1990년대에 들어서면서 기업들이 통계 분석 기법뿐만 아니라 데이터마이닝 기법을 활용하기 시작하였다. 데이터마이닝이란 대규모 데이터에서 가치 있는 정보를 추출하는 것을 말한다. 즉, 의미심장한 경향과 규칙을 발견하기 위해서 대규모 데이터베이스로부터 자동화 혹은 반자동화 도구를 활용해 탐색하고 분석하는 과정이다. 이러한 관점에서 데이터마이닝을 지식발견기법(KDD: Knowledge Discovery in Database)이라고도 불렀다. 1995년 월마트가 판매시점 데이터를 분석하여 소비자의 구매 패턴을 식별하고 매장 위치 결정과 조달 업무에 적용한 사례들을 계기로, 1990년대 후반부터 데이터마이닝이 확산되기 시작하였다. 마케팅 캠페인을 기획하는 과정에서 데이터마이닝 기법을 사용해서 효과를 보기도 하였다. 이를 데이터베이스 마케팅이라고 부른다. 1990년대의 데이터마이닝은 과거에 발생한 거래 데이터가 대상이었기 때문에 미래를 예측하는 데는 한계가 있었다.

이용 가능한 데이터가 급속하게 늘어나고, 데이터 처리 기술이 발전하면서 분석(analytics)은 새롭게 각광을 받기 시작하였다. 데이터마이닝이 주로 정형 데이터 중심이면서 과거 사실을 분석하는 것이라면 빅데이터 분석은 텍스트 마이닝(text mining), 회귀 분석, 시뮬레이션 등 보다 다양한 예측 기법을 사용하면서 미래 사실을 예측하기 위한 것이다. 비즈니스 분석의 아버지로 불리는 토마스 데이븐포트는 2007년 'Competing on Analytics'라는 책에서 30개의 대표적인 기업 성공사례를 보여주고 있다. 페이스북과 트위터, 유튜브 등 소셜 미디어가 빠르게 보급되고 오픈 API를 통해 데이터를 활용할 수 있게 됨에 따라 분석 대상 데이터의 폭도 더욱 확장되었다.

2000년대 후반에는 인공지능을 이용한 예측 분석이 성과를 발휘하기 시작하였다. 대표적으로는 IBM의 왓슨 컴퓨터가 퀴즈대회 제퍼디에서 우승한 사례를 들 수 있다. 2016년에는 구글의 알파고가 이세돌 9단과의 바둑 대국에서 이긴 것도 중요한 인공지능 분석 사례이다. 인공지능 기법을 이용하여 반복 학습을 통해서 패턴을 발견하고, 패턴의 인과 관계를 통해 예측 문제를 해결하는 것을 머신러닝(machine learning) 또는 딥러닝(deep learning)이라고 한다.

11.3.2 비즈니스 분석의 유형

비즈니스 분석은 어떤 목적으로 분석하는가, 즉 해결하고자 하는 질문 유형에 따라 분류할 수 있다. 또한 분석하고자 하는 데이터가 어떤 형태인가에 따라 분류할 수도 있다. 데이터 분석에 적용하는 기법에 따라 분류하기도 한다. 〈그림 11-7〉은 다양한 비즈니스 분석 유형을 보여준다.

분석 유형의 첫 번째 기준은 질문 유형이다. 좋은 질문을 확보하면 유용한 결과를 찾아낼 수 있다. 그러나 질문이 잘못되면 결과를 활용할 수 없다. 따라서 좋은 질문을 확보하는 것이 가장 중요하다. 기업의 질문은 다음 네 가지 유형으로 구분된다.

〈그림 11-7〉 비즈니스 분석의 유형

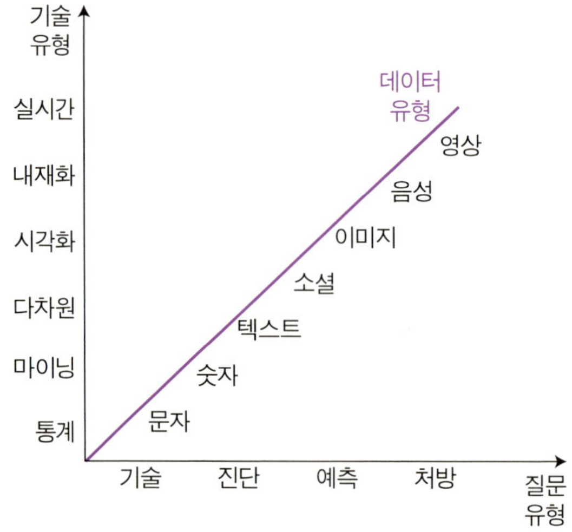

첫째, 무슨 일이 일어났는가? 이는 일어난 사실들의 관계를 명료하게 보여주는 분석이다. 이를 기술 분석(descriptive analytics)이라고 한다. 기술 분석은 가장 많은 기업들이 사용하고 있는 분석이다. 전통적인 현황 보고서가 기술 분석의 대표적인 사례이다.

둘째, 왜 일어났는가? 일어난 사실들의 인과 관계를 조사하는 분석이다. 이를 진단 분석(diagnostic analytics)이라고 한다. 진단 분석은 데이터웨어하우스(data warehouse)와 데이터 마트(data mart)를 구축하고 다차원 분석(OLAP)이나 데이터마이닝을 통해 수행하여 왔다.

셋째, 어떤 일이 일어날 것 같은가? 패턴 또는 연관 관계에 따라 어떤 사건이 발생한다고 가정할 때 뒤이어서 어떤 일이 발생할 것 같은가를 알아보는 분석이다. 이를 예측 분석(predictive analytics)이라고 한다. 회귀(regression) 분석이나 시뮬레이션 분석(simulation analytics)은 예측 분석의 한 종류이다.

넷째, 어떤 대응을 하여야 하는가? 특정 상황에서 어떤 의사결정이 최적의 결과를 가져올 것인가를 평가하여 바람직한 조치를 예상하는 분석이다. 이를 처방 분석(prescriptive analytics)이라고 한다. 추천엔진이나 최적화(optimization)는 처방 분석의 한 종류이다.

분석 유형의 두 번째 기준은 데이터 유형이다 대상 데이터 형태에 따라서 정형 데이터와 비정형 데이터로 크게 분류할 수 있다. 예를 들어 문자, 숫자 등은 정형 데이터이고, 텍스트, 이미지, 음성 등은 비정형 데이터이다. 정형 데이터 분석기법에는 통계 분석, 다차원 분석, 데이터마이닝 등이 있고 비정형 데이터 분석기법에는 텍스트 분석, 음성 분석, 로그 분석 등이 있다.

분석 유형의 세 번째 기준은 기술 유형이다. 앞에서 설명한 분석기법의 역사에서 이미 언급되었기 때문에 기술 유형은 이 절에서는 생략한다.

〈그림 11-8〉 대표적인 정형 데이터 분석과 비정형 데이터 분석

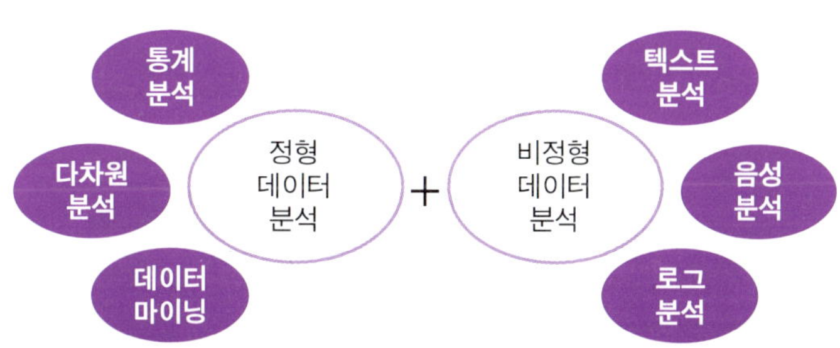

11.4 데이터생명주기의 변화

11.4.1 전통적 환경하의 데이터생명주기

전통적인 데이터생명주기(data life cycle)는 DIKW(Data, Information, Knowledge, Wisdom)이다. 데이터를 가공하면 정보가 되고, 정보가 축적되면 지식이 되며, 지식이 창조되면 지혜가 된다는 것이다. 자료가 특정 조직단위에 가치를 줄 수 있게 가공되면 정보라 한다. 정보가 축적되어 노하우나 규칙으로 일반화되면 지식이라 한다. 기존 지식이 쌓여서 새로운 지식을 만들 수 있다면 지혜라고 한다. 이러한 데이터생명주기는 DIKW 피라미드라고도 불리우며, 전통적인 경영정보시스템 분야의 대표적인 이론이다.

전통적인 데이터 생명주기인 DIKW를 구현하기 위한 다양한 기술이 제시되었다. 데이터를 효율적으로 저장하고 공유하기 위하여 DBMS(Data Base Management Systems) 소프트웨어를 활용한다. 각 업무별 거래처리로 저장된 데이터를 전사 관점으로 데이터를 통합하고 보관하기 위하여 데이터웨어하우스(DW: Data Warehouse) 소프트웨어를 활용한다. 사용자는 데이터웨어하우스를 활용하여 가치 있는 정보를 찾아낼 수 있고 다양한 관점으로 분석할 수 있다. 지식관리시스템(KMS: Knowledge Management System)은 정보로 기록할 수 없는 경험이나 사례들을 보관하고 공유할 수 있도록 한다. 조직원은 조직의 지식을 검색하고 활용하기 위하여 지식관리시스템 소프트웨어를 활용한다.

데이터웨어하우스와 지식관리시스템에 많은 투자를 했지만 그다지 성공적이지 못했다. 많은 정보와 지식을 제공했음에도 구성원들이 조직의 목표에 부합하는 행동을 하게 하는 데는 그다지 성공적이지 않았다. 특히 지식관리시스템은 효과적이지 못하였다. 영업 성공사례를 지식으로 등록하고 쉽게 찾아볼 수 있게 했지만 잘 활용되지 않았다. 현장의 영업 직원은 자신의 경험이나 지식을 지식관리시스템에 저장하지 않았고 지식관리시스템의 지식은 상식 수준인 경우가 많았다.

전통적인 데이터 생명주기가 원활하게 작동하지 않는 원인은 다음과 같다. 첫째, 데

〈그림 11-9〉 전통적인 데이터생명주기

자료 (Data)	가치화 →	정보 (Information)	일반화 →	지식 (Knowledge)	학습화 →	지혜 (Wisdom)

〈그림 11-10〉 전통적인 데이터생명주기 구현 방안들

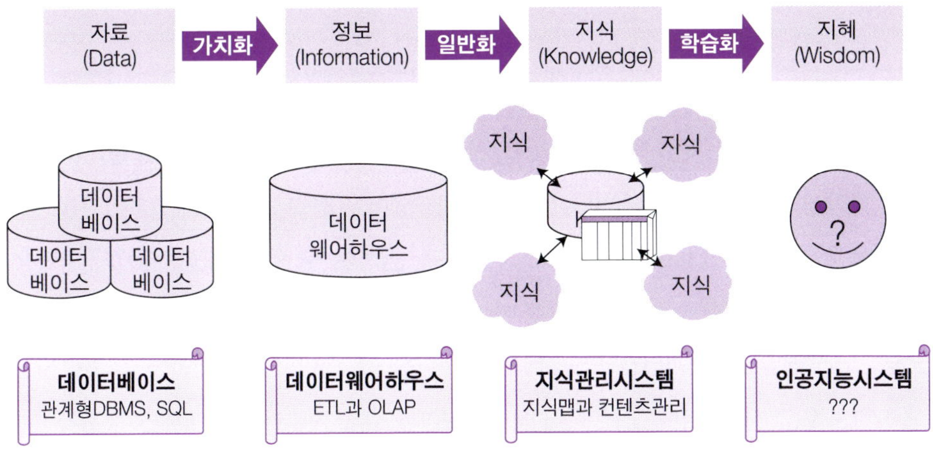

이터에서 행동으로 이어지는 시간이 너무 길다. 데이터 발생 시점부터 데이터웨어하우스에 정보로 제공되기까지는 통상 한 달 정도 걸린다. 사람이 정보를 확인하고 해석하여 자신의 지혜로 바뀌는 것은 사람에 따라 다르겠지만 상당 기간을 학습해야 한다. 따라서 데이터 발생 시점의 상황은 실제 행동할 시점의 상황과는 전혀 달라질 가능성이 크다.

둘째, 자료에서 정보로 가공된 이후에 지식으로 넘어가는 과정이 단절되어 있다. 정보가 제공하는 의미를 모두 파악하는 것은 불가능하다. 정보를 제공한 후에 유용한 지식들을 잃어버릴 수 있다. 또한 이러한 변환 과정은 사람의 개인 능력에 크게 의존한다.

셋째, 개인과 기업의 이해관계가 다르기 때문에 높은 지혜를 가진 사람이 기업에 유리한 행동을 반드시 하는 것은 아니다. 사람은 자신에게 유리한 행동을 선호하는 경향이 있다. 각 부서의 최적이 전체 회사의 최적이 되는 것은 아니다.

11.4.2 빅데이터 환경하의 데이터생명주기

빅데이터 시대가 되면서 데이터 능력이 크게 향상되었다. 첫째, 모든 상황이 데이터로 기록된다. 전통적 데이터 환경에서는 거래의 결과만 데이터베이스에 기록되었다. 빅데이터 시대에는 사람의 위치와 생각, 의견 등이 기록된다. 기계의 상태는 센서에 의해 감지되어 기록된다. 온도, 습도, 강우량 등 날씨도 순간순간 기록되고 있다. 전통적 데이

터 환경에서는 현상의 10% 정도가 기록되었다면, 빅데이터는 나머지 90%의 대부분이 기록되고 있다. 따라서 빅데이터 시대에는 하나의 사건에 대해서 더 많이, 더 자주, 더 빨리 알 수 있다.

둘째, 대규모 데이터를 처리할 수 있다. 전통적 데이터 환경에서 데이터는 처리할 수 있는 규모가 제한적이었다. 또한, 발생한 데이터를 활용할 수 있으려면 수 일 이상의 기간이 필요하였다. 빅데이터 시대에는 하드웨어와 관련 소프트웨어의 비약적 발전으로 아무리 큰 데이터라도 보관하고, 분류하고, 검색할 수 있다. 또한, 데이터 발생을 바로 감지하여 실시간으로 처리할 수도 있게 되었다.

셋째, 외부 데이터를 활용할 수 있다. 전통적 데이터 환경에서는 기업이 자체 보유하고 있는 데이터만을 가공하고 분석할 수 있었다. 빅데이터 시대에는 정부와 공공기관이 보유하고 있는 공공데이터가 개방되어 자유롭게 접근할 수 있다. 또한 데이터를 수집하여 제공하는 외부의 데이터사업자가 늘어남에 따라 다양한 외부 데이터를 활용할 수 있다. 사람들이 페이스북, 트위터, 블로그 등을 보다 많이 이용함에 따라서, 일반 대중이 어떤 생각을 하고 있는가를 소셜데이터 분석을 통해 확보할 수 있다.

데이터 능력이 크게 향상됨에 따라서 데이터 생명주기는 DIA(Data, Insight, Action)로 바뀌고 있다. 기업 내부 및 외부의 데이터를 연계하여 분석할 수 있게 됨에 따라서, 데이터로부터 바로 통찰(insight)을 얻는다. 분석을 프로세스에 내재화하면, 통찰에 따라 필요한 행동을 자동으로 실행할 수 있다. 전통적인 분석은 사람이 수행하는 방식이지만, 빅데이터 환경에서는 분석 모듈을 미리 만들어서 데이터가 도착하면 자동으로 분석 모듈이 실행되고 분석 결과 값에 따라 어떤 행동을 실행할 것인가가 결정된다. 분석 결과 값에 따라 필요한 행동이 실행됨으로써, 데이터로부터 행동까지 즉시 처리되는 프로세스가 구현될 수 있게 되었다.

빅데이터 환경의 데이터생명주기를 구현하는 대표적인 방안은 분석모형 개발과 분석모형 내재화이다. 분석모델 개발은 분석 주제와 확보한 데이터 특성을 고려하여 적합

〈그림 11-11〉 빅데이터 환경하의 데이터생명주기

〈그림 11-12〉 빅데이터 환경하의 데이터생명주기 구현 방안들

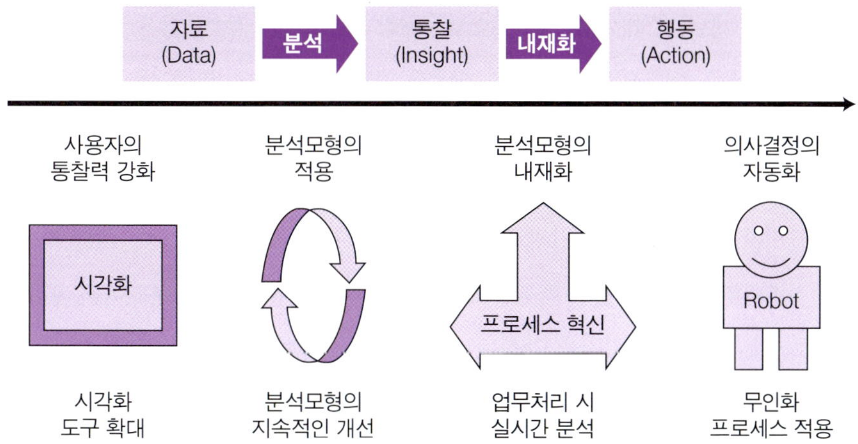

한 분석기법을 선정한다. 분석기법 적용 타당성에 따라 선정되었던 분석 모델을 보완하거나 새로운 분석모델로 대체한다. 분석 모델의 성능은 한 번의 시도로 목표 수준을 달성하기는 쉽지 않다. 실무에 적용하고 반복적으로 개선함으로써 분석모델의 성능은 진화한다.

분석모형 내재화는 분석모형을 업무프로세스에 반영하는 것이다. 과거 프로세스 혁신이 기존 프로세스를 없애고 새로운 프로세스를 도출하는 것이었다면, 최근 프로세스 혁신은 기존 프로세스에 분석모형을 내재화시켜서 지능화하는 것이다. 즉, 분석 모델 결과 값에 따라서 수행해야 할 행동이 바로 이루어질 수 있도록 의사결정을 실시간으로 지원하는 것이다.

11.4.3 데이터생명주기 비교 분석

전통적인 환경의 데이터 생명주기에는 온라인 프로세스와 오프라인 프로세스의 연계로 이루어진다. 예를 들면 데이터 생성에 사람이 직접 데이터를 입력하기도 하고 데이터 웨어하우스를 활용해서 사람이 여러 가지 분석을 별도로 하고, 분석된 내용을 근거로 새로운 지식을 지식관리시스템에 추가하기도 한다. 그리고 이러한 정보와 지식을 활용하여 의사결정이 이루어지면 사람이 직접 액션을 수행한다.

반면에 빅데이터 환경하의 데이터 생명주기는 대부분 온라인프로세스로 이루어진다. 예를 들면 센서를 통해 직접 데이터가 전달되거나 웹 크롤링을 통해 데이터를 자동 수집된다. 수집된 데이터는 자동으로 분석되어 통찰을 주며, 많은 경우에 직접 액션을 취한다. 예를 들어 알파고의 바둑 대국을 보면, 상대방 데이터를 자동으로 수집하고, 수집된 데이터와 축적된 데이터를 분석하여 자동으로 의사결정을 내린다.

따라서 이러한 두 가지 데이터 생명주기를 여러 가지 측면에서 비교해 볼 수 있다. 시간적인 측면에서 보면 전체 주기시간이 수주에서 수개월이었다면 수초에서 수시간으로 변화된다. 데이터 원천 차원을 보면 구조적인 데이터만을 다루었다면, 반구조적인 데이터, 비구조적인 데이터를 다룬다. 분석 모형 측면에서 보면, 통계 분석이 주로 활용되었다면, 마이닝, 시각화, 최적화, 머신러닝 기법이 많이 적용되고 있다.

빅데이터 환경의 분석은 전통적 환경의 분석과 비교하여 몇 가지 특징을 갖는다. 첫째, 관련성(relevance)이 대폭 향상된다. 관련성은 원인이 되는 사건과 결과로서 나타나는 상황이 얼마나 밀접하게 연관 되는가 이다. 예를 들어서 특정 고객에게 어떤 상품을 권유할 때, 고객이 원하는 상품을 권유했다면 관련성이 큰 것이다. 마케팅 캠페인에서는 관련성이 높으면 전환률(conversion rate)이 높아진다. 기업 경영 활동에서 관련성을 높일 수 있다면 보다 나은 성과를 얻을 수 있다. 빅데이터는 분석을 위해 보다 광범위한 데이터를 활용할 수 있기 때문에 높은 관련성을 확보할 수 있다. 과거에는 고객의 거래 데이터

〈그림 11-13〉 데이터생명주기 비교

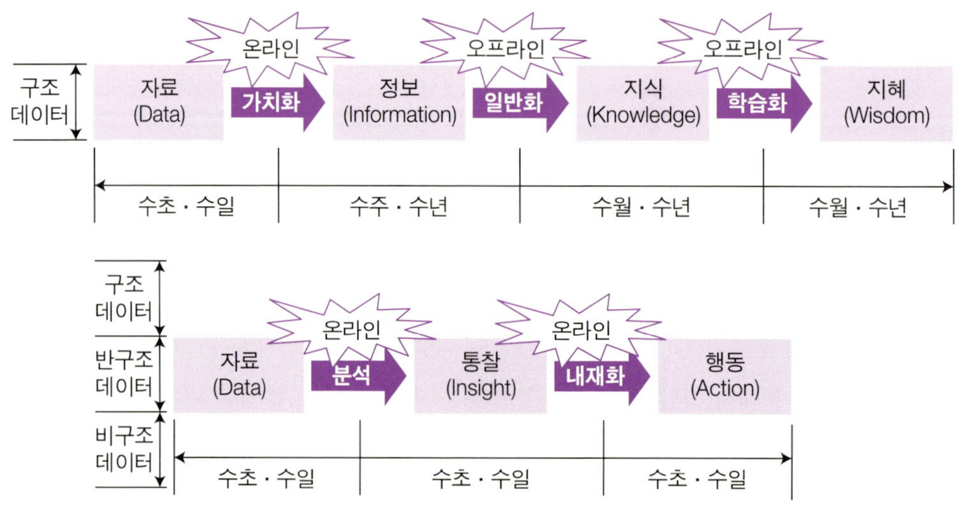

만으로 권유할 상품을 찾아냈다면, 빅데이터 분석 환경에서는 고객의 위치와 상태, 의견 등을 종합하여 분석할 수 있기 때문에 결과의 관련성은 상당히 높아질 수 있다.

둘째, 기민성(agility)이 높아진다. 전통적 분석은 데이터 처리 기술의 한계로 인하여 발생된 원천데이터를 데이터 웨어하우스로 모으고 다시 분석을 위한 데이터 마트로 만드는 과정에 1주에서 한 달까지 기간이 소요되었다. 따라서 데이터를 입수하여 행동에 옮기기까지 시간이 너무 많이 걸려서 상황 변화에 즉시 대응할 수가 없었다. 빅데이터 환경에서는 다량의 데이터를 하둡 등의 병렬처리 기술을 이용하여 보다 빠르게 통합할 수 있다. 또한, 메인메모리 DBMS 기술을 이용함으로써, 생각의 속도(speed of thought)로 탐색할 수 있게 되었다. 이벤트처리 기술을 적용한다면, 특정 사건이 발생하자마자 미리 만들어진 분석 모듈이 작동하여 결과를 생성하고, 결과 값에 따라 프로세스가 즉시 수행될 수도 있다.

셋째, 분석 능력은 전략적 무기(strategic weapon)가 된다. 전통적 분석 환경에서 기업의 분석 능력은 주로 사람의 역량에 달려 있었다. 데이터의 한계와 분석 결과의 관련성과 기민성이 낮은 수준이었기 때문에 업무를 수행하는 담당자의 경험과 직관에 의하여 의사결정을 내릴 수밖에 없었다. 빅데이터 분석 환경에서는 데이터에 의한 분석 결과에 따라서 경영 의사결정을 내리고 적용할 수 있게 되었다. 따라서, 동종 기업이라면 보다 우수한 분석 모듈을 활용하는 기업이 그렇지 않은 기업보다 뛰어난 경영성과를 낼 수 있다. 그 결과로, 기업의 분석 역량은 사람이 아니라 데이터 기반 의사결정 체계의 효과성에 따라 좌우된다. 기업 경쟁력의 원천은 바로 데이터 분석 역량이 되는 셈이다.

11.5 데이터생태계 그리고 빅데이터, 오픈데이터, 마이데이터

11.5.1 데이터생태계의 중요성

최근의 IT 화두는 단연 4차 산업혁명이다. 2016년 1월 다보스포럼 이후에 4차 산업혁명에 대한 관심이 폭발적으로 증가하고 있으며, 우리나라 정부도 4차 산업혁명위원회를 설립하여 적극 대응하고 있다. 4차 산업혁명의 한 축은 데이터이며, 단순히 빅데이터 수집 및 활용을 넘어서는 새로운 관점의 데이터생태계(data ecosystems)를 만들어내야 한다.

최근에 각광받는 아마존, 페이스북, 애플, 구글, 우버 등의 글로벌 기업들은 플랫폼 기업 또는 디지털 기업이라고 한다. 하지만 더 정확하게 살펴보면 데이터 기업이다. 이러한 글로벌 기업들은 거대한 데이터생태계를 구현하여 차별화된 데이터서비스로 전 세계에 군림하고 있다. 따라서 특정 영역의 빅데이터 시스템을 구축하는 것도 중요하지만 새로운 서비스를 위한 데이터생태계를 구현하는 것이 더 중요하다.

11.5.2 산업혁신과 빅데이터 생태계

4차 산업혁명의 목표 중 하나는 산업과 정보기술의 융합을 통한 데이터생태계 구현이다. 특히 빅데이터를 활용한 섬세한 데이터생태계를 구현하는 것 이다.

예를 들어 제조업의 경우 4차 산업혁명의 궁극적인 목표는 공급망관리(SCM)의 사이버물리시스템(CPS: Cyber Physical Systems) 구현이다. 단순히 스마트공장을 구축하는 것이 아니라 스마트공장, 스마트유통, 스마트제품, 그리고 스마트서비스를 융합하는 것이다. 대표적인 사례가 제너럴일렉트릭(GE) 회사의 지능형 항공운영 사례이다. GE사는 스마트 엔진을 생산하여 장비 및 부품 정비는 물론이고 스마트 항공기를 구현하여 항공 운영상의 다양한 프로세스를 개선하고 있다. 궁극적으로 부품업체부터 항공사에 이르는 공급망관리의 CPS 구현을 목표로 하고 있다. GE사는 이러한 공급망관리 체계를 산업인터넷(industrial internet)이라고 부른다.

이러한 공급망관리의 CPS 구현을 위한 핵심 인프라는 공급망상의 빅데이터 체계이다. 사물인터넷으로 수집되는 엄청난 데이터를 분석하여 각 사물들이 자율적으로 의사결정을 내리고, 지능화된 각 사물들이 생성한 데이터를 다시 통합하여 가치사슬상에서 지능화된 의사결정을 자동으로 내릴 수 있어야 한다. 즉, 빅데이터 생태계를 통한 지능화된 서비스 구현이다.

앞에서 제조업을 위한 데이터 혁신을 살펴보았지만, 모든 산업에서 데이터 혁신이 일어나고 있다. 금융산업에서는 핀테크(FinTech) 데이터 생태계가 구축되고 있고 의료산업에서는 웰니스(Wellness) 데이터 생태계가 형성되고 있으며, 교통산업에서는 자율주행차를 위한 데이터 생태계가 논의되고 있으며 공공분야에서는 스마트시티(Smart City) 데이터 생태계가 나타나고 있다.

〈그림 11-14〉 GE사의 산업인터넷 사례

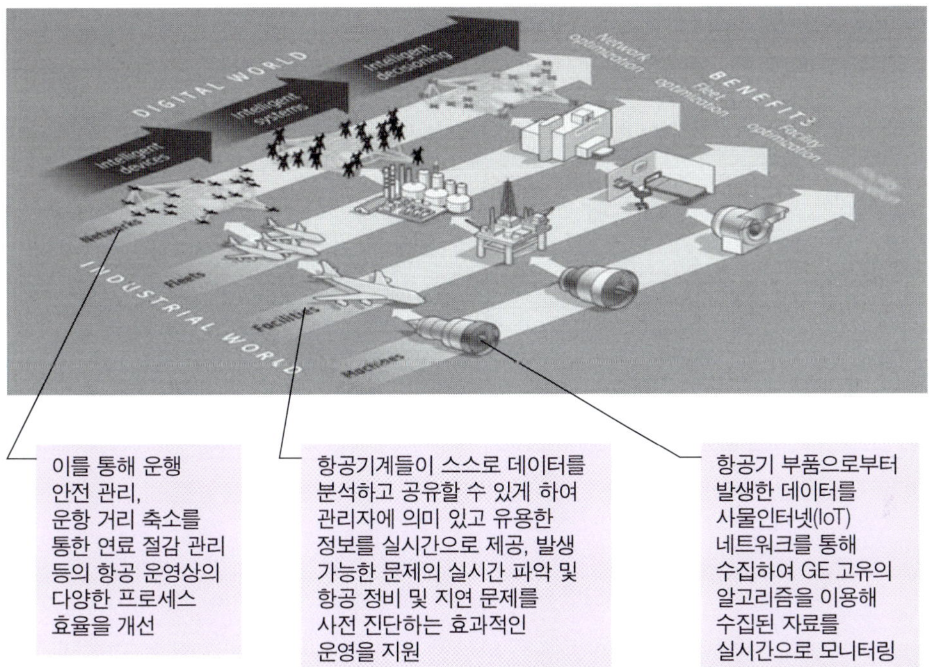

11.5.3 열린 정부와 오픈데이터 생태계

국민의 알 권리에 기반한 행정정보공개 개념은 민간을 위한 공공 데이터 개방 개념으로 발전되고 있다. 행정정보공개 제도는 미국 정부가 1966년 제정한 'Freedom of Information Act'에서 비롯되었다. 우리나라는 1996년 정보공개법이 제정되면서 법률상의 알 권리가 확립되었다. 하지만 정보공개법은 특정 국민을 위한 소극적인 정보 공개이며 불특정 다수의 국민을 위한 적극적인 정보 공개는 아니었다.

2000년대에 영국과 미국이 주도하여 열린 정부(Open Government) 정책을 추진하였고 대표적인 열린정부 정책이 공공데이터 개방 정책이다. 2007년에 영국은 'Power of Information' 보고서를 발표하고 공공데이터 개방을 추진하였으며, 2009년에 미국은 정부의 투명성 제고, 참여 및 협업을 위한 행정명령 'Open Government Initiative'를 제정하고 공공데이터포털인 data.gov를 구축하였다. 2012년에는 유럽연합이 EU Open Data Portal을 구축하였다.

〈그림 11-15〉 빅데이터 생태계를 통한 디지털서비스 제공

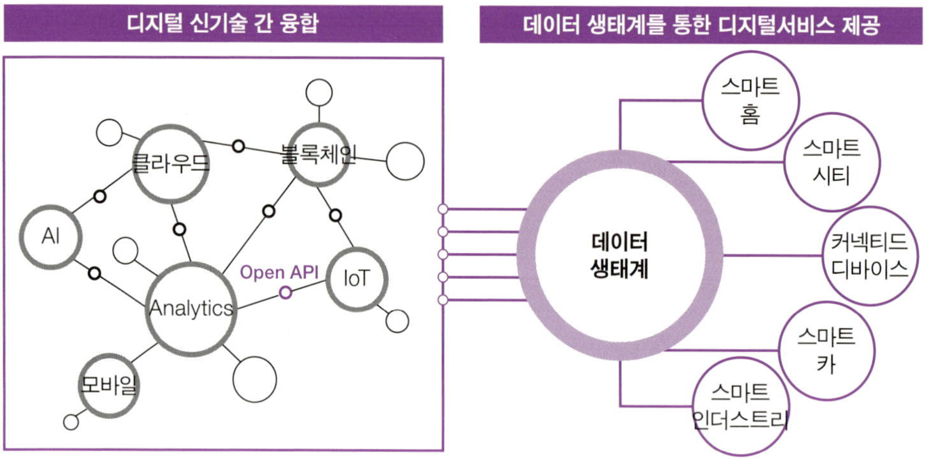

우리나라는 공공데이터법을 2013년에 제정하고 공공데이터포털인 data.go.kr를 구축하였다. 우리나라 정부가 보유한 다양한 공공데이터를 개방하여 누구나 편리하고 손쉽게 활용할 수 있게 하는 것을 목적으로 한다. 우리나라는 데이터개방 정책을 적극적으로 추진하여 2015년과 2017년에 2회 연속으로 OECD 공공데이터 개방 평가 1위를 차지하였다.

〈그림 11-16〉 오픈데이터 생태계를 통한 디지털서비스 제공

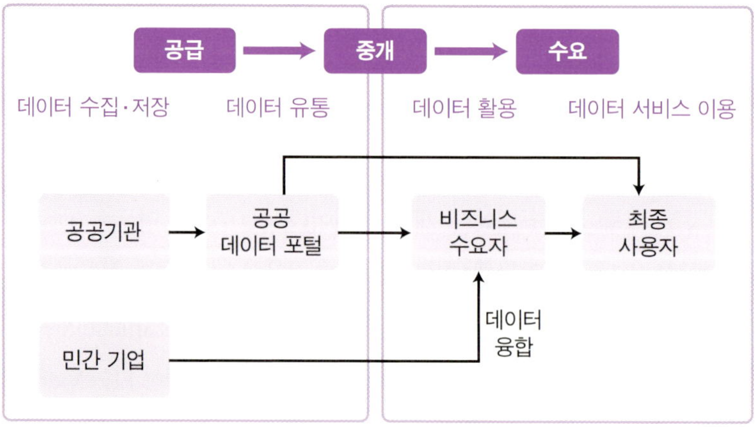

〈그림 11-17〉 오픈데이터와 공적 마스크 앱·웹 서비스

공공데이터와 시민개발자의 힘

기고

신 신 애
한국정보화진흥원
공공데이터기획팀장

지난 3월 27일 한국, 일본, 대만 아시아 국가의 시빅해커(Civic Hacker, 시민개발자)들이 온라인 영상회의를 통해 코로나바이러스감염증19(코로나19) 관련 각국의 시빅해킹 사례를 발표하고 공유하는 시간을 가졌다. 특히 한국은 코로나19 현황 및 공적마스크 데이터를 활용한 앱과 웹 서비스 개발 사례를 발표하여 많은 관심을 받았다.

시빅해커란 개발자와 디자이너 등이 시민 자격으로서 공공의 문제를 직접 풀어나가는 사람들이며 시빅해킹은 시민들이 새로운 도구와 접근 방법을 활용하여 신속하고 창의적으로 도시 또는 정부시스템을 개선시켜 나가는 세계적인 사회 운동을 말한다. 특히 열린 정부 차원에서 공공데이터 등을 활용한 사회문제 해결에 활발히 참여하고 있다.

우리나라는 지난 2015년 메르스 확산이 시작되자 언론 보도와 정부 브리핑 자료 등을 통해 확인된 메르스(중동호흡기증후군) 확산 상황을 지도 기반으로 알려주는 '메르스 확산지도'와 대한민국 세출 데이터를 활용하여 세금이 어떤 분야에 얼만큼 쓰이는지 알 수 있는 'Where Does My Money Go?' 프로젝트 등이 대표적인 시빅해킹 사례이다.

최근 시빅해킹 힘의 절정을 보여준 것은 공적마스크 앱·웹 서비스이다. 정부는 코로나19 확산 저지를 위해 공적마스크 5부제를 시행하면서 건강보험심사평가원과 한국정보화진흥원을 통해 공적마스크 판매 현황 데이터를 개방했다. 시민개발자들은 이를 활용하여 100여종이 넘는 다양하고 편리한 마스크 앱·웹을 개발했다. 고등학생부터 대학생, 직장인까지 많은 시민개발자들이 공익 목적으로 서비스 개발에 참여했다. 공적마스크가 어디에 얼마나 많이 남아 있는지 알 길이 없었던 시민들은 공적마스크 앱·웹을 이용해 마스크를 찾아 다니는 불편함이 대폭 줄었고, 공적마스크 정책 안정화에도 크게 기여했다. 놀라운 것은 데이터 개방 결정에서 서비스까지는 채 일주일도 걸리지 않았다는 것이다.

이제 정부는 시민과의 관계 인식에 변화가 필요하다. 정부가 모든 것을 직접 개발하고 서비스하려 하지 말고 시민개발자와 협업해야 한다. 이때 협업을 위한 중요한 매개체는 공공데이터이다. 정부는 자료와 정보를 통계, 그래픽 처리 등으로 가공하여 제공하는 것만이 아니라 자료와 정보의 근거가 되는 원천 데이터를 그대로 시민들이 직접 활용하기 쉽게 개방해야 한다. 정부 브리핑과 자료에 사용된 원천 데이터도 마찬가지이다. 정부가 데이터를 개방하면 시민 개발자들은 언제든지 빠르게 이용자 관점에서 분석하고 서비스를 만들 수 있음을 인정해야 한다.

공공데이터를 통한 시민개발자와의 협업, 포스트 코로나19를 대비해 꼭 필요한 노력이 아닐까.

출처: 매일일보, 2020.05.10.

중요한 점은 공공데이터포털을 통해서 새로운 데이터생태계가 만들어질 수 있다. 특히 개방된 공공데이터와 특정 민간데이터를 융합하여 새로운 데이터서비스를 창출할 수 있다. 공공데이터 개방의 목적이 정부의 투명성 제고가 아니라 신산업 발굴로 확대되기 시작하였다. 2020년 공적 마스크 앱·웹 서비스는 코로나 19 사태에 빛난 대표적인 오픈데이터 사례이다.

11.5.4 개인 데이터생태계와 마이데이터

정보기술 발전으로 개인정보 유출 및 오남용 위험성이 증가하면서 전 세계적으로 개인정보보호 강화를 위한 법제도가 일반화되었다. 특히 우리나라에서는 2011년 농협사태 등을 겪으면서 데이터 활용보다는 데이터 보호를 훨씬 더 중요시하는 계기가 되었다.

그럼에도 불구하고 앞으로는 개인정보활용의 시대, 즉 개인데이터(personal data)의 시대가 열릴 것으로 전망된다. 2013년 다보스포럼에서는 개인데이터 생태계를 제시하면서 개인데이터를 21세기의 모든 분야를 연계할 새로운 경제적 자원이라고 예측하였다. 다보스포럼에서 제시한 개인데이터 생태계는 개인데이터의 원천을 보여주는 첫 번째 원, 개인 관점으로 데이터를 융합해 주는 두 번째 원, 데이터 배포 및 서비스를 제공하는 세 번째 원으로 구성된다.

최근에 스마트폰을 비롯한 웨어러블 디바이스 등 개인이 보유한 컴퓨팅 장비의 파워가 강력해지면서 개인데이터 생태계는 더욱 활성화되고 있다. 개인의 데이터를 개인이 보유하고 활용할 수 있는 시대가 된 것이다. 개인자산관리 앱은 금융회사에 흩어져 있는 개인 금융정보를 한 곳에 모아서 보여주고, 이를 분석하여 바람직한 투자와 소비를 가이드하기도 한다. 건강관리 앱은 병원과 약국 등의 진료 및 처방 기록을 통합하고 분석함으로써 질병 치료 및 건강 증진에 도움이 된다. 대표적인 사례가 미국의 블루버튼 서비스이다.

개인데이터 생태계는 국민 개인의 생활 편의성과 복리 향상을 가져다 준다. 또한 개인을 위한 서비스를 제공하는 스타트업들의 탄생을 통해 산업 발전을 꾀할 수도 있다. 선진국은 이미 이런 점에 착안하여 퍼스널 데이터 정책을 펼쳐 왔다. 영국의 마이데이터(Midata) 정책은 개인이 원하면 개인데이터를 보유한 기업 또는 단체는 개인이 지정하

〈그림 11-18〉 다보스포럼의 개인데이터 생태계

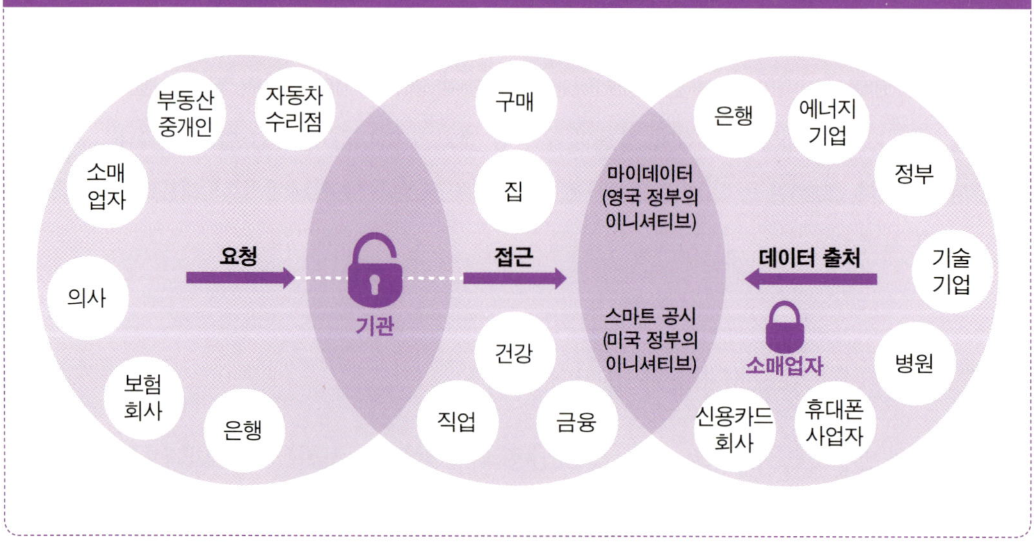

출처: WEF 보고서, "Unlocking the Value of Personal Data", 2013.

는 형식으로 데이터를 제공하도록 하고 있다. 미국은 스마트공시(Smart Disclosure) 정책으로 소비자를 위한 기업 데이터와 개인 데이터 제공을 확대하고 있다. 2018년에 개인데이터 생태계를 구현하기 위한 표준, 제도 및 사상을 전파하기 위한 마이데이터글로벌(MyData Global) 조직이 설립되었다.

마이데이터는 기업 또는 기관에 흩어져 있는 개인 데이터를 개인에게 제공하여 개인 스스로 활용할 수 있도록 하는 것이다. 이를 위하여 개인을 대신해 자기결정권을 행사할 수 있는 마이데이터사업자(MyData Operator)의 역할을 강조하고 있다. 마이데이터글로벌에서는 마이데이터의 세 가지 변화방향을 제시하고 있다. 첫 번째 변화 방향은 형식적인 권리에서 실행가능한 권리로의 변화이다. 두 번째 변화 방향은 데이터 보호에서 데이터 권한 강화이다. 세 번째 변화 방향은 폐쇄형 생태계에서 개방형 생태계로 변화이다. 우리나라는 2020년에 신용정보법이 개정되어 본격적인 마이데이터 사업이 시작되었다.

마이데이터는 특정 산업의 개인 데이터생태계만을 위한 것은 아니다. 데이터 생태계의 폭과 깊이가 넓어질수록 거기서 융합된 마이데이터의 가치는 더욱 높아진다. 예를

〈그림 11-19〉 웰니스 마이데이터 생태계 사례

- 웰니스(Wellness) 데이터 생태계는 다양한 관점의 데이터가 융합되어 서비스된다.
- 데이터 집합자는 데이터를 수집하면서 융합하여 가치 있는 데이터를 만들어준다.

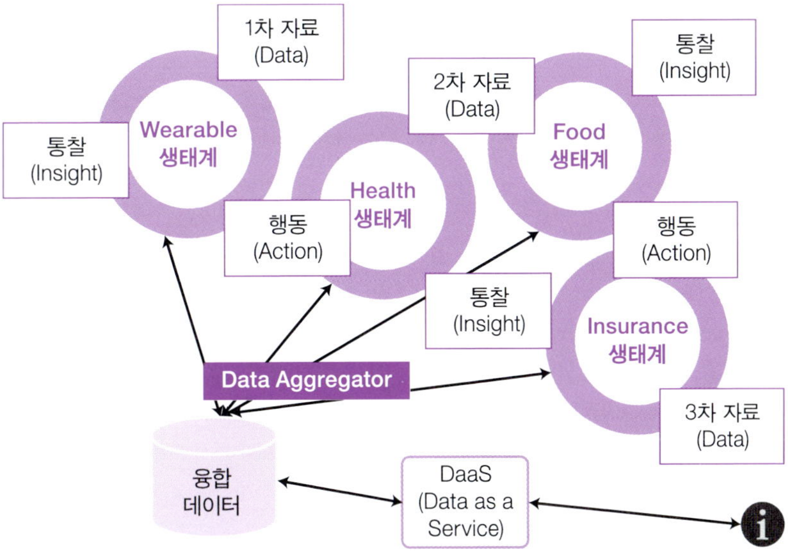

출처: 박주석, "이제는 데이터 중심의 정부이다", D.Gov, 2016.

들어 의료데이터 생태계를 확장하여 웰니스(Wellness) 데이터 생태계를 구현한다면 융합 데이터의 가치는 훨씬 높아진다. 웰니스는 웰빙(well-being)과 건강(fitness)의 합성어로 신체적, 정신적, 사회적 건강이 조화를 이루는 이상적인 상태를 말한다. 웰니스 데이터 생태계는 전자산업과 통신산업이 주도하는 웨어러블 데이터 생태계, 의료기관이 주도하는 의료 데이터 생태계, 피트니스산업와 건강보조식품이 주도하는 건강 데이터 생태계, 건강보험공단과 보험회사가 주도하는 보험 데이터 생태계가 상호 연계되어 있다. 즉, 개인의 웰니스를 위하여 다양한 관점의 데이터가 융합되어 서비스된다.

금융위원회의 마이데이터 사업자 선정

CASE 11-2

2020년1월에 데이터3법이 개정됨에 따라, 신용정보 마이데이터 사업 시행을 위하여 금융위원회는 마이데이터 사업자를 선정하고 있다.

2020년10월에 35개 기업이 마이데이터 예비허가를 신청하였다. 35개 기업 중 보류기업을 제외한 29개사에 대한 심사가 진행되었다. 2020년12월에 금융회사(국민은행, 신한카드 등), 핀테크 회사(레이니스트, 보맵 등), 빅테크 회사 계열 전자금융업자(네이버파이낸셜, NHN페이코 등) 등 21개 업체가 마이데이터 예비허가를 받았다.

예비허가를 받은 기업들은 예비허가 과정에서 대량의 개인신용정보를 처리하고 보호할 수 있는 충분한 보안설비를 갖추었는지, 소비자를 위한 혁신적인 서비스를 제공하고 있는지, 소비자 보호체계 마련을 포함해 사업계획이 타당한지 등 여섯 가지 요건에 대해 심사를 받았다.

이번 허가절차와는 별도로 마이데이터 산업에서 소비자 보호 강화를 위한 제도적 장치를 구비하고 있다. 2021년 2월까지 마이데이터 서비스 가입·동의방식①, 마이데이터를 통해 제공되는 정보제공 범위②, 안전한 데이터 전송 방식③, 소비자 보호 방안④ 등을 담은 <마이데이터 가이드라인>을 마련할 예정이다. 향후 소비자 정보주권의 수호자로써 마이데이터 산업의 성공적 시행을 위한 준비를 차질 없이 진행할 것이다.

1. 자본금 요건	최소자본금 5억 원 이상
2. 물적 시설	해킹 방지, 망분리 수행 등을 위한 충분한 보안설비
3. 사업계획의 타당성	서비스 경쟁력·혁신성, 소비자 보호체계 마련
4. 대주주 적격성	충분한 출자능력, 건전한 재무상태
5. 신청인의 임원 적격성	신청인의 임원에 대한 벌금, 제재사실 여부
6. 전문성 요건	데이터 처리 경험 등 데이터 산업 이해도

출처: 금융위원회 보도자료, 2020.12.

토론

1. 개정된 신용정보법에 제시된 데이터 전송권이란 무엇인가?
2. 마이데이터 사업은 개인에게 어떤 혜택을 주는가?
3. 마이데이터 사업이 본격화되면 금융회사, 핀테크 회사, 빅테크회사의 경쟁구도는 어떻게 변화될 것인가?

11.6 지금은 데이터경제 시대

11.6.1 데이터자본과 디지털 가치사슬

데이터자원은 정보기술이 발전하면서 신 자본(new capital)으로 부상하고 있다. 데이터 자본은 실물 자본과 달리 경험적인 재화이며, 비경쟁성과 비대체성이 있다고 한다. 데이터 자체의 가치는 크지 않지만 상황적 맥락에 따라 적재적소에 자본으로 투입되어 혁신적인 부가가치를 창출한다.

전 세계적으로 각종 사물인터넷 및 센서 등에서 발생하는 대량의 데이터가 산업과 경제 활성화를 견인하는 원동력으로 작용할 전망이다. 기업·개인·공공 분야 등 각 분야의 다양한 주체도 실시간으로 복잡하고 수많은 데이터를 발생시키면서, 동시에 데이터를 활용하고 있다. 전통적인 가치사슬은 생산에서 가치가 발생하나, 디지털 가치사슬은 데이터 교환에서 가치가 발생한다. 데이터 기반의 새로운 서비스들은 기존 경제의 가치사슬들을 더욱 복잡하고 거대한 생태계로 바꿔놓을 것으로 예상된다.

11.6.2 데이터 경제의 정의

데이터가 모든 산업의 발전과 새로운 가치 창출의 촉매 역할을 하면서 새로운 '데이터 경제(data economy)' 시대가 도래하고 있다. 데이터경제 개념은 2011년 데이비드 뉴맨(David Newman)이 쓴 가트너(Gartner) 보고서에서 처음 등장하였다. 현재 '데이터 경제', '데이터 주도 경제' 등 여러 용어가 혼용되어 사용되고 있다. 한국정보화진흥원(NIA)은 데이

〈표 11-1〉 데이터 자본의 세 가지 특성

데이터 자본	내용 및 특징		실물 자본	내용 및 특징
비경쟁성	하나의 데이터를 여러 서비스에서 동시다발적으로 사용	↔	경쟁성	하나의 화폐, 장비는 한곳에서만 사용이 가능
비대체성	각 데이터는 서로 다른 내용을 포함하고 있기 때문에 대체 불가	↔	대체성	동일 가치의 다른 재화로 대체 가능
경험적 재화	데이터 가치는 관련 내용 파악·활용 후에 측정이 가능	↔	물리적 재화	재화 가치를 계량적으로 즉시 파악하는 것이 가능

출처: MIT, The Rise of Data Capital, 2016.

〈그림 11-20〉 데이터 자본과 디지털 가치사슬

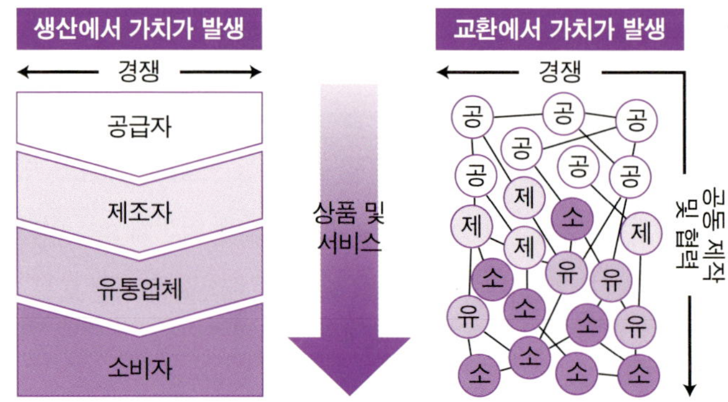

출처: 한국정보화진흥원, '데이터 경제의 부상과 사회경제적 영향', 2018.

터 경제를 '모든 데이터가 활용하기 쉽게 자유롭게 흘러 타 산업 발전의 촉매 역할을 하면서, 혁신적 비즈니스와 서비스를 창출하는 경제'로 2018년에 정의하였다. 이는 데이터 수집·생성 → 저장·관리 → 가공·유통 → 분석·활용의 가치사슬을 통해 '직접적'으로 파생되는 다양한 산업 및 서비스 영역과, 데이터 활용으로 인해 기업·공공·개인에게

〈그림 11-21〉 데이터 경제의 직접적 범위와 간접적 범위

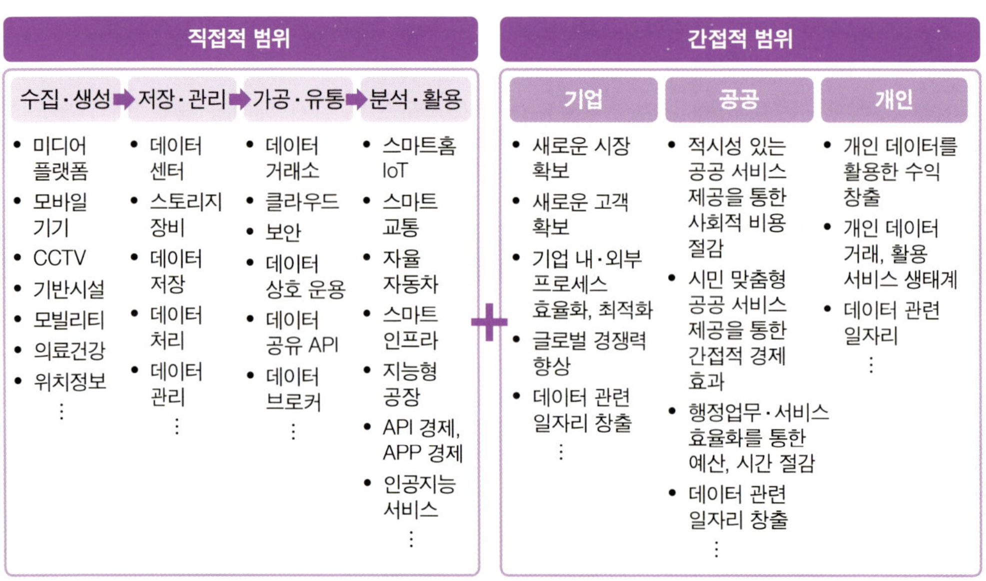

출처: 한국정보화진흥원, '데이터 경제의 부상과 사회경제적 영향', 2018.

〈그림 11-22〉 우리나라의 데이터경제 활성화 정책

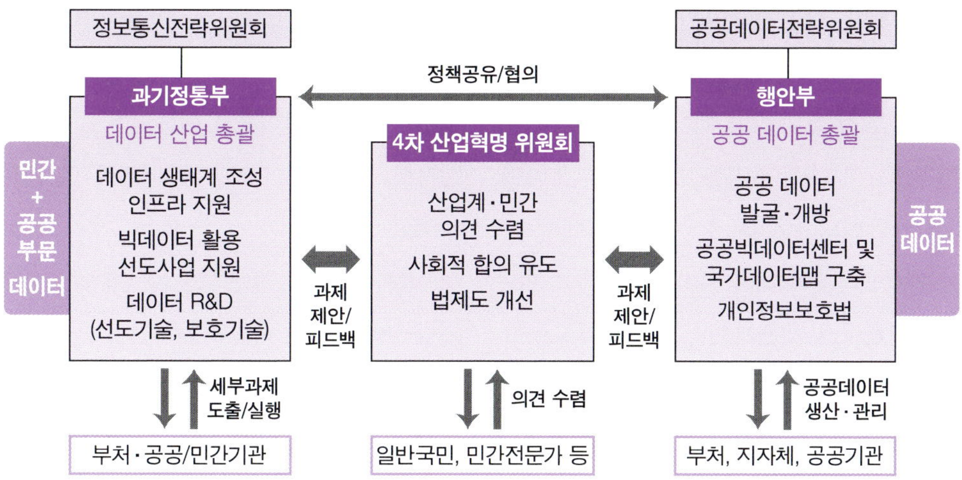

출처: 과학기술정보통신부, 2019.

'간접적'으로 파급을 미치는 경제적 가치와 영향을 모두 포괄하는 개념이다. 따라서 데이터 경제의 직접적 범위는 데이터생태계와 연관된 범위이다.

11.6.3 각 국의 데이터경제 정책들

세계 주요국은 데이터 경제 선도를 위해 범국가 차원에서 데이터 확보, 데이터 활용 확대, 데이터 분석 인재양성 등과 함께 안전한 데이터 활용제도 정비 등 종합적인 대책을 마련해 추진하고 있다. 우리나라도 데이터 기반으로 4차 산업혁명 선도국가 반열에 오르기 위해 국가 차원의 데이터 경제 활성화를 위한 범국가적 대응체계를 구축하고 있다.

요약

지난 60년 동안 정보자원의 핵심 축이 하드웨어 자원에서 소프트웨어 자원을 거쳐 데이터 자원으로 변화되었다. 데이터 자원은 컴퓨터 환경에서 인터넷 환경을 거쳐 현재 모바일 환경에서 관리되고 있다. 모바일 환경에서 엄청난 규모의 다양한 데이터를 관리하게 되면서 빅데이터 시대가 도래하였다. 향후 사물인터넷 환경이 되면 빅데이터는 더욱 중요해 질 것이다. 빅데이터는 다양성, 규모, 속도 관점에서 전통적인 데이터와 확실히 비교된다. 하지만 엄청난 양의 데이터를 관리한다고 해서 빅데이터 역량이 높다고 할 수 없다. 그런 측면에서 데이터 분석 역량이 중요하다. 데이터 분석은 정형 데이터 분석과 비정형 데이터 분석으로 분류된다.

전통적인 환경하의 데이터생명주기와 빅데이터 환경하의 데이터생명주기를 비교할 필요가 있다. 전통적인 환경하의 데이터생명주기는 DIKW 사이클로 대표되며, 구현 기술로 데이터베이스관리시스템, 데이터웨어하우스, 지식관리시스템 등이 있다. 빅데이터 환경하의 데이터생명주기는 DIA 사이클로 대표되며, 구현 기술로 시각화, 분석모형의 적용 및 내재화, 의사결정의 자동화 등이 있다.

특정 영역의 빅데이터 시스템을 구축하는 것도 중요하지만 새로운 서비스를 위한 데이터 생태계를 구현하는 것이 더 중요하다. 이런 점에서 산업혁신과 빅데이터 생태계, 열린정부와 오픈데이터 생태계, 그리고 개인데이터 생태계와 마이데이터를 정확히 이해해야 한다.

데이터자원은 정보기술이 발전되면서 신자본으로 부상하고 있다. 데이터가 모든 산업의 발전과 새로운 가치 창출의 촉매 역할을 하면서 새로운 데이터 경제 시대가 도래하고 있다. 데이터 경제는 '모든 데이터가 활용하기 쉽게 자유롭게 흘러 타 산업 발전의 촉매 역할을 하면서, 혁신적 비즈니스와 서비스를 창출하는 경제'로 정의된다.

중요 용어

기술 분석 일어난 사실들의 관계를 명료하게 보여주는 분석.

데이터경제 모든 데이터가 활용하기 쉽게 자유롭게 흘러 타 산업 발전의 촉매 역할을 하면서, 혁신적 비즈니스와 서비스를 창출하는 경제.

데이터마이닝 많은 데이터 가운데 숨겨져 있는 유용한 상관관계를 발견하여, 미래에 실행 가능한 정보를 추출해 내고 의사 결정에 이용하는 과정.

데이터모델 데이터베이스의 구조뿐만 아니라 이런 구조에서 허용되는 연산 그리고 이런 구조와 연산에 대한 제약 조건을 포함하는 개념.

데이터베이스관리시스템(DBMS) 컴퓨터에 저장되는 데이터베이스를 관리해주는 소프트웨어 시스템.

데이터사이언스 데이터로부터 통찰력을 찾아 문제를 해결하는 것.

데이터생태계 모든 데이터가 활용하기 쉽게 자유롭게 흘러 타 분야 발전의 촉매역할을 하면서, 각 분야가 생태계처럼 서로 유기적으로 연결되어 있는 것.

데이터웨어하우스 방대한 조직 내에서 분산 운영되는 각각의 데이터 베이스 관리 시스템들을 효율적으로 통합하여 조정·관리하며, 효율적인 의사 결정 시스템을 위한 기초를 제공하는 실무적인 활용 방법론.

데이터자원 개념적 자원으로 활용과 유통에 제한이 없으며, 정보시스템을 통해 생성되는 자원.

마이데이터 기업 소유의 개인 데이터에 대한 개인의 권한과 책임을 강조하는 개념.

비즈니스인텔리전스(BI) 기업에서 데이터를 수집, 정리, 분석하고 활용하여 효율적인 의사 결정을 하도록 하는 애플리케이션과 기술의 집합.

빅데이터 기존 DBMS로 관리·분석할 수 없을 정도로 큰 규모의 데이터.

예측 분석 패턴 또는 연관 관계에 따라 어떤 사건이 발생한다고 가정할 때 뒤이어서 어떤 일이 발생할 것 같은가를 알아보는 분석.

오픈데이터 저작권 및 특허권의 제약 없이 혹은 합법적 통제를 통해 데이터 자원을 모두에게 원하는 형태로 무료로 활용 및 재배포 가능한 데이터.

정보자원관리 조직의 정보시스템에 관련된 하드웨어, 소프트웨어, 인력, 데이터베이스, 절차 등을 관리하고 조정하는 것이며, 정보 기술의 모든 요소의 관리를 의미.

진단 분석 일어난 사실들의 인과 관계를 조사하는 분석.

처방 분석 특정 상황에서 어떤 의사결정이 최적의 결과를 가져올 것인가를 평가하여 바람직한 조치를 예상하는 분석.

파일관리시스템(FMS) 운영 체제의 일부로 시스템에 있는 파일들의 관리 및 조작을 수행하는 프로그램의 집합.

연습문제

1. 하드웨어 자원, 소프트웨어 자원, 데이터 자원을 비교하시오.
2. 빅데이터의 세 가지 특성, 3V는 무엇인가?
3. 하둡은 기존 상용 DBMS와 어떤 차이점이 있는가?
4. 비즈니스 분석을 질문 유형으로 분류 한다면 네 가지 유형은 무엇인가?
5. 각 산업혁신에 따른 데이터생태계의 예를 드시오.
6. 오픈데이터의 목적은 무엇인가?
7. 공공 데이터는 원칙적으로 개방해야 하지만, 개방할 수 없는 두 가지 데이터 유형은 무엇인가?
8. 개인정보보호와 마이데이터 제도의 차이점은 무엇인가?
9. 전통적인 경제와 데이터 경제의 차이점은 무엇인가?

CHAPTER 12

사물인터넷

단말기 없이 후불로 고속도로 통행료를 결제할 수 있는 AI 하이패스 시대가 됐다. 사물인터넷(IoT)이 AI로 대체되고 있는 것이다. 이것은 정부와 시민 간의 신뢰와 자유로운 계약으로 시민의 편의성을 높인 좋은 사례다. 시민은 자신의 차량 번호와 결제 수단을 도로공사 앱에 등록함으로써 하이패스 단말기를 차에 설치하는 비용과 수고를 덜고, 후불로 통행료를 낼 수 있다. 이렇게 신뢰와 AI 기술이 결합된 '신뢰체인'의 패러다임으로 각종 서비스를 혁신할 수 있다.

- 이경전, AI 기술 결합된 '신뢰체인'으로 정부 혁신을, 한국경제신문 2021.03.22.

학습목표

이 장에서는 사물인터넷의 개념과 관련 용어들을 살펴보고, 사물인터넷을 구현하기 위한 기술, 그리고 이러한 기술을 통하여 새롭게 가능해질 기업의 경영정보시스템과 비즈니스 모델을 살펴본다.

이 장을 학습하면 사물인터넷과 인공지능으로 인해 새롭게 가능해질 경영정보시스템과 비즈니스 모델, 그리고 새로운 사회 환경에 대한 인식을 가지게 되고, 관련 정보 기술의 이해를 바탕으로 새로운 비즈니스 모델과 프로세스를 설계하는 기본 능력을 갖추게 될 것으로 예상된다.

- 사물인터넷의 개념과 용어들을 학습함으로써 사물인터넷이 의미하는 바를 인식한다.
- 사물인터넷과 관련한 여러 동향을 이해하고 새로운 시스템을 설계할 수 있는 기본 능력을 가진다.
- 사물인터넷을 구성하는 기본 기술들에 대한 이해를 통해, 계속적으로 발전하는 이 분야의 기술 동향을 이해하고, 이를 통해 새로운 경영정보시스템을 구상할 수 있는 능력을 가진다.
- 사물인터넷 분야의 여러 시나리오와 비즈니스 모델에 대한 학습을 통해 새로운 사물인터넷 기반 비즈니스 모델 설계 능력을 가진다.
- 제품에 사물 인터넷이 적용되면서 일어나는 변화, 사물 인터넷과 기업 경영의 변화, 사물인터넷으로 인한 ICT산업과 미디어 산업의 변화, 사물인터넷에 인한 새로운 UI와 UX에 대해 이해한다.
- 사물인터넷과 인공지능 기술이 결합되어 일으키는 최신 사례와 동향에 대해 이해한다.
- 증강현실, 가상현실 기술 등과 결합되어 메타버스 비즈니스 현상에 대해 이해한다.

12.1 사물인터넷의 개념

사물인터넷은 '수십 억 개의 사물이 서로 연결되는 것'이라고 설명된다. M2M(Machine To Machine)은 기기 간 유무선 통신을 지원하는 기술을 말한다. 도로교통을 원활하게 하기 위한 교통신호 간의 정보교환과 이에 사용되는 장치들이 M2M기술의 한 예이며, 텔레메틱스, 텔레메트리(자동검침), 자료수집, 리모트 컨트롤, 로보틱스, 상태 추적, 도로교통 시스템, 물류 서비스, 원격진료, 보안 시스템 등에 이용되고 있다.

컴퓨터를 서로 연결하는 것으로 출발한 것이 원래 인터넷이라면, 이제는 사물 각각이 컴퓨터가 되고 사람마다 스마트폰, 스마트워치 등 많은 컴퓨터를 지니게 되므로 그 인간을 둘러싼 사물들이 서로 연결되는 것이다.

사물인터넷 기반 스마트 홈 사례 - 구글 네스트 허브 CASE 12-1

2014년 1월에 구글이 32억 달러(약 3조 4,000억 원)에 인수한 Nest Labs에서 제공하는 온도 조절기 장치 'Nest Thermostat'는 실내에서 사람의 움직임을 감지하여 냉·난방을 조절하거나, 특정 시간에 사용자가 원하는 온도가 될 수 있도록 냉·난방을 조절하고, Nest Energy Report를 통해 사용자의 에너지 사용 내역을 확인할 수 있다. Nest Labs는 'Nest Thermostat'를 통해 미국 전역 에너지 관련 기업들과의 파트너십을 기반으로 한 서비스인 <Rush Hour Rewards> 프로그램을 운영 중이다. 'Nest Thermostat' 사용자들이 해당 프로그램에 가입하면 Nest Labs는 특정 지역의 전력 사용량에 따라 사용자들의 냉·난방 사용 상황을 일부 조정할 수 있는데, 이를 통해 에너지 공급 사업자는 원활한 전력 수급이 가능해지고, 사용자는 경제적 혜택을 얻을 수 있게 된다. 2013년 6월 27일, 미국 텍사스주 오스틴 지역은 온도가 약 38°c에 육박했고, 사람들은 냉방 장치를 작동시키기 시작했다. Austin Energy는 에너지 러시 아워가 발생할 수 있음을 예측했고, Nest Labs에 중앙 온도 조정을 요청했다. Nest Labs는 중앙 온도 조정을 통해 러시 아워 시간 이전에 냉방을 실시하고, 러시 아워 시간에는 설정 온도를 약 1°c 정도 올렸으며, 그 결과 가장 더운 시간에 냉방기 운영 시간을 평균 50% 감소시켜, 블랙아웃(Black-out)과 같은 위기 상황에서 벗어날 수 있었다. Nest Labs 사용자 중 약 10%의 사용자들은 냉방기를 자신이 직접 조절했지만, 나머지 90%의 사용자들은 중앙 온도 조정에 그대로 따랐다. 그 해 여름 동안 이런 방법을 통한 에너지 사용 조정은 계속되었고, Austin Energy의 고객들은 이 프로그램에 참여한 대가로 85달러의 수표를 받게 되었으며, Nest는 고객 당 25달러 가량의 수익을 얻을 수 있었다.

구글 홈의 허브는 구글 스피커에게 잠시 자리를 내주었다가 이제는 디스플레이, 스피커를 합친 멀티 모달기능을 가진 구글 네스트 허브(Google Nest Hub)로 진화하였다. 선풍기는 BigAssFans와, 세탁기는 Whirlpool과 연동되고 있으며, 잔디에 물을 주는 스프링클러는 Rachio, Oribt B-hyve와 연동하고 있다. 스마트 전구는 Hue, Lifx와, 스마트 자물쇠는 Kevo사와 August사의 제품들과 연동되고 있다. CCTV는 Dropcam과, 전화 자동 응답기는 Ooma Telo사와 연동하고 있다. 자동차 분야는 Mercedes-Benz와 Automatic과 연동되고, 차고 회사 Chamberlain, 스마트 헬스의 Pebble, Jawbone,

그리고 LG전자와 연동하고 있다. Withings의 수면 활동 측정기 Aura는 Nest의 온도조절계와 연동한다. Aura의 주인이 잠들기 시작하면 이를 온도조절기에 알리는 것이다. Nest와 같은 'Product-Service Systems(PSS)' 구조에 의한 플랫폼 비즈니스 모델이 계속 시도되면서 기회를 찾아나가고 있으며 큰 구조를 플랫폼 관점에서 접근하는 기업과 성장하는 플랫폼에 기대는 참여 기업으로 구분이 나타나면서 시장 형성이 이뤄지고 있다. 심지어는 경쟁모델이었던 스마트온도조절기 Ecobee와도 연동하고 있다.

출처: 이경전 · 전정호, 사물 인터넷과 비즈니스 기회, Dong-A Business Review, 159(2):59-65, 2014.08.

토론

1. 네스트가 온도조절기에서 어떻게 진화해왔는지 조사하고 진화 이유를 생각해보시오.
2. 스마트홈에서 허브가 무엇이 될지 예상해보시오.

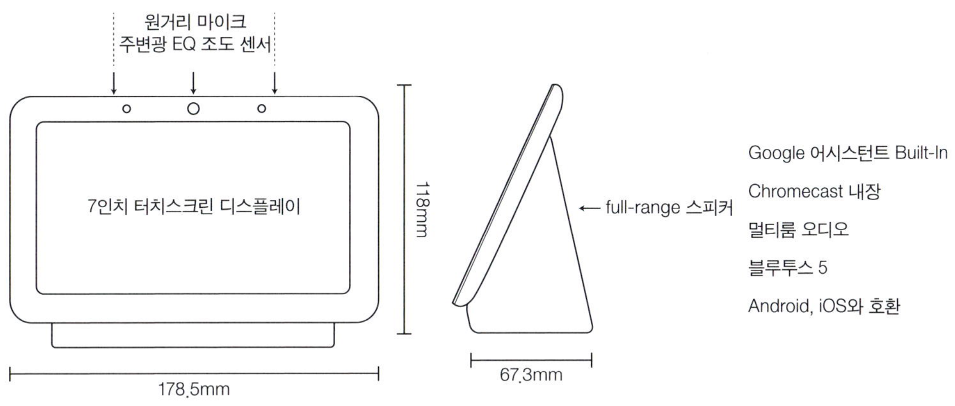

구글 네스트 허브

12.2 사물인터넷 기술

12.2.1 자동인식(Auto-ID)

자동인식(Auto-ID: Auto Identification)이란 원거리에서 모니터링이나 트랜잭션을 할 때 기계가 인간의 개입 없이 물체의 인식 및 사용작용을 하는 것을 돕기 위해 사용되는 일련의 기술과 자동화 시스템을 말하는 넓은 의미의 용어이다. Auto-ID는 종종 자동 정보 포착과 함께 사용되는데 어떤 아이템의 확인을 원할 때 아이템에 관한 정보를 획득하여 사람 없이도 컴퓨터에 정보를 입력할 수 있도록 하는 것을 말한다. 대부분의 Auto-ID 시스템의 목적은 일의 능률 향상과 데이터 입력의 실수를 줄이기 위함에 있다. 그리고 인간에게 더욱 높은 부가가치 창출을 위한 업무를 수행할 수 있도록 도와준다. Auto-

ID 시스템의 목적은 적합한 기기나 장치에 데이터를 운반하는 것과, 특정 응용을 만족하기 위하여 기계가 읽을 수 있는 방법으로 적절한 시간 및 장소에서 데이터를 회수하는 것으로 나누어진다. 데이터는 제조, 운송 중인 상품, 위치, 차량, 동물 또는 개인의 특성에 관한 항목을 담고 있다. 예를 들어 생산라인에서 페인트 스프레이 공간으로 들어가는 자동차 차체의 페인트 색깔, 유연한 제조 셀에 대한 설정 명령, 혹은 상품 선적에 동반하는 목록과 같은, 특별한 항목의 정보 등이다. 현재 가장 널리 사용되고 있는 Auto-ID 시스템은 바코드이다. 바코드는 아이템에 직접 또는 아이템에 붙여질 스티커 위에 인쇄된 기계가 읽을 수 있는 기호체제이다. 현재 많은 바코드 기호나 언어가 있다. 각 기호는 특성(예; 글자, 번호, 구두점) 부호화, 인쇄 및 해독 요구, 오류 검사 등의 기능을 하기 위한 각각의 규칙을 가지고 있다. 그 외에도 QR(Quick Response) 코드, 스마트 카드, 음성인식(voice recognition), 홍채 인식과 같은 생체인식 기술, 광학문자인식, RFID 등이 Auto-ID 시스템에서 사용되는 기술들이다.

무선식별(RFID: Radio Frequency Identification)은 자동인식기술의 하나로서 전파 신호를 통해 비접촉식으로 사물에 부착된 얇은 평면 형태의 태그를 식별하여 정보를 처리하는 시스템을 가리킨다. 바코드 및 스마트카드와 유사한 기능을 수행하나 원거리에서 인식이 가능하고 충돌방지기능이 있어 동시에 여러 개를 인식할 수 있다는 기술적 장점 때문에 바코드, 스마트 카드 등에 비해 활용범위가 넓고 경쟁력이 매우 높다. RFID는 판독 및 해독기능을 하는 판독기(RF reader)와 고유 정보를 내장한 RF 태그(RFID tag), 그리고 운용 소프트웨어 및 네트워크로 구성되며, RF 태그는 반도체로 된 트랜스폰더 칩과 안테나로 구성된다. RF 태그는 내부 전원 없이 판독기의 전파신호로부터 에너지를 공급받아 동작하는 수동식과 전지가 포함된 능동식이 있으며, 또, 실리콘 반도체 칩을 이용한 칩 태그와 LC소자, 또는 플라스틱/폴리머 소자로만 구성된 무칩 태그로 구분 된다. 고유 정보 기록방식에 따라서는 read-only 형과 read-write 형으로도 구분된다. 현재 150KHz 이하 저주파로부터 5GHz 이상 마이크로파까지의 다양한 주파수대의 시스템이 상용화되고 있다. 마그네틱이나 바코드 등이 특정 표시가 필요하고 훼손이나 파손 등으로 시간이 지날수록 인식률이 점차 떨어지는 반면에 RFID는 이 같은 단점을 극복할 수 있어 출입통제를 비롯해 근태관리, 물류관리, 주차관리 등 분야에서의 사용되고고 있다.

스마트카드(smart card)는 외형상 전화카드와 비슷하나, 마이크로프로세서와 기억장치를 내장하고 있어 자체적으로 간단한 작업을 수행할 수 있는 카드를 말한다. 집적 회로(IC) 카드에는 IC 메모리와 중앙 처리 장치(CPU)를 탑재한 반도체 칩이 매입되어 있는데, 자기 카드에 비해 기억 용량이 크고 CPU가 내장되어 있어 처리 능력이 있기 때문에 똑똑한 카드라는 의미로 사용된다. 암호 처리, 접속 대상의 인증, 기억 데이터의 관리 등 보안 기능이 뛰어나 안정성이 높고 위조가 불가능한 특징이 있어서 은행 카드, 신분 증명 카드, 유료 방송 수신 카드 등으로 사용되고 있다.

접촉식 (스마트) 카드(contact (smart) card)는 접촉식카드는 인터페이스장치(IFD: Interface Device)에 삽입되었을 때 카드 접점이 IFD 접점과 접촉함으로써 작동되는데 고도의 보안을 요하며 카드 내 특정 암호화 알고리즘을 수행할 필요가 있는 분야에서 주로 사용된다. 공중전화 카드의 경우 전화기에 삽입해야 하고 은행 자동화 창구에서 돈을 인출할 때도 카드를 넣어야 하는 데 이러한 방식이 접촉식이다.

비접촉식 (스마트) 카드(contactless(proximity) (smart) card)는 정보처리 기능에 필요한 연산 및 기억소자는 접촉식카드와 같지만 카드내 칩을 구동하기 위한 전원공급이 카드내 코일의 전자결합을 통해 이루어지고 RFID와의 통신을 위해 전자유도방식을 이용하는 형태이다. 버스나 지하철을 탈 때 카드만 대면되는데 이러한 방식이 비접촉식이다.

12.2.2 NFC

NFC(Near Field Communication, 근접무선통신)은 13.56MHz의 주파수를 사용하여 4인치 이내 거리에서 무선으로 기기끼리 서로 통신(424Kbps)을 할 수 있는 기술 규격으로, 전자결제, 광고판에서의 정보 다운로드, 휴대폰을 이용한 명함 교환, 디지털 도어락 등 다양한 분야에 사용할 수 있는 기술이다. 근거리 전송 시 암호화 기술을 적용시킬 수 있기 때문에 강력한 보안이 요구되는 금융결제나 개인정보 관리 등에 보안 염려 없이 적용할 수 있다는 장점이 있으며, 4인치 이내의 거리로 NFC가 적용된 단말을 근접시키거나 접촉시키면 해당 기기나 태그를 인식할 수 있어, 사용상의 편의가 기존의 근거리 데이터 전송 기술에 비해 앞선다. 블루투스의 경우 초기에 비해 개선되기는 했지만, 간단한 데이터 전송에도 '페어링' 과정을 거쳐야 했는 데에 반해 NFC 기술은 접촉만으로 데이터 통신이 가능해 초기부터 P2P 기능을 활용할 수 있었다. NFC는 태그가 내장된 스마트폰을 능동형(active) 모드로도 작동할 수 있어 태그로서의 기능뿐만 아니라, 태그를 읽는 리더(reader), 태그를 입력하는 라이터(writer)의 기능도 갖고 있으며 P2P도 가능하다.

12.2.3 블루투스

블루투스(bluetooth)는 스웨덴의 에릭슨, 미국의 IBM과 인텔, 핀란드의 노키아, 일본의 도시바 등이 개발한 무선데이터통신 규격의 개발코드명을 말한다. 블루투스는 최대 데이터 전송속도 1Mbps에 최대 전송거리 10m의 무선데이터통신 실현을 목표로 하고 있다. 1Mbps는 사용자가 면허 없이 이용할 수 있는 2.4GHz의 ISM(Industrial Scientific Medical)대(帶)를 사용해 비교적 손쉽게 동시에 저렴한 비용으로 실현할 수 있는 전송속도다. 전송거리 10m는 사무실 내에서 사용자가 휴대하고 있는 기기와 책상 등에 설치해 둔 기기 간의 전송거리로 충분하다는 판단에 따른 결정이다. Bluetooth v4.0에서는 BLE(Bluetooth Low Energy) 프로토콜이 추가되었는데, 이는 ZigBee나 ANT+같은 저전력 RF 솔루션과 경쟁하기 위한 것으로, 동전형 전지로 몇년을 지속할 수 있는 주변기기와 통신하는 것이 주요 목표로 속도는 상대적 느리지만, 비컨과 스마트버튼을 활용하여 페어링 없이 통신이 가능하다.

12.2.4 GPS

GPS(Global Positioning Systems, 위성항법장치)는 정지 지점이거나 이동 지점을 불문하고 전 세계의 항공, 해상 및 육상에서 실시간으로 정확한 위치를 측정할 수 있는 시스템으로, 미국 국방성에서 개발한 군용항법시스템이지만 민간용으로 제한된 범위 안에서 사용할 수 있으며 인공위성을 이용한 전파항법시스템이다. 위성을 통해 위치를 측정하는 기술을 통칭하는 말로도 이용된다. 인공위성에서 수신기까지의 거리(두 변의 길이)는 위성에 탑재된 원자시계의 정확도를 기반으로 한다. 원자시계는 6,000년에 1초 정도의 오차가 나는 정확도를 갖췄다. 각 위성에서 발사하는 신호의 발생시점과 수신시점의 시간차를 측정한 뒤 여기에 빛의 속도를 곱해 계산하면 GPS 수신기와 인공위성 사이의 거리를 알 수 있다. 모두 4개의 위성을 이용해 GPS 수신기를 들고 있는 지점의 정확한 위치를 알 수 있다.

12.2.5 증강 현실과 메타버스

증강 현실(AR: Augmented Reality)은 가상 현실(virtual reality)의 한 분야로 실제 환경에 가상 사물이나 정보를 합성하여 원래의 환경에 존재하는 사물처럼 보이도록 하는 컴퓨터

그래픽 기법이다. 기존의 가상 현실은 가상의 공간과 사물만을 대상으로 하고 있었다면, 증강현실은 현실 세계의 기반위에 가상의 사물을 합성하여 현실 세계만으로는 얻기 어려운 부가적인 정보들을 보강해 제공할 수 있다.

완전한 가상세계를 전제로 하는 가상현실과는 달리 현실세계의 환경위에 가상의 대상을 결합시켜 현실의 효과를 더욱 증가시키는 것이다. 물리적 공간에 컴퓨팅 파워를 가진, 정보화된 인공물(information artefacts)이 가득 채워지게 되면 물리적 공간의 성격 자체가 변화하게 된다. 이러한 특징 때문에 단순히 게임과 같은 분야에만 한정된 적용이 가능한 기존 가상 현실과 달리 다양한 현실 환경에 응용이 가능하다. 증강현실을 통해 일상적인 사물(object)과 장소(place)가 정보처리와 정보교환을 수행하게 되며, 컴퓨팅 파워가 적용되는 '대상(objects)' 또는 '사물(things)'에는 기존 생활설비, 나아가 일상적인 제품과 사물까지 포함된다.

현실세계를 가상세계로 보완해주는 개념인 증강현실은 컴퓨터 그래픽으로 만들어진 가상환경을 사용하지만 주역은 현실환경이다. 컴퓨터 그래픽은 현실환경에 필요한 정보를 추가 제공하는 역할을 한다. 사용자가 보고 있는 실사 영상에 3차원 가상영상을 겹침(overlap)으로써 현실환경과 가상화면과의 구분이 모호해지도록 하는데, 원격의료진단·방송·건축설계·제조공정관리 등에 활용이 모색되고 있다. 스마트폰이 널리 보급되면서 본격적인 상업화 단계에 들어섰으며, 게임 및 모바일 솔루션 업계·교육 분야 등에서도 다양한 제품을 개발하고 있다.

2021년부터는 가상현실, 증강현실, 가상세계 등을 종합적으로 지칭하는 메타버스(Metaverse)가 본격 논의되고 있다. 메타버스는 가상·초월(meta)과 세계·우주(universe)의 합성어로, 정치·경제·사회·문화의 전반적 측면에서 현실과 비현실 모두 공존할 수 있는 생활형·게임형 가상 세계라는 의미로 폭넓게 사용되고 있다. 비영리 기술 연구 단체 ASF(Acceleration Studies Foundation)은 메타버스를 '증강과 시뮬레이션', '내적인 것과 외적인 것'이라는 두 축을 가지고 증강현실, 라이프로깅, 거울세계, 가상세계, 이렇게 네 가지 범주로 분류했다.

라이프로깅(lifelogging)은 사물과 사람에 대한 일상적인 경험과 정보를 캡처하고 저장하고 묘사하는 기술이다. 사용자는 일상생활에서 일어나는 모든 순간을 텍스트, 영상, 사운드 등으로 캡처하고 그 내용을 서버에 저장하여 이를 정리하고, 다른 사용자들과 공유할 수 있다.

거울세계(mirror worlds)는 실제 세계를 가능한 한 사실적으로, 있는 그대로 반영하되

사물인터넷 기반 핀테크 사례 - 삼성페이 CASE 12-2

삼성 페이

2014년 9월 애플의 애플페이 출시는 전 세계 핀테크 산업의 기름통에 불을 붙인 격이었다. 거의 모든 전문가들은 애플페이의 성공을 점쳤고, 핀테크를 준비하던 플레이어들은 더이상 늦출 수 없다며, 발빠르게 움직였다.

삼성전자는 2015년 초 루프페이를 인수하였다. MST방식의 삼성 페이는 애플 페이보다 성공적으로 출발했다. NFC기술만을 가정하고 있는 애플페이와 달리 삼성페이는 이미 보급된 마그네틱 카드 인식 단말기를 그대로 활용할 수 있기 때문에, 전 세계의 기대를 한 몸에 받았다. 일반 사용자에게 큰 기대를 받고 있고 많은 스마트 폰 고객들이 다음 스마트 폰은 삼성페이 기능이 되는 폰으로 사겠다고 말하고 있다.

모든 핀테크 회사는 새로운 거래를 찾아내야 한다. 그렇다면, 새로운 거래를 찾아내는 구체적인 방법은 뭘까? 첫번째는, 금융소외 또는 저신용자(Unbanked 또는 Underfinanced) 고객을 금융 또는 파이낸스 고객으로 바꾸는 것이다. 글로벌 핀테크 성공 사례로 유명한, 케냐의 엠페사(M-Pesa), 방글라데시의 비캐시(bKash), 중국의 위어바오 모두 금융소외자를 금융소비자로 변화시킨 좋은 사례다.

아직도 이 지구상에서 금융 서비스를 받지 못하는 인구가 25억 명에 달한다고 한다. 믿어지지 않는 숫자이지만, 이 숫자 만큼이 글로벌 핀테크 시장의 규모다. 지구 인구의 3분의 1이 넘는 25억에 해당하는 인구를 금융이용자로 바꾸어내야 하는 것이다.

대한민국 역시 어쩌면 인구의 3분의 1이 금융소외(unbanked) 상태에 놓여있을 수 있다. 잘 따져보자. 10대와 20대 청소년층과 노년층은 후불결제 시장에서, 사업자로서 문화 예술가는 소액 기부 시장에서, 노변 주차서비스는 돈받을 수단이 부족해 금융시장에서 소외되어 있을 수 있다.

삼성페이는 금융소외 상태의 고객을 금융소비자 상태로 변화시키는 분야를 찾아냄으로써, 또 수금하는데 어려움을 겪는 사업 분야의 문제를 해결함으로써, 새로운 거래를 찾아낼 수 있다. 또한, 특정 산업과 제휴함으로써(예를 들어, 결합된 상품을 출시함으로써), 양쪽 산업의 고객을 교환 공유, 사용자 기반을 한꺼번에 늘릴 수 있다.

출처: 이경전, 새 거래 창출해야 '결제서비스'가 산다 진통제 역할이든, 새 습관 형성이든, 동아비즈니스리뷰, 2016.11.

토론

1. 삼성페이가 결제사업인가, 스마트폰 판매를 위한 기능일 뿐인가? 토론해보시오.
2. 제품의 사물인터넷 기능이 어떤 비즈니스 모델 변화를 가져오는지 토론해보시오.

'정보적으로 확장된' 가상세계를 말한다. 대표적인 예로 구글 어스(Google Earth)를 들 수 있다. 구글 어스는 세계 전역의 위성사진을 모조리 수집하여 일정 주기로 사진을 업데이트하면서 시시각각 변화하는 현실세계의 모습을 그대로 반영하고 있다.

가상세계(virtual world)는 현실과 유사하거나 혹은 완전히 다른 대안적 세계를 디지털 데이터로 구축한 것이다. 가상 세계에서 사용자들은 아바타를 통해 현실세계의 경제적,

사회적인 활동과 유사한 활동을 한다는 특징이 있다. 가상세계는 우리에게 가장 친숙한 형태의 메타버스로서, 리니지와 같은 온라인 롤플레잉게임에서부터 린든 랩에서 개발된 세컨드 라이프와 같은 생활형 가상세계에 이르기까지 3차원 컴퓨터그래픽환경에서 구현되는 커뮤니티를 총칭하는 개념이다.

12.3 사물인터넷과 기업 경영

12.3.1 기업들은 어떻게 사물 인터넷을 활용할 수 있는가?

새로운 인프라의 등장은 새로운 비즈니스 모델을 탄생시킨다. 웹의 등장은 온라인 상거래, 포털(portal), 사회 연결망 서비스 등의 다양한 비즈니스 모델을 만들어냈고, 스마트폰의 등장은 위치 기반 광고, 모바일상거래 등의 새로운 비즈니스 모델을 가져왔다. 사물 인터넷 역시, 다양한 방법으로 새로운 비즈니스 모델을 탄생시키면서, 기존의 비즈니스 모델을 채용하고 있는 기업들에게 도전 기회를 제공하는 동시에, 사물 인터넷을 통한 새로운 비즈니스 모델을 기반으로 하는 새로운 기업들을 만들어내고 있다.

사물인터넷을 활용한 제품의 고부가가치화

기존의 전통적 기능만을 수행하던 제품들에 사물 인터넷 기술이 적용됨에 따라, 사용자들에게 새로운 가치를 제공하게 되고, 자연스럽게 제품이 고부가가치 제품으로 변모하면서 가격이 상승되는 효과가 나타난다. 예를 들어, 사물 인터넷이 적용된 체중계인 Withings의 'Smart Body Analyzer'는 단순한 체중 측정뿐만 아니라 체지방과 심박수 측정이 가능하고, 실내 이산화탄소 농도 및 온도 측정이 가능한 체중계로서, 측정 데이터는 사용자의 스마트폰을 통해 관리할 수 있으며, 하나의 체중계당 6~8명의 사용자들을 등록하여 서로 데이터를 공유할 수 있다.

사물인터넷을 활용한 서비스의 확장

사물 인터넷은 제품을 생산하는 기업뿐만 아니라 서비스를 주로 하는 기업에도 활용되고 있다. 기존의 서비스에 사물이 연결되면서, 서비스가 확장되는 전형적인 사례인데, 세계 곳곳의 노상주차 징수체계도 사물인터넷, 인공지능이 적용되어 스마트폰으로 쉽게 결제할 수 있다. 이런 시스템이 도입된 주차장소는 기존의 동전 지불 방식보다 주차 수입을 20~30%를 더 올릴 수 있었다는 보고이다. 즉, 주차 요금을 내고 싶어도 불편해서 내지 못했던 운전자들에게 새롭고 편리한 지불 수단을 제공함으로써, 서비스 수익을 높이게 된다.

시장 잠식에 대한 대비를 위한 사물인터넷 활용

기업들은 기존 참여 시장의 잠식(cannibalization)에 대비하기 위해서라도, 사물인터넷의 활용을 고려해야 할 필요가 있다. NIKE는 가정용 운동 시스템이 많이 보급될수록 불리한 위치에 놓이게 되는 회사이다. 이와 같은 새로운 경쟁 산업과 기존 스포츠 용품 시장의 성장 한계에 대응하기 위해, 나이키는 'NIKE PLUS'라는 사물 인터넷 플랫폼과 'Fuelband'와 같은 제품을 출시하기도 했다. 퓨얼밴드는 손목에 착용하는 사물인터넷기기로 운동량 등을 측정해 스마트폰에 전달하는 기기이다.

사물인터넷을 활용한 제품의 서비스화를 통한 비고객의 고객화

사물 인터넷을 통해 기존 제품에 서비스가 더해짐에 따라 제품의 서비스화(PSS: Product-Service System)가 이루어지면, 제품을 사용하고 싶었지만 사용 및 유지의 불편함 등으로 제품을 쉽게 선택하지 못했던 기존의 비고객을 새로운 고객으로 만드는 효과를 가져올 수 있다. 예를 들어, 화분을 사서 잘 키우고 싶지만, 언제, 몇 번 물을 주어야 하는지 알지 못해 화분을 키우는 것에 실패하고, 결국은 화분 그 자체를 포기했던 사용자들이 물을 줘야 하는 시점에 알림이 오는 사물 인터넷 화분을 통해 화분 시장의 새로운 고객이 될 수 있으며, 이는 화분 시장의 전체 규모를 키우는 효과를 가져 온다. 즉, 비고객의 고객화를 사물인터넷을 통해 달성함으로써, 블루오션이 창출되는 것이다.

12.3.2 제품에 사물 인터넷이 적용되면서 일어나는 변화

진화 가능한 하드웨어의 등장과 소프트웨어 플랫폼의 중요성 증대

사물 인터넷이 적용되기 이전의 제품들은 출시 단계에서 해당 제품이 제공할 수 있는 모든 기능들이 정해져 소비자에게 제공되었다. 예를 들어, 밥솥의 경우, 출시 단계에서 백미 취사, 건강 잡곡 취사, 건강 현미 취사 등의 기능이 정해졌다면, 이후에 소비자가 동일한 하드웨어로 수행할 수 있는 다른 기능을 원한다 하더라도 제조사는 새로운 제품을 출시하기 전까지 소비자에게 새로운 기능을 제공할 수 없다. 그러나 만약 밥솥에 사물 인터넷이 적용되어 어떠한 형태로든 밥솥이 네트워크에 연결된다면 상황은 달라지게 된다. 출시 단계에서 정해진 고정된 기능만을 제공하던 하드웨어가 사물 인터넷을 통해 '진화 가능한 하드웨어(evolvable hardware)'로 변화하게 되는 것이며, 고객과 기업이 가치를 공동 창출(co-creation of value)하게 된다.

사용자 커뮤니티의 형성

제품에 사물 인터넷이 적용됨에 따라 제품을 사용하는 사용자 사이의 커뮤니티가 형성될 수 있다. 사용자가 손목에 착용하는 활동 측정기(activity tracker)인 'Fitbit'은 하루 동안 사용자가 움직인 행동량을 측정하게 되는데, 사용자의 걸음 수를 친구들과 공유 및 비교할 수 있도록 하여 사용자가 더 열심히 움직이도록 만든다. Withings의 'Smart Body Analyzer'를 통해서는 가족, 친구들과 건강 정보를 공유할 수 있다. 이렇게 제품에 사물 인터넷이 적용되면, 제품을 사용하는 사용자 사이의 커뮤니티가 형성될 수 있고, 커뮤니티 내에서 사용자들의 활동 데이터가 점차 쌓여감에 따라 기업은 소비자를 고착(lock-in)할 수 있는 가능성이 생기게 될 것이다.

빅데이터에 기반한 새로운 비즈니스 모델의 등장

사물 인터넷이 적용된 밥솥이 많아지면, 밥솥 제조사는 사용자들이 밥솥을 통해 어떠한 음식을 조리하는지 알 수 있게 된다. 이전의 밥솥으로는 알 수 없었던 정보이다. 사물 인터넷 온도 조절기를 통하면, 사용자의 기상 및 취침 시간 정보와 같은 사용자 행태 정보가 취합될 수 있고, 사물 인터넷 체중계를 통해 사용자의 신체 변화 정보가 수집될 수 있으며, 사물 인터넷 블랙박스를 통해서는 운전자의 운전 습관 정보가 수집될 수 있다. 이런 개인 정보는 유출되거나 오남용되면 불법이지만, 서비스 본질을 위해 기업과 고객 사이의 동의 절차에 따라 유지 및 관리될 수밖에 없는 것이기도 하다. 즉, 제품에 사물 인터넷이 적용됨에 따라 사용자들의 다양한 데이터들이 수집될 수 있는데, 이런 빅데이터에 기반하여 새로운 비즈니스 모델이 등장할 수 있다.

예를 들어, 어느 가정에서 사물 인터넷 밥솥을 통해 일정 기간마다 죽을 조리한다고 하면, 일정 시기마다 죽의 재료를 보내주는 구독 비즈니스 모델(subscription business model)이 등장할 수 있고, 사물 인터넷 온도 조절기를 통해 사용자의 퇴근 시간을 파악할 수 있다면, 사용자가 집에 돌아오는 시간에 저녁 식사 배달 광고가 사용자에게 전달

〈그림 12-1〉 보험사 프로그레시브사의 Snapshot

출처: Progressive.

될 수 있으며, 사용자의 체중 데이터를 파악할 수 있다면 사용자의 체중이 늘었을 때, 다이어트 상품 광고나 운동 기구 광고가 전달될 수 있을 것이다. 보험사 프로그레시브(Progressive)사는 'Snapshot'이라는 프로그램을 운영 중인데, 이는 차량에 운전자의 운전 습관을 기록할 수 있는 장치를 부착하여, 운전 관련 데이터(예: 급정지 횟수, 주행 거리, 심야 위험 시간대의 운전 여부 등)를 분석한 후, 보험료를 최대 30%까지 할인해주는 프로그램이다.

12.3.3 사물 인터넷과 기업 경영의 변화

1990년대 초반의 기업 내 디지털 네트워크의 확산은 기업의 업무프로세스를 변화시켰고, 1990년대 중후반 기업 바깥의 디지털 네트워크의 확산은 기업에 비즈니스 모델의 변화를 요구했고, 2010년대 중반 사물인터넷의 확산은 다시 비즈니스 모델의 변화를 요구하는 동시에 이제는 기업의 업무프로세스를 변화시키는 단계까지 이르렀다. 도식화하면, 비즈니스 프로세스의 혁신에서 비즈니스 모델의 혁신으로, 비즈니스 모델의 혁신에서 다시 비즈니스 프로세스의 혁신으로 돌아오고 있는 것이다.

사물인터넷 기술에 의해 제품이 스마트 커넥티드 제품으로 변하는 것은 왜 기업을 변화시키고 업무프로세스를 변화시키는가? 이 변화를 잘 설명하기 위한 키워드는 단연 서비스와 데이터다. 스마트 커넥티드 제품이라는 것은 이제 기업이 세상에 제공하는 것은 더 이상 제품이 아니라 서비스라는 점을 확인하는 일이다. 서비스 지배 논리(service dominant logic)는 세상의 모든 기업이 제공하는 것은 결국 서비스라고 주장하면서, 기업이 어떤 제품을 고객에게 전달한다면, 이는 서비스를 전달하기 위한 매개체로서 제품을 전달할 뿐이라고 주장한다.

인터넷에 연결되지 않는 체중계를 만드는 회사는 고객에게 체중계를 판매해 전달하는 순간에 사실 거의 모든 비즈니스 프로세스가 끝난다. 그러나 사물인터넷 체중계를 판매 하는 회사는 정반대다. 고객에게 사물인터넷 체중계를 판매해 전달하는 순간 그 모든 것이 시작된다. 이는 사물인터넷 밥솥도 마찬가지다. 소비자가 인터넷에 연결 되는 밥솥을 구매해 사용하는 순간 밥솥회사와 고객과의 관계가 비로소 시작된다. 제품 사업은 제품을 전달하는 순간 어느 정도 프로세스가 일단락되지만, 서비스 사업이나 스마트 커넥티드 제품 사업은 고객에게 서비스와 제품을 최초로 전달하는 순간 비즈니스 프로세스가 시작된다. 또 새로운 비즈니스 프로세스가 시작된다는 것은 데이터가 발생하고 축적되며, 기업과 고객 간의 데이터 교환이 시작된다는 것을 의미한다. 즉, 사물인터넷 시대에서는 기업이 고객에게 제품을 전달하는 순간 서비스가 시작되며, 서비스가 시작되는 순간 데이터가 발생하고 교환된다. GE의 CEO 제프 이멜트가 앞으로는 모든 기업이 SW기업이 된다고 주장한 것도 바로 이런 점을 그가 간파했기 때문이다. 이제는 모든 기업이 SW기업이고, 서비스 기업인 동시에 데이터 분석기업이 되어야 한다.

스마트 커넥티드 제품의 새로운 능력으로 인해 제조기업의 가치 사슬 내에서 일어나는 모든 기업 활동이 변화를 겪는데, "기업 활동의 가치사슬을 재구성하는 핵심 요소는 바로 데이터"이다. 기업이 제품이라는 새로운 데이터 공급원을 갖게 된다는 게 어쩌면 가장 불연속적인 변화의 동인이다. 즉, 기존 제조업은 제품을 배송한 이후에는 제품으로부터 데이터를 얻는 게 불가능했다. 하지만 사물인터넷 시대의 스마트 커넥티드 제품은 제품 자체가 가장 중요한 데이터 공급원이므로 제품을 설계하는 원리가 달라지고, 이 제품으로부터 얻어지는 데이터를 다른 데이터 원천에서 얻어지는 데이터와 결합해서 그 가치를 극대화할 수 있게 된 것이다.

제품의 하드웨어적 성능을 소프트웨어적으로 변경시킬 수 있는 설계가 가능해지고, 구제품과 신제품과의 설계가 계속 데이터와 서비스 흐름으로 연결되어야 하는 이른바 에버 그린(evergreen) 디자인, 즉 지속성 있는 디자인이라는 개념이 필요하다. 품질 관리 역시 지속적으로 진행해야 하는 제조기업의 활동 영역이므로 기존에 분리 추세 였던 제조업의 애프터서비스 기능이 다시 통합되어야 할 필요성이 제기된다. 제조기업의 마케팅과 영업 관점에서 중요한 이슈는 제품 개별이 아닌 '시스템'이라는 관점을 가져야 한다. 기업은 어떤 영역에서 경쟁할지를 결정해야 한다.

사물인터넷 기업은 최고 데이터 관리자가 지휘하는 통합 데이터 조직을 새로 신설해 기업 차원의 데이터 축적과 분석 작업을 관리하고, 기능 부서들의 분석 업무를 지원하며, 기업 전체의 정보를 공유해야 한다. R&D, IT, 제조, 서비스 부서에서 뽑은 사람들로 구성한 개발운영팀을 신설해 제품 업데이트, 판매 후 서비스와 개선 작업을 감독하고 제품 출시 사이클을 단축하기 위해 노력해야 한다. 지속적으로 진행되는 고객 관계를 책임지고, 고객이 제품으로부터 최대한의 가치를 얻을 수 있도록 돕는 고객성공관리팀이다. 개발운영팀과 고객성공관리팀은 이미 SW기업에 유사한 조직이 있으며, 사물인터넷 시대의 제조기업은 SW기업의 조직형태에서 배울 점이 많다.

더 나아가서는 결국 사물인터넷의 모든 기업들이 뉴노멀(New Normal)인 인터넷 기업의 비즈니스 모델뿐만 아니라 조직 구조에도 큰 영향을 받게 될 것이다. 이렇게 사물인터넷 시대에는 모든 기업이 SW기업이 되는 것을 넘어서, 모든 기업이 인터넷 기업이 되고 데이터 기업이 된다. 제조기업은 제품의 사용 상황이 모니터링 되며, 유통기업도 매출만 데이터가 되는 게 아니라 매장 내외 고객의 모든 행동이 데이터가 된다.

제조업 시대에는 매출이 기업활동 중에서 가장 민감한 이벤트였다. 매출로 시장점유율이 결정되고, 그 매출은 그 기업의 데이터가 되어 회사의 모든 경영 활동에 영향을 미쳤다. 그래서 기업은 매출에 민감해야 했다. 잘되는 기업은 매출에 민감한 기업이었다. 사물인터넷 시대에는 매출에도 물론 민감해야 하지만, 여기서 더 나아가 데이터에 민감한 조직으로 변신해야 한다. 그 데이터가 새로운 디자인을 만드는 조직이 되어야 한다. 매출이 일어나지 않더라도 데이터를 발생시키는 활동은 이 기업의 미래 수익을 위한 자산이 되고 투자가 된다.

12.3.4 IoT로 인한 ICT산업과 미디어 산업의 변화

인터넷 대중화 이전에는 설치형 소프트웨어 제품을 제공하는 회사가 각광받았다면 인터넷이 대중화되면서는 소프트웨어에 기반한 클라우드 서비스를 제공하는 회사들이 각광을 받게 됐다. 이러한 클라우드화를 사물인터넷에 대입해보면 사물인터넷은 기존 사물 제품 산업을 클라우드화할 것이라는 점을 알 수 있다. 한마디로, 사물인터넷은 세상의 모든 사물을 컴퓨터 제품으로 만들고, 그것들에 기반한 클라우드 서비스 사업을 하는 사업이다. 클라우드 서비스 사업이 단시간에 성장을 하게 되면 플랫폼 사업으로 변신한다.

사물이 미디어가 된다

사물인터넷은 미디어 산업의 관점에서 어떠한 영향을 줄 것인가? 사물인터넷 시대에서는 사물이 컴퓨터가 되고 인터넷에 연결되면서, 그 컴퓨터가 된 사물이 미디어가 되는 현상에 의해 또 한번의 충격이 가해질 것이다. 카카오택시를 예로 들어보자. 우버나 카카오택시가 있기 전에, 나(me)라는 개인과 주변의 자동차는 서로 연결되고 말하지 못했다. 그러나 우버와 카카오택시의 시대는 택시기사와 손님이 서로에게 다가갈 수 있는 수단이 존재하는 시대다.

미디어는 인간의 확장이라는 마셜 맥루한의 설명을 활용하면 다음과 같다. 나의 목청, 손, 발은 카카오택시 앱에 의해서 확장되어 택시기사의 눈 앞에, 또는 귀 바로 앞에 놓인다. 택시기사 입장에서 설명하면, 택시기사의 그 눈이 확장되어 근처의 많은 사람들 앞에 동시적으로 놓인다. 그 눈은 누가 택시를 원하는지를 병렬 처리 방식으로 찾아내는 확장된 눈이다. 미디어는 그 정의상 다른 것에 도달하게 하는 수단(a means reaching others)인데, 우리 인간의 몸이 기술에 의해 확장되어 다른 것에 도달하게 하는 예가 바로 우버나 카카오택시다.

즉, 오프라인의 택시를 온라인의 카카오택시 앱을 이용해 찾아내는 것인데, 이를 택시 관점에서 보면 택시가 미디어가 되는 현상으로 볼 수 있다. 이렇듯 스마트 기술과 인터넷 기술, 사물인터넷 기술은 사물을 미디어로 만든다. 사물인터넷은 사물이 미디어가 되어 활동하게 한다. 카카오택시가 전통적인 콜택시 서비스 산업을 위기에 빠뜨린 것처럼, 카카오 대리 운전이 전통적인 대리 운전 연결 산업도 위협하고 있는 것처럼, 사물인터넷과 O2O는 기존에 존재하는 전통적인 미디어·중개사업을 계속 위협에 빠뜨릴 것이다. 전통적인 종이 잡지가 소개하던 맛집, 좋은 가게, 좋은 관광지 등은 이제 각 분야의 O2O앱에 큰 위협을 받고 있다. 맛집, 호텔, 배달음식 등의 분야는 이미 O2O가 대세다.

12.3.5 비즈니스 모델의 변화

모든 제품과 공간 등이 미디어가 됨으로써 그것을 사용하는 사람의 경험이 확장되고 세렌디피티를 제공하게 되며, 이는 사업자에게 스마트한 소통을 통한 사업 기회를 제공한다. 스마트 제품 및 공간의 사용 데이터는 클라우드에 저장되고, 이 데이터들은 분석되어 스마트 제품 및 공간 고객을 위한 맞춤 서비스 제공에 활용될 수 있다. 데이터 분석을 통해 스마트 제품 및 공간 판매를 위한 전략과 시사점, 새로운 과학 지식이

〈그림 12-2〉 사물인터넷, 인공지능, 블록체인 결합에 의한 새로운 가치와 과학 지식의 창출

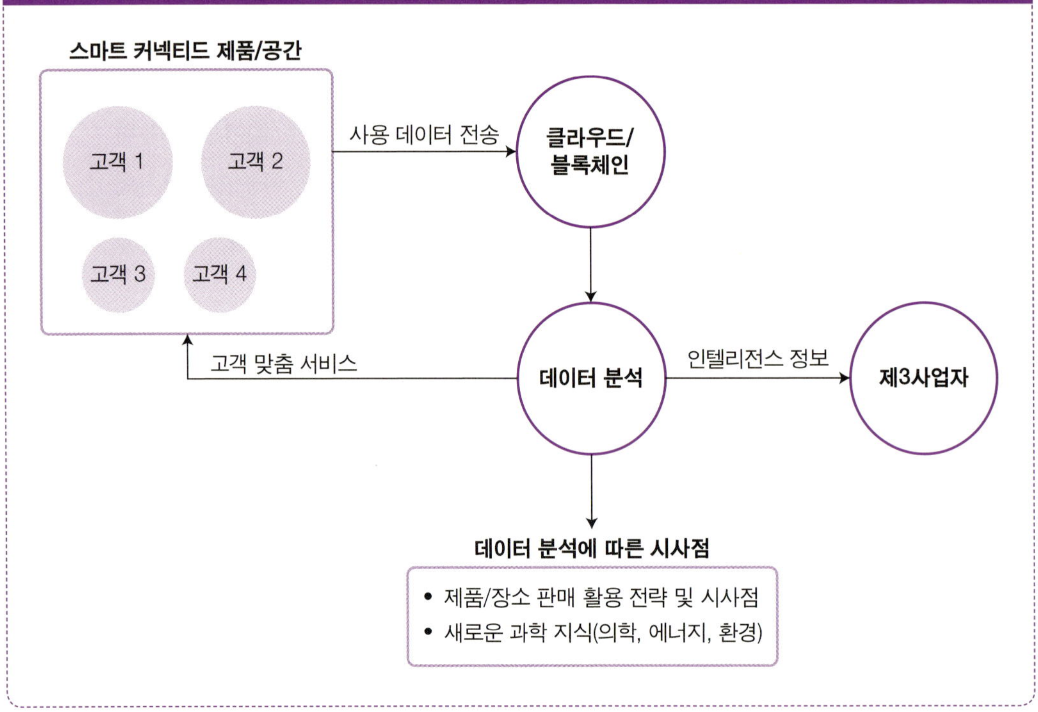

〈그림 12-3〉 스마트 제품과 서비스의 등장으로 인한 기업 경영의 변화

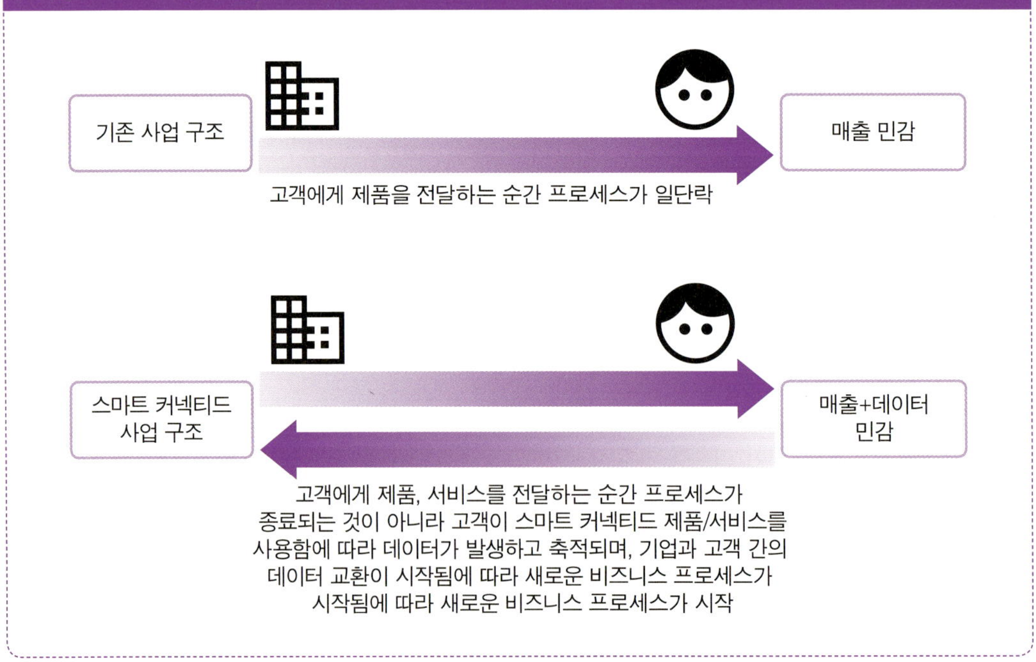

도출될 수도 있다. 이러한 데이터들은 자사의 새로운 서비스나 전략뿐 아니라 다른 사업자의 사업을 위해 판매될 수도 있다.

예를 들어 한 가전 제조 기업이 만든 로봇 청소기가 있는데 로봇 청소기가 청소를 하다가 벌레를 발견했다고 하자. 로봇 청소기의 카메라가 그것을 촬영했고, 딥러닝(deep learning) 기술의 도움을 받아 그것이 벌레라는 사실을 인식해냈다. 이때 로봇 청소기는 고객의 스마트폰으로 이러한 사실을 전달한다. "고객님. 청소하다가 벌레를 발견했습니다. 방제 회사에 연결해드릴까요? 두 시간 내에 결정하시면 해충 구제 비용을 20% 할인해드립니다."

제품 사업은 제품을 전달하는 순간 어느 정도 프로세스가 일단락되지만, 서비스 사업이나 스마트 제품 사업은 고객에게 서비스와 제품을 최초로 전달하는 순간 새로운 비즈니스 프로세스가 시작된다.

모든 것이 소통한다는 것은 제품이 본질적으로 더 이상 제품이 아니라 서비스가 된다는 것을 의미한다. 자동차산업이 더 이상 제조업이 아니라 교통 서비스업에 편입되는 현상은 우버를 통해 이미 잘 보고 있다. 전 세계 소비자들은 이제 자동차라는 물리적 제품을 구입하고 소유하기보다는 어떻게 스마트하게 소통하면서 사용할 것인가에 관심을 갖고 있다.

제품을 만들던 사람은 이제 어떻게 서비스를 제공할 것이며, 서비스를 보조할 제품을 공급할 것인가를 고민해야 한다. 여기서 발생할 데이터에 어떻게 실시간으로 피드백을 할 것이며, 이를 어떻게 온·오프라인 채널로 바이럴 마케팅할 것인지 그 메커니즘과 전략을 세우고 실행해야 한다.

12.4 사물인터넷과 사회

12.4.1 협력 사회

본래 협력은 많은 비용을 발생시키는데, 실세계가 미디어화됨에 따라 협력의 비용이 감소하고, 구성원들이 큰 노력을 하지 않아도 자연스럽게 협력이 가능하게 될 것이다. 예를 들어 미국의 네스트와 같은 사물인터넷 온도 조절 장치나 한국 기업 인코어드 테크놀로지가 개발한 에너톡은 사람들로 하여금 에너지를 쉽게 절약할 수 있도록 해줘

전기료를 아낄 수 있게 하는 동시에 사회는 대규모 정전 사태의 가능성을 줄일 수 있다. 또한 전 지구적으로는 탄소 배출량을 줄이는 수단이다. 인터넷으로 연결된 이런 허브가 가정의 여러 기기와 연결되면 수도 요금 절약 등 여타 자원 및 에너지 절약과 관련한 사회 정책을 더 쉽게 구현할 수 있다.

프로펠러헬스(Propeller Health)는 천식 환자들이 사용하는 보조 기구인데 이의 제조사는 거기에 작은 배터리와 GPS 센서를 부착했다. 그래서 천식 환자들이 이 제품을 사용하면 사용 위치 및 빈도 등의 데이터가 클라우드상에 저장되도록 했는데, 해당 데이터들을 기반으로 지도에 표시를 했더니 천식이 특히 많이 발생하는 지역이 나타났다. 그리고 정부가 그 지역들에 조사단을 보내 연구한 결과, 해당 지역에 천식을 유발하는 오염 물질이 많다는 사실이 밝혀졌고, 이러한 데이터들을 토대로 어린이들의 스쿨버스 경로를 변경하는 등의 정책을 추진했다.

바르셀로나의 가로등에는 센서가 설치되어 있어 거리를 지나는 사람들의 목소리나 움직임을 통해 인구 밀집도를 실시간으로 파악하고, 그에 따라 조명 밝기를 조절해 전력을 연간 30% 절감했다. 미국 시카고에서는 환경, 인프라, 특정 활동에 대해 계속해서 새로운 데이터를 수집하는 대화형 모듈 센서들의 네트워크인 AoT(Array of Things) 프로젝트를 수행하고 있는데, 가로등에 날씨, 대기 질, 소음 등을 측정할 수 있는 센서 상자를 부착해 실시간으로 환경, 인프라, 사람들의 활동에 대한 데이터를 수집한다. 수집된 데이터는 센서 상자가 설치된 '노드(node)'에서 분석해 관련 정부 기관에 전달하고, 동시에 보안 장치를 거쳐 개방형 데이터로 시민들에게 제공된다.

수집된 데이터를 기반으로 운전자에게 도로 결빙 상태를 알려준다거나, 밤늦게 혼자 길을 걸어가야 하는 사람에게 보행자가 많은 경로를 제공하는 등의 서비스가 가능하다. AoT 프로젝트는 다양한 서비스를 제공할 수 있는 데이터 플랫폼으로 성장하면서 새로운 기능들이 지속적으로 추가되고 있는데, 민간의 참여를 통해 더욱 생생한 데이터를 수집하고, 새로운 부가가치를 창출하는 방향으로 발전해가고 있다. 한국의 스타트업 모토브는 택시 천장 위에 디지털 광고판을 달고, 여기에는 32개 IoT 센서가 달려 있어 재난, 환경, 안전, 교통과 같은 데이터를 실시간으로 수집하여, 유동인구, 골목길 밝기 등을

〈그림 12-4〉 모토브의 디지털 광고판과 센서

실시간 점검하고, 매달 50억 건 데이터를 수집하는데, 인천시와 손잡고 야간 골목 위험 지역 순찰 강화 프로젝트 진행하기도 하였다.

12.4.2 간편 사회

센서와 사물인터넷으로 연결된 쓰레기통은 사람들이 쓰레기 요일 배출제로 인해 불편을 겪지 않게 할 수 있다. 사람들은 요일을 신경 쓰지 않고 언제든지 쓰레기를 배출할 수 있게 되고, 구청 공무원은 쓰레기가 일정 수준 이상 찼다고 자동으로 연락이 오는 쓰레기통만 찾아다니면서 치우면 된다. 이런 과정이 반복되면 빅데이터가 축적되어 구청은 쓰레기통의 위치, 규모, 쓰레기 트럭의 동선을 더욱 효율적으로 개선할 수 있다.

우리는 종종 출입문 손잡이가 쇠사슬로 칭칭 감겨 있는 체육 시설이나 공공 기관의 빈 회의실을 본다. 반면에 청소년들은 친구들과 농구 한 게임을 하기 위해 아파트 단지의 이곳저곳을 골대를 찾아 헤매고, 대학생들이나 성인들은 스터디 모임을 위해 카페를 찾거나 회의 공간을 임대하기 위해 애쓴다. 기존에 이러한 유휴 시설물들, 즉 사용하지 않으면 그 순간의 가치가 0인 공간들이 충분히 활용되지 못한 이유는 관리의 어려움 때문이었다. 그러나 적절한 사물인터넷 기술과 핀테크 기술을 결합하면 공공 시설물의 예약 및 점유 상태 등을 확인할 수 있고, 해당 시설물의 활용에 대한 적절한 대가를 간편하게 지불할 수 있다. 예를 들어 직장인 스터디 모임을 위해 주민센터의 빈 회의실을 예약하고, 적당한 가격을 지불한다. 그러면 예약을 한 사용자에게 예약 시간에 그 회의실의 문을 열 수 있는 스마트키가 스마트폰으로 전달되는 것이다. 사물인터넷 기술의 발전은 자원을 보호하는 동시에 자원을 잘 활용할 수 있고, 자원의 거래 비용을 줄이는 데 기여해 다양한 사회 문제를 해결할 수 있다.

12.4.3 안심 사회

네덜란드는 국토가 좁고 인구 밀도가 높아 자전거가 주요 교통수단으로 활용되고 있으나 사고 발생률이 매우 높다. 이에 '바이크스카우트(BikeScout)'라는 서비스를 제공하고 있는데, 이는 운행 차량으로 하여금 센서를 통해 자전거 속도와 방향을 감지하도록 하고, 자전거가 교차로에 도착하기 전에 LED 불빛을 통해 알림을 제공한다. 영국 런던 시에서는 시각 장애인의 외출을 지원하는 '웨이파인더(Wayfinder)'를 개발했다. 지하철 역사 내에 설치된 BLE 비컨을 활용해 시각 장애인의 스마트폰을 통해 음성으로 길 안내 서비스를 제공한다. 음성 안내는 골전도 이어폰을 활용해 주변 소리를 차단하지 않는다는 점에서 안전성까지 확보했다.

스마트워치와 같이 신체 정보 측정 기능을 가진 스마트 기기를 필요로 하는 대상에 제공해 신체 상태의 지속적인 모니터링 및 응급 상황 알림 서비스를 제공하는 사례도 있다. 한국의 KT는 섬 지역에 거주하는 노인들에게 스마트워치를 제공하고, 이상 심박수 등이 포착되면 해당 지역의 보건소와 보호자에게 알리는 시범 사업을 시행했다.

비프로컴퍼니: 스포츠계의 구글이 될 겁니다

CASE 12-3

비프로컴퍼니가 서비스하는 비프로일레븐은 축구 영상 분석, 비프로 '올인원(All-in-one)' 플랫폼을 제공한다. 카메라를 설치해 영상을 촬영하고 득점·실점·슈팅·패스·크로스·드리블 등 분석 데이터를 팀에 제공하고 있다. 한 명의 선수를 클로즈업하는 일반적인 경기 영상과 달리 한 화면에서 22명의 움직임을 자동으로 추적한다. 경기 촬영부터 분석·데이터 관리, 영상 편집, 공유 등을 한 번에 플랫폼 형태로 제공하는 게 특징이다. '프로에서 유소년까지' 모든 팀을 아우른다. 구단은 이를 통해 경기 전술을 짜고 선수 스카우트 등에 활용할 수 있다.

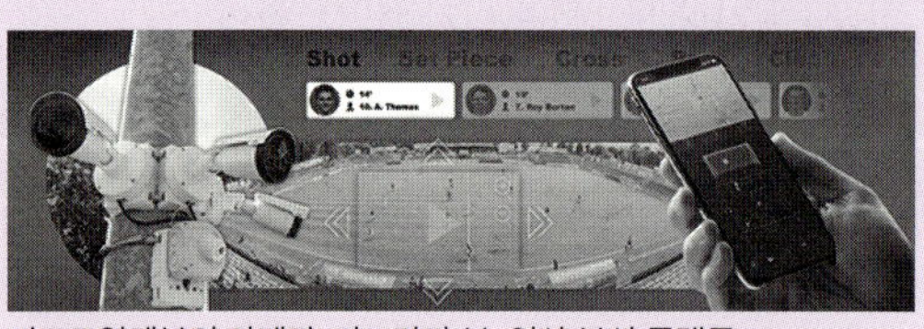

비프로일레븐의 카메라, 파노라마 뷰, 영상 분석 플랫폼

강 대표는 축구의 주 무대에서 승부를 보기 위해 회사 설립 2년 만에 독일 함부르크로 거점을 옮겼다. 독일 하부 리그를 공략하면서 유럽의 프로 리그에 한 발씩 접근한 지 3년. 레알 소시에다드·호펜하임·프랑크푸르트·AS로마·AS밀란 등 명문 구단들을 사로잡았다. 독일 분데스리가, 영국 프리미어리그, 스페인 프리메라리가 등을 포함해 전 세계 12개국 700개 팀이 비프로일레븐의 고객이 됐다. 한국에서는 코로나19 국면에서도 2020년 한국 축구계의 수직적 통합(K리그 1·2, K리그 유소년 리그, 고등학교 축구리그)의 결실을 거뒀다. 비프로컴퍼니는 10월 초 영국 런던으로 본사를 옮기며 또 한 번의 도약을 예고하고 있다. 강 대표는 "이 영역에서 가장 발전한 영국 시장에서 더 성장하고 전 세계의 허브 도시 중 하나로서 모든 국가들과도 더 긴밀하게 연결되기 위해서"라고 말했다.

비프로 영상 기술은 픽스캠 시스템(Fixed Camera System)으로, 먼저 고객 구단의 경기장과 훈련장에 9m 높이의 고정용 카메라를 3대를 설치한다. 비프로 애플리케이션(앱)에서 훈련·연습 경기 녹화 버튼을 누르면 촬영이 시작된다. '세 대의 카메라' 촬영 영상을 하나로 합치는 '스티칭' 기술로 하나의 파노라마 장면으로 보여주는 게 차별점이다. 선수 개개인의 슈팅·패스·드리블 돌파 등을 자세히 볼 수 있다. 선수별 '줌 인'과 '줌 아웃'도 가능하다. 모든 데이터는 인포그래픽으로 제공되어 각 구단이 활용할 수 있다.

출처: 한경비즈니스, 이현주 기자, 2020.10.06.
(이경전이 만난 AI 프런티어 ④ 강현욱 비프로컴퍼니 대표)

토론

1. 축구장에 설치된 인공지능 카메라처럼, 장소가 스마트커넥트화되면서 일어날 변화와 기회에 대해 토론하시오.
2. 비프로컴퍼니가 세계 최고의 스포츠 AI, IoT 기업이 되는데 여러분은 어떤 기여를 할 수 있을지 토론하시오.

수퍼빈: "쓰레기 분리수거 난제, 인공지능에서 답 찾았죠" CASE 12-4

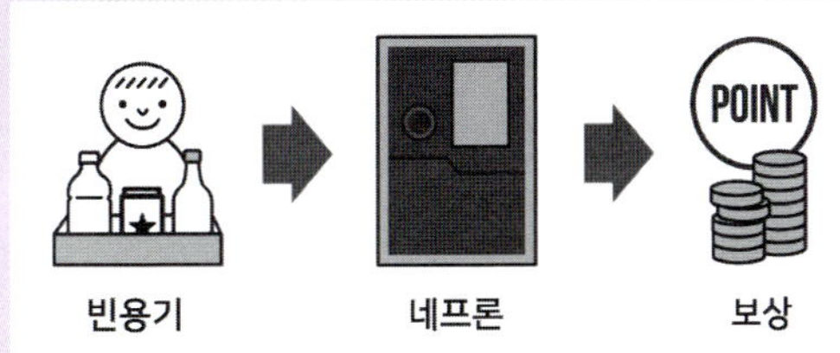

페트병이나 캔을 넣으면, 인공지능이 판단하여 사용자에게 보상을 제공한다.

최근 '환경·사회·지배구조(ESG) 경영'이 화두다. 기업의 미래 가치를 가늠하는 새로운 잣대로 떠오르면서다. 최근 늘어나는 배송 서비스에 일회용품 쓰레기가 사회 문제로 대두되면서 기업들이 친환경 포장 용기 개발에 나섰다. 유색 페트병을 무색으로 바꾸거나 재활용이 가능한 재질로 교체하는 식이다. 스타트업 수퍼빈은 일찍이 '친환경·필환경'의 가치를 제품과 서비스로 '구체화'하고 사업을 확장해 왔다. 쓰레기 회수를 시작으로 고부가 가치 원재료를 생산하는 '순환 자원' 비즈니스 모델로 완성해 가고 있다. 수퍼빈이 주목한 환경 이슈는 도시 내 쓰레기 배출이다. 그린피스의 '일회용의 유혹, 플라스틱 대한민국' 보고서에 따르면 한국인은 1년에 약 49억 개로 지구의 10.6바퀴에 해당하는 페트병을 쓴다. 플라스틱 사용량은 점차 증가하고 있고 생산된 일회용 플라스틱 대부분은 재활용되지 않는다. 그렇다면 '과연 재활용 프로세스가 실제 존재하는 걸까.'

이와 같은 질문에서 수퍼빈은 기존 분리수거 체계의 문제점을 발견했다. 가정에서 분리수거를 하면 각자의 주관에 따라 판단하게 된다. 일반 쓰레기와 재활용 쓰레기가 섞여 들어오거나 오염된 상태로 버리면서 실제 재활용할 수 있는 쓰레기 비율이 낮아지게 된다. 그 상태로 선별장을 거쳐도 폐기물의 품질이 낮아 업사이클링이 아닌 다운 사이클링 위주의 재활용이 이뤄지게 된다. 수퍼빈은 고부가 가치 그리고 인공지능(AI)에서 답을 찾았다.

산업 소재 등으로 쓰일 수 있는 고부가 가치 재활용품만 AI와 로보틱스 기술을 통해 걸러내는 것이다. 쓰레기의 가치를 측정하고 보상해 주는 AI 회수 로봇 '네프론'을 통해서다. 네프론은 페트병과 캔을 넣으면 현금으로 돌려주는 방식으로 인기를 모았다. 수퍼빈은 네프론의 이동 서비스뿐만 아니라 폐기물의 자원화를 위한 공장 설립을 준비하고 있다.

김 대표는 "수퍼빈의 가장 큰 역할은 우리 사회에 순환 경제(circular economy)라는 개념을 보여주고 있는 것이라고 생각한다"며 "지속 가능한 지구 환경을 위해 새로운 개념의 순환 경제에 부합되는 재활용의 개념을 만들어 가는 데 수퍼빈이 조금은 기여하고 있다고 믿는다"고 말했다.

수퍼빈은 카이스트에서 개발한 '휴보'의 AI 기술을 접목한 뒤 자체 서버와 알고리즘을 확보하는 방식으로 기술적으로 진보해 왔다. 초기에는 외형을 보고 판단하는 수준에서 이제는 색깔, 라벨, 병뚜껑 여부, 내부 이물질 여부 및 종류, 오염 등을 구분해 낸다. 더 중요한 기술은 순환 자원의 대상이 아닌 것에 대한 데이터가 많아지고 있다는 것이다. 이를 통해 순환 자원을 더 잘 이해해 가고 있다는 게 김 대표의 설명이다.

김 대표는 순환 경제 모델에 대해 설명을 이어 갔다. 선형 경제(linear economy)가 생산 → 소비 → 소각·매립의 단계를 거친다면 순환 경제는 소각 매립 전 선별·수집 단계에서 쓸 수 있는 자원을 걸러 물류·저장 → 정제 → 생산으로 연결한다. 자원이 돌고 도는 것이다.

유럽에서 에비앙은 100% 재활용된 병으로 신규 상품을 제조하고 2025년까지 상품의 순환 구조를 만들기 위해 2013년부터 스타트업들과 함께 용기를 회수하고 있다. 코카콜라는 2025년까지 모든 음료 용기를 100% 재활용할 수 있는 친환경 패키지로 교체하고 2030년까지 코카콜라 페트병 제작 시 50% 이상을 폐플라스틱이나 재활용 소재를 사용하겠다는 계획을 밝혔다.

수퍼빈은 순환 경제를 완성할 수 있는 사업 구조를 만들어 가고 있다. 순환 자원의 회수와 선별, 이러한 순환 자원의 물류와 유통 그리고 가공을 통한 소재 생산을 포함한다. 김 대표는 "도시의 인프라로 상하수도·전기·도록·통신 등을 구축하듯이 네프론이 하나의 기반 시설이 되어 누구나 어디서나 순환 자원화에 참여할 수 있도록 진화시키는 것이 목적"이라고 말했다.

수퍼빈은 지구 환경 보호를 위한 선순환 경제 비즈니스 모델을 만들고 이를 인공지능(AI)·로보틱스·서비스 디자인 역량으로 구현하는 기업이며, PET병과 알루미늄 캔을 수집·분류·가공해 다시 고부가가치의 원재료로 변환하는 과정을 수직 계열화함으로써 경쟁력을 확보해 나가고 있다. 고도의 기술이 집약된 수거 로봇 네프론을 시리즈로 출시하면서 향후 AI 모델의 변경에 따라 다양한 분야로 확장 가능하다.

출처: 한경비즈니스, 이현주 기자, 2020.11.11.
(이경전이 만난 AI 프런티어 ⑦ 김정빈 수퍼빈 대표)

토론

1. 수퍼빈이 아파트 건설사, 아파트 주문, 아파트 관리회사와 어떤 비즈니스 모델을 구성해야 좋을지 토론하시오.
2. 수퍼빈 같은 모델이 다른 어떤 분야로 확장가능할 지 생각해보시오.

요약

사물인터넷은 일상적인 모든 물리공간에 눈에 보이지 않는 방법으로 일상적으로 사용하는 가전제품, 의류, 가구 등 모든 물건과 장소에 수없이 많은 컴퓨터들이 탑재되고 무선으로 연결되어 끊임없이 상호작용을 하는 과정을 통해 물리공간의 존재가 확장되어, 사회를 협력 사회, 안심 사회, 간편 사회로 만들어 나가고 있다.

세상의 모든 것들이 연결되고, 그 각각이 지능화하고 있다. 전 세계 컴퓨터가 연결되어 아마존, 구글, 페이스북, 네이버, 카카오 등 전자상거래·인터넷·O2O(온·오프라인 연계) 기업이 나타났고, 이 인터넷이 이제는 공간·사물·사람과 연결되는 사물인터넷·만물인터넷 시대가 되고 있다. 또 연결된 사물·공간·사람이 연결에 의해 집단 지성을 발휘하는 동시에 그 자체의 지식과 지능을 구현하는 인공지능 기술이 같이 발전하면서, 금융·언론·의료·유통·제조·서비스·교육·교통 등 사회 전 부문에서 변화가 현실화되고 있고, 증강현실 기술과 가상 현실 기술과 결합되어 메타버스 비즈니스 모델로 발전하고 있다.

모든 것이 연결된다는 것은 제품이 본질적으로 더이상 제품이 아니라 서비스가 된다는 것을 의미한다. 자동차 산업이 더이상 제조업이 아니라 교통 서비스업에 편입되는 현상은 우버를 통해 이미 잘 보고 있다. 전 세계 소비자들은 이제 자동차라는 물리적 제품을 구입하고 소유하기보다는 어떻게 스마트하게 연결해 사용할 것인가를 보고 있다.

제품을 만들던 사람은 이제 어떻게 서비스를 제공할 것이며, 서비스를 보조할 제품을 공급할 것인가를 고민한다. 여기서 발생할 데이터를 어떻게 실시간으로 피드백할 것이며, 이를 어떻게 온·오프 채널로 연결할 것인지 메커니즘과 전략을 간파하고 실행해야 한다.

중요용어

근접무선통신(NFC) 13.56MHz의 주파수를 사용하여 4인치 이내 거리에서 무선으로 기기끼리 서로 통신(424Kbps)을 할 수 있는 기술 규격으로, 전자결제, 광고판에서의 정보 다운로드, 휴대폰을 이용한 명함 교환, 디지털 도어락 등 다양한 분야에 사용할 수 있는 기술.

메타버스 가상·초월(meta)과 세계·우주(universe)의 합성어로, 정치·경제·사회·문화의 전반적 측면에서 현실과 비현실 모두 공존할 수 있는 생활형·게임형 가상 세계라는 의미로 폭넓게 사용.

무선식별(RFID) 자동인식기술의 하나로서 전파 신호를 통해 비접촉식으로 사물에 부착된 얇은 평면 형태의 태그를 식별하여 정보를 처리하는 시스템.

블루투스 스웨덴의 에릭슨, 미국의 IBM과 인텔, 핀란드의 노키아, 일본의 도시바 등이 개발한 무선데이터통신 규격의 개발코드명으로, 최대 데이터 전송속도 1Mbps에 최대 전송거리 10m의 무선데이터통신 실현을 목표로 함.

비접촉식 (스마트) 카드 정보처리 기능에 필요한 연산 및 기억소자는 접촉식카드와 같지만 카드내 칩을 구동하기 위한 전원공급이 카드내 코일의 전자결합을 통해 이루어지고 RFID와의 통신을 위해 전자유도 방식을 이용하는 형태.

사물인터넷 전 세계의 사물들을 컴퓨터로 만들어 서로 연결하는 것.

스마트카드 마이크로프로세서와 기억장치를 내장하고 있어 자체적으로 간단한 작업을 수행할 수 있는 카드.

위성항법장치(GPS) 정지 지점이거나 이동 지점을 불문하고 진 세계의 항공, 해상 및 육상에서 실시간으로 정확한 위치 측정을 할 수 있는 시스템으로, 미국 국방성에서 개발한 군용항법시스템이지만 민간용으로 제한된 범위 안에서 사용할 수 있으며 인공위성을 이용한 전파항법시스템.

자동인식(Auto-ID) 원거리에서 모니터링이나 트랜잭션을 할 때 기계가 인간의 개입 없이 물체의 인식 및 사용작용을 하는 것을 돕기 위해 사용되는 일련의 기술과 자동화 시스템을 말하는 넓은 의미의 용어.

접촉식 (스마트) 카드 인터페이스장치(IFD: Interface Device)에 삽입되었을 때 카드 접점이 IFD 접점과 접촉함으로써 작동되는데 고도의 보안을 요하며 카드 내 특정 암호화 알고리즘을 수행할 필요가 있는 분야에서 주로 사용.

증강 현실(AR) 가상 현실의 한 분야로 실제 환경에 가상 사물이나 정보를 합성하여 원래의 환경에 존재하는 사물처럼 보이도록 하는 컴퓨터 그래픽 기법.

M2M 기기 간 유무선 통신을 지원하는 기술로, 텔레메틱스, 텔레메트리(자동검침), 자료수집, 리모트 컨트롤, 로보틱스, 상태 추적, 도로교통시스템, 물류 서비스, 원격진료, 보안 시스템 등에 이용.

연습문제

1. 주거공간이 사물인터넷 기술로 어떻게 바뀌었고, 앞으로 어떻게 바뀔지 생각해보시오.
2. 사물인터넷에 의해 제품이 스마트 커넥티드 제품이 될 때, 기업이 일하는 방식에 어떤 변화가 오는지 조사하고 토론하시오.
3. Nest 온도조절계가 구글 Home과 결합되면서 어떻게 진화하였는지 조사하시오.
4. 구글 Home전략과 삼성의 SmartThings의 전략을 비교하시오.
5. 새로운 결제 모델 사례를 조사해보고, 새로운 결제 모델 시도에서 성공한 이유와 실패 한 이유를 조사하시오.
6. 증강현실, 가상현실, 메타버스 응용을 위한 하드웨어 제품의 발전과 사용 동향을 조사하시오.
7. 사물인터넷이 인공지능 기술과 결합하여 어떠한 새로운 가치를 창출할지 새로운 서비스와 비즈니스 모델을 생각해보시오.
8. 비프로컴퍼니와 수퍼빈, 모토브 사례와 유사한 최신 사례를 조사하시오.

REFERENCE
참고문헌

1장

강석호·박주석·이우기 (1998), 경영정보론, 박영사.

송경진 역 (2016), 클라우스 슈밥의 제4차 산업혁명, 새로운현재. (Schwab, K., *The Fourth Industrial Revolution*, Currency, 2016.)

이진원 역 (2021), 클라우스 슈밥의 위대한 리셋: 제4차 산업혁명 x 코로나19, 메가스터디북스. (Schwab, K. and Malleret, T., *COVID-19: The Great Reset*, Forum Publishing, 2020.)

조선일보 (2020.10.7.), "[김정호의 AI시대의 전략] 블록체인이 인공지능의 '치매'를 막는다", 김정호 교수. https://www.chosun.com/opinion/specialist_colum n/2020/10/07/SZXC4YNYBFFX5I5XE63M2PFWBU/

차훈상·홍일유 (2019), 디지털 기업을 위한 경영정보시스템, 제4판, 법문사.

한국경제TV (2021.5.10.), "포스트 코로나 시대에 화려하게 꽃 피울 '10대 미래유망기술' [국제경제읽기 한상춘]", 한상춘 해설위원. https://www.wowtv.co.kr/NewsCenter/News/Read?articleId=A202105100060&t=NN

MOBIINSIDE (2021.4.13.), "디지털 트랜스포메이션 트렌드: Industry #25. 유통", 이혜숙 전문교수. https://www.mobiinside.co.kr/2021/04/13/commerce-trend/

Laudon, K. C. and Laudon, J. P. (2020), *Management Information Systems: Managing the Digital Firm*, 16th ed., Pearson.

Marakas, G. M. and O'Brien, J. A. (2013), *Introduction to Information Systems*, 16th ed., McGraw-Hill.

Rainer, R. K. and Prince, B. (2020), *Introduction to Information Systems*, 8th ed., Wiley.

2장

김형택 (2017), "2017년 IT산업 메가트렌드-디지털 트랜스포메이션을 향한 여정", 한국정보산업연합회

이승준 (2019), "디지털 트랜스포메이션 어떻게 추진해야 하나?, 디지털 리테일 트랜드, http://digitalretail.co.kr, 2019.02.21.

정부 관계부처 합동 (2020), "디지털 기반 산업 혁신성장 전략", 2020.08.20.

한국데이터산업진흥원(2021), 마이데이터(본인정보활용지원)사업: MyData MyRight! 개인데이터 권리 찾기, https://www.kdata.or.kr/busi/busi_05_01_01.html

A. T. Kearney (2016), Digital Transformation 방법론

Fitzgerald, M., N. Kruschwitz, D. Bonnet, and M. Welch (2014), "Embracing Digital Technology:A New Strategic Imperative," *MIT Sloan Management Review*, 55(2), p.1.

Goerzig and bauernhansl (2018), Enterprise architecture for the digital transformation in small and medium-sized enterprises, *ScienceDirect*, 11th CIRP Conference on Intelligent Computation in Manufacturing Engineering - CIRP ICME '17, pp.540-545

Hess, T., Matt, C., Benlian, A. & Wiesboeck, F. (2016). Options for Formulating a Digital Transformation Strategy, *MIS Quarterly Executive*, vol. 15, no.2, pp.1-38

IBM (2011), Digital transfromation: Creating new business models where digital meets physical, *IBM Global Business Services; Executive Summary.*

IDC (2015), Digital Transformation(DX): An Opportunity and an Imperative.

Liu, Chen and Chou (2011), Resource fit in digital transformation: Lessons learned from the CBK Bank global e-banking project, *Management Decision*, Vol.49, No.10, pp.1728-1742.

Patrick Forth et al. (2020), "Flipping the Odds of Digital Transformation Success", *Boston Consulting Group.*

Vial, G.(2019), "Understanding Digital Transformation: A Review and a Research Agenda," *The Journal of Strategic Information Systems*, 28(2), pp.118-144.

3장

박재홍, 경영정보시스템 강의교안, 경희대학교 경영대학, 2012.

베타뉴스(2012.8.26.), "BYOD 보급률 상승 '신형 워커홀릭' 만든다?", Retrived From http://www.betanews.kr/article/566450

안중호, 경영을 위한 정보시스템, 홍문사, 1998.

양경훈 외, 경영정보통신, 지성출판사, 1996.

이건창, 정보기술 활용과 단계적 시스템 구현을 중심으로 한 최신 경영정보시스템, 무역경영사, 1999.

이투데이(2008.11.27.), "기업인트라넷, 소통도구에서 성과지렛대로", Retrived From http://www.etoday.co.kr/news/section/newsview.php?idxno=197042

전자신문(2012.3.11.), "기업용 소셜네트워크서비스(눈) 시장 꽃핀다", Retrived From http://www.etnews.com/news/international/2567642_1496.html

전자신문(2012.4.9.), "웹 3.0으로의 진화, `스마트큐빅(SmartCubic)`", Retrived From http://www.etnews.com/news/home_mobile/distribution/2578171_1484.html

차동완, 개념으로 풀어 본 정보통신세계, 영지문화사, 2001.

조선비즈(2021.3.8.), "클럽하우스, 3개월만에 가치 4배나 올랐지만…"원하는 곳이 없네"", Retrived From https://biz.chosun.com/site/data/html_dir/2021/04/08/2021040801465.html

이데일리(2020.6.22.), "현대제철, 비대면 교육 프로그램 '홈런' 시행", Retrived From https://www.edaily.co.kr/news/read?newsId=02945446625804344&mediaCodeNo=257

IT동아(2021.3.29.), "기업 80% "코로나 사태 지나도 화상회의 이용할 것"", Retrived From https://it.donga.com/31778/

조선일보(2021.3.27.), "[NOW] 화상회의 좀 그만… '줌 없는 날' 등장", Retrived From https://www.chosun.com/international/us/2021/03/27/UKEF6RO2SNAXJE72E7XGHGKTWM/

BLOTER(2021.3.16.), "SKT, '5G MEC 허브'로 5G 서비스 세계화 나선다", Retrived From https://www.bloter.net/newsView/blt202103160007

뉴시스(2021.4.6.), "[미래기술에 승부건다] KT, '5G·자율주행' 교통시스템 혁신", Retrived From https://newsis.com/view/?id=NISX20210406_0001397403

비즈니스코리아(2019.11.28.), "KT, 5G·AI 앞세운 OTT 'Seezn' 선보여....'초고화질·초고음질'로 승부수", Retrived From http://www.businesskorea.co.kr/news/articleView.html?idxno=38636

이데일리(2019.8.13.), "SK플래닛, '개인 최적화 랜딩페이지 구성' 서비스 출시", Retrived From https://www.edaily.co.kr/news/read?newsId=01758086622586992&mediaCodeNo= 257

스포츠조선(2020.4.1.), "[공식] 왓챠가 골라주는 넷플릭스 추천작 … '왓플릭스' 서비스 정식 론칭", Retrived From https://www.chosun.com/site/data/html_dir/2020/04/01/2020040102105.html

테크월드뉴스(2020.7.17.), "딥러닝과 클라우드 기술의 총집약체, 음성AI", Retrived From http://www.epnc.co.kr/news/articleView.html?idxno=100129

황하진 (2001), e-business시대의 경영정보시스템, 개정판, 학문사.

Hills (1997), Mellanie, *Internet Business Strategies*, New York: Wiley.

Kenneth C. Laudon (2012), *E-commerce*, 9th International Edition, Pearson Education.

Kenneth C. Laudon, Jane P. Laudon (2011), *Management Information System*, 12th International Edition, Prentice Hall.

MCSE (2000), *Networking Essentials Study Guide*, 삼각형.

O'Brien, James A. (2002), *Management Information System: Managing Information Technology in the e-business, Enterprise*, 5th Edition, New york: McGraw-Hill.

Ross, K. W. (2000), *Computer Networking and Internet Protocols*, Addision Wesley.

Stallings, W., R. Van Slyke (2000), *Business Data Communications*, 4th Edition, Prentice Hall.

Turban, E., E. McLean and J. Wetherbe (1998), *Information Technology for Management*, 3th Edition, John Wiley & Sons.

White, C. M. (2010), *Data Communications and Computer Networks*, Thompson Learning.

4장

고창범 (2011), 강한 기업의 조건 SCM, 예문

박주석 외 8인 (2019), 비즈니스 분석, 한경사

박주석 (2020), 경희대학교 디지털비즈니스 강의노트.

씨아이오비즈플러스(http://www.ciobiz.co.kr), "삼성전자의 G-ERP 사례", 전자신문.

이성열, 양주성 (2019), 디지털비즈니스의 미래, 리더스북.

이재규 외 10인 (2003), 사례로 배우는 e비즈니스 1권, 전국경제인연합회.

이재규 외 12인 (2004), 사례로 배우는 e비즈니스 2권, 전국경제인연합회.

이재규 외 14인 (2007), 사례로 배우는 e비즈니스 5권, 전국경제인연합회.

주호재 (2014), 글로벌 비즈니스 SCM으로 정복하다, 성안북스.

전용준, 황순귀 (2009), CRM 2.0, 타임스퀘어.

투이토크 (2020), 투이컨설팅.

Anderson Consulting (1999), e-business 인터넷 자료.

Christopher Meyer and Andre Schwager (2007), "Understanding Customer Experience", *Harvard Business Review*.

Clayton M. Christensen, MichaelRaynor (2015), "What is Disruptive Innovation?", *Harvard Business Review*.

Gerstner, Louis V. and Herrmann, Edward (2002), "Who Says Elephants Can't Dance?", *HarperAudio*

HP (1999), e-Service 인터넷 자료.

IBM (1999), e-business 인터넷 자료.

Kalakota, R. and M. Robinson (1999), *e-Business*, Addison Wesley.

Kaplan, Robert S. and David P. Norton (1999), "The Balanced Scorecard", Harvard Business School Press.

Marshall W, Van Alstyne, Geoffrey G. Parker, Sangeet Paul Choudary (2016), "Pipelines, Platforms, and the New Rules of Strategy" *Harvard Business Review*.

Oracle (1999), e-business 인터넷 자료.

PriceWaterhouseCoopers (1999), e-business 인터넷 자료.

Turban, Efraim and Linda Volonino (2012), "Transforming Organizations in the Digital Economy" in *Information Technology for Management*, 8th ed.

Walter Kiechel III (2012), "The Management Century", *Harvard Business Review*.

5장

과학기술정보통신부(2020.8.7), 무선통신서비스 가입자 현황. https://www.msit.go.kr/bbs/list.do?sCode=user&mPid=74&mId=99

금융위원회(2020.12.31.) "[카드뉴스] 12월 10일 공인인증 제도 폐지, 금융 거래할 때 뭐가 달라지나요", https://www.fsc.go.kr/no040101?cnId=611

뉴스1 (2021.2.9.), 일매출 10억 '카톡 광고판' 품은 카카오 연매출 4조 시대 열었다, https://www.news1.kr/articles/?4207625

매일경제 (2021.4.30.), "신문 읽다 무릎을 탁 쳤어요" 유튜브 대학 운영 나선 김미경, https://www.mk.co.kr/news/society/view/2021/04/419988/

서울경제 (2021.5.1.), "'6개월만에 거래액 2배 성장' 네이버 쇼핑라이브, SME 비중 85%에 달해", https://www.sedaily.com/NewsView/22M6WWQXUI

아주경제(2021.4.30.), "비대면 보복소비를 잡아라…유통가 페이전쟁 다시 불붙는다", https://www.ajunews.com/view/20210430091609564

정부 관계부처 합동(2019.10.29), "디지털 정부 혁신 추진 계획"

통계청, 2021년 2월 온라인쇼핑 동향 보도자료, https://www.kostat.go.kr/portal/korea/kor_nw/1/12/3/index.board

통계청, 2021년 3월 온라인쇼핑 동향(2021년 1/4분기 온라인 해외 직접 판매 및 구매 통계 포함). https://www.kostat.go.kr/portal/korea/kor_nw/1/12/3/index.board

카카오 (2021.4) 1분기 IR보고서, https://www.kakaocorp.com/page/

쿠팡 (2021.5.14) 모바일 화면, https://www.coupang.com/

한국온라인광고협회 (2021.3.23.), "온라인 광고 시장 분석 및 전망 2020", http://kodaa.or.kr

한국일보 (2021.3.12.), "쿠팡, 뉴욕 상장 첫날 공모가 대비 41% 상승 마감", https://www.hankookilbo.com/News/Read/A2021031207180001557

Hills, Mellanie (1997), *Internet Business Strategies*, Wiley.

Laudon, Kenneth C. (2012), *E-commerce*, 9th ed., Pearson Education.

Laudon, Kenneth C. and Jane P. Laudon (2011), *Management Information System*, 12th ed., Prentice Hall.

MCSE (2000), *Networking Essentials Study Guide*, 삼각형.

O'Brien, James A. (2002), *Management Information System: Managing Information Technology in the e-business, Enterprise*, 5th ed., McGraw-Hill.

Ross, K. W. (2000), *Computer Networking and Internet Protocols*, Addision Wesley.

Stallings, W. and R. Van Slyke (2000), *Business Data Communications*, 4th ed., Prentice Hall.

Turban, E., E. McLean and J. Wetherbe (1998), *Information Technology for Management*, 3rd ed., John Wiley & Sons.

White, C. M. (2010), *Data Communications and Computer Networks*, Thompson Learning.

6장

김대호·김성철, 나은영, 심용운, 이상우 (2012), 소셜미디어, 커뮤니케이션북스.

김성근·양경훈 (2001), e-Business 환경의 경영정보관리, 문영사.

김효석·홍일유 (2000), 디지털 경제시대의 경영정보시스템, 법문사.

박흥국·전기정 (1999), 의사결정지원시스템, 경문사.

배성환· 김동환·곽인호, 송용근 (2012), 빅데이터와 SNS 시대의 소셜 경험 전략, 에이콘출판.

소셜미디어연구포럼 (2012), 소셜미디어의 이해, 미래인.

이경전 (1999), "전자상거래 소프트웨어 에이전트", 정보처리학회지, 6(1).

이재규·권순범 (2002), 경영정보시스템원론, 법영사.

이영재 (2009), 지능의사결정지원시스템, 생능출판사.

Lon Safko, David Brake (2009), *The Social Media Bible: Tactics, Tools, and Strategies for Business Success*(*Tactics, Tools, and Strategies for Business Success*), Wiley.

Berry, M. J. A., Linoff, G. S. (1997), *Data Mining Techniques*, John Wiley & Sons.

O'Brien, J. A. (2002), *Management Information Systems*, McGraw-Hil.

Laudon, K. C., Laudon, J. P. (2002), *Management Information Systems*, Prentice-Hall, 7th ed.

Turban, E., Aronson, J.E. (2001), *Decision Support Systems and Intelligent Systems*, Prentice-Hall, 6th ed.

Danah M. Boyd, Nicole B. Ellison (2007), *Social Network Sites: Definition, History, and Scholarship*, Michigan State University.

7장

김은홍·이진주·정문상 (1998), 사용자 중심의 경영정보시스템, 제3판, 다산출판사.

Corbett, Michael (1996), "Outsourcing: Creating Competitive Advantage Through Specialization, Alliances, and Innovation," *Fortune*, Special Advertising Section, Oct. 14.

Kalakota, Ravi, and Marcia Robinson (1999), *e-business: Roadmap for Success, Reading*, Addison-Wesley.

Keri E. Pearlson, Carol S. Saunders (2006), *Managing & Using information Systems*.

Kirkpatrick, David (1997), "Back to the Future with Centralized Computing," *Fortune*, Nov. 10.

Laudon, Kenneth C., Carol Guercio Traver (2001), *E-commrce: business, technology, society*, Addison Wesley,.

Martin, Bob, and et al. (1995), "The End of Delegation? Information Technology and the CEO," *Harvard Business Review*, September-October.

Martin, Deise, Conrad, Nowikow, Patrick King, Amy Wright (2000), *Excutive's Guide to E-business: From Tactics to Strategy*, John Wiley & Sons.

O'Brien, James A. (2004), *Management Information Systems: Managing Information Technology in the e-business Enterprise*, 6th ed., McGraw-Hill.

Oz, Effy (2002), *Management Information System*, 3rd ed., Course Technology.

Tawfik Jelassi and Albrecht Enders (2008), *Strategies for e-Business*, 2nd ed.

8장

Desmond, J. (1997), "Distributed Applications Built with OO Tools Get Corning's Waveguides to Customers," Application Development Trends, April.

NIPA SW공학센터 (2015.08.01.), 글로벌 기업의 QA사례.

NIPA SW공학센터 (2016.12.19.), 모바일 SW 개발 사례 연구 - 개발 기법.

NIPA SW공학센터 (2016.06.14.), 소프트웨어 개발 중 개발팀과 사용자간의 커뮤니케이션 활성화 방법.

NIPA SW공학센터 (2016.04.19.), 오픈 소스, 새로운 패러다임을 만들다.

NIPA SW공학센터 (2016.05.03.), 클라우드로의 마이그레이션 프로젝트 진행시 위험관리.

NIPA 이슈리포트 (2019), 오픈소스 중요성과 시사점.

O'Brien, James A. (2002), *Management Information Systems: Managing Information Technology in the e-business Enterprise*, 5th ed., McGraw-Hill.

Pressman, Roger and David Lowe (2009), *Web Engineering: A Practitioner's Approach*, McGraw Hill.

Pressman, Roger S. (2010), *Software Engineering: A Practitioner's Approach*, 7th ed., McGraw Hill.

Turban, E., E. McLean, and J. Wetherbe (2001), *Information Technology for Management: Transforming Business in the Digital Economy*, 3rd ed., John Wiley & Sons.

Valacich, et al. (2001), *Essentials of Systems Analysis and Design*, Prentice-Hall.

Whitten, J. L., L. D. Bentley, and K. C. Dittman (1998), *Systems Analysis and Design Methods*, 4th ed., McGraw Hill.

Yourdon, E. (1988), *Modern Structured Analysis*, Prentice Hall.

김병호 (2012), 이론과 실전이 통하는 통통통 프로젝트 관리, 소동.

로버트 C. 마틴 (2003), UML 실전에서는 이것만 쓴다, 인사이트.

마르크 스틱도른·야코프 슈나이더 (2012), 서비스 디자인 교과서: 기초 방법과 도구 사례로 보는 서비스 디자인 사고, 안그라픽스.

마티아스 펠라이젠·로버트 브루스 핀들러·매튜 플랫·슈리람 크리슈나무르티 (2011), 프로그램 디자인, 어떻게 할 것인가, 인사이트.

브라이언 플링 (2010), 모바일 디자인&개발, 지앤선.

송위진 (2002), 한국형 오픈소스 소프트웨어 기술개발 전략. 정책자료, 1-49.

오창훈 (2009), 오픈 API를 활용한 매쉬업 가이드, 에이콘.

이주헌 (1993), 소프트웨어공학론, 법영사.

제니아 빌라다스 (2011), 서비스 디자인하라, 비즈앤비즈.

최명주·배경일·정일만·김종현 (2003), 금융 비즈니스 설계의 신 조류: 컴포넌트 기반의 비즈니스 모델, IBM 비즈니스 컨설팅 서비스.

최창현 (2020), GPT-3, 왜 요금제를 선택했으며... 마이크로소프트에 독점 라이선스를 부여했나? 인공지능 신문, 09.27.

홍의경 (2007), 데이터베이스 배움터.

9장

강석호·박주석·이우기 (1998), 경영정보론, 박영사.

김태성 역 (2002), 정보시스템 통제 및 감사: 정보보안관리, 청문각. (Weber, R., *Information Systems Control and Audit*, Pearson, 1998.)

네이버캐스트 (2021), 용어로 보는 IT: 컴퓨터 바이러스, https://terms.naver.com/entry.naver?docId=3574259&cid=59088&categoryId=59096

박종민 (2011), 정보보호 전문가를 위한 네트워크 보안, 북스홀릭.

서울경제 (2021.2.6.), "'몰라서 못 받던 정부지원금 있나?' 마이데이터가 알려줍니다", 이태규 기자. https://www.sedaily.com/NewsView/22IFCPSYP1

이데일리 (2021.4.11.), "디지털 신분증 시대…'내정보 통째로 보여줄 필요없죠'", 김국배 기자. https://www.edaily.co.kr/news/read?newsId=01672806629015136&mediaCodeNo=257&OutLnkChk=Y

이창범 (2012), 개인정보 보호법, 법문사.

전자신문 (2016.1.24.), "'디지털 장의사'도 어엿한 직업입니다", 권동준 기자. https://www.etnews.com/20160122000357

전자신문 (2021.4.27.), "[고도화하는 랜섬웨어] 폐쇄망도 안심 못해... '백업 보안' 소홀땐 땅치고 후회", 김지선 기자. https://www.etnews.com/20210427000163

정보보호교육센터 (2020), 정보유출, 이해와 예방.

차훈상·홍일유 (2019), 디지털 기업을 위한 경영정보시스템, 제4판, 법문사.

Laudon, K. C. and Laudon, J. P. (2020), *Management Information Systems: Managing the Digital Firm*, 16th ed., Pearson.

Marakas, G. M. and O'Brien, J. A. (2013), *Introduction to Information Systems*, 16th ed., McGraw-Hill.

O'Brien, J. A. (2002), *Management Information Systems*, 5th ed., McGraw-Hill.

Radcliff, D. (2000), "Fighting the Flood," *Computerworld*. https://www.computerworld.com/article/2593168/fighting-the-flood.html

Rainer, R. K. and Prince, B. (2020), *Introduction to Information Systems*, 8th ed., Wiley.

Sager, I. (2000), "Cyber Crime," *Business Week*, 21 February, pp.36-42.

Weber, R. (1998), *Information Systems Control and Audit*, Pearson.

10장

김병일 외 (2012), 클라우드 컴퓨팅 생태계 및 정책 방향, 한국전자통신 연구원.

김형준 외 (2012), 클라우드 컴퓨팅 구현기술, 에이콘.

박재홍 (2012), 경영정보시스템 강의교안, 경희대학교 경영대학.

이민화 (2007), 경영정보개론, 부산외국어대학교 출판부.

한경뉴스(2021.3.26.), "애플 M1 프로세서, 벤치마크서 AMD 인텔 CPU 성능 능가", Retrieved from https://www.hankyung.com/news/article/2021032652723

얼리어답터(2021.3.25.), "M1 맥북 까는 인텔, 속내를 말하다", Retrieved from http://www.earlyadopter.co.kr/148136

AI타임스(2020.12.31.), "올해 CPU 시장 이슈는? 'AMD 젠3'·'인텔 타이거레이크'·'애플 M1'", Retrieved from http://www.aitimes.com/news/articleView.html?idxno=135340

정진욱 외 3명, 정보통신 배움터(개정3판), 생능출판사, 2011.

진혜진, 네트워크 개론 : 쉽게 배우는 네트워크 기본 원리, 한빛미디어, 2007.

ZDNET(2021.4.8.), "도시바, 英 사모펀드에 팔리나…'신중히 검토'", Retrieved from https://zdnet.co.kr/view/?no=20210407223530

애플경제(2020.11.13.), "애플, 2021년 세계 노트북 시장점유율 8.7%↑ 전망", Retrieved from https://www.apple-economy.com/news/articleView.html?idxno=62974

매일경제(2021.4.5.), "삼성전자 경영혁신 속도낸다…인공지능 접목시킨 ERP 완성", Retrieved from https://www.mk.co.kr/news/business/view/2021/04/325172/

조선일보(2021.3.11.), "콘텐츠·테크핀·인공지능으로 점점 발 넓히는 카카오", Retrieved from https://biz.chosun.com/site/data/html_dir/2021/03/10/2021031002353.html

조선일보(2021.3.9.), "롯데, 생산부터 배송까지 디지털 강화…'온·오프' 다 잡는다", Retrieved from https://biz.chosun.com/site/data/html_dir/2021/03/08/2021030801722.html

삼정KPMG 경제연구소, 음성 AI 시장의 동향과 비즈니스 기회, 2020.

사이언스타임즈(2018.7.16.), "클라우드의 장점과 유형은?" Retrieved from https://www.sciencetimes.co.kr/news/클라우드의-장점과-유형은/

ZDNET(2021.3.3.), "사티아 나델라 '클라우드, 10년내 5가지 진화 온다'", Retrieved from https://zdnet.co.kr/view/?no=20210303173753

IT동아(2021.3.26.), "클라우드, 인공지능을 품에 안다", Retrieved from https://it.donga.com/31772/

컴월드(2019.12.30.), "AI에도 클라우드 바람, AIaaS로 코드 없는 AI 개발 가능", Retrieved from https://www.comworld.co.kr/news/articleView.html?idxno=49775

Cloud Computing Use Cases Discussion Group (2010), "Cloud Computing Use Cases white paper".

David M. Kroenke (2013), *Using MIS, Student Value Edition*, 5th Edition, Pearson.

Efraim Turban, Linda Volonino (2011), *Information Technology Management*, 8th Edition Internal Student Version.

George Marakas, James O'Brien (2012), *Introduction to Information System*, McGraw-Hill/Irwin.

Kenneth C. Laudon (2012), *E-commerce*, 9th International Edition, Pearson Education.

Kenneth C. Laudon, Jane P. Laudon (2011), *Management Information System*, 12th International Edition, Prentice Hall.

Ralph M. Stair, George Reynolds (2012), *Information Systems*, International Edition 10e, Cengage Learning.

R. Kelly Rainer, Hugh J. Watson, Brad Prince (2013), *Management Information Systems*, 2nd edition, Moving Business Forward.

R. Kelly Rainer, Casey G. Cegielski (2012), *Introduction to Information Systems*, 4th Edition, International Student Version.

11장

국가정보화전략위원회 (2011), 빅 데이터를 활용한 스마트 정부 구현, 국가정보화전략위원회.

박주석 (2015), 국내기업을 위한 빅데이터 적용방안 도출 및 기대효과 분석, 정보기술아키텍처연구, 한국EA학회.

박주석 (2016), 전통적 환경과 빅데이터 환경의 데이터 자원 관리 비교 연구, 한국빅데이터학회지.

박주석 (2017), 지능정보사회와 국가데이터전략, 한국경영정보학회 학술대회 논문집.

박주석 (2018), 빅데이터, 오픈데이터, 마이데이터의 비교 연구, 한국빅데이터학회지.

박주석 외 8인 (2019), 비즈니스 분석, 한경사

박주석 (2020), 경희대학교 빅데이터경영개론 강의노트.

신동익 외 8인 (2012), 엔터프라이즈 아키텍처 이론과 실제-미연방 인증 EA아키텍트 지침, 한국국방연구원.

조성우 (2011), Big Data 시대의 기술, KT종합기술원.

한국데이터베이스진흥원 (2019), 2019 데이터베이스백서.

한국데이터베이스진흥원 (2020), 2020 데이터베이스백서.

한국정보화진흥원 (2008), 2007/2008 정보기술아키텍처(EA) 사례집.

Gartner (2011), Gartner says solving 'big data' challenge involves more than just manageing volumes of data, Gartner Press Release. http://www.gartner.com/it/page

IDC (2010), 2010 Digital Universe Study: Big Data is here, Niw What?

Jeffrey, A. H., V. Ramesh and H. Topi (2019), *Modern Database Management*, 10th ed., Pentice Hall.

Joel Gurin (2014), "Open Data Now", McGraw-Hill

Manyika, J. et. al. (2011), *Big Data: The Next frontier for Innovation, competition and Productivity*, McKinsey & Company.

Marchand, D. A. and J. C. Kresslein (1988), *Information Resource Management and the Public Administrator in Handbook of Information Resource Management*, ed. by J. Rabin and Jackowski, Marcel Dekker, Inc.

12장

Jean Baudrillard (1970), La soci t de consommation.

Lusch, R. and S. Vargo (2006), Service Dominant Logic: Reactions, Reflections, and Refinements, *Marketing Theory* 6 (3), 281-288.

Michael Hammer (1990), Reengineering Work: Don't Automate, *Obliterate*, July-August.

Peter Hinssen (2010), The New Normal.

Porter, M. E. and J. E. Heppelmann (2014), How Smart, Connected Products are Transforming Competition, *Harvard Business Review*, November.

Porter, M. E. and J. E. Heppelmann (2015), How Smart, Connected Products are Transforming Companies, *Harvard Business Review*, October.

이경전 (2004), e-Business 용어 사전, 산업자원부/전자거래 진흥원.

이경전 (2014), 사물 인터넷 시대의 경영: 전환인가 창조인가? Harvard Business Review Korea, 136-138, November.

이경전 (2015), ICT & 미디어 산업 전략-인터넷의 직격탄 맞은 미디어산업 O2O 통해 위기를 기회로 바꾸자, Dong-A Business Review, 184 (1): 60-69, 2015-09.

이경전 (2015), IoT 시대, 매출만큼 데이터에 민감한 기업이 성공한다, Harvard Business Review Korea, October.

이경전 (2015), 스마트홈 산업 트렌드 및 전망, KISA Report, 2015-10.

이경전 (2016), '무노력 쇼핑'이 미래 상거래의 핵심: 5년 후 전자상거래, TechM.

이경전 (2016), 버튼인터넷이 온다, KISA Report. https://goo.gl/rMMghO

이경전 (2016), 새 거래 창출해야 '결제서비스'가 산다 진통제 역할이든, 새 습관 형성이든, 동아비즈니스리뷰, 11월.

이경전 (2016), 스마트 커넥티드 월드에서 한국이 앞서가려면, 서울신문, 3.11

이경전 (2016), 온라인의 오프라인화, 가상공간 경계가 사라진다, 한국경제, 8.18.

이경전 (2016), 포켓몬 GO를 통한 경영 시사점과 연구 이슈: O2O, AR, 게임, 그리고 플랫폼, See Futures : Vol.12·FALL 2.

이경전 (2016), '지능화'와 '연결' 양날개를 통한 세계의 변화, 전자신문, 8.8.

이경전 (2021), AI 기술 결합된 '신뢰체인'으로 정부 혁신을, 한국경제신문, 3.22.

이경전, 전정호 (2014), 사물 인터넷과 비즈니스 기회, Dong-A Business Review, 159(2):59-65.

이경전, 전정호 (2018), 버튼 터치 하트, 더난 출판, 2018.

이경전, 최명희, 권선희 (2012), 지급결제부문의 비즈니스 모델 현황과 미래 전개 방향, 지급결제학회지, 5(2).

이현주 (2020), 이경전이 만난 AI 프런티어④ 강현욱 비프로컴퍼니 대표, 한경비즈니스, 10.06.

이현주 (2020), 이경전이 만난 AI 프런티어⑦ 김정빈 수퍼빈 대표, 한경비즈니스, 11.11.

INDEX

찾아보기

가

가명정보 45

가상사설망 31, 33

가상세계 422

가상 현실 420

가치사슬 62

감사증적 334

개인정보 45

개인키 327

객체지향적 개발 280

거래처리시스템 30

거울세계 421

검색광고 159

경영정보시스템 30

경쟁세력모형 64

경쟁우위 55

경쟁전략 48, 55

고객경험관리 136

고객관계관리 132

고객화 171

공개키 182, 327

공개키 기반구조 327

공개키 암호화 방식 182

공공데이터포털 404

공급망관리 132

공유경제 21, 147

공인인증서 48

관계 마케팅 171

구글 185

구글 독 120

구글페이 189

구독 비즈니스 모델 425

규칙 209

그래픽 사용자 환경 373

그룹웨어 235

그룹의사결정지원시스템 201

근접무선통신 419

금융인증서 187

기계학습 18, 22

기능 요구사항 분석 299

기밀성 180

기술 분석 395

기업 간 전자상거래(B2B) 163

기업과 소비자 간 전자상거래(B2C) 163

긴꼬리 효과 174

나

내고장성 시스템 332

네스트 431

네이버 185

네이티브 앱 284, 285

네트워크 효과 145

노출형 광고 175

뉴노멀 428

다

다이렉트 마케팅 172

대역폭 102

대응 관리 52

대칭키 암호화 방식 182

데이터 3법 44

데이터 경제 409

데이터 과학자 326

데이터마이닝 213, 393

데이터베이스 마케팅 171

데이터사이언스 392
데이터생명주기 396
데이터흐름도 299
도메인 네임 92
동영상 광고 175
디지타이제이션 141
디지털 기술 142
디지털라이제이션 141
디지털비즈니스 141
디지털 트랜스포메이션 22, 40, 141
디지털 트윈 22
딥러닝 22, 222

라

라우터 101
라이브상거래(라이브커머스) 159
라이프로깅 421
랜섬웨어 317
램 354
레거시 시스템 73
로봇 40
로엔드 파괴 143
로지스틱스 137
롱테일 효과 174

마

마이데이터 44, 407
매스마케팅 173
머신러닝 221
메시지광고 159
메타버스 421
모바일 SW 개발 기법 284
모바일상거래 154
모바일 웹 284, 286
무결성 180, 334
무선식별 418
무어의 법칙 355
문서화 304
물류 137

바

발언의 자유 320
방화벽 181, 328
배너광고 159
변화관리 258
복호화 182
복호화 알고리즘 182
부인 방지 180
블랙햇 312
블록체인 22
블루투스 420
비밀키 182
비용·이익 분석 297
비접촉식 (스마트) 카드 419
비즈니스 분석 392
비즈니스 애널리틱스 224
비즈니스인텔리전스 132
비즈니스 전략 242
비즈니스 프로세스 리엔지니어링 70
비키방식 181
비프로컴퍼니 434
빅데이터 22, 40, 389
빅데이터 플랫폼 45
빅테크 기업 185

사

사례 기반 추론 218
사물인터넷 40, 416
사설인증서 186
사용자 인터페이스 설계 299
사용자 컨설턴트 326
사이버물리시스템 40
사이트 라이선스 320
산업인터넷 402
생체보안 331
생체인식기술 184
샤오청쉬전략 188
서비스거부 공격 328
서비스 지배 논리 426
셰어웨어 320
소비자와 소비자 간 전자상거래(C2C) 163
소셜 네트워크 서비스 232
소채찍 효과 137
소프트웨어 27

소프트웨어 엔지니어 17
수퍼빈 435
스마트카드 418
스마트 커넥티드 제품 427
스위치 101
스팸메일 320
시스템 개발 생명주기 278
시스템 리파지토리 288
시스템 명세서 300
시스템 보안감시기 331
시스템 분석 298
시스템 분석가 326
신시장 파괴 143
실현가능성 조사 297
쓰레기메일 320

아

아마존 185
알리페이 188
암호문 182
암호화 181, 182, 327
암호화 알고리즘 182
암호화키 181
애플 185
애플리케이션 프로그래밍 인터페이스 293
얼굴인식 331
에버 그린 디자인 427
에어비앤비 114
엑스트라넷 31, 33, 94
엔티티 관계도 299
연산장치 350
열린 정부 403
예측 분석 395
요구사항 관리 289
운영체제 360
원가우위 전략 67
월드와이드웹 104
웜 315
웹2.0 21, 106
웹3.0 108
웹 개인화 136
웹기반 시스템개발 283
위성항법장치 420
위챗페이 188
위치기반 서비스 158
유비쿼터스 158
음성인식 331
응용 소프트웨어 362
의사결정나무 216
의사결정지원시스템 30, 197
이메일 마케팅 173
익명정보 45
인공신경망 220
인공지능 18, 40, 224, 347
인증 180, 181
인터넷 광고 175
인터넷 웹마스터 326
인트라넷 33, 94
임프레션 177
입력장치 350

자

자동인식 417
자바 374
장기계획 52
장바구니 분석 214
저장장치 350
전략경영 52
전략경영관리 132
전략 수립 243
전략 실행 246
전략정보시스템 30, 55
전문가시스템 31, 207
전방향 공학 288
전사적자원관리 73, 132
전사정보포털 117
전염성 마케팅 173
전자결제 180
전자상거래 154
전자상거래 책임자 326
전자서명 181
전자서명법 48
전자정부 167
전통적 시스템 73

전통적인 시스템 개발주기 방법론 278
접촉식 (스마트) 카드 419
정보시스템 감사 334
정보시스템 개발주기 278
정보시스템 통제 332
정보의 자유 320
정보자원관리 261, 384
정부와 기업 간 전자상거래(B2G) 163
정확성 334
제5세대(5G) 98
제품의 서비스화 424
존속적 혁신 143
주기억장치 353
중앙처리장치 352
중역정보시스템 30, 204
증강 현실 420
지능정보시스템 207
지능형 에이전트 210
지리정보시스템 227
지문인식 186, 331
지식경영 123
지적재산권 319
진단 분석 395
진입장벽 56
집중화 전략 67

차

차별화 전략 67
처방 분석 395
최종사용자 17
최종사용자 개발 288
출력장치 350
출판의 자유 320

카

카카오 185
카카오페이 187
컴포넌트 기반 개발 283
컴퓨터 감시 323
컴퓨터 바이러스 315
컴퓨터 하드웨어 340
쿠키 322
쿠팡 157
쿠폰광고 159
크래커 312
클라우드 서비스 306
클라우드 컴퓨팅 20, 23, 375
클라이언트/서버 네트워크 93
클라이언트/서버 아키텍처 278
키 182
키방식 181
키워드 검색 광고 175

타

태블릿 PC 350
텔레마케팅 172
통합 데이터지도 45
통합 콜센터 172

파

파괴적 혁신 143
파밍 314
파이프라인 비즈니스 147
팝업광고 159
패킷스위칭 85
퍼미션 마케팅 173
평문 182
프라이버시 322
프로그래밍 언어 368
프로토타이핑 279
프리퀀시 마케팅 172
플래밍 321
플랫폼 비즈니스 147
피싱 314
핀테크 21, 180, 184, 422

하

하드웨어 27
하이브리드 앱 284, 286
해커 312
해킹 313
행정정보공개 제도 403

혁신 52
협력 마케팅 173
협력 사회 431
협업 관리 툴 122
홍채인식 331
화이트햇 312
효과성 57
효율성 57
후방향 공학 288

기타

4차 산업혁명 17, 40
BLE 프로토콜 420
CPA 모델 178
CPS 모델 178
e비즈니스 128, 130
e비즈니스 실행 256
e이코노미 129
GIGO 현상 332
K-평균군집화 217
P2P 네트워크 167
SWOT 분석 242
TCP 프로토콜 87

A

accuracy 334
AI(Artificial Intelligence) 40, 224, 347
Airb&b 114
AliPay 188
API(Application Programming Interface) 293
application software 362
AR(Augmented Reality) 420
audit trail 334
authentication 181
Auto-ID(Auto Identification) 417

B

backward engineering 288
Bandwidth 102
BI(Business Intelligence) 132
big data 22
black-hat hacker 312
BLE(Bluetooth Low Energy) 420
blockchain 22
bluetooth 420
bullwhip effect 137
business analytics 224, 392

C

case-based reasoning 218
CASE(Computer-Aided Systems Engineering) 287
CBD(Component-based Development) 283
CIO(Chief Information Officer) 270
cloud computing 20, 375
Collaborative Work Management Tools 122
Competition Strategy 55
computer monitoring 323
contactless(proximity) (smart) card 419
contact (smart) card 419
CPA(Cost Per Action) 178
CPC(Cost Per Click) 178
CPM(Cost Per Mile) 177
CPM(Cost Per Mill) 177
CPS(Cost Per Sale) 178
CPS(Cyber Physical Systems) 40
CPT(Cost Per Transaction) 178
CPU(Central Processing Unit) 352
cracker 312
CRM(Customer Relationship Management) 132, 134
CSS3 287
CTI(Computer Telephony Integration) 172
CTR(Click-Through Rate) 178

D

data economy 409
data life cycle 396
data scientist 326
DBM(Database Marketing) 135

decision tree 216
deep learning 22, 222
descriptive analytics 395
DFD(Data Flow Diagrams) 299
diagnostic analytics 395
digitalization 141
digital signature 181
digital technology 142
digital transformation 22, 141
digital twin 22
digitization 141
Domain Name 92
DSS(Decision Support Systems) 30

E

e-commerce director 326
e-CRM 136
eEconomy 129
Effectiveness 57
Efficiency 57
e-Goverment 167
EIS(Executive Information Systems) 30, 204
electronic business 128
encryption 181, 327
end-user 17
Enterprise Information Portal 117
ERD(Entity-Relationship Diagrams) 299
ERP(Enterprise Resource Planning) 73, 132
evergreen design 427
expert systems 31
extranet 31

F

fault tolerant systems 332
firewall 181, 328
flaming 321
forward engineering 288
freedom of information 320
freedom of speech 320
freedom of the press 320

G

GDSS(Group Decision Support System) 201
GIGO(Garbage In, Garbage Out) 332
GIS(Geographic Information System) 227
Google Doc 120
GPS(Global Positioning Systems) 420
GPT-3 295
groupware 235
GUI(Graphical User Interface) 278, 373

H

hacker 312
hacking 313
hardware 27
html5 287
HTML(Hypertext Markup Language) 374
Hybrid App 284

I

impression 177
industrial internet 402
Innovation 52
integrity 334
intranet 33
IoT(Internet of Things) 40
IP Address 89
IPv6(Internet Protocol version 6) 90
IRM(Information Resource Management) 261, 384

J

JAD(Joint Application Design) 288
Java 374
junk mail 320

K

key 182

key-based algorithm 181

K-means clustering 217

L

LBS(Location Based Service) 158

Legacy Systems 73

lifelogging 421

logistics 137

Long-range Planning 52

long tail effect 174

low-end disruption 143

M

machine learning 22, 221

macOS 361

market basket analysis 214

mass customization 171

Metaverse 421

mirror worlds 421

MIS(Management Information Systems) 30

Mobile Web 284

Moore's Law 355

N

Native App 284

network effects 145

neural network 220

new-market disruption 143

New Normal 428

NFC(Near Field Communication) 419

non key-based algorithm 181

O

O2O(Online to Offline) 21, 429

Object-Oriented Development 280

Open Government 403

operating system 360

OSX 361

P

P2P(Peer-to-Peer) 167

Packet Switching 85

pharming 314

phishing 314

physical distribution 137

pipeline business 147

PKI(Public Key Infrastructure) 327

predictive analytics 395

prescriptive analytics 395

primary storage 353

private key 182, 327

programming language 368

PSS(Product-Service System) 424

public key 182, 327

public-key cryptography 182

Q

QA(Qualiy Assurance) 303

QR(Quick Response) 418

R

RAD(Rapid Application Design) 279

RAM(Random Access Memory) 354

Response Management 52

RFID(Radio Frequency Identification) 418

Robot 40

Router 101

S

SCM(Supply Chain Management) 132

SDLC(Systems Development Life Cycle) 278

SEM(Strategic Enterprise Management) 132

service dominant logic 426

SFA(Sales Force Automation) 135

shareware 320

sharing economy 21

SIS(Strategic Information Systems) 30

site license 320

smart card 418

SNS(Social Network Service) 232

software 27

spam mail 320

Strategic Management 52

subscription business model 425

sustaining innovation 143

Switch 101

symmetric encryption algorithm 182

system analyst 326

system repository 288

system security monitor 331

T

tablet PC 350

TCP/IP 87

TPS(Transaction Processing Systems) 30

U

user consultant 326

V

Value Chain 62

virtual reality 420

virtual world 422

virus 315

VPN(Virtual Private Network) 31, 33

W

Web 2.0 21, 106

Web 3.0 108

webmaster 326

web personalization 136

white-hat hacker 312

worm 315

WWW(World Wide Web) 104

X

XML(eXtensible Markup Language) 374

Z

ZigBee 420

저자소개

서영호

현재 경희대학교 경영대학 교수 (MIS 전공)

경희대학교 경영대학(원)장, 한국 경영대학(원)장 협의회 회장, 미국 위스컨신 대학(Eau Claire) 경영대학 교수 역임

한국품질경영학회, 한국경영커뮤니케이션학회 회장 역임

아시아품질네트워크(ANQ: Asian Network for Quality) 회장 역임, 정부투자기관 평가단 팀장 역임. 대한민국 근정포장 수상

서울대학교 경영대학 학사, 한국과학기술원 산업공학과 경영과학전공 석사, 미국 Syracuse University 경영학 박사

박주석

현재 경희대학교 경영대학 교수 (MIS 전공),
마이데이터 코리아허브 대표, 투이컨설팅 이사회 의장

한국빅데이터학회 회장, 한국EA학회 회장, 한국경영학회 부회장, 한국경영정보학회 부회장, 한국데이터베이스학회 편집위원장,공기업 경영평가단 평가팀장 역임, 2020 데이터 대상 등 장관상 3회 수상

서울대학교 산업공학과 학사, KAIST 산업공학과 석사, 미국 U.C.Berkeley 경영학 박사

김재경

현재 경희대학교 경영대학 교수 (빅데이터경영전공)

빅데이터응용학과 학과장, 및 4단계 BK21 빅데이터분야 교육연구단 단장. 경영대학원 원장, 연구산학협력처장, 산학협력단장, 지능정보시스템학회 회장 역임

IEEE TRANSACTIONS ON SYSTEMS MAN AND CYBERNETICS 등 국제학술지(SSCI & SCI급)에 60편 이상의 논문실적이 있음

Minnesota주립대학 및 University of Texas, Dallas 초빙교수 역임

서울대학교 산업공학 학사, 한국과학기술원 산업공학과 석사/박사

이경전

경희대학교 경영대학 & 빅데이터응용학과 정교수,
경영대학원 부원장

한국연구재단 지정 중점연구소 후마니타스 빅데이터 연구센터 소장

인공지능 & 비즈니스 모델 연구소(http://ai-bm.net/) 소장

CMU, MIT, UC Berkeley 초빙과학자/초빙교수 역임

한국지능정보시스템학회장(2017), 국제전자상거래연구원 원장(2015-2020) 역임

1995, 1997, 2020 미국인공지능학회(AAAI) 혁신적 인공지능 응용상 (Innovative Applications of AI Award) 3회 수상

2018 전자정부유공자 대통령 표창, 행정안전부

KAIST 경영과학 학석박사(Ph.D.), 서울대 행정학 석박사수료(ABD)

박재홍

현재 경희대학교 경영대학 부교수 (MIS전공)

UNIST (울산과기대) 조교수 역임

경희대학교 경영학 학사, Stanford 대학 통계 석사, University of Texas at Austin 경영학 박사

ISR(Information Systems Research)를 비롯하여 다수의 논문 실적이 있으며, 주요관심분야는 Business Analytics, SNS 경제학적 효과 분석, IT투자 관리, e-Commerce 활동경제학적 성과 분석, 전략정보시스템 등

양성병

현재 경희대학교 경영학과/빅데이터응용학과 부교수(MIS전공), 일반대학원 경영학과 주임교수, 경영대학원 AI비즈니스MBA 주임교수, 후마니타스빅데이터연구센터 부소장, 스마트관광연구센터 공동연구교수

ICEC(International Conference on Electronic Commerce) Steering Committee, 한국경영정보학회/한국지능정보시스템학회/한국지식경영학회/한국정보시스템학회/한국IT서비스학회/한국인터넷전자상거래학회 이사

APJIS(Asia Pacific Journal of Information Systems)/ISR(Information Systems Reviews)/지식경영연구/인터넷전자상거래연구/한국콘텐츠학회논문지 편집위원

경희대 연구우수교수(2016~2020), 경희 Research Fellow(2020~2022) 수상

캐나다 맥길대학교 박사후연구원, 한성대학교 조교수, 아주대학교 조교수 역임

한국경영정보학회/한국지능정보시스템학회/한국CRM협회 부회장, 정보시스템연구 편집위원 역임

서울대학교 지구환경시스템공학부 학사(2001), KAIST 경영공학과 석사(2003) 및 박사(2007)

디지털 트랜스포메이션 시대의 경영정보시스템(5e)

저 자	서영호 • 박주석 • 김재경 이경전 • 박재홍 • 양성병
발 행 일	2021년 9월 3일
발 행 처	**한경사**
발 행 인	이계남
등록사항	제10-1951호 2000년 4월 14일
주 소	서울시 마포구 신수로 59-1 3층
전화번호	02_717_7264~5
팩스번호	02_717_7226
홈페이지	hankyungsa.co.kr
전자우편	hankyungsa@hanmail.net
I S B N	978-89-6844-383-1 (93320)
가 격	33,000원